K 성경
: 인생의 정답

구약 1

K 성경 : 인생의 정답 - 구약 1

1판 1쇄 펴낸날 2021년 12월 15일

지은이 주해홍
펴낸이 HAE HONG JOO
펴낸곳 (주)도서출판 에스라
등록 2018년 1월 22일 제2018-000009호
연락처 한국 010-4652-5057, 미주 및 해외 714-713-8833
홈페이지 90daysbible.com
E-mail haejoo518@gmail.com

공급처 (주)비전북
전화 031-907-3927

ISBN 979-11-976757-0-6 03230

잘못된 책은 바꾸어 드립니다.
책값은 뒤표지에 있습니다.

 "에스라가 여호와의 율법을 연구하여 준행하며
율례와 규례를 이스라엘에게 가르치기로 결심하였었더라"(에스라 7:10)

2030 통큰통독

K

: 인생의 정답

해설(Narrator) 주해홍 목사

구약
1

성경

도서출판 에스라

성도들은 "자신의 뜻을 이루기 위하여"가 아니라 "하나님의 뜻을 이루기 위하여" 부름을 받은 자들입니다. 하나님의 뜻을 이루기 위해서는 하나님의 뜻을 먼저 알아야 하는데 하나님의 뜻은 성경에 기록되어 있습니다. 하나님의 뜻이 수록된 성경 말씀을 읽을 때 하나님의 뜻을 알 수 있고 하나님의 뜻을 행함으로 이 땅에 하나님의 나라가 이루어지고 성도들은 참된 복을 받으며 주님께는 영광을 돌리게 됩니다.

성경읽기를 위한 3가지 요소가 있는데 첫째, 하나님의 뜻이 무엇인지 아는 것 둘째, 읽은 말씀을 하나님의 의도대로 해석하는 것, 셋째, 삶속에서 순종의 행동으로 실천하는 것입니다. 이 중에서 우선적으로 중요한 것은 성경 말씀을 직접 읽는 것입니다. 그러나 사람들은 성경 말씀을 잘 읽지 않습니다. 왜냐하면 성경책의 분량이 방대하기도 하거니와 이해하기도 어렵기 때문입니다. 또한 성경 읽기를 위한 참고서와 성경이 따로 분리되어 있어서 성경을 가까이 하기에 거리감이 있기 때문이기도 합니다. 그러나 『K 성경 : 인생의 정답』는 성경책과 해설 내용을 함께 묶어 놓음으로서 자연스럽게 성경을 읽을 수 있도록 하였습니다. 요즈음 젊은 세대들은 대부분 문자보다 영상매체 및 스피디한 전자기기에 더 익숙하기 때문에 글로된 방대한 분량의 성경을 읽기에 부담감을 느끼고 있습니다. 이에 대하여 주해홍목사님은 성경 1189장 중 핵심이 되는 407장을 엄선하여 젊은이들이나 초신자들이 부담감없이 단기일 내에 성경을 해설서와 함께 직접 읽도록 기획하였습니다.

성경읽기에 있어 두 번째로 중요하게 여겨지는 것은 성경말씀을 바르게 이해하는 것입니다. 성경말씀을 바르게 이해하려면 정통한 신앙과 건강한 신학을 가진 전문가의 지도를 받아야 합니다. 안타깝게도 오늘날의 전문가들 중에는 주관적 관점과 치우친 신학적 견해의 틀로서 성경을 해석하는 자들이 많습니다.

특히, 진보적이고 인본주의적인 신학 관점을 가지고 성경을 비판적으로 분석하는 학자들도 많습니다. 그러나 주해홍 목사님은 성경 신학을 전공한 그 어떤 학자들보다도 더 정확하고 바르고 재미있게 하나님 말씀을 해석하셨습니다. 특정 교파나 교리에도 치우치지 않고 성령의 조명하심과 인도하심에 따라 성경을 지식과 지혜와 은혜가 충만하도록 설명하셨습니다. 성경학자들이 자칫 학문적이고 피상적인 해석을 하는 오류에 빠지기 쉬운데 주목사님은 오랜 평신도 생활을 통하여 체득한 신학, 즉 실제생활에 접목할 수 있고 활용할 수 있는 성경해석을 제시함으로서 평신도들을 필수적이고도 유익한 말씀으로 인도하고 있습니다.

성경읽기에 있어 결론적으로 중요한 것은 삶 속에서 말씀을 실행에 옮기는 것입니다. 주목사님은 성경읽기를 할 때 기복적이고 지성적인 동기로 읽어서는 안 되고 오히려 성경을 바르게 읽고 이해함으로서 하나님과의 관계를 회복하고 하나님께서 원하시는 삶으로 변화됨을 통하여 하나님을 영화롭게 것을 목표로 삼을 것을 강조하였습니다. 성경을 읽을 때는 편집 순서가 아니라 시간의 흐름에 따라 연대기 순으로 읽으면서 스토리에 나타난 메시지를 파악하면서 읽으라고 하였습니다. 이것은 성경의 맥을 잡고 기둥을 세우는 작업이라고 할 수 있는데 이렇게 읽어야 성경 내용이 일관성과 통일성을 이루면서 거기에서 나오는 메시지가 삶을 변화시키는 능력이 된다고 하였습니다.

또한 성경읽기의 3가지 신학적 관점(종말론적인 구속사, 하나님나라 회복, 구별된 삶)과 함께 3가지 개념(신위, 인위, 자기중심성)을 이해하고, 자기중심성인 인위를 버리고 신위를 이룰 때 삶이 변화하여 하나님의 나라가 이루어져 간다고 하였습니다. 따라서 『K 성경 : 인생의 정답』을 성령의 인도하심에 따라 기도하면서 읽으면 성경을 읽게 되고, 성경 말씀을 하나님의 의도대로 이해하게 되며, 삶의 변화가 이루어져서 하나님께 영광을 돌리게 됨으로 젊은이들이나 초신자들이 이 책을 꼭 읽기를 적극적으로 추천합니다.

정양희 목사(전 목원대학교 이사장, 부산온누리교회 원로목사)

한국에 많은 교회와 기독교 기관, 단체에서 성경 읽기 프로그램을 통해 성경을 읽고자 하는 움직임이 활발하게 전개되는 것은 참으로 바람직한 움직이라고 봅니다. 그 여러 가지 프로그램 중에서도 주해홍 목사님은 성경을 체계적이고도 연대기적으로 읽는 방법을 한국에 소개하신 대표적인 분이십니다. 목사님은 미국공인회계사(AICPA)와 미국 남가주 정부 세무 감독관으로 30년 이상 근무하신 분으로서 매우 치밀한 사고를 지니신 분입니다(미주 장로회신학대학교(원) 통독 교수이시고, 미주 ANC 온누리 교회 양육 사역을 하셨습니다). 이러한 목사님의 성향은 성경의 배경과 지리를 도표로 설명하시는 데에서 발견할 수 있는 바와 같이 매우 정교하십니다. 목사님은 성경의 흐름을 전체적으로, 또한 구속사적이고도 종말론적인 입장에서 일관되게 흐르는 메시지를 놓치지 않고 성경을 읽는 방법을 오랜 기간 한국 교회에 소개해 주시려고 애쓰시는 분입니다.

이번에 주 목사님께서 쓰신 청소년을 위한 『K 성경 : 인생의 정답』이라는 제목의 본서는 성경을 '이 세상을 떠나기 전에 알아야 할 기본정보'(Basic Information Before Leaving Earth)라는 전제 하에, 아래의 몇 가지 중요한 특징을 가지고 있습니다.

첫째, 이 책은 복잡하고 방대한 분량의 책이나 글을 기피하는 청소년들을 위해 쓰여진 책이라는 점입니다. 그러므로 책의 내용과 문체가 매우 읽기 좋고 쉬운 언어로 기록되어 있어 가독성이 뛰어납니다. 그러므로 이 책은 비단 청소년들뿐만 아니라 성경을 쉽게 이해하려는 성년 그리스도인이나 연세가 있으신 분들을 위해서도 좋은 길잡이가 되리라고 확신합니다.

둘째, 성경에는 많은 율법과 제사 드리는 의식법, 정결규례, 음식물에 관한 규정들이 기록되어 있는데 성경을 처음 읽는 청소년들에게 이러한 내용은 성경을 가까이하는 데에 일종의 장벽으로 다가옵니다. 물론 그러한 내용이 필요한 것이고, 동일하게 하나님의 말씀임은 분명합니다만 초신자들이나 청소년들이 단번에 이해하기 힘든 내용이 많이 있습니다. 이 책은 성경 전체 1189장 중 34% 정도 되는 407장을 엄선하여 성경 전체의 흐름과 맥락을 이해하도록 편집하여 청소년들의 이해를 돕도록 한 책입니다.

셋째, 이 책은 성경에 큰 줄기로 흐르는 이야기(story)를 기술하면서 동시에 그 중심 메시지(Message)의 흐름을 일관되게 기술하고 있어서 독자들로 하여금 성경이 궁극적으로 알리고자 하는 중심 메시지를 놓치지 않게 한다는 점이 큰 장점입니다. 우리 그리스도인들이 수많은 성경 이야기들을 읽으면서 성경 전체를 통해 면면히 흐르는 중심 메시지를 놓치게 될 수 있고, 그렇게 되면 성경이 궁극적으로 말하려고 하는 중심 내용을 놓치게 될 가능성이 큽니다. 그러한 면에서 본서는 처음부터 끝까지 하나님 나라의 확장을 위한 구속사의 흐름이라는 성경의 중심 흐름을 놓치지 않고 있다는 점에서 큰 장점이 있는 책입니다.

넷째, 본서는 성경의 메시지를 통해 궁극적으로 성도들의 세계관을 성경적 세계관으로 변화시키는 것을 목적으로 하고 있습니다. 복음은 항상 문화의 옷을 입고 있습니다. 한국 그리스도인들은 자신도 모르는 사이에 복음을 한국의 문화 속으로 재해석한 복음을 가지고 있습니다. 물론 그것이 장점인 면도 있을 수 있으나, 또한 그 가운데에는 잘못되어 있거나 왜곡된 형태로 존재하는 경우도 많이 있습니다. 온전한 회심(conversion)은 궁극적으로 성경적인 세계관을 알고, 습득하고, 그 세계관이 나의 세계관이 될 때 비로소 완전한 회심, 온전한 그리스도인이 되었다고 할 수 있습니다. 본서는 성경적 세계관 형성에 좋은 지침서가 될 것입니다.

다섯째, 본서는 다른 저서들과는 달리 처음부터 끝까지 성경 본문을 인용하면서 그 본문 중심으로 서술을 이어가고 있다는 점입니다. 저자 개인의 의견보다는 성경에서 말하고자 하는 내용을 우선적으로 제시하고 있어서 청소년들이나 성도님들이 성경의 내용을 직접 체크하고 이해할 수 있기에 좌우로 치우치지 않는 균형잡힌 시각을 견지하고 있다는 점입니다. 이 점은 성경에 관한 저술에 있어서 대단히 중요한 관점으로 성경 본문을 통해 또 다른 성경본문을 해석하도록 하는 매우 건전하고도 올바른 해석방법을 채택하고 있다는 점입니다.

이 밖에도 이 책에는 미처 언급하지 못한 많은 장점이 있습니다. 본서는 청소년들뿐만 아니라 어쩌면 모든 그리스도인에게 필요한 책이라고 할 수 있을 것입니다. 바라기는 이 책을 통해 한국 교회에 성경을 읽고자 하는 열망과 움직임이 더 크게 일어나고, 하나님과 하나님의 말씀을 더욱 사랑하게 되고, 하나님 나라의 확장에 헌신하는 많은 일꾼들이 새워지기를 간절히 소망합니다.

신경규 교수(고신대학교 신학대학)

추천사

에스라 성경 통독원의 새책, 『K성경: 인생의 정답』 출간을 주님의 이름으로 축복하고 환영합니다. 우리가 성경을 하나님 말씀으로 인정하고 그 말씀을 한구절 한 구절을 읽어 내려갈 때, 성경이 고전(古典)이라서 그런지 때론 완벽히 이해되지 않을 때가 있습니다. 그럴 때면 성경 이해를 돕는 소중한 자료가 생각나곤 합니다. 저는 이때 에스라 성경 통독원이 새롭게 출간하는 이 책이 그 역할을 성실히 감당해 줄 것이라 믿습니다. 하나님의 말씀을 더 깊이, 더 넓게, 그리고 더 흥미있게 읽기를 원하시는 분들은 이 책의 도움을 꼭 받아 보시기 바랍니다.

특별히 이 책은 성경 통독을 하기 전, 어떤 관점으로 성경을 읽어야 하는지를 자세히 소개하고 있습니다. 저 역시 초신자(beginner)가 교회에 처음 왔을 때, 성경 읽기를 먼저 권유하기 보다 "교회론(Ecclesiology)과 교리(Doctrine)" 교육에 먼저 참석해 주기를 정중히 요청하곤 합니다. 왜냐하면 성경을 읽는 기본적인 신앙의 틀이 완성 되어야 하나님 말씀을 "더" 잘 이해하고, "더" 잘 소화할 수 있기 때문입니다.

저자이신 주해홍 목사님은 '하나님 나라(the kingdom of God)' 관점으로 성경 읽기를 적극 추천하고 있습니다. 하나님 나라를 장소와 시간의 개념이 아닌 "통치의 개념"으로 접근하면서 저자는 "하나님 나라 회복"을 위해 가장 먼저 하나님 나라 원리를 소개합니다. 그리고 죄로 인해 타락한 우리 인간들이 '하나님 나라 회복'을 위해 성경을 통한 자기 발견과 함께, 하나님 나라 백성으로서 우리가 어떻게 거룩한 삶을 살아야 하는지를 구체적으로 소개합니다. 즉, 하나님 말씀이 머리에서부터 가슴으로, 그리고 가슴에 새겨진 말씀이 우리의 손과 발 끝까지 영향력을 미칠 수 있도록 하는 건강한 성경 읽기 방법을 소개하고 있습니다.

저는 히 4:12절 말씀을 사랑합니다. "하나님의 말씀은 살아 있고 활력이 있어 좌우에 날선 어떤 검보다 예리하여 혼과 영과 및 관절과 골수를 찔러 쪼개기까지 하며 또 마음이 생각과 뜻을 판단하나니" 살아계신 하나님의 말씀을 바르게 읽는 방법을 가르쳐 줄 이 책을 통해 하나님의 말씀이 결코 무디거나 뭉툭하지도 않음을 경험하시길 간절히 소원해 봅니다. 그분의 말씀은 힘이 있고 능력이 있으며, 기쁨과 감사를 우리들에게 선물해 줍니다. 이 책을 통해 말씀을 통해 주시는 하나님 나라의 기쁨과 감격이 살아나고, 그 하나님 나라의 영향력이 여러분들을 통해 온 세상에 흘러갈 수 있기를 주님의 이름으로 간절히 축복합니다.

박성수 목사(부산 온누리교회)

지난 10여년동안 에스라성경통독사역원을 섬기게 하신 하나님께 감사합니다. 부산온누리교회의 장로로서 그리고 사역원의 한국본부장으로 많은 하나님의 사람들을 만났으며 또한 여러 교회의 목회자들과 성도들을 섬길 수 있어 감사했습니다. 하나님을 더욱 잘 알기 위해 성경을 읽는데 뜨거운 열정을 가진 성도들도 많아 참 기뻤지만 한편으로는 교회를 다닌 지 십년이 넘었지만 성경을 한 번도 읽어보지 못한 많은 성도들을 볼 때 참 안타깝고 어떻게 하면 도울 수 있을지 고민도 많이 하였습니다. 그러든 중 하나님께서 교수연구년으로 에스라통독사역원 본부가 있는 애너하임 근처의 대학으로 인도해주셔서 주해홍목사님과 자주 모임을 가지며 이러한 상황들을 놓고 하나님께 함께 기도하며 금번의 통독지침서 발간 업무를 시작하게 되었습니다.

성경읽기에 대해 소극적인 초신자들이나 청년대학생들을 위한 통독지침서가 저술되어 예수님을 믿기로 작정한 하나님의 백성들이 성경을 읽고 순종함으로 예수님을 인격적으로 만날 수 있는 좋은 계기가 되길 바라며 다시 한 번 초신자를 위한 통독 지침서의 출간을 진심으로 축하하며 하나님께 감사합니다.

이성수 교수(에스라성경통독사역원 한국본부장, 신라대학교 신소재공학부 교수)

솔로몬은 그의 인생 참회록 같은 책 전도서에서 "청년들아 너희의 곤고한 때가 이르기 전에 창조주 하나님을 기억하라"(전도서 12:1-2)라고 당부합니다. 그는 모든 부귀영화를 다 누리고, 또한 하나님 없는 삶을 살아 보기도 하면서 내린 그의 인생관은 하나님 없이는 모든 것이 허무하기 짝이 없다는 결론을 내리고 청년들에게 하는 당부입니다. 왜냐하면 맨 처음 하나님이 인간을 만드실 때 흙으로만 만드시지 않고 모양을 빚은 그 흙에게 하나님은 그분의 생기(하나님의 형상)를 불어넣어 주심으로 흙에 불과한 존재를 생령으로 만들어 주셨습니다. 그러므로 사람은 하나님의 생기를 갖지 못하면, 즉 하나님이 함께 해주시지 않으면 인간의 삶은 흙과 같이 허무하고 무의미한 삶이 될 수밖에 없습니다.
성경은 인간이 어떻게 해야 하나님과 함께하여 가장 의미 있는 삶을 살아갈 수 있는가에 대한 정답을 제공하는 책입니다.

청년의 때를 허송하지 않고, 하나님이 나를 만드신 그 처음의 모습과 그분의 의도하심을 발견하고 깨달아야 합니다. 그것만큼 시급하고 중차대한 것은 없습니다.
지금은 엘리야의 때, 예레미야의 때처럼 혼돈과 헷갈림이 가득 찬 다원주의와 혼합주의, 모든 곳에서 길을 잃고 헤매고 있는 때입니다. 잘못된 길을 바른길이라고 생각하는 참담한 시대인 것조차도 깨닫지 못하는 그런 시대입니다. 이 모든 문제에 대한 길을 보여 주는 답이 성경 속에 있습니다.

철학자들은 그들의 철학 함을 통해서 인생의 바른길을 찾으려 하지만 성경은 분명 "여호와를 경외하는 것이 지식의 근본"(잠언 1:7)이라고 단언하면서 모든 문제의 해결자는 창조주, 섭리주, 구속주 하나님이라고 분명히 밝혀 주고 있습니다.

청년의 때에 힘들고 어려운 선택의 갈림길에서 답을 찾지 못해 방황하며 세월을 허송할 때가 많습니다. 참된 선택에 이르게 하는 가치의 판단기준은 성경에 의한 세계관이고, 그것은 성경을 통해서만 가능한 것입니다.

온 세계의 정신문화를 바꾸어 놓은 성 어거스틴(St. Augustine 354~430년)은 그의 청년 시절 인생을 고민하며 방황하는 시절에 한 아이가 부른 노래 가사인 "들고 읽어라, 들고 읽어라"라는 한 마디에 성경을 들고 읽게 되고 그 속에서 그가 가야 할 인생의 정답을 얻었던 것입니다.

따라서 우리의 확실한 결론은 "인생의 모든 것에 대한 명확한 답은 성경 속에 있다"라고 합니다. 그러므로 지금은 우리 모두가 성경을 들고 읽어 하나님의 경륜을 깨닫고, 하나님이 주시는 인생의 정답을 그 속에서 찾고 담대하게 나아갈 때입니다.

2021년 섣달에
주님께 사로잡힌 작은 종
주해홍 목사

특별한 감사를 드립니다

이 책이 출판될 수 있도록 열정적으로 기도해 주시고 물질적으로 후원을 아끼지 않으셨던 여러분께 감사를 드립니다. 특별히 젊은이들의 영혼을 사랑하여 그들의 삶이 성령 하나님의 인도하심을 받는 삶이 되어야 한다는 열망을 품고 이 책이 조속히 나올 수 있도록 물심 양변으로 도와주신 본 사역원 한국 본부장 이성수 장로님(물리학 박사, 신라대학교 교수)께 감사를 드리며, 모든 젊은이를 향하여 어머니 같은 마음으로 저들을 위해 기도하시면서 이 책의 출판을 위해 적극적으로 후원해 주신 김경옥 권사님(부산 해운대 감리교회)께 특별한 감사를 드립니다.

본 저서는 성경 전체 총 1,189장의 분량이 부담스러워 성경 읽기를 끼리는 분들, 특히 청년, 대학생들, 성인 초신자들이 성경 전체의 통전적 이해를 얻으며, 성경의 주요 본문을 통해서 성경이 주는 스토리 라인과 메시지 라인을 파악하며 통독할 수 있도록 해설하는 성경 통독 입문서 입니다. 성경 전체가 한 절도 빠뜨릴 수 없는 절대적으로 중요하지만, 전체를 파악하기 쉬운 핵심 장 407장을 엄선하여 줄거리를 찾고, 통전적인 메시지를 찾아가기 위해서 시대 순서로 배열했습니다. 407장은 1189장의 34.2%에 해당합니다. 여기에 빠진 장들에 대해서 시간 흐름과 메시지 라인에 꼭 필요하다고 생각되는 부분을 해설로 그 흐름을 이어 가도록 했습니다.

본서는 성경 전체 흐름을 하나님의 구속 역사로 보고 구약 9시대, 중간기, 신약 3시대로 모두 13시대로 나누어 시대별로 설명하였습니다.

1. 각 시대는 먼저 그 시대의 배경이 되는 줄거리와 그것을 배경으로 나오는 메시지의 내용들을 설명합니다.

2. 그런 이해를 가지고 엄선된 해당 성경 본문을 읽습니다.
성경 본문을 직접 읽음으로 말씀 속에서 역사하시는 하나님의 직접 만나는 체험을 하도록 돕는 것입니다. 본문 직접 읽기가 이 저서의 핵심입니다.

3. 각 시대 마지막 부분은 배우고 읽는 내용을 정리하고 묵상하여 삶에 적용할 수 있도록 돕습니다. 성경을 읽고 하나님의 역사하심을 본문을 통해 체험했으면 그 열매가 각자의 삶으로 나타나야 합니다. 삶의 적용이 매우 중요합

니다. 하나님이 원하시는 품성의 변화를 일으켜 세계관이 성경적으로 형성되어야 합니다

개인적으로나 교회적으로 이 책을 성경 읽기의 초급과정으로 활용하면 좋을 것입니다. 중요한 것은 여기 수록한 엄선된 407장의 성경을 읽는 시간을 정해서 그 기간 안에 완독할 수 있도록 열정과 열심을 가져야 합니다. 저자가 권장하는 기간은 40일입니다. 엄선된 성경 본문 장수가 407장이니 하루에 10장 기준으로 읽는 분량을 정하여 실시하면 좋겠습니다. 이렇게 몇차례 반복해서 공부하고 읽어서 성경에 대한 기초적 통전적 이해를 갖추고 성경 전문(1189장)을 읽도록 강력하게 권하며 추천합니다.

개 교회가 함께 공부하며 읽는 세미나 형식으로 진행해도 좋습니다. 이 경우도 교회의 형편에 맞게 기간을 정하기를 강하게 권합니다. 교회가 세미나 형식을 진행할 때는 강사가 미리 읽을 분량에 관한 내용을 본 저서의 설명을 중심으로 먼저 강의하고, 본문은 각자가 주어진 시간 안에 읽게 하고, 반드시 소그룹으로 나누어 서로 격려하고 나눔을 갖게 하므로 은혜를 배가할 수 있습니다.

(소구룹 운영법에 관해 도움이 필요하면 에스라 성경통 독사역원(www.900daysbuible.com)으로 연락하세요)

차례

성경을 왜, 어떻게 읽어야 하나?

우리는 바쁜 일상에 굳이 왜 성경을 읽어야 하는가 하는 질문을 스스로 하면서 성경을 읽지 않고도 신앙생활을 잘 할 수 있다고 스스로 답을 찾는 경우가 많습니다. 바른 신앙생활이란 그냥 적당히 착하고, 선한 삶을 살아가며, 교회 활동을 열심히 하는 것을 말하는 것입니까?

바른 신앙생활은 하나님과의 바른 관계 가운데 이웃과의 바른 관계를 이루는 삶을 살아가는 것을 말합니다. 그런 바른 신앙생활은 성경을 읽지 않고는 가능하지 않습니다. 그 이유는 그런 삶을 살아가는 지침을 하나님은 성경을 통해서 우리에게 알려 주시 때문입니다. 이것이 우리가 성경을 읽어야 할 기본적인 이유입니다.

그래서 이 서론을 잘 공부하여 우리가 왜 성경을 읽어야 하는 이유를 분명히 이해하고, 그렇다면 어떻게 읽어야 하는 방법을 잘 알고 읽어야 성경이 재미있고, 유익하며, 나아가서 하나님의 뜻을 발견하는 읽기가 됩니다.

서론 부분이 좀 길고, 어려운 면이 있지만 그럼에도 이 서론 부분을 잘 이해하는 것이 성경 읽기와 나아가서 바른 신앙생활의 기반을 구축하게 됩니다.

성경 읽기의 관점

l. 성경(BIBLE)이 무엇인가?

성경이 모두 66권으로 되어 있다는 것은 다 아는 사실입니다. 그러나 서로 다른 내용으로 된 별개의 66권이 모여 전집처럼 편집된 책으로 이해하는 사람들도 있습니다. 성경을 마치 윤리 도덕 교과서나, 이스라엘 백성이 가나안 땅을 정복하는 이스라엘판 무협 소설처럼, 혹은 룻기 같은 책은 시어머니를 잘 공경해서 복 받은 유대 판 열녀전쯤으로 생각하는 사람들도 있습니다. 심지어는 성경이 마치 복주머니나 되는 것처럼 토정비결 보듯이 성경을 대하는 사람들도 있습니다.

어느 미국 목사님이 성경의 영어 철자를 풀어서 성경을 다음과 같이 정의한 적이 있습니다.[1] B.I.B.L.E. 즉 B: Basic, I: Information, B; Before, L; Leaving, E: Earth. 라고 말입니다. 이 말은 "성경은 이 땅에서 필요한 정보를 제공하는 책이다"라고 할 수 있습니다. 그렇다면 그 기본 정보(Basic Information)란 무엇일까요? 그것은 바로 이 땅에 살아가는 우리에게 내리시는 하나님의 지침 같은 것이라고 말할 수 있습니다. 그것을 좀 더 솔직히 말하면 곧 "복(福)"을 받는 지침을 말합니다. 복(福이)라는 한자어는 示, 一, 口, 田로 구성되는데, 그 의미

---

1 지금은 없어진 미국 남가주 Garden Grove에 소재했던 수정교회(Crystal Cathedral Church) 예배 설교 중에서.

가 시편 73:28의 의미와 같고 그것이 성경적 복이라는 사실을 알 수 있습니다. 즉, 田자는 밭 전자이지만 여기서는 에덴을 상징하는 것으로 봅시다.[2] 示는 神 변으로서 하나님을 뜻하고, 口는 사람을 말하며, 一은 함께 한다는 뜻이라고 할 때 이것을 합쳐서 풀면 복(福)자는 "사람이 하나님과 함께 에덴에 있는 상태이다"라고 할 수 있습니다. 시편 기자는 시편 73:28에서 이렇게 말하고 있습니다. "여호와께 가까이 함이 내게 복이라…" 그렇습니다. 성경이 말하는 복은 여호와와의 온전한 관계로부터 오는 것입니다. 여호와 하나님이 함께 해주실 때만 얻어지는 복입니다. 그래서 하나님은 임마누엘 하나님이실 때 우리에게 가장 복되신 하나님이십니다. 하나님은 임마누엘이십니다.

성경을 읽어야 하는 이유는 성경은 바로 이런 복된 기본 정보를 제공하는 책이고 그 복은 하나님과 관계가 온전하게 회복됨으로 흘러오는 복이고, 그 관계 회복은 성경을 읽어 하나님이 누구이신가를 바르게 알고 그 하나님과 관계를 맺을 때만 가능하기 때문입니다. 그래서 성경을 꼭 읽어야 합니다. 그렇다고 성경을 덮어 놓고 열심히 읽는다고 되는 것이 아닙니다. 그런 복된 관계를 회복하는 성경 읽기는 어떤 것인가를 설명하겠습니다.

2. 왜 성경을 읽어야 하는가?

성경은 창조 이야기부터 시작합니다. 창세기 1장은 하나님이 천지를 창조하셨다고 선포하고 그 6일간의 창조 과정을 기록하고 있습니다. 6일째 마지막 창조 과정에서 짐승까지 창조하시고 긴급히 영계(靈界)의 회의를 소집하시고 마지막 마무리 과정을 논의하는 듯한 기사가 나옵니다. 그것이 창세기 1:26-28입니다. (이 영계 회의의 회의록이라고 할까요?)

창 1:26-28 하나님이 이르시되 우리의 형상을 따라 우리의 모양대로 우리가 사람을 만들고 그들로 바다의 물고기와 하늘의 새와 가축과 온 땅과 땅에 기는 모든

---

2 밭 전(田)의 글자 모양이 창 2:10 "강이 에덴에서 흘러 나와 동산을 적시고 거기서부터 갈라져 네 근원이 되었으니"의 모양을 그린 상형 문자로 본다. 이런 것은 한자의 원형인 갑골문자를 연구하다가 한자(漢字)들 가운데 창세기 1장에서 11장까지의 내용을 담은 것으로 추정되는 상형 문자가 있음을 발견했다. C H Kang & Ethel R. Nelson "The Discovery of Genesis" Concordia Publishing House 1979 p 44.

것을 다스리게 하자 하시고 하나님이 자기 형상 곧 하나님의 형상대로 사람을 창조하시되 남자와 여자를 창조하시고 하나님이 그들에게 복을 주시며 하나님이 그들에게 이르시되 생육하고 번성하여 땅에 충만하라, 땅을 정복하라, 바다의 물고기와 하늘의 새와 땅에 움직이는 모든 생물을 다스리라 하시니라

이 논의가 6일째 짐승까지 창조하고 난 후에 이루어진 것이라면 인간은 창조 과정의 마지막 구색 갖추기 위해 만들어진 존재라는 것으로 생각할 수 있습니다. 그러나 요한 1서 4:8에서 "하나님은 사랑이심이라"라고 하셨고, 하나님이 사랑이라면 그 사랑의 대상이 필요하고 그 대상으로서 인간을 만드셨다고 유추할 수 있습니다. (영국의 신약 주석가인 윌리엄 버클리(William Barclay) 목사님은 바로 이 문제를 그의 저서 사도신경, 또는 마가복음 주석서에 이렇게 다루고 있습니다.) 그 사랑의 대상으로서의 인간을 창조 과정의 마지막 구색 갖추기로 만들었다고 생각할 수 없습니다.

그렇다면 이 인간 창조를 결정한 천상의 "우리"들의 회의는 언제 있을까를 유추하는 것은 매우 중요한 의미를 부여합니다. 이런 것들이 곧 성경적 세계관의 근원적인 기초가 되기 때문입니다.

하나님은 당신의 사랑을 나눠주고, 그렇게 사랑의 관계를 맺고 교제할 수 있는 대상으로서 인간을 창조하신 것입니다. 그러므로 우리는 이 논의가 창조의 과정을 진행하시기 전에 이루어졌다고 믿는 것입니다. 그렇게 생각할 수 있는 것은 요한복음에서 말하는 "태초(arche ἀρχή)"가 주는 의미로 유추할 수 있습니다. 이 태초는 창세기의 시간과 공간이 시작되는 첫 시작점으로서의 태초(בְּרֵאשִׁית)보다 더 앞서는, 즉 시간과 공간이 형성되기 이전의 상태를 말합니다. 이때 이미 인간을 창조하시기로 하신 것이라고 믿습니다. 이것은 성경을 이해하는 중요한 대전제(presupposition)입니다. 그래서 인간을 처음부터 축복의 대상으로 복을 주시고 생육하고 번성하고 충만해서 하나님의 피조 세계를 다스리는 청지기로 삼으셨습니다. 이것을 우리는 **창조언약**이라고 부릅니다. **맨 처음 약속이며 복 주신다는 약속입니다.** (이것을 또한 문화명령(Cultural Mandate)라고도 합니다.)

또한 창세기 1:26-28의 논의의 과정이 창조 이전에 이루어졌다고 확신할 수 있

는 구절이 에베소서 1:3-4입니다.

엡 1:3-4 찬송하리로다 하나님 곧 우리 주 예수 그리스도의 아버지께서 그리스도 안에서 하늘에 속한 모든 신령한 복을 우리에게 주사 곧 창세전에 그리스도 안에서 우리를 택하사 우리로 사랑 안에서 그 앞에 거룩하고 흠 없게 하시려고

그러므로 하나님은 시간과 공간을 창조하는 그 태초 이전에 이미 인간을 그의 사랑을 나눌 대상으로서 창조하시기로 하셨다는 사실을 강하게 믿게 됩니다. 이것이 우리의 원래의 모습이고 그것을 통해 우리는 영화로운 존재로 지음을 받았음을 알 수 있습니다. 그래서 하나님은 인간을 '가라사대', 즉 말씀으로 창조하지 않으시고 직접 빚었다고 성경은 말하고 있습니다. 창세기 2:7 "여호와 하나님이 땅의 흙으로 사람을 지으시고 생기를 그 코에 불어넣으시니 사람이 생령이 된지라" 하나님의 생기를 직접 주었다는 것입니다. 창세기 1:26-28에서 "우리의 모양과 형상대로…"라고 했듯이 모양과 형상을 생기로 불어 넣으셨다는 말입니다. 시편 기자도 우리를 하나님보다 조금 못하게 만드시고 영화와 존귀로 관을 씌워 주셨다고 노래합니다.

시편 8편
1 여호와 우리 주여 주의 이름이 온 땅에 어찌 그리 아름다운지요
  주의 영광이 하늘을 덮었나이다
2 주의 대적으로 말미암아 어린 아이들과 젖먹이들의 입으로 권능을 세우심이여
  이는 원수들과 보복자들을 잠잠하게 하려 하심이니이다
3 주의 손가락으로 만드신 주의 하늘과 주께서 베풀어 두신 달과 별들을
  내가 보오니
4 사람이 무엇이기에 주께서 그를 생각하시며 인자가 무엇이기에 주께서 그를
  돌보시나이까
5 그를 하나님보다 조금 못하게 하시고 영화와 존귀로 관을 씌우셨나이다
6 주의 손으로 만드신 것을 다스리게 하시고 만물을 그의 발 아래 두셨으니
7 곧 모든 소와 양과 들짐승이며
8 공중의 새와 바다의 물고기와 바닷길에 다니는 것이니이다

9 여호와 우리 주여 주의 이름이 온 땅에 어찌 그리 아름다운지요

이것이 우리의 영화로운 처음 모습이었습니다. 왜 인간만을 그렇게 특별하게 지었을까요? 이에 대한 답변이 모든 질문에 대한 해답의 근원입니다. 즉, 창 1:26-28에서 보듯 우리는 하나님과 함께하여 그의 사랑의 대상이며, 또한 청지기로 살아야 해서 이런 모습으로 지었다는 사실입니다. 이것이 우리의 성경적 세계관의 근원이 되어야 합니다.

이런 영화로움을 선악과 사건으로 인해 상실하게 되지만, 우리는 원래 영화로운 존재였다는 것은 믿음 가운데서 사실입니다. 그 모습이 우리의 '처음 모습' 이었습니다. 성경은 이렇게 인간 스스로 상실한 '영화로움'을 회복시키시려는 하나님의 회복의 역사를 그리고 있는 책입니다. 우리는 그것을 구속의 역사라고 합니다.

하나님께서는 인간을 이렇게 영화로운 존재로 창조했기 때문에 그 인간이 가장 살기 좋은 장소를 택해서 그곳에서 살게 해줄 필요가 있었다고 생각합니다. 하나님께서는 인간이 살아갈 수 있는 조건에 적합한 모습으로 우주를 만드신 후에 인간을 창조하셨습니다.
창세기 2장에서 그 인간을 위해 창설한 동산이 얼마나 아름다운지 그 모습을 볼 수 있습니다. 그곳에는 인간이 무엇이든지 마음대로 누릴 수 있도록 모든 완벽한 조건이 갖춰져 있던 동산입니다. 하나님께서는 인간에게 그 동산을 다스릴 수 있는 권리를 주시고 그렇게 지낼 수 있도록 해주셨습니다. **무진장의 복을 누리고 살았습니다. 그것이 처음 약속이었습니다(창 2:16). 우리는 그렇게 영화로운 존재로 만들어졌습니다.**
그런데 사탄의 유혹과 잘못 발동된 인간의 자유 의지(자기중심성)가 합작해서 하나님의 뜻을 거역하고(선악과 사건) 벌을 받아 **복된 관계가 파괴되고** 말았습니다. 이것을 우리는 타락이라고 합니다. 타락은 인간의 죄로 말미암아 하나님과 관계가 끊어져 복의 흐름이 차단된 것을 말합니다. 그러나 하나님은 신실하신 분이시고 모든 약속을 반드시 지키시는 분이시기에 맨 처음 약속(복 주시고 충만케 하시는 창조 언약)을 지키시기 위해 관계를 다시 회복하는

구속의 역사를 시작하시게 되고, 성경은 그 역사의 모든 과정을 기록하는 책입니다. 다시 말하면 타락은 인간이 하나님과 관계가 불순종의 죄로 인해 관계가 끊어짐으로 "영화로움"의 지위를 상실한 것이고, 구속(회복)은 이 "영화로움"의 지위를 회복시켜 줍니다. 성경은 그것을 기록하고 있는 책입니다.

그래서 우리는 성경을 읽어야 하나님의 그 구속의 사랑을 알고 다시 그 하나님과 관계가 회복되며 태초의 복의 관계로 돌아가 이 땅에서 복된 삶을 살아갈 수 있게 됩니다.

그 복은 성경의 가르침대로 '하나님과 함께함으로' 오는 것이고, 성경은 '어떻게 해야 그 하나님과 함께 할 수 있는가(Basic Information)'를 가르쳐 주는 책이기 때문에 우리가 성경을 읽지 않고서는 하나님과 함께 하는 방법을 알 수 없습니다.

사실 우리의 가치관은 복에 대한 가치에 의해 결정된다고 해도 과언이 아닙니다. 파스칼은 「팡세」에서 모든 인간은 복과 관련되지 않고는 전혀 움직이지 않는다고 했습니다. 앞에서도 말했지만, 성경적 복(福)이란 시편 73:28에서 언급한 것처럼 "하나님께 가까이함이 내게 **복**이라"라고 했습니다. 영어 성경은 "But as for me, it is good to be near God. …"(NIV)라고 표현합니다. "복"으로 번역된 히브리어 טוב '토브'는 넓은 의미로 좋은, 아름다운, 최선의, 더잘, 풍부한, 쾌활한, 편한, 좋은(상냥한 말), 좋아하다, 반가운, 선한, 복지 등으로 번역합니다. 이 말의 의미는 복의 포괄적 속성을 보여 주는 단어입니다.

성경의 복과 관계의 중요성에서 우리는 기독교가 관계를 중심으로 하는 신앙임을 살펴보게 될 것입니다. 이 관계성과 관련하여 하나님의 속성 중에 우리에게 가장 귀한 속성은 임재하시는 하나님, 즉 임마누엘의 속성입니다. 하나님은 우리와 함께하시기를 원하셔서 우리를 지으셨습니다.

죄를 범한 인간이 하나님을 보면 죽게 되어 있지만, 죄가 들어오기 전에 인간은 동산에서 하나님과 함께해도 죽지 않았을 뿐만 아니라 최고의 행복을 누리며 살았습니다(창 2장). 새 하늘과 새 땅에서 함께 하시는 하나님, 그래서 인간은 영화에 이르게 되었고 처음 에덴을 회복하게 됩니다(계 21장). 그 사이에서는 성막, 그리고 예수그리스도를 통해서 우리에게 오시고, 함께하심을 볼 것입니다. 그것이 성경의 이야기이고 메시지입니다.

우리는 누리는 복, 즉 "받는 복" - 기복적 복(祈福)과 "사는 복" - 성경적 복(宣베풀선福)을 함께 누려야 합니다. 그것이 성경의 가르침입니다. 성경은 그 길을 제공하기 때문에 우리는 성경을 꼭 읽어야 하며, 그래서 하나님과 그리고 이웃과의 바른 관계를 회복하고 그 복을 누리는 삶을 살아야 합니다. **우리가 "잘 산다"라고 할 때 그것은 "관계가 좋다"는 것과 같은 말입니다.**

진정한 변화란 무엇인가?

단순히 내 감정이나 기분이 바뀌고 행동이 바뀌는 것입니까? 변화는 단순히 감정이나 느낌이 바뀌는 것이 아닙니다. 호박에 줄을 그어 수박을 만들려는 식의 변화는 변화가 아니고 변형입니다. 성도들은 이런 변형을 변화인 줄로 착각하거나, 아니면 이런 변형을 원하는지도 모릅니다. 왜냐하면 이런 변형은 변화의 과정으로 인한 아픔이 없기 때문입니다.

희랍어로 변화를 Metamorphoumai(Metamorφomai 〈metamorφoω μεταμορφoῶ〉의 수동태)라고 합니다. 이 말의 뜻은 다른 형태 또는 형상으로 바뀌는 것을 말합니다. 전형적인 경우가 생물학에서 말하는 탈바꿈입니다. 알이 부화하여 애벌레가 되고 애벌레가 나방이 되는 것이 탈바꿈입니다. '메타몰포마이'의 변화는 이런 변화를 말합니다. 애벌레에 날개를 꽂는다고 나방이 될 수 없듯이 이런 바뀜은 변화가 아니고 변형입니다. 변형은 아픔의 과정이 없습니다. 그래서 크리스천들은 이런 변형을 변화로 여기고 추구하는 사람들이 있습니다. 이런 변형의 변화를 주겠다는 것이 곧 우상들의 주장입니다. 우리는 이스라엘 백성이 왜 우상 숭배를 열심히 하는가의 이유를 여기서 찾을 수 있습니다. **변화의 궁극적 목표는 우리의 "처음 모습"을 회복하는 것입니다.**

성경이 말하는 변화는 성경 신학적 관점으로 가치관과 세계관이 바뀌는 본질의 변화를 말합니다. 다시 말하면 권력의 이동(shift of power)의 현상이 일어나야 합니다. 지금까지 나의 삶을 지배했던 권력이 사탄적 세속의 가치관으로부터 하나님의 권력으로 이동해야 한다는 말입니다. 출애굽기 19:5

에 시내 산에서 관계가 회복되는 언약을 체결했을 때 제일 먼저 일어났던 것은 "소속의 변화"이었습니다. 이 소속이 바뀌는 삶을 한자(漢字)의 사자성어로 역시 귀본(逆時歸本)이라고 표현할 수 있습니다.

역시귀본(逆時歸本)의 삶

'역시귀본'이란 말은 시대를 거슬러 본래로 돌아간다는 말입니다. 이것은 바로 크리스천들의 삶을 말해 줍니다. 우리는 이런 신앙의 야성(野性)을 먼저 회복해야 할 것입니다. 아래 구절을 깊이 묵상하세요.

호 10:12 너희가 자기를 위하여 공의를 심고 인애를 거두라 너희 묵은 땅을 기경하라 지금이 곧 여호와를 찾을 때니 여호와께서 오사 공의를 비처럼 너희에게 내리시리라

고후 10:4-5 우리의 싸우는 무기는 육신에 속한 것이 아니요 오직 어떤 견고한 진도 무너뜨리는 하나님의 능력이라 모든 이론을 무너뜨리며 하나님 아는 것을 대적하여 높아진 것을 다 무너뜨리고 모든 생각을 사로잡아 그리스도에게 복종하게 하니

롬 12:2 너희는 이 세대를 본받지 말고 오직 마음을 새롭게 함으로 변화를 받아 하나님의 선하시고 기뻐하시고 온전하신 뜻이 무엇인지 분별하도록 하라

이런 것이 이루어지기 위해서는 그 시대를 지배하는 잘못된 세속적이고 비성경적 삶의 원리(세계관)들을 거슬러 가야 한다는 말입니다. 초대교회 시절 데살로니가를 찾은 바울 일행을 그 지방 사람들은 "천하를 어지럽게 하던 이 사람들"(행 17:6)이라고 했습니다. 이 말은 그들이 말하려고 하는 파괴주의자라는 말이 아니라 진정한 변화를 추구하던 자들이라는 말입니다. 참된 변화의 근원은 주기도문에 나오는 것처럼 하늘에서 이루어진 그분의 뜻이 이 땅에서, 내 삶속에서 그리고 우리의 관계 속에서 이루어지는 것을 말합니다. 그렇다면 하늘에서 이루어진 그분의 뜻은 무엇인가요? 성경은 그것을 보여 주는 것입니다. 이것이 바로 Basic Information, 즉 '기본 정보'에 해당하는 것입니다.

이 '기본 정보'를 얻기 위해 우리는 성경을 덮어 놓고 읽으면 안 되고 앞으로 설명할 중요한 **3가지 성경 신학적 관점**과 성경의 핵심 메시지를 이해하기 위한 중요한 **3가지 개념**에 근거해서 성경을 읽어야 합니다. 이런 관점으로 읽기 위해 **줄거리 따라 읽기와 메시지 따라 읽기**의 방법으로 성경을 읽어야 합니다. 이런 관점을 가지고 성경을 읽으면 성경 읽기가 더욱 신바람이 날 것입니다.

성경은 하나님의 피조 세계에서 인간이 죄를 범하므로 잃어버린 에덴에서의 완벽한 행복을 회복시켜 주시려는 하나님의 사랑 이야기입니다. 이 핵심을 간과하면 성경 읽기의 핵심을 놓치고 엉뚱한 해석을 하게 될 것입니다.
많은 사람이 성경을 이런 관점으로 읽지 않고 무작정 성경책 순서대로 그냥 읽으려고 하니까 성경 읽기가 무척 어렵게 됩니다. 이런 식의 성경 읽기는 덮어 놓고 읽는 꼴입니다. 성경을 덮어 놓고 읽는 것이 무엇입니까? 관점 또는 성경의 맥을 알지 못하고 읽는 것입니다.
성경은 펴고 읽어야 합니다. 이 말은 성경의 관점 또는 맥을 미리 알고 그 관점으로 성경을 읽어 가야 한다는 것입니다. 그때 비로소 '성경 읽기가 꿀송이처럼 달다'^{시 109:103}는 것을 체험하게 됩니다. 그 결과 성경 읽기가 더욱 신바람 나고 많은 은혜를 체험하며, 삶이 변화되어 복된 삶을 누리게 될 것입니다.

우리의 가치관·세계관이 성경적으로 바뀌는 변화가 일어나야 합니다. 이것이 진정한 본질의 변화입니다. 성경이 말하는 변화는 우리가 누구인가를 깨닫게 함으로 우리의 가치관이 성경적으로 바뀌는 것을 말합니다. 성경을 읽고 이런 변화를 체험하고 이루어야 합니다. 그렇지 못한 성경 읽기는 무모하고, 무의미하고, 공적 주의적 기대감에서 읽는 읽기일 뿐입니다.
크리스천들은 성경을 읽어 그 지혜를 성경에서 배우고 세상을 지배하고 있는 시대정신과 그 징조를 파악할 수 있어야 합니다.

딤후 3:1-4 너는 이것을 알라 말세에 고통하는 때가 이르러 사람들이 자기를 사랑하며 돈을 사랑하며 자랑하며 교만하며 비방하며 부모를 거역하며 감사하지 아니하며 거룩하지 아니하며 무정하며 원통함을 풀지 아니하며 모함하며 절제하지 못하며 사나우며 선한 것을 좋아하지 아니하며 배신하며 조급하며 자만하며 쾌락을 사랑하기를 하나님 사랑하는 것보다 더하며 경건의 모양은 있으나 경건의 능력은 부인하니 이 같은 자들에게서 네가 돌아서라

그런데 오늘 많은 성도는 성경을 성경대로 읽지 않고 자기식으로, "내가 복음"(자기중심성)을 기준으로 읽고 이해하려고 하는 경향이 너무나 강합니다. 내려놓아야 할 자기중심성을 내려놓지 못하고, 순종하기를 원하지 않기 때문입니다.

딤후 4:3-4 때가 이르리니 사람이 바른 교훈을 받지 아니하며 귀가 가려워서 자기의 사욕을 따를 스승을 많이 두고 또 그 귀를 진리에서 돌이켜 허탄한 이야기를 따르리라

마틴 로이드 존스(Martin Lloyd Jones)는 "자신의 이기적 의도로 성경을 읽지 말라"라고 경고한 적이 있습니다. 성경을 '내가 복음'식으로 읽으려는 것은 자기중심성에 충실한 인간이 받을 수 있는 민감한 유혹입니다. 신명기 4:2은 이렇게 기록하고 있습니다. "내가 너희에게 명하는 말은 너희는 가감하지 말고 내가 너희에게 명하는 너의 하나님의 명령을 지키라" 포스트모더니즘은 이것을 부인합니다. 오늘날 교회가 능력을 상실하고 세상을 오히려 더 어지럽게 하는 결정적 이유는 바로 여기에 있습니다. **성경을 성경대로 읽어야 합니다.**

딤후 3:14-17 그러나 너는 배우고 확신한 일에 거하라 너는 네가 누구에게서 배운 것을 알며 또 어려서부터 성경을 알았나니 성경은 능히 너로 하여금 그리스도 예수 안에 있는 믿음으로 말미암아 구원에 이르는 지혜가 있게 하느니라

모든 성경은 하나님의 감동으로 된 것으로 교훈과 책망과 바르게 함과 의로 교육하기에 유익하니 이는 하나님의 사람으로 온전하게 하며 모든 선한 일을 행할 능력을 갖추게 하려 함이라

수 1:8 이 율법책을 네 입에서 떠나지 말게 하며 주야로 그것을 묵상하여 그 안에 기록된 대로 다 지켜 행하라 그리하면 네 길이 평탄하게 될 것이며 네가 형통

하리라

히 4:12-13 하나님의 말씀은 살아 있고 활력이 있어 좌우에 날 선 어떤 검보다도 예리하여 혼과 영과 및 관절과 골수를 찔러 쪼개기까지 하며 또 마음의 생각과 뜻을 판단하나니 지으신 것이 하나도 그 앞에 나타나지 않음이 없고 우리의 결산을 받으실 이의 눈앞에 만물이 벌거벗은 것 같이 드러나느니라

말씀(성경)을 읽음으로 이루는 변화는 말씀의 능력으로 가치관의 변화, 세계관의 변화이며 이는 또한 성화적 구원을 통해서 이루어 가는 변화입니다. 말씀은 그런 변화를 이루는 능력이 있습니다.

시 119:28 …주의 말씀대로 나를 세우소서

시 119:105-112 주의 말씀은 내 발에 등이요 내 길에 빛이니이다 주의 의로운 규례들을 지키기로 맹세하고 굳게 정하였나이다 나의 고난이 매우 심하오니 여호와여 주의 말씀대로 나를 살아나게 하소서 여호와여 구하오니 내 입이 드리는 자원제물을 받으시고 주의 공의를 내게 가르치소서 나의 생명이 항상 위기에 있사오나 나는 주의 법을 잊지 아니하나이다 악인들이 나를 해하려고 올무를 놓았사오나 나는 주의 법도들에서 떠나지 아니하였나이다 주의 증거들로 내가 영원히 나의 기업을 삼았사오니 이는 내 마음의 즐거움이 됨이니이다 내가 주의 율례들을 영원히 행하려고 내 마음을 기울였나이다

고후 10:4-5 우리의 싸우는 무기는 육신에 속한 것이 아니요 오직 어떤 견고한 진도 무너뜨리는 하나님의 능력이라 모든 이론을 무너뜨리며 하나님 아는 것을 대적하여 높아진 것을 다 무너뜨리고 모든 생각을 사로잡아 그리스도에게 복종하게 하니

그러므로 성경에 의한 가치관·세계관은 세속 문화에 의해 이루어진 세계관을 다 무너뜨리고 오직 하나님이 주인이시라는 본질적 기본으로 돌아가는 것이며, 성도는 세속문화에 의해 뒤집힌 하나님의 창조 원리를 회복하여 하나님의

주권에 순종하는 삶을 사는 자들이 되어야 합니다. (A Christian should be an up-person in an upside-down world.)
그래서 주기도문에 나오는 것처럼 하늘에서 이루어진 하나님의 뜻이 이 땅에서, 내 삶 속에서, 그리고 우리의 관계 속에서 이루어지게 하는 것을 말합니다. 그렇다면 하늘에서 이루어진 하나님의 뜻은 무엇인가요? 성경은 그것을 보여 줍니다. 이것이 바로 Basic Information에 해당하는 것입니다. 이 기본적 정보를 얻기 위해 우리는 성경을 덮어 놓고 읽으면 안 되고 다음과 같이 중요한 3가지 성경 신학적 관점과 성경의 핵심 메시지를 이해하기 위한 중요한 3가지 개념에 근거해서 성경을 읽어야 합니다. 이런 관점으로 읽기 위해 줄거리 따라 읽기와 메시지 따라 읽기의 방법으로 성경을 읽어야 합니다. 이런 관점을 가지고 성경을 읽으면 성경 읽기가 신바람이 날 것입니다.

3. 그러면 성경을 어떻게 읽어야 하는가?

바른 관점으로 성경 읽기는 '세계관 바로 세우기'입니다.
기독교는 경전 종교입니다. 기독교의 신앙과 영성은 성경의 원리 위에 세워져야 합니다. 성경을 Canon이라고도 합니다. Canon은 규칙, 표준, 또는 척도라는 뜻입니다. 궁극적으로 성경은 모든 것의 판단기준이고, 가치와 세계관의 기초입니다. 그것이 성경적 세계관입니다. 그러기 위해 성경을 **통전적**(通典的)으로 이해하고, **전인격적**(全人格的)으로 읽어야 합니다. 전인격적 성경 읽기는 인격의 3요소인 지(知), 정(情), 의(意)를 다 동원하여 읽는 것입니다. 또한 믿음의 총체는 하나님을 알고(지성적 읽기), 그 사실이 참이고 진리임을 인식하며 관계를 맺어 나의 신앙 고백을 올려 드리며(감성적 읽기) 그래서 그것을 삶 속에 실천하는 것입니다(의지적 읽기).

전인격적 성경 읽기는 다음과 같이 읽는 것입니다.
① 지성적(知性的)으로 읽기 : 하나님 바로 알기
② 감성적(感性的)으로 읽기 : 그 하나님과 바른 관계 맺기
③ 의지적(意志的)으로 읽기 : 그 맺은 관계대로 살아가기

① 지성적 읽기 : 하나님 바로 알기

지성적 읽기는 우선 성경을 지식적으로 공부하면서 읽어 성경 속의 지식과 사실들을 배우고 습득하는 것을 말합니다. 그러나 그것은 단순 지식 습득을 위한 공부로 끝나면 안 됩니다. 그러면 우리는 성경의 지식만 많이 아는 것으로 끝나 버리고 머리만 커지고 가슴[감성]은 없어집니다. 지식 습득을 위한 지성적 읽기의 초점은 하나님을 바로 아는 지식, 하나님에 대한 지식을 배우고 습득하는 데 초점이 맞추어져 있어야 합니다. 우리는 하나님을 성경적으로 알고 있기보다는 나의 세속적 가치관으로 형성된 상식에 의해 하나님을 만들어 낼 수 있습니다. 출애굽기 32장에서 이스라엘 백성들은 하나님에 대한 이해가 부족했기 때문에 금송아지를 만들고 하나님이라고 했던 기사를 읽을 수 있습니다. 오늘의 우리도 성경을 읽고 그 성경이 가르쳐 주는 하나님을 알지 못하면 우리는 우리가 원하는 하나님을 만들어 냅니다. 그래서 호세아는 "그러므로 우리가 여호와를 알자 힘써 여호와를 알자 그의 나타나심은 새벽빛같이 어김없나니 비와 같이, 땅을 적시는 늦은 비와 같이 우리에게 임하시리라 하니라"(호 6:3)라고 호소합니다. 선지자 시대에 이스라엘 백성들은 참 하나님을 알지 못했습니다. 그것은 그들의 비극이었습니다. 호세아는 호세아서 4장에서 "내 백성이 지식이 없으므로 망하는도다 네가 지식을 버렸으니 나도 너를 버려 내 제사장이 되지 못하게 할 것이요 네가 네 하나님의 율법을 잊었으니 나도 네 자녀들을 잊어버리리라"(6절) 라고 했습니다. 여기서 말하는 지식은 하나님을 아는 지식을 말합니다. 이 지성적 읽기는 우리 성경 읽기 방법에서 줄거리 따라 읽기에 해당합니다.

② 감성적 읽기 : 그 하나님과 바른 관계 맺기

그러나 성경 읽기가 여호와를 아는 지식 습득으로서만 끝나면 안 됩니다. 그 여호와가 나와 어떤 상관이 있는가를 깨닫고 그 여호와와 관계 맺기를 해야 합니다. 이것을 말씀의 내면화(Internalization)라고 말하고 싶습니다. 또는 묵상 과정이라고 할 수 있겠지요. 말씀을 내 것으로 만들어야 말씀이 내게 능력을 발휘하게 됩니다.

3가지 성경 신학적 관점 부분에서 자세히 설명하겠지만, 타락은 하나님과 관계의 끊어짐이고, 구속은 그 반대의 개념으로 하나님과의 관계를 회복하는 것입니다. 하나님의 형상(Image of God, Imago Dei) 으로 지음을 받았다는 말은 그 하나님과의 관계 속에서만 존재 가치가 있는 것입니다. **창세기 2:7에서 인간은 흙 + 하나님의 생기로 되어 있다고 했습니다. 인간의 존엄과 존재 가치는 하나님의 생기가 함께 할 때만 가능합니다. 그러므로 우리는 하나님과의 관계 속에서 살아야 합니다. 그러기 위해 하나님과 관계 회복은 필연적입니다. 이 감성적 읽기는 그런 관계 회복의 역사를 일으키는 읽기입니다. 하나님과 관계 가운데 나의 진정한 고백을 올려 드리는 것입니다.**

③ 의지적 읽기 : 그 맺은 관계대로 살아가기

성경 곳곳에서 "지켜 행하라"라고 수없이 외치고 있음을 읽을 수 있습니다. 특히 시내산 언약을 통해 하나님의 백성이 된 이스라엘에게 백성으로서 살아갈 규범인 십계명을 주시고 이 계명을 "지켜 행하라"라고 레위기 26장, 신명기 28장에서 매우 강조하며, 구약 내내 이것을 매우 강조하고 있음을 읽을 수 있습니다. 특별히 분열 왕국 후반부부터 선지자들이 집중적으로 나타나는 것도 바로 이 "지켜 행함"과 직결되어 있습니다. 예수님도 그의 마지막 말씀에서 "…내가 너희에게 분부한 모든 것을 가르쳐 지키게 하라…"(마 18:20) 라고 하시면서 **지켜 행함**을 매우 강조합니다. **지켜 행하는 그것이 곧 순종입니다.** 순종은 곧 십계명적 영성을 실행하는 삶입니다.

성경 읽기를 통해 변화되었다면 그 변화를 삶으로 표현해야 합니다. **삶으로 실천함이 없는 변화는 진정한 변화가 아닙니다.** 단순한 감정의 변화는 변화가 아닙니다. 예를 들어 설명하면, 지성적 읽기를 통해서 우리는 "예수님은 길이요, 진리요, 생명이다"라는 사실을 배웠습니다. 그다음 감성적 읽기를 통해서 그 예수님이 **나의** 길이요 진리요 생명이라는 진리를 **나와의 관계** 속에서 묵상하고 깨닫고 그렇게 관계를 맺고 고백을 끌어내야 합니다. 그리고 우리는 그 예수의 길로 내 삶을 살아가야 합니다. "예수님이 나의 길이다"라고 고백하고는 그 길로 가지 않고 여전히 내 길로 가면 되겠습니까?

고백은 있는데 삶이 없다는 것, 이것이 우리 그리스도인의 고민입니다. 그것은 우리의 고백이 형성되는 과정이 잘못되었기 때문일 것입니다. **자기중심성**이란 것이 문제이지요. 서론 관점 공부를 하면서 이 문제를 다룰 것입니다.

약 2: 14-26 내 형제들아 만일 사람이 믿음이 있노라 하고 행함이 없으면 무슨 유익이 있으리요 그 믿음이 능히 자기를 구원하겠느냐 만일 형제나 자매가 헐벗고 일용할 양식이 없는데 너희 중에 누구든지 그에게 이르되 평안히 가라, 덥게 하라, 배부르게 하라 하며 그 몸에 쓸 것을 주지 아니하면 무슨 유익이 있으리요 이와 같이 행함이 없는 믿음은 그 자체가 죽은 것이라 어떤 사람은 말하기를 너는 믿음이 있고 나는 행함이 있으니 행함이 없는 네 믿음을 내게 보이라 나는 행함으로 내 믿음을 네게 보이리라 하리라 네가 하나님은 한 분이신 줄을 믿느냐 잘 하는도다 귀신들도 믿고 떠느니라 아아 허탄한 사람아 행함이 없는 믿음이 헛것인 줄을 알고자 하느냐 우리 조상 아브라함이 그 아들 이삭을 제단에 바칠 때에 행함으로 의롭다 하심을 받은 것이 아니냐 네가 보거니와 믿음이 그의 행함과 함께 일하고 행함으로 믿음이 온전하게 되었느니라 이에 성경에 이른바 아브라함이 하나님을 믿으니 이것을 의로 여기셨다는 말씀이 이루어졌고 그는 하나님의 벗이라 칭함을 받았나니 이로 보건대 사람이 행함으로 의롭다 하심을 받고 믿음으로만은 아니니라 또 이와 같이 기생 라합이 사자들을 접대하여 다른 길로 나가게 할 때에 행함으로 의롭다 하심을 받은 것이 아니냐 영혼 없는 몸이 죽은 것 같이 행함이 없는 믿음은 죽은 것이니라

"행함으로 내 믿음을 네게 보이리라…" Make your faith public!
'행함이 없는 믿음은 죽은 믿음'이라고 했는데 이 행함은 단순히 외형적 변화를 추구하는 행함이 아닌 우리의 삶의 가치관과 세계관이 근원적으로 변화되어 일어나는 행함을 말합니다. 단지 감정에 따라서 자비를 베푸는 식의 행함에서 끝나는 것이 아니라 그것이 우리의 성경적 가치관에 따르는 행함이어야 하는 것을 강조합니다.

사 29:13 주께서 이르시되 이 백성이 입으로는 나를 가까이하며 입술로는 나를 공경하나 그들의 마음은 내게서 멀리 떠났나니 그들이 나를 경외함은 사람의 계명

으로 가르침을 받았을 뿐이라

마 7:21 나더러 주여 주여 하는 자마다 다 천국에 들어갈 것이 아니요 다만 하늘에 계신 내 아버지의 뜻대로 행하는 자라야 들어가리라

서론 2

성경읽기의 방법 두 가지
통전적 성경 읽기

줄거리(Story line)와 메시지(Message line) 읽기

성경은 추상적이고 관념적이며 철학적 진리를 단순히 나열한 책이 아닙니다. 하나님은 인간을 포함한 피조 세계에 직접 관여하시는 섭리주 하나님이십니다. 성경은 하나님의 그 통치 행위를 근거로 기록된 역사적이고 현실적인 책이기 때문에 성경 속의 시간성을 무시하고 읽을 수 없습니다.

따라서 성경은 먼저 그 줄거리를 따라 읽어야 합니다. 그러나 우리가 가지고 있는 성경책 66권의 배열은 이런 줄거리를 따라가는 시간 흐름에 근거해서 배열되어 있지 않습니다. 그래서 성경 읽기가 어려운 것입니다. 그래서 본 교재에서는 성경 66권의 각 권의 독특성을 그대로 유지하되 성경 전체를 책 중심이 아닌 장 중심으로 해서 총 장수인 1,189장[3]을 시간 흐름 순에 의해 다시 재배열했습니다.

성경을 읽을 때 성경을 한 번 읽었다는 성취감의 만족보다는 성경이 주는 메시지와 내용을 이해하고, 은혜받고, 그리고 깨닫는 것이 중요합니다. 성경을 그냥 한 번 읽어 낸다는 것은 별 의미가 없는 것이기에 성경을 어떻게 하면 실제로 의미를 파악하면서 일독을 할 수 있는가에 대해서 많은 관심을 두게 되었습니다.

---

3 구약 총 929장, 신약 총260장 모두 1189장.

그리고 그 줄거리의 의미를 찾기 위해 성경을 관점을 가지고 읽어야 합니다. 성경 통독에 있어서 가장 중요한 것은 성경의 통전적(通典的) 의미를 파악하면서 읽는 것이기 때문입니다. 통전적(通典的) 의미란 '일반적으로 적용되는 규칙(규범), 또는 어떤 경우에도 통하는 법전'이라고 국어사전은 정의하고 있습니다. 여기서는 3가지 신학적 관점과 개념을 지칭하는 것이고, 이것이 곧 소위 말하는 성경의 '맥'(脈)이라는 것입니다. 성경 신학에 근거하는 세계관을 세우는 규범 같은 것을 말합니다. 성경을 통독한다는 것은 통전적 의미를 파악한다는 것이고 통전적 의미를 파악하기 위해서는 전체를 처음부터 끝까지 일관성 있게 읽어야(coherent reading) 합니다. 일관성 있는 독서를 하려면 본문의 "의미 창출 메커니즘"(meaning creating mechanism)을 알아야 합니다. 의미는 한 절, 한 절의 의미를 그냥 합산해 나오는 것이 아닙니다. 한 스토리의 의미란 스토리 전체로서 전달되는 것입니다. 즉 의미란 스토리 전체와 부분과의 관계 가운데서 생성됩니다. 이것은 한 권의 책에 대해서도 마찬가지입니다. 책 안에 나오는 여러 스토리 사이의 관계에 대한 이해가 없이는 그 책을 이해할 수 없습니다.[4] Bailey는 "성경은 부분의 종합이 아니고, 통일성을 가진 전체로 이해해야 한다"라고 말합니다.[5] **그래서 성경은 66권으로 편집된 전집 같은 책으로 읽는 것이 아니고, 하나의 통전적 이해의 줄거리[6]를 가진 66부작으로 된 한권의 책으로 읽어야 합니다.**

따라서 일관성 있는 독서를 하려면 시간 흐름에 따라 나오는 전체의 일관성과 각 책의 구조에 대한 통일성을 가진 통전적 이해가 필요한 것입니다. 성경을 한 번 읽더라도 창세기부터 요한 계시록 끝까지 성경 속에 흘러가는 내용(줄거리와 메시지)을 정확하게 파악하고 이해하며, 그 결과로 말씀으로 우리 삶이 변화되는 것이 중요합니다.

이렇게 성경을 읽기 위해서는 중요한 두 가지의 성경 읽기 방법으로 읽어야 합니다. 첫째는 성경을 줄거리 따라(스토리 라인) 읽는 것이 굉장히 중요합니다. 그 다음에는 그 스토리 라인을 따라가면서 그 스토리에 나타나는 메시지를 파악하는 메시지 따라가기 읽기를 병행해야 합니다.

---

4 김지찬 『요단 강에서 바벨론 까지』 생명의 말씀사 2012 p 149

5 Kenneth E. Bailey "Jesus through Middle Eastern Eyes" IVP 2008 p 20

6 이것을 우리는 성경의 맥(脈)이라고 부를 수 있다.

1. 줄거리(Storyline) 따라 읽기

우리가 가지고 있는 성경은 창세기부터 계시록까지 66권으로 나열되어 있습니다. 이렇게 나열되어 있는 66권은 각 권으로서는 굉장히 중요한 신학적인 메시지가 있고, 중요한 의미가 있습니다만 스토리 라인으로 연결되지는 않습니다. 성경을 줄거리 따라 읽는다고 했을 때 육하원칙(누가, 언제, 어디서, 무엇을, 어떻게, 왜)에 의해 읽어 그 내용(사실)을 파악하는 것입니다. 육하원칙에 따라 시간 흐름이 중요한 의미를 지닙니다. 그래서 우리는 성경 66권을 성경책 순서대로 읽지 않고 시간 흐름대로 읽을 것입니다.

사실 성경은 성경에 등장하는 인물들이 중심이 된 인간 스토리, 인간승리 이야기가 아닙니다. 그 인간들을 통하여 역사하신 하나님의 스토리, His Story 즉 하나님의 이야기입니다. 우리가 역사를 History라고 할 때 사실 그 역사마저도 His Story 입니다. 우리 인간들의 일반적인 역사도 하나님의 이야기입니다. 왜냐하면 하나님이 이 우주 만물을 창조하신 창조주이시기 때문입니다. 그래서 하나님은 이 모든 것을 하나님의 섭리 가운데 두시고 친히 역사하신다는 것입니다. 그것이 바로 스토리 라인입니다. 하나님의 역사라는 관점에서 스토리 라인을 따라가는 것이 굉장히 중요합니다. 그렇게 스토리 라인을 따라갈 때 하나님이 우리에게 주시는 메시지를 분명히 읽어 낼 수 있기 때문입니다. 그 역사의 핵심은 구속의 역사(Redemptive History)입니다.

성경은, 특히 구약은 다양한 주제로 구성된 것 같지만 실제로는 단일 주제로 되어 있습니다. 많은 성경학자들이 비록 여러 가지 주제를 언급하지만, 성경은 한 가지 주제를 바탕으로 하고 있습니다. 그것은 곧 구속(Redemption) 입니다. 무엇을 향한 구속인가 하면 하나님 나라의 회복을 위한 구속입니다. 구속은 하나님과의 관계 회복을 말하며 그 하나님의 주권을 회복하심을 보여 주는 책입니다.

성경을 읽고 우리의 삶이 말씀에 의해 변화되는 능력은 스토리 라인에서 나오는 것이 아닙니다. 그 스토리 라인을 배경으로 하는 메시지에서 나옵니다. 그래서 바른 삶으로 변화시키는 능력 있는 하나님의 메시지를 찾기 위해서는 성경 신학적 관점에 따르는 줄거리와 메시지를 잡아야 하는 것이 매우 중요합니다.

성경 66권은 자체로 귀한 의미를 지니는 보물 같은 책입니다. 그 각 권은 한 권한 권이 독특성을 가지는 다양한 책입니다. 성경 66권은 1,600년이라는 긴 시간 동안에 약 40여 명의 인간 저자가 동원되어서 기록된 책입니다. 그래서 각 성경이 쓰여진 시대적 배경을 깔고 그 당시 상황에 의해 쓰여진 책입니다. 그 자체로 다양한 독특성을 갖고 있으나, 성경 66권이 하나의 큰 통일성을 갖는다는 것을 간과해서는 안 됩니다. 그래서 성경의 각 66권을 하나의 중요한 통일성의 끈으로 묶어야 합니다.

실제로 성경 66권을 묶어 주는 통일성이 있습니다. 우리는 이 통일성을 성경 신학이라고 하며, 또는 성경의 맥이라고도 합니다. 성경의 맥과 성경 신학적인 관점으로 읽기 위해서는 반드시 성경을 스토리 라인을 따라서 읽어야 합니다. 성경을 스토리 라인으로 읽기 위해서는 66권을 성경책 순서가 아닌 시간 흐름 순서대로 재배열해야 합니다.

줄거리 라인을 잡기 위한 성경의 재분류

1) 전통적 분류
구약 성경의 전통적 분류

우리(개신교)가 가지고 있는 신·구약 성경은 모두 66권으로 되어 있습니다. 이 성경 66권을 전통적 분류법에 따르면 구약 성경은 율법서(모세 오경) 5권, 역사서 12권, 시가서 5권, 예언서 17권 등 모두 39권을 4부분으로 분류합니다. 예언서를 그 내용보다는 분량을 중심으로 대예언서 5권, 소예언서 12권으로 다시 나눕니다.

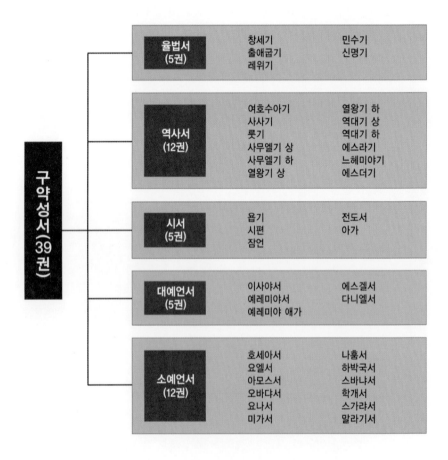

신약 성경의 전통적 분류

신약 성경은 복음서 4권, 역사서 1권, 서신서 21권, 예언서 1권 등 모두 27권의 책을 4부분으로 크게 나눕니다. 서신서를 바울서신 13권, 공동서신 8권으로 다시 나누고, 바울서신을 일반서신 6권, 옥중서신 4권, 목회서신 3권으로 다시 세분합니다. 바울서신은 바울이 특정한 독자들을 상대로 쓴 서신서이고, 공동서신은 여러 명의 저자들이 불특정한 독자들을 상대로 쓴 편지들입니다.

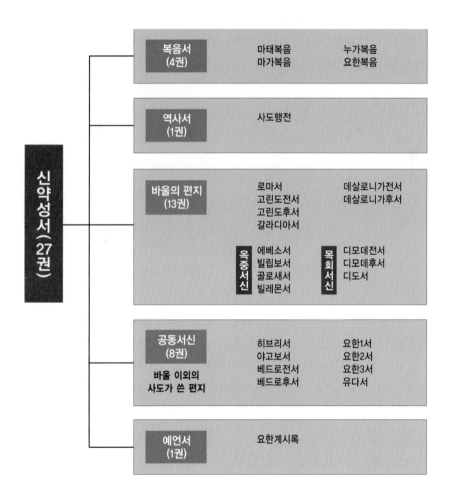

이 전통적 분류법에 따른 순서대로 읽으면 성경이 일관되게 꿰뚫어 가는 맥의 흐름을 찾기가 쉽지 않습니다. 왜냐하면 이 분류법으로는 마치 성경이 무슨 전집류(全集類)처럼 생각되기 때문입니다. 어떤 사람은 성경을 무슨 윤리 도덕 교과서처럼 생각하거나, 또는 이스라엘 백성이 가나안 땅따먹기하는 이스라엘판 무협 소설처럼, 혹은 룻기 같은 책은 시어머니를 잘 공경해서 복 받은 유대판 열녀전쯤으로 생각하는 사람들도 있습니다. 성경을 이런 생각을 가지고 읽는 사람들은 많지 않겠지만 전통적인 분류에 의한 순서대로 읽으면 성경에 흐르는 맥이 잘 잡히지 않아 쉽게 지루함을 느끼게 될 것입니다. 그렇다 보니 창세기부터 읽다가 노아의 홍수에 떠내려가 버리거나, 좀 더 인내심을 가지고 읽어 보지만, 출애굽 때 홍해 바다를 건너지 못하는 경우를 많이 봅니다. 그러다가 다시 작심(作心)하고 '신약부터 시작해야지'하고 마태복음을 펴지만, 이번에는 족보에 걸려 넘어지고 맙니다. 그러다가 성경책은 예배에 들고 다니는 장식품으로 전락해 버리고 마는 경우가 허다합니다. 매년 초에 다시 작심하지만 같은 방법으로 되풀이 하기 때문에 다시 작심삼일(作心三日)로 끝나게 되지요.

2) 시간 흐름에 의한 분류 (44쪽에 첨부된 도표 참조)

성경을 재미있게 읽는 방법은 우선 시간 흐름 속에서 그 줄거리를 찾아가야 합니다.

그러나 성경은 결코 위인전기나 무협 소설이나 열녀전이 아니기 때문에 줄거리 따라 읽기에는 한계가 있을 수 있습니다. 그래서 메시지 중심으로 읽는 메시지 따라(Plotline식) 읽기를 병행해야 합니다. 은혜받음과 깨달음이 있어야 합니다. 따라서 이 책은 줄거리 따라가기를 위해 성경의 편집 순서대로 읽지 않고 시간 흐름을 따라가며 읽습니다.

성경 각 권 중에는 시간이 흐르는 책이 있습니다. 이것을 역사서라고 합니다. 역사서에는 시간이 흐르는 역사서와 시간이 흐르지 않는 역사서가 있습니다. 모세 오경은 단순히 율법서가 아니라 시간이 흐르는 역사서로 분류해야 합니다. 따라서 창세기부터 열왕기하에 이르기까지 하나의 역사서로 봅니다. 창세기에서 열왕기까지의 역사는 신명기 사관에 의해서 쓰여진 역사서입니다.

그리고 또 하나의 역사서 줄기가 있습니다. 그 줄기는 학사이며 제사장인 에스라에 의해 쓰여진 제사장 사관으로 쓴 역사서입니다. 역대기 상하, 에스라, 느헤미야, 에스더 등이 이 부류에 속합니다. 이렇게 구약의 두 줄기의 역사서를 통하여 우리는 성경을 시간 흐름으로 연대기를 따라 재분류합니다.

그리고 시간 흐름의 역사적 배경을 통해서 시가서, 즉 욥기, 잠언, 아가서, 전도서와 예언서 같은 것이 생겼습니다. 그래서 다윗의 생애를 읽을 때 다윗이 쓴 시편을 같이 읽습니다. 그리고 특별히 분열 왕국 시대에 들어가면 많은 선지자가 활약하게 됩니다. 그때 활약했던 선지자들의 선지서를 같이 읽습니다. 그렇게 했을 때 스토리 라인과 메시지 라인을 연결하게 됩니다. 시가서와 예언서는 메시지 라인을 적용해주는 책입니다.

신약에 가면 4 복음서를 예수님 생애의 시간 흐름이라는 의미에서 또 하나의 역사서로 분류할 수 있습니다. 그래서 우리는 4 복음서를 마태복음, 마가복음, 누가복음, 요한복음 순서대로 읽지 않고 4 복음서의 내용을 예수님의 생애로 전기화해서 시간상으로 읽습니다. 예수님의 생애를 통해서 내용이 나뉘고 통합되어서 복음서를 조화하는 형식으로 예수님 생애에 대해서 읽습니다. 그리고 사도행전의 역사서를 읽으면서 사도들의 행전을 통해서 일어나는 서신서들, 즉 바울의 활약을 통해서 일어나는 바울 서신서들을 같이 읽습니다.

2. 메시지(Message line) 따라 읽기

두 번째로 메시지 라인 따라 읽기입니다. 스토리 라인이 전개되는 그 과정에 일어나는 메시지를 찾으면 은혜받게 됩니다. 앞에서도 언급했듯이 우리의 삶을 변화시키는 것은 줄거리가 아니고 그 줄거리를 근거로 해서 나오는 메시지에 있습니다.

성경은 성경에 나타난 인물들의 이야기가 아닙니다. 성경은 그 인물을 통해서 역사하신 하나님께 초점이 맞춰져 있습니다. 그 역사적 상황 속의 인물 히스토리(history)가 아니라 그 인물을 통해 역사하시는 하나님의 스토리(His Story) 입니다.

성경은 다른 종교의 경전처럼 추상적이고 관념적인 진리를 이야기하는 것이 아닙니다. 시간과 역사적 상황에 의해 전개되는 하나님의 역사하심, 하나님의 승리하심에 대한 글입니다. 그러므로 성경의 시간성과 역사성을 무시하고 읽으면 성경의 바른 이해를 할 수 없습니다.

우리는 성경의 줄거리 속에서 하나님의 역사하심이 우리의 삶 속에 어떻게 역사하셨는가, 또는 하고 계시는가를 알아야 합니다. 성경의 메시지는 역사성과 현실성에 근거한 것으로 현실적인 우리의 삶을 변화시키는 능력이 있다는 사실을 알 때 우리는 바른 메시지를 찾을 수 있습니다. 이 메시지 라인을 찾아 읽기 위해서는 다음에 설명할 3가지의 성경 신학적 관점을 중심으로 3가지의 개념들, 즉 신위, 인위, 자기중심성을 근거로 메시지를 찾아야 합니다.

줄거리 따라 읽기가 사실에 근거하는 내용을 파악하는 것이라면, 메시지 따라 읽기는 그 내용을 어떻게 믿어야 하는 것을 확인할 수 있습니다. 그러므로 이 두 가지 방법은 동전의 양면처럼 병행됩니다.

성경의 분류

성경의 주요사건

주요 국가 역사 변주

성경 읽기의 3가지 성경 신학적 관점

흐름과 맥

성경의 66권은 40여 명의 인간 저자와 1,600년의 긴 세월 동안에[7] 기록되었지만, 하나님께서 일관되게 계시한 단일 주제인 "하나님 나라"라는 내용으로 쓰여진 책이라고 이해하는 사람은 많지 않은 듯합니다. 성경은 그 성경에 등장하는 사람의 행적이 중심이 아니고, 그 인물들을 통해 이 땅에 역사하시는 하나님의 계시에 관한 이야기이고, 그 계시의 내용은 바로 하나님 나라를 이루는 것입니다. 이것이 바로 1,600여 년 동안 40여 명의 저자가 성경을 기록할 때 마치 서로 회의하여 합의한 듯한 일관된 주제입니다. 그것이 바로 '하나님 나라의 온전한 회복'입니다. '구슬이 서 말이라도 꿰어야 보배다'라는 우리의 옛 속담처럼 성경 66권이 이런 일관된 관점에 의해 꿰어지지 않으면 66권은 각각 별개의 책이고 서로 관계가 없는 책처럼 오해하기 쉬운 책들이 되고 맙니다.

앞에서 언급했듯이 성경을 읽는 방법에는 줄거리 중심으로 읽는다고 해서(Storyline) 성경의 전반적인 흐름을 성경 역사(歷史)와 성경 지리(地理)로 설명하는 줄거리 중심으로만 읽는 것은 아닙니다. 그 줄거리를 따라 나오는 메시지를 중심으로 하는 하나님 나라의 관점에서 읽을 수 있도록 하는 Plotline식 읽기에 무게를 둡니다. 따라서 이 성경 읽기는 다음에 설명할 3가지 관점을 가지고 읽음으로 핵심 진리를 이해하도록 돕습니다. 물론 성경을 읽는 관점은 여러 가지

---

7 모세 5경의 저자 모세시대(B.C. 1500년경)부터 요한계시록 저작(A.D. 95년)까지 대략의 기간을 의미한다.

일 수 있습니다. 그러나 그 모든 관점이 "하나님 나라"라는 관점 속에 포함될 것입니다. 우리는 성경을 바로 알기 위해 성경의 관점을 이해하고 그 맥의 흐름을 따라, 하나님의 마음에서 성경을 읽어야 참 은혜와 진리를 깨우치게 되며, 그래서 내 삶의 가치관이 그것에 의해 변화를 받아 하나님이 원하시는 삶을 살게 되며, 그것이 바로 에덴의 복된 삶의 회복입니다.

성경 읽기의 세 가지 성경 신학적 관점은 **첫째, 종말론적인 하나님의 구속의 역사입니다. 둘째, 하나님 나라의 관점입니다.** 하나님의 통치가 이루어지기를 원하시는 하나님의 마음을 쓴 책입니다. **셋째, 그 하나님 나라를 이루기 위해서 하나님의 백성은 거룩한 삶, 즉 구별되는 삶**을 사는 것입니다. 세상 문화와 섞이거나 세속적인 사람들과 섞여서 동화되는 삶을 살아서는 안 된다는 것입니다.
이 3가지 관점과 더불어 중요한 세 가지 개념을 함께 이해해야 합니다. 그것은 바로 **자기중심성**(自己中心性), **신위**(神爲), **인위**(人爲)에 대한 개념입니다. 이 3가지 개념이 생소한 분이 많을 것입니다. 다음 설명을 잘 이해하십시오.

그 세 가지 관점과 개념의 핵심은 하나님 나라입니다. 그것을 3가지로 나누어 구체적으로 공부합니다.

> 📢 **관점 1**
> **성경은 인간구원과 에덴의 회복에 이르는 종말론적 구속의 역사를 기록하고 있다.**

1) 종말론적 구속사의 관점 – 지성적 읽기 – 하나님 바로 알기

이 관점은 줄거리 따라 읽기와 매우 밀접한 관계가 있습니다. 이것은 성경 전체는 하나님께서 인간을 구원하셔서 태초에 잃어버린 하나님 나라, 즉 에덴을 새 하늘과 새 땅에서 회복시키신다는 관점으로 하나님이 인류의 구원역사를 이어가신다는 내용입니다. 이것을 구속사(History of Redemption)라고 합니다. 한마디로 말씀드리면 성경은 인간이 에덴에서 죄를 범하여 하나님과의 관계가 끊어졌는데 하나님은 그 관계를 다시 회복시키기 위한 구속(救贖)의 역사를 시작하시고(창 3:15), 그 완성을 마지막 때[終末](계 20장)에 이룬다는 것입니다. 성경의 이야기, 즉 줄거리는 창세기 3장에서 시작해서 요한 계시록 20장에 끝맺음을 하는 것으로 진행됩니다. 창세기 1, 2장과 요한 계시록 21, 22장은 창조 세계에서 죄가 없는 완벽한 상태를 보여 줍니다.

이어서 우리는 하나님이 왜 인간을 구원(救援)하시려고 하는가에 대한 답을 찾아보아야 합니다. 그 대답은 바로 하나님께서 인간의 타락으로 인해 파괴된 에덴의 하나님 나라를 원래의 창조 계획대로 온전히 회복하는 것입니다. 따라서 이 부분의 관점에 관한 공부는 또한 성경적 세계관을 형성하기 위한 귀중한 기초를 제공하고 있습니다.

서론 앞부분에서 자세히 언급했듯이, 하나님께서 사랑을 나누는 대상으로 인간을 만드시기로 정하시고 태초에 천지를 창조하시고, 인간을 에덴동산에 두셨습니다. 그러나 인간이 죄를 범함으로 동산에서 추방당하는 비극이 시작되었습니다. 이 선악과 사건으로 인해 하나님과 사랑과 복의 관계가 끊어지게 되고, 그 사건의 주범인 사탄을 제압하고 인간을 에덴으로 다시 회복시키시기 위해서 그 역사를 종말로 이끄신다는 것입니다.
그래서 하나님은 역사에 직접 개입하십니다. 또한 개입하신 역사를 반드시 일직선으로 이끄십니다. 하나님께서 그 역사를 계획하신 목적대로 이끄신다는 것이 우리 기독교의 역사관입니다. 기독교 역사의 핵심은 죄를 범한 인간들을 구속해서 다시 에덴으로 회복시키는 것입니다. 우리는 성경 전체의 역사가 바로 이와 같은 일직선의 역사에 따라서 종말에 이르는 역사로 나간다는 사실을 진리로 받아들이고 있습니다. 그래서 성경의 역사는 인간 구원을 통해 관계를 회복함으로 하나님 나라를 회복한다는 종말론적인 역사관을 가집니다.

창세기 1:1에 보면 "태초에 하나님이 천지를 창조하시니라"로 말씀이 시작됩니다. 이 말씀은 우리가 사는 이 우주와 우리의 역사는 시작이 있었다는 말입니다. 창세기 1:1은 우주는 영원하지 않다는 사실을 말합니다. 시작이 있다는 것을 말하고, 시작이 있다는 것은 끝이 있다는 것을 함축하고 있습니다. 논리적으로도 실제적 무한성(an actual infinite)은 존재하지 않습니다. 무한한 과거와 무한한 미래는 존재하지 않는다는 뜻입니다. 시간이 존재한다는 것은 어떤 출발점이 있었다는 것을 말합니다. 즉, 시간을 측정한다는 것은 어떤 사건이나 일의 앞서는 것과 뒤서는 것의 상관관계라고 볼 때 시간이 존재한다는 것은 어떤 일이나 사건의 앞서는 것, 즉 시작점이 있다는 것을 말합니다. 이것은 과학적으로도 증명이 됩니다. 물리학에서 말하는 열역학 제2 법칙에서도 이 말씀을 볼 수 있습니다. 유형의 에너지가 점점 무형의 에너지로 바뀌어서 결국 우주의 질서는 무너진다는 것입니다. 인류의 끝은 반드시 있다는 말입니다. 또한 1927년 우주과학자인 에드윈 허블(Edwin Powell Hubble)이라는 사람이 우주 망원경으로 우주를 관찰한 결과 우주가 팽창하고 있다는 사실을 밝혀내고 그렇다면 최초의 큰 폭발점이 있었을 것으로 추측하고 있습니다. 그러나 성경은 하나님께서 천지를 창조하심으로 출발점을 만들었다고 분명히 말하고 있습니다.

진화론자들은 영원한 과거에서 영원한 미래로 무한 진화한다는 것을 과학적인 사실처럼 주장하고 있습니다. 그러나 우주에는 반드시 그 시작점이 있고 그 끝이 있습니다. 단지 그 시작이 우연에 의해서이냐, 아니면 원인이 있느냐가 문제입니다. 진화론자들은 시작과 끝도 우연이라고 말하지만, 성경은 그 원인을 하나님이라고 분명히 밝혀 주고 있으며, 또한 많은 무신론자마저도 우연(偶然)이 아니라 어떤 설계에 의해 시작한다고 인정합니다. 시계가 저절로 정교하게 조립될 수 없듯이 어떤 계획된 시작이 있다는 것을 인정합니다. 이것을 지적 설계론(Intelligent Design)이라고 합니다.[8]

우리가 존재하는 시간과 공간의 시작은 하나님이 천지를 창조함으로 시작된 것입니다. 창세기 1:1은 영원의 차원으로부터 시간과 공간이 시작된 것을 보여 줍니다. 우리는 창세기와 성경 전체에서 하나님이 그 천지를 우리와의 사랑의 관계로 인하여 창조하시고 그곳에 하나님의 나라인 에덴을 창설하셨다는 사실을 발견할 수 있습니다. 그렇게 시작한 하나님의 창조와 완벽한 에덴에서의 하

8 관련 참고 도서 : 박담회, 박명론 『기독교 지성으로 이해하라』 도서출판 누가 2006.

나님 나라가 인간이 죄를 범함으로 하나님과의 관계가 단절되면서 하나님의 나라는 파괴되고, 인간의 불행한 문화와 문명이 시작되는 것을 보게 됩니다. 하나님은 이렇게 파괴된 하나님 나라를 회복하는 역사를 시작하셨음을 성경은 말해 주고 있음을 알 수 있습니다. 이것이 성경 역사의 시작입니다. 우리는 그 시작의 끝은 요한 계시록 21장 이하의 새 하늘과 새 땅에서 완성되며 끝난다고 믿습니다. 그 일의 약속은 창세기 3:15의 약속에서부터 시작하지만, 본격적인 시작은 창세기 12장에서부터 시작되는 아브라함과의 언약으로부터 입니다. 이것을 우리는 구속의 역사라고 합니다.

세상에는 다양한 역사관이 있습니다. 그중에 대표적인 것이 힌두교와 불교에서 말하는 윤회 사관입니다. 진화론적 유물사관이나 헤겔의 역사철학, 이러한 것들이 모두 윤회 사관입니다. 다시 말하면 역사는 돌고 돈다는 말입니다. 그러나 기독교의 역사관은 반드시 종말이 있는 역사관입니다. 성경은 인간구원을 통한 하나님의 나라 회복과 완성이라는 계획을 기록하고 있는데 그것은 바로 이 종말론적 구속의 역사관을 보여 주고 있습니다.

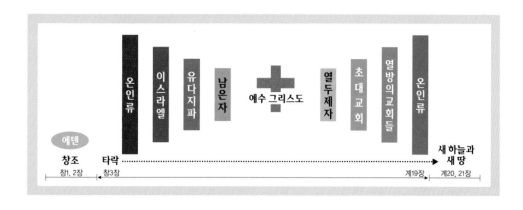

우리는 성경의 구속 역사의 흐름을 다음과 같이 분류합니다.[9]

1)창조 시대 2)족장 시대 3)출애굽 광야 시대 4)가나안 정복 시대 5)사사 시대 6)통일 왕국 시대 7)분열 왕국 시대 8)포로 시대 9)포로 귀환 시대 10)신구약 중간 시대 11)복음 시대 12)교회 시대 13)종말 - 마지막 때

이 시간의 흐름에서 하나님 나라를 이루시려는 하나님 계획의 흐름을 파악해 볼 수 있습니다.[10]

📢 관점 2
하나님 나라 - 하나님 통치의 회복.

2) 하나님 나라의 회복의 관점-감성적 읽기-그 하나님과 관계 맺기

왜 하나님은 이렇게 역사에 개입하시고, 종말을 향해 이끌고 계시는 것일까요? 이 질문의 대답은 '왜 하나님은 우리를 구원하시려는 것일까?'의 대답과 같은 것입니다. 구원의 참 의미는 무엇인가요? 구원은 역사의 흐름이 방향과 목적이 있듯이 반드시 그 방향과 목적이 있습니다. 죽어서 천당에 데려가시려고 우리를 구원하시는 것만은 아닐 것입니다. 그것은 하나님 나라의 회복을 위한 목적과 방향을 갖는 것입니다.

왜 하나님은 당신의 나라를 세우시기를 원하시는 것일까?

하나님은 왜 인간을 만드셨을까?[11]

인간이 죄를 범하기 전의 에덴은 완벽한 하나님의 나라이었습니다. 하나님 나

---

9 시간 흐름의 연대기적 분류는 Thomas Nelson 출판사가 발행한 "Time & Life Historical Reference Bibl"의 편집 분류한 순서를 참고하여 다소 지나치게 세분하게 분류한 부분은 통합을 하는 수정을 약간 가했다. 신약의 사복음서의 연대기적 분석은 Dr. Orville E. Daniel 이 쓴 "A Harmony of the Four Gospels" Baker Books, 1996 판을 참조하였다.

10 이 시대 나눔은 세대주의의 세대 나눔과 전혀 상관이 없음을 밝힌다. 이 시대 나눔은 시간 흐름의 성경 내용 특징을 잡아 나눈 것일 뿐이다.

11 서론1에서 설명한 것을 그 내용이 여기에 다시 중복됨으로 다시 부연 설명한다.

라는 하나님의 주권이 온전히 이루어지는 영역을 말합니다. 내 삶이 하나님의 뜻에 온전히 순종하는 삶이라면 그것이 곧 하나님의 나라입니다. 내 삶 속에 하나님의 나라가 이루어진 것입니다. 그런데 아담과 하와[인간]가 뱀[사탄]의 꼬드김에 넘어가 자기중심성이 인위적이고 이기적인 방면으로 발동되어 그만 하나님의 명령을 어기고 말았습니다. 죄를 범하게 되었고, 그 결과 하나님과의 관계가 끊어지고 말았습니다. 그래서 인간의 삶은 하나님의 주권이 미치지 않는 삶이 되어 버렸습니다. 하나님 나라가 부서진 것입니다. 이것이 타락입니다. 그러나 창세기 3:15에서 하나님은 하나님 나라를 이 땅에 다시 회복하시려는 계획을 보여 줍니다. 왜 그렇게 하시기를 원하시는 것일까요? 이 문제를 설명하기 위해서는 하나님께서 왜 인간을 창조하셨는가를 먼저 생각해야 합니다. 성경은 이 점을 분명히 대답하고 있지 않습니다. 그러나 성경의 여러 가지 내용을 통해서 이 질문에 대한 대답을 유추해 볼 필요가 있습니다.

영국의 신약 주석가인 바클레이 목사님은 하나님이 사랑이시라면 그 사랑을 나누는 대상이 있어야 한다는 것은 당연한 논리라고 하면서 다음과 같이 설명합니다.[12]

요한일서 4:8 "사랑하지 아니하는 자는 하나님을 알지 못하나니 이는 하나님은 사랑이심이라" 하나님은 사랑이시라는 말은 우리가 모두 믿고 동의합니다.

하나님이 사랑이시라면 사랑은 나누어야 하는 대상이 있어야 한다는 것은 지극히 당연한 논리입니다. 하나님은 사랑을 나누고 또 교제해야 할 대상이 필요했다고 생각합니다. 하나님은 전지전능하시고, 자급자족하시는 분이며 모든 면에서 완벽하신 분이기 때문에 하나님의 사랑을 나눌 존재가 필요했다고 볼 수는 없습니다. 그러나 그것은 하나님의 초월적인 속성을 말하는 것이고, 하나님은 우리 인간과 관계를 맺을 수 있고, 교제할 수 있는 내재적 속성, 즉 사랑, 공의 자비… 등 인격적 속성도 함께 가지고 계신 분이시기 때문에 사랑의 대상이 필요하다는 추정은 충분히 가능한 이야기입니다. 창세기 1:26-28에서 창조 전 하나님이 인간 창조를 계획하셨다는 사실을 읽을 수 있는데, 28절에 "하나님이 그들에게 복을 주시며…"라는 구절에서 사랑의 관계를 맺으시려고 인간을

12 William Barclay "*The Apostles' Creed*" Westminster Press, 1998 p 42.
   "*The letter of John*" the Daily Study Bible Series, Westminster Press 1960 p97.

창조하셨다고 볼 수 있습니다.

하나님께서는 6일 동안 실제로는 닷새 반 동안 천지를 창조하시고 마지막에 인간을 창조하셨습니다. 인간은 하나님과의 사랑을 나눌 수 있는 하나님의 축복을 받을 수 있는 그러한 존재입니다. 하나님께서는 그러한 인간을 가장 살기 좋은 장소를 택해서 그곳에 살게 해줄 필요가 있었다고 생각합니다. 하나님께서는 인간이 살아갈 수 있는 조건에 적합한 모습으로 우주를 만드시고 인간을 만드셨습니다.

창세기 2장에 하나님이 인간을 위해 주신 동산이 얼마나 아름다운지 그 모습을 볼 수 있습니다. 그곳에는 인간이 무엇이든지 마음대로 누릴 수 있도록 모든 조건이 완벽하게 갖춰져 있던 동산이었습니다. 하나님께서는 인간에게 그 동산을 다스릴 수 있는 권리를 인정해 주시고 그렇게 지낼 수 있도록 해주셨습니다. 이것이 바로 하나님의 사랑이고 섭리입니다. 하나님은 우리를 사랑을 나눌 대상으로서 창조하셔서 우리와 관계를 맺고 교제하며, 그분을 하나님으로 섬기며, 그분의 통치 아래에 순종하는 삶을 살아가도록 인간을 창조하신 것입니다. 그래서 하나님은 당신의 통치 아래 있는 인간이 완벽한 조건으로 살아갈 수 있도록 이 우주 만물을 창조하시고, 에덴의 동쪽에 동산을 개설하시고 그곳에 인간을 두셨다고 성경은 말하고 있습니다.

창세기 1:27-28의 말씀을 다시 보면 "하나님이 자기 형상 곧 하나님의 형상대로 사람을 창조하시되 남자와 여자를 창조하시고, 하나님이 그들에게 복을 주시며 하나님이 그들에게 이르시되 생육하고 번성하여 땅에 충만하라. 땅을 정복하라. 바다의 물고기와 하늘의 새와 땅에 움직이는 모든 생물을 다스리라 하시니라" 하나님께서는 인간에게 그 동산을 다스릴 수 있는 권한을 위임하시고 그곳에서 모든 것을 누리며 살 수 있도록 특별히 배려하신 것입니다. **우리는 하나님의 청지기로 지음을 받았다는 사실을 반드시 알아야 합니다. 청지기는 주인이 하나님이라는 사실을 또한 알고 있어야 합니다.**

이 구절에서 우리는 에덴에서부터 하나님은 인간과의 교제와 관계를 하나님 나라라는 개념으로 형성하고 싶어 하시는 하나님의 마음을 읽을 수 있습니다. 이것은 단순히 많은 신학자들이 말하는 문화 명령(Cultural Mandate)의 성격만 갖는 것이 아니고, 이 구절 속에 '하나님 나라의 개념'이 있고, 에덴이 바로 하

나님께서 이루고 싶어 하시는 하나님 나라임을 알 수 있습니다

정치학에서 '나라'라고 할 때 (1) 주권, (2) 영토, (3) 국민이 있어야 나라가 성립한다고 정의를 내립니다. 정성욱 교수는 이 구절에서 하나님 나라를 설명합니다. '생육하고 번성하라'는 하나님 나라의 국민이 많아지라는 것이고, '땅을 정복하라'는 것은 국토(영토)를 잘 관리하라는 것이며, '모든 생물을 다스리라'는 국권(주권)을 행사하라는 의미로 해석할 때 창세기 1:27-28은 하나님 나라의 번영을 뜻한다고 설명합니다.[13] 이 세 가지 즉, 국민, 국토, 주권은 나라를 형성하는 3요소입니다. 바로 하나님 나라의 요소이지요. 이미 에덴에서 하나님은 하나님 나라를 개설하심으로 인간에게 복을 주셨다고 했습니다.

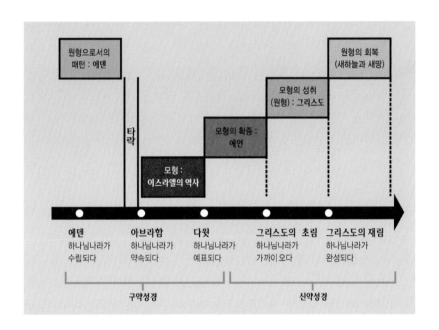

호주의 신약학자 그레엄 골드워디(Graeme Goldworthy)는 에덴은 하나님 나라의

13 정성욱 "티타임에 나누는 기독교 변증법" 홍성사 p31

원형이라고 설명합니다. 성경의 첫 2장(창세기 1장 2장)과 마지막 2장(계시록 21장 22장)은 죄가 존재하지 않는 장들입니다. 하나님은 인간을 죄가 없는 상태로 창조하셔서 그들의 창조주로서 섬김을 받기를 원하셨습니다. 그러나 인간은 하나님을 그들의 삶의 주인으로 택하지 않는 죄를 범하였고 그들 스스로 주인이 되거나 다른 신을 주인으로 섬김으로 하나님의 통치를 벗어났습니다.

미국 Fuller 신학교의 김세윤 교수는 그의 저서 『주기도문 강해』에서 다음과 같이 설명하고 있습니다. 인간은 에덴을 떠나 나오면서 스스로 결핍한 존재가 되었고 그 결핍을 채우기 위해 피나는 노력을 기울이며, 그 결과 인간은 문화와 문명을 이루었습니다. 그러나 그 인간이 이룬 문화와 문명은 결핍의 문화이고, 그것은 결코 인간에게 복이 되지 못하고 화가 되는 것입니다.

신약에서 탕자가 아버지에게서 자기의 몫을 받아 스스로 살아가려고 아버지를 떠나는 모습은 에덴을 떠나는 아담의 선택과 같은 맥락입니다. 그는 스스로 아버지의 풍요함을 버리고 결핍의 길을 택한 것입니다. 이것이 바로 에덴을 버린 아담의 모습이요 이는 바로 하나님 아버지를 떠난 인간의 모습입니다. 오늘날 하나님의 통치를 벗어난 인간은 바로 이 아담적 실존의 존재들입니다. 그런 인간을 하나님의 풍요함으로 돌아오게 하시려고 하나님이 당신이 통치하시는 나라를 세워 가시는 것이 바로 성경의 이야기입니다.

그렇다면 하나님 나라를 어떻게 정의할까요? 우리가 나라라고 정의할 때 그 나라가 이루어지기 위해서는 국민, 국토(영토) 그리고 주권이 있어야 한다고 했습니다. 하나님 나라라고 할 때도 역시 이 세 가지를 모두 갖추어야 합니다. 그리고는 통치권을 인간이 행사하는 것이 아니고 하나님이 행사하시는 것입니다. 다시 말하면 **하나님 나라는 하나님의 통치가 이루어지는 영역입니다.** 즉 신본주의(神本主義)가 이루어지는 영역이지요. 이것을 또한 인위(人爲)에 반대되는 개념으로 신위(神爲)라고 합니다.**14**

---

14 신위, 인위의 개념은 이어지는 3가지 개념에서 자세히 설명한다.

하나님은 왜 구속하시기를 원하시는가?

구속(救贖)은 관계 회복입니다. 하나님은 관계를 회복시키고 함께 해주시기를 원하십니다. 구속이 관계 회복이라면 타락은 관계의 파괴입니다. 이 구속과 타락이라는 용어에는 '권력의 이동(power shift)'의 의미가 숨어 있습니다. 영향력의 이동이라는 말입니다. 누구의 영향력 아래에 있다가 누구의 영향력 아래로 옮겼는가 하는 것입니다. 하나님은 인간을 하나님의 형상(Imago Dei)로 지었다고 했습니다(창 1:26). 그 말은 인간은 하나님과의 관계, 즉 그분의 영향력 아래에 있을 때 존재 가치가 있으며, 최고의 행복을 누릴 수 있다는 말입니다. 그러므로 사탄의 영향력 아래에서 하나님의 영향력 아래로 원대 복귀해야 한다는 것입니다. 그것이 구속, 즉 관계의 회복이고, 복의 지름길입니다. 시 73:28에서는 "…여호와께 가까이 함이 내게 복이라"고 했습니다.

역사의 흐름이 방향과 목적이 있듯이 구원도 방향과 목적이 있습니다. 하나님께서 우리 인간들이 죽은 후 천국에 데리고 가시려고 우리를 구원하신 것이 아닙니다. 물론 우리가 이 세상을 떠나면 하나님의 나라인 천국에 간다는 성경 말씀은 진리입니다. 그러나 우리가 죽어서 천국에 간다는 것이 구원의 참목적은 아닐 것입니다. 오히려 하나님께서 구속하시는 목적은 바로 이 땅에 하나님 나라를 회복시키시고, 이루어 가시려는 하나님의 계획을 성취해 나가기 위하심입니다. 그래서 본 성경 읽기의 두 번째 관점을 하나님 나라에 두고 있습니다. **하나님 나라는 하나님의 통치가 온전히 이루어지는 영역**을 말합니다.

이제 하나님 나라의 중요한 관점에 관해서 설명합니다. 만약 성경 66권을 약탕기에 넣어 푹 고아서 짜면 무엇이 나오겠습니까? 아마도 산상수훈이 나올 것입니다. 왜냐하면 예수님께서 성경의 가장 핵심적인 진리를 산상수훈에서 가르치고 있기 때문입니다.

인도의 무저항주의를 주장하면서 인도의 영국 식민지에 대해서 비폭력 독립운동을 일으킨 간디가 성경을 읽고 가장 감동한 부분이 산상수훈이라고 합니다. 그분이 그의 비폭력주의 철학을 산상수훈으로부터 배웠다고 합니다. 간디는 인도가 영국으로부터 독립하고 난 뒤에 인도에 와 있는 많은 선교사를 모아놓고 이렇게 말을 했다고 합니다. "만약 여기 계시는 선교사님과 크리스천들이 예수님께서 가르쳐 주신 산상수훈대로 살고 있다면 여러분들이 여기에 오셔서 선교하느라 고생하실 필요가 없을 것입니다. 왜냐하면 모든 크리스천이 그렇게 살아가는 모습을 보고 많은 사람이 예수를 믿기로 작정했거나, 예수를 믿을 것으로 생각하기 때문입니다"라고 할 만큼 간디도 산상수훈의 진리를 높이 평가했다는 얘기가 있습니다.

이 산상수훈을 다시 약탕기에 넣어 푹 고아서 짜면 그 산상수훈에 안에 있는 또 하나의 핵심적인 진액이 나옵니다. 나는 그것이 주기도문이라고 생각합니다. 예수님께서 제자들에게 가르쳐주신 이 주기도문은 성경의 가장 핵심적인 진리를 잘 표현하고 있습니다. 그 핵심적인 내용은 '나라가 **임하옵시며 뜻이 하늘에서 이룬 것 같이 땅에서도 이루어지이다**'라고 생각합니다. 하나님께서 이미 하늘에서 이루어주신 그 하나님의 뜻(나라, 주권, 통치)이 이 땅에 이루어지는 그것이 바로 하나님의 나라가 임한다는 말입니다.

사실 예수님이 이 땅에 오신 이유와 이 땅에서 가르치신 가르침의 핵심은 **하나님 나라**입니다. 하나님께서 하나님의 나라를 이 땅에 회복하시고자 하시는 하나님의 열망을 보여 주는 것이 구약의 스토리라고 봅니다. 구약은 하나님 나라를 이 땅에서 꿈꾸었다고 보는 것입니다. 예수님이 이 땅에 오셔서 구약이 꿈꾸었던 그 하나님 나라를 선포하셨습니다(막 1:15). 예수님이 구약을 성취하신 분이라고 하는 이유는 구약이 꿈꾸었던 하나님 나라를 이 땅에 오셔서 하나님께서 실현하고 선포하셨기 때문입니다. 신약은 그 점을 강조해서 보여주고 있습니다. 예수님의 첫 설교인 마가복음 1:15에 보면 "이르시되 때가 찼고 하나님의 나라가 가까이 왔으니 회개하고 복음을 믿으라"라고 합니다. 이것이 예수님께서 공생애를 시작하시면서 선포하신 하나님 나라 이야기입니다.

예수님께서 3년간 공생애 사역을 통해서 제자들과 따르는 무리에게 가르친 핵심 진리는 바로 하나님 나라입니다. 그 나라가 이 땅에 이루어져야 한다는 것입니다. 예수님께서 부활하시고 승천하시기까지 40일 동안 지상에 더 머무시는 동안에 제자들에게 가르쳐 주신 핵심 진리 역시 또한 하나님 나라이었습니다. 사도행전 1:3에 보면 "그가 고난 받으신 후에 또한 그들에게 확실한 많은 증거로 친히 살아 계심을 나타내사 사십일 동안 그들에게 보이시며 하나님 나라의 일을 말씀하시니라"고 증언하고 있습니다. 이것은 성경이 하나님 나라를 핵심 주제로 삼고 있다는 것을 확연히 보여 주고 있는 것입니다.

그런데 문제는 그 인간이 죄를 범할 수밖에 없는 상황에 부닥쳤다는 것입니다. 여기서 잠깐 선악과 문제를 이야기할 필요가 있습니다. 많은 성도가 의문을 품거나 회의를 느끼는 질문은 이것입니다. 하나님께서 왜 뱀을 만드셔서 인간을 유혹하게 했는가? 하나님께서는 왜 선악과를 만드셔서 인간을 유혹에 빠지게 해서 죄를 범하게 했는가? 이런 질문들을 하면서 하나님께서 선악과를 만드신 의도를 혼란스럽게 생각하는 경우가 많이 있습니다. 하나님께서 왜 선악과를 만드셨는가에 대한 답을 찾으려면 우리는 반드시 사탄의 존재를 생각해 봐야 합니다.

사탄은 언제, 어떻게 생겨났을까?

창세기에서 말하는 창조의 시작 기점을 '레쉬트(ראשׁית)'(창 1:1)라고 합니다. 이 말은 시간과 공간의 시작점을 말합니다. 그런데 요한복음에서의 태초는 '아르케(ἀρχή)'(요 1:1) 라는 헬라어 단어를 사용하는데 이는 시간과 공간이 생기기 이전의 상태를 말합니다. 영계(靈界)의 의미를 가리키는 것입니다.

히브리어 성경에 이사야 14:12 "너 아침의 아들 계명성이여 어찌 그리 하늘에서 떨어졌으며 너 열국을 엎은 자여 어찌 그리 땅에 찍혔는고"의 계명성을 "헬렐"(הֵילֵל hêlêl or heylel)로 표현하고 라틴어 번역판(Latin Vulgate)에는 루시퍼(Lucifer)라고 번역하였고 이것은 흠정역(King Jamaes Version)에 그대로 사용함으로 계명성이 사탄의 이름처럼 되었습니다. 이 계명성을 루시퍼로 번역한 초대 교부는 터툴리언, 오리겐 등입니다. 이 사탄의 이름인 루시퍼는 문예 부흥기의 문학가인 단테가 그의 책『신곡』과 밀턴이 그의 책『실낙원』에서 사용함으로 널리 알려지게 되어 계명성이 사탄의 이름이라고 믿게 된 것입니다.

이 계명성의 원래 히브리식 의미는 "헬렐 벤 샤하르(הֵילֵל בֶּן שָׁחַר hêlêl ben šāḥar)" 입니다. '헬렐'은 빛나다는 뜻이고, "벤"은 자식 또는 아들이라는 말이며, "샤하르"는 아침이라는 말입니다. 따라서 계명성으로 번역된 "헬렐"의 원뜻은 '아침에 빛나는 자식'이라는 뜻입니다. 계명성은 아침에 빛나는 금성(Venus)을 가리키고 우리말로는 샛별이라고도 합니다. 이런 좋은 뜻의 이름이 사탄을 지칭할 수 없고 더더구나 신약의 요한 계시록에서 예수님이 자신을 소개할 때 이 샛별이라고 소개함으로(계 22:16) 이 명칭이 사탄의 명칭일 수 없다는 논란이 일기 시작합니다. 칼뱅과 루터가 여기에 동조하고, KJV를 제외한 모든 성경은 이 헬렐을 루시퍼로 번역하지 않고 '계명성'이라고 번역합니다. 그렇다고 이 구절(사 14:12-17)이 사탄의 기원과 전혀 관계없다는 주장에는 상당한 무리가 따르는 주장이라고 생각합니다. 물론 성경은 사탄의 기원에 분명한 기록은 없습니다. 그리고 성경은 우리가 알기를 원하는 모든 정보를 제공하고 있지 않습니다. 그래서 우리는 거룩한 유추를 해야 할 경우가 있습니다. 신학에서는 이것을 대전제(Presupposition)이라고 합니다.

이 이사야 14:12-17과 에스겔 28:12-15의 구절들은 사탄의 기원을 유추하게 하는 매우 적절한 구절들이라는 것입니다. 이 사탄의 기원에 대한 적절한 유추를 통해 대전제를 세우는 것은 성경을 이해하는데 중요한 일입니다.

먼저 사탄의 개념이 포로시대 이후 하나님의 백성이 고난을 받게 되는 데 관한 의문들로 출발해서 신정론적(神正論的) 질문에 답을 찾으려는 시도가 이루어지면서 하나님의 대적자인 사탄의 개념이 구체화하기 시작했을 것입니다. 이전까지 하나님의 대적자인 사탄은 막연히 뱀이라는 개념으로 생각했습니다. 그러나 인간이 하나님을 대적하는 죄를 범함으로 그 대가로 고난을 치르게 되고 그 배후에는 하나님의 대적자가 있어 하나님을 대적하게 한다는 사실로부터 하나님의 대적자인 사탄의 개념이 확립되기 시작합니다. 욥기는 아브라함 시대를 배경으로 하는 책이지만, 사탄이라는 단어가 등장하는 것을 보아 고난의 시기이었던 포로시대에 문서화 되었다고 믿게 되는 것입니다. 이런 사실은 포로귀환 시대에서 중간기까지 소위 제2 성전시대(the 2nd temple period)에 사탄의 개념이 본격적으로 정리가 됩니다. 유대 전승에 의하면 묵시문학과 외경, 특히 에녹서에 보면 사탄을 하나님의 진노를 산 타락한 천사(fallen angel)라고 기록하고 있습니다. 한때 이 motif는 배격되었으나 2세기경 랍비 엘리저(Parqe de-Raabi Elizer)[15]에 의해 다시 받아 드려졌습니다.

많은 성서학자들은 이사야서 14:12-17, 에스겔서 28:12-15은 사탄의 기원을 추

---

15 Pirke de-Rabbi Eliezer(PRE,פרקי דרבי אליעזר, or פרקים דרבי אליעזר, Chapters of Rabbi Eliezar) is an ag-gadic-midrashic work on the Torah containing exegesis and retellings of biblical stories. The composition enjoyed widespread circulation and recognition throughout Jewish history, and continues to do so in the present. Traditionally, PRE has been understood to be a tannaitic composition which originated with the tanna Rabbi Eliezer ben Hyrcanus, - a disciple of Rabbi Yochanan ben Zakai and teacher of Rabbi Akiva - and his disciples. -Wikipedia에서 발췌.

정할 수 있는 단서를 제공하는 구절들이라고 믿습니다. 사탄에 대해서는 앞에서도 이야기 했었지만, 하나님께서 태초에 천지 우주 만물을 창조하시기 전에 이미 영계에서 하나님께서 어느 때에 천사를 창조했고, 그 천사 중의 한 천사가 교만에 빠져서 하나님의 위치에 도전하다가 결국 하나님의 진노를 사서 타락해서 사탄이 되었다고 추정합니다.

사 14:12-17 너 아침의 아들 계명성이여 어찌 그리 하늘에서 떨어졌으며 너 열국을 엎은 자여 어찌 그리 땅에 찍혔는고, 네가 네 마음에 이르기를 내가 하늘에 올라 하나님의 뭇 별 위에 내 자리를 높이리라 내가 북극 집회의 산 위에 앉으리라 가장 높은 구름에 올라가 지극히 높은 이와 같아지리라 하는도다 그러나 이제 네가 스올 곧 구덩이 맨 밑에 떨어짐을 당하리로다. 너를 보는 이가 주목하여 너를 자세히 살펴보며 말하기를 이 사람이 땅을 진동시키며 열국을 놀라게 하며, 세계를 황무하게 하며 성읍을 파괴하며 그에게 사로잡힌 자들을 집으로 놓아 보내지 아니하던 자가 아니냐 하리로다

이 구절은 문자적으로는 바벨론의 느부갓네살왕과 바벨론의 멸망에 관한 구절이입니다. 그러면서 사탄의 기원과 사탄이 하는 일과 사탄의 운명 전체를 추정해 볼 수 있는 구절입니다.
이 구절이 사탄의 기원을 추정하게 하는 근거 되는 구절이라고 볼 때 사탄을 "계명성"에 비유 했습니다. 신약에서는 이 계명성을 "샛별" 또는 "새벽별"로 번역하여 예수님을 상징하는데 이 "계명성"이 사탄을 가리킬 수 없다고 하면서 이 구절이 사탄의 기원을 말하는 구절이 아니라는 것이지요. 그렇게 주장할 수 있습니다. 그러나 사탄이 처음부터 사탄으로 창조되었다고 볼 수 없고, 처음에는 "계명성" 같은 천사로 지음을 받았을 것이라고 추정해 볼 수 있습니다. (에스겔 28:15 "네가 지음을 받던 날로부터 네 모든 길에서 완전하더니…") 따라서 여기서 "계명성"을 사탄의 명칭으로 보기보다는 사탄으로 타락하기 이전의 천사로 있을 때의 명칭이라고 보아야 할 것입니다. 또한 에스겔서 28:13("…너를 위하여 비파와 소고가 준비 되었더니…")을 가지고 추측해 보면, 영계(靈界)에 찬양을 맡은 천사가 있었습니다. 그 천사가 바로 하나님이 찬양을 너무 좋아하시는 것을 보고서 그 천사가 교만에 빠져 북극성 높은 곳에 자기 보좌를 올리려고 하나님께

감히 도전하다가 하나님의 진노를 받아서 사탄이 되었다고 그렇게 생각할 수 있습니다. 그래서 북극 집회 즉 하나님의 보좌에 자신의 보좌를 올리려고 하다가사 14:13,14 하나님의 진노를 받아서, 결국은 사람과 땅을 진동시키며 열국을 놀라게 하고 그들은 스올 곧 구덩이 맨 밑에 떨어짐을 당하여 사탄이 되었다는 것입니다. 이 구절은 후대 중간기 시대 악과 고난의 시기에 사탄이 개념이 발전되면서 사탄의 사역과 사탄의 운명에 관한 이야기를 상징적으로 표현하는 것으로 많은 성서 신학자들은 믿고 있습니다.

또한 사탄의 기원에 대해서 우리가 찾아볼 수 있는 구절은 에스겔서 28장에 나오는 구절입니다. 두로 왕에 관한 이야기입니다. 에스겔서 28장에서 두로 왕이 사탄에 비유된 것은 당시에 두로 왕이 사탄의 사악함에 견줄 만큼 사악했기 때문에 두로 왕을 사탄에 비유했다고 많은 성서학자들은 믿습니다.

에스겔 28:12-15 인자야 두로 왕을 위하여 슬픈 노래를 지어 그에게 이르기를 주 여호와의 말씀에 너는 완전한 도장이었고 지혜가 충족하며 온전히 아름다웠도다. 네가 옛적에 하나님의 동산 에덴에 있어서 각종 보석 곧 홍보석과 황보석과 금강석과 황옥과 홍마노와 창옥과 청보석과 남보석과 홍옥과 황금으로 단장하였음이여 네가 지음을 받던 날에 너를 위하여 소고와 비파가 준비되었도다. 너는 기름 부음을 받고 지키는 그룹임이여 내가 너를 세우매 네가 하나님의 성산에 있어서 불타는 돌들 사이에 왕래하였도다. 네가 지음을 받던 날로부터 네 모든 길에 완전하더니 마침내 네게서 불의가 드러났도다

이것이 바로 사탄의 기원에 대한 말입니다. 사탄은 하나님과 대적하고 싶어 하는 교만에 빠져서 하나님의 진노를 사게 되었다는 것입니다. 이 이사야서 14장 12절 이하의 말씀과 에스겔서 28장의 말씀에서 천사가 사탄으로 저주를 받았던 가장 큰 이유는 교만임을 알 수 있습니다. 그 교만은 자기중심성입니다. 이 사탄이 인간에게 나타나서 꼬드긴 것이 바로 자기중심성을 부추긴다는 것입니다. 바로 인간이 하나님이 될 수 있다고 부추긴 것입니다. 사탄의 이러한 사상은 많은 우상 종교와 많은 신비종교에 나타납니다. 예를 들어서 뉴에이지(New Age)에서 '우리가 신이 될 수 있다.'는 신인합일(神人合一) 사상이라던가, 또는 힌두교에서 이야기 하는 범아일여(梵我一如), 즉 힌두교의 신인 브라만(Brahman)과

인간(Atman)**16**이 하나가 된다는 이러한 사상들이 사탄의 교만에서 유래되어진 것이라고 생각합니다.

불행하게도 인간은 하나님이 될 수 있다는 사탄의 꼬드김에 넘어갔고 우리가 가지고 있었던 자유 의지의 자기중심성이 하나님께 순종하는 쪽으로 발동되지 못하고 사탄의 유혹에 넘어가는 쪽으로 발동이 되었다는 것입니다. 그것으로부터 인간의 불행한 역사는 시작되고, 성경의 역사는 사실상 시작된 것입니다. 성경이 1,189장으로 되어 있는데 창세기 1장과 2장, 그리고 요한계시록 21장과 22장, 이 4장만이 죄가 없는 상태를 보여 주고, 그 외에는 다 인간이 죄성을 가지고 나아가는 역사에 하나님이 구원하시려고 개입하시는 스토리가 성경의 이야기라는 것입니다. 이것은 인간의 타락에 기인합니다.

창세기 1장과 2장, 그리고 성경의 맥락(예: 요일 4:8 등)을 통해서 하나님이 사람을 사랑의 관계를 맺기 위해 창조하셨음을 알 수 있습니다. 그러나 첫 인간인 아담과 하와는 사탄의 유혹에 빠져 그만 하나님에게 불순종하고 그분의 주(主) 되심을 부인하고, 사탄의 소속으로 넘어가게 되었습니다. 인간의 역사를 이해하려고 할 때 이런 영적 세계에서 일어났던 영적 전쟁의 측면을 무시하면 참된 역사의 흐름을 읽어 낼 수가 없습니다. 세상의 세속적 일반 역사는 순수한 인간의 역사[人爲]일 수만은 없습니다. 그 배후에는 이런 영적 전쟁의 영향이 있다는 사실을 인정해야 합니다. 특히 성경과 그 주변 국가의 역사를 이해하기 위해서는 이런 사탄의 악한 영향을 인정해야 합니다.

결국 사탄이 하는 일은 하나님께 가는 모든 영광을 가로채는 것입니다. 이 모든 것을 염두에 두고 다시 에덴의 동산의 상태로 돌아와 보면, 하나님께서는 인간을 창조하시고 인간에게 가장 완벽한 조건과 여건을 만드시고, 또 그 동산을 관리할 수 있는 관리권을 위임하면서까지 하나님과의 사랑과 축복의 관계를 맺었습니다. 이러한 것을 사탄이라는 자가 보면 반드시 그 관계를 질투하고 깨려고 시도할 수 있다는 것을 상상해 볼 수 있습니다.

---

16 Ātman은 Sanskrit(आत्मन)어로서 내적자아(inner-self)또는 혼(soul)을 말한다. Hindu교의 Vedanta 학파는 Ātman을 제일 원리(the first principle) 즉 외양상의 현상으로 나타나는 정체성을 뛰어 넘는 참 자아라는 것이다. 이 힌두의 가르침에 의하면 인간이 참 구원에 이르기 위해서 자신의 초자연적인 브라만(Brahman)과 동일해 짐으로(梵我一如) 깨닫게 되는 자신(Ātman)을 아는 지식〈self-knowledge(atma jnana)〉을 터득해야 한다고 가르친다. (Wikipedia 백과 사전에서 요약)

따라서 타락은 사탄과 인간의 자기중심성의 합작품입니다(창 3장).

하나님은 왜 선악과를 에덴동산에 두셨을까?-하나님 나라, 신위(神爲)의 확립을 위해서

창 2:15-17 여호와 하나님이 그 사람을 이끌어 에덴동산에 두어 그것을 경작하며 지키게 하시고 여호와 하나님이 그 사람에게 명하여 이르시되 동산 각종 나무의 열매는 네가 임의로 먹되 선악을 알게 하는 나무의 열매는 먹지 말라 네가 먹는 날에는 반드시 죽으리라 하시니라

하나님이 왜 선악과를 만들어서 인간에게 죄를 범하게 하셨느냐는 식으로 의아하게 생각하며 혼란에 빠진 사람들이 있습니다. 하나님은 인간을 창조하시고 그들을 에덴에 두시고 그 동산을 다스리게 하시면서 하나님과 교제의 관계를 이루는 하나님 나라를 이루시기를 원하셨습니다. 하나님은 인간이 살기에 완벽한 에덴을 만드시고 그곳에 인간을 두시면서 선악과를 그 에덴동산 중앙에 두시고 '따 먹지 말라. 따 먹으면 정녕 죽으리라'라고 하셨습니다. 하나님은 동산의 모든 과실은 다 따 먹으라고 하시고 이것만은 안 된다고 하셨습니다. 동산의 모든 과실은 다 먹어도 좋다고 하신 창세기 2:16의 말씀은 그 앞 절인 15절에 다스리게 하는 것과 연결해서 생각해야 합니다. "경작하며 지키게" 하신 것은 다스리게 하신 것이고 그것은 바로 1장 28절의 말씀과 연결됩니다.

하나님은 우주 만물을 인간이 살기 좋은 것으로 만드시고 모든 것을 인간에게 초점을 맞추어 만드셨습니다. 그리고 동산의 각종 과실을 마음대로 먹게 하셨고, 이 우주 만물을 다스리도록 모든 권한을 위임해 주셨습니다. 이 '다스린다'라는 단어는 인간이 자기 우월성을 착각하게 하는 경향을 띤 단어일 수 있습니다. 우리가 독립적으로 우리의 뜻대로 다스린다는 것이 아니고 하나님의 뜻에 따라서 다스리는 일을 위임받았다는 말입니다. 그러므로 우리의 뜻(인위)은 없습니다. 오직 하나님의 뜻만이 이루어지도록 다스려야 한다는 말입니다. 이것이 청지기의 정신입니다.

사탄(뱀)이 인간을 유혹해서 하나님과의 관계를 파괴하리라는 것을 하나님은

이미 잘 알고 계셨을 것입니다. 인간을 사랑하셔서 그 사랑을 나누기 위해 창조하신 인간을 사탄의 유혹으로부터 보호하며 하나님 나라를 이루어 가는 유일한 길은 인간이 하나님의 통치안에 있게 하는 것뿐입니다. 사탄은 영적 존재이기 때문에 육신을 가진 인간이 사탄을 이길 수는 없기 때문입니다.

그래서 하나님께서는 사탄의 유혹이나 공격으로부터 아담과 하와를 보호해 주시기 위해서 동산 가운데 가장 잘 보이는 위치에 선악과나무를 두셨습니다. 그리고 아담과 하와에게 "이 나무의 열매는 먹지 말라. 네가 먹는 날에 반드시 죽으리라"(창 2:17) 라고 말씀하셨습니다. 이것은 아담과 하와에게 '사탄의 유혹이 오면 동산에 있는 선악과나무를 바라보아라. 그러면 너희가 하나님의 피조물이라는 사실을 알게 되고, 모든 것을 책임지시는 하나님을 의지하게 될 것이다. 하나님을 따르면 모든 문제는 다 해결할 수 있다'라는 하나의 약속을 주신 것입니다. 그러나 하와는 사탄의 유혹에 넘어가서 선악과를 따먹고 죄를 범하고 말았습니다. 아담과 하와는 모든 것들을 풍족하게 누릴 수 있는 하나님의 낙원으로부터 추방되는 운명에 빠졌습니다. 하나님의 입장에서 볼 때 하나님과 인간의 관계가 완벽하고 하나님의 통치가 인간에게 아주 아름답고 완벽하게 이루어질 수 있는 최초의 완벽한 하나님 나라로서의 에덴을 잃어버리게 되고, 인간은 하나님의 보호로부터 멀어지게 되었습니다. 앞서 언급했듯이, 이것은 인간이 무진장의 풍요로움으로부터 제한된 결핍의 상태가 되었다는 말입니다.

인간이 에덴의 풍요함을 버리고 자기가 스스로 삶의 주인이 되어 살아보려고 했던 인간의 타락된 모습입니다. 결국 인간이 스스로 살아가겠다는 것은 결핍 가운데 살아가는 것입니다.

그러한 삶을 사는 인간에게 에덴의 풍요로운 삶으로 회복시키시고 인간을 다시금 에덴의 모습으로 돌아오게 하시려는 것이 하나님의 구속사입니다. 그 구속을 통해서 하나님께서는 잃어버린 에덴에서의 하나님 나라, 하나님과의 완벽한 통치 관계, 하나님의 완벽한 사랑의 관계를 회복해 주십니다.

우리에게 다시금 하나님의 나라를 회복시켜 주시려고 하는 것이 바로 성경 이야기입니다. 성경은 그와 같은 하나님 나라를 회복시켜 나가시는 하나님의 구속의 스토리입니다. 그래서 우리는 성경을 하나님 나라의 관점에서 볼 것입니다. 하나님 나라는 예수를 믿는 사람들이 모여 정당을 형성하고 정권을 쟁취해서 세우는 그런 나라가 절대 아닙니다. 인간의 삶 가운데 하나님의 주권, 통치가 이루어지는 그 영역을 말합니다. 그러기 위해서 인간은 하나님이 주신 규례와 명령에 순종해야 합니다. 그래야 하나님의 주권이 회복되고 하나님 나라가 우리의 삶 가운데 세워지게 된다는 것입니다.

> 📣 관점 3
> **구별된 삶 - 그 나라를 이루기 위하여 섞이면 안 되는 삶.**
> **오히려 정복해야 한다. (변혁 주의적 삶 - 성화를 이루어가는 방편)**

3) 거룩한 삶(구별된 삶)의 관점-의지적 읽기-관계 맺은 대로 살기

하나님 나라가 우리의 삶 가운데 회복되기 위해서는 반드시 하나님이 우리에게 요구하시는 것들에 대해 순종이 이루어져야 합니다. 하나님께서 우리에게 요구하는 것은 구별된 삶을 사는 것입니다. 그것이 바로 본 성경 읽기의 3번째 관점입니다. 하나님께서는 하나님 나라를 회복하시기 위해서 아브라함의 언약으로부터 시작해서 출애굽까지 하나님 나라를 이룰 백성을 만드셨습니다. 출애굽기 19장은 시내산에서 하나님 나라의 군신(君臣) 관계를 맺고 이스라엘을 하나님의 백성으로 삼는 언약을 기록하고 있습니다. 그리고는 그 백성들이 하나님의 백성으로 살아가야 할 규례로서 십계명을 20장에서 주셨습니다. 십계명을 푼 것이 레위기입니다. 하나님께서 레위기를 주시고, 레위기 끝부분인 26장에서 지켜 행하라고 하십니다. 지켜 행하면 복을 주시겠다고 약속하십니다. 그 복이 무엇입니까? 바로 에덴에서 누릴 수 있는 복의 상태로 돌아갈 수 있다는 것입니다. 하나님 나라가 회복된다는 이야기입니다. 그 이야기를 모세는 신명기 28장에서 다시 한번 "지켜 행하라, 그리하면 복 받는다"라고 강조합니다. **우리가 지켜 행한다는 그 말 자체가 순종입니다. 순종이라는 말은 구별된 삶을 사는 것입니다. 거룩한 하나님의 백성으로 사는 것입니다.**
그 삶은 이 세상 세속문화에 섞여 세상 문화에 동화되거나, 적응되어 세상 사람인지 하나님의 사람인지 구별이 되지 않은 삶을 사는 사람이 아닙니다. 이 땅에서 하나님 백성이라는 정체성을 유지하면서 사는 사람을 말합니다. 하나님께서는 이것을 성경 전체에서 말씀하고 계시는 것입니다.

다시 말하면 하나님이 나의 주인이 되시고, 하나님이 나의 통치자가 되신다는 것입니다. 구별되는 삶을 통해서 하나님의 통치하시는 주권이 우리 삶 가운데 온전히 회복될 수 있습니다. 그렇게 하나님의 주권, 하나님의 통치가 우리 삶 가운데 회복되는 바로 그곳에 하나님의 나라가 회복되는 것입니다. 그렇게 회복된 하나님의 나라가 바로 에덴의 풍요, 복의 상태로 돌아갈 수 있다는 것이 성경의 이야기입니다. 그것이 바로 성경이 우리에게 이야기해 주고자 하는 하나님의 구속이라는 것입니다. 그러므로 성경은 하나님 나라를 회복시키고자 하는 구속의 역사를 시작하시고 종말에 완성하신다는 이야기라는 것입니다. 그와 같은 하나님의 나라가 이 땅과 우리 삶 속에 이루어지기 위해서 하나님의 백성은 반드시 하나님의 명령에 순종하는 거룩한 삶, 구별되는 삶을 살아야 합니다.

하나님 나라는 하나님의 백성으로 이루어지는 나라입니다. 하나님 나라는 하나님의 백성에 의해서 시작하고 이어져 갑니다. 성경에 나타나는 족보는 그것을 말해 줍니다. 성경을 읽다가 족보가 나타나면 지루하고 쓸데없는 것이 나왔다고 생각하지 말고 여기에 숨긴 하나님의 계획과 마음을 읽어 보십시오.

성경의 모든 족보는 방향이 있고, 그 족보가 멈추는 곳에 하나님 나라를 이어가는 중요한 사람이 있다는 것을 보여 주기 위함입니다. 족보는 바로 하나님 나라의 역사는 하나님이 택하신 백성 즉, "셋"의 계열에서 이어지며, 그래서 하나님의 백성은 이 세상 백성과 결코 섞여서는 안 된다는 것을 보여 줍니다. 성경에서 하나님이 거룩하니 그 백성들도 거룩하라고 명령하심을 봅니다(레 11:44-45). 그래서 하나님은 섞이지 않는 나실인을 두었고(민 6:1-6), 바알 숭배가 극에 달한 왕정 시대 후기에 바알에 절하지 않은, 즉 섞이지 아니한 자 7,000명을 두었다고 했습니다(왕상 19:18). 이것을 "남은 자들" 즉 섞이지 않은 하나님의 백성들로 구원의 역사가 이어지게 하는 하나님의 계획을 볼 수 있습니다.

가인이 아벨을 죽여 다시 죄를 범함으로 하나님이 가인으로 그냥 이어지게 하지 않으시고 '셋'을 허락하시고 그로부터 성경의 역사가 이어지게 함을 유의해 보세요.

창세기 5장의 족보는 가인의 계열이 인간 문화를 이루어 나아가고, 하나님 나라의 문화는 셋의 계열에 의해 이어져 간다는 사실을 보여 주고 있습니다. 성경은 이 두 계열의 대치 상황의 기록이기도 합니다. 가인의 계열은 사탄이 주인 노릇을 하는 문화를 형성하고, 인간의 죄성인 자기중심성의 문화를 쌓아 갑니다. 셋의 계열을 하나님이 다스리는 문화를 형성하여 하나님의 통치에 순종하는 하나님 나라를 세워 가는 섞이지 않은 경건의 계열입니다.

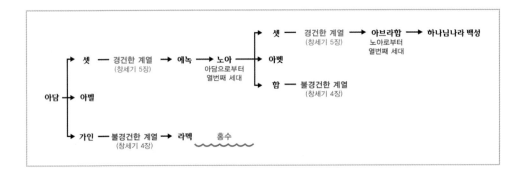

성경에 나오는 네피림과 니므롯은 가인의 계열의 사람입니다. 이 사람들은 죄를 지으면서 이 세상의 문화를 발달시킨 사람들입니다. 이들의 다스림(통치)의 원리는 바로 자기중심적인 물리적 힘의 원리에 입각해 있습니다. 인간중심의 인위(人爲)가 이 세상을 다스린다는 것입니다(창 4:16-24).

성 어거스틴도 그의 저서 『두 도성』에서 같은 말을 했습니다.
인류는 타락 이래로 줄곧 두 부류의 사람으로 나누어져 왔다는 것입니다. 하나는 하나님을 쫓아 그분께 순종하는 삶을 사는 사람(셋의 계열)과 다른 부류는 우상을 섬기며 자기중심적인 삶을 사는 사람(가인의 계열)입니다.

아브라함이 셋의 계열에서 나타남은 창세기 10장의 족보가 보여 주는 하나님의 계획입니다. 성경은 곧 셋 계열(하나님 나라)과 가인 계열(세상 나라) 간의 긴장 관계를 보여 줍니다.
그 긴장 관계는 다음과 같은 유형으로 나타남을 볼 수 있습니다.

① 세상 나라 문화가 하나님 나라 문화를 침투하여 세속화시키는 것.
② 하나님 나라 문화가 세상 나라 문화를 침투해서 하나님 나라 문화로 변화시키는 것.[17]

우리의 매일의 삶은 하나님이냐, 바알이냐의 택일의 싸움입니다. 이것은 영적 싸움이기도 합니다. 성경의 심판은 바로 하나님 나라 백성이 세상 문화에 섞여 세속화될 때 임한다는 사실을 유의해서 읽어 보세요. 우상 숭배가 바로 그것입니다. 이것이 구약 역사의 종말입니다.

하나님은 당신의 나라를 세우기 위하여 가인이 아니라 셋을 따로 세우시면서 섞이면 안 된다는 것을 보여 주십니다. 아브라함을 갈대아 우르에서 불러내심으로 그를 이방 문화로부터 분리하신 것도 섞이면 안 된다는 것을 보여 줍니다.

이 점은 레위기 11:44-45 "나는 여호와 너희의 하나님이라 내가 거룩하니 너희도 몸을 구별하여 거룩하게 하고 땅에 기는 길짐승으로 말미암아 스스로 더럽히지 말라 나는 너희의 하나님이 되려고 너희를 애굽 땅에서 인도하여 낸 여호와라 내가 거룩하니 너희도 거룩할지어다"라고 특별히 거룩함을 강조합니다. 거룩은 "구별하다"라는 뜻입니다.

하나님은 특별히 가나안 정복을 앞둔 이스라엘 백성들에게 모세를 통해 특별히 당부합니다. 신 12:1-7 "네 조상의 하나님 여호와께서 네게 주셔서 차지하게 하신 땅에서 너희가 평생에 지켜 행할 규례와 법도는 이러하니라 너희가 쫓아낼 민족들이 그들의 신들을 섬기는 곳은 높은 산이든지 작은 산이든지 푸른 나무 아래든지를 막론하고 그 모든 곳을 너희가 마땅히 파멸하며 그 제단을 헐며 주상을 깨뜨리며 아세라 상을 불사르고 또 그 조각한 신상들을 찍어 그 이름을 그 곳에서 멸하라 너희의 하나님 여호와께는 너희가 그처럼 행하지 말고 오직 너희의 하나님 여호와께서 자기의 이름을 두시려고 너희 모든 지파 중에서 택하신 곳인 그 계실 곳으로 찾아 나아가서 너희의 번제와 너희의 제물과 너희의 십일조와 손의 거제와 너희의 서원제와 낙헌 예물과 너희 소와 양의 처음 난 것들을 너희는 그리로 가져다가 드리고 거기 곧 너희의 하나님 여호와

---

17 참고 도서 : 리처드 니버 『그리스도와 문화』 대한 기독교서회, 2001

앞에서 먹고 너희의 하나님 여호와께서 너희의 손으로 수고한 일에 복 주심으로 말미암아 너희와 너희의 가족이 즐거워할지니라"

여호수아서는 가나안 정복이 단순한 영토의 점령만이 아니라, 종교와 문화의 정복, 즉 영적, 정신적 정복을 더욱 강조하신 하나님의 의도를 보여주며, 또 그 세속문화에 섞이면 하나님 나라를 이룰 수 없다는 사실을 강조합니다. 그러나 이스라엘은 **바알을 섬기면서 섞였고, 그 섞임으로 인해 결국 멸망**하고 만다는 것이 구약 성경의 역사입니다.

구약이 말하는 섞이지 않음이 단순히 구별하는 것, 점령하는 것을 의미하는 것이라면, 신약이 말하는 구별된 삶, 즉 섞이지 않는 삶은 단순히 성과 속을 구별하는 것이 아닌 변혁의 적극성을 띠는 삶을 말합니다. 오늘날 하나님의 백성인 그리스도인은 단순히 성과 속을 구별하여 교회의 삶과 세상의 삶을 구별하는 삶을 살아가는 것만이 섞이지 않는 삶이 아니라는 것을 알아야 합니다. 특히 오늘날의 교회는 과연 하나님 나라의 문화를 이 세상에 전파하고 있는가를 반성해야 합니다.

그것이 선교요 전도인데, 오히려 교회 안의 삶에 안주함으로 세상 문화에 먹히고 있는 것을 보게 됩니다. 내 교회 밖의 삶은 내 교회의 관심사가 아닌 그런 신앙생활을 하고 있습니다. 교회의 기능이 예배하기 위해 모이고 선교하기 위해 흩어진다고 한다면 이 흩어지는 교회는 아예 존재하지 않습니다. 왜냐하면 선교란 단순히 먼 나라에 나아가 복음을 전파하는 것만을 의미하는 것이 아니고, 선교는 바로 교회 밖에 그리스도의 세계관에 의한 하나님의 문화를 이루고, 그의 나라를 이룩하는 것으로 생각하기 때문입니다. 이것이 교회의 바른 양육입니다. 교회에서 예배를 위해 뜨겁게 모이지만, 세상을 향해 그리스도인으로 빛과 소금으로 나아가지 않고 세상 속에서 다 섞여 버리는 안타까운 그리스도인을 많이 만나게 됩니다. 이것은 바로 섞이는 삶이요, 그런 삶 속에 하나님의 나라는 이루어지지 않습니다. 특히 예수님은 요한 17:11-19에서 세상을 향하여 나아가라고 명령하시면서 그 세상에 속하면 안 된다고 가르치십니다. 우리는 세상에 나아가 빛과 소금의 사명을 다하여 이 세상을 변혁시키고 그리스도의 문화를 이루어야 합니다.

송인규 목사는 그의 저서 『평신도 신학』에서 세상 문화에 대한 4가지 자세를 설명하고 있습니다.

① 격리 주의(isolation) 세상과 완전히 담을 쌓고 등지고 사는 것.
② 적응 주의(assimilation) 세상에 적응하여 세상을 벗하여 사는 것.
③ 구획 주의(compartmentalization) 세상을 등지고 사는 것은 아니지만 성과 속을 구획적으로 구별하여 사는 삶.
④ 변혁 주의(transformation) 세상을 그리스도의 문화로 변혁 시키며 사는 삶.

그리스도인의 삶은 바로 이 변혁 주의적 삶을 살아야 하고 그러기 위해서 세상 가운데 살아가되, 세속과 섞이면 안 되는 것입니다.

영국의 신학자 일리스터 맥그래스는 그의 저서 『칼뱅과 그리스도인의 소명 (Calvin and Christine Calling)』에서 칼뱅은 "신자 개개인은 세상의 모든 영역에서 하나님을 섬기도록 부름을 받은 존재"라고 했습니다. 그것을 칼뱅은 개신교 노동윤리(Protestant work ethic)라고 했습니다. 칼뱅은 그리스도가 문화를 포함한 창조 세계의 모든 영역의 구속자라는 것과, 우리는 일상적인 일을 통해 그분을 섬긴다는 것을 가르치고 있습니다.

지금이야말로 말씀을 강하게 붙들어 참 진리를 깨달아 하나님을 나의 주인으로 모시는 순종의 역사가 일어나 이 세상의 문화를 하나님의 문화로 바꾸어 놓는 영적 각성이 새롭게 이루어져야 하는 때임을 명심해야 합니다. 초대 교회의 많은 성도들이 순교한 것은 바로 이 섞이면 안 된다는 관점(세계관) 때문입니다. 예수님 이외에는 구원이 없다는 사실을 알았기 때문입니다. 신학에서 말하는 "예수의 유일성"은 바로 그리스도인의 세계관을 형성합니다.

그러므로 오늘을 살아가는 현대 그리스도인은 바로 이 섞이면 안 된다는 관점은 곧 포스트모더니즘, 종교 상대주의, 그리고 종교 혼합주의가 만연한 현대를 살아가는 그리스도인의 세계관이 되어야 합니다. 흔히들 '산(山) 정상은 하나이지만 그 정상에 올라가는 길은 여러 가지'라면서 다른 종교에도 구원에 이르는 길이 있다고 말합니다. 그 주장이 퍽 지성적이고 설득력이 있어 보일지 모르지만, 그것은 함정입니다. 만약 그렇다면 구약의 역사를 통해서 본 것처럼 하나님이 인류 구원의 계획이 좌절되자 직접 그 구원 사역을 감당하시기 위하여 인간의 몸을 입고 이 땅에 오시어 고난받으실 필요가 없었을 것입니다.

성경은 바로 이 세 가지 관점에서 읽어야 하나님 마음을 바로 이해할 수 있고 이 땅에서 하나님 나라를 세우며 살아가야 할 우리가 누려야 할 축복을 성경 속에서 찾아 누릴 수 있다는 것을 명심하시기를 바랍니다. 하나님 나라를 세운다는 것은 삶의 매사에 하나님이 주인 되심에 순종하는 것을 말합니다.

구별되는 삶을 살기 위해서 다음의 3가지 개념을 잘 이해해야 합니다.

바른 메시지를 찾기 위한

3가지의 개념

순종하고 거룩한 삶을 살아가기 위해서 우리는 세 가지 중요한 개념을 이해해야 합니다. 이것은 성경이 주고자 하는 참 메시지를 형성하는 중요한 개념입니다. 그 중요한 개념은 신위(神爲), 인위(人爲), 자기중심성(自己中心性)입니다.

1. 신위(神爲)

신위가 무엇인가 하면 곧 '하나님의 방법'입니다. 신위의 신(神)은 '하나님' 神이고 위(爲)는 '이룬다'라는 뜻입니다. 신위는 바로 '하나님이 이루신다'입니다. 하나님의 방법대로 행한다는 뜻이 있는 용어입니다. 신위(神爲)라는 단어는 곧 신본주의(神本主義)라고 할 수 있지만, 그보다 더 강한 의미를 담고 있습니다. 이 말과 개념은 본 통독 관점의 뼈대를 이루는 말이기 때문입니다. 이 단어가 바로 하나님 나라를 뜻하는 의미를 지니기 때문입니다.

레위기 26:12 "나는 너희 중에 행하여…" 또 예레미아 33:2 "일을 행하는 여호와, 그것을 지어 성취하는 여호와…"라는 구절에서 보는 것처럼 '하나님이 이루시는 것'을 볼 수 있습니다. 그런데 **하나님은 반드시 하나님의 방법으로 이루신다**는 것입니다. 성경 전체는 바로 그 사실을 보여 주고 있습니다. 몇 가지 예를 찾아봅시다. 인간이 죄를 범하고 부끄러운 곳을 가리려고 무화과 잎으로 옷을 지어 입은 것은 인간의 방법이었습니다. 하나님은 가죽옷으로 대치했습니다. 그것은 하나님의 방법이기 때문입니다. 노아에게 방주를 만들라고 했을 때 하나님이 직접 설계하셨고, 또한 동력과 방향타를 달아 주지 않았습니다. 그것은 하나님의 방법을 말합니다. 성막을 보세요. 성경에서 가장 많은 분량을 할애해서 기록한 사건입니다. 그것은 하나님께서 친히 설계해 주시고 있음을 볼 수 있습니다. 하나님은 당신의 방법을 말해 주고 있는 것입니다. **성경은 바로 하나님의 방법을 보여 주는 책입니다.** 인간의 방법으로 행하는 것이 아니라, 하나님께서 하나님의 방법으로 이루시는 것을 보여 줍니다. 우리는 그것은 신위(神爲)라고 합니다. '하나님이 이루신다'는 말입니다. 이 신위(神爲)는 인위(人爲)에 반대되는 개념입니다. 인위(人爲)라는 말은 '인간이 이룬다'는 뜻으로 인간의 방법을 말합니다.

2. 인위(人爲)

인위(人爲)라는 개념은 사람이 주도권을 가지고 행한다는 의미입니다. 인본주의(人本主義)라고 할 수 있습니다. 신위와 인위의 개념은 상반된 개념입니다. 신위와 인위의 개념 속에 자기중심성이라는 문제가 항상 끼어 있습니다. 그래서 우리는 우리의 삶이 하나님 뜻에 순종하는 삶을 살기 위해서 인위를 버리고 다시 말하면 자기중심성을 버리고 신위에 순종해야 한다는 것입니다. 갈라디아서 5장 16-26절의 육체의 소욕과 성령의 소욕을 잘 묵상하세요.

인위(人爲)라는 말은 노자(老子 B.C. 6세기 중국 초나라의 철학자)가 도덕경에서 인간의 문제가 벽에 부딪혔을 때 무위(無爲)의 세계로 돌아가는 것이 그 문제의 대안이요 해결이라고 말한 것에서 유래되었다고 생각합니다. 이 무위사상은 B.C. 6세기 중국의 춘추 전국시대가 끝나갈 무렵 초나라의 사상가인 노자가 인생의 문제에 대한 답으로 제시한 것입니다. 장 쟈크 루소(Jean-Jacques Rousseau, 1712년~1778년 스위스 제네바 태생의 낭만주의 철학자)는 "인간은 태어날 때는 자유였으나 문명이 인간의 족쇄가 되고 있다."라고 그의 저서 『인간 불평등 기원론』에서 말합니다. 인간은 그들이 만든 문명으로부터 오히려 자유롭지 못하게 된다는 것이지요. 그것이 인위가 갖는 문제라는 것입니다. 그래서 루소는 "자연으로 돌아가라", 즉 무위(無爲)의 세계로 돌아가라고 외칩니다. (루소가 혹시 노자의 사상을 커닝하고 있지 않은지) 무위(無爲)라는 의미는 '자연(自然)의 순리(順理)'를 말합니다.

인위(人爲)가 주는 문제에 대한 대답은 무위(無爲)가 될 수 없다는 것이 바로 성경의 가르침입니다. 성경의 가르침은 신위(神爲), 즉 하나님의 행하심, 다시 말해 **하나님의 방법이 바로 문제 해결의 대안**이라는 것입니다. 바로 그것이 예수님이 가르쳐 주신 기도문 중에 "뜻이 하늘에서 이룬 것 같이 땅에서도 이루어지이다"라는 기도의 내용이기도 합니다. **땅의 문제(인위)는 바로 하늘에서 이루어진 뜻(신위)대로 해결돼야 한다**는 말입니다. 성경 전체는 하나님의 방법을 일관되게 보여 주고 있습니다. 성경의 모든 이야기가 그렇습니다. 그 하나님의 방법을 우리는 신위(神爲)라고 합니다. 앞으로 우리는 바로 신위(神爲)라는 말을 많이 사용할 것입니다.

하나님의 통치 아래에 있다는 것은 하나님이 우주 만물의 주인이요 내 삶의 주인임을 자각하고 항상 그에게 순종하는 길입니다. 그래서 하나님은 동산 한가운데, 즉 아담과 하와의 눈에 가장 잘 띄는 장소에 선악과나무를 두고 그것만은 따 먹지 말라고 함으로써 그들에게 하나님이 이 모든 것의 주인이시다는 것을 늘 명심하게 하기 위해서였습니다. 하나님의 단 한 가지 소원은 바로 우리 인간의 주인이시오, 아버지가 되시기를 원하시는 것입니다(출애굽기 19장의 언약 참조 이것이 바로 성경의 주제입니다).

3. 자기중심성(自己中心性)

인간이 죄를 범하게 된 가장 큰 문제가 무엇입니까? 바로 자기중심성이 문제입니다. 아담과 하와가 선악과를 따먹었던 것도 자기중심성이 발동했기 때문입니다. 인간이 죄를 범하는 모든 범죄의 근원 속에 자기중심성이 깔려있습니다. 자기 뜻대로 살고자 하는 것, 즉 내 방법(My Way)을 외칠 때 하나님의 방법이 통하지 않습니다. 그러나 하나님은 인간이 자기 방법대로가 아니라 하나님의 방법대로 살아가길 원하시는 모습을 성경 곳곳에서 볼 수 있습니다.

인위(人爲)라는 말은 '인간이 이룬다.'는 뜻으로 인간의 방법을 말합니다. 자기중심성은 자기가 자신의 주인이라는 것을 말합니다. 다원주의 시대의 걸맞은 개념이지만 성경과는 전혀 다른 의미를 갖는 개념입니다.

하나님이 나의 주(主)가 되신다는 것, 그것은 하나님의 통치 아래에 있다는 것이고 그곳에 하나님의 나라가 이루어지는 영역입니다. 이것이 인간의 정체성과 존재의의를 결정해 주는 절대 중요 진리입니다. 인간이 다스리는 삶을 살아가다가 사탄의 유혹을 받아 자기 우월성, 자기중심성이 발동이 되어 스스로 하나님이 되고 싶을 때 동산 중앙에, 즉 가장 잘 보이는 곳에 있는 선악과나무를 보고 나의 주인은 하나님이시라는 사실을 항상 생각나게 하려고 이 선악과를 두신 것입니다. 그러므로 선악과는 인간의 자기중심성의 발동을 막고 하나님께 온전히 순종하게 함으로 하나님의 보호 아래서 그 축복을 누리게 하시려는 하나님의 사랑의 표시입니다. 순종만이 하나님의 나라의 통치를 온전히 이루어 갈 수 있는 수단이기 때문입니다. 그것만이 인간이 사탄의 공격을 피해 하나님과의 관계를 맺어 나가는 수단일 뿐만 아니라, 더 나아가서 하나님이 주시는 신령한 복을 온전히 누리는 길입니다. 선악과는 바로 이 진리를 아담과 하와에게 가르쳐 주는 것입니다.

독일 신학자 디트리히 본회퍼는 이렇게 말한 적이 있습니다. "모든 것은 하나님의 것이고 그로부터 오는 것. 우리가 가진 것은 청지기의 관용과 나눔의 기회를 얻을 뿐이다. 청지기의 의식이 없는 믿음은 무의미하다"라는 이 말은 인간은 자기 삶의 주인이 자신이 될 수 없다는 말입니다. 창 1:26-28의 창조의 원리를 보여 주는 대목에서도 청지기 원리가 분명히 밝혀져 있습니다. 그런데 인간은 자기가 자기 삶의 주인이 되고 싶어 선악을 알고 싶었고, 그래서 하나님을 거역하고 관계를 끊어 버린 것이 아닙니까?

하나님은 인간에게 단 한 가지만 요구하십니다. 그것은 순종입니다. 다시 말하면 자기중심성을 내려놓아야 순종이 이루어진다는 것입니다. 이것은 절대 진리입니다.

순종 = 자기중심성 내려놓기

순종은 입으로만 주님을 시인하는 것이 아닙니다. 순종의 행위와 열매가 있어야 합니다. 야고보서 기자가 행위가 없는 믿음은 죽은 믿음이라고 했을 때 그것은 바로 순종의 행위, 또는 행동으로서의 순종을 말하는 것입니다. **순종, 그것은 절체절명의 중요한 단어입니다.** 이것은 인간에 대한 하나님의 유일한 요구입니다. 그러나 인간은 자기중심적 죄성을 갖고 있으므로 신위(神爲)보다는 인위(人爲)의 길을 택하고, "My Way"를 더 지향하는 속성이 있습니다. 그래서 하나님이 없는, 자기가 마음대로 하는 삶을 살며 그런 문화를 만들어나갔습니다. 창세기 3장-11장 까지 이야기는 바로 하나님을 멀리하고 인간 스스로의 자기 문화를 만들어 가는 모습을 보여 주고 있습니다.

세상의 많은 다른 종교는 이런 순종을 요구하지 않습니다. 특히 무당 종교, 우상 종교 등은 이런 순종을 요구하지 않습니다. 구약의 바알 종교가 그 대표적입니다.
"오, 신이여, 나에게 아무것도 요구하지 마시고 오직 내 요구만 들어주어, 내 길을 자유롭고 풍요롭게 하소서" 이것이 인간의 소원인지도 모릅니다. 바알 종교는 우리를 다음과 같이 속입니다. "우리 종교는 아무것도 요구하지 않는다. 하라, 하지 말라가 없다. 그러나 인간이 원하는 것은 다 들어 준다"
구약(특히 모세 5경)에는 무려 613개나 되는 "하라, 하지 말라"의 규례가 있습니다. 그래서 이스라엘 백성은 이 속임수에 놀아나서 바알을 택했고, 하나님의 심판을 받았음을 성경을 통해서 볼 수 있습니다.

순종을 타율적 순종과 자율적 순종으로 분류해 볼 수 있습니다.
타율적 순종은 기계적 순종으로서 이를테면 해삼이 바다에 살게 된 하나님의 뜻을 절대로 순종하게 되는 것을 말합니다. 해삼이 나무에 기어 올라오는 일은 천지가 개벽하기 전에는 결코 있을 수 없을 것입니다. 자율적 순종은 하나님 형상으로 지음 받은 인간만이 할 수 있는 순종을 말합니다. 인간의 선택을 말하는데 거기에는 다시 2가지로 나누어 볼 수 있습니다.

① **자율적 불순종** - 아담은 자기 판단으로 하나님께 불순종했습니다. 자기중심성을 버리지 못했다는 말이지요. 이 자율적 불순종은 어떤 형태로든지 간에 그 대가를 치러야 합니다. 그래서 인간은 그 대가를 치르기가 싫어서 순종의 대가를 요구하지 않는 세상의 우상 종교에 미혹되는 것입니다.

시편 115편은 이런 우상이 어떻다는 것을 잘 보여 줍니다.
시 115:4-9 그들의 우상들은 은과 금이요 사람이 손으로 만든 것이라 입이 있어도 말하지 못하며 눈이 있어도 보지 못하며 귀가 있어도 듣지 못하며 코가 있어도 냄새 맡지 못하며 손이 있어도 만지지 못하며 발이 있어도 걷지 못하며 목구멍이 있어도 작은 소리조차 내지 못하느니라 우상들을 만드는 자들과 그것을 의지하는 자들이 다 그와 같으리로다 이스라엘아 여호와를 의지하라 그는 너희의 도움이시요 너희의 방패시로다

우상은 결코 인간의 문제를 해결할 수 없다는 말입니다. 그런데도 인간은 우상의 유혹에 속아 넘어가는 경향을 지니고 있음을 봅니다. 칼뱅이 말했듯 인간은 우상 제조 공장입니다.

딤후 4:3-4 때가 이르리니 사람이 바른 교훈을 받지 아니하며 귀가 가려워서 자기의 사욕을 좇을 스승을 많이 두고 또 그 귀를 진리에서 돌이켜 허탄한 이야기를 좇으리라

② **자율적 순종** - 예수께서 겟세마네 동산에서와 갈보리 십자가에서 피와 땀을 흘리면서 이루는 순종은 바로 자율적 순종의 모범입니다. 그것은 자기중심성을 버리고 하나님의 뜻을 따르는 결단과 실천을 말합니다.
하나님 나라를 이루는 순종은 안락함 속에 안주하고자 물질적 축복을 얻기 위함이 아니라, 바로 세속의 정사(政事)와 권세(權勢)와 충돌하여 예수님의 명령에 자발적으로 복종하여 하나님의 사랑으로 이 세상의 세속적인 문화에 침투하는 것입니다. 그래서 그곳에 하나님 나라를 세우고, 예수님이 무리를 민망히 여기시는 바로 그 사랑의 사역을 이루어 나가는 것입니다.

이런 일들은 성경을 하나님 나라 관점에서 통독하여 통전적(通典的)으로 이해함으로 하나님의 마음을 바르게 알아, 성령 충만함을 받음으로 이룰 수가 있습니다. 또 교회는 이런 깨달음을 성도들에게 갖게 하여야 할 것입니다. 교회는 바로 이런 깨달음을 가진 자들의 모임이어야 하고, 그래서 세속의 정사와 권세에 대립하여 그것들을 하나님의 권세 아래 복종시키는 사랑의 대공세를 감행해야 합니다. 이것이 말씀에 순종하는 그리스도인의 선한 싸움입니다.

오늘날도 바로 이 순종을 이루기 위한 회개 운동이 요원의 불길처럼 일어나 하나님 나라가 세워져 가는 부흥의 역사가 있어야 합니다.

성경 말씀을 읽어 가면서 이 진리를 바르게 깨달음으로 우리는 바로 이런 순종의 자세들을 배워야 합니다. 이런 순종은 바로 가치관, 세계관의 변화부터 시작되어 그것이 삶의 전 과정을 통해 행위로 나타남으로 열매를 맺게 될 것이고 바로 거기에 하나님의 나라가 세워져 갈 것입니다.

자, 이제 성경 읽기를 시작합시다. 우리는 이 세 가지의 관점과 세 가지 개념을 따라 성경을 읽음으로 하나님께서 당신의 나라를 우리 속에 이루시고자 하신 그 경륜과 섭리를 성경 속에서 찾아가는 긴 여정을 시작합니다. 하나님께서 그 나라를 나의 삶을 통해 이루시기를 기도하는 마음으로 성경 읽기를 시작합니다. 그래서 나의 세계관이 성경 위에 세워져야 합니다.

"…주의 말씀대로 나를 세우소서" 시 119:28

하나님 나라의 관점에 확고히 서서 성경을 읽을 때 하나님의 마음을 읽을 수 있다면 그것이 바로 큰 복이 된다는 사실을 명심하십시오.

이런 관점에 의한 성경의 통전적(通典的) 이해는 성경을 통독함으로 깨달아지는 것이고 그 통전적(通典的) 이해는 모든 신앙생활의 매우 중요한 기본임을 명심해야 합니다.

우리가 성경을 읽을 때 이 세 가지 관점과 세 가지 개념을 항상 마음속에 넣어두어야 합니다.

① **첫째 관점**은 성경은 하나님께서 타락한 인간을 하나님 품으로 다시 돌아오게 하시는 **종말론적 구속사**의 이야기입니다.

② **두 번째 관점**은 인간이 돌아갈 하나님의 품, 그것은 바로 태초에 하나님께서 인간을 위해 만들어 주셨던 하나님 나라의 원형으로써의 하나님 나라입니다. 인간 행복의 원천인 하나님 나라 에덴, 그 에덴으로 돌아오게 하신다는 것입니다. 성경은 다시 말해서 **하나님 나라의 회복**이 있다는 겁니다.

③ 그 하나님 나라가 회복되기 위해서 **세 번째 관점**이 필요합니다. **구별되는 삶**, 거룩한 삶, 세속과 섞인 삶을 살면 안 되는 삶, 그런 삶을 살라는 것입니다. 하나님이 주신 모든 계율을 지키는 삶, 순종하는 삶을 살아가는 이야기입니다.

그래서 우리는 이 세 가지 관점과 더불어 메시지 라인을 뽑아낼 때 꼭 마음속에 새겨두어야 될 세 가지 개념은 자기중심성, 신위, 인위의 개념입니다.

이 책은 여러분이 성경을 직접 읽고 이해하게 하는 데 목적을 두고 있습니다. 이제 이 책이 제공하는 순서에 의해 성경 읽기를 시작합시다. 홈페이지 90daysbible.com에서 본문 듣기 audio의 도움 받으세요.

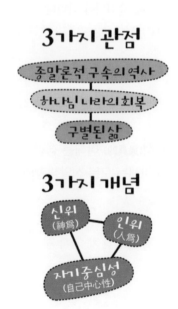

우리는 통통의 씨앗이다

• 우리의 결단 •

에스라가 여호와의 율법을 연구하여 준행하며 율례와 규례를 이스라엘에게 가르치기로 결심하였었더라 스 7:10

여호와가 너를 항상 인도하여 메마른 곳에서도 네 영혼을 만족하게 하며 네 뼈를 견고하게 하리니 너는 물 댄 동산 같겠고 물이 끊어지지 아니하는 샘 같을 것이라 네게서 날 자들이 오래 황폐된 곳들을 다시 세울 것이며 너는 역대의 파괴된 기초를 쌓으리니 너를 일컬어 무너진 데를 보수하는 자라 할 것이며 길을 수축하여 거할 곳이 되게 하는 자라 하리라 사 58:11-12

나의 영혼이 눌림으로 말미암아 녹사오니 주의 말씀대로 나를 세우소서 시 119:28

그러므로 너희는 가서 모든 민족을 제자로 삼아 아버지와 아들과 성령의 이름으로 세례를 베풀고 내가 너희에게 분부한 모든 것을 가르쳐 지키게 하라 볼지어다 내가 세상 끝날까지 너희와 항상 함께 있으리라 하시니라 마 28:19-20

그들이 조반 먹은 후에 예수께서 시몬 베드로에게 이르시되 요한의 아들 시몬아 네가 이 사람들보다 나를 더 사랑하느냐 하시니 이르되 주님 그러하나이다 내가 주님을 사랑하는 줄 주님께서 아시나이다 이르시되 내 어린 양을 먹이라 하시고 또 두 번째 이르시되 요한의 아들 시몬아 네가 나를 사랑하느냐 하시니 이르되 주님 그러하나이다 내가 주님을 사랑하는 줄 주님께서 아시나이다 이르시되 내 양을 치라 하시고 세 번째 이르시되 요한의 아들 시몬아 네가 나를 사랑하느냐 하시니 주께서 세 번째 네가 나를 사랑하느냐 하시므로 베드로가 근심하여 이르되 주님 모든 것을 아시오매 내가 주님을 사랑하는 줄을 주님께서 아시나이다 예수께서 이르시되 내 양을 먹이라 요 21:15-17

나는 날마다 죽노라 고전 15:31

"인위 뚝! 신위 Go!"

구약 1

/

/

창조 시대 01

원역사   창조 ~ B.C. 2100

창세기는 크게 2부분으로 나눈다. 전반부는 1~11장에서 창조 시대를 언급하고, 후반부인 12~50장은 족장 시대를 기록하고 있다.

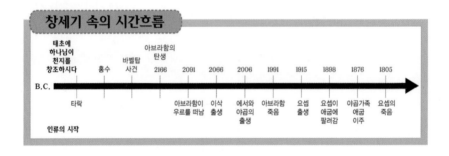

창세기 속의 시간흐름

시대 한눈에 보기

이 시대는 연대와 기간을 알 수 없는 선사 시대, 즉 원역사(原歷史, 또는 元歷史[1])를 다루고 있다. 인류의 모든 기원을 밝혀 주는 부분이다. 이 시대에 대한 믿음은 우리의 세계관의 기초이고 근거가 된다.

이 창조 시대의 성경 본문은 세계관을 형성하는 다음의 4가지 질문에 대한 해답을 제공합니다.

---

1 이 元을 사용하는 이유는 이 한자가 으뜸 원자이기 때문에 으뜸가는 역사라는 의미를 말한다.

① 우리는 어디에 있는가?

우리가 직면한 현실을 파악하고 분석하고 이해할 수 있는 단서들을 제공한다.

② 우리는 누구인가?

인간의 본질과 사명에 대한 해답을 찾을 수 있다.

③ 무엇이 잘못되었는가?

세상에 존재하고 있는 악과 장애들을 어떻게 이해하고 설명할 것인가를 보여준다.

④ 어떻게 해결할 것인가?

신위에 인위, 자기중심성을 내려놓음으로 해결 실마리를 찾을 수 있다.

이 시대의 시기는 아무도 정확하게 측정할 수 없다. 이 창조 시대는 창세기 1장에서 11장까지를 커버하는 시대로서 시간을 측정할 수 없는 시기이다. 이 시기의 역사를 원 역사라고 한다. 이 원 역사는 연대를 측정할 수 없는 태초의 창조부터 아브라함이 태어나는 시기까지이다. 빠른 출애굽 시기를 B.C. 1446년으로 보는 견해를 믿는 성경학자들은 아브라함의 탄생 년대를 기원전 2,166년으로 추정한다. 그래서 이 시기까지를 창조 시대로 잡는다.

창조 시대는 4대 중심 사건을 기록한다. 그것은 ① 창조, ② 타락, ③ 홍수, ④ 바벨탑 사건이다. 여기서 이미 **타락한 인간이 자기중심적 역사를 이루어 가는 모습을 보여 주고 있다. 창세기 1~11장의 원 역사 줄거리 속에서 성경 읽기의 중요한 신학적 관점을 찾아볼 수 있다. ① 종말론적 구속의 역사 ② 하나님 나라의 회복 ③ 구별되는 삶 등의 관점이 녹아있고 또한 ① 신위 ② 인위 ③ 자기중심성 등 3개의 개념도 함께 찾아볼 수 있다.**

 창세기

창세기 1장에서 11장까지는 인간의 자기중심성의 반역의 역사이다. 이제 하나님의 신위(神爲)의 역사로 반전시키기 위한 하나님의 역사가 아브라함을 부르심으로 시작된다. 창세기 12장에서 50장까지는 족장 시대를 그리며 아브라함, 이삭, 야곱, 요셉과 같은 4명의 족장들을 통해 하나님께서 하나님의 나라를 회복하시기 위한 일을 전개해 나감을 본다. 이들의 족장은 앞에서 언급한 인위(人爲)의 자기중심성의 모습이 아니라 하나님 나라에 합당한 순종의 믿음을 소유한 자들로서 하나님의 나라 회복에 쓰임 받기 위해 연단과 훈련을 받으며 하나님 나라를 이룩할 백성들을 만들어 간다.

 1. 창조

창 1:1 태초에 하나님이 천지를 창조하시니라
창세기 1:1은 하나님이 이 우주 만물의 만드신 분이라는 것을 선포한다. 이것이 크리스천들의 세계관의 근원이며 출발점이다. 따라서 우리는 그분이 어떤 목적을 가지고 지으셨다는 사실을 인정하는 것이다. 여기에서 '태초'는 히브리어로 '레쉬트'로 시공간이 시작되는 첫 시점이라는 말이다. 이것은 하나님은 시공간의 제한을 받지 않으시는 분이라는 것을 의미하는 것으로 하나님의 초월성을 나타낸다. 그럴 뿐만 아니라 이 구절은 하나님은 천지 만물을 운행하시는 분임을 나타내는 것으로 이것은 하나님의 또 다른 속성인 하나님의 내재성을 나타낸다. 따라서 하나님은 창조의 과정을 통해서 창조주, 섭리주, 구속주 하나님이심을 발견해야 한다.

하나님이 우주 만물의 창조주라면 아래의 이론은 거짓이다.
진화론: 생명이 어떤 단 세포에서 우연히 생겨서 진화한다는 주장.
범신론: 우주, 자연 모두가 신의 발현이며 그 속에 신을 포함한다고 주장하여, 하나님의 초월성을 부정한다.
무신론: 신이 없다는 주장이다. 그러나 이들에게 모든 것이 신이 될 수 있다.

또한 이 구절이 함축하는 의미는 성경은 처음부터 설명하는 책이 아니라 선포하는 책임을 말해 준다. 그러므로 성경을 읽을 때 나의 이성으로 성경을 판단하기보다는, 성경이 우리에게 어떤 메시지를 주시려는지를 믿음으로 이해하려 하면서 나아가야 한다.

인간 창조의 특별함

창 1:26-28 하나님이 이르시되 우리의 형상을 따라 우리의 모양대로 우리가 사람을 만들고 그들로 바다의 물고기와 하늘의 새와 가축과 온 땅과 땅에 기는 모든 것을 다스리게 하자 하시고 하나님이 자기 형상 곧 하나님의 형상대로 사람을 창조하시되 남자와 여자를 창조하시고 하나님이 그들에게 복을 주시며 하나님이 그들에게 이르시되 생육하고 번성하여 땅에 충만하라, 땅을 정복하라, 바다의 물고기와 하늘의 새와 땅에 움직이는 모든 생물을 다스리라 하시니라

이 구절은 인간 창조를 논의하는 천상 회의의 회의록 같은 것이라고 볼 수 있다. 그렇다면 이 회의는 언제 이루어진 것일까? 아마도 천지를 창조하기 전임이 확실하다. 하나님은 창세 전에(엡 1:4) 이미 인간을 만들기로 하신 것이다. 우리는 그런 존재라는 것이 놀라울 뿐이다. 이것이 성경적 세계관의 근원이다. 그러므로 다른 피조물과 달리, 하나님의 형상으로 지음 받은 인간은 하나님의 선한 뜻대로 이 피조세계를 다스리라는 '문화명령'을 받은 특별한 자이다.

시 8:4-5 사람이 무엇이기에 주께서 그를 생각하시며 인자가 무엇이기에 주께서

그를 돌보시나이까 그를 하나님보다 조금 못하게 하시고 영화와 존귀로 관을 씌우셨나이다

그런 인간과 복과 사랑의 관계를 맺으시고, 가장 풍요롭고 복된 에덴에 두시고 그 사명을 감당하게 하셨다. 창 2:16 "동산 각종 나무의 열매는 네가 임의대로 먹되…"라며 무진장의 복을 주셨음을 볼 수 있다.

창 2장의 에덴동산의 의미
에덴은 하나님 나라의 원형이다. 아담은 하나님과 함께 있었으나 아무런 거리낌 없이 하나님과 교제하며 살았고, 하나님으로부터 위임받은 피조 세계를 하나님의 뜻에 따라 다스리며 경작하면 되었다.
- 여기서 인간의 삶은 하나님이 주인이신 **청지기의 삶**이다.

이런 복된 삶을 유지하는 유일한 수단은 선악과 언약을 성실히 지키는 것이다.

선악과 언약(창 2:16-17)
하나님께서 선악을 알게 하는 나무의 열매를 금하신 것은 동산 각종 나무의 열매는 네가 임의대로 먹되, 선악을 알게 하는 나무의 열매를 볼 때마다 창조주 하나님을 기억하고 그분의 말씀에 순종하는 삶을 살라고 하신 것이다. 말씀의 지켜 행함의 순종이 요구되는 것이다. 그래서 선악과 언약은 행위 언약에 속하는 것으로 나중에 배우게 될 시내산 언약으로 연결된다.

은혜 언약/행위 언약
은혜 언약은 하나님의 일방적인 은혜로 이루어지는 약속이지만, 행위 언약은 인간이 지키지 않으면 그 언약의 효력을 발휘하지 못한다. 그런데 행위 언약을 통한 하나님의 의도를 잘 이해해야 한다. 행위 언약을 통하여 하나님의 형상으로 지음 받은 당신의 택한 백성이 지으신 자의 의도에 맞게 신앙 성숙으로 나아가게 하는 목적을 가지고 있다. 은혜 언약은 신약의 칭의와 연결되어 있고, 행위 언약은 신약의 성화와 연결되어 있다.

가정 - 하나님이 주신 유일한 성경적 제도

"돕는 배필"은 마주 보며 서로 돕는다는 뜻이며 대등함을 의미한다. 그러므로 남성 우월주의, 여성 차별주의를 배격한다. 하지만 구별은 유지해야 한다. '차별'과 '구별'이라는 용어를 정확히 이해해야 한다. 차별은 없어야 하지만 구별은 있어야 한다. (참조 : 예수님의 달란트 비유와 바울의 은사)

하나가 되는 가정의 성경적 공식은 1/2+1/2=1이라는 점을 잘 생각해 보라.

부부는 남·여로 이루라는 명령도 포함되어 있다. 당연히 동성애는 성경적 범죄임을 명심하라.

 ## 2. 타락

선악과 사건(창 3:5-6)

창 3:5-6 너희가 그것을 먹는 날에는 너희 눈이 밝아져 하나님과 같이 되어 선악을 알 줄 하나님이 아심이니라 여자가 그 나무를 본즉 먹음직도 하고 보암직도 하고 지혜롭게 할 만큼 탐스럽기도 한 나무인지라 여자가 그 열매를 따먹고 자기와 함께 있는 남편에게도 주매 그도 먹은지라

 선악을 알게 하는 나무의 열매를 먹은 행위는 인간이 하나님의 말씀에 순종하지 아니하고, "스스로 신이 되라고 하는" 사탄의 말에 순종하여 하나님의 능력에 도전한 것을 의미하는 것으로, 이것은 인간의 자기중심성이 잘못 발동된 것이다. 그래서 하나님과 복된 사랑의 관계가 파괴되었다. 이것이 타락이며, 타락은 관계의 파괴를 말한다.

타락의 본질

타락의 본질은 사탄이 스스로 신이 되라고 하는 유혹에 인간이 넘어간 것이다. 결국 사탄은 인간의 자기중심성을 충동하여 하나님을 거역하게 하는 전략을 사용하였다.

원시 복음(창 3:15)

"내가 너로 여자와 원수가 되게 하고 네 후손도 여자의 후손과 원수가 되게 하리니 여자의 후손은 네 머리를 상하게 할 것이요 너는 그의 발꿈치를 상하게 할 것이니라 하시고"

선악과를 따먹고 하나님께 거역하므로 관계를 깨뜨려버리는 타락을 일으킨 유혹자는 뱀, 즉 사탄이었다. 하나님과 인간의 관계를 파괴하고 하나님께로 가는 영광을 가로채려 하였던, 사탄의 권세를 깨뜨리고 하나님의 나라를 회복하시려는 영적 전쟁의 선전포고이다. 이것을 원시 복음이라고 한다. 또한 이것은 구속(관계 회복)의 약속이고, 이 약속은 계시록 20장에서 성취된다. 성경의 스토리는 그사이의 이야기이다.

가죽옷의 의미(창 3:21)

인위로 인해 죄가 인간에게 들어 옴으로 부끄럽지 않던 삶이 부끄러워졌다. 그 문제를 해결하기 위해 인간은 또 다른 인위를 발동한다. 그것이 곧 무화과잎으로 옷을 만들어 부끄러운 곳을 스스로 가리는 것이었다. 하나님은 그것을 용납하지 않으시고 가죽옷을 해 입히신다. 가죽옷은 짐승을 죽여야 얻을 수 있다. 그래서 가죽옷의 의미를 피 흘림이 있는 희생 제물을 바치는 제사의 원천이요, 더 나아가서 예수님의 구속을 상징한다고 할 수 있다. 그러나 그것은 문제 해결의 주도권은 언제나 하나님께 있다는 것을 말하는 것이다. 하나님의 방법(신위)의 해결책을 말한다.

생명 나무의 보호(창 3:24)

타락 후 하나님은 불 칼(화염검)으로 생명 나무를 보호하셨다. 이는 하늘과 땅이 나누어지고, 하나님과 함께 동산을 거닐 수 있었던 완벽한 임마누엘의 관계가 파괴되었다는 것을 의미한다. 그러나 하나님은 인간과의 관계를 다시 회복하시기 위하여 성막을 허락하시고 법궤에서 인간을 만나주심으로 부분적으로 하나님과 회복되는 은혜를 주신다. 그래서 성막은 하나님의 나라의 모형이 되고, 예수님의 십자가의 죽음은 성전의 휘장을 찢어 버림으로 우리가 에덴으로 다시 돌아갈 수 있는 길을 열어 주신 것이다.

가인과 아벨의 제사

가인의 제사와 아벨의 제사, 가인 계열과 셋 계열: 하나님이 아벨의 제사는 받으시고 가인의 제사는 받지 않은 것에 대하여 가인이 질투하여 그가 동생 아벨을 죽이는 끔찍한 살인 사건이 발생한다. 이를 히브리서 기자는 믿음으로 아벨은 가인보다 더 나은 제사를 지냈다고 했다. 가인은 자기의 소산 중에 아무거나 제물로 드렸고 아벨은 첫 소산을 드렸다(창 4:3=4). 결국 가인은 하나님이 기뻐하시지 않는 자기중심적 예배를 드렸다는 말이 된다.

그 후 자기중심적 삶으로 하나님 없는 인간의 문명을 만들어나간 가인의 후예들로는 하나님의 나라를 이루어갈 수 없었다. 그래서 하나님은 죽은 아벨을 대신하여 '셋'을 허락하시고 그 셋을 통하여 하나님의 구원역사를 이어가신다. 바로 이것은 하나님과 관계를 맺은 사람들을 통해 하나님 나라를 이루어 가려는 하나님의 의도를 보여주는 것이다. '셋' 계열은 하나님 나라를 이어 가는 하나님의 인맥이다.

 3. 대홍수 - 인간의 자기중심성이 극에 달한 시대

노아 시대의 상황(창 6:1-7)

노아 시대는 인간의 자기중심성이 극에 달한 시대였다. 그들은 마음으로 생각하는 모든 계획이 항상 악할 뿐이라고 하셨다. 이들의 타락상은 하나님의 법칙, 즉 신위가 전혀 이루어지지 않고 오직 자기중심적 인위만이 가득했다. 하나님도 이들을 지었음을 한탄할 정도였다.

창 6:3 "그들의 날이 120년이 되리라"라는 말은 인간의 생명을 120년으로 제한했다는 설도 있고, 홍수가 일어나기까지 남은 시간이며, 노아가 방주를 120년 동안 지었다고 하는 설도 있는데 후자를 정설로 받아들인다.

노아를 당대의 의인이라고 한 것은 그가 하나님의 뜻을 온전히 순종하는 삶을 살았다는 말이다.

방주의 설계를 직접 주시는 하나님(창 6:7~9:29)

하나님은 방주를 노아가 알아서 짓게 하지 않으시고 하나님께서 직접 설계해 주셨다. 배에 꼭 필요한 동력과 방향타도 주지 않으셨다. 방주도 가죽옷과 같이 인류를 구원하시는 하나님의 방법, 즉 신위를 나타낸다.

노아 언약(창 7장)

홍수는 재창조와도 같다. 홍수 후에 다시 하나님은 창 1:28과 같은 말씀(창 9:7)을 주신다. 그리고 인류를 구원하겠다는 언약을 확인시켜 주시고, 언약의 증거로 노아의 가족들에게 무지개를 보여주셨다. 홍수 후에도 창 3:15에서 약속한 여인의 후손을 통한 하나님의 구원 약속과 하나님의 나라 회복의 역사는 계속됨을 확인시켜 주시는 것이다.

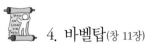 4. 바벨탑(창 11장)

바벨탑 사건의 의미(창 11장)

대홍수로 흩어짐을 경험한 인간은 스스로 힘을 합쳐 하나님의 위치에 설 수 있다고 믿고 바벨탑이라고 하는 자신들의 왕국을 세우려 하였다. 또 한 번 인간은 인위와 자기중심성을 가지고 자기 이름을 내고자 했다. 바벨의 의미는 혼돈이다. 하나님은 인위를 용서하지 않으신다는 교훈을 읽어라.

◀ 필자가 스토리와 메시지를 강조하기 위해 밑줄을 쳤음.
(강의 CD나 동영상은 사역원 홈 90daysbible.com에서 활용하라.)

 천지 창조

우주 만물의 모든 것들은 하나님의 창조로 시작되었음을 분명히 밝히고 있다. 이것은 세계관의 매우 중요한 근본이다. 하나님 한 분만이 우주와 인간의 창조주이시고, 섭리주이시며, 구속주이심을 분명히 선포한다. 1장의 이야기는 2:4절까지이며 인간을 위한 우주 창조를 보여주고 있다.

창세기 1장

천지 창조

1 태초에 하나님이 천지를 창조하시니라 2 땅이 혼돈하고 공허하며 흑암이 깊음 위에 있고 하나님의 영은 수면 위에 운행하시니라 3 하나님이 이르시되 빛이 있으라 하시니 빛이 있었고 4 빛이 하나님이 보시기에 좋았더라 하나님이 빛과 어둠을 나누사 5 하나님이 빛을 낮이라 부르시고 어둠을 밤이라 부르시니라 저녁이 되고 아침이 되니 이는 첫째 날이니라 6 하나님이 이르시되 물 가운데에 궁창이 있어 물과 물로 나뉘라 하시고 7 하나님이 궁창을 만드사 궁창 아래의 물과 궁창 위의 물로 나뉘게 하시니 그대로 되니라 8 하나님이 궁창을 하늘이라 부르시니라 저녁이 되고 아침이 되니 이는 둘째 날이니라 9 하나님이 이르시되 천하의 물이 한 곳으로 모이고 뭍이 드러나라 하시니 그대로 되니라 10 하나님이 뭍을 땅이라 부르시고 모인 물을 바다라 부르시니 하나님이 보시기에 좋았더라 11 하나님이 이르시되 땅은 풀과 씨 맺는 채소와 각기 종류대로 씨 가진 열매 맺는 나무를 내라 하시니 그대로 되어 12 땅이 풀과 각기 종류대로 씨 맺는 채소와 각기 종류대로 씨 가진 열매 맺는 나무를 내니 하나님이 보시기에 좋았더라 13 저녁이 되고 아침이 되니 이는 셋째 날이니라 14 하나님이 이르시되 하늘의 궁창에 광명체들이 있어 낮과 밤을 나뉘게 하고 그것들로 징조와 계절과 날과 해를 이루게 하라 15 또 광명체들이 하늘의 궁창에 있어 땅을 비추라 하시니 그대로 되니라 16 하나님이 두 큰 광명체를 만드사 큰 광명체로 낮을 주관하게 하시고 작은 광명체로 밤을 주관하게 하시며 또 별들을 만드시고 17 하나님이 그것들을 하늘의 궁창에 두어 땅을 비추게 하시며 18 낮과 밤을 주관하게 하시고 빛과 어둠을 나뉘게 하시니 하나

창 1:1
모든 것의 기원을 말한다. 특히 하나님 한 분 이외에는 모든 것이 다 피조물이라는 사실을 선언하는 위대한 선언이다. 따라서 진화론은 없다.
성경적 세계관의 근간이다. cf 고후 10:4

창 1:2
"혼돈하고 공허하며"는 형체가 없고 그래서 비어 있었다는 의미다. 첫 3일은 형체없음에 형체를 만들고, 나머지 3일은 그 형제의 비움을 채웠다. 이것이 창조의 과정이다.

"보시기 좋았더라" 처음 창조는 하나님의 의도(신위)대로 이루어졌다는 말이다.
이 말이 몇 번, 그리고 어떻게 나오는가를 관찰하라.

"각기 종류대로"
이 말이 몇 번 나오는가를 관찰하라. 진화는 처음부터 없었다는 선포이다.

창 1:26-28
문화 명령(Cultural Mandate)이
라고도 한다. 이 구절은 창조의
원리를 말해 주는 주요한 구절
이다. 인간 창조의 관계성을 보
여 주는 구절이다.
이 구절은 이 책 서론에서 언급
한 것처럼 우리 인간의 "처음 모
습"을 보여 주고, 이것은 이미
태초 전에 결정하셨다는 사실
을 꼭 기억해야 한다.
이것은 창조 언약이라고도 하고
그 핵심은 복을 주신다는 약속
이다(28절).
(이 구절을 암송해 두자)

님이 보시기에 좋았더라 19 저녁이 되고 아침이 되니 이는 넷째 날이니
라 20 하나님이 이르시되 물들은 생물을 번성하게 하라 땅 위 하늘의
궁창에는 새가 날으라 하시고 21 하나님이 큰 바다 짐승들과 물에서 번
성하여 움직이는 모든 생물을 그 종류대로, 날개 있는 모든 새를 그 종
류대로 창조하시니 하나님이 보시기에 좋았더라 22 하나님이 그들에게
복을 주시며 이르시되 생육하고 번성하여 여러 바닷물에 충만하라 새
들도 땅에 번성하라 하시니라 23 저녁이 되고 아침이 되니 이는 다섯째
날이니라 24 하나님이 이르시되 땅은 생물을 그 종류대로 내되 가축과
기는 것과 땅의짐승을 종류대로 내라 하시니 그대로 되니라 25 하나님
이 땅의 짐승을 그 종류대로, 가축을 그 종류대로, 땅에 기는 모든 것
을 그 종류대로 만드시니 하나님이 보시기에 좋았더라 26 하나님이 이
르시되 우리의 형상을 따라 우리의 모양대로 우리가 사람을 만들고 그
들로 바다의 물고기와 하늘의 새와 가축과 온 땅과 땅에 기는 모든 것
을 다스리게 하자 하시고 27 하나님이 자기 형상 곧 하나님의 형상대
로 사람을 창조하시되 남자와 여자를 창조하시고 28 하나님이 그들에
게 복을 주시며 하나님이 그들에게 이르시되 생육하고 번성하여 땅에
충만하라, 땅을 정복하라, 바다의 물고기와 하늘의 새와 땅에 움직이
는 모든 생물을 다스리라 하시니라 29 하나님이 이르시되 내가 온 지면
의 씨 맺는 모든 채소와 씨 가진 열매 맺는 모든 나무를 너희에게 주노
니 너희의 먹을 거리가 되리라 30 또 땅의 모든 짐승과 하늘의 모든 새
와 생명이 있어 땅에 기는 모든 것에게는 내가 모든 푸른 풀을 먹을 거
리로 주노라 하시니 그대로 되니라 31 하나님이 지으신 그 모든 것을
보시니 보시기에 심히 좋았더라 저녁이 되고 아침이 되니 이는 여섯째
날이니라

창세기 2장

1 천지와 만물이 다 이루어지니라 2 하나님이 그가 하시던 일을 일곱째
날에 마치시니 그가 하시던 모든 일을 그치고 일곱째 날에 안식하시니
라 3 하나님이 그 일곱째 날을 복되게 하사 거룩하게 하셨으니 이는 하
나님이 그 창조하시며 만드시던 모든 일을 마치시고 그 날에 안식하셨
음이니라

 인간 창조

인간 창조의 기원과 이유를 설명하고 있다. 하나님은 인간과 사랑과 복의 관계를 위해 인간을 창조하시고 그가 살
기에 완벽한 처소를 마련해 주셨다. 그곳이 에덴이었다. 에덴은 인간의 본원지요 본향이었다. 거기서 최초로 가정
을 이루어 주셨다.

에덴 동산

4 이것이 천지가 창조될 때에 하늘과 땅의 내력이니 여호와 하나님이 땅과 하늘을 만드시던 날에 5 여호와 하나님이 땅에 비를 내리지 아니하셨고 땅을 갈 사람도 없었으므로 들에는 초목이 아직 없었고 밭에는 채소가 나지 아니하였으며 6 안개만 땅에서 올라와 온 지면을 적셨더라 7 여호와 하나님이 땅의 흙으로 사람을 지으시고 생기를 그 코에 불어넣으시니 사람이 생령이 되니라 8 여호와 하나님이 동방의 에덴에 동산을 창설하시고 그 지으신 사람을 거기 두시니라 9 여호와 하나님이 그 땅에서 보기에 아름답고 먹기에 좋은 나무가 나게 하시니 동산 가운데에는 생명나무와 선악을 알게 하는 나무도 있더라 10 강이 에덴에서 흘러 나와 동산을 적시고 거기서부터 갈라져 네 근원이 되었으니 11 첫째의 이름은 비손이라 금이 있는 하윌라 온 땅을 둘렀으며 12 그 땅의 금은 순금이요 그 곳에는 베델리엄과 호마노도 있으며 13 둘째 강의 이름은 기혼이라 구스 온 땅을 둘렀고 14 셋째 강의 이름은 힛데겔이라 앗수르 동쪽으로 흘렀으며 넷째 강은 유브라데더라 15 여호와 하나님이 그 사람을 이끌어 에덴 동산에 두어 그것을 경작하며 지키게 하시고 16 여호와 하나님이 그 사람에게 명하여 이르시되 동산 각종 나무의 열매는 네가 임의로 먹되 17 선악을 알게 하는 나무의 열매는 먹지 말라 네가 먹는 날에는 반드시 죽으리라 하시니라 18 여호와 하나님이 이르시되 사람이 혼자 사는 것이 좋지 아니하니 내가 그를 위하여 돕는 배필을 지으리라 하시니라 19 여호와 하나님이 흙으로 각종 들짐승과 공중의 각종 새를 지으시고 아담이 무엇이라고 부르나 보시려고 그것들을 그에게로 이끌어 가시니 아담이 각 생물을 부르는 것이 곧 그 이름이 되었더라 20 아담이 모든 가축과 공중의 새와 들의 모든 짐승에게 이름을 주니라 아담이 돕는 배필이 없으므로 21 여호와 하나님이 아담을 깊이 잠들게 하시니 잠들매 그가 그 갈빗대 하나를 취하고 살로 대신 채우시고 22 여호와 하나님이 아담에게서 취하신 그 갈빗대로 여자를 만드시고 그를 아담에게로 이끌어 오시니 23 아담이 이르되 이는 내 뼈 중의 뼈요 살 중의 살이라 이것을 남자에게서 취하였은즉 여자라 부르리라 하니라 24 이러므로 남자가 부모를 떠나 그의 아내와 합하여 둘이 한 몸을 이룰지로다 25 아담과 그의 아내 두 사람이 벌거벗었으나 부끄러워하지 아니하니라

창 2:7
사람은 육신적인 것과 하나님의 신령한 것과 합쳐서 이루어져 있다. 이럴 때 인간의 가치는 극대화된다.
그래서 인간은 하나님과 함께 있어야 한다. 그것이 복의 근원이다.

창 2:16
인간이 최초로 받은 복은 무진장(임의대로 먹되)의 복이었음을 기억하라.

창 2:17 선악과 언약
성경의 줄거리는 언약의 흐름에 의해 정해진다. 이 언약의 흐름을 다음 단계 공부에서 반드시 익혀야 한다.

창 2:18
여자는 돕는 배필로 지음을 받았다. 돕는 배필의 원어는 '마주 보며 돕는다'라는 의미다. 따라서 차별이 없는 평등을 말하지만, 성경은 동시에 구별을 유별나게 강조한다는 사실을 명심해야 한다.

창 2:24
하나님이 원하시는 가정의 공식은 1+1=1이다. 이 등식이 어떻게 성립될 것인가를 곰곰이 생각해 보라. 답은 있다.

1 여호와 우리 주여 주의 이름이 온 땅에 어찌 그리 아름다운지요 주의 영광이 하늘을 덮었나이다 2 주의 대적으로 말미암아 어린 아이들과 젖먹이들의 입으로 권능을 세우심이여 이는 원수들과 보복자들을 잠잠하게 하려 하심이니이다 3 주의 손가락으로 만드신 주의 하늘과 주께서 베풀어 두신 달과 별들을 내가 보오니 4 사람이 무엇이기에 주께서 그를 생각하시며 인자가 무엇이기에 주께서 그를 돌보시나이까 5 그를 하나님보다 조금 못하게 하시고 영화와 존귀로 관을 씌우셨나이다 6 주의 손으로 만드신 것을 다스리게 하시고 만물을 그의 발 아래 두셨으니 7 곧 모든 소와 양과 들짐승이며 8 공중의 새와 바다의 물고기와 바닷길에 다니는 것이니이다 9 여호와 우리 주여 주의 이름이 온 땅에 어찌 그리 아름다운지요

 사람의 불순종과 하나님의 심판 선언

사탄이 인간과 하나님 사이에 끼어들기 시작한다. 사탄이 인간을 유혹하는 전략은 오늘날도 같은 것인데. 의심, 좌절, 자기 집착, 패배 의식, 게으름 등의 작전을 쓴다. 그래서 인간의 자기중심성을 발동하게 하여 불순종을 유발한다. 죄를 범한 인간은 수치심을 알게 되고 하나님과의 관계에서 숨어 버린다. 그 결과는 낙원에서의 추방이고 이는 하나님과 관계의 파괴요, 단절이다. 선악과 사건은 모든 불행, 고통, 악의 출발점이다. 에덴으로 돌아가야 한다.

창세기 3장

사람의 불순종과 하나님의 심판 선언

1 그런데 뱀은 여호와 하나님이 지으신 들짐승 중에 가장 간교하니라 뱀이 여자에게 물어 이르되 하나님이 참으로 너희에게 동산 모든 나무의 열매를 먹지 말라 하시더냐 2 여자가 뱀에게 말하되 동산 나무의 열매를 우리가 먹을 수 있으나 3 동산 중앙에 있는 나무의 열매는 하나님의 말씀에 너희는 먹지도 말고 만지지도 말라 너희가 죽을까 하노라 하셨느니라 4 뱀이 여자에게 이르되 너희가 결코 죽지 아니하리라 5 너희가 그것을 먹는 날에는 너희 눈이 밝아져 하나님과 같이 되어 선악을 알 줄 하나님이 아심이니라 6 여자가 그 나무를 본즉 먹음직도 하고 보암직도 하고 지혜롭게 할 만큼 탐스럽기도 한 나무인지라 여자가 그 열매를 따먹고 자기와 함께 있는 남편에게도 주매 그도 먹은지라 7 이에 그들의 눈이 밝아져 자기들이 벗은 줄을 알고 무화과나무 잎을 엮어 치마로 삼았더라 8 그들이 그 날 바람이 불 때 동산에 거니시는 여호와 하나님의 소리를 듣고 아담과 그의 아내가 여호와 하나님의 낯을 피하여 동산 나무 사이에 숨은지라 9 여호와 하나님이 아담을 부르시며 그에게 이르시되 네가 어디 있느냐 10 이르되 내가 동산에서 하나님의 소리를 듣고 내가 벗었으므로 두려워하여 숨었나이다 11 이르시되 누가

창 3:3 2:17과 대조해 보라.

창 3:7 인위의 문제를 인위로 푸는 아담.

창 3:9
하나님과의 관계가 끊어져 있음에 대한 하나님 질문.
cf 창 4:9

너의 벗었음을 네게 알렸느냐 내가 네게 먹지 말라 명한 그 나무 열매를 네가 먹었느냐 12 아담이 이르되 하나님이 주셔서 나와 함께 있게 하신 여자 그가 그 나무 열매를 내게 주므로 내가 먹었나이다 13 여호와 하나님이 여자에게 이르시되 네가 어찌하여 이렇게 하였느냐 여자가 이르되 뱀이 나를 꾀므로 내가 먹었나이다 14 여호와 하나님이 뱀에게 이르시되 네가 이렇게 하였으니 네가 모든 가축과 들의 모든 짐승보다 더욱 저주를 받아 배로 다니고 살아 있는 동안 흙을 먹을지니라 15 내가 너로 여자와 원수가 되게 하고 네 후손도 여자의 후손과 원수가 되게 하리니 여자의 후손은 네 머리를 상하게 할 것이요 너는 그의 발꿈치를 상하게 할 것이니라 하시고 16 또 여자에게 이르시되 내가 네게 임신하는 고통을 크게 더하리니 네가 수고하고 자식을 낳을 것이며 너는 남편을 원하고 남편은 너를 다스릴 것이니라 하시고 17 아담에게 이르시되 네가 네 아내의 말을 듣고 내가 네게 먹지 말라 한 나무의 열매를 먹었은즉 땅은 너로 말미암아 저주를 받고 너는 네 평생에 수고하여야 그 소산을 먹으리라 18 땅이 네게 가시덤불과 엉겅퀴를 낼 것이라 네가 먹을 것은 밭의 채소인즉 19 네가 흙으로 돌아갈 때까지 얼굴에 땀을 흘려야 먹을 것을 먹으리니 네가 그것에서 취함을 입었음이라 너는 흙이니 흙으로 돌아갈 것이니라 하시니라 20 아담이 그의 아내의 이름을 하와라 불렀으니 그는 모든 산 자의 어머니가 됨이더라 21 여호와 하나님이 아담과 그의 아내를 위하여 가죽옷을 지어 입히시니라

아담과 하와를 쫓아내시다

22 여호와 하나님이 이르시되 보라 이 사람이 선악을 아는 일에 우리 중 하나 같이 되었으니 그가 그의 손을 들어 생명 나무 열매도 따먹고 영생할까 하노라 하시고 23 여호와 하나님이 에덴 동산에서 그를 내보내어 그의 근원이 된 땅을 갈게 하시니라 24 이같이 하나님이 그 사람을 쫓아내시고 에덴 동산 동쪽에 그룹들과 두루 도는 불 칼을 두어 생명 나무의 길을 지키게 하시니라

창 3:15
원시 복음(Proto Evangelium). 구속 역사가 여기서 시작하고 요한계시록 20장 10-15절에서 완성된다. 뱀의 발꿈치를 밟는다는 것은 뱀을 제압한다는 것이다. 뱀, 즉 사탄이 선악과 사건을 통해 인간과 하나님의 관계를 끊게 한 장본인이기 때문이다. 구속은 이 끊어진 관계를 회복하는 것이다.

창3:17-19을 창 2:16과 대조, 묵상하라.

창 3:21
인위로 저지른 문제를 신위로 해결하시는 하나님. **하나님의 방법으로 해결되어야 한다.** 신위

창 3:24
하나님과 인간의 관계가 죄로 인해 단절된 상태.

가인과 아벨
가인이 아벨을 죽임은 아담과 하와의 자기중심성의 잘못된 발동으로 인하여 생긴 죄의 연장선상이다. 자기중심성의 죄는 시기와 질투를 낳게 하고 그것이 또 다른 죄를 유발한다. 이제 인류는 인위에 의한 자기중심성의 죄악된 역사를 이어가는 모습을 보여 준다. 하나님은 그 역사를 대항할 구속의 반열이 될 "셋"을 허락하신다. "셋"은 "대신하다"이다.

가인과 아벨

1 아담이 그의 아내 하와와 동침하매 하와가 임신하여 가인을 낳고 이르되 내가 여호와로 말미암아 득남하였다 하니라 2 그가 또 가인의 아우 아벨을 낳았는데 아벨은 양 치는 자였고 가인은 농사하는 자였더라 3 세월이 지난 후에 가인은 땅의 소산으로 제물을 삼아 여호와께 드렸고 4 아벨은 자기도 양의 첫 새끼와 그 기름으로 드렸더니 여호와께서 아벨과 그의 제물은 받으셨으나 5 가인과 그의 제물은 받지 아니하신지라 가인이 몹시 분하여 안색이 변하니 6 여호와께서 가인에게 이르시되 네가 분하여 함은 어찌 됨이며 안색이 변함은 어찌 됨이냐 7 네가 선을 행하면 어찌 낯을 들지 못하겠느냐 선을 행하지 아니하면 죄가 문에 엎드려 있느니라 죄가 너를 원하나 너는 죄를 다스릴지니라 8 가인이 그의 아우 아벨에게 말하고 그들이 들에 있을 때에 가인이 그의 아우 아벨을 쳐죽이니라 9 여호와께서 가인에게 이르시되 네 아우 아벨이 어디 있느냐 그가 이르되 내가 알지 못하나이다 내가 내 아우를 지키는 자니이까 10 이르시되 네가 무엇을 하였느냐 네 아우의 핏소리가 땅에서부터 내게 호소하느니라 11 땅이 그 입을 벌려 네 손에서부터 네 아우의 피를 받았은즉 네가 땅에서 저주를 받으리니 12 네가 밭을 갈아도 땅이 다시는 그 효력을 네게 주지 아니할 것이요 너는 땅에서 피하며 유리하는 자가 되리라 13 가인이 여호와께 아뢰되 내 죄짐을 지기가 너무 무거우니이다 14 주께서 오늘 이 지면에서 나를 쫓아내시온즉 내가 주의 낯을 뵈옵지 못하리니 내가 땅에서 피하며 유리하는 자가 될지라 무릇 나를 만나는 자마다 나를 죽이겠나이다 15 여호와께서 그에게 이르시되 그렇지 아니하다 가인을 죽이는 자는 벌을 칠 배나 받으리라 하시고 가인에게 표를 주사 그를 만나는 모든 사람에게서 죽임을 면하게 하시니라

가인의 자손

16 가인이 여호와 앞을 떠나서 에덴 동쪽 놋 땅에 거주하더니 17 아내와 동침하매 그가 임신하여 에녹을 낳은지라 가인이 성을 쌓고 그의 아들의 이름으로 성을 이름하여 에녹이라 하니라 18 에녹이 이랏을 낳고 이랏은 므후야엘을 낳고 므후야엘은 므드사엘을 낳고 므드사엘은 라멕을 낳았더라 19 라멕이 두 아내를 맞이하였으니 하나의 이름은 아다요 하나의 이름은 씰라였더라 20 아다는 야발을 낳았으니 그는 장막에 거주하며 가축을 치는 자의 조상이 되었고 21 그의 아우의 이름은 유발이니 그는 수금과 통소를 잡는 모든 자의 조상이 되었으며 22 씰라는 두발가인을 낳았으니 그는 구리와 쇠로 여러 가지 기구를 만드는 자요

두발가인의 누이는 나아마였더라 23 라멕이 아내들에게 이르되 아다와 씰라여 내 목소리를 들으라 라멕의 아내들이여 내 말을 들으라 나의 상처로 말미암아 내가 사람을 죽였고 나의 상함으로 말미암아 소년을 죽였도다 24 가인을 위하여는 벌이 칠 배일진대 라멕을 위하여는 벌이 칠십칠 배이리로다 하였더라

셋과 에노스

25 아담이 다시 자기 아내와 동침하매 그가 아들을 낳아 그의 이름을 셋이라 하였으니 이는 하나님이 내게 <u>가인이 죽인 아벨 대신에 다른 씨를 주셨다</u> 함이며 26 셋도 아들을 낳고 그의 이름을 에노스라 하였으며 그 때에 사람들이 비로소 여호와의 이름을 불렀더라

창 4:25
그러나 하나님은 죽은 아벨을 대신하여 새 아들 셋을 주시고 그 계열로 하나님의 구속의 역사를 시작하신다. '셋'은 '대신하다'의 뜻이다.

아담의 계보

5장에서 보여 주는 아담의 계보는 하나님의 구속역사를 이어 갈 계열을 보여 준다. 이 계열에서 창세기 3:15에서 약속한 "뱀의 머리를 밟을 여인의 후손"이 오게 된다. 본문 읽기는 건너뛴다

사람의 죄악의 창궐과 홍수 심판

하나님의 피조 세계인 지구는 이제 더는 하나님이 인간과 함께 거하실 청정 지역이 아니며 죄악으로 가득 찬 곳이 되었으며 심판을 면할 수 없는 상태에 이르게 되었다. 하나님은 이 세상의 죄악을 씻고 새로운 시작을 하기를 원하셔서 노아와 그 가정을 택하시고 죄악으로 물든 세상을 물로 심판하신다. 죄를 범하고 세상과 섞여 사는 삶은 하나님께서 용납하지 않는 삶임을 보여 준다. 노아의 홍수는 국지적으로 생긴 것이 아니고, 전 지구에 걸친 홍수이었다.

창세기 6장

사람의 죄악

1 사람이 땅 위에 번성하기 시작할 때에 그들에게서 딸들이 나니 2 하나님의 아들들이 사람의 딸들의 아름다움을 보고 자기들이 좋아하는 모든 여자를 아내로 삼는지라 3 여호와께서 이르시되 나의 영이 영원히 사람과 함께 하지 아니하리니 이는 그들이 육신이 됨이라 그러나 그들의 날은 백이십 년이 되리라 하시니라 4 당시에 땅에는 네피림이 있었고 그 후에도 하나님의 아들들이 사람의 딸들에게로 들어와 자식을 낳았으니 그들은 용사라 고대에 명성이 있는 사람들이었더라 5 여호와께서 사람의 죄악이 세상에 가득함과 그의 마음으로 생각하는 모든 계획이 항상 악할 뿐임을 보시고 6 땅 위에 사람 지으셨음을 한탄하사 마음에 근심하시고 7 이르시되 내가 창조한 사람을 내가 지면에서 쓸어버리

창 6장
노아가 방주를 지으라는 명령을 받을 때는 비가 오기 120년 전이다. 비가 올 징조가 전혀 보이지 않는대도 방주를 짓는 노아를 생각해 보라.

창 6:5-6
창조하실 때 "보시기 좋았더라"와 비교해 보라. 왜 한탄하시는가?

되 사람으로부터 가축과 기는 것과 공중의 새까지 그리하리니 이는 내가 그것들을 지었음을 한탄함이니라 하시니라 8 그러나 노아는 여호와께 은혜를 입었더라

노아의 족보

9 이것이 노아의 족보니라 노아는 의인이요 당대에 완전한 자라 그는 하나님과 동행하였으며 10 세 아들을 낳았으니 셈과 함과 야벳이라 11 그 때에 온 땅이 하나님 앞에 부패하여 포악함이 땅에 가득한지라 12 하나님이 보신즉 땅이 부패하였으니 이는 땅에서 모든 혈육 있는 자의 행위가 부패함이었더라 13 하나님이 노아에게 이르시되 모든 혈육 있는 자의 포악함이 땅에 가득하므로 그 끝 날이 내 앞에 이르렀으니 내가 그들을 땅과 함께 멸하리라 14 너는 고페르 나무로 너를 위하여 방주를 만들되 그 안에 칸들을 막고 역청을 그 안팎에 칠하라 15 네가 만들 방주는 이러하니 그 길이는 삼백 규빗, 너비는 오십 규빗, 높이는 삼십 규빗이라 16 거기에 창을 내되 위에서부터 한 규빗에 내고 그 문은 옆으로 내고 상 중 하 삼층으로 할지니라 17 내가 홍수를 땅에 일으켜 무릇 생명의 기운이 있는 모든 육체를 천하에서 멸절하리니 땅에 있는 것들이 다 죽으리라 18 그러나 너와는 내가 내 언약을 세우리니 너는 네 아들들과 네 아내와 네 며느리들과 함께 그 방주로 들어가고 19 혈육 있는 모든 생물을 너는 각기 암수 한 쌍씩 방주로 이끌어들여 너와 함께 생명을 보존하게 하되 20 새가 그 종류대로, 가축이 그 종류대로, 땅에 기는 모든 것이 그 종류대로 각기 둘씩 네게로 나아오리니 그 생명을 보존하게 하라 21 너는 먹을 모든 양식을 네게로 가져다가 저축하라 이것이 너와 그들의 먹을 것이 되리라 22 노아가 그와 같이 하여 하나님이 자기에게 명하신 대로 다 준행하였더라

창세기 7장

홍수

1 여호와께서 노아에게 이르시되 너와 네 온 집은 방주로 들어가라 이 세대에서 네가 내 앞에 의로움을 내가 보았음이니라 2 너는 모든 정결한 짐승은 암수 일곱씩, 부정한 것은 암수 둘씩을 네게로 데려오며 3 공중의 새도 암수 일곱씩을 데려와 그 씨를 온 지면에 유전하게 하라 4 지금부터 칠 일이면 내가 사십 주야를 땅에 비를 내려 내가 지은 모든 생물을 지면에서 쓸어버리리라 5 노아가 여호와께서 자기에게 명하신 대로 다 준행하였더라 6 홍수가 땅에 있을 때에 노아가 육백 세라 7 노아는 아들들과 아내와 며느리들과 함께 홍수를 피하여 방주에 들어갔고 8 정결한 짐승과 부정한 짐승과 새와 땅에 기는 모든 것은 9 하나님

창 6:9
하나님의 뜻대로 행하는 노아를 잘 살펴보라. 6:22과 7:5이 노아가 의인임을 보여 주는 대목이다.

창 6:14-22
방주의 설계를 직접 주시는 하나님.
홍수는 엄청난 격변이었고, 그것을 견뎌 낼 수 있었던 것은 하나님이 직접 설계해 주셨기 때문이다.
여기서 하나님의 주권을 생각해야 한다. 모든 것은 하나님의 방법대로 이루어져야 한다는 사실을 명심하라.
이것이 신위의 개념이다.
•방주의 크기는 길이가 171.5m, 폭이 28.5m, 높이가 17.2m이다. 선박 학자들은 이 비율이 완벽한 안정성을 보여 준다고 한다.

창 7:5
하나님의 뜻대로 준행하는 것보다 더 중요하고 시급한 것은 없다.

이 노아에게 명하신 대로 암수 둘씩 노아에게 나아와 방주로 들어갔으며 10 칠 일 후에 홍수가 땅에 덮이니 11 노아가 육백 세 되던 해 둘째 달 곧 그 달 열이렛날이라 그 날에 큰 깊음의 샘들이 터지며 하늘의 창문들이 열려 12 사십 주야를 비가 땅에 쏟아졌더라 13 곧 그 날에 노아와 그의 아들 셈, 함, 야벳과 노아의 아내와 세 며느리가 다 방주로 들어갔고 14 그들과 모든 들짐승이 그 종류대로, 모든 가축이 그 종류대로, 땅에 기는 모든 것이 그 종류대로, 모든 새가 그 종류대로 15 무릇 생명의 기운이 있는 육체가 둘씩 노아에게 나아와 방주로 들어갔으니 16 들어간 것들은 모든 것의 암수라 하나님이 그에게 명하신 대로 들어가매 여호와께서 그를 들여보내고 문을 닫으시니라 17 홍수가 땅에 사십 일 동안 계속된지라 물이 많아져 방주가 땅에서 떠올랐고 18 물이 더 많아져 땅에 넘치매 방주가 물 위에 떠 다녔으며 19 물이 땅에 더욱 넘치매 천하의 높은 산이 다 잠겼더니 20 물이 불어서 십오 규빗이나 오르니 산들이 잠긴지라 21 땅 위에 움직이는 생물이 다 죽었으니 곧 새와 가축과 들짐승과 땅에 기는 모든 것과 모든 사람이라 22 육지에 있어 그 코에 생명의 기운의 숨이 있는 것은 다 죽었더라. 23 지면의 모든 생물을 쓸어버리시니 곧 사람과 가축과 기는 것과 공중의 새까지라 이들은 땅에서 쓸어버림을 당하였으되 오직 노아와 그와 함께 방주에 있던 자들만 남았더라 24 물이 백오십 일을 땅에 넘쳤더라

창세기 8장

홍수가 그치다

1 하나님이 노아와 그와 함께 방주에 있는 모든 들짐승과 가축을 기억하사 하나님이 바람을 땅 위에 불게 하시매 물이 줄어들었고 2 깊음의 샘과 하늘의 창문이 닫히고 하늘에서 비가 그치매 3 물이 땅에서 물러가고 점점 물러가서 백오십 일 후에 줄어들고 4 일곱째 달 곧 그 달 열이렛날에 방주가 아라랏 산에 머물렀으며 5 물이 점점 줄어들어 열째 달 곧 그 달 초하룻날에 산들의 봉우리가 보였더라 6 사십 일을 지나서 노아가 그 방주에 낸 창문을 열고 7 까마귀를 내놓으매 까마귀가 물이 땅에서 마르기까지 날아 왕래하였더라 8 그가 또 비둘기를 내놓아 지면에서 물이 줄어들었는지를 알고자 하매 9 온 지면에 물이 있으므로 비둘기가 발 붙일 곳을 찾지 못하고 방주로 돌아와 그에게로 오는지라 그가 손을 내밀어 방주 안 자기에게로 받아들이고 10 또 칠 일을 기다려 다시 비둘기를 방주에서 내놓으매 11 저녁때에 비둘기가 그에게로 돌아왔는데 그 입에 감람나무 새 잎사귀가 있는지라 이에 노아가 땅에 물이 줄어든 줄을 알았으며 12 또 칠 일을 기다려 비둘기를 내놓으

• 노아의 방주에는 방향타와 동력이 없다. 하나님이 설계를 잘못하셨을까?
그 이유를 깊이 묵상해 보라. 하나님은 언제나 신위로 이루어지기를 원하신다는 사실과 함께…

매 다시는 그에게로 돌아오지 아니하였더라 13 육백일 년 첫째 달 곧 그 달 초하룻날에 땅 위에서 물이 걷힌지라 노아가 방주 뚜껑을 제치고 본즉 지면에서 물이 걷혔더니 14 둘째 달 스무이렛날에 땅이 말랐더라 15 하나님이 노아에게 말씀하여 이르시되 16 너는 네 아내와 네 아들 들과 네 며느리들과 함께 방주에서 나오고 17 너와 함께 한 모든 혈육 있는 생물 곧 새와 가축과 땅에 기는 모든 것을 다 이끌어내라 이것들 이 땅에서 생육하고 땅에서 번성하리라 하시매 18 노아가 그 아들들과 그의 아내와 그 며느리들과 함께 나왔고 19 땅 위의 동물 곧 모든 짐승 과 모든 기는 것과 모든 새도 그 종류대로 방주에서 나왔더라

노아가 번제를 드리다
20 노아가 여호와께 제단을 쌓고 모든 정결한 짐승과 모든 정결한 새 중에서 제물을 취하여 번제로 제단에 드렸더니 21 여호와께서 그 향기 를 받으시고 그 중심에 이르시되 내가 다시는 사람으로 말미암아 땅을 저주하지 아니하리니 이는 사람의 마음이 계획하는 바가 어려서부터 악함이라 내가 전에 행한 것 같이 모든 생물을 다시 멸하지 아니하리니 22 땅이 있을 동안에는 심음과 거둠과 추위와 더위와 여름과 겨울과 낮과 밤이 쉬지 아니하리라

창세기 9장
하나님이 노아와 언약을 세우시다
1 하나님이 노아와 그 아들들에게 복을 주시며 그들에게 이르시되 생 육하고 번성하여 땅에 충만하라 2 땅의 모든 짐승과 공중의 모든 새와 땅에 기는 모든 것과 바다의 모든 물고기가 너희를 두려워하며 너희를 무서워하리니 이것들은 너희의 손에 붙였음이니라 3 모든 산 동물은 너희의 먹을 것이 될지라 채소 같이 내가 이것을 다 너희에게 주노라 4 그러나 고기를 그 생명 되는 피째 먹지 말 것이니라 5 내가 반드시 너희 의 피 곧 너희의 생명의 피를 찾으리니 짐승이면 그 짐승에게서, 사람이 나 사람의 형제면 그에게서 그의 생명을 찾으리라 6 다른 사람의 피를 흘리면 그 사람의 피도 흘릴 것이니 이는 하나님이 자기 형상대로 사람 을 지으셨음이니라 7 너희는 생육하고 번성하며 땅에 가득하여 그 중 에서 번성하라 하셨더라 8 하나님이 노아와 그와 함께 한 아들들에게 말씀하여 이르시되 9 내가 내 언약을 너희와 너희 후손과 10 너희와 함 께 한 모든 생물 곧 너희와 함께 한 새와 가축과 땅의 모든 생물에게 세 우리니 방주에서 나온 모든 것 곧 땅의 모든 짐승에게니라 11 내가 너 희와 언약을 세우리니 다시는 모든 생물을 홍수로 멸하지 아니할 것이 라 땅을 멸할 홍수가 다시 있지 아니하리라 12 하나님이 이르시되 내가

나와 너희와 및 너희와 함께 하는 모든 생물 사이에 대대로 영원히 세우는 언약의 증거는 이것이니라 13 내가 내 무지개를 구름 속에 두었나니 이것이 나와 세상 사이의 언약의 증거니라 14 내가 구름으로 땅을 덮을 때에 무지개가 구름 속에 나타나면 15 내가 나와 너희와 및 육체를 가진 모든 생물 사이의 내 언약을 기억하리니 다시는 물이 모든 육체를 멸하는 홍수가 되지 아니할지라 16 무지개가 구름 사이에 있으리니 내가 보고 나 하나님과 모든 육체를 가진 땅의 모든 생물 사이의 영원한 언약을 기억하리라 17 하나님이 노아에게 또 이르시되 내가 나와 땅에 있는 모든 생물 사이에 세운 언약의 증거가 이것이라 하셨더라

창 9:14-16
노아의 언약은 하나님의 보호의 약속이다.
하나님의 백성으로 택함을 받은 백성은 하나님이 끝까지 보호하신다는 약속이고 이 약속은 새 하늘과 새 땅에 이르기까지 지키시며, 그곳에서 완성됨을 성경을 통해서 읽을 수 있다.

노아와 그 아들들

18 방주에서 나온 노아의 아들들은 셈과 함과 야벳이며 함은 가나안의 아버지라 19 노아의 이 세 아들로부터 사람들이 온 땅에 퍼지니라 20 노아가 농사를 시작하여 포도나무를 심었더니 21 포도주를 마시고 취하여 그 장막 안에서 벌거벗은지라 22 가나안의 아버지 함이 그의 아버지의 하체를 보고 밖으로 나가서 그의 두 형제에게 알리매 23 셈과 야벳이 옷을 가져다가 자기들의 어깨에 메고 뒷걸음쳐 들어가서 그들의 아버지의 하체를 덮었으며 그들이 얼굴을 돌이키고 그들의 아버지의 하체를 보지 아니하였더라. 24 노아가 술이 깨어 그의 작은 아들이 자기에게 행한 일을 알고 25 이에 이르되 가나안은 저주를 받아 그의 형제의 종들의 종이 되기를 원하노라 하고 26 또 이르되 셈의 하나님 여호와를 찬송하리로다. 가나안은 셈의 종이 되고 27 하나님이 야벳을 창대하게 하사 셈의 장막에 거하게 하시고 가나안은 그의 종이 되게 하시기를 원하노라 하였더라. 28 홍수 후에 노아가 삼백오십 년을 살았고 29 그의 나이가 구백오십 세가 되어 죽었더라

바벨

새롭게 살아가야 할 인류는 계속해서 죄를 범하고, 생육하고 번성하라는 하나님의 삶의 원리를 외면하고 자기중심성를 더욱 내세우는 삶을 살아간다. 하나님은 이런 세상에 개입하셔서 그들은 흩으시는 역사를 시작하시고 죄로부터 구하여 관계를 회복하시는 구속의 역사를 직접 주관하신다.

창세기 11장

1 온 땅의 언어가 하나요 말이 하나였더라 2 이에 그들이 동방으로 옮기다가 시날 평지를 만나 거기 거류하며 3 서로 말하되 자, 벽돌을 만들어 견고히 굽자 하고 이에 벽돌로 돌을 대신하며 역청으로 진흙을 대

신하고 4 또 말하되 자, 성읍과 탑을 건설하여 그 탑 꼭대기를 하늘에 닿게 하여 우리 이름을 내고 온 지면에 흩어짐을 면하자 하였더니 5 여호와께서 사람들이 건설하는 그 성읍과 탑을 보려고 내려오셨더라 6 여호와께서 이르시되 이 무리가 한 족속이요 언어도 하나이므로 이같이 시작하였으니 이후로는 그 하고자 하는 일을 막을 수 없으리로다 7 자, 우리가 내려가서 거기서 그들의 언어를 혼잡하게 하여 그들이 서로 알아듣지 못하게 하자 하시고 8 여호와께서 거기서 그들을 온 지면에 흩으셨으므로 그들이 그 도시를 건설하기를 그쳤더라 9 그러므로 그 이름을 바벨이라 하니 이는 여호와께서 거기서 온 땅의 언어를 혼잡하게 하셨음이니라 여호와께서 거기서 그들을 온 지면에 흩으셨더라

셈의 족보(대상 1:24-27)

10 셈의 족보는 이러하니라 셈은 백 세 곧 홍수 후 이 년에 아르박삿을 낳았고 11 아르박삿을 낳은 후에 오백 년을 지내며 자녀를 낳았으며 12 아르박삿은 삼십오 세에 셀라를 낳았고 13 셀라를 낳은 후에 사백삼 년을 지내며 자녀를 낳았으며 14 셀라는 삼십 세에 에벨을 낳았고 15 에벨을 낳은 후에 사백삼 년을 지내며 자녀를 낳았으며 16 에벨은 삼십사 세에 벨렉을 낳았고 17 벨렉을 낳은 후에 사백삼십 년을 지내며 자녀를 낳았으며 18 벨렉은 삼십 세에 르우를 낳았고 19 르우를 낳은 후에 이백구 년을 지내며 자녀를 낳았으며 20 르우는 삼십이 세에 스룩을 낳았고 21 스룩을 낳은 후에 이백칠 년을 지내며 자녀를 낳았으며 22 스룩은 삼십 세에 나홀을 낳았고 23 나홀을 낳은 후에 이백 년을 지내며 자녀를 낳았으며 24 나홀은 이십구 세에 데라를 낳았고 25 데라를 낳은 후에 백십구 년을 지내며 자녀를 낳았으며 26 데라는 칠십 세에 아브람과 나홀과 하란을 낳았더라

데라의 족보

27 데라의 족보는 이러하니라 데라는 아브람과 나홀과 하란을 낳고 하란은 롯을 낳았으며 28 하란은 그 아비 데라보다 먼저 고향 갈대아인의 우르에서 죽었더라 29 아브람과 나홀이 장가 들었으니 아브람의 아내의 이름은 사래며 나홀의 아내의 이름은 밀가니 하란의 딸이요 하란은 밀가의 아버지이며 또 이스가의 아버지더라 30 사래는 임신하지 못

하므로 자식이 없었더라 **31** 데라가 그 아들 아브람과 하란의 아들인 그의 손자 롯과 그의 며느리 아브람의 아내 사래를 데리고 갈대아인의 우르를 떠나 가나안 땅으로 가고자 하더니 하란에 이르러 거기 거류하였으며 **32** 데라는 나이가 이백오 세가 되어 하란에서 죽었더라

읽은 내용 묵상하고, 삶에 적용하기

💡 창 1:1은 진정 나의 세계관인가?

모든 사람은 모두가 나름대로 세계관을 가지고 있다. 그 세계관을 결정하는 근거가 기본적으로 진화론적인가, 아니면 하나님이 모든 것을 창조하셨다는 사실에 근거를 두고 있는가이다. 이 차이는 극명하게 다르다. 우리는 하나님 창조에 근거한 성경적 세계관을 가져야 한다. 고린도 후서 10:4을 반드시 읽고 묵상하라.

💡 창 1:26, 28 깊이 묵상하기-인간 창조의 특별함

이 구절은 인간 창조를 논의하는 천상 회의의 회의록 같은 것이라고 볼 수 있다. 그렇다면 이 회의는 언제 이루어진 것일까? 아마도 천지를 창조하기 전임이 확실하다. 인간을 만들기로 한 이 합목적적 계획에 따라 나도 그렇게 지은 존재라고 믿는가? 이것이 성경적 세계관의 근원이다. 다른 피조물과 달리, 하나님의 형상으로 지음 받은 인간은 하나님의 선한 뜻대로 이 피조세계를 다스리라는 '문화명령'을 받은 특별한 자이다. 그래서 '하나님의 형상과 모양'으로 지음을 받았고, 하나님은 인간을 가장 풍요롭고 복된 에덴에 두시고 그 사명을 감당하게 하셨다.

시편 8:4-5 "사람이 무엇이기에 주께서 그를 생각하시며 인자가 무엇이기

에 주께서 그를 돌보시나이까 그를 하나님보다 조금 못하게 하시고 영화와 존귀로 관을 씌우셨나이다"

그러므로 에덴은 바로 하나님 나라의 원형이고, 하나님의 온전한 통치가 이루어지고 하나님의 위임을 받아 피조물의 왕 노릇을 하면서 거리낌이 없이 하나님과 교제를 나누는 곳이다.

창 2:7은 인간은 흙과 하나님의 생기로 구성된다고 말해 주고 있다. 하나님의 생기가 없는 자는 흙과 같은 존재일 뿐이라는 말이다. 나의 삶은 과연 하나님의 생기로 충만한 삶인가? 아니면 흙과 같은 존재의 삶을 살아가고 있는가? 도전을 받으라!

💡 성경이 말하는 가정은?

하나님이 주신 가정은 남자와 여자로 구성된다. 따라서 동성애는 하나님의 창조 원리를 위반하는 엄청난 죄악임을 꼭 명심해야 한다. 돕는 배필은 서로 대등한 입장에서 서로 돕는, 상부상조(相扶相助)의 의미를 갖는 말이다. 따라서 남자와 여자의 성별 차별은 없어야 하지만, 남자와 여자의 역할 구별은 반드시 있어야 한다. 성경은 차별을 금하지만, 구별은 강조함을 볼 수 있다. 은사와 달란트의 이야기는 구별이 있어야 함을 강조하는 대목이다. 차별과 구별을 혼동하면 사회는 혼돈에 빠진다.

💡 창세기 3:15의 "…뱀의 머리를 밟을 여인의 후손…"의 의미를 깊이 새겨보라

원시 복음이라고 한다. 하나님과 인간의 관계를 파괴하고 하나님께로 가는 영광을 가로채려 하였던, 사탄의 권세를 깨뜨리고 하나님의 나라를 회복하시려는 영적 전쟁의 선전포고이다. 이 약속은 선악과 사건으로 깨어진 하나님과의 관계를 원래대로 회복하시겠다는 약속이다. 이것이 곧 구속의 약속이고, 이 약속은 계시록 20장에서 성취된다. 성경의 스토리는 그 사이의 이야기이다.

💡 창 3:9와 4:9절은 관계의 핵심을 보여 주는 매우 중요하고 도전적인 질문 이다.

여기서 관계의 중요성을 묵상하고, 이것이 십계명 영성의 근간이 됨을 알 아야 한다.

💡 무화과 잎의 옷과 가죽옷이 주는 의미를 깊이 묵상하고 신위와 인위의 개념을 깊이 이해해야 한다. 이것이 성경 메시지의 핵심이기 때문이다.

노아 방주의 설계와 성막의 설계를 하나님이 직접, 그것도 매우 자상하게 주시는 하나님의 의도를 묵상하라.

- 주권의 하나님, 모든 것을 하나님 방법대로 하시기를 원하시는 하나님, 예수님은 "뜻이 하늘에서 이루어진 것 같이 땅에서도 이루어지도록" 기도 하라고 하셨다. 신위가 인위를 덮어 하나님의 주권이 이루어져 하나님 나라 가 회복되고 인간에게 본질적 삶(에덴의 복된 삶)을 되돌려 주시는 것이다.

💡 창 4:1-15 가인의 제사

가인의 제사는 자기중심성에 근거한 시기심, 질투심이라는 품성에 의해 판단된다.

하나님은 신령과 진리로 드리는 예배를 받으신다고 했다(요 4:24; 롬 12:1).

믿음이 없이는 하나님을 기쁘시게 할 수 없다(롬 14:22, 23; 히 11:6).

인간의 의나 공로는 인간을 구원하지 못한다(롬 3:28; 고전 1:27, 28; 갈 2:21).

💡 창 4:16~5:32 두 계열의 족보

가인의 계열의 족보와 그 족보가 보여 주는 인간 세속 역사의 시작을 보 여준다. 라멕의 두 아내에게서 태어난 세 아들들은 인간 문명과 문화의 시조가 된다.

야발 - 목축업(당시 최고의 산업)의 시조

유발 - 수금과 퉁소, 음악, 문화의 시작

두발가인 - 청동기의 시조(모세 시대의 최우선으로 앞선 문명, 지금으로는 초과
        학적 문명)

반면에 하나님의 계열인 셋의 족보가 주는 의미를 보여 준다. 그 계열에서
노아를 선택하는데 이는 남은 자 신앙(Remnant)의 맥락을 의미한다.
택한 백성을 통한 여호와 신앙과 구원의 역사가 이미 태초부터 면면히 이
어져 온 것임을 보여 주기 위한 것이었다.
성경의 족보는 택한 혈통의 끝없는 계승을 보여 주는 셋 계통과 셈 계통을
통해서 하나님의 구속 역사가 이어짐을 보여 주기 위함이다.
구약의 족보는 이스라엘의 혈통이요 세계 만인의 영원한 왕으로 나신 예수
그리스도(Jesus Christ)에 대한 믿음을 통한 우리를 위한 구원의 역사가 이처
럼 역사의 원점으로까지 거슬러 올라가는 사실을 보여 주기 위함이다.

💡 7장의 상황

에드먼드 할레이(Edmond Haley)라는 천문학자는 본문의 표현을 다음과 같
이 해석하였다. 당시까지 지구는 수직을 유지하고 있었으나 이때 지축(地
轉)이 오늘날과 같이 23.5도로 기울어졌기 때문에 지구에는 대양(大洋)의
물이 육지로 쏟아지는 대해일(大海溢)이 있었다는 것이다.
이때 물결은 시속 1,600km 속도로 이동했을 것이며 지구의 가장 높은 산
들까지도 물이 덮치게 되었고 지구의 많은 수목과 동물들은 물에 휩쓸려
어떤 지역에 몰려가서 그곳에서 퇴적되어 화석과 화석 연료들이 되었다고
보는 것이다. 오늘 날 안데스나 알프스, 히말라야 같은 높은 지대에서 해양
동물의 화석들이 발견되는 것도 이와 같은 이유 때문으로 추정하고 있다.
이러한 주장의 신빙성 여부는 속단할 수 없으나 본문에 나오는 '터지며'라
는 히브리어 용례로 보아, 노아 홍수는 하늘에서 내린 비뿐만 아니라 큰
지각 변동으로 인한 해일 현상과 물의 분출 현상을 동반한 대재난(大災難)
이었던 것만큼은 분명하다.

💡 홍수를 일으키신 하나님의 마음을 아래 두 구절을 비교하여 묵상하라

1장에서 "보시기 좋았더라"와 6장 5-6 "여호와께서 사람의 죄악이 세상에 가득함과 그의 마음으로 생각하는 모든 계획이 항상 악할 뿐임을 보시고 땅 위에 사람 지으셨음을 한탄하사 마음에 근심하시고" 무엇을 느끼는가? 오늘 우리는 어떤가? 우리는 하나님의 기쁨의 대상인가? 아니면 근심의 대상인가?

💡 왜 다시 창 1:26-28의 약속을 노아에게 되풀이해서 주시는가?

창 1:26-28은 인간 창조의 이유와 목적을 밝혀 주는 성명서와도 같은 것이다. 그것은 생육하고 번성해서 하나님의 청지기 사명을 감당하기 위함이었음을 명심하라. 우리는 다시 하나님의 뜻을 이루어 드리는 청지기가 되었다는 말이다.

💡 무지개 언약의 의미는 "보호"라고 했다—노아 언약의 의미는 무엇일까?

홍수 후에 하나님은 노아와 그 가족들에게, 다시는 물로 인간을 심판하지 않으시겠다는 약속으로 무지개를 보여 주시면서 언약을 세운다. 이 노아 언약은 창 3:15에서 약속한 여인의 후손을 통한 하나님의 구원 약속과 하나님 나라 회복의 역사는 계속됨을 확인시켜 주는 것이다. 하나님은 그 보호를 우리가 원하는 대로 해주시는 것이 아니라 하나님의 방법으로 해주신다는 사실을 명심하라. 그것이 신위의 개념이다.

즉 하나님의 진정한 보호 하심은 우리가 자기중심성을 내려놓고 신위에 순종할 때 이루어진다는 사실을 믿어야 한다. 당신의 일상의 삶 가운데 이 무지개의 약속이 있는가?

💡 바벨탑 사건

바벨탑 사건은 인위의 극치이고, 그 결과는 심판이다. 심판은 하나님 뜻의 강제적 집행이다. 성경의 크고 작은 심판 또는 하나님의 진노는 인위(人爲)

가 신위(神爲)의 경계를 넘을 때 반드시 온다는 것을 명심하라. "경계를 넘음"은 곧 죄(罪)이다.

"구음이 하나이요…" 촘스키(A. N. Chomsky) 등의 현대 언어학자들의 연구 결과 언어는 단순히 의사 전달의 수동적 수단일 뿐만 아니라 그 안에 인간의 사고방식과 사고의 내용까지를 규정하는 고유한 능동적 기능까지 가진 인간들만의 고유한 문화 양식임이 드러나고 있다. 그리고 언어란 본래는 분석이나 연습이 아니라 직관적으로 습득되는 것이다. 그리하여 언어의 궁극적 기원은 인간의 의도적 고안이 아니라 타고난 것으로 인정되고 있다. 즉, 각 언어는 인간이 발명한 것이 아니라 원천적으로 부여받았다는 것이다. 따라서 본문에 구음 곧 언어가 하나였다는 말은 천지 창조 때에 주어진 단일 단어가 계속 전승됐음을 보여 준다. 동시에 당시까지는 한 언어를 매체로 상호 의사소통이 쉬웠고 근본적인 사고방식이 유사하여 전 인류가 하나로 집결되기 쉬웠음을 보여 준다.

족장 시대

02

B.C. 2166 ~ 1805

성경 부분 창세기 12~50장
주요 인물 아브라함, 이삭, 야곱, 요셉

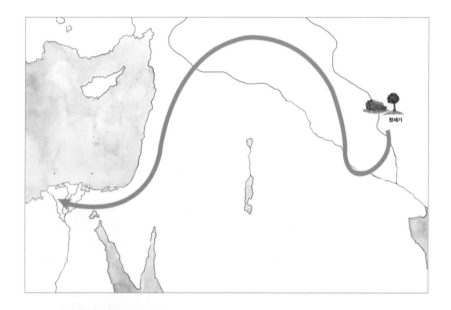

창세기 속의 시간흐름

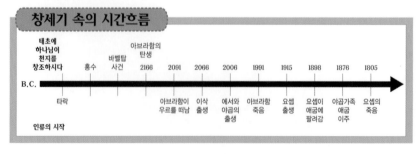

태초에 하나님이 천지를 창조하시다 · 홍수 · 바벨탑 사건 · 아브라함의 탄생 2166 · 2091 · 2066 · 2006 · 1991 · 1915 · 1898 · 1876 · 1805

B.C.

타락 · 아브라함 우르를 떠남 · 이삭 출생 · 에서와 야곱의 출생 · 아브라함 죽음 · 요셉 출생 · 요셉이 애굽에 팔려감 · 야곱가족 애굽 이주 · 요셉의 죽음

인류의 시작

창세기 1장에서 11장까지의 **인간의 자기중심적 반역 역사에서 이제 하나님 신위(神爲)의 역사로 반전시키기 위한 하나님의 역사가 아브라함을 부르심으로 시작된다.**

창세기 12장에서 50장까지는 족장 시대를 그리며 아브라함, 이삭, 야곱, 요셉과 같은 4명의 족장을 통해 하나님께서 하나님의 나라를 회복하시기 위한 일을 전개해 나가심을 보여 준다. 이들 족장은 앞에서 언급한 인위(人爲)의 자기중심성의 모습이 아니라 하나님 나라에 합당한 순종의 믿음을 소유한 자들로서 하나님 나라 회복에 쓰임 받기 위해 연단과 훈련을 받으며 하나님 나라를 이룩할 백성들을 만들어 간다.

족장 시대 족장들의 이야기는 인간 주인공들의 이야기가 아니고, 그들을 통해 하나님이 어떻게 구속의 역사(아브라함의 언약을 시발점으로)를 이루어 가시는가가 핵심임을 명심하라.

아브라함

12장에서 23장까지는 아브라함을 집중적으로 기록하고 있다. B.C. 2091년경에 아브람을 갈대아 우르에서 부르시고 **그의 후손이 하늘의 별과 바다의 모래처럼 많을 것과 그들이 거할 땅을 약속하신다. 이것은 하나님 나라에 필요한 조건들이다.** 하나님은 아브라함과의 언약에서 하나님 나라를 회복하시려는 계획을 언약을 통해 보여 주신다.

여기서 중요한 구절은 12:1-3의 하나님이 아브라함을 부르시는 장면과 15:1, 5-6의 하나님이 아브람에게 언약을 주는 장면이다. 여기에서 볼 수 있는 것은 아브람이 **연약한 인간이라 실수도 하지만 하나님의 모든 약속을 온전히 순종하는 모습**이다. 하나님의 언약을 강하게 믿는 믿음 때문에 언약이 징표로 할례를 받고 그의 이름이 아브람에서 아브라함으로 바뀐다. 그는 과연 믿음의 아버지가 되었다. 하나님 나라는 바로 그 순종 위에 이루어지는 것이다.

이삭

24장에서 27장까지는 주로 이삭의 이야기가 나온다. B.C. 2066년(아브라함이 100세)에 이삭이 태어났을 것으로 추정한다. **하나님이 주신 유일한 아들인 이삭을 제물로 바치라는 하나님의 명령에 순전히 순종**하는 아브라함의 모습 속에서 이삭도 함께 그 명령의 순종에 동참하고 있다. 여기서 우리는 **미래를 준비하시는 여호와 이레**를 만난다. 이삭의 신앙의 모습은 **겸손과 순종**이었다.

야곱

28장에서 36장까지는 야곱에 관한 이야기이다. 야곱은 B.C. 2006년에 태어났다고 추정한다. 그는 쌍둥이 형 에서의 발꿈치를 잡고 나왔다고 이름을 야곱이라고 지었다. 그는 생존 경쟁에 강한 기질을 타고났고, 경쟁심이 강하고 흥정에 능한 자였음을 볼 수 있다. 그런 점에서 **자기중심성이 강한 자**였다. 하나님은 그런 그를 연단 하시고 보호하시며 **하나님 나라의 백성이 될 이스라엘의 12지파의 아버지**가 되게 하신다. 그는 얍복강에서 하나님과 씨름하여 환도뼈가 깨어진다. 또 한 차례 가족의 고통(딸 디나의 강간 사건)이 있고 난 뒤에 "벧엘로 돌아가라"라는 하나님의 음성을 경청한다. 그 후에야 '내려놓음'의 영성을 터득하고 순종하는 자가 된다. 야곱은 집념의 신앙인의 전형이다.

요셉

37장에서 50장까지는 주로 요셉의 이야기가 나온다. 요셉이 태어난 해는 B.C. 1915년으로 추정한다(창 30장). 요셉이 애굽으로 팔려 가고, 또 그가 바로의 시위 대장인 보디발의 집사가 되어 신임을 얻게 된다. 보디발 아내의 유혹을 뿌리친 것 때문에 모함에 빠져 감옥에 갇혔다가 다른 죄수의 꿈을 해석해 준 것이 인연이 되어 바로의 꿈을 해석하고 일약 애굽의 총리가 된다.

기근으로 인해 야곱의 식구가 애굽으로 오게 되고 죽은 줄로 알았던 아들 요셉을 만난 **야곱은 기근을 피해 애굽으로 이주한다**(B.C. 1876). 야곱의 가족들은 요셉의 총리됨을 덧입어 고센 지방에 자리를 잡는다. 이스라엘 백성은 이역만리 남의 땅에서 비록 노예의 신세가 되지만 인구가 증가하여 번성할 계기를 얻게 된다. 이 모든 역사에서 하나님이 **하나님 나라를 회복하시기 위한 하나**

님의 섭리의 손길을 볼 수 있다. 요셉은 지혜와 분별의 신앙심을 갖고 있음을 볼 수 있다.

족장들의 이야기를 읽을 때, 그들은 믿음의 사람들이긴 하지만 그들의 신앙을 지나치게 우상화해서는 안 된다. 그들도 우리와 같이 많은 실수를 할 수 있다. 오히려 그런 사람들에게 역사하시는 하나님의 주권에 초점을 맞추어 족장들의 이야기를 읽어야 한다.

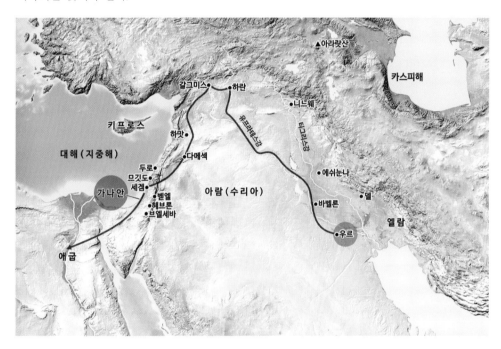

1. 아브라함 이야기

창 12장 하나님이 인간 구속의 역사를 본격적으로 시작하시면서 갈대아 지역 우르지방에 거주하는 아브람을 택하여 부르신다. 이때가 B.C. 2091년경이다. 이 당시 갈대아 우르 지방은 수메르 문명에서 매우 번성한 삶을 구가하는 우르남무 3세 왕 시절이었고, 이 지역은 우상 숭배가 성행했으며 달신(月神) 난나 (Nanna)를 주신(主神)으로 섬겼다. 이런 곳에서 아브람이 하나님을 온전히 의지하고 순종할 여건이 아니기 때문에 아브람을 척박한 가나안 땅으로 옮기게 하신다. 인간이 척박한 환경에 처할 때 하나님만을 온전히 의지할 수 있기 때문이다. 아브람은 나중에 이름이 아브라함으로 바뀌는 믿음의 아버지로 불릴 만큼 굳건한 믿음을 가진 자이지만 아직은 그 믿음이 미약했던 것 같다. 하나님이 가라고 지시한 그 땅(가나안)은 젖과 꿀이 흐르는 풍요로운 땅이 아니라 기근이 기다리고 있는 척박한 땅이었다. 아브람은 자기 판단대로 기근을 피하려고 애굽으로 간다(사 31:1을 참조). 이방 땅에서 예쁜 아내 때문에 궁지로 몰리자 누이라고 속이며 더 큰 곤궁에 빠졌을 때 하나님이 개입하셔서 구해 주신다.

창 13장 다시 가나안으로 돌아온 아브람의 일행은 목축업이 크게 번성하게 되자 목초지 분쟁이 생긴다. 아브람은 조카 롯과 분가를 결정하면서 좋은 목초지를 선택할 권리를 조카에게 양보한다. 이를 좋게 여긴 하나님은 더 큰 복으로 갚아 주심을 읽을 수 있다. 아브람은 흥부의 심성을 가졌다고 할 수 있다.

창 14장 뿐만 아니라 가나안 땅의 전쟁 중에 포로가 된 롯을 구하는 아브람의 모습도 같이 읽게 된다. 이 일로 예수님으로 예표 되는 멜기세덱의 축복을 받는다.

창 15장 하나님의 구속의 역사의 관점에서 이 장은 매우 중요한 장이다. 하나님은 창세기 3:15에서 인간을 죄의 수렁으로 몰아넣고 하나님과의 관계를 끊게 한 사탄(뱀)의 머리를 밟을 여인의 후손(메시아)을 약속하면서 시작한 구속의 역사를 이루게 되는 출발점이다. 이 구속의 역사는 하나님과 끊어진 인간과의 관계를 회복하여 인간에 대한 하나님의 주권적 통치(창 1:26-28)를 회복하여 원래

에덴에서 누리던 복된 상태를 회복하시려는 하나님의 약속의 일환이다. 그래서 그 나라를 회복하는데 필요한 나라의 3요소 중 2개의 요소인 '백성(국민)'과 그 국민이 하나님의 주권(통치) 하에 살아가게 될 영토(땅)를 약속한다.

창 16장 하나님이 아브람에게 자손을 약속했지만 10년이 지나도 그 약속이 지켜지지 않자 아브람은 그 문제를 또 인위(人爲)로 해결하려고 한다. 그래서 애굽서 나올 때 데리고 온 하갈에게서 이스마엘을 낳는다. 아브라함의 족장 시대의 생활 풍습을 보여 주는 고고학적 자료인 누지 서판(Nuzi tablet)에 의하면 당시 주인이 아이를 낳지 못하면 하인을 통해서 아이를 낳을 수 있는 관습이 있었다. 그러나 하나님의 방법[신위]에 의한 자식이 아니기 때문에 하나님의 구속 역사를 이어갈 합당한 자식으로 인정받지 못하고 결국 아브라함의 집안에서 쫓겨나게 된다.

창 17장 아브라함과의 언약의 목적을 보여 주는 장이다. **7절과 8절에 "네 후손의 하나님", "나는 그들의 하나님이 되리라" 이것이 하나님의 구속 역사의 목적이다. 아브라함을 부르시고 언약을 맺은 이유이다.** 즉 하나님의 주권적 통치를 받는 하나님의 백성이 되어 하나님의 인도하심에 순종하는 삶을 살아 하나님이 섭리하시는 원래의 삶으로 돌아가는 것이다. 그것이 관계의 본질적 회복이다. 그것이 언약이 갖는 의미이다. 성경은 그 길을 보여 주는 하나님의 지침서(Manual)이다. 우리의 패러다임이 그것에 의해 재조정되어야 한다. 그런 언약 백성이 된 표징으로 할례를 받게 하신다. 이것이 오늘 세례와 같은 의미이다. 하나님의 백성, 자녀가 되어 언약의 당사자가 되었다는 말이다. 이 할례를 받은 아브람은 정체성이 하나님의 언약 백성으로 바뀌었기 때문에 하나님이 '여러 민족의 아버지'라는 의미가 있는 이름 즉, 아브라함으로 바꾸어 주신다.

75세에 하나님을 부름을 받고 자손의 약속을 받은 아브라함은 10년이 지나도 그 약속이 이행되지 않자 인위적으로 후손을 시도한다. 그래서 하인 하갈에게서 이스마엘을 낳지만, 하나님은 그를 구속의 역사를 이어 갈 적통 후손으로 인정하지 않으신다. 세월이 흘러 창 18장에서 아브라함 나이 99세 때 하나님이 다시 나타나셔서 1년 후에 아들이 태어날 것이라고 약속을 주시고, 소돔과 고

아브라함의 가나안 정착 [창 12:10~14:24, 18:22]

기근으로 인해 애굽으로 내려감

멜기세덱이 아브람에게 축복함
(창 14:20)

여호와께서 아브람과 언약을
세우심 (창 15장)

여호와의 사자가 하갈에게
이스라엘을 낳으리라고 알려줌
(창 16:11)

대해 (지중해)

애굽

수르 광야

온(헬리오폴리스)

브엘라해로이

브엘세바

마므레 헤브론
(기럇아르바)

살렘

사웨골짜기

아스돗

벧엘

세겜

들

갈릴리바다
아스다롯

요단강

얍복강

암논강

염해

아브라함과 롯의 분쟁

이삭을 모리아산에서
번제로 드리라 함
'여호와 이레' (창 22장)

아브라함과 사라가
막벧라 굴에 장사됨

소돔과, 고모라가 있었던
곳으로 추정되는 곳

모라의 심판 계획을 알려 주신다.

이 18장은 예배의 모형을 보여 주는 대목이기도 하다. 하나님이 심판할 소돔과 고모라의 죄악상은 성적 문란, 특히 동성애 때문임을 볼 수 있다. 오늘날 동성애 문제도 이런 심판을 직면할 수 있는 상황이다. 그것은 단순히 성적 문란의 모습이 아니라 하나님의 창조의 원리인 창세기 1:26-28을 정면으로 어긋나는 행위이기 때문이다.

창 19장 하나님이 소돔과 고모라의 죄악상을 심판하시는 것을 기록하고 있다. 18장에서 아브라함의 대접[禮拜]을 받은 하나님은 아브라함에게 천기를 알려 주신다. 이미 아브라함은 하나님의 친구가 되어 있었다. 그 내용은 약속의 아들을 꼭 주신다는 다짐과 소돔과 고모라를 멸하겠다는 계획이다. 소돔에는 조카 롯의 일가가 살아가고 있는 곳이다. 의인의 수를 가지고 하나님과 흥정을 해서 소돔을 구하려 하는 아브라함. 그러나 그 수가 하나님이 원하시는 수에 미치지 못함에 하나님이 이들을 멸하신다.

소돔과 고모라의 죄악상은 난폭한 성적 문란이고 그중에서도 동성애가 성행했다는 것이다. 동성애는 하나님의 창조의 원리인 창세기 1:26-28을 정면으로 도전하는 행위다. 이것은 오늘 우리가 깊이 묵상하면서 깊이 반성하고 성찰해야 할 부분이다. 하나님의 심판을 피하라!

창 21장 약속대로 하나님의 적통 아들 이삭이 태어난다(B.C. 2066). 아브라함 나이 100세, 처음 약속했을 때로부터 25년이 지난 후이다. 기억하라. 주권적 하나님은 하나님 방법대로 그 약속을 이루신다는 사실을, 그러나 하나님은 신실하신 분이기 때문에 그가 한 약속은 반드시 지키는 분이다. 단지 그의 방법대로 이루신다는 사실을 기억하고 여러분들도 인내할 줄 알아야 한다. 이스마엘은 인간의 방법[인위]에 따라 이루어진 아들이지만, 이삭은 하나님의 방법[신위]으로 태어난다.

창 22장 이삭을 제물로 바치라고 명령하는 하나님에게 순종하는 아브라함. 이삭은 자녀가 없는 아브라함이 75세 때 약속을 받고 100세가 되었을 때 얻은 아들이다. 그런 아들을 제물로 바치라니 이것을 받아들이기는 결코 쉬운 일이 아니다. 그러나 그것을 순종하는 아브라함. 그래서 그를 믿음의 아버지라고 부른다. 아브라함의 생각에 모든 것은 하나님의 것이고 주신이도 하나님이고 거두시는 이도 하나님이시라는 생각, 그것이 곧 아브라함의 세계관이요 가치관이기에 그런 믿음의 행동을 할 수 있었다.
이때 이삭의 나이도 37세(통큰 통독 책 111쪽 참조)가 되었고, 그는 제단의 결박을 풀고 도망갈 수 있는 나이임에도 하나님의 지시를 따른 것이다. 이들은 하나님의 최종적 시험을 통과한 것이다. 그러나 하나님은 이미 모든 것을 아시는 분이시기에 제물은 준비해 두셨다. 이를 두고 '여호와 이레의 하나님'이라고 한다. 그 뜻은 '하나님이 준비하실 것이다.' 하나님은 그분의 뜻에 합당하게 순종하는 모든 백성에게 준비해 두고 계시는 분임을 알게 된다.

관련 성경 본문 읽기

여호와께서 아브람에게 이르시다

하나님이 민족을 흩으시고 구속의 역사를 시작하시기 위해 갈대아 지역 우르라는 도시국가에서 우상 제조업을 하는 아버지와 비교적 안락한 삶을 사는 아브람(나중에 아브라함이 됨)을 부르신다. 우르는 역사적으로 수메르 문명권의 우르남무 3세가 다스리는 도시국가로서 번영하며 우상숭배가 매우 성행하는 도시이었다. 하나님은 아브람을 부르시고 구속의 역사를 이루어 가기 위한 자손과 땅의 약속을 하며 언약을 맺으신다.

창세기 12장

여호와께서 아브람에게 이르시다

창 12:1-3

창세기 3:15에서 시작한 관계 회복의 구속 역사를 이제 본격적으로 시작하신다. 하나님은 아브라함을 부르시고 하나님이 지시한 땅으로 옮기시고 언약을 맺으신다. 아브라함 언약의 핵심 내용은 자손, 땅 그리고 우리의 하나님이심을 회복하는 것이다. 15장, 17장의 내용을 참조하라.
① 말씀은 믿음이 생기게 한다.
② 믿음은 순종케 한다.
③ 순종은 복을 가져다준다.

1 여호와께서 아브람에게 이르시되 너는 너의 고향과 친척과 아버지의 집을 떠나 내가 네게 보여 줄 땅으로 가라 **2** 내가 너로 큰 민족을 이루고 네게 복을 주어 네 이름을 창대하게 하리니 너는 복이 될지라 **3** 너를 축복하는 자에게는 내가 복을 내리고 너를 저주하는 자에게는 내가 저주하리니 땅의 모든 족속이 너로 말미암아 복을 얻을 것이라 하신지라 **4** 이에 아브람이 여호와의 말씀을 따라갔고 롯도 그와 함께 갔으며 아브람이 하란을 떠날 때에 칠십오 세였더라 **5** 아브람이 그의 아내 사래와 조카 롯과 하란에서 모은 모든 소유와 얻은 사람들을 이끌고 가나안 땅으로 가려고 떠나서 마침내 가나안 땅에 들어갔더라 **6** 아브람이 그 땅을 지나 세겜 땅 모레 상수리나무에 이르니 그 때에 가나안 사람이 그 땅에 거주하였더라 **7** 여호와께서 아브람에게 나타나 이르시되 내가 이 땅을 네 자손에게 주리라 하신지라 자기에게 나타나신 여호와께 그가 그 곳에서 제단을 쌓고 **8** 거기서 벧엘 동쪽 산으로 옮겨 장막을 치니 서쪽은 벧엘이요 동쪽은 아이라 그가 그 곳에서 여호와께 제단을 쌓고 여호와의 이름을 부르더니 **9** 점점 남방으로 옮겨갔더라

아브람이 애굽으로 내려가다

창 12:10

아브람은 하나님이 지시할 땅이 어딘지도 모르고 갔다. 하나님이 지시하셨기 때문이다. 이것은 신위에 자기중심성을 내려

10 그 땅에 기근이 들었으므로 아브람이 애굽에 거류하려고 그리로 내려갔으니 이는 그 땅에 기근이 심하였음이라 **11** 그가 애굽에 가까이 이르렀을 때에 그의 아내 사래에게 말하되 내가 알기에 그대는 아리따운 여인이라 **12** 애굽 사람이 그대를 볼 때에 이르기를 이는 그의 아내라

하여 나는 죽이고 그대는 살리리니 13 원하건대 그대는 나의 누이라 하라 그러면 내가 그대로 말미암아 안전하고 내 목숨이 그대로 말미암아 보존되리라 하니라 14 아브람이 애굽에 이르렀을 때에 애굽 사람들이 그 여인이 심히 아리따움을 보았고 15 바로의 고관들도 그를 보고 바로 앞에서 칭찬하므로 그 여인을 바로의 궁으로 이끌어들인지라 16 이에 바로가 그로 말미암아 아브람을 후대하므로 아브람이 양과 소와 노비와 암수 나귀와 낙타를 얻었더라 17 여호와께서 아브람의 아내 사래의 일로 바로와 그 집에 큰 재앙을 내리신지라 18 바로가 아브람을 불러서 이르되 네가 어찌하여 나에게 이렇게 행하였느냐 네가 어찌하여 그를 네 아내라고 내게 말하지 아니하였느냐 19 네가 어찌 그를 누이라 하여 내가 그를 데려다가 아내를 삼게 하였느냐 네 아내가 여기 있으니 이제 데려가라 하고 20 바로가 사람들에게 그의 일을 명하매 그들이 그와 함께 그의 아내와 그의 모든 소유를 보내었더라

창세기 13장

아브람과 롯이 서로 떠나다

1 아브람이 애굽에서 그와 그의 아내와 모든 소유와 롯과 함께 네게브로 올라가니 2 아브람에게 가축과 은과 금이 풍부하였더라 3 그가 네게브에서부터 길을 떠나 벧엘에 이르며 벧엘과 아이 사이 곧 전에 장막 쳤던 곳에 이르니 4 그가 처음으로 제단을 쌓은 곳이라 그가 거기서 여호와의 이름을 불렀더라 5 아브람의 일행 롯도 양과 소와 장막이 있으므로 6 그 땅이 그들이 동거하기에 넉넉하지 못하였으니 이는 그들의 소유가 많아서 동거할 수 없었음이니라 7 그러므로 아브람의 가축의 목자와 롯의 가축의 목자가 서로 다투고 또 가나안 사람과 브리스 사람도 그 땅에 거주하였는지라 8 아브람이 롯에게 이르되 우리는 한 친족이라 나나 너나 내 목자나 네 목자나 서로 다투게 하지 말자 9 네 앞에 온 땅이 있지 아니하냐 나를 떠나가라 네가 좌하면 나는 우하고 네가 우하면 나는 좌하리라 10 이에 롯이 눈을 들어 요단 지역을 바라본즉 소알까지 온 땅에 물이 넉넉하니 여호와께서 소돔과 고모라를 멸하시기 전이었으므로 여호와의 동산 같고 애굽 땅과 같았더라 11 그러므로 롯이 요단 온 지역을 택하고 동으로 옮기니 그들이 서로 떠난지라 12 아브람은 가나안 땅에 거주하였고 롯은 그 지역의 도시들에 머무르며 그 장막을 옮겨 소돔까지 이르렀더라 13 소돔 사람은 여호와 앞에 악하며 큰 죄인이었더라

아브람이 헤브론으로 옮기다

14 롯이 아브람을 떠난 후에 여호와께서 아브람에게 이르시되 너는 눈

놓는 참믿음의 순종이다. 그러나 그곳에는 기근이 그를 기다리고 있었다. 그 문제를 하나님께 의지하지 않고 자신의 판단으로[인위] 그 해결하고자 애굽으로 간다. 이것은 믿음의 아브람이 저지른 실수이다.

말씀에 의지하여 신위로 행하던 아브람이 인위에 의지하는 모습에서 나의 모습을 발견하는가? 진정한 믿음은 하나님을 의지하고 그분의 뜻대로 행하는 것이다.

창 13:5-13
다시 가나안에 돌아온 아브람의 이행은 목축업이 번성하여 초지가 부족함으로 분가하기로 하고 그 초지 선택권을 조카 롯에게 먼저 양보한다. 롯은 눈에 보기 좋은 것을 택한다. 이런 것은 가시적 믿음이요 기복적 믿음이다.

나는 무엇에 의지하며 판단하는가? 그것이 판단의 기준 즉 가치관이다. 성경이 말하는 진정한 변화는 가치관이 성경적으로 바뀌는 것이라고 한다.

하나님에게 온전히 의지하고
따름으로 더 큰 복을 받는 아브
람.

을 들어 너 있는 곳에서 북쪽과 남쪽 그리고 동쪽과 서쪽을 바라보라 15 보이는 땅을 내가 너와 네 자손에게 주리니 영원히 이르리라 16 내가 네 자손이 땅의 티끌 같게 하리니 사람이 땅의 티끌을 능히 셀 수 있을진대 네 자손도 세리라 17 너는 일어나 그 땅을 종과 횡으로 두루 다녀 보라 내가 그것을 네게 주리라 18 이에 아브람이 장막을 옮겨 헤브론에 있는 마므레 상수리 수풀에 이르러 거주하며 거기서 여호와를 위하여 제단을 쌓았더라

여호와께서 아브람과 언약을 세우시다
15장과 17장은 아브라함의 언약의 핵심을 보여 준다
하나님은 아브람에게 그로 하여금 큰 민족을 이루어 나라를 세우게 할 것을 약속하신다. 그 민족을 이룰 자손과 그들이 거할 땅을 약속 하신다. 이것을 아브라함의 언약이라고 한다. 땅과 자손은 이제 이루어야 할 하나님 나라의 기본적인 요소이며 이를 통해 하나님 나라의 주권을 회복하고 구속의 역사를 이루신다.

창세기 15장

여호와께서 아브람과 언약을 세우시다

아브라함 언약의 핵심이 되는
자손과 땅의 약속을 주신다. 이
는 하나님 나라를 이루는 요소
를 갖추게 하는 것이다.
나라는 아래 3요소가 있어야
한다.
① 국민.
② 국토.
③ 주권.
주권은 하나님에게 있으며 이
주권의 행사를 선악과 사건을
통해 깨어졌으므로 이를 회복
하시려는 역사를 시작하셨고,
그래서 자손과 그들이 살 땅에
대해 약속하신다. 그 핵심 이유
는 창 17:6-7에서 밝힌다.

관점1에서 성경은 하나님의 종
말론적 구속역사를 이루는 과
정을 보여 주는 것이고, 그 목표
가 관점 2 하나님 나라의 회복
에 있다. 하나님 나라는 백성(하
나님 자손) 땅, 그리고 하나님의
주권을 그 구성 요소로 한다.

1 이 후에 여호와의 말씀이 환상 중에 아브람에게 임하여 이르시되 아브람아 두려워하지 말라 나는 네 방패요 너의 지극히 큰 상급이니라 2 아브람이 이르되 주 여호와여 무엇을 내게 주시려 하나이까 나는 자식이 없사오니 나의 상속자는 이 다메섹 사람 엘리에셀이니이다 3 아브람이 또 이르되 주께서 내게 씨를 주지 아니하셨으니 내 집에서 길린 자가 내 상속자가 될 것이니이다 4 여호와의 말씀이 그에게 임하여 이르시되 그 사람이 네 상속자가 아니라 네 몸에서 날 자가 네 상속자가 되리라 하시고 5 그를 이끌고 밖으로 나가 이르시되 하늘을 우러러 뭇별을 셀 수 있나 보라 또 그에게 이르시되 네 자손이 이와 같으리라 6 아브람이 여호와를 믿으니 여호와께서 이를 그의 의로 여기시고 7 또 그에게 이르시되 나는 이 땅을 네게 주어 소유를 삼게 하려고 너를 갈대아인의 우르에서 이끌어 낸 여호와니라 8 그가 이르되 주 여호와여 내가 이 땅을 소유로 받을 것을 무엇으로 알리이까 9 여호와께서 그에게 이르시되 나를 위하여 삼 년 된 암소와 삼 년 된 암염소와 삼년 된 숫양과 산비둘기와 집비둘기 새끼를 가져올지니라 10 아브람이 그 모든 것을 가져다가 그 중간을 쪼개고 그 쪼갠 것을 마주 대하여 놓고 그 새는 쪼개지 아니하였으며 11 솔개가 그 사체 위에 내릴 때에는 아브람이 쫓았더라 12 해 질 때에 아브람에게 깊은 잠이 임하고 큰 흑암과 두려움이 그에게 임하였더니 13 여호와께서 아브람에게 이르시되 너는 반드시 알라 네 자손이 이방에서 객이 되어 그들을 섬기겠고 그들은 사백 년 동안 네 자손을 괴롭히리니 14 그들이 섬기는 나라를 내가 징벌

할지며 그 후에 네 자손이 큰 재물을 이끌고 나오리라 15 너는 장수하다가 평안히 조상에게로 돌아가 장사될 것이요 16 네 자손은 사대 만에 이 땅으로 돌아오리니 이는 아모리 족속의 죄악이 아직 가득 차지 아니함이니라 하시더니 17 해가 져서 어두울 때에 연기 나는 화로가 보이며 타는 횃불이 쪼갠 고기 사이로 지나더라 18 그 날에 여호와께서 아브람과 더불어 언약을 세워 이르시되 내가 이 땅을 애굽 강에서부터 그 큰 강 유브라데까지 네 자손에게 주노니 19 곧 겐 족속과 그니스 족속과 갓몬 족속과 20 헷 족속과 브리스 족속과 르바 족속과 21 아모리 족속과 가나안 족속과 기르가스 족속과 여부스 족속의 땅이니라 하셨더라

창 15:16
아브라함의 두 번째 약속인 땅의 약속이다. 그 백성이 살아 갈 공간을 확보해 주시는 하나님의 사랑을 보여 준다.

가나안 땅을 정복하는 두번째 이유이다.

하갈과 이스마엘
하나님이 아브람에게 자손을 약속한 지 십 년이 지나도 아무런 징조도 없자 아브람은 자신의 판단대로 하녀에게서 후계를 이을 자식을 가진다. 이것은 인위이다. 하나님은 당신의 약속도 당신의 방법(신위)에 따라 이루어 주신다. 인위에 의한 이 자식을 하나님은 인정하지 않으며 후일 인류의 큰 비극의 씨앗이 된다.

창세기 16장
하갈과 이스마엘

1 아브람의 아내 사래는 출산하지 못하였고 그에게 한 여종이 있으니 애굽 사람이요 이름은 하갈이라 2 사래가 아브람에게 이르되 여호와께서 내 출산을 허락하지 아니하셨으니 원하건대 내 여종에게 들어가라 내가 혹 그로 말미암아 자녀를 얻을까 하노라 하매 아브람이 사래의 말을 들으니라 3 아브람의 아내 사래가 그 여종 애굽 사람 하갈을 데려다가 그 남편 아브람에게 첩으로 준 때는 아브람이 가나안 땅에 거주한 지 십 년 후였더라 4 아브람이 하갈과 동침하였더니 하갈이 임신하매 그가 자기의 임신함을 알고 그의 여주인을 멸시한지라 5 사래가 아브람에게 이르되 내가 받는 모욕은 당신이 받아야 옳도다 내가 나의 여종을 당신의 품에 두었거늘 그가 자기의 임신함을 알고 나를 멸시하니 당신과 나 사이에 여호와께서 판단하시기를 원하노라 6 아브람이 사래에게 이르되 당신의 여종은 당신의 수중에 있으니 당신의 눈에 좋을 대로 그에게 행하라 하매 사래가 하갈을 학대하였더니 하갈이 사래 앞에서 도망하였더라 7 여호와의 사자가 광야의 샘물 곁 곧 술 길 샘 곁에서 그를 만나 8 이르되 사래의 여종 하갈아 네가 어디서 왔으며 어디로 가느냐 그가 이르되 나는 내 여주인 사래를 피하여 도망하나이다 9 여호와의 사자가 그에게 이르되 네 여주인에게로 돌아가서 그 수하에 복종하라 10 여호와의 사자가 또 그에게 이르되 내가 네 씨를 크게 번성하

창 16장
고고학적 자료인 누지 서판(Nuzi tablet)에 의하면 아브라함 당시 주인이 지식이 없으면 하녀를 통해 자식을 얻고 대를 잇게 하는 풍습이 있었다.
아브라함은 하나님의 자식 약속의 실현이 늦어지자 이 풍습에 의해 대를 이을 자녀를 낳는다.
그러나 하나님은 언제나 하나님의 방법[신위]에 의해 모든 것을 이루어 가신다는 사실을 기억하라. 그분의 방법[신위]에 순종하는 것이 참믿음이다.

• 이스마엘은 인위의 자식이었다. 우리가 반드시 유의해야 할 것은 우리가 하나님보다 앞서 갈 때 반드시 문제가 생긴다는 것이다. 육신은 하나님을 돕기를 매우 좋아하나, 참 믿음은 인내를 나타낸다(사 28:16). 믿음과 육신을, 율법과 은혜를, 약속(신위)과 자기 노력(인위)으로 섞여서는 안 된다.

여 그 수가 많아 셀 수 없게 하리라 11 여호와의 사자가 또 그에게 이르되 네가 임신하였은즉 아들을 낳으리니 그 이름을 이스마엘이라 하라 이는 여호와께서 네 고통을 들으셨음이니라 12 그가 사람 중에 들나귀 같이 되리니 그의 손이 모든 사람을 치겠고 모든 사람의 손이 그를 칠지며 그가 모든 형제와 대항해서 살리라 하니라 13 하갈이 자기에게 이르신 여호와의 이름을 나를 살피시는 하나님이라 하였으니 이는 내가 어떻게 여기서 나를 살피시는 하나님을 뵈었는고 함이라 14 이러므로 그 샘을 브엘라해로이라 불렀으며 그것은 가데스와 베렛 사이에 있더라 15 하갈이 아브람의 아들을 낳으매 아브람이 하갈이 낳은 그 아들을 이름하여 이스마엘이라 하였더라 16 하갈이 아브람에게 이스마엘을 낳았을 때에 아브람이 팔십육 세였더라

언약의 표징 : 할례
하나님이 아브람과 언약을 맺어 언약 관계가 되었으므로 이름을 여러 민족의 아버지라는 뜻을 가진 아브라함으로 바꾸어 주신다. 언약 관계의 징표로 할례를 받게 하신다. 오늘날 세례의 성격과 같은 행위이다.

창세기 17장

할례 : 언약의 표징

창 17:7
아브라함 언약의 목적을 보여주고, 하나님의 구속 역사의 목표이기도 하다.
"나는 그들의 하나님이 되리라."
관점 2 - 하나님 나라의 회복

1 아브람이 구십구 세 때에 여호와께서 아브람에게 나타나서 그에게 이르시되 나는 전능한 하나님이라 너는 내 앞에서 행하여 완전하라 2 내가 내 언약을 나와 너 사이에 두어 너를 크게 번성하게 하리라 하시니 3 아브람이 엎드렸더니 하나님이 또 그에게 말씀하여 이르시되 4 보라 내 언약이 너와 함께 있으니 너는 여러 민족의 아버지가 될지라 5 이제 후로는 네 이름을 아브람이라 하지 아니하고 아브라함이라 하리니 이는 내가 너를 여러 민족의 아버지가 되게 함이니라 6 내가 너로 심히 번성하게 하리니 내가 네게서 민족들이 나게 하며 왕들이 네게로부터 나오리라 7 내가 내 언약을 나와 너 및 네 대대 후손 사이에 세워서 영원한 언약을 삼고 너와 네 후손의 하나님이 되리라 8 내가 너와 네 후손에게 네가 거류하는 이 땅 곧 가나안 온 땅을 주어 영원한 기업이 되게 하고 나는 그들의 하나님이 되리라 9 하나님이 또 아브라함에게 이르시되 그런즉 너는 내 언약을 지키고 네 후손도 대대로 지키라 10 너희 중 남자는 다 할례를 받으라 이것이 나와 너희와 너희 후손 사이에 지킬 내 언약이니라 11 너희는 포피를 베어라 이것이 나와 너희 사이의 언약의 표징이니라 12 너희의 대대로 모든 남자는 집에서 난 자나 또는 너희 자손이 아니라 이방 사람에게서 돈으로 산 자를 막론하고 난 지 팔 일 만에 할례를 받을 것이라 13 너희 집에서 난 자든지 너희 돈으로 산 자든지 할례를 받아야 하리니 이에 내 언약이 너희 살에 있어 영원한 언약

창 17:13-14
할례의 의미와 중요성.

이 되려니와 14 할례를 받지 아니한 남자 곧 그 포피를 베지 아니한 자는 백성 중에서 끊어지리니 그가 내 언약을 배반하였음이니라 15 하나님이 또 아브라함에게 이르시되 네 아내 사래는 이름을 사래라 하지 말고 사라라 하라 16 내가 그에게 복을 주어 그가 네게 아들을 낳아 주게 하며 내가 그에게 복을 주어 그를 여러 민족의 어머니가 되게 하리니 민족의 여러 왕이 그에게서 나리라 17 아브라함이 엎드려 웃으며 마음속으로 이르되 백 세 된 사람이 어찌 자식을 낳을까 사라는 구십 세니 어찌 출산하리요 하고 18 아브라함이 이에 하나님께 아뢰되 이스마엘이나 하나님 앞에 살기를 원하나이다 19 하나님이 이르시되 아니라 네 아내 사라가 네게 아들을 낳으리니 너는 그 이름을 이삭이라 하라 내가 그와 내 언약을 세우리니 그의 후손에게 영원한 언약이 되리라 20 이스마엘에 대하여는 내가 네 말을 들었나니 내가 그에게 복을 주어 그를 매우 크게 생육하고 번성하게 할지라 그가 열두 두령을 낳으리니 내가 그를 큰 나라가 되게 하려니와 21 내 언약은 내가 내년 이 시기에 사라가 네게 낳을 이삭과 세우리라 22 하나님이 아브라함과 말씀을 마치시고 그를 떠나 올라가셨더라 23 이에 아브라함이 하나님이 자기에게 말씀하신 대로 이 날에 그 아들 이스마엘과 집에서 태어난 모든 자와 돈으로 산 모든 자 곧 아브라함의 집 사람 중 모든 남자를 데려다가 그 포피를 베었으니 24 아브라함이 그의 포피를 벤 때는 구십구 세였고 25 그의 아들 이스마엘이 그의 포피를 벤 때는 십삼 세였더라 26 그 날에 아브라함과 그 아들 이스마엘이 할례를 받았고 27 그 집의 모든 남자 곧 집에서 태어난 자와 돈으로 이방 사람에게서 사온 자가 다 그와 함께 할례를 받았더라

소돔과 고모라의 죄악상과 그 결과

소돔과 고모라 죄악상의 가장 큰 것은 남색하는 것, 즉 동성애이었다. 동성애는 창 1:26-28의 하나님의 창조 원리를 깨어 버리려는 사탄의 계략이기에 하나님이 결코 용납하실 수가 없다. 이 심판은 애초부터 피할 길이 없는 심판이었다. 오늘날 동성애 문제에 대해 하나님은 어떻게 대하실까의 답이 여기에 있다. - 19장 20장

창세기 19장

소돔의 죄악

1 저녁 때에 그 두 천사가 소돔에 이르니 마침 롯이 소돔 성문에 앉아 있다가 그들을 보고 일어나 영접하고 땅에 엎드려 절하며 2 이르되 내 주여 돌이켜 종의 집으로 들어와 발을 씻고 주무시고 일찍이 일어나 갈 길을 가소서 그들이 이르되 아니라 우리가 거리에서 밤을 새우리라 3 롯이 간청하매 그제서야 돌이켜 그 집으로 들어오는지라 롯이 그들을

창 19장
오늘날 동성애 문제에 대해 하나님은 어떻게 대하실까의 답이 여기에 있다.

소돔과 고모라의 죄악상은 에스겔 16:49에서도 언급하고 있다.

할례는 남자의 성기의 포피를 베는 행위로서 언약 백성이 되었다는 징표이다. 신약적으로는 세례와 같은 것이다.

위하여 식탁을 베풀고 무교병을 구우니 그들이 먹으니라 4 그들이 눕기 전에 그 성 사람 곧 소돔 백성들이 노소를 막론하고 원근에서 다 모여 그 집을 에워싸고 5 롯을 부르고 그에게 이르되 오늘 밤에 네게 온 사람들이 어디 있느냐 이끌어 내라 우리가 그들을 상관하리라 6 롯이 문 밖의 무리에게로 나가서 뒤로 문을 닫고 7 이르되 청하노니 내 형제들아 이런 악을 행하지 말라 8 내게 남자를 가까이 하지 아니한 두 딸이 있노라 청하건대 내가 그들을 너희에게로 이끌어 내리니 너희 눈에 좋을 대로 그들에게 행하고 이 사람들은 내 집에 들어왔은즉 이 사람들에게는 아무 일도 저지르지 말라 9 그들이 이르되 너는 물러나라 또 이르되 이 자가 들어와서 거류하면서 우리의 법관이 되려 하는도다 이제 우리가 그들보다 너를 더 해하리라 하고 롯을 밀치며 가까이 가서 그 문을 부수려고 하는지라 10 그 사람들이 손을 내밀어 롯을 집으로 끌어들이고 문을 닫고 11 문 밖의 무리를 대소를 막론하고 그 눈을 어둡게 하니 그들이 문을 찾느라고 헤매었더라

롯이 소돔을 떠나다

12 그 사람들이 롯에게 이르되 이 외에 네게 속한 자가 또 있느냐 네 사위나 자녀나 성 중에 네게 속한 자들을 다 성 밖으로 이끌어 내라 13 그들에 대한 부르짖음이 여호와 앞에 크므로 여호와께서 이 곳을 멸하시려고 우리를 보내셨나니 우리가 멸하리라 14 롯이 나가서 그 딸들과 결혼할 사위들에게 말하여 이르기를 여호와께서 이 성을 멸하실 터이니 너희는 일어나 이 곳에서 떠나라 하되 그의 사위들은 농담으로 여겼더라 15 동틀 때에 천사가 롯을 재촉하여 이르되 일어나 여기 있는 네 아내와 두 딸을 이끌어 내라 이 성의 죄악 중에 함께 멸망할까 하노라 16 그러나 롯이 지체하매 그 사람들이 롯의 손과 그 아내의 손과 두 딸의 손을 잡아 인도하여 성 밖에 두니 여호와께서 그에게 자비를 더하심이었더라 17 그 사람들이 그들을 밖으로 이끌어 낸 후에 이르되 도망하여 생명을 보존하라 돌아보거나 들에 머물지 말고 산으로 도망하여 멸망함을 면하라 18 롯이 그들에게 이르되 내 주여 그리 마옵소서 19 주의 종이 주께 은혜를 입었고 주께서 큰 인자를 내게 베푸사 내 생명을 구원하시오나 내가 도망하여 산까지 갈 수 없나이다 두렵건대 재앙을 만나 죽을까 하나이다 20 보소서 저 성읍은 도망하기에 가깝고 작기도 하오니 나를 그 곳으로 도망하게 하소서 이는 작은 성읍이 아니니이까 내 생명이 보존되리이다 21 그가 그에게 이르되 내가 이 일에도 네 소원을 들었은즉 네가 말하는 그 성읍을 멸하지 아니하리니 22 그리로 속히 도망하라 네가 거

창 19:14
오늘날에도 이 하나님의 권면과 경고를 농담으로 여기는 자들이 많다는 것이 큰 문제이다. 특히 교회 안에 이런 자들이 많다는 것이다. 하나님 말씀을 내가 원하는 방법으로 듣고자 하는 자가 너무 많다는 것이다(딤후 4:3).

● 소돔과 고모라의 위치

기 이르기까지는 내가 아무 일도 행할 수 없노라 하였더라 그러므로 그 성읍 이름을 소알이라 불렀더라

소돔과 고모라를 멸하시다

23 롯이 소알에 들어갈 때에 해가 돋았더라 24 여호와께서 하늘 곧 여호와께로부터 유황과 불을 소돔과 고모라에 비같이 내리사 25 그 성들과 온 들과 성에 거주하는 모든 백성과 땅에 난 것을 다 엎어 멸하셨더라 26 롯의 아내는 뒤를 돌아보았으므로 소금 기둥이 되었더라 27 아브라함이 그 아침에 일찍이 일어나 여호와 앞에 서 있던 곳에 이르러 28 소돔과 고모라와 그 온 지역을 향하여 눈을 들어 연기가 옹기 가마의 연기같이 치솟음을 보았더라 29 하나님이 그 지역의 성을 멸하실 때 곧 롯이 거주하는 성을 엎으실 때에 하나님이 아브라함을 생각하사 롯을 그 엎으시는 중에서 내보내셨더라

모압과 암몬 자손의 조상

30 롯이 소알에 거주하기를 두려워하여 두 딸과 함께 소알에서 나와 산에 올라가 거주하되 그 두 딸과 함께 굴에 거주하였더니 31 큰 딸이 작은 딸에게 이르되 우리 아버지는 늙으셨고 온 세상의 도리를 따라 우리의 배필 될 사람이 이 땅에는 없으니 32 우리가 우리 아버지에게 술을 마시게 하고 동침하여 우리 아버지로 말미암아 후손을 이어가자 하고 33 그 밤에 그들이 아버지에게 술을 마시게 하고 큰 딸이 들어가서 그 아버지와 동침하니라 그러나 그 아버지는 그 딸이 눕고 일어나는 것을 깨닫지 못하였더라 34 이튿날 큰 딸이 작은 딸에게 이르되 어제 밤에는 내가 우리 아버지와 동침하였으니 오늘 밤에도 우리가 아버지에게 술을 마시게 하고 네가 들어가 동침하고 우리가 아버지로 말미암아 후손을 이어가자 하고 35 그 밤에도 그들이 아버지에게 술을 마시게 하고 작은 딸이 일어나 아버지와 동침하니라 그러나 아버지는 그 딸이 눕고 일어나는 것을 깨닫지 못하였더라 36 롯의 두 딸이 아버지로 말미암아 임신하고 37 큰 딸은 아들을 낳아 이름을 모압이라 하였으니 오늘날 모압의 조상이요 38 작은 딸도 아들을 낳아 이름을 벤암미라 하였으니 오늘날 암몬 자손의 조상이었더라

창 19:26
신앙생활은 하나님의 뜻에 순종하는 삶이다. 그러므로 푯대를 향하여 전진하는 삶이다. 뒤를 돌아보고 과거에 미련을 가지면 안 된다. 예수를 따르기로 하고 과거의 세속적 생각과 가치관을 버리기로 했으면 그것에 미련을 두면 안 된다.
오늘의 삶 가운데 과거에 미련을 두기에 소금 기둥이 되지는 않는가?

약속의 아들 이삭의 태어남과 모리아 산의 시험
아브라함과의 언약을 이루어 갈 약속의 아들은 하나님의 방법으로 잉태되고 하나님의 방법으로 태어난다는 사실을 명심하라. 이것을 우리는 신위라고 한다. 구속의 역사는 하나님의 사역이며, 하나님의 방법으로 이루신다. 인간의 방법으로 태어난 이스마엘이 구속의 역사의 통로가 될 수 없는 이유가 여기에 있다. - 21장, 22장.

사라가 이삭을 낳다

1 여호와께서 말씀하신 대로 사라를 돌보셨고 여호와께서 말씀하신 대로 사라에게 행하셨으므로 2 사라가 임신하고 하나님이 말씀하신 시기가 되어 노년의 아브라함에게 아들을 낳으니 3 아브라함이 그에게 태어난 아들 곧 사라가 자기에게 낳은 아들을 이름하여 이삭이라 하였고 4 그 아들 이삭이 난 지 팔 일 만에 그가 하나님이 명령하신 대로 할례를 행하였더라 5 아브라함이 그의 아들 이삭이 그에게 태어날 때에 백 세라 6 사라가 이르되 하나님이 나를 웃게 하시니 듣는 자가 다 나와 함께 웃으리로다 7 또 이르되 사라가 자식들을 젖먹이겠다고 누가 아브라함에게 말하였으리요마는 아브라함의 노경에 내가 아들을 낳았도다 하니라

창 21장
하나님은 그 약속을 하나님의 방법대로 이행하신다는 사실을 기억해야 한다. 그것이 신위의 개념이다. 순종은 그분의 방법을 받아들이고 나의 패러다임으로 삼는 것이다.

인간의 방법에 따라 이루어진 것이 하나님의 방법으로 이루어야 할 것을 대치할 수 없다는 것이 성경의 진리이다. 여기에 선택의 문제가 있다. 인간의 방법[인위: 자기중심성]은 언제나 내려놓아져야 한다.

하갈과 이스마엘을 내쫓다

8 아이가 자라매 젖을 떼고 이삭이 젖을 떼는 날에 아브라함이 큰 잔치를 베풀었더라 9 사라가 본즉 아브라함의 아들 애굽 여인 하갈의 아들이 이삭을 놀리는지라 10 그가 아브라함에게 이르되 이 여종과 그 아들을 내쫓으라 이 종의 아들은 내 아들 이삭과 함께 기업을 얻지 못하리라 하므로 11 아브라함이 그의 아들로 말미암아 그 일이 매우 근심이 되었더니 12 하나님이 아브라함에게 이르시되 네 아이나 네 여종으로 말미암아 근심하지 말고 사라가 네게 이른 말을 다 들으라 이삭에게서 나는 자라야 네 씨라 부를 것임이니라 13 그러나 여종의 아들도 네 씨니 내가 그로 한 민족을 이루게 하리라 하신지라 14 아브라함이 아침에 일찍이 일어나 떡과 물 한 가죽부대를 가져다가 하갈의 어깨에 메워 주고 그 아이를 데리고 가게 하니 하갈이 나가서 브엘세바 광야에서 방황하더니 15 가죽부대의 물이 떨어진지라 그 자식을 관목덤불 아래에 두고 16 이르되 아이가 죽는 것을 차마 보지 못하겠다 하고 화살 한 바탕 거리 떨어져 마주 앉아 바라보며 소리 내어 우니 17 하나님이 그 어린 아이의 소리를 들으셨으므로 하나님의 사자가 하늘에서부터 하갈을 불러 이르시되 하갈아 무슨 일이냐 두려워하지 말라 하나님이 저기 있는 아이의 소리를 들으셨나니 18 일어나 아이를 일으켜 네 손으로 붙들라 그가 큰 민족을 이루게 하리라 하시니라 19 하나님이 하갈의 눈을 밝히셨으므로 샘물을 보고 가서 가죽부대에 물을 채워다가 그 아이에게 마시게 하였더라 20 하나님이 그 아이와 함께 계시매 그가 장성하여 광야에서 거주하며 활 쏘는 자가 되었더니 21 그가 바란 광야에 거주할 때에 그의 어머니가 그를 위하여 애굽 땅에서 아내를 얻어 주었더라

아브라함과 아비멜렉의 언약

22 그 때에 아비멜렉과 그 군대 장관 비골이 아브라함에게 말하여 이르되 네가 무슨 일을 하든지 하나님이 너와 함께 계시도다 23 그런즉 너는 나와 내 아들과 내 손자에게 거짓되이 행하지 아니하기를 이제 여기서 하나님을 가리켜 내게 맹세하라 내가 네게 후대한 대로 너도 나와 네가 머무는 이 땅에서 행하여 보이라 24 아브라함이 이르되 내가 맹세하리라 하고 25 아비멜렉의 종들이 아브라함의 우물을 빼앗은 일에 관하여 아브라함이 아비멜렉을 책망하매 26 아비멜렉이 이르되 누가 그리하였는지 내가 알지 못하노라 너도 내게 알리지 아니하였고 나도 듣지 못하였더니 오늘에야 들었노라 27 아브라함이 양과 소를 가져다가 아비멜렉에게 주고 두 사람이 서로 언약을 세우니라 28 아브라함이 일곱 암양 새끼를 따로 놓으니 29 아비멜렉이 아브라함에게 이르되 이 일곱 암양 새끼를 따로 놓음은 어찜이냐 30 아브라함이 이르되 너는 내 손에서 이 암양 새끼 일곱을 받아 내가 이 우물 판 증거를 삼으라 하고 31 두 사람이 거기서 서로 맹세하였으므로 그 곳을 브엘세바라 이름하였더라 32 그들이 브엘세바에서 언약을 세우매 아비멜렉과 그 군대 장관 비골은 떠나 블레셋 사람의 땅으로 돌아갔고 33 아브라함은 브엘세바에 에셀 나무를 심고 거기서 영원하신 여호와의 이름을 불렀으며 34 그가 블레셋 사람의 땅에서 여러 날을 지냈더라

22장 : 아브라함 믿음의 최종 시험이다. 25년을 기다렸다 얻은 아들을 제물로 바치라는 명령은 참으로 순종하기 힘든 명령임에 틀림이 없다. 특히 인신 제물이라니... 그러나 아브라함은 그것이 하나님이 내린 명령이기에 이해할 수 없는 것이라도 순종하는 것이다. 진정한 순종은 자기중심적 이해를 내려놓는 것이다.
하나님은 우리의 모든 것을 준비해 놓고 우리가 순종하기를 기다리신다는 사실을 깊이 묵상하라.

이 제단이 있는 모리아 산은 나중에 솔로몬의 성전 터가 된다.

칭의적 구원은 믿음으로, 하나님의 불가항력적 은혜로 얻어지는 것이지만, 그것에서 끝나지 않고 성화적 구원으로 이어진다. 칭의적 구원을 받은 자는 그에 합당한 삶을 성령 하나님과 더불어 살아가야 한다. 이어서 참고로 로마서 4장을 읽는다.

창세기 22장

이삭을 번제로 드리라 하시다

1 그 일 후에 하나님이 아브라함을 시험하시려고 그를 부르시되 아브라함아 하시니 그가 이르되 내가 여기 있나이다 2 여호와께서 이르시되 네 아들 네 사랑하는 독자 이삭을 데리고 모리아 땅으로 가서 내가 네게 일러 준 한 산 거기서 그를 번제로 드리라 3 아브라함이 아침에 일찍

● 아브라함의 모리아산 여정

이 일어나 나귀에 안장을 지우고 두 종과 그의 아들 이삭을 데리고 번제에 쓸 나무를 쪼개어 가지고 떠나 하나님이 자기에게 일러 주신 곳으로 가더니 4 제삼일에 아브라함이 눈을 들어 그 곳을 멀리 바라본지라 5 이에 아브라함이 종들에게 이르되 너희는 나귀와 함께 여기서 기다리라 내가 아이와 함께 저기 가서 예배하고 우리가 너희에게로 돌아오리라 하고 6 아브라함이 이에 번제 나무를 가져다가 그의 아들 이삭에게 지우고 자기는 불과 칼을 손에 들고 두 사람이 동행하더니 7 이삭이 그 아버지 아브라함에게 말하여 이르되 내 아버지여 하니 그가 이르되 내 아들아 내가 여기 있노라 이삭이 이르되 불과 나무는 있거니와 번제할 어린 양은 어디 있나이까 8 아브라함이 이르되 내 아들아 번제할 어린 양은 하나님이 자기를 위하여 친히 준비하시리라 하고 두 사람이 함께 나아가서 9 하나님이 그에게 일러 주신 곳에 이른지라 이에 아브라함이 그 곳에 제단을 쌓고 나무를 벌여 놓고 그의 아들 이삭을 결박하여 제단 나무 위에 놓고 10 손을 내밀어 칼을 잡고 그 아들을 잡으려 하니 11 여호와의 사자가 하늘에서부터 그를 불러 이르시되 아브라함아 아브라함아 하시는지라 아브라함이 이르되 내가 여기 있나이다 하매 12 사자가 이르시되 그 아이에게 네 손을 대지 말라 그에게 아무 일도 하지 말라 네가 네 아들 네 독자까지도 내게 아끼지 아니하였으니 내가 이제야 네가 하나님을 경외하는 줄을 아노라 13 아브라함이 눈을 들어 살펴본즉 한 숫양이 뒤에 있는데 뿔이 수풀에 걸려 있는지라 아브라함이 가서 그 숫양을 가져다가 아들을 대신하여 번제로 드렸더라 14 아브라함이 그 땅 이름을 여호와 이레라 하였으므로 오늘날까지 사람들이 이르기를 여호와의 산에서 준비되리라 하더라 15 여호와의 사자가 하늘에서부터 두 번째 아브라함을 불러 16 이르시되 여호와께서 이르시기를 내가 나를 가리켜 맹세하노니 네가 이같이 행하여 네 아들 네 독자도 아끼지 아니하였은즉 17 내가 네게 큰 복을 주고 네 씨가 크게 번성하여 하늘의 별과 같고 바닷가의 모래와 같게 하리니 네 씨가 그 대적의 성문을 차지하리라 18 또 네 씨로 말미암아 천하 만민이 복을 받으리니 이는 네가 나의 말을 준행하였음이니라 하셨다 하니라 19 이에 아브라함이 그의 종들에게로 돌아가서 함께 떠나 브엘세바에 이르러 거기 거주하였더라

창 22:14
아브라함과 이삭에게서처럼 하나님은 지금 나의 여호와 이레이시다.

나홀의 후예
20 이 일 후에 어떤 사람이 아브라함에게 알리어 이르기를 밀가가 당신의 형제 나홀에게 자녀를 낳았다 하였더라 21 그의 맏아들은 우스요

128

우스의 형제는 부스와 아람의 아버지 그므엘과 22 게셋과 하소와 빌다스와 이들랍과 브두엘이라 23 이 여덟 사람은 아브라함의 형제 나홀의 아내 밀가의 소생이며 브두엘은 리브가를 낳았고 24 나홀의 첩 르우마라 하는 자도 데바와 가함과 다하스와 마아가를 낳았더라

다음의 로마서 4장은 아브라함의 믿음은 행위에 근거한 것이 아니라 하나님을 믿는 믿음에 근거한 것임을 바울은 강조한다. 이것이 바울이 말하는 이신칭의의 기초이다. 그렇다. 믿음은 행위에 의한 것은 아니라 해도 믿음은 행위로 표현되어야 한다는 사실도 알아야 한다. 칭의적 구원은 믿음으로 얻어지는 것이지만(하나님의 불가항력적 은혜로), 성화적 구원은 행위로 이루어 가는 것임을 알아야 한다. 그런 후에 영화적 구원을 이루게 된다. 이것이 총체적 구원이다.

로마서 4장

아브라함의 믿음과 그로 말미암은 언약

1 그런즉 육신으로 우리 조상인 아브라함이 무엇을 얻었다 하리요 2 만일 아브라함이 행위로써 의롭다 하심을 받았으면 자랑할 것이 있으려니와 하나님 앞에서는 없느니라 3 성경이 무엇을 말하느냐 아브라함이 하나님을 믿으매 그것이 그에게 의로 여겨진 바 되었느니라 4 일하는 자에게는 그 삯이 은혜로 여겨지지 아니하고 보수로 여겨지거니와 5 일을 아니할지라도 경건하지 아니한 자를 의롭다 하시는 이를 믿는 자에게는 그의 믿음을 의로 여기시나니 6 일한 것이 없이 하나님께 의로 여기심을 받는 사람의 복에 대하여 다윗이 말한 바 7 불법이 사함을 받고 죄가 가리어짐을 받는 사람들은 복이 있고 8 주께서 그 죄를 인정하지 아니하실 사람은 복이 있도다 함과 같으니라 9 그런즉 이 복이 할례자에게냐 혹은 무할례자에게도냐 무릇 우리가 말하기를 아브라함에게는 그 믿음이 의로 여겨졌다 하노라 10 그런즉 그것이 어떻게 여겨졌느냐 할례시냐 무할례시냐 할례시가 아니요 무할례시니라 11 그가 할례의 표를 받은 것은 무할례시에 믿음으로 된 의를 인친 것이니 이는 무할례자로서 믿는 모든 자의 조상이 되어 그들도 의로 여기심을 얻게 하려 하심이라 12 또한 할례자의 조상이 되었나니 곧 할례 받을 자에게뿐 아니라 우리 조상 아브라함이 무할례시에 가졌던 믿음의 자취를 따르는 자들에게도 그러하니라 13 아브라함이나 그 후손에게 세상의 상속자가 되리라고 하신 언약은 율법으로 말미암은 것이 아니요 오직 믿음의 의로 말미암은 것이니라 14 만일 율법에 속한 자들이 상속자이면 믿음은 헛것이 되고 약속은 파기되었느니라 15 율법은 진노를 이루게 하나니 율법이 없는 곳에는 범법도 없느니라 16 그러므로 상속자가 되는 그것

이 은혜에 속하기 위하여 믿음으로 되나니 이는 그 약속을 그 모든 후손에게 굳게 하려 하심이라 율법에 속한 자에게뿐만 아니라 아브라함의 믿음에 속한 자에게도 그러하니 아브라함은 우리 모든 사람의 조상이라 17 기록된 바 내가 너를 많은 민족의 조상으로 세웠다 하심과 같으니 그가 믿은 바 하나님은 죽은 자를 살리시며 없는 것을 있는 것으로 부르시는 이시니라 18 아브라함이 바랄 수 없는 중에 바라고 믿었으니 이는 네 후손이 이같으리라 하신 말씀대로 많은 민족의 조상이 되게 하려 하심이라 19 그가 백 세나 되어 자기 몸이 죽은 것 같고 사라의 태가 죽은 것 같음을 알고도 믿음이 약하여지지 아니하고 20 믿음이 없어 하나님의 약속을 의심하지 않고 믿음으로 견고하여져서 하나님께 영광을 돌리며 21 약속하신 그것을 또한 능히 이루실 줄을 확신하였으니 22 그러므로 그것이 그에게 의로 여겨졌느니라 23 그에게 의로 여겨졌다 기록된 것은 아브라함만 위한 것이 아니요 24 의로 여기심을 받을 우리도 위함이니 곧 예수 우리 주를 죽은 자 가운데서 살리신 이를 믿는 자니라 25 예수는 우리가 범죄한 것 때문에 내줌이 되고 또한 우리를 의롭다 하시기 위하여 살아나셨느니라

족장
시대

··· 아브라함 이야기

읽은 내용 묵상하고, 삶에 적용하기

 아브라함에게서 배우기

아브라함의 생애를 읽었다. 아브라함은 하나님을 온전히 의지하는 믿음의 아버지이었음에 틀림이 없다. 갈대아 우르에서 잘 사는 삶의 터전을 포기하고 하나님의 부르심에 응답한 것에서부터 목초지를 놓고 갈등이 생겼을 때도 조카 롯에게 우선 선택권을 양보하는 심성에서, 그리고 25년 만에 얻은 약속의 아들 이삭을 산 제물로 바치라는 하나님의 명령에 순종하는 믿음의 아버지다운 면모를 보았다. 믿음은 순종으로 표현되어야 한다는 것을 확인할 수 있다. 입술의 고백만으로는 믿음이 성립되지 않음을 보았다. **아브라함이 믿음 아버지라면, 그는 곧 순종의 아버지이었다.** 믿음이 순종하는 행동으로 나타나기 때문이다(약 2:14-26). 하나님이

마치 모든 것을 친히 다 이루어주신다는 것을 믿고 의지하며 행동한다는 것, 그것이 순종이다. 이것이 성경적 가치관의 기초이다. 하나님을 하나님 되게 인정한다는 것은 그분이 주권자로서 나의 주인이라는 사실이 나의 사고방식의 바탕을 이루어야 한다는 말이다. 아브라함을 포함한 성경 인물들의 믿음이 이러했다.

💡 하나님은 왜 아브라함을 갈대아 우르에서 불러내셔야 했는가?
신위 = 하나님의 주도권, 하나님의 방법.
하나님은 언제나 하나님의 방법으로 행하신다는 사실을 명심해야 한다.

💡 롯과 아브라함이 초지 때문에 헤어질 때 그 상황을 대처하는 두 사람의 자세를 비교해 보라(13장). 롯의 믿음은 가시적이다.
내가 그런 처지에 있을 때 어떤 결단을 내릴 것 같은가? 왜 그런가?

💡 아브라함 언약의 내용을 잘 숙지 해 두라. 성경의 줄거리와 메시지를 이해하는데 기초가 된다.

💡 아브라함 언약에서 약속한 하나님 나라의 의미(창 17:7-8)
하나님 나라는 타락 이전에 에덴에서 이미 이루어졌지만, 인간은 사탄의 유혹에 넘어가 스스로 하나님을 떠났고, 결과적으로 하나님과의 관계가 깨어지고 말았다. 그러나 하나님께서 여인의 후손을 통하여 깨어진 관계를 회복하길 원하셨을 뿐만 아니라 하나님의 주권과 통치도 회복되길 원하신 것이다. 그래서 하나님께서는 아브라함의 백성과 가나안 땅을 통하여 하나님의 주권과 통치가 회복되길 원하셨다.

💡 약속의 아들을 주실 때도 하나님의 방법대로 주신다는 사실을 기억해야
한다.
그것이 하나님의 기도 응답의 방법이다. - 신위

💡 창 19:26에서 왜 롯의 아내가 왜 소금 기둥이 되었는가?
나도 그렇게 뒤에다 미련을 두고 있는가? 하나님 뜻대로 그것을 버릴 수는
없는가?

💡 이삭을 번제로 드리라는 하나님의 명령에 순종하는 아브라함을 배우자.

💡 소돔과 고모라의 멸망 원인이 동성애의 만연함과 상관이 없었을까?
지금의 동성애 문제는 어떤 결과를 초래할까?

2. 이삭 이야기

하나님은 아브라함이 100세가 되던 해에 약속을 주신 지 25년이 지나서야 이삭을 태어나게 하신다. 그렇게 어렵게 허락하셨고 또 그가 유일한 아브라함의 적자(嫡子)라고 하시면서 어느 날 하나님은 아브라함에게 그 이삭을 제물로 바치라고 명령하신다. 인간 아브라함은 억장이 무너지는 아픔과 갈등이 있었겠지만, 또한 인간 제물의 제사는 이교도들이 드리는 제사이고 그것은 하나님의 윤리에 맞지 않는 명령이었지만, 그것마저도 하나님의 뜻에 순종한다. 순종, 이것이 바로 하나님의 나라를 이루는 방편이기 때문이다.

하나님은 우리를 시험(Test)하시지만 그것은 우리의 믿음을 확인하고 더 큰 축복을 주시기 위함이다. 사탄은 우리를 시험(Temptation)하지만 그것은 언제나 하나님을 배반하게 하고 죄를 범하게 하며 우리로 파멸하게 하는 것이다.

아브라함의 믿음을 확인하신 하나님은 그 제사를 즉각 중지시키시고 미리 준비하신 양을 제물로 바치도록 한다. 이런 하나님을 22장은 여호와 이레 즉 미래를 준비하시는 하나님이라고 불렀다. 그렇다. 하나님은 우리의 미래를 늘 준비하고 계신다. 그 하나님의 준비하심의 복을 누릴 수 있느냐 하는 것은 바로

이삭의 생애 [창세기 24:62~35:28]

셀렘(예루살렘) · 모리아산

아브라함이 이삭과 함께 번제를 드리러 감 (창 22:2)

아브라함이 막벨라굴에 장사됨 (창 23:19)

헤브론

사 해

그랄

가뭄으로 인해 그랄로 내려가 백배의 수확을 얻고 우물을 팜 (창 26:12-25)

야곱과 에서의 출생 (창 25:24-26)

브엘세바

고모라
소돔
소알

이삭이 리브가를 아내로 삼음 (창 24:67)

브엘라해로이

아브라함의 종이 하란에서 리브가를 데리고 옴 (창 24:61)

우리의 믿음에 달려 있다. 왜냐하면 축복은 조건부로 오기 때문이다.

이삭이 제물로 바쳐질 때 나이는 몇 살이었을까?

많은 유대 랍비들은 이 일이 있었던 직후에 이삭의 어머니 사라가 죽은 것으로 추정한다. 그때 그녀의 나이는 127세이었다. 사라가 90세에 이삭을 낳았다고 했기에 이때 이삭의 나이는 37세이었을 것이다.

1) 창 22:4에 보면 사흘(왕복 6일) 길을 걸었다고 했고,

2) 등에 불사를 나뭇단을 지고 갔다고 했다. 유대 랍비들의 전설에 의하면, 아버지 아브라함이 이삭을 결박할 때 더 단단히 묶어 달라고 특별히 부탁했다고 한다. 불이 탈 때 느슨해질 수 있을까 봐.

아내 사라와 사별한 아브라함은 나이 140세에 마지막 할 일은 하나님 나라 회복의 과업을 이어 갈 이삭에게 신부를 구해 결혼을 시키는 일이다. 아브라함은 이삭의 신부를 구하는 일에도 하나님의 인도하심을 믿고 순종하는 모습을 본다. 이삭의 신부 리브가는 나홀의 성 하란 출생으로(24:10) 브두엘의 딸이었다(24:15). 성경은 리브가는 매우 아름답고도 정숙한 여성이었다고 언급한다(24:16, 65). 물을 길으러 왔다가 아브라함의 종에게 마실 물을 주고 서둘러 낙타에게도 물을 먹이는 그녀의 모습은 성실함과 친절한 성품을 가지고 있음을 알 수 있다(24:19, 25). 한편 이삭과의 혼인 의사를 묻는 아브라함의 종과 가족들 앞에서 그녀는 결단성 있는 태도를 보여 준다. 이삭의 결혼에서 하나님 백성의 결혼 의미를 이해해야 한다. 그것은 동질성과 순수성이다.

 ## 3. 야곱 이야기

야곱의 생애는 창세기 전체 50장의 절반을 차지하는 25장의 분량에 산재해 있다. 그만큼 야곱은 하나님 나라를 회복하시려는 하나님의 계획 속에서 아브라

야곱의 방랑

대해 (지중해)

갈릴리바다

베냐민의 출생과
라헬의 사망

야곱의 귀환

외동딸 디나의 강간 사건   세겜

드디어 벧엘로 돌아 감   마하나임   브니엘

하나님이 아브라함과
맺은 언약을 확증함
(창 28:10-22)   벧엘   야곱이 이스라엘이라는
이름을 받음 (창 32:28)

베들레헴

야곱의 도피   염
해   세일로 돌아감
에서의 행로

그랄   헤브론

야곱이 에서를 속이고
장자권을 얻음 (창27:1-28)   브엘세바   세일/에서

애굽으로

함과의 언약 속에 백성을 이루는 일인 나라를 이루게 될 12지파의 아비가 되
는 삶이기 때문에 그렇다.

야곱이 에서의 장자권을 빼앗고 그 보복을 피하고자 피난길을 떠날 때 그는 젊
은이가 아니라 적어도 77세는 되었다.[1] 하나님은 자기중심적이며 이기적이며
흥정적인 야곱을 도망자의 삶을 통해서 연단 시키는 것이다. 우리의 신앙도 이
기적이고 자기중심적이고 조건부의 신앙을 가질 때 하나님은 우리를 연단의
과정을 통해 훈련하신다. 창세기 28:21-22의 야곱의 서원은 야곱이 돌아와서
도 지키지 않고 있음을 읽게 된다.

그가 돌아오는 길에 야곱은 그가 피난길에 오를 때 하나님을 만나고 비록 조
건부이지만 서원하고 단을 쌓았던 브니엘에 이르러서 하나님의 천사를 만나고

---

1 창세기 47:9은 야곱이 애굽으로 떠날 때가 130세였다고 했다. 요셉이 애굽으로 팔려간 때는 17세였으며 감옥에
서 출옥하여 바로에게 나타난 것은 30세 때였다(41:46). 그렇다면 종으로 13년을 지냈다는 뜻이고, 7년의 풍년이
지나 2년째의 흉년이 들었을 때 야곱이 애굽으로 왔으니 요셉은 39세가량 되었다. 그렇다면 야곱의 나이 91세 때
에 요셉이 태어났다는 것이다. 창세기 30:25에 보면 요셉이 태어났을 때가 야곱이 아내들을 위한 14년의 수고를
끝냈을 때이므로, 야곱이 이 피난길에 오르며 자신의 길을 가기 시작할 때는 그의 나이 77세였다.

그의 환도뼈가 부러지기까지 치열한 씨름을 하여 이기고 축복을 받을 만큼 집 넘이 강했지만, 그러나 여기에서 야곱은 잔꾀를 부리며 흥정하는 모습은 없어 진 듯 하나님에게 진술하게 축복을 요구하며 그 축복을 받는 모습을 보게 된 다. 그 결과 그는 새 이름 '이스라엘'을 받는다. 성경에서 새 이름을 받는 것은 그 사람의 영적 정체성이 바뀌었다는 뜻이다.

그러나 창 33~34장에서 에서를 만나는 과정에서 야곱은 이스라엘로서가 아니 라 옛 야곱의 모습으로 돌아가는 것을 본다. 그래서 그는 딸 디나가 강간을 당 하는 일을 통하여 가정의 비극을 당한 후에야 하나님이 야곱에게 "벧엘로 돌 아가라"는 음성을 경청하게 된다(35:1). 하나님은 야곱이 도망 다닐 때 벧엘에서 서원한 것을 상기시키는 것이다. 야곱은 이제 그 삶의 방향을 변화시키는 전환 점에 이르게 된다. 그리고 그가 변화를 받아들이기 위해 제일 먼저 한 것은 바 로 이방 신상을 버리고 벧엘의 하나님께로 돌아가는 것이었다(35:2-4). 그것은 바로 신위(神爲)로 돌아간다는 것이다. 그것이 진정 하나님이 원하시는 변화이 다. 거기에 이 땅의 하나님의 나라가 이루어지기 때문이다.

창 28장 도망가던 야곱에게 하나님이 어떻게 나타나셔서 무엇을 하셨는지 관 찰하면서 읽어 보라. 야곱은 환난 가운데 처한 신세가 되었다. 그는 하나님을 찾지 않았다. 그러나 하나님은 그를 먼저 찾아 와 주었고 함께해 주신다는 복 의 약속을 주었다. 15절을 묵상하며 읽어 보라. 언제나 하나님은 우리의 환난 가운데 먼저 와 계시는 분이심을 명심하라. 요한복음 4장에 수가성 여인의 문 제를 해결하시기 위해 우물가에 먼저 가서서 기다리시는 예수님이 바로 이렇 게 야곱을 찾아 주신 하나님이시다. 이것이 하나님의 주권이요, 우리의 삶을 책임지시는 주인 되심(Lordship)이다. 이것이 곧 신위라는 개념이다. 하나님은 하나님 방법으로 행하신다는 말이다.

그런데 20~22장에서 야곱의 반응은 어떤가를 살펴보라. 자기 방법으로 살아 가려는 야곱의 모습을 묵상해 보라. 우리가 모두 다 야곱처럼 자기중심적 방법 대로 살아가려고 하는 본성이 있지 않을까? 이것이 인위의 개념이다. 하나님은 자기중심성, 즉 인간의 방법을 내려놓고 하나님의 방법을 따르기를 원하심을 성경 곳곳에서 발견할 수 있고, 그것이 성경 메시지의 핵심을 이루고 있다. 그 것이 바로 순종이다.

관련 성경 본문 읽기

야곱의 축복

야곱의 중차대한 일은 아브라함의 언약 중 자손의 약속을 이루는 일을 맡는 것이다. 그런 후에 그 백성이 약속의 땅인 가나안에 들어가 하나님의 주권 하에 삶을 살아가는 것이다. 이것이 구속사의 과정이다. 이를 위해 하나님은 야곱의 피난 여정과 남은 삶에 언제나 함께하신다(15절).

창 28:1
성도의 결혼은 성적적 순수성과 동질성을 유지해야 함을 볼 수 있다.

창세기 28장

1 이삭이 야곱을 불러 그에게 축복하고 또 당부하여 이르되 너는 가나안 사람의 딸들 중에서 아내를 맞이하지 말고 2 일어나 밧단아람으로 가서 네 외조부 브두엘의 집에 이르러 거기서 네 외삼촌 라반의 딸 중에서 아내를 맞이하라 3 전능하신 하나님이 네게 복을 주시어 네가 생육하고 번성하게 하여 네가 여러 족속을 이루게 하시고 4 아브라함에게 허락하신 복을 네게 주시되 너와 너와 함께 네 자손에게도 주사 하나님이 아브라함에게 주신 땅 곧 네가 거류하는 땅을 네가 차지하게 하시기를 원하노라 5 이에 이삭이 야곱을 보내매 그가 밧단아람으로 가서 라반에게 이르렀으니 라반은 아람 사람 브두엘의 아들이요 야곱과 에서의 어머니 리브가의 오라비더라

에서가 다른 아내를 맞이하다

6 에서가 본즉 이삭이 야곱에게 축복하고 그를 밧단아람으로 보내어 거기서 아내를 맞이하게 하였고 또 그에게 축복하고 명하기를 너는 가나안 사람의 딸들 중에서 아내를 맞이하지 말라 하였고 7 또 야곱이 부모의 명을 따라 밧단아람으로 갔으며 8 에서가 또 본즉 가나안 사람의 딸들이 그의 아버지 이삭을 기쁘게 하지 못하는지라 9 이에 에서가 이스마엘에게 가서 그 본처들 외에 아브라함의 아들 이스마엘의 딸이요 느바욧의 누이인 마할랏을 아내로 맞이하였더라

야곱이 벧엘에서 꿈을 꾸다

10 야곱이 브엘세바에서 떠나 하란으로 향하여 가더니 11 한 곳에 이르러는 해가 진지라 거기서 유숙하려고 그 곳의 한 돌을 가져다가 베개

로 삼고 거기 누워 자더니 12 꿈에 본즉 사닥다리가 땅 위에 서 있는데 그 꼭대기가 하늘에 닿았고 또 본즉 하나님의 사자들이 그 위에서 오르락내리락 하고 13 또 본즉 여호와께서 그 위에 서서 이르시되 나는 여호와니 너의 조부 아브라함의 하나님이요 이삭의 하나님이라 네가 누워 있는 땅을 내가 너와 네 자손에게 주리니 14 네 자손이 땅의 티끌 같이 되어 네가 서쪽과 동쪽과 북쪽과 남쪽으로 퍼져나갈지며 땅의 모든 족속이 너와 네 자손으로 말미암아 복을 받으리라 15 내가 너와 함께 있어 네가 어디로 가든지 너를 지키며 너를 이끌어 이 땅으로 돌아오게 할지라 내가 네게 허락한 것을 다 이루기까지 너를 떠나지 아니하리라 하신지라 16 야곱이 잠이 깨어 이르되 여호와께서 과연 여기 계시거늘 내가 알지 못하였도다 17 이에 두려워하여 이르되 두렵도다 이곳이여 이것은 다름 아닌 하나님의 집이요 이는 하늘의 문이로다 하고 18 야곱이 아침에 일찍이 일어나 베개로 삼았던 돌을 가져다가 기둥으로 세우고 그 위에 기름을 붓고 19 그 곳 이름을 벧엘이라 하였더라 이 성의 옛 이름은 루스더라 20 야곱이 서원하여 이르되 하나님이 나와 함께 계셔서 내가 가는 이 길에서 나를 지키시고 먹을 떡과 입을 옷을 주시어 21 내가 평안히 아버지 집으로 돌아가게 하시오면 여호와께서 나의 하나님이 되실 것이요 22 내가 기둥으로 세운 이 돌이 하나님의 집이 될 것이요 하나님께서 내게 주신 모든 것에서 십분의 일을 내가 반드시 하나님께 드리겠나이다 하였더라

창 28:15
우리와 함께하시는 하나님(임마누엘)을 만날 수 있다. 야곱에게 허락하신 일, 즉 구속사의 과정의 일을 이룰 때까지 함께하신다는 약속을 읽는다. 이것은 오늘 우리에게도 같이 유효한 약속이다.
그런데 그에 대한 반응이 20-22절의 야곱과 같은 반응이 되어야 하겠는가?

창 28:20-22
하나님의 축복과 약속에 야곱은 자기중심적 반응을 보인다. 내가 원하는 응답을 받기를 원하는 기복신앙의 전형적인 모습에서 야곱의 변화는 필요한 것이다.

이어지는 줄거리 라인

야곱은 외삼촌 라반의 집에서 20년간을 살게 된다. 외삼촌의 둘째 딸인 라헬에게 반해 그와 결혼하는 조건으로 7년간 노동 봉사를 한다. 그렇게 결혼하는 날 외삼촌 라반은 그들의 결혼 풍습을 이유로 야곱이 원하지 않는 큰딸 레아를 신부로 맞게 한다. 야곱은 자기가 반한 라헬과 결혼하기 위해 다시 7년을 봉사하는 조건으로 라헬을 아내를 맞이한다. 결혼을 위해 14년을 보내고 나머지 6년은 자녀를 낳고 자신의 재산을 증식하고 가정을 이루는데 보내며 모두 20년을 보내게 된다. 야곱은 이제 외삼촌으로부터 독립하기를 원한다. 이 무렵 하나님은 야곱에게 나타나셔서 "벧엘"로 돌아가라고 명령하신다. "나는 벧엘의 하나님이라 네가 거기서 기둥에 기름을 붓고 거기서 내게 서원하였으니 지금 일어나 이곳을 떠나서 네 출생지로 돌아가라"(창 31:13)

벧엘은 도망가다가 루스 광야에서 하나님을 만난 곳이다. 그곳이 야곱의 영적 출생지이다. 이제 야곱은 인위의 삶을 청산하고 하나님의 구속의 역사를 이루기 위한 아브라함의 언약을 이어받을 자로 사는 삶의 모습으로 돌아가야 한다는 말이다.

창 32장~34장까지 아직도 자기중심적 삶을 살아가려고 발버둥을 치는 야곱을 읽을 것이다. 얍복강에서 천사와 씨름하고 하나님은 야곱의 환도뼈를 부러뜨린 후에 야곱의 변화를 일으키게 하고 이름을 야곱에서 이스라엘로 바꾸어 주며 인위를 버리고 신위에 순종하는 자로 변화를 이룬다. 그러나 끈질긴 야곱의 자기중심성은 벧엘로 가는 하나님의 명령을 다시 한번 어기고 세겜으로 가서 거기서 자기중심적 삶을 정착하려 하지만 하나님은 그것을 용납하지 않으시고 외동딸 디나가 강간을 당하는 사건을 일으키신다(34장).

창 35장 온전히 자기중심성을 내려놓는 야곱의 모습을 읽게 된다.

관련 성경 본문 읽기

'마하나임'을 묵상하라. 마하나임은 "하나님의 군대"라는 의미이다. 하란에서 20년간의 도피 생활에서 야곱은 자식의 수에서나, 재산에서나 모든 면에서 부유하게 되었다. 이제 그는 자기 가정을 외삼촌 라반으로부터 독립하려고 하란을 떠나 고향으로 돌아온다. 오는 길에 형 에서가 마중 나온다는 소식을 듣고 에서의 약탈로부터 재산과 자식을 지키려고 잔머리를 굴리는 야곱의 모습을 읽는다. 야곱은 창 28:15절에서 하나님께서 함께 하시며 보호하신다는 약속을 상기했어야 했다. 그래서 하나님이 그의 군대(마하나임)를 동원해서 그의 오는 길을 지키고 보호하고 있다는 사실을 알았어야 했다. 우리의 삶에도 하나님의 마하나임으로 지키고 계신다는 사실을 확신하는가? - 32~35장

창세기 32장

야곱이 에서를 만날 준비를 하다

1 야곱이 길을 가는데 하나님의 사자들이 그를 만난지라 2 야곱이 그들을 볼 때에 이르기를 이는 하나님의 군대라 하고 그 땅 이름을 마하나임이라 하였더라 3 야곱이 세일 땅 에돔 들에 있는 형 에서에게로 자기보다 앞서 사자들을 보내며 4 그들에게 명령하여 이르되 너희는 내 주 에서에게 이같이 말하라 주의 종 야곱이 이같이 말하기를 내가 라반과 함께 거류하며 지금까지 머물러 있었사오며 5 내게 소와 나귀와 양 떼와 노비가 있으므로 사람을 보내어 내 주께 알리고 내 주께 은혜 받기를 원하나이다 하라 하였더니 6 사자들이 야곱에게 돌아와 이르되 우리가 주인의 형 에서에게 이른즉 그가 사백 명을 거느리고 주인을 만나려고 오더이다 7 야곱이 심히 두렵고 답답하여 자기와 함께 한 동행자와 양과 소와 낙타를 두 떼로 나누고 8 이르되 에서가 와서 한 떼를 치면 남은 한 떼는 피하리라 하고 9 야곱이 또 이르되 내 조부 아브라함의 하나님, 내 아버지 이삭의 하나님 여호와여 주께서 전에 내게 명하시기를 네 고향, 네 족속에게로 돌아가라 내가 네게 은혜를 베풀리라 하셨나이다 10 나는 주께서 주의 종에게 베푸신 모든 은총과 모든 진실하심을 조금도 감당할 수 없사오나 내가 내 지팡이만 가지고 이 요단을 건넜더니 지금은 두 떼나 이루었나이다 11 내가 주께 간구하오니 내 형의 손에서, 에서의 손에서 나를 건져내시옵소서 내가 그를 두려워함

창 32:2
"마하나임"은 하나님의 군대라는 말이다. 창 28:15에서 하나님이 야곱에게 네게 허락한 일을 다 이룰 때까지 너를 떠나지 않는다는 약속과 관련이 있다.

은 그가 와서 나와 내 처자들을 칠까 겁이 나기 때문이니이다 12 주께서 말씀하시기를 내가 반드시 네게 은혜를 베풀어 네 씨로 바다의 셀 수 없는 모래와 같이 많게 하리라 하셨나이다

야곱이 브니엘에서 씨름을 하다

13 야곱이 거기서 밤을 지내고 그 소유 중에서 형 에서를 위하여 예물을 택하니 14 암염소가 이백이요 숫염소가 이십이요 암양이 이백이요 숫양이 이십이요 15 젖 나는 낙타 삼십과 그 새끼요 암소가 사십이요 황소가 열이요 암나귀가 이십이요 그 새끼 나귀가 열이라 16 그것을 각각 떼로 나누어 종들의 손에 맡기고 그의 종에게 이르되 나보다 앞서 건너가서 각 떼로 거리를 두게 하라 하고 17 그가 또 앞선 자에게 명령하여 이르되 내 형 에서가 너를 만나 묻기를 네가 누구의 사람이며 어디로 가느냐 네 앞의 것은 누구의 것이냐 하거든 18 대답하기를 주의 종 야곱의 것이요 자기 주 에서에게로 보내는 예물이오며 야곱도 우리 뒤에 있나이다 하라 하고 19 그 둘째와 셋째와 각 떼를 따라가는 자에게 명령하여 이르되 너희도 에서를 만나거든 곧 이같이 그에게 말하고 20 또 너희는 말하기를 주의 종 야곱이 우리 뒤에 있다 하라 하니 이는 야곱이 말하기를 내가 내 앞에 보내는 예물로 형의 감정을 푼 후에 대면하면 형이 혹시 나를 받아 주리라 함이었더라 21 그 예물은 그에 앞서 보내고 그는 무리 가운데서 밤을 지내다가 22 밤에 일어나 두 아내와 두 여종과 열한 아들을 인도하여 얍복 나루를 건널새 23 그들을 인도하여 시내를 건너가게 하며 그의 소유도 건너가게 하고 24 야곱은 홀로 남았더니 어떤 사람이 날이 새도록 야곱과 씨름하다가 25 자기가 야곱을 이기지 못함을 보고 그가 야곱의 허벅지 관절을 치매 야곱의 허벅지 관절이 그 사람과 씨름할 때에 어긋났더라 26 그가 이르되 날이 새려하니 나로 가게 하라 야곱이 이르되 당신이 내게 축복하지 아니하면 가게 하지 아니하겠나이다 27 그 사람이 그에게 이르되 네 이름이 무엇이냐 그가 이르되 야곱이니이다 28 그가 이르되 네 이름을 다시는 야곱이라 부를 것이 아니요 이스라엘이라 부를 것이니 이는 네가 하나님과 및 사람들과 겨루어 이겼음이니라 29 야곱이 청하여 이르되 당신의 이름을 알려주소서 그 사람이 이르되 어찌하여 내 이름을 묻느냐 하고 거기서 야곱에게 축복한지라 30 그러므로 야곱이 그 곳 이름을 브니엘이라 하였으니 그가 이르기를 내가 하나님과 대면하여 보았으나 내 생명이 보전되었다 함이더라 31 그가 브니엘을 지날 때에 해가 돋았고 그의 허벅다리로 말미암아 절었더라 32 그 사람이 야곱의 허벅지 관절에 있는 둔부의 힘줄을 쳤으므로 이스라엘 사람들이 지금까지 허벅지 관절에 있는 둔부의 힘줄을 먹지 아니하더라

창 32:13-23
야곱은 아직도 인위의 삶의 잔재가 남아 있어 하나님을 온전히 의지하기보다는 자신의 지혜를 의지하여 형 에서와의 조우에서 생길지도 모를 손익을 계산하고 있는 모습을 버리지 못한다.

창 32:24-28
야곱의 인위가 넘쳤던 삶이 신위에 순종하는 하나님의 사람이 되는 변환점에 왔다.
하나님이 야곱의 이름을 이스라엘로 바꾸어 주신다. 이름이 바뀌었다는 것은 정체성, 세계관이 바뀌었다는 것을 의미한다.

창세기 33장

야곱이 에서를 만나다

1 야곱이 눈을 들어 보니 에서가 사백 명의 장정을 거느리고 오고 있는지라 그의 자식들을 나누어 레아와 라헬과 두 여종에게 맡기고 2 여종들과 그들의 자식들은 앞에 두고 레아와 그의 자식들은 다음에 두고 라헬과 요셉은 뒤에 두고 3 자기는 그들 앞에서 나아가되 몸을 일곱 번 땅에 굽히며 그의 형에서에게 가까이 가니 4 에서가 달려와서 그를 맞이하여 안고 목을 어긋맞추어 그와 입맞추고 서로 우니라 5 에서가 눈을 들어 여인들과 자식들을 보고 묻되 너와 함께 한 이들은 누구냐 야곱이 이르되 하나님이 주의 종에게 은혜로 주신 자식들이니이다 6 그 때에 여종들이 그의 자식들과 더불어 나아와 절하고 7 레아도 그의 자식들과 더불어 나아와 절하고 그 후에 요셉이 라헬과 더불어 나아와 절하니 8 에서가 또 이르되 내가 만난 바 이 모든 떼는 무슨 까닭이냐 야곱이 이르

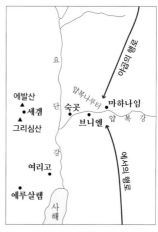

● 야곱과 에서의 만남

되 내 주께 은혜를 입으려 함이니이다 9 에서가 이르되 내 동생아 내게 있는 것이 족하니 네 소유는 네게 두라 10 야곱이 이르되 그렇지 아니하니이다 내가 형님의 눈앞에서 은혜를 입었사오면 청하건대 내 손에서 이 예물을 받으소서 내가 형님의 얼굴을 뵈온즉 하나님의 얼굴을 본 것 같사오며 형님도 나를 기뻐하심이니이다 11 하나님이 내게 은혜를 베푸셨고 내 소유도 족하오니 청하건대 내가 형님께 드리는 예물을 받으소서 하고 그에게 강권하매 받으니라 12 에서가 이르되 우리가 떠나자 내가 너와 동행하리라 13 야곱이 그에게 이르되 내 주도 아시거니와 자식들은 연약하고 내게 있는 양 떼와 소가 새끼를 데리고 있은즉 하루만 지나치게 몰면 모든 떼가 죽으리니 14 청하건대 내 주는 종보다 앞서 가소서 나는 앞에 가는 가축과 자식들의 걸음대로 천천히 인도하여 세일로 가서 내 주께 나아가리이다 15 에서가 이르되 내가 내 종 몇 사람을 네게 머물게 하리라 야곱이 이르되 어찌하여 그리하리이까 나로 내 주께 은혜를 얻게 하소서 하매 16 이 날에 에서는 세일로 돌아가고 17 야곱은 숙곳에 이르러 자기를 위하여 집을 짓고 그의 가축을 위하여 우릿간을 지었으므로 그 땅 이름을 숙곳이라 부르더라 18 야곱이 밧단아람에서부터 평안히 가나안 땅 세겜 성읍에 이르러 그 성읍 앞에 장막을 치고 19 그가 장막을 친 밭을 세겜의 아버지 하몰의 아들들의 손에서 백 크시타에 샀으며 20 거기에 제단을 쌓고 그 이름을 엘엘로헤이스라엘이라 불렀더라

창 33:18
아직 온전한 하나님의 사람이 되지 못한 야곱은 자기 집을 세우려고 벧엘로 가라는 하나님의 명령을 무시하고 세겜에 정착한다. 그러나 하나님은 그것을 허락하지 않으시고, 야곱은 외동딸 디나가 강간을 당하는 사건을 겪은 후에야 하나님께 온전히 순종하는 자가 된다.

하나님이 야곱에게 복을 주시다

창 35:1-7
신위에 순종하는 참 변화를 일으킨 야곱의 모습을 읽어라. 참 변화는 의식의 변화요, 가치관의 변화이다.

야곱은 처음 하나님을 만나고 제단을 쌓은 벧엘로 돌아간다.

나는 아직도 어디에 있는가?

1 하나님이 야곱에게 이르시되 일어나 벧엘로 올라가서 거기 거주하며 네가 네 형 에서의 낯을 피하여 도망하던 때에 네게 나타났던 하나님께 거기서 제단을 쌓으라 하신지라 2 야곱이 이에 자기 집과 사람과 자기와 함께 한 모든 자에게 이르되 너희 중에 있는 이방 신상들을 버리고 자신을 정결하게 하고 너희들의 의복을 바꾸어 입으라 3 우리가 일어나 벧엘로 올라가자 내 환난 날에 내게 응답하시며 내가 가는 길에서 나와 함께 하신 하나님께 내가 거기서 제단을 쌓으려 하노라 하매 4 그들이 자기 손에 있는 모든 이방 신상들과 자기 귀에 있는 귀고리들을 야곱에게 주는지라 야곱이 그것들을 세겜 근처 상수리나무 아래에 묻고 5 그들이 떠났으나 하나님이 그 사면 고을들로 크게 두려워하게 하셨으므로 야곱의 아들들을 추격하는 자가 없었더라 6 야곱과 그와 함께 한 모든 사람이 가나안 땅 루스 곧 벧엘에 이르고 7 그가 거기서 제단을 쌓고 그 곳을 엘벧엘이라 불렀으니 이는 그의 형의 낯을 피할 때에 하나님이 거기서 그에게 나타나셨음이더라 8 리브가의 유모 드보라가 죽으매 그를 벧엘 아래에 있는 상수리나무 밑에 장사하고 그 나무 이름을 알론바굿이라 불렀더라 9 야곱이 밧단아람에서 돌아오매 하나님이 다시 야곱에게 나타나사 그에게 복을 주시고 10 하나님이 그에게 이르시되 네 이름이 야곱이지마는 네 이름을 다시는 야곱이라 부르지 않겠고 이스라엘이 네 이름이 되리라 하시고 그가 그의 이름을 이스라엘이라 부르시고 11 하나님이 그에게 이르시되 나는 전능한 하나님이라 생육하며 번성하라 한 백성과 백성들의 총회가 네게서 나오고 왕들이 네 허리에서 나오리라 12 내가 아브라함과 이삭에게 준 땅을 네게 주고 내가 네 후손에게도 그 땅을 주리라 하시고 13 하나님이 그와 말씀하시던 곳에서 그를 떠나 올라가시는지라 14 야곱이 하나님이 자기와 말씀하시던 곳에 기둥 곧 돌 기둥을 세우고 그 위에 전제물을 붓고 또 그 위에 기름을 붓고 15 하나님이 자기와 말씀하시던 곳의 이름을 벧엘이라 불렀더라

라헬이 산고로 죽다

16 그들이 벧엘에서 길을 떠나 에브랏에 이르기까지 얼마간 거리를 둔 곳에서 라헬이 해산하게 되어 심히 고생하여 17 그가 난산할 즈음에 산파가 그에게 이르되 두려워하지 말라 지금 네가 또 득남하느니라 하매 18 그가 죽게 되어 그의 혼이 떠나려 할 때에 아들의 이름을 베노니라 불렀으나 그의 아버지는 그를 베냐민이라 불렀더라 19 라헬이 죽으매 에브랏 곧 베들레헴 길에 장사되었고 20 야곱이 라헬의 묘에 비를 세웠

더니 지금까지 라헬의 묘비라 일컫더라 21 이스라엘이 다시 길을 떠나 에델 망대를 지나 장막을 쳤더라 22 이스라엘이 그 땅에 거주할 때에 르우벤이 가서 그 아버지의 첩 빌하와 동침하매 이스라엘이 이를 들었더라

야곱의 아들들(대상 2:1-2)

야곱의 아들은 열둘이라 23 레아의 아들들은 야곱의 장자 르우벤과 그 다음 시므온과 레위와 유다와 잇사갈과 스불론이요 24 라헬의 아들들은 요셉과 베냐민이며 25 라헬의 여종 빌하의 아들들은 단과 납달리요 26 레아의 여종 실바의 아들들은 갓과 아셀이니 이들은 야곱의 아들들이요 밧단아람에서 그에게 낳은 자더라

이삭이 죽다 - B.C. 1805

27 야곱이 기럇아르바의 마므레로 가서 그의 아버지 이삭에게 이르렀으니 기럇아르바는 곧 아브라함과 이삭이 거류하던 헤브론이더라 28 이삭의 나이가 백팔십 세라 29 이삭이 나이가 많고 늙어 기운이 다하매 죽어 자기 열조에게로 돌아가니 그의 아들 에서와 야곱이 그를 장사하였더라

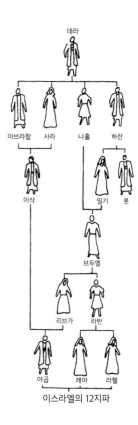

… 야곱에게서 배우는 삶

<u>읽은 내용 묵상하고,</u>
<u>삶에 적용하기</u>

💡 야곱의 삶은 자기 뜻을 이루려는 인위의 극치의 삶을 사는 모습을
읽었다.

그 인위의 끈질김이 얼마나 대단했는가?

그러나 하나님은 인위를 내려놓은 자를 들어 쓰신다는 사실을 성경을 통
해서 배우게 될 것이다. 때로는 강권적으로…

지금 나의 삶의 모습은 그의 삶과 무엇이 다른가?

💡 창 28:15의 하나님의 축복의 약속이 야곱에게만 주는 것으로 생각하는
가?

이 약속의 축복은 모든 자에 다 유효한 약속이다. 그렇다면 나의 삶은 어
떠해야 하는가?

💡 창 35:1-7의 벧엘로 돌아가는 야곱을 읽고 우리가 왜 하나님을 만난 처
음으로 돌아가야 하는 가를 묵상해라.

아직도 야곱처럼 하나님을 만난 벧엘이 없다면 말씀 읽기를 통하여 하나
님을 만나기를 축복한다.

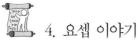

4. 요셉 이야기

요셉은 야곱이 사모하며 결혼하려 했던 라헬과의 사이에서 태어난 야곱의 11 번째 아들이다. 야곱의 나이는 91세였고 이때는 B.C. 1915년으로 추정한다. 그는 야곱의 편애와 그의 꿈 때문에 다른 형제들의 미움을 받았고 결국 애굽으로 가는 약대상인 미디안 상인에게 팔려 노예로 애굽으로 가게 된다(37장). 이때가 요셉의 나이는 17세쯤 되었을 것이다. 요셉은 애굽 바로의 시위 대장 보디발의 집에 노예로 팔려 가지만 **"여호와께서 함께하시므로"**(이 표현이 39장에 5번이나 나온다는 점을 유의) 보디발의 신임을 얻어 그 가정의 총무가 된다. 그러나 보디발 아내의 유혹을 물리친 것이 모함이 되어 감옥에 갇히는 신세가 된다. 그는 감옥에서 함께 갇힌 술 맡은 관원장과 떡 맡은 관원장의 꿈을 해석해 준 것이 인연이 되어 그가 바로의 꿈을 해석하기 위해 바로 앞에 서게 된다. 바로의 꿈을 7년 풍년 뒤에 7년 흉년이 오는 꿈으로 해석하고 위기관리를 잘하도록 지혜로운 권면을 함으로 애굽의 총리로 발탁된다.

야곱의 해석대로 풍년 후 흉년이 온 애굽과 가나안 땅까지 오게 되고 야곱의

요셉의 생애 [창 37:15~50:26]

→ 요셉의 여정
→ 야곱의 애굽행

미디안 상인에게 팔림 (창 27:28)
도단
숙곳
욥바
세겜
벧엘
여리고
예루살렘
헤브론
야곱이 막벨라 굴에 장사됨 (창 50:13)
그랄
브엘세바
야곱의 일가가 기근을 피해 애굽으로 감
라암셋
신
고센
가데스바네아
비베셋
아버지 장사를 위해 헤브론에 갔다옴(창 50:13)
보디발 장군에게 팔림 (창 37:36)

식구도 양식을 구하려 애굽 땅에 가게 되고 이윽고 야곱은 잃어버린 요셉을 만나게 되며 야곱의 온 가족은 기근을 피해 애굽으로 이민 가게 되고 고센 지방에 정착한다. 이때가 B.C. 1876년으로 추정한다. 이로써 하나님은 야곱과 요셉의 파란 많은 삶을 통해 아브라함의 약속을 이행하며, 하나님 나라의 회복의 사역을 동역할 한 민족을 이루는 일을 마무리하셨다. 이들은 비록 노예의 신분이지만 하나님 나라를 회복하기 위한 동역자로서 400여 년간의 민족 형성기로 접어들게 된다.

기근을 피해 애굽으로 이주한 야곱의 가족의 총수는 70명이었다. 이들이 400여 년 후에 장정만으로도 60만 명이 되는 인구가 되어 애굽을 떠난다. 그런데 사도행전 7:14에서 스데반은 이 숫자를 75명으로 언급하고 있다. 이 수의 차이는 구약 사본의 차이다. 맛소라 사본은 70명으로 계산하고(지금 우리 성경의 명단대로), 쿰란(Qumran) 사본이나 70인역(Septuagint)의 사본은 요셉의 아들의 수가 더 있다고 보고 75명으로 잡고 있다. 스데반은 이 70인역에 근거해서 말하고 있다.

요셉의 삶은 한마디로 언제나 "하나님 앞"(Coram Deo)에서의 삶이었다. 그가 보디발 아내의 유혹을 받았을 때도 그의 반응은 "이 집에는 나보다 큰 이가 없으며 주인이 아무것도 내게 금하지 아니하였어도 금한 것은 당신뿐이니 당신은 그의 아내임이라 그런즉 내가 어찌 이 큰 악을 행하여 하나님께 죄를 지으리이까"(39:9)이었다. 그가 그 형제들이 그를 팔아 버린 일에 대해 용서를 구하는 일에도 요셉의 반응은 "요셉이 그들에게 이르되 두려워하지 마소서 **내가 하나님을 대신하리이까** 당신들은 나를 해하려 하였으나 하나님은 그것을 선으로 바꾸사 오늘과 같이 많은 백성의 생명을 구원하게 하시려 하셨나니 당신들은 두려워하지 마소서 내가 당신들과 당신들의 자녀를 기르리이다 하고 그들을 간곡한 말로 위로하였더라"(50:19-21)(볼드체 필자 강조)라고 했다.

그는 언제나 하나님 앞에서 하나님이 보시는 것처럼 행했고, 그의 삶을 통해 하나님의 뜻을 이루신다는 하나님의 섭리에 언제나 순종하는 삶을 살았다. 이것이 바로 예수님이 주기도문에서 가르쳐 주신 것처럼 "뜻이 하늘에서 이룬 것처럼 이 땅에도 이루어지는" 기도의 삶이라고 본다.

족장들의 삶은 바로 하나님의 나라를 회복하시기 위한 하나님의 섭리를 이루는 삶임을 보았다. 하나님은 지금도 우리의 삶, 나의 삶을 통해 "뜻이 하늘에서 이룬 것같이 땅에도 이루시려는" 하나님의 섭리를 이루어 가신다는 사실을 깨닫고 우리의 삶을 그분께 내어 드려야 한다. 그래야 그분이 하나님 나라를 이 땅에 이루실 수 있다. 그 하나님 계획은 출애굽기에서 더욱 구체화 된다.

관련 성경 본문 읽기

요셉은 꿈을 꾸는 자이었고, 또 꿈을 해석하는 자이었다. 그 꿈 때문에 형들의 질시를 사서 애굽에 팔려 가는 처지에 빠지지만, 꿈 해석 때문에 애굽의 총리가 되어 그 형제를 구하고, 아브라함의 자손 약속을 이루는 구속의 역사를 이루어 가는 일을 감당한다.

창세기 37장

요셉과 형제들

1 야곱이 가나안 땅 곧 그의 아버지가 거류하던 땅에 거주하였으니 2 야곱의 족보는 이러하니라 요셉이 십칠 세의 소년으로서 그의 형들과 함께 양을 칠 때에 그의 아버지의 아내들 빌하와 실바의 아들들과 더불어 함께 있었더니 그가 그들의 잘못을 아버지에게 말하더라 3 요셉은 노년에 얻은 아들이므로 이스라엘이 여러 아들들보다 그를 더 사랑하므로 그를 위하여 채색옷을 지었더니 4 그의 형들이 아버지가 형들보다 그를 더 사랑함을 보고 그를 미워하여 그에게 편안하게 말할 수 없었더라 5 요셉이 꿈을 꾸고 자기 형들에게 말하매 그들이 그를 더욱 미워하였더라 6 요셉이 그들에게 이르되 청하건대 내가 꾼 꿈을 들으시오 7 우리가 밭에서 곡식 단을 묶더니 내 단은 일어서고 당신들의 단은 내 단을 둘러서서 절하더이다 8 그의 형들이 그에게 이르되 네가 참으로 우리의 왕이 되겠느냐 참으로 우리를 다스리게 되겠느냐 하고 그의 꿈과 그의 말로 말미암아 그를 더욱 미워하더니 9 요셉이 다시 꿈을 꾸고 그의 형들에게 말하여 이르되 내가 또 꿈을 꾼즉 해와 달과 열한 별이 내게 절하더이다 하니라 10 그가 그의 꿈을 아버지와 형들에게 말하매 아버지가 그를 꾸짖고 그에게 이르되 네가 꾼 꿈이 무엇이냐 나와 네 어머니와 네 형들이 참으로 가서 땅에 엎드려 네게 절하겠느냐 11 그의 형들은 시기하되 그의 아버지는 그 말을 간직해 두었더라

요셉을 죽이려는 형제를 설득해서 살린 후에 애굽에 노예로 팔아 버린다. 이 모든 일은 하나님의 섭리 가운데 구속 역사의 진행 과정이다.

요셉이 애굽으로 팔려가다

12 그의 형들이 세겜에 가서 아버지의 양 떼를 칠 때에 13 이스라엘이 요셉에게 이르되 네 형들이 세겜에서 양을 치지 아니하느냐 너를 그들에게로 보내리라 요셉이 아버지에게 대답하되 내가 그리하겠나이다 14 이스라엘이 그에게 이르되 가서 네 형들과 양 떼가 다 잘 있는지를 보고 돌아와 내게 말하라 하고 그를 헤브론 골짜기에서 보내니 그가 세겜으로 가니라 15 어떤 사람이 그를 만난즉 그가 들에서 방황하는지라 그 사람이 그에게 물어 이르되 네가 무엇을 찾느냐 16 그가 이르되 내가 내 형들을 찾으오니 청하건대 그들이 양치는 곳을 내게 가르쳐 주소서 17 그 사람이 이르되 그들이 여기서 떠났느니라 내가 그들의 말을 들으니 도단으로 가자 하더라 하니라 요셉이 그의 형들의 뒤를 따라 가서 도단에서 그들을 만나니라 18 요셉이 그들에게 가까이 오기 전에 그들이 요셉을 멀리서 보고 죽이기를 꾀하여 19 서로 이르되 꿈 꾸는 자가 오는도다 20 자, 그를 죽여 한 구덩이에 던지고 우리가 말하기를 악한 짐승이 그를 잡아먹었다 하자 그의 꿈이 어떻게 되는지를 우리가 볼 것이니라 하는지라 21 르우벤이 듣고 요셉을 그들의 손에서 구원하려 하여 이르되 우리가 그의 생명은 해치지 말자 22 르우벤이 또 그들에게 이르되 피를 흘리지 말라 그를 광야 그 구덩이에 던지고 손을 그에게 대지 말라 하니 이는 그가 요셉을 그들의 손에서 구출하여 그의 아버지에게로 돌려보내려 함이었더라 23 요셉이 형들에게 이르매 그의 형들이 요셉의 옷 곧 그가 입은 채색옷을 벗기고 24 그를 잡아 구덩이에 던지니 그 구덩이는 빈 것이라 그 속에 물이 없었더라 25 그들이 앉아 음식을 먹다가 눈을 들어 본즉 한 무리의 이스마엘 사람들이 길르앗에서 오는데 그 낙타들에 향품과 유향과 몰약을 싣고 애굽으로 내려가는지라 26 유다가 자기 형제에게 이르되 우리가 우리 동생을 죽이고 그의 피를 덮어둔들 무엇이 유익할까 27 자 그를 이스마엘 사람들에게 팔고 그에게 우리 손을 대지 말자 그는 우리의 동생이요 우리의 혈육이니라 하매 그의 형제들이 청종하였더라 28 그 때에 미디안 사람 상인들이 지나가고 있는지라 형들이 요셉을 구덩이에서 끌어올리고 은 이십에 그를 이스마엘 사람들에게 팔매 그 상인들이 요셉을 데리고 애굽으로 갔더라 29 르우벤이 돌아와 구덩이에 이르러 본즉 거기 요셉이 없는지라 옷을 찢고 30 아우들에게로 되돌아와서 이르되 아이가 없도다 나는 어

디로 갈까 31 그들이 요셉의 옷을 가져다가 숫염소를 죽여 그 옷을 피에 적시고 32 그의 채색옷을 보내어 그의 아버지에게로 가지고 가서 이르기를 우리가 이것을 발견하였으니 아버지 아들의 옷인가 보소서 하매 33 아버지가 그것을 알아보고 이르되 내 아들의 옷이라 악한 짐승이 그를 잡아 먹었도다 요셉이 분명히 찢겼도다 하고 34 자기 옷을 찢고 굵은 베로 허리를 묶고 오래도록 그의 아들을 위하여 애통하니 35 그의 모든 자녀가 위로하되 그가 그 위로를 받지 아니하여 이르되 내가 슬퍼하며 스올로 내려가 아들에게로 가리라 하고 그의 아버지가 그를 위하여 울었더라 36 그 미디안 사람들은 그를 애굽에서 바로의 신하 친위대장 보디발에게 팔았더라

요셉의 삶은 하나님 앞에서의 삶이라고 했다. 그 말은 언제나 하나님과 동행하는 삶을 살았다는 말이다. 그러므로 기쁨도 고난도 늘 하나님과 함께하고, 하나님은 그를 형통하게 하셨다.

창세기 39장
요셉과 보디발의 아내

1 요셉이 이끌려 애굽에 내려가매 바로의 신하 친위대장 애굽 사람 보디발이 그를 그리로 데려간 이스마엘 사람의 손에서 요셉을 사니라 2 여호와께서 요셉과 함께 하시므로 그가 형통한 자가 되어 그의 주인 애굽 사람의 집에 있으니 3 그의 주인이 여호와께서 그와 함께 하심을 보며 또 여호와께서 그의 범사에 형통하게 하심을 보았더라 4 요셉이 그의 주인에게 은혜를 입어 섬기매 그가 요셉을 가정 총무로 삼고 자기의 소유를 다 그의 손에 위탁하니 5 그가 요셉에게 자기의 집과 그의 모든 소유물을 주관하게 한 때부터 여호와께서 요셉을 위하여 그 애굽 사람의 집에 복을 내리시므로 여호와의 복이 그의 집과 밭에 있는 모든 소유에 미친지라 6 주인이 그의 소유를 다 요셉의 손에 위탁하고 자기가 먹는 음식 외에는 간섭하지 아니하였더라 요셉은 용모가 빼어나고 아름다웠더라 7 그 후에 그의 주인의 아내가 요셉에게 눈짓하다가 동침하기를 청하니 8 요셉이 거절하며 자기 주인의 아내에게 이르되 내 주인이 집안의 모든 소유를 간섭하지 아니하고 다 내 손에 위탁하였으니 9 이 집에는 나보다 큰 이가 없으며 주인이 아무것도 내게 금하지 아니하였어도 금한 것은 당신뿐이니 당신은 그의 아내임이라 그런즉 내가 어찌 이 큰 악을 행하여 하나님께 죄를 지으리이까 10 여인이 날마다 요셉에게 청하였으나 요셉이 듣지 아니하여 동침하지 아니할 뿐더러 함께 있지도 아니하니라 11 그러할 때에 요셉이 그의 일을 하러 그 집에 들

어갔더니 그 집 사람들은 하나도 거기에 없었더라 12 그 여인이 그의 옷을 잡고 이르되 나와 동침하자 그러나 요셉이 자기의 옷을 그 여인의 손에 버려두고 밖으로 나가매 13 그 여인이 요셉이 그의 옷을 자기 손에 버려두고 도망하여 나감을 보고 14 그 여인의 집 사람들을 불러서 그들에게 이르되 보라 주인이 히브리 사람을 우리에게 데려다가 우리를 희롱하게 하는도다 그가 나와 동침하고자 내게로 들어오므로 내가 크게 소리 질렀더니 15 그가 나의 소리 질러 부름을 듣고 그의 옷을 내게 버려두고 도망하여 나갔느니라 하고 16 그의 옷을 곁에 두고 자기 주인이 집으로 돌아오기를 기다려 17 이 말로 그에게 말하여 이르되 당신이 우리에게 데려온 히브리 종이 나를 희롱하려고 내게로 들어왔으므로 18 내가 소리 질러 불렀더니 그가 그의 옷을 내게 버려두고 밖으로 도망하여 나갔나이다 19 그의 주인이 자기 아내가 자기에게 이르기를 당신의 종이 내게 이같이 행하였다 하는 말을 듣고 심히 노한지라 20 이에 요셉의 주인이 그를 잡아 옥에 가두니 그 옥은 왕의 죄수를 가두는 곳이었더라 요셉이 옥에 갇혔으나 21 여호와께서 요셉과 함께 하시고 그에게 인자를 더하사 간수장에게 은혜를 받게 하시매 22 간수장이 옥중 죄수를 다 요셉의 손에 맡기므로 그 제반 사무를 요셉이 처리하고 23 간수장은 그의 손에 맡긴 것을 무엇이든지 살펴보지 아니하였으니 이는 여호와께서 요셉과 함께 하심이라 여호와께서 그를 범사에 형통하게 하셨더라

창 39:12-15
모함으로 감옥에 가지만 이 모든 것은 하나님의 구속 역사의 섭리 가운데 이루어진다 -창 50:19-21을 함께 읽어라.

감옥에서 죄수의 꿈을 해석하고 그중 한 죄수가 석방되고 2년이 지났다. 바로가 꾼 꿈을 해석할 자가 없자, 2년 전 감옥에서 해몽을 받고 출옥한 술 맡은 관원이 요셉을 기억하고 추천한다. 요셉은 꿈을 해석하고, 그 위기를 관리할 총리가 된다. 총리가 되게 하여 야곱의 온 식구가 애굽으로 이주하는 터전을 마련하고, 아브라함의 언약에서 약속한 자손을 번성케 하신다. 이 부분도 하나님의 구속의 역사의 일환이다. 이는 애굽이란 당대의 최강 국가에서 하나님의 백성이 되어 하나님 나라를 회복할 아브라함의 후손을 번성시켜야 하기 때문이다. (이 후손에서 "뱀의 머리를 밟을 여인의 후손이 온다) - 41장~50장.

창세기 41장
요셉이 바로의 꿈을 해석하다
1 만 이 년 후에 바로가 꿈을 꾼즉 자기가 나일 강 가에 서 있는데 2 보니 아름답고 살진 일곱 암소가 강 가에서 올라와 갈밭에서 뜯어먹고 3 그 뒤에 또 흉하고 파리한 다른 일곱 암소가 나일 강 가에서 올라와 그 소와 함께 나일 강 가에 서 있더니 4 그 흉하고 파리한 소가 그 아름답고 살진 일곱 소를 먹은지라 바로가 곧 깨었다가 5 다시 잠이 들어 꿈

창 41장
고고학 발굴에 의하면 애굽의 유적지에서 두꺼운 꿈 해석 관련 책을 발견하였다. 얼마나 애굽인 들이 꿈 해석에 관심이 많았는가를 보여 준다.

을 꾸니 한 줄기에 무성하고 충실한 일곱 이삭이 나오고 6 그 후에 또 가늘고 동풍에 마른 일곱 이삭이 나오더니 7 그 가는 일곱 이삭이 무성하고 충실한 일곱 이삭을 삼킨지라 바로가 깬즉 꿈이라 8 아침에 그의 마음이 번민하여 사람을 보내어 애굽의 점술가와 현인들을 모두 불러 그들에게 그의 꿈을 말하였으나 그것을 바로에게 해석하는 자가 없었더라 9 술 맡은 관원장이 바로에게 말하여 이르되 내가 오늘 내 죄를 기억하나이다 10 바로께서 종들에게 노하사 나와 떡 굽는 관원장을 친위대장의 집에 가두셨을 때에 11 나와 그가 하룻밤에 꿈을 꾼즉 각기 뜻이 있는 꿈이라 12 그 곳에 친위대장의 종 된 히브리 청년이 우리와 함께 있기로 우리가 그에게 말하매 그가 우리의 꿈을 풀되 그 꿈대로 각 사람에게 해석하더니 13 그 해석한 대로 되어 나는 복직되고 그는 매달렸나이다 14 이에 바로가 사람을 보내어 요셉을 부르매 그들이 급히 그를 옥에서 내 놓은지라 요셉이 곧 수염을 깎고 그의 옷을 갈아 입고 바로에게 들어가니 15 바로가 요셉에게 이르되 내가 한 꿈을 꾸었으나 그것을 해석하는 자가 없더니 들은즉 너는 꿈을 들으면 능히 푼다 하더라 16 요셉이 바로에게 대답하여 이르되 내가 아니라 하나님께서 바로에게 편안한 대답을 하시리이다 17 바로가 요셉에게 이르되 내가 꿈에 나일 강 가에 서서 18 보니 살지고 아름다운 일곱 암소가 나일 강 가에 올라와 갈밭에서 뜯어먹고 19 그 뒤에 또 약하고 심히 흉하고 파리한 일곱 암소가 올라오니 그같이 흉한 것들은 애굽 땅에서 내가 아직 보지 못한 것이라 20 그 파리하고 흉한 소가 처음의 일곱 살진 소를 먹었으며 21 먹었으나 먹은 듯 하지 아니하고 여전히 흉하더라 내가 곧 깨었다가 22 다시 꿈에 보니 한 줄기에 무성하고 충실한 일곱 이삭이 나오고 23 그 후에 또 가늘고 동풍에 마른 일곱 이삭이 나더니 24 그 가는 이삭이 좋은 일곱 이삭을 삼키더라 내가 그 꿈을 점술가에게 말하였으나 그것을 내게 풀이해 주는 자가 없느니라 25 요셉이 바로에게 아뢰되 바로의 꿈은 하나라 하나님이 그가 하실 일을 바로에게 보이심이니이다 26 일곱 좋은 암소는 일곱 해요 일곱 좋은 이삭도 일곱 해니 그 꿈은 하나라 27 그 후에 올라온 파리하고 흉한 일곱 소는 칠 년이요 동풍에 말라 속이 빈 일곱 이삭도 일곱 해 흉년이니 28 내가 바로에게 이르기를 하나님이 그가 하실 일을 바로에게 보이신다 함이 이것이라 29 온 애굽 땅에 일곱 해 큰 풍년이 있겠고 30 후에 일곱 해 흉년이 들므로 애굽 땅에 있던 풍년을 다 잊어버리게 되고 이 땅이 그 기근으로 망하리니 31 후에 든 그 흉년이 너무 심하므로 이전 풍년을 이 땅에서 기억하지 못하게 되리이다 32 바로께서 꿈을 두 번 겹쳐 꾸신 것은 하나님이 이 일을 정하셨음이라 하나님이 속히 행하시리니 33 이제 바로께서는 명철하고 지혜 있는 사람을 택하여 애굽 땅을 다스리게 하

창 41:27-41
요셉의 삶은 다른 족장들의 삶처럼, 하나님의 구속 역사를 이루는 데 쓰임을 받는 삶이다. 총리가 되기까지 모든 삶의 여정이 이 총리가 되기 위한 역경의 과정이었다. 총리가 되므로 이제 하나님의 백성을 이루는 아브라함의 언약을 본격적으로 이루기 시작하신다. 요셉이 총리가 된 덕분에 야곱의 70인 가

시고 34 바로께서는 또 이같이 행하사 나라 안에 감독관들을 두어 그 일곱 해 풍년에 애굽 땅의 오분의 일을 거두되 35 그들로 장차 올 풍년의 모든 곡물을 거두고 그 곡물을 바로의 손에 돌려 양식을 위하여 각 성읍에 쌓아 두게 하소서 36 이와 같이 그 곡물을 이 땅에 저장하여 애굽 땅에 임할 일곱 해 흉년에 대비하시면 땅이 이 흉년으로 말미암아 망하지 아니하리이다

요셉이 애굽의 총리가 되다

37 바로와 그의 모든 신하가 이 일을 좋게 여긴지라 38 바로가 그의 신하들에게 이르되 이와 같이 하나님의 영에 감동된 사람을 우리가 어찌 찾을 수 있으리요 하고 39 요셉에게 이르되 하나님이 이 모든 것을 네게 보이셨으니 너와 같이 명철하고 지혜 있는 자가 없도다 40 너는 내 집을 다스리라 내 백성이 다 네 명령에 복종하리니 내가 너보다 높은 것은 내 왕좌뿐이니라 41 바로가 또 요셉에게 이르되 내가 너를 애굽 온 땅의 총리가 되게 하노라 하고 42 자기의 인장 반지를 빼어 요셉의 손에 끼우고 그에게 세마포 옷을 입히고 금 사슬을 목에 걸고 43 자기에게 있는 버금 수레에 그를 태우매 무리가 그의 앞에서 소리 지르기를 엎드리라 하더라 바로가 그에게 애굽 전국을 총리로 다스리게 하였더라 44 바로가 요셉에게 이르되 나는 바로라 애굽 온 땅에서 네 허락이 없이는 수족을 놀릴 자가 없으리라 하고 45 그가 요셉의 이름을 사브낫바네아라 하고 또 온의 제사장 보디베라의 딸 아스낫을 그에게 주어 아내로 삼게 하니라 요셉이 나가 애굽 온 땅을 순찰하니라 46 요셉이 애굽 왕 바로 앞에 설 때에 삼십 세라 그가 바로 앞을 떠나 애굽 온 땅을 순찰하니 47 일곱 해 풍년에 토지 소출이 심히 많은지라 48 요셉이 애굽 땅에 있는 그 칠 년 곡물을 거두어 각 성에 저장하되 각 성읍 주위의 밭의 곡물을 그 성읍 중에 쌓아 두매 49 쌓아 둔 곡식이 바다 모래 같이 심히 많아 세기를 그쳤으니 그 수가 한이 없음이었더라 50 흉년이 들기 전에 요셉에게 두 아들이 나되 곧 온의 제사장 보디베라의 딸 아스낫이 그에게서 낳은지라 51 요셉이 그의 장남의 이름을 므낫세라 하였으니 하나님이 내게 내 모든 고난과 내 아버지의 온 집 일을 잊어버리게 하셨다 함이요 52 차남의 이름을 에브라임이라 하였으니 하나님이 나를 내가 수고한 땅에서 번성하게 하셨다 함이었더라 53 애굽 땅에 일곱 해 풍년이 그치고 54 요셉의 말과 같이 일곱 해 흉년이 들기 시작하매 각국에는 기근이 있으나 애굽 온 땅에는 먹을 것이 있더니 55 애굽 온 땅이 굶주리매 백성이 바로에게 부르짖어 양식을 구하는지라 바로가 애굽 모든 백성에게 이르되 요셉에게 가서 그가 너희에게 이르는 대로 하라 하니라 56 온 지면에 기근이 있으매 요셉이 모든 창고를 열고 애

족이 애굽으로 기근을 피해 와서(B.C. 1876), 고센 지방이라는 곳에서 격리되는 삶을 살 수 있게 되므로 애굽과 섞이지 않으면서 아브라함의 자손을 번성시킬 수 있었다. 그래서 출애굽하는 B.C. 1446년까지 430년간 2백6십만 명이라는 대민족을 이루게 된다. 이를 위해 요셉이 총리가 되었다.

굽 백성에게 팔새 애굽 땅에 기근이 심하며 57 각국 백성도 양식을 사려고 애굽으로 들어와 요셉에게 이르렀으니 기근이 온 세상에 심함이었더라

창세기 42장

요셉의 형들이 애굽으로 가다

창 42장
요셉이 가뭄 때문에 양식을 구하러 온 형들을 만난다. 도단에서 애굽에 노예로 팔려 온 지 20년이란 세월이 흘렀고, 첫 만남에서 형들은 요셉을 알아보지 못하지만, 요셉은 알아본다.

1 그 때에 야곱이 애굽에 곡식이 있음을 보고 아들들에게 이르되 너희는 어찌하여 서로 바라보고만 있느냐 2 야곱이 또 이르되 내가 들은즉 저 애굽에 곡식이 있다 하니 너희는 그리로 가서 거기서 우리를 위하여 사오라 그러면 우리가 살고 죽지 아니하리라 하매 3 요셉의 형 열 사람이 애굽에서 곡식을 사려고 내려갔으나 4 야곱이 요셉의 아우 베냐민은 그의 형들과 함께 보내지 아니하였으니 이는 그의 생각에 재난이 그에게 미칠까 두려워함이었더라 5 이스라엘의 아들들이 양식 사러 간 자 중에 있으니 가나안 땅에 기근이 있음이라 6 때에 요셉이 나라의 총리로서 그 땅 모든 백성에게 곡식을 팔더니 요셉의 형들이 와서 그 앞에서 땅에 엎드려 절하매 7 요셉이 보고 형들인 줄을 아나 모르는 체하고 엄한 소리로 그들에게 말하여 이르되 너희가 어디서 왔느냐 그들이 이르되 곡물을 사려고 가나안에서 왔나이다 8 요셉은 그의 형들을 알아보았으나 그들은 요셉을 알아보지 못하더라 9 요셉이 그들에게 대하여 꾼 꿈을 생각하고 그들에게 이르되 너희는 정탐꾼들이라 이 나라의 틈을 엿보려고 왔느니라 10 그들이 그에게 이르되 내 주여 아니니이다 당신의 종들은 곡물을 사러 왔나이다 11 우리는 다 한 사람의 아들들로서 확실한 자들이니 당신의 종들은 정탐꾼이 아니니이다 12 요셉이 그들에게 이르되 아니라 너희가 이 나라의 틈을 엿보러 왔느니라 13 그들이 이르되 당신의 종 우리들은 열두 형제로서 가나안 땅 한 사람의 아들들이라 막내 아들은 오늘 아버지와 함께 있고 또 하나는 없어졌나이다 14 요셉이 그들에게 이르되 내가 너희에게 이르기를 너희는 정탐꾼들이라 한 말이 이것이니라 15 너희는 이같이 하여 너희 진실함을 증명할 것이라 바로의 생명으로 맹세하노니 너희 막내 아우가 여기 오지 아니하면 너희가 여기서 나가지 못하리라 16 너희 중 하나를 보내어 너희 아우를 데려오게 하고 너희는 갇히어 있으라 내가 너희의 말을 시험하여 너희 중에 진실이 있는지 보리라 바로의 생명으로 맹세하노니 그리하지 아니하면 너희는 과연 정탐꾼이니라 하고 17 그들을 다 함께 삼 일을 가두었더라 18 사흘 만에 요셉이 그들에게 이르되 나는 하나님을 경외하노니 너희는 이같이 하여 생명을 보전하라 19 너희가 확실한 자들이면 너희 형제 중 한 사람만 그 옥에 갇히게 하고 너희는 곡식을 가지고 가서 너희 집안의 굶주림을 구하고 20 너희 막내 아우를 내게로

데리고 오라 그러면 너희 말이 진실함이 되고 너희가 죽지 아니하리라 하니 그들이 그대로 하니라 21 그들이 서로 말하되 우리가 아우의 일로 말미암아 범죄하였도다 그가 우리에게 애걸할 때에 그 마음의 괴로움을 보고도 듣지 아니하였으므로 이 괴로움이 우리에게 임하도다 22 르우벤이 그들에게 대답하여 이르되 내가 너희에게 그 아이에 대하여 죄를 짓지 말라고 하지 아니하였더냐 그래도 너희가 듣지 아니하였느니라 그러므로 그의 핏값을 치르게 되었도다 하니 23 그들 사이에 통역을 세웠으므로 그들은 요셉이 듣는 줄을 알지 못하였더라 24 요셉이 그들을 떠나가서 울고 다시 돌아와서 그들과 말하다가 그들 중에서 시므온을 끌어내어 그들의 눈 앞에서 결박하고 25 명하여 곡물을 그 그릇에 채우게 하고 각 사람의 돈은 그의 자루에 도로 넣게 하고 또 길 양식을 그들에게 주게 하니 그대로 행하였더라

요셉의 형들이 가나안으로 돌아오다

26 그들이 곡식을 나귀에 싣고 그 곳을 떠났더니 27 한 사람이 여관에서 나귀에게 먹이를 주려고 자루를 풀고 본즉 그 돈이 자루 아귀에 있는지라 28 그가 그 형제에게 말하되 내 돈을 도로 넣었도다 보라 자루 속에 있도다 이에 그들이 혼이 나서 떨며 서로 돌아보며 말하되 하나님이 어찌하여 이런 일을 우리에게 행하셨는가 하고 29 그들이 가나안 땅에 돌아와 그들의 아버지 야곱에게 이르러 그들이 당한 일을 자세히 알리어 아뢰되 30 그 땅의 주인인 그 사람이 엄하게 우리에게 말씀하고 우리를 그 땅에 대한 정탐꾼으로 여기기로 31 우리가 그에게 이르되 우리는 확실한 자들이요 정탐꾼이 아니니이다 32 우리는 한 아버지의 아들 열두 형제로서 하나는 없어지고 막내는 오늘 우리 아버지와 함께 가나안 땅에 있나이다 하였더니 33 그 땅의 주인인 그 사람이 우리에게 이르되 내가 이같이 하여 너희가 확실한 자들임을 알리니 너희 형제 중의 하나를 내게 두고 양식을 가지고 가서 너희 집안의 굶주림을 구하고 34 너희 막내 아우를 내게로 데려 오라 그러면 너희가 정탐꾼이 아니요 확실한 자들임을 내가 알고 너희 형제를 너희에게 돌리리니 너희가 이 나라에서 무역하리라 하더이다 하고 35 각기 자루를 쏟고 본즉 각 사람의 돈뭉치가 그 자루 속에 있는지라 그들과 그들의 아버지가 돈뭉치를 보고 다 두려워하더니 36 그들의 아버지 야곱이 그들에게 이르되 너희가 나에게 내 자식들을 잃게 하도다 요셉도 없어졌고 시므온도 없어졌거늘 베냐민을 또 빼앗아 가고자 하니 이는 다 나를 해롭게 함이로다 37 르우벤이 그의 아버지에게 말하여 이르되 내가 그를 아버지께로 데리고 오지 아니하거든 내 두 아들을 죽이소서 그를 내 손에 맡기소서 내가 그를 아버지께로 데리고 돌아오리이다 38 야곱이 이르되 내 아들

은 너희와 함께 내려가지 못하리니 그의 형은 죽고 그만 남았음이라 만일 너희가 가는 길에서 재난이 그에게 미치면 너희가 내 흰 머리를 슬퍼하며 스올로 내려가게 함이 되리라

창세기 43장
형들이 베냐민을 데리고 애굽으로 가다
1 그 땅에 기근이 심하고 2 그들이 애굽에서 가져온 곡식을 다 먹으매 그 아버지가 그들에게 이르되 다시 가서 우리를 위하여 양식을 조금 사오라 3 유다가 아버지에게 말하여 이르되 그 사람이 우리에게 엄히 경고하여 이르되 너희 아우가 너희와 함께 오지 아니하면 너희가 내 얼굴을 보지 못하리라 하였으니 4 아버지께서 우리 아우를 우리와 함께 보내시면 우리가 내려가서 아버지를 위하여 양식을 사려니와,5 아버지께서 만일 그를 보내지 아니하시면 우리는 내려가지 아니하리니 그 사람이 우리에게 말하기를 너희의 아우가 너희와 함께 오지 아니하면 너희가 내 얼굴을 보지 못하리라 하였음이니이다 6 이스라엘이 이르되 너희가 어찌하여 너희에게 또 다른 아우가 있다고 그 사람에게 말하여 나를 괴롭게 하였느냐 7 그들이 이르되 그 사람이 우리와 우리의 친족에 대하여 자세히 질문하여 이르기를 너희 아버지가 아직 살아 계시느냐 너희에게 아우가 있느냐 하기로 그 묻는 말에 따라 그에게 대답한 것이니 그가 너희의 아우를 데리고 내려오라 할 줄을 우리가 어찌 알았으리이까 8 유다가 그의 아버지 이스라엘에게 이르되 저 아이를 나와 함께 보내시면 우리가 곧 가리니 그러면 우리와 아버지와 우리 어린 아이들이 다 살고 죽지 아니하리이다 9 내가 그를 위하여 담보가 되오리니 아버지께서 내 손에서 그를 찾으소서 내가 만일 그를 아버지께 데려다가 아버지 앞에 두지 아니하면 내가 영원히 죄를 지리이다 10 우리가 지체하지 아니하였더라면 벌써 두 번 갔다 왔으리이다 11 그들의 아버지 이스라엘이 그들에게 이르되 그러할진대 이렇게 하라 너희는 이 땅의 아름다운 소산을 그릇에 담아가지고 내려가서 그 사람에게 예물로 드릴지니 곧 유향 조금과 꿀 조금과 향품과 몰약과 유향나무 열매와 감복숭아이니라 12 너희 손에 갑절의 돈을 가지고 너희 자루 아귀에 도로 넣어져 있던 그 돈을 다시 가지고 가라 혹 잘못이 있었을까 두렵도다 13 네 아우도 데리고 떠나 다시 그 사람에게로 가라 14 전능하신 하나님께서 그 사람 앞에서 너희에게 은혜를 베푸사 그 사람으로 너희 다른 형제와 베냐민을 돌려보내게 하시기를 원하노라 내가 자식을 잃게 되면 잃으리로다 15 그 형제들이 예물을 마련하고 갑절의 돈을 자기들의 손에 가지고 베냐민을 데리고 애굽에 내려가서 요셉 앞에 서니라 16 요셉은 베냐민이 그들과 함께 있음을 보고 자기의 청지기에게 이르되 이

사람들을 집으로 인도해 들이고 짐승을 잡고 준비하라 이 사람들이 정오에 나와 함께 먹을 것이니라 17 청지기가 요셉의 명대로 하여 그 사람들을 요셉의 집으로 인도하니 18 그 사람들이 요셉의 집으로 인도되매 두려워하여 이르되 전번에 우리 자루에 들어 있던 돈의 일로 우리가 끌려드는도다 이는 우리를 억류하고 달려들어 우리를 잡아 노예로 삼고 우리의 나귀를 빼앗으려 함이로다 하고 19 그들이 요셉의 집 청지기에게 가까이 나아가 그 집 문 앞에서 그에게 말하여 20 이르되 내 주여 우리가 전번에 내려와서 양식을 사가지고 21 여관에 이르러 자루를 풀어본즉 각 사람의 돈이 전액 그대로 자루 아귀에 있기로 우리가 도로 가져왔고 22 양식 살 다른 돈도 우리가 가지고 내려왔나이다 우리의 돈을 우리 자루에 넣은 자는 누구인지 우리가 알지 못하나이다 23 그가 이르되 너희는 안심하라 두려워하지 말라 너희 하나님, 너희 아버지의 하나님이 재물을 너희 자루에 넣어 너희에게 주신 것이니라 너희 돈은 내가 이미 받았느니라 하고 시므온을 그들에게로 이끌어내고 24 그들을 요셉의 집으로 인도하고 물을 주어 발을 씻게 하며 그들의 나귀에게 먹이를 주더라 25 그들이 거기서 음식을 먹겠다 함을 들었으므로 예물을 정돈하고 요셉이 정오에 오기를 기다리더니 26 요셉이 집으로 오매 그들이 집으로 들어가서 예물을 그에게 드리고 땅에 엎드려 절하니 27 요셉이 그들의 안부를 물으며 이르되 너희 아버지 너희가 말하던 그 노인이 안녕하시냐 아직도 생존해 계시느냐 28 그들이 대답하되 주의 종 우리 아버지가 평안하고 지금까지 생존하였나이다 하고 머리 숙여 절하더라 29 요셉이 눈을 들어 자기 어머니의 아들 자기 동생 베냐민을 보고 이르되 너희가 내게 말하던 너희 작은 동생이 이 아이냐 그가 또 이르되 소자여 하나님이 네게 은혜 베푸시기를 원하노라 30 요셉이 아우를 사랑하는 마음이 복받쳐 급히 울 곳을 찾아 안방으로 들어가서 울고 31 얼굴을 씻고 나와서 그 정을 억제하고 음식을 차리라 하매 32 그들이 요셉에게 따로 차리고 그 형제들에게 따로 차리고 그와 함께 먹는 애굽 사람에게도 따로 차리니 애굽 사람은 히브리 사람과 같이 먹으면 부정을 입음이었더라 33 그들이 요셉 앞에 앉되 그들의 나이에 따라 앉히게 되니 그들이 서로 이상히 여겼더라 34 요셉이 자기 음식을 그들에게 주되 베냐민에게는 다른 사람보다 다섯 배나 주매 그들이 마시며 요셉과 함께 즐거워하였더라

창세기 44장

은잔이 없어지다

1 요셉이 그의 집 청지기에게 명하여 이르되 양식을 각자의 자루에 운반할 수 있을 만큼 채우고 각자의 돈을 그 자루에 넣고 2 또 내 잔 곧

창 44장
유다는 메시아가 나오는 유다 지파의 시조이다. 그는 나중에 베냐민 대신 인질로 잡히고(창 44:33-34) 아버지 일행을 애굽으로 이주하게 하는 일을 감당한다.

은잔을 그 청년의 자루 아귀에 넣고 그 양식 값 돈도 함께 넣으라 하매 그가 요셉의 명령대로 하고 3 아침이 밝을 때에 사람들과 그들의 나귀들을 보내니라 4 그들이 성읍에서 나가 멀리 가기 전에 요셉이 청지기에게 이르되 일어나 그 사람들의 뒤를 따라 가서 그들에게 이르기를 너희가 어찌하여 선을 악으로 갚느냐 5 이것은 내 주인이 가지고 마시며 늘 점치는 데에 쓰는 것이 아니냐 너희가 이같이 하니 악하도다 하라 6 청지기가 그들에게 따라 가서 그대로 말하니 7 그들이 그에게 대답하되 내 주여 어찌 이렇게 말씀하시나이까 당신의 종들이 이런 일은 결단코 아니하나이다 8 우리 자루에 있던 돈도 우리가 가나안 땅에서부터 당신에게로 가져왔거늘 우리가 어찌 당신의 주인의 집에서 은 금을 도둑질하리이까 9 당신의 종들 중 누구에게서 발견되든지 그는 죽을 것이요 우리는 내 주의 종들이 되리이다 10 그가 이르되 그러면 너희의 말과 같이 하리라 그것이 누구에게서든지 발견되면 그는 내게 종이 될 것이요 너희는 죄가 없으리라 11 그들이 각각 급히 자루를 땅에 내려놓고 자루를 각기 푸니 12 그가 나이 많은 자에게서부터 시작하여 나이 적은 자에게까지 조사하매 그 잔이 베냐민의 자루에서 발견된지라 13 그들이 옷을 찢고 각기 짐을 나귀에 싣고 성으로 돌아 가니라

유다가 베냐민을 위하여 인질을 청하다
14 유다와 그의 형제들이 요셉의 집에 이르니 요셉이 아직 그 곳에 있는지라 그의 앞에서 땅에 엎드리니 15 요셉이 그들에게 이르되 너희가 어찌하여 이런 일을 행하였느냐 나 같은 사람이 점을 잘 치는 줄을 너희는 알지 못하였느냐 16 유다가 말하되 우리가 내 주께 무슨 말을 하오리이까 무슨 설명을 하오리이까 우리가 어떻게 우리의 정직함을 나타내리이까 하나님이 종들의 죄악을 찾아내셨으니 우리와 이 잔이 발견된 자가 다 내 주의 노예가 되겠나이다 17 요셉이 이르되 내가 결코 그리하지 아니하리라 잔이 그 손에서 발견된 자만 내 종이 되고 너희는 평안히 너희 아버지께로 도로 올라갈 것이니라 18 유다가 그에게 가까이 가서 이르되 내 주여 원하건대 당신의 종에게 내 주의 귀에 한 말씀을 아뢰게 하소서 주의 종에게 노하지 마소서 주는 바로와 같으심이니이다 19 이전에 내 주께서 종들에게 물으시되 너희는 아버지가 있느냐 아우가 있느냐 하시기에 20 우리가 내 주께 아뢰되 우리에게 아버지가 있으니 노인이요 또 그가 노년에 얻은 아들 청년이 있으니 그의 형은 죽고 그의 어머니가 남긴 것은 그뿐이므로 그의 아버지가 그를 사랑하나이다 하였더니 21 주께서 또 종들에게 이르시되 그를 내게로 데리고 내려와서 내가 그를 보게 하라 하시기로 22 우리가 내 주께 말씀드리기를 그 아이는 그의 아버지를 떠나지 못할지니 떠나면 그의 아버지가 죽

겠나이다 23 주께서 또 주의 종들에게 말씀하시되 너희 막내 아우가 너희와 함께 내려오지 아니하면 너희가 다시 내 얼굴을 보지 못하리라 하시기로 24 우리가 주의 종 우리 아버지에게로 도로 올라가서 내 주의 말씀을 그에게 아뢰었나이다 25 그 후에 우리 아버지가 다시 가서 곡물을 조금 사오라 하시기로 26 우리가 이르되 우리가 내려갈 수 없나이다 우리 막내 아우가 함께 가면 내려가려니와 막내 아우가 우리와 함께 가지 아니하면 그 사람의 얼굴을 볼 수 없음이니이다 27 주의 종 우리 아버지가 우리에게 이르되 너희도 알거니와 내 아내가 내게 두 아들을 낳았으나 28 하나는 내게서 나갔으므로 내가 말하기를 틀림없이 찢겨 죽었다 하고 내가 지금까지 그를 보지 못하거늘 29 너희가 이 아이도 내게서 데려 가려하니 만일 재해가 그 몸에 미치면 나의 흰 머리를 슬퍼하며 스올로 내려가게 하리라 하니 30 아버지의 생명과 아이의 생명이 서로 하나로 묶여 있거늘 이제 내가 주의 종 우리 아버지에게 돌아갈 때에 아이가 우리와 함께 가지 아니하면 31 아버지가 아이의 없음을 보고 죽으리니 이같이 되면 종들이 주의 종 우리 아버지가 흰 머리로 슬퍼하며 스올로 내려가게 함이니이다 32 주의 종이 내 아버지에게 아이를 담보하기를 내가 이를 아버지께로 데리고 돌아오지 아니하면 영영히 아버지께 죄짐을 지리이다 하였사오니 33 이제 주의 종으로 그 아이를 대신하여 머물러 있어 내 주의 종이 되게 하시고 그 아이는 그의 형제들과 함께 올려 보내소서 34 그 아이가 나와 함께 가지 아니하면 내가 어찌 내 아버지에게로 올라갈 수 있으리이까 두렵건대 재해가 내 아버지에게 미침을 보리이다

창세기 45장

요셉이 형제들에게 자기를 밝히다

1 요셉이 시종하는 자들 앞에서 그 정을 억제하지 못하여 소리 질러 모든 사람을 자기에게서 물러가라 하고 그 형제들에게 자기를 알리니 그 때에 그와 함께 한 다른 사람이 없었더라 2 요셉이 큰 소리로 우니 애굽 사람에게 들리며 바로의 궁중에 들리더라 3 요셉이 그 형들에게 이르되 나는 요셉이라 내 아버지께서 아직 살아 계시니이까 형들이 그 앞에서 놀라서 대답하지 못하더라 4 요셉이 형들에게 이르되 내게로 가까이 오소서 그들이 가까이 가니 이르되 나는 당신들의 아우 요셉이니 당신들이 애굽에 판 자라 5 당신들이 나를 이 곳에 팔았다고 해서 근심하지 마소서 한탄하지 마소서 하나님이 생명을 구원하시려고 나를 당신들보다 먼저 보내셨나이다 6 이 땅에 이 년 동안 흉년이 들었으나 아직 오 년은 밭갈이도 못하고 추수도 못할지라 7 하나님이 큰 구원으로 당신들의 생명을 보존하고 당신들의 후손을 세상에 두시려고 나를 당

• 요셉의 신위에 순종하는 모습을 묵상하며 읽어라. 이 모든 것이 하나님이 애굽에서 아브라함과 맺은 자손의 약속을 성취하는 하나님의 역사임을 보여 주는 대목이다.

창 45:5-8
여기서 용서의 문제를 깊이 생각해 보아야 한다. 용서도 인간의 노력과 인내로 이루려면 성공하지 못한다. 그 관계 가운데 하나님의 선하신 역사하심을 파악하여 이해하고 받아 드리는 믿음이 있어야 함을 알 수 있다.

신들보다 먼저 보내셨나니 8 그런즉 나를 이리로 보낸 이는 당신들이
아니요 하나님이시라 하나님이 나를 바로에게 아버지로 삼으시고 그 온
집의 주로 삼으시며 애굽 온 땅의 통치자로 삼으셨나이다
9 당신들은 속히 아버지께로 올라가서 아뢰기를 아버지의 아들 요셉
의 말에 하나님이 나를 애굽 전국의 주로 세우셨으니 지체 말고 내게
로 내려오사 10 아버지의 아들들과 아버지의 손자들과 아버지의 양과
소와 모든 소유가 고센 땅에 머물며 나와 가깝게 하소서 11 흉년이 아
직 다섯 해가 있으니 내가 거기서 아버지를 봉양하리이다 아버지와 아
버지의 가족과 아버지께 속한 모든 사람에게 부족함이 없도록 하겠나
이다 하더라고 전하소서 12 당신들의 눈과 내 아우 베냐민의 눈이 보
는 바 당신들에게 이 말을 하는 것은 내 입이라 13 당신들은 내가 애굽
에서 누리는 영화와 당신들이 본 모든 것을 다 내 아버지께 아뢰고 속
히 모시고 내려오소서 하며 14 자기 아우 베냐민의 목을 안고 우니 베
냐민도 요셉의 목을 안고 우니라 15 요셉이 또 형들과 입맞추며 안고
우니 형들이 그제서야 요셉과 말하니라 16 요셉의 형들이 왔다는 소문
이 바로의 궁에 들리매 바로와 그의 신하들이 기뻐하고 17 바로는 요
셉에게 이르되 네 형들에게 명령하기를 너희는 이렇게 하여 너희 양식
을 싣고 가서 가나안 땅에 이르거든 18 너희 아버지와 너희 가족을 이
끌고 내게로 오라 내가 너희에게 애굽의 좋은 땅을 주리니 너희가 나라
의 기름진 것을 먹으리라 19 이제 명령을 받았으니 이렇게 하라 너희는
애굽 땅에서 수레를 가져다가 너희 자녀와 아내를 태우고 너희 아버지
를 모셔 오라 20 또 너희의 기구를 아끼지 말라 온 애굽 땅의 좋은 것
이 너희 것임이니라 21 이스라엘의 아들들이 그대로 할새 요셉이 바로
의 명령대로 그들에게 수레를 주고 길 양식을 주며 22 또 그들에게 다
각기 옷 한 벌씩을 주되 베냐민에게는 은 삼백과 옷 다섯 벌을 주고 23
그가 또 이와 같이 그 아버지에게 보내되 수나귀 열 필에 애굽의 아름
다운 물품을 실리고 암나귀 열 필에는 아버지에게 길에서 드릴 곡식과
떡과 양식을 실리고 24 이에 형들을 돌려보내며 그들에게 이르되 당신
들은 길에서 다투지 말라 하였더라 25 그들이 애굽에서 올라와 가나안
땅으로 들어가서 아버지 야곱에게 이르러 26 알리어 이르되 요셉이 지
금까지 살아 있어 애굽 땅 총리가 되었더이다 야곱이 그들의 말을 믿지
못하여 어리둥절 하더니 27 그들이 또 요셉이 자기들에게 부탁한 모든
말로 그에게 말하매 그들의 아버지 야곱은 요셉이 자기를 태우려고 보
낸 수레를 보고서야 기운이 소생한지라 28 이스라엘이 이르되 족하도
다 내 아들 요셉이 지금까지 살아 있으니 내가 죽기 전에 가서 그를 보
리라 하니라

창세기 46장
야곱 가족이 애굽으로 내려가다 - B.C. 1876년

1 이스라엘이 모든 소유를 이끌고 떠나 브엘세바에 이르러 그의 아버지 이삭의 하나님께 희생제사를 드리니 2 그 밤에 하나님이 이상 중에 이스라엘에게 나타나 이르시되 야곱아 야곱아 하시는지라 야곱이 이르되 내가 여기 있나이다 하매 3 하나님이 이르시되 나는 하나님이라 네 아버지의 하나님이니 애굽으로 내려가기를 두려워하지 말라 내가 거기서 너로 큰 민족을 이루게 하리라 4 내가 너와 함께 애굽으로 내려가겠고 반드시 너를 인도하여 다시 올라올 것이며 요셉이 그의 손으로 네 눈을 감기리라 하셨더라 5 야곱이 브엘세바에서 떠날새 이스라엘의 아들들이 바로가 그를 태우려고 보낸 수레에 자기들의 아버지 야곱과 자기들의 처자들을 태우고 6 그들의 가축과 가나안 땅에서 얻은 재물을 이끌었으며 야곱과 그의 자손들이 다함께 애굽으로 갔더라 7 이와 같이 야곱이 그 아들들과 손자들과 딸들과 손녀들 곧 그의 모든 자손을 데리고 애굽으로 갔더라 8 애굽으로 내려간 이스라엘 가족의 이름은 이러하니라 야곱과 그의 아들들 곧 야곱의 맏아들 르우벤과 9 르우벤의 아들 하녹과 발루와 헤스론과 갈미요 10 시므온의 아들은 여무엘과 야민과 오핫과 야긴과 스할과 가나안 여인의 아들 사울이요 11 레위의 아들은 게르손과 그핫과 므라리요 12 유다의 아들 곧 엘라 오난과 셀라와 베레스와 세라니 엘과 오난은 가나안 땅에서 죽었고 베레스의 아들은 헤스론과 하물이요 13 잇사갈의 아들은 돌라와 부와와 욥과 시므론이요 14 스불론의 아들은 세렛과 엘론과 얄르엘이니 15 이들은 레아가 밧단아람에서 야곱에게 난 자손들이라 그 딸 디나를 합하여 남자와 여자가 삼십삼 명이며 16 갓의 아들은 시본과 학기와 수니와 에스본과 에리와 아로디와 아렐리요 17 아셀의 아들은 임나와 이스와와 이스위와 브리아와 그들의 누이 세라며 또 브리아의 아들은 헤벨과 말기엘이니 18 이들은 라반이 그의 딸 레아에게 준 실바가 야곱에게 낳은 자손들이니 모두 십육 명이라 19 야곱의 아내 라헬의 아들 곧 요셉과 베냐민이요 20 애굽 땅에서 온의 제사장 보디베라의 딸 아스낫이 요셉에게 낳은 므낫세와 에브라임이요 21 베냐민의 아들 곧 벨라와 베겔과 아스벨과 게라와 나아만과 에히와 로스와 뭅빔과 ?빔과 아룻이니 22 이들은 라헬이 야곱에게 낳은 자손들이니 모두 십사 명이요 23 단의 아들 후심이요 24 납달리의 아들 곧 야스엘과 구니와 예셀과 실렘이라 25 이들은 라반이 그의 딸 라헬에게 준 빌하가 야곱에게 낳은 자손들이니 모두 칠 명이라 26 야곱과 함께 애굽에 들어간 자는 야곱의 며느리들 외에 육십육 명이니 이는 다 야곱의 몸에서 태어난 자이며 27 애굽에서 요셉이 낳은 아들은 두 명이니 야곱의 집 사람으로 애굽에 이른 자가

창 46장

하나님은 야곱이 아브라함의 언약 중 자손 약속의 성취를 위해 하나님의 쓰임을 받고 있음을 읽었다(창 28:15). 이제 그 약속을 이룰 준비가 되었으므로 하나님의 다음 단계, 즉 애굽으로 이주하는 일을 감당하기 위해 가나안 땅을 떠나야 했다.

빠른 출애굽설에 의하며 이때가 B.C. 1876년이고 B.C. 1446년에 출애굽했다면 430년 동안 애굽에 머물면서 아브라함 자손의 약속을 이루러 간다.
아브라함 언약의 자존 약속의 성취를 향한 첫걸음이다. 이로부터 430년이 지난 후 이 야곱의 70인은 250여만 명이란 히브리 민족이 되어 하나님의 구속 역사 가운데 다음 단계인 시내 산에서 하나님 백성이 되는 언약을 맺고 아브라함에게 약속하신 땅으로 옮기시기 위해 출애굽 시키신다.

야곱 일행이 애굽에 이르다

28 야곱이 유다를 요셉에게 미리 보내어 자기를 고센으로 인도하게 하고 다 고센 땅에 이르니 29 요셉이 그의 수레를 갖추고 고센으로 올라가서 그의 아버지 이스라엘을 맞으며 그에게 보이고 그의 목을 어긋맞춰 안고 얼마 동안 울매 30 이스라엘이 요셉에게 이르되 네가 지금까지 살아 있고 내가 네 얼굴을 보았으니 지금 죽어도 족하도다 31 요셉이 그의 형들과 아버지의 가족에게 이르되 내가 올라가서 바로에게 아뢰어 이르기를 가나안 땅에 있던 내 형들과 내 아버지의 가족이 내게로 왔는데 32 그들은 목자들이라 목축하는 사람들이므로 그들의 양과 소와 모든 소유를 이끌고 왔나이다 하리니 33 바로가 당신들을 불러서 너희의 직업이 무엇이냐 묻거든 34 당신들은 이르기를 주의 종들은 어렸을 때부터 지금까지 목축하는 자들이온데 우리와 우리 선조가 다 그러하니이다 하소서 애굽 사람은 다 목축을 가증히 여기나니 당신들이 고센 땅에 살게 되리이다

창세기 47장

1 요셉이 바로에게 가서 고하여 이르되 내 아버지와 내 형들과 그들의 양과 소와 모든 소유가 가나안 땅에서 와서 고센 땅에 있나이다 하고 2 그의 형들 중 다섯 명을 택하여 바로에게 보이니 3 바로가 요셉의 형들에게 묻되 너희 생업이 무엇이냐 그들이 바로에게 대답하되 종들은 목자이온데 우리와 선조가 다 그러하니이다 하고 4 그들이 또 바로에게 고하되 가나안 땅에 기근이 심하여 종들의 양 떼를 칠 곳이 없기로 종들이 이 곳에 거류하고자 왔사오니 원하건대 종들로 고센 땅에 살게 하소서 5 바로가 요셉에게 말하여 이르되 네 아버지와 형들이 네게 왔은즉 6 애굽 땅이 네 앞에 있으니 땅의 좋은 곳에 네 아버지와 네 형들이 거주하게 하되 그들이 고센 땅에 거주하고 그들 중에 능력 있는 자가 있거든 그들로 내 가축을 관리하게 하라 7 요셉이 자기 아버지 야곱을 인도하여 바로 앞에 서게 하니 야곱이 바로에게 축복하매 8 바로가 야곱에게 묻되 네 나이가 얼마냐 9 야곱이바로에게 아뢰되 내 나그네 길의 세월이 백삼십 년이니이다 내 나이가 얼마 못 되니 우리 조상의 나그네 길의 연조에 미치지 못하나 험악한 세월을 보내었나이다 하고 10 야곱이 바로에게 축복하고 그 앞에서 나오니라 11 요셉이 바로의 명령대로 그의 아버지와 그의 형들에게 거주할 곳을 주되 애굽의 좋은 땅 라암셋을 그들에게 주어 소유로 삼게 하고 12 또 그의 아버지와 그의 형들과 그의 아버지의 온 집에 그 식구를 따라 먹을 것을 주어 봉양하였더라

창 46:34
이 고센 지역은 농업을 주업으로 삼는 애굽사람이 거주하지 않는 땅이고 야곱의 자손들은 애굽 사람과 섞이지 않고 번성할 수 있었다. 하나님의 백성이 될 자들을 애굽의 혈통과 문화에 섞이게 할 수 없는 것이다. 그래서 하나님은 이 고센 지방에서 그들과 격리하는 삶을 살게 하시는 것이다.
이 '섞이지 않는 것'(관점 3)은 구약 전체에서 내내 문제가 되는 부분이기도 하다.

창 47:7-9
인생의 대부분을 자기중심성에 의한 인위의 삶을 산자의 고백이다. 인위에 의한 삶은 그 삶이 험악할 수밖에 없다.

기근이 더욱 심해지다

13 기근이 더욱 심하여 사방에 먹을 것이 없고 애굽 땅과 가나안 땅이 기근으로 황폐하니 **14** 요셉이 곡식을 팔아 애굽 땅과 가나안 땅에 있는 돈을 모두 거두어들이고 그 돈을 바로의 궁으로 가져가니 **15** 애굽 땅과 가나안 땅에 돈이 떨어진지라 애굽 백성이 다 요셉에게 와서 이르되 돈이 떨어졌사오니 우리에게 먹을 거리를 주소서 어찌 주 앞에서 죽으리이까 **16** 요셉이 이르되 너희의 가축을 내라 돈이 떨어졌은즉 내가 너희의 가축과 바꾸어 주리라 **17** 그들이 그들의 가축을 요셉에게 끌어오는지라 요셉이 그 말과 양 떼와 소 떼와 나귀를 받고 그들에게 먹을 것을 주되 곧 그 모든 가축과 바꾸어서 그 해 동안에 먹을 것을 그들에게 주니라 **18** 그 해가 다 가고 새 해가 되매 무리가 요셉에게 와서 그에게 말하되 우리가 주께 숨기지 아니하나이다 우리의 돈이 다하였고 우리의 가축 떼가 주께로 돌아갔사오니 주께 낼 것이 아무것도 남지 아니하고 우리의 몸과 토지뿐이라 **19** 우리가 어찌 우리의 토지와 함께 주의 목전에 죽으리이까 우리 몸과 우리 토지를 먹을 것을 주고 사소서 우리가 토지와 함께 바로의 종이 되리니 우리에게 종자를 주시면 우리가 살고 죽지 아니하며 토지도 황폐하게 되지 아니하리이다 **20** 그러므로 요셉이 애굽의 모든 토지를 다 사서 바로에게 바치니 애굽의 모든 사람들이 기근에 시달려 각기 토지를 팔았음이라 땅이 바로의 소유가 되니라 **21** 요셉이 애굽 땅 이 끝에서 저 끝까지의 백성을 성읍들에 옮겼으나 **22** 제사장들의 토지는 사지 아니하였으니 제사장들은 바로에게서 녹을 받음이라 바로가 주는 녹을 먹으므로 그들이 토지를 팔지 않음이었더라 **23** 요셉이 백성에게 이르되 오늘 내가 바로를 위하여 너희 몸과 너희 토지를 샀노라 여기 종자가 있으니 너희는 그 땅에 뿌리라 **24** 추수의 오분의 일을 바로에게 상납하고 오분의 사는 너희가 가져서 토지의 종자로도 삼고 너희의 양식으로도 삼고 너희 가족과 어린 아이의 양식으로도 삼으라 **25** 그들이 이르되 주께서 우리를 살리셨사오니 우리가 주께 은혜를 입고 바로의 종이 되겠나이다 **26** 요셉이 애굽 토지법을 세우매 그 오분의 일이 바로에게 상납되나 제사장의 토지는 바로의 소유가 되지 아니하여 오늘날까지 이르니라

야곱의 마지막 청

27 이스라엘 족속이 애굽 고센 땅에 거주하며 거기서 생업을 얻어 생육하고 번성하였더라 **28** 야곱이 애굽 땅에 십칠 년을 거주하였으니 그의 나이가 백사십칠 세라 **29** 이스라엘이 죽을 날이 가까우매 그의 아들 요셉을 불러 그에게 이르되 이제 내가 네게 은혜를 입었거든 청하노니 네 손을 내 허벅지 아래에 넣고 인애와 성실함으로 내게 행하여 애

창 47:27
'생육하고 번성'해야 할 이유는 아브라함에게 한 자손의 약속을 기억하라. 야곱은 그 언약의 실천의 연장선에 있고, 그 약속을 지금 고센 땅에서 이루어 가게 된다는 사실을 이해하라.

굽에 나를 장사하지 아니하도록 하라 30 내가 조상들과 함께 눕거든 너는 나를 애굽에서 메어다가 조상의 묘지에 장사하라 요셉이 이르되 내가 아버지의 말씀대로 행하리이다 31 야곱이 또 이르되 내게 맹세하라 하매 그가 맹세하니 이스라엘이 침상 머리에서 하나님께 경배하니라

창세기 48장
야곱이 에브라임과 므낫세에게 축복하다
1 이 일 후에 어떤 사람이 요셉에게 말하기를 네 아버지가 병들었다 하므로 그가 곧 두 아들 므낫세와 에브라임과 함께 이르니 2 어떤 사람이 야곱에게 말하되 네 아들 요셉이 네게 왔다 하매 이스라엘이 힘을 내어 침상에 앉아 3 요셉에게 이르되 이전에 가나안 땅 루스에서 전능하신 하나님이 내게 나타나사 복을 주시며 4 내게 이르시되 내가 너로 생육하고 번성하게 하여 네게서 많은 백성이 나게 하고 내가 이 땅을 네 후손에게 주어 영원한 소유가 되게 하리라 하셨느니라 5 내가 애굽으로 와서 네게 이르기 전에 애굽에서 네가 낳은 두 아들 에브라임과 므낫세는 내 것이라 르우벤과 시므온처럼 내 것이 될 것이요 6 이들 후의 네 소생은 네 것이 될 것이며 그들의 유산은 그들의 형의 이름으로 함께 받으리라 7 내게 대하여는 내가 이전에 밧단에서 올 때에 라헬이 나를 따르는 도중 가나안 땅에서 죽었는데 그 곳은 에브랏까지 길이 아직도 먼 곳이라 내가 거기서 그를 에브랏 길에 장사하였느니라 (에브랏은 곧 베들레헴이라) 8 이스라엘이 요셉의 아들들을 보고 이르되 이들은 누구냐 9 요셉이 그의 아버지에게 아뢰되 이는 하나님이 여기서 내게 주신 아들들이니이다 아버지가 이르되 그들을 데리고 내 앞으로 나아오라 내가 그들에게 축복하리라 10 이스라엘의 눈이 나이로 말미암아 어두워서 보지 못하더라 요셉이 두 아들을 이끌어 아버지 앞으로 나아가니 이스라엘이 그들에게 입맞추고 그들을 안고 11 요셉에게 이르되 내가 네 얼굴을 보리라고는 생각하지 못하였더니 하나님이 내게 네 자손까지도 보게 하셨도다 12 요셉이 아버지의 무릎 사이에서 두 아들을 물러나게 하고 땅에 엎드려 절하고 13 오른손으로는 에브라임을 이스라엘의 왼손을 향하게 하고 왼손으로는 므낫세를 이스라엘의 오른손을 향하게 하여 이끌어 그에게 가까이 나아가매 14 이스라엘이 오른손을 펴서 차남 에브라임의 머리에 얹고 왼손을 펴서 므낫세의 머리에 얹으니 므낫세는 장자라도 팔을 엇바꾸어 얹었더라 15 그가 요셉을 위하여 축복하여 이르되 내 조부 아브라함과 아버지 이삭이 섬기던 하나님, 나의 출생으로부터 지금까지 나를 기르신 하나님, 16 나를 모든 환난에서 건지신 여호와의 사자께서 이 아이들에게 복을 주시오며 이들로 내 이름과 내 조상 아브라함과 이삭의 이름으로 칭하게 하시오며 이들이 세

상에서 번식되게 하시기를 원하나이다 17 요셉이 그 아버지가 오른손을 에브라임의 머리에 얹은 것을 보고 기뻐하지 아니하여 아버지의 손을 들어 에브라임의 머리에서 므낫세의 머리로 옮기고자 하여 18 그의 아버지에게 이르되 아버지여 그리 마옵소서 이는 장자이니 오른손을 그의 머리에 얹으소서 하였으나 19 그의 아버지가 허락하지 아니하며 이르되 나도 안다 내 아들아 나도 안다 그도 한 족속이 되며 그도 크게 되려니와 그의 아우가 그보다 큰 자가 되고 그의 자손이 여러 민족을 이루리라 하고 20 그 날에 그들에게 축복하여 이르되 이스라엘이 너로 말미암아 축복하기를 하나님이 네게 에브라임 같고 므낫세 같게 하시리라 하며 에브라임을 므낫세보다 앞세웠더라 21 이스라엘이 요셉에게 또 이르되 나는 죽으나 하나님이 너희와 함께 계시사 너희를 인도하여 너희 조상의 땅으로 돌아가게 하시려니와 22 내가 네게 네 형제보다 세겜 땅을 더 주었나니 이는 내가 내 칼과 활로 아모리 족속의 손에서 빼앗은 것이니라

창세기 50장

1 요셉이 그의 아버지 얼굴에 구푸려 울며 입맞추고 2 그 수종 드는 의원에게 명하여 아버지의 몸을 향으로 처리하게 하매 의원이 이스라엘에게 그대로 하되 3 사십 일이 걸렸으니 향으로 처리하는 데는 이 날수가 걸림이며 애굽 사람들은 칠십 일 동안 그를 위하여 곡하였더라 4 곡하는 기한이 지나매 요셉이 바로의 궁에 말하여 이르되 내가 너희에게 은혜를 입었으면 원하건대 바로의 귀에 아뢰기를 5 우리 아버지가 나로 맹세하게 하여 이르되 내가 죽거든 가나안 땅에 내가 파 놓은 묘실에 나를 장사하라 하였나니 나로 올라가서 아버지를 장사하게 하소서 내가 다시 오리이다 하라 하였더니 6 바로가 이르되 그가 네게 시킨 맹세대로 올라가서 네 아버지를 장사하라 7 요셉이 자기 아버지를 장사하러 올라가니 바로의 모든 신하와 바로 궁의 원로들과 애굽 땅의 모든 원로와 8 요셉의 온 집과 그의 형제들과 그의 아버지의 집이 그와 함께 올라가고 그들의 어린 아이들과 양 떼와 소 떼만 고센 땅에 남겼으며 9 병거와 기병이 요셉을 따라 올라가니 그 떼가 심히 컸더라 10 그들이 요단 강 건너편 아닷 타작 마당에 이르러 거기서 크게 울고 애통하며 요셉이 아버지를 위하여 칠 일 동안 애곡하였더니 11 그 땅 거민 가나안 백성들이 아닷 마당의 애통을 보고 이르되 이는 애굽 사람의 큰 애통이라 하였으므로 그 땅 이름을 아벨미스라임이라 하였으니 곧 요단 강 건너편이더라 12 야곱의 아들들이 아버지가 그들에게 명령한 대로 그를 위해 따라 행하여 13 그를 가나안 땅으로 메어다가 마므레 앞 막벨라 밭 굴에 장사하였으니 이는 아브라함이 헷 족속 에브론에게 밭과 함께

사서 매장지를 삼은 곳이더라 14 요셉이 아버지를 장사한 후에 자기 형제와 호상꾼과 함께 애굽으로 돌아왔더라

요셉이 형들을 위로하다

15 요셉의 형제들이 그들의 아버지가 죽었음을 보고 말하되 요셉이 혹시 우리를 미워하여 우리가 그에게 행한 모든 악을 다 갚지나 아니할까 하고 16 요셉에게 말을 전하여 이르되 당신의 아버지가 돌아가시기 전에 명령하여 이르시기를 17 너희는 이같이 요셉에게 이르라 네 형들이 네게 악을 행하였을지라도 이제 바라건대 그들의 허물과 죄를 용서하라 하셨나니 당신 아버지의 하나님의 종들인 우리 죄를 이제 용서하소서 하매 요셉이 그들이 그에게 하는 말을 들을 때에 울었더라 18 그의 형들이 또 친히 와서 요셉의 앞에 엎드려 이르되 우리는 당신의 종들이니이다 19 요셉이 그들에게 이르되 두려워하지 마소서 내가 하나님을 대신하리이까 20 당신들은 나를 해하려 하였으나 하나님은 그것을 선으로 바꾸사 오늘과 같이 많은 백성의 생명을 구원하게 하시려 하셨나니 21 당신들은 두려워하지 마소서 내가 당신들과 당신들의 자녀를 기르리이다 하고 그들을 간곡한 말로 위로하였더라

요셉이 죽다 - B.C. 1805

22 요셉이 그의 아버지의 가족과 함께 애굽에 거주하여 백십 세를 살며 23 에브라임의 자손 삼대를 보았으며 므낫세의 아들 마길의 아들들도 요셉의 슬하에서 양육되었더라 24 요셉이 그의 형제들에게 이르되 나는 죽을 것이나 하나님이 당신들을 돌보시고 당신들을 이 땅에서 인도하여 내사 아브라함과 이삭과 야곱에게 맹세하신 땅에 이르게 하시리라 하고 25 요셉이 또 이스라엘 자손에게 맹세시켜 이르기를 하나님이 반드시 당신들을 돌보시리니 당신들은 여기서 내 해골을 메고 올라가겠다 하라 하였더라 26 요셉이 백십 세에 죽으매 그들이 그의 몸에 향 재료를 넣고 애굽에서 입관하였더라

창 50:20
요셉의 삶은 하나님의 구속 역사의 과정의 삶이었음을 알 수 있다. 야곱의 70인 가족이 애굽으로 이주해서 큰 민족을 이루려는 하나님의 계획에 쓰임 받는 삶이었다.

··· 요셉의 삶에서 배우기

읽은 내용 묵상하고,
삶에 적용하기

💡 족장 시대의 4명의 족장 중 야곱을 제외한 모두는 신위 앞에 인위를 순
종시키는 삶을 살았음을 읽었다.

요셉은 일상의 그의 삶이 언제나 하나님 앞에서(Coram Deo) 행하듯 하는
삶을 살았다. 당신의 삶은 어떤가?

💡 요셉이 형제를 용서하는 본문 45:5-8, 그리고 50:19-20을 읽고 "용서"
를 깊이 묵상해 보라.

용서는 1) 냉정의 사슬을 끊고 비난과 고통의 악순환을 끊을 수 있다.

　　　　2) 가해자와 피해자를 각각 압박하는 죄책감을 풀어 줄 수 있다.

💡 요셉의 삶의 과정에서 하나님의 구속의 역사의 계획을 읽을 수 있는가?

읽은 내용 묵상하고,
삶에 적용하기

💡 아브라함의 언약-언약의 내용, 왜 그 언약을 맺었는가?

💡 언약의 내용을 잘 숙지해 두라. 성경의 줄거리와 메시지를 이해하는데 기
초가 된다.

💡 하나님은 왜 아브라함을 갈대아 우르에서 불러내셔야 했는가?
신위 = 하나님의 주도권, 하나님의 방법.
하나님은 언제나 하나님의 방법으로 행하신다는 사실을 명심해야 한다.

💡 롯과 아브라함이 초지 때문에 헤어질 때 그 상황을 대처하는 두 사람의
자세를 비교해 보라. 롯의 믿음은 가시적이다.
내가 그런 처지에 있을 때 어떤 결단을 내릴 것 같은가? 왜 그런가?

💡 약속의 아들을 주실 때도 하나님의 방법대로 주신다는 사실을 기억해야 한다.
그것이 하나님의 기도 응답의 방법이다. - 신위

💡 창 18장은 예배의 모형을 보여 주는 장이기도 하다.
아브라함은 어떻게 하나님을 예배하는가를 잘 숙지해서 오늘날 우리의 예배의 모습은 어떤지 반성해 보라.

💡 창 19:26에서 왜 롯의 아내가 소금 기둥이 되었는가?
나도 그렇게 뒤에다 미련을 두고 있는가? 하나님 뜻대로 그것을 버릴 수는 없는가?

💡 이삭을 번제로 드리라는 하나님의 명령에 순종하는 아브라함을 배우자.

💡 소돔과 고모라의 멸망 원인이 동성애의 만연함과 상관이 없었을까?
지금의 동성애 문제는 어떤 결과를 초래할까?

💡 야곱의 삶은 자기 뜻을 이루려는 인위의 극치의 삶을 사는 모습을 읽었다. 그 인위의 끈질김이 얼마나 대단했는가? 그러나 하나님은 인위를 내려놓은 자를 들어 쓰신다는 사실을 성경을 통해서 배우게 될 것이다. 때로는 강권적으로…

지금 나의 삶의 모습은 그의 삶과 무엇이 다른가?

💡 창 28:15의 하나님의 축복의 약속이 야곱에게만 주신 것으로 생각하는가?

이 약속의 축복은 모든 자에 다 유효한 약속이다. 그렇다면 나의 삶은 어떠해야 하는가?

💡 요셉의 삶의 과정에서 하나님의 구속역사 계획을 읽을 수 있는가?

💡 요셉의 '하나님 앞에서'(Coram Deo) 행하는 삶은 어떤 삶을 말하는지 요셉의 삶 가운데서 그 실례를 찾아보고 나의 삶과 비교해 보라.

'하나님 앞에서의 삶'은 곧 하나님의 뜻에 온전히 순종하는 삶을 살아간다는 말이다. '하나님의 섭리하심에 순종'이 곧 믿음이다. 순종이 따르지 않는 믿음은 없다. 믿음은 하나님의 뜻을 내 삶 속에 이루는 실천이다.

💡 족장 시대는 하나님이 족장들을 통해서 하나님 나라의 백성을 만드는 일을 하셨음을 이해했는가?

그렇다면 오늘 나의 삶을 통해 하나님은 무엇을 이루시기를 원하시는가를 깊이 묵상하고 그것을 위해 기도하라.

💡 족장 시대의 족장들의 이야기는 인간 주인공들의 이야기가 아니고, 그들을 통해 하나님이 어떻게 구속의 역사(아브라함의 언약을 시발점으로)를 이루어 가시는가가 핵심임을 명심하라.

따라서 4명의 족장이 하나님의 구속역사에 어떻게 쓰임을 받았는가를 깊이 묵상하고 이해해야 한다. 그들의 삶에서 하나님이 어떻게 역사하셨는가? 특히 야곱에게 한 약속(창 28:15)을 묵상하고 그에 대한 야곱의 반응이 어떠했는가를 이해해야 한다. 『통큰통독』(도서출판 에스라) 114쪽에 나오는 신앙의 세 가지 유형을 공부하라.

B.C. 1805 ~ B.C. 1405

성경 부분 출애굽기, 레위기, 민수기, 신명기
주요 인물과 사건 모세, 출애굽과 10가지 재앙, 시내 산 언약, 십계명과 율법 수여,
　　　　　　　　성막, 가데스 바네아의 반역 사건, 광야의 사건들
모세 최후의 당부 "지켜 행하라"

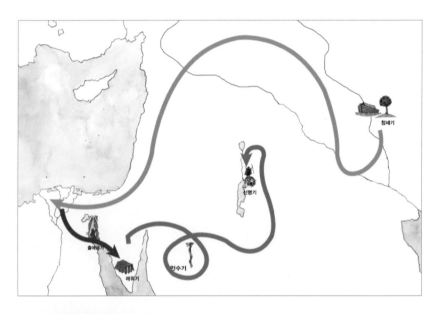

출애굽기 속의 시간흐름

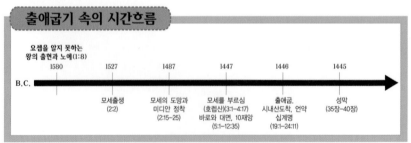

요셉을 알지 못하는
왕의 출현과 노예(1:8)

	1580	1527	1487	1447	1446	1445
B.C.						
		모세출생 (2:2)	모세의 도망과 미디안 정착 (2:15~25)	모세를 부르심 (호렙산)(3:1~4:17) 바로와 대면, 10재앙 (5:1~12:35)	출애굽, 시내산도착, 언약 십계명 (19:1~24:11)	성막 (35장~40장)

출애굽·광야 시대는 애굽을 떠나 가나안에 들어가기까지의 기간을 말한다. 야곱의 자손들이 애굽으로 내려가 번성하며 노예의 삶을 살기까지 430여 년간 하나님이 그의 백성의 수가 이루어질 때까지 준비 기간을 거쳐 모세를 훈련하고 그를 통하여 이스라엘의 백성을 애굽에서 구해 내시고, 시내 산에서 율법을 주어 하나님의 백성으로 삼는 시내 산 언약을 체결한다. 이스라엘 백성은 이 기간에 그 수가 20세 이상의 장정들만 계산해도 603,550명(민 1:46)에 이르게 되었다. 하나님은 애굽에서 당신의 백성을 인도해내시고 하나님 나라를 이룰 율법을 주시고, 금송아지를 숭배하는 죄를 범하기도 하지만 하나님은 성막을 완성하게 하신다. 가데스 바네아에서 하나님의 능력은 거역하는 죄를 범함으로 눈앞에 둔 가나안 입성이 38년이나 지연되면서 하나님은 광야에서 하나님 나라를 이룰 백성들을 재훈련시키신다. 재훈련 교본이 바로 레위기다. 레위기는 바로 하나님 나라의 백성이 되는 훈련 교재이다. 오늘날도 그 정신은 동일하다.

출애굽기

창세기 50장의 요셉의 죽음(B.C. 1805)과 모세가 태어나는(B.C. 1526) 출애굽기 1장 사이의 시간은 380년이 흘러간다. 야곱의 가족 일행이 애굽으로 이주하던 B.C. 1876년부터 출애굽하던 B.C. 1446년(본서는 빠른 출애굽설을 따른다. 아래 설명을 참조하라)까지는 430년의 세월이 흐르게 된다. 이 시기는 아브라함과 맺은 언약 중 자손의 약속을 실천한 기간이었다. 하나님이 아브라함 언약에 따른 그의 백성의 수가 이루어질 때까지 준비 기간을 거쳐 모세를 훈련하신다.

하나님의 주권이 온전히 통치하는 하나님 나라를 회복하시려고 시작하신 구속의 역사는 창세기 3:15의 선언으로 아브라함의 언약을 통해 그 준비를 시작하셨다. 하나님은 그렇게 형성된 아브라함의 후손인 히브리 민족을 하나님 나라의 백성으로 삼고 아브라함의 2번째 약속인 가나안 땅으로 옮겨 하나님의 백성으로 사는 삶을 살아가게 하려고 이들을 애굽에서 구해 내시고, 시내 산에서 율법을 주어 하나님의 백성으로 삼는 **시내 산 언약을 체결**한다. 이스라엘 백성은 이 기간에 그 수가 20세 이상의 장정들만 계산해도 603,550명(민 1:46)에 이르게 되었다.

하나님은 애굽에서 당신의 백성을 인도해 내시고 하나님 나라를 이룰 **율법을 주신다**. 백성들이 **금송아지를 숭배**하는 죄를 범하기도 하지만 **하나님은 성막을 완성**하게 하신다.

아브라함을 부르심으로 시작한 하나님 나라의 다시 세움의 약속은 출애굽이란 엄청난 사건을 통해 그 이루어짐이 시작된다. 시내 산에서 계약을 맺음으로 하나님 나라의 형태가 갖추어지기 시작함을 볼 수 있다.

모세를 준비하시고 그를 통해 그 백성을 출애굽 시켜 시내 산에서 하나님 나라의 회복을 위한 언약을 맺는다(B.C. 1446).[1]

시내 산 언약을 통해 이스라엘은 ① 소속이 바로에게서 하나님에게로 바뀌고 ② 온 인류를 대신해서 하나님의 제사장 나라가 되고 ③ 하나님의 거룩한 백성이 되었습니다. 그렇게 하심으로 하나님과 끊어진 관계를 이으시고 회복시키신다. 이 관계의 유지를 위해 "십계명"을 주시고, 그 계명을 지킴으로 관계적 삶을 살게 하신다.

레위기는 십계명의 각론이다. 레위기의 영성은 십계명의 영성과 같다. 그것은 "하나님과의 관계" 그리고 "이웃과의 관계"에 대한 영성을 말한다. 이 영성은 모든 성도가 갖추어야 할 영성이다.

하나님 나라가 이루어지고 완성되어 가기 위해서는 관점 3에서 말하는 하나님의 백성이 "구별된 삶"을 살아 그 정체성을 유지해야 한다. 이 구별된 삶의 지침이 십계명이고 시내산 언약의 의무 조항이며, 이것이 레위기의 핵심이다.

그러나 이스라엘 백성들은 이 **"구별된 삶"에 대한 훈련이 되어 있지 않았다. 그 결과가 가데스바네아의 반역 사건**으로 나타난다. 이들에게는 이런 삶에 대한 훈련이 필요했다. 오늘의 성도들에게도 마찬가지다. 경건의 모양만으로는 안 된다. 경건의 능력을 갖추기 위해서는 연단이 필요하다. 민수기는 광야에서 이스라엘 백성들을 훈련한 기록이다. 경건의 능력은 연단과 훈련을 거쳐야 생기

---

1 빠른 출애굽설과 후기 출애굽설.
　빠른 출애굽설인 B.C. 1446년의 연도는 성경의 내적 증거인 열왕기상 9:1을 근거로 추정한 년도이고, 후기 출애굽설은 성경 외적 증거인 애굽의 역사적 상황을 고려할 때, 출애굽이 B.C. 12~13세기에 이루어졌다는 주장이다. 본서는 성경의 내적증거에 의한 빠른 출애굽설을 따른다.

는 것이다.

B.C. 1406년에 훈련을 끝내고 약속의 땅에 들어가게 되는 2세들에게 **모세가 레위기와 광야 훈련을 회상하면서 그 땅에서 구별되는 삶을 살아갈 지침을 당부하는 것이 신명기**다.

출애굽기를 읽으며 그 당시 애굽의 형편을 간결하게나마 아는 것이 필요하다. 애굽은 노아의 아들 함의 후예들이 세운 나라이다. 이집트의 역사는 수메르나 바벨론의 역사처럼 3,000년 이상의 방대한 역사가 있다. B.C. 3,000년경부터 시작한 이집트의 역사를 다음과 같이 나누어 볼 수 있다. 고 왕조(1-2왕조), 구 왕조(3-6왕조 미라미드 시대), 제 1중간기(7-10왕조), 중 왕조(11-12왕조) 제2중간기, 신 왕조(18-20왕조), 후기 왕조(21-30왕조)등 30 왕조를 이어가면서 큰 제국을 형성했다. 이집트 역사를 다 서술할 수는 없고 출애굽과 관련되는 부분만 살펴본다.

B.C. 1800-1400의 기간은 이스라엘 백성이 애굽에서 살던 때다. 이 무렵 애굽의 13, 14, 17대 왕조 25명은 애굽의 남쪽 지역을 다스렸다. 15대, 16대 왕조 11명의 왕은 북쪽을 다스렸다. 이 기간의 애굽 왕조는 아시아에서 온 셈족이 세운 힉소스(Hyksos), 즉 세페르트 왕이 수리아와 북쪽 애굽을 통일하여 세운 왕조다. 힉소스란 말은 "외국 땅의 통치자들"을 의미한다. 아시아에서 온 이들은 무력으로 애굽의 통치권을 빼앗은 것이 아니라 서서히 침투함으로 점령한 것이다. 요셉이 애굽에서 총리가 될 때 애굽의 왕조는 16대 왕조의 아페피(Apepi) 2세로 생각된다. 그들은 같은 셈족으로 이스라엘 백성에게 호의적이었다. 그러나 이 왕조가 18대 왕조에 의해 물러나자 이스라엘 백성들은 노예로 전락한다(출 1:8). 모세가 등장하는 애굽의 왕조는 18대 왕조로 B.C. 1500년에서 1200년까지 집권하는 왕조다. 힉소스는 18대 왕조의 아모세의 의해 제거되었고 이때가 B.C. 1570년경이다. 아모세는 팔레스타인 지방과 시리아 지방을 흡수한다. 이 18대 왕조는 외국인인 힉소스들을 외국으로 몰아내고 반 셈족 정책을 쓰면서 이스라엘 백성을 억압하기 시작했다. 모세가 태어날 때의 바로는 투트모스 3세(Thutmose III)(주전 1504년 즉위) 이다. 많은 학자가 모세가 이스라엘 백성을 보내 달라고 요구한 바로는 주전 1453년경에 즉위한 아멘호텝 2세(Amenhotep II)라고 믿고 있다.

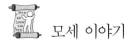 모세 이야기

출 1~3장 - 구속의 역사를 이어 갈 민족 지도자 모세를 세우시는 하나님

모세는 다윗과 더불어 오늘날까지 이스라엘 민족에게 가장 위대한 영웅이었다. 다윗은 이스라엘 역사상 가장 부강한 국가를 건설한 왕이었고, 모세는 히브리 민족을 애굽의 노예로부터 구원한 해방자이기 때문이다. 모세는 이스라엘의 국부(國父)이다. 모세의 생애를 한번 살펴보자. 사도행전 7:23-40, 신명기 34:7에 의하면 모세는 120년을 살았는데 그 생애를 다음과 같이 삼등분한다.

왕자 모세(B.C. 1526-1485, 40세까지) 당대 최강국 애굽의 국가 경영을 배우게 하다

모세는 레위 지파의 후손인 아므람과 요게벳에게서 태어났다. 이때가 빠른 출애굽설 연대기로 B.C 1526경이다. 그러나 당시 히브리인들의 번성을 두려워한 바로의 명령으로 나일강에 버려졌으나 목욕하러 나왔던 바로의 딸에게 발견되어 40세까지 왕궁에서 자라게 된다.

모세를 세우시는 하나님의 계획은 정말 신묘막측(神妙莫測)하다. 하나님은 애굽 바로의 딸에 의해 구출되게 하시고, 친어머니가 유모의 자격으로 모세를 길러 어려서부터 자신이 히브리인임을 무의식 심층 속에 심으시고, 히브리인들의 전통적인 신앙교육을 받으며 자라나게 하면서 당시 최강대국의 국가 경영학을 배울 수 있는 왕자의 자리에 있게 하신다. 성경에는 모세의 초기 생애에 관한 기록이 거의 없지만 당시 애굽의 왕궁에서는 팔레스타인과 시리아 지역의 도시국가 왕위 계승자들을 교육하고 있었으므로 모세도 이들과 함께 앞선 애굽의 학문과 통치술을 배웠을 것으로 추측할 수 있다. 이 과정의 삶에서 모세는 당대 최강국인 애굽의 왕자로서, 또는 제2인자로서 그의 자부심은 대단했을 것이다. 자기중심성이 극에 달했을 것이고 자만심이 넘친 삶은 그에게 신위에 순종하기보다는 자기의 능력에 의지하는 자기중심적 삶을 살았을 것이다. 하나님은 이런 자를 필요로 하지 않는다. 유명한 전도자 무디(Dwight L. Moody 1837-1899)는 이 과정의 시기를 Somebody의 시기라고 칭한다. 마치 자기 자신을 스스로 대단한 사람으로 알고 있는 상태라는 것이다. 인위가 극에 달하는 시기이다. 우리도 우리의 인생에서 이런 시절이 있을 것이다. 아니면 지금 그 시기를 지나가고 있을 수도 있다.

목자 모세(B.C. 1485-1445, 41세~80세) 자기중심성이 내려지게 되는 연단의 시간

나이가 40세가 되었을 때 하나님은 모세가 친어머니 요게벳에서 어릴 때부터 암시적으로 배운 히브리 민족의식을 발동하게 하신다. 동족을 학대하는 애굽 관원을 쳐 죽인 사건(B.C.1485경)을 일으키게 하고 도망자가 되게 하여 미디안 광야로 내몰고 80세가 될 때까지 이드로의 양을 치는 자로서 생활하게 하신다. 당대 최강국의 제2인자에서 미디안 광야의 한 시골의 목장의 양 떼를 관리하는 자로 전락하게 함은 왕자 모세가 가진 인위의 자기중심적 삶을 내려놓게 하기 위함이다. 무디 전도자는 이 시기를 Nobody의 시기라고 했다. 하나님은 모세가 하나님 없이 스스로의 Somebody에서 하나님과 함께 할 수밖에 없는 Nobody로 만드는 일을 하시는 것이다. 인위(人爲)를, 자기중심성을 온전히 내려놓고 하나님만을 의지할 수밖에 없는 Nobody의 상태로 만들어 가시는 것이다. 예수님은 이것을 참 복이라고 가르쳐 주신다. "심령이 가난한 자는 복이 있나니 천국이 저희 것임이요"(마 5:2). Nobody의 모습, 이것이 심령이 가난한 자라는 것이다. 찬송가의 가사처럼 "천부여 의지 없어서 손들고 옵니다. 주 나를 박대하시면 나 어디 가리까?"(새 찬송가 280장, 통일 찬송가 388장) 하나님에게 합당한 자는 바로 이런 자임을 알 수 있다. 여러분은 스스로 Somebody라고 생각하는가? 아니면 하나님 앞에서 Nobody인가?

선지자 모세(B.C. 1445-1405, 81세~120세) 하나님의 동역자가 되다

이렇게 자기중심성을 내려놓고 Nobody가 되었을 때 하나님은 호렙산에서 떨기나무 불꽃으로 나타나셔서 그를 부르시고 이스라엘의 해방자로서의 사명을 주신다. 이제 모세는 선지자로서, 하나님의 대언자, 동역자로 사는 삶을 살게 된다. 이 시기를 무디는 None의 시기라고 한다. 이제 자기는 온전히 죽고 예수님만 내 속에 살아간다는 뜻이다(갈 2:20). 모세는 이제 인간의 능력이 아닌 하나님의 능력을 힘입어 바로와 대결하여 마침내 이스라엘 백성을 애굽에서 구원하고 하나님 나라를 세운다. 그 후 40년에 걸친 광야 생활 동안 유랑하는 민족을 인도하며 가나안에 들어갈 수 있는 준비를 완수한다. 하지만 그는 단 한 번 혈기를 온전히 통제하지 못하고 하나님의 영광을 가린 사건으로 인해 언약의 땅인 가나안에 들어가지 못하고 120세에 죽는다.

모세는 시내 산에서 이스라엘을 대표해서 하나님과 언약을 체결함으로 이전까지 하나님의 구속 역사가 아브라함, 이삭, 야곱과 같이 씨족 공동체 차원에서 이제 국가 공동체 차원으로 확대 진행된다.

모세가 할례를 받지 못하고 여기까지 왔고 이제 하나님의 구속 역사의 사명자로 그 일을 수행하려 애굽으로 돌아가는 길에 할례를 받게 되는 사건이 일어난다. 이는 모세의 사명이 할례로 상징되는 아브라함 언약의 연장선에 있다는 증거다.

우리는 모세의 걸출한 생애를 통해서 모세의 위대함을 보려고 하는 것이 아니라 모세를 위대하게 하신 것은 하나님의 섭리이며 모세가 이룬 위대한 일은 그분의 섭리적인 주권에 자기중심성을 내려놓고 인위의 삶이 아니라 신위의 삶을 살았다는 사실을 읽어야 한다. 또한 히브리 민족의 해방자로서 모세는 성경 전체의 궁극적인 목표인 구속의 역사를 완성하기 위해 이 땅에 오신 예수님을 예표하고 있다는 것이다. 예수님은 이스라엘 한 민족이 아니라 모든 구원 받은 백성을 애굽에서가 아니라 더욱 근원적인 죄와 죽음에서 구원하실 분이다. 그래서 성경은 모세를 하나님 집의 사환으로 그리스도를 집 맡은 아들로 표현하고 있다(히 3:5-6). 그러므로 우리는 모세를 통해 자기 백성을 억압과 고통에서 해방해 에덴에서의 복된 관계를 회복시켜 주시려는 하나님의 구속역사를 읽어야 한다. 구속은 곧 관계의 회복을 말한다.

당신은 지금 하나님과의 관계에서 어떤 단계에 있는가? Somebody?, Nobody?, None?

출 4~7장 - 모세를 애굽으로 보내다

하나님께서는 모세가 자기중심성을 온전히 내려놓고 하나님의 뜻에 완전히 순종할 수 있는 그런 연단 과정이 다 끝난 후에야 하나님께서는 모세를 만나고 모세에게 신발을 벗게 하셔서 하나님의 신발로 갈아 신게 하신다.

신발을 벗는다는 뜻은 권리포기를 의미한다. 인간 모세의 권리를 포기한다는 의미이다. 자신은 하나님 앞에서 아무것도 아니라는 뜻이다. 그런 후에야 하나님께서는 모세에게 능력을 주셨는데, 어떤 커다란 영적 파워를 주신 것이 아니라, 하나님께서 모세에게 능력을 주실 때, 모세가 가지고 있는 일상적인 지팡이에 하나님께서 능력을 주셨다는 것이다. 찬송가 가사에도 있다. "이 모습 이대로 주 받으옵소서…"(찬송가 214장, 통합 찬송가 349장). 우리는 '삶의 모습 그대로'

에서 하나님의 능력을 발휘한다는 것이다. 왜냐하면, 우리가 하나님의 뜻에 순종하기 때문이다. 우리가 특별히 무엇인가 큰 능력을 얻어서 변화된 것이 아니고 우리 자신을 하나님께 온전히 순종하고, 하나님을 하나님 되게 할 때 우리는 하나님을 통해서 우리의 역량을 발휘하게 되는 것이다. 바로 그것이 신위에 인위가 순종함으로써 생겨나는 아름다운 열매이다.

하나님께서는 이스라엘 백성을 구출해내시는 장면이, 하나님께서 이스라엘 백성을 향한 하나님의 사랑이 출애굽기 3:7-8절까지 말씀에 잘 나와 있다. "여호와께서 이르시되 내가 애굽에 있는 내 백성의 고통을 분명히 보고 그들이 그들의 감독자로 말미암아 부르짖음을 듣고 그 근심을 알고, 내가 내려가서 그들을 애굽인의 손에서 건져내고 그들을 그 땅에서 인도하여 아름답고 광대한 땅, 젖과 꿀이 흐르는 땅 곧 가나안 족속, 헷 족속, 아모리 족속, 브리스 족속, 히위 족속, 여부스 족속의 지방에 데려가려 하노라" 이 하나님의 아름다운 마음을 볼 수 있다. 이것이 하나님의 사랑의 행동이다. 이것은 하나님께서 이스라엘 백성을 애굽에서 구원하실 때의 하나님의 사랑의 행동뿐만 아니라, 오늘날 우리의 삶 가운데서도 여전히 다가오시는 하나님의 사랑의 행동이다. 하나님은 고통을 직접 보신다. 우리의 부르짖음을 직접 들으신다. 우리의 고통으로부터 우리의 손을 잡아 건져내시고, 우리를 복된 곳으로 인도하시며, 그곳을 향해 우리를 반드시 데리고 가신다는 것이다. 이것이 하나님의 사랑이다. 그러시기 위해서 하나님께서 모세를 세우신 것이다.

4장의 난제 해설 :

하나님은 왜 모세를 애굽으로 가라 하시고는 가는 길에 왜 그를 죽이려 했는가 하는 의문을 품을 수 있는 대목이다. 이 문제의 해결점은 모세의 아내 십보라가 부싯돌을 가지고 모세의 아들 게르솜의 양피를 베고 할례를 행함으로 모세가 살게 되었다는 4:25-26의 구절이 해답이다. 그것은 바로 아들 게르솜이 할례를 받지 않았고 하나님의 구원 사역을 이룰 모세의 아들이 아브라함의 언약의 징표인 할례를 받지 않았다는 것은 아브라함의 언약 중요성을 무시하는 행위이기 때문이다. 하나님은 아브라함 언약의 징표로서 모든 하나님의 백성 중 남자는 다 할례를 받으라고 명령했다(창 17:10). 출애굽은 아브라함 언약의 연장선에 있는 역사이다. 할례는 하나님 나라 언약의 징표이기 때문이다.

관련 성경 본문 읽기

B.C. 1876년 야곱의 일가족 70명이 현실적으로는 당시 가나안 지방의 대기근을 피해 애굽으로 이주한 지 430년 동안 애굽의 고센 지방에서 목축업을 하다가 나중에는 국가 건설 사업에 노예로 동원되는 삶을 살면서 하나님이 하나님 나라를 회복하려는 구속 사역에 필요한 하나님 백성을 형성하는 놀라운 결과를 만들어 낸다. 그 결과 아브라함의 언약에서 약속한 땅으로 옮겨 하나님 나라를 세우고 하나님의 주권을 회복하는 역사를 이루어야 한다. 이를 위해 모세를 세우신다.

출애굽기 1장

이스라엘 자손이 학대를 받다

1 야곱과 함께 각각 자기 가족을 데리고 애굽에 이른 이스라엘 아들들의 이름은 이러하니 2 르우벤과 시므온과 레위와 유다와 3 잇사갈과 스불론과 베냐민과 4 단과 납달리와 갓과 아셀이요 5 야곱의 허리에서 나온 사람이 모두 칠십이요 요셉은 애굽에 있었더라 6 요셉과 그의 모든 형제와 그 시대의 사람은 다 죽었고 7 이스라엘 자손은 생육하고 불어나 번성하고 매우 강하여 온 땅에 가득하게 되었더라 8 요셉을 알지 못하는 새 왕이 일어나 애굽을 다스리더니 9 그가 그 백성에게 이르되 이 백성 이스라엘 자손이 우리보다 많고 강하도다 10 자, 우리가 그들에게 대하여 지혜롭게 하자 두렵건대 그들이 더 많게 되면 전쟁이 일어날 때에 우리 대적과 합하여 우리와 싸우고 이 땅에서 나갈까 하노라 하고 11 감독들을 그들 위에 세우고 그들에게 무거운 짐을 지워 괴롭게 하여 그들에게 바로를 위하여 국고성 비돔과 라암셋을 건축하게 하니라 12 그러나 학대를 받을수록 더욱 번성하여 퍼져나가니 애굽 사람이 이스라엘 자손으로 말미암아 근심하여 13 이스라엘 자손에게 일을 엄하게 시켜 14 어려운 노동으로 그들의 생활을 괴롭게 하니 곧 흙 이기기와 벽돌 굽기와 농사의 여러 가지 일이라 그 시키는 일이 모두 엄하였더라 15 애굽 왕이 히브리 산파 십브라라 하는 사람과 부아라 하는 사람에게 말하여 16 이르되 너희는 히브리 여인을 위하여 해산을 도울 때에 그 자리를 살펴서 아들이거든 그를 죽이고 딸이거든 살려두라 17 그러나 산파들이 하나님을 두려워하여 애굽 왕의 명령을 어기고 남

출 1:8
B.C. 1570년쯤 애굽의 18왕조 Ahmose왕에 의해 Hyksos 왕조를 몰아냈을 때를 말한다.

출 1:15-22의 상황에 대한 하나님의 대처.
① 10번째 재앙인 장자 죽임으로.
② 추격하는 애굽 군대를 홍해에서 수장시킴으로 대처하셨다.

자 아기들을 살린지라 18 애굽 왕이 산파를 불러 그들에게 이르되 너희가 어찌하여 이같이 남자 아기들을 살렸느냐 19 산파가 바로에게 대답하되 히브리 여인은 애굽 여인과 같지 아니하고 건강하여 산파가 그들에게 이르기전에 해산하였더이다 하매 20 하나님이 그 산파들에게 은혜를 베푸시니 그 백성은 번성하고 매우 강해지니라 21 그 산파들은 하나님을 경외하였으므로 하나님이 그들의 집안을 흥왕하게 하신지라 22 그러므로 바로가 그의 모든 백성에게 명령하여 이르되 아들이 태어나거든 너희는 그를 나일 강에 던지고 딸이거든 살려두라 하였더라

•1장에서 바로가 히브리 아기들은 익사시키는데, 12장에서 하나님은 바로의 군대를 수장시킨다.

출애굽기 2장

모세가 태어나다 - B.C. 1526

1 레위 가족 중 한 사람이 가서 레위 여자에게 장가 들어 2 그 여자가 임신하여 아들을 낳으니 그가 잘 생긴 것을 보고 석 달 동안 그를 숨겼으나 3 더 숨길 수 없게 되매 그를 위하여 갈대 상자를 가져다가 역청과 나무 진을 칠하고 아기를 거기 담아 나일 강 가 갈대 사이에 두고 4 그의 누이가 어떻게 되는지를 알려고 멀리 섰더니 5 바로의 딸이 목욕하러 나일 강으로 내려오고 시녀들은 나일 강 가를 거닐 때에 그가 갈대 사이의 상자를 보고 시녀를 보내어 가져다가 6 열고 그 아기를 보니 아기가 우는지라 그가 그를 불쌍히 여겨 이르되 이는 히브리 사람의 아기로다 7 그의 누이가 바로의 딸에게 이르되 내가 가서 당신을 위하여 히브리 여인 중에서 유모를 불러다가 이 아기에게 젖을 먹이게 하리이까 8 바로의 딸이 그에게 이르되 가라 하매 그 소녀가 가서 그 아기의 어머니를 불러오니 9 바로의 딸이 그에게 이르되 이 아기를 데려다가 나를 위하여 젖을 먹이라 내가 그 삯을 주리라 여인이 아기를 데려다가 젖을 먹이더니 10 그 아기가 자라매 바로의 딸에게로 데려가니 그가 그의 아들이 되니라 그가 그의 이름을 모세라 하여 이르되 이는 내가 그를 물에서 건져내었음이라 하였더라

출 2:3
'갈대 상자'를 원어로 tebe라고 한다. 방주 Ark를 tebe라고 한다.

모세가 미디안으로 피하다 - B.C. 1486

11 모세가 장성한 후에 한번은 자기 형제들에게 나가서 그들이 고되게 노동하는 것을 보더니 어떤 애굽 사람이 한 히브리 사람 곧 자기 형제를 치는 것을 본지라 12 좌우를 살펴 사람이 없음을 보고 그 애굽 사람을 쳐죽여 모래 속에 감추니라 13 이튿날 다시 나가니 두 히브리 사람이 서로 싸우는지라 그 잘못한 사람에게 이르되 네가 어찌하여 동포를 치느냐 하매 14 그가 이르되 누가 너를 우리를 다스리는 자와 재판관으로 삼았느냐 네가 애굽 사람을 죽인 것처럼 나도 죽이려느냐 모세가 두려워하여 이르되 일이 탄로되었도다 15 바로가 이 일을 듣고 모세를

출 2:11
이 부분은 '모세의 생애' 설명을 참조하여 왜 이런 일이 일어났는가를 묵상하며 읽어라.

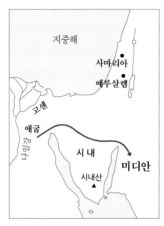

● 모세의 미디안 도피

죽이고자 하여 찾는지라 모세가 바로의 낯을 피하여 미디안 땅에 머물며 하루는 우물 곁에 앉았더라 16 미디안 제사장에게 일곱 딸이 있었더니 그들이 와서 물을 길어 구유에 채우고 그들의 아버지의 양 떼에게 먹이려 하는데 17 목자들이 와서 그들을 쫓는지라 모세가 일어나 그들을 도와 그 양 떼에게 먹이니라 18 그들이 그들의 아버지 르우엘에게 이를 때에 아버지가 이르되 너희가 오늘은 어찌하여 이같이 속히 돌아오느냐 19 그들이 이르되 한 애굽 사람이 우리를 목자들의 손에서 건져내고 우리를 위하여 물을 길어 양 떼에게 먹였나이다 20 아버지가 딸들에게 이르되 그 사람이 어디에 있느냐 너희가 어찌하여 그 사람을 버려두고 왔느냐 그를 청하여 음식을 대접하라 하였더라 21 모세가 그와 동거하기를 기뻐하매 그가 그의 딸 십보라를 모세에게 주었더니 22 그가 아들을 낳으매 모세가 그의 이름을 게르솜이라 하여 이르되 내가 타국에서 나그네가 되었음이라 하였더라 23 여러 해 후에 애굽 왕은 죽었고 이스라엘 자손은 고된 노동으로 말미암아 탄식하며 부르짖으니 그 고된 노동으로 말미암아 부르짖는 소리가 하나님께 상달된지라 24 하나님이 그들의 고통 소리를 들으시고 하나님이 아브라함과 이삭과 야곱에게 세운 그의 언약을 기억하사 25 하나님이 이스라엘 자손을 돌보셨고 하나님이 그들을 기억하셨더라

하나님은 결코 그의 백성을 잊지 않으신다. 그들의(우리들의) 고통을 보고, 듣고, 알며, 그래서 그들을 그 압제로부터 구해 내려고 하신다. 에덴에서의 하나님 나라가 그들(우리들) 삶속에서 이루어지기 때문이다.

출애굽기 3장

여호와께서 모세를 부르시다 - B.C. 1446

1 모세가 그의 장인 미디안 제사장 이드로의 양 떼를 치더니 그 떼를 광야 서쪽으로 인도하여 하나님의 산 호렙에 이르매 2 여호와의 사자가 떨기나무 가운데로부터 나오는 불꽃 안에서 그에게 나타나시니라 그가 보니 떨기나무에 불이 붙었으나 그 떨기나무가 사라지지 아니하는지라 3 이에 모세가 이르되 내가 돌이켜 가서 이 큰 광경을 보리라 떨기나무가 어찌하여 타지 아니하는고 하니 그 때에 4 여호와께서 그가 보려고 돌이켜 오는 것을 보신지라 하나님이 떨기나무 가운데서 그를 불러 이르시되 모세야 모세야 하시매 그가 이르되 내가 여기 있나이다 5 하나님이 이르시되 이리로 가까이 오지 말라 네가 선 곳은 거룩한 땅이니

네 발에서 신을 벗으라 6 또 이르시되 나는 네 조상의 하나님이니 아브라함의 하나님, 이삭의 하나님, 야곱의 하나님이니라 모세가 하나님 뵈옵기를 두려워하여 얼굴을 가리매 7 여호와께서 이르시되 내가 애굽에 있는 내 백성의 고통을 분명히 보고 그들이 그들의 감독자로 말미암아 부르짖음을 듣고 그 근심을 알고 8 내가 내려가서 그들을 애굽인의 손에서 건져내고 그들을 그 땅에서 인도하여 아름답고 광대한 땅, 젖과 꿀이 흐르는 땅 곧 가나안 족속, 헷 족속, 아모리 족속, 브리스 족속, 히위 족속, 여부스 족속의 지방에 데려가려 하노라 9 이제 가라 이스라엘 자손의 부르짖음이 내게 달하고 애굽 사람이 그들을 괴롭히는 학대도 내가 보았으니 10 이제 내가 너를 바로에게 보내어 너에게 내 백성 이스라엘 자손을 애굽에서 인도하여 내게 하리라 11 모세가 하나님께 아뢰되 내가 누구이기에 바로에게 가며 이스라엘 자손을 애굽에서 인도하여 내리이까 12 하나님이 이르시되 내가 반드시 너와 함께 있으리라 네가 그 백성을 애굽에서 인도하여 낸 후에 너희가 이 산에서 하나님을 섬기리니 이것이 내가 너를 보낸 증거니라 13 모세가 하나님께 아뢰되 내가 이스라엘 자손에게 가서 이르기를 너희의 조상의 하나님이 나를 너희에게 보내셨다 하면 그들이 내게 묻기를 그의 이름이 무엇이냐 하리니 내가 무엇이라고 그들에게 말하리이까 14 하나님이 모세에게 이르시되 나는 스스로 있는 자이니라 또 이르시되 너는 이스라엘 자손에게 이같이 이르기를 스스로 있는 자가 나를 너희에게 보내셨다 하라 15 하나님이 또 모세에게 이르시되 너는 이스라엘 자손에게 이같이 이르기를 너희 조상의 하나님 여호와 곧 아브라함의 하나님, 이삭의 하나님, 야곱의 하나님께서 나를 너희에게 보내셨다 하라 이는 나의 영원한 이름이요 대대로 기억할 나의 칭호니라 16 너는 가서 이스라엘의 장로들을 모으고 그들에게 이르기를 여호와 너희 조상의 하나님 곧 아브라함과 이삭과 야곱의 하나님이 내게 나타나 이르시되 내가 너희를 돌보아 너희가 애굽에서 당한 일을 확실히 보았노라 17 내가 말하였거니와 내가 너희를 애굽의 고난 중에서 인도하여 내어 젖과 꿀이 흐르는 땅 곧 가나안 족속, 헷 족속, 아모리 족속, 브리스 족속, 히위 족속, 여부스 족속의 땅으로 올라가게 하리라 하셨다 하면 18 그들이 네 말을 들으리니 너는 그들의 장로들과 함께 애굽 왕에게 이르기를 히브리 사람의 하나님 여호와께서 우리에게 임하셨은즉 우리가 우리 하나님 여호와께 제사를 드리려 하오니 사흘길쯤 광야로 가도록 허락하소서 하라 19 내가 아노니 강한 손으로 치기 전에는 애굽 왕이 너희가 가도록 허락하지 아니하다가 20 내가 내 손을 들어 애굽 중에 여러 가지 이적으로 그 나라를 친 후에야 그가 너희를 보내리라 21 내가 애굽 사람으로 이 백성에게 은혜를 입히게 할지라 너희가 나갈 때에 빈손으로 가지 아니하리

출 3:5
성경에서 신발을 벗는다는 것은 자신의 권리를 포기한다는 표현이다. 하나님의 사역자가 된 모세는 자기중심성을 온전히 내려놓고 하나님의 뜻대로 살아간다는 의미를 갖는 대목이다.
성경에서 신발을 벗는 경우는 여호수아 5:15과 룻기 4:8에 같은 의미로 나온다.

출 3:11
내가 누구인가를 아는 것이 중요하지만, 더 중요한 것은 하나님이 나와 함께하시는 것을 아는 것이다. 왜냐하면 하나님 없이 내가 할 수 있는 것은 사실상 없기 때문이다.

니 22 여인들은 모두 그 이웃 사람과 및 자기 집에 거류하는 여인에게 은 패물과 금 패물과 의복을 구하여 너희의 자녀를 꾸미라 너희는 애굽 사람들의 물품을 취하리라

출애굽기 4장

여호와께서 모세에게 능력을 주시다

1 모세가 대답하여 이르되 그러나 그들이 나를 믿지 아니하며 내 말을 듣지 아니하고 이르기를 여호와께서 네게 나타나지 아니하셨다 하리이다 2 여호와께서 그에게 이르시되 네 손에 있는 것이 무엇이냐 그가 이르되 지팡이니이다 3 여호와께서 이르시되 그것을 땅에 던지라 하시매 곧 땅에 던지니 그것이 뱀이 된지라 모세가 뱀 앞에서 피하매 4 여호와께서 모세에게 이르시되 네 손을 내밀어 그 꼬리를 잡으라 그가 손을 내밀어 그것을 잡으니 그의 손에서 지팡이가 된지라 5 이는 그들에게 그들의 조상의 하나님 곧 아브라함의 하나님, 이삭의 하나님, 야곱의 하나님 여호와가 네게 나타난 줄을 믿게 하려 함이라 하시고 6 여호와께서 또 그에게 이르시되 네 손을 품에 넣으라 하시매 그가 손을 품에 넣었다가 내어보니 그의 손에 나병이 생겨 눈 같이 된지라 7 이르시되 네 손을 다시 품에 넣으라 하시매 그가 다시 손을 품에 넣었다가 내어보니 그의 손이 본래의 살로 되돌아왔더라 8 여호와께서 이르시되 만일 그들이 너를 믿지 아니하며 그 처음 표적의 표징을 받지 아니하여도 나중 표적의 표징은 믿으리라 9 그들이 이 두 이적을 믿지 아니하며 네 말을 듣지 아니하거든 너는 나일 강 물을 조금 떠다가 땅에 부으라 네가 떠 온 나일 강 물이 땅에서 피가 되리라 10 모세가 여호와께 아뢰되 오 주 여 나는 본래 말을 잘 하지 못하는 자니이다 주께서 주의 종에게 명령 하신 후에도 역시 그러하니 나는 입이 뻣뻣하고 혀가 둔한 자니이다 11 여호와께서 그에게 이르시되 누가 사람의 입을 지었느냐 누가 말 못 하는 자나 못 듣는 자나 눈 밝은 자나 맹인이 되게 하였느냐 나 여호와가 아니냐 12 이제 가라 내가 네 입과 함께 있어서 할 말을 가르치리라 13 모세가 이르되 오 주여 보낼 만한 자를 보내소서 14 여호와께서 모세를 향하여 노하여 이르시되 레위 사람 네 형 아론이 있지 아니하냐 그가 말 잘 하는 것을 내가 아노라 그가 너를 만나러 나오나니 그가 너를 볼 때에 그의 마음에 기쁨이 있을 것이라 15 너는 그에게 말하고 그의 입에 할 말을 주라 내가 네 입과 그의 입에 함께 있어서 너희들이 행할 일을 가르치리라 16 그가 너를 대신하여 백성에게 말할 것이니 그는 네 입을 대신할 것이요 너는 그에게 하나님 같이 되리라 17 너는 이 지팡이를 손에 잡고 이것으로 이적을 행할지니라

출 4:2-3
뱀의 꼬리를 잡는 것은 매우 위험한 일이지만 하나님의 명령임으로 순종하는 모세의 모습을 묵상하라.

모세가 애굽으로 돌아가다

18 모세가 그의 장인 이드로에게로 돌아가서 그에게 이르되 내가 애굽에 있는 내 형제들에게로 돌아가서 그들이 아직 살아 있는지 알아보려 하오니 나로 가게 하소서 이드로가 모세에게 평안히 가라 하니라 19 여호와께서 미디안에서 모세에게 이르시되 애굽으로 돌아가라 네 목숨을 노리던 자가 다 죽었느니라 20 모세가 그의 아내와 아들들을 나귀에 태우고 애굽으로 돌아가는데 모세가 하나님의 지팡이를 손에 잡았더라 21 여호와께서 모세에게 이르시되 네가 애굽으로 돌아가거든 내가 네 손에 준 이적을 바로 앞에서 다 행하라 그러나 내가 그의 마음을 완악하게 한즉 그가 백성을 보내 주지 아니하리니 22 너는 바로에게 이르기를 여호와의 말씀에 이스라엘은 내 아들 내 장자라 23 내가 네게 이르기를 내 아들을 보내 주어 나를 섬기게 하라 하여도 네가 보내 주기를 거절하니 내가 네 아들 네 장자를 죽이리라 하셨다 하라 하시니라 <u>24 모세가 길을 가다가 숙소에 있을 때에 여호와께서 그를 만나사 그를 죽이려 하신지라 25 십보라가 돌칼을 가져다가 그의 아들의 포피를 베어 그의 발에 갖다 대며 이르되 당신은 참으로 내게 피 남편이로다 하니 26 여호와께서 그를 놓아 주시니라 그 때에 십보라가 피 남편이라 함은 할례 때문이었더라</u> 27 여호와께서 아론에게 이르시되 광야에 가서 모세를 맞으라 하시매 그가 가서 하나님의 산에서 모세를 만나 그에게 입 맞추니 28 모세가 여호와께서 자기에게 분부하여 보내신 모든 말씀과 여호와께서 자기에게 명령하신 모든 이적을 아론에게 알리니라 29 모세와 아론이 가서 이스라엘 자손의 모든 장로를 모으고 30 아론이 여호와께서 모세에게 이르신 모든 말씀을 전하고 그 백성 앞에서 이적을 행하니 31 백성이 믿으며 여호와께서 이스라엘 자손을 찾으시고 그들의 고난을 살피셨다 함을 듣고 머리 숙여 경배하였더라

출애굽기 5장

모세와 아론이 바로 앞에 서다

1 그 후에 모세와 아론이 바로에게 가서 이르되 이스라엘의 하나님 여호와께서 이렇게 말씀하시기를 내 백성을 보내라 그러면 그들이 광야에서 내 앞에 절기를 지킬 것이니라 하셨나이다 2 바로가 이르되 여호와가 누구이기에 내가 그의 목소리를 듣고 이스라엘을 보내겠느냐 나는 여호와를 알지 못하니 이스라엘을 보내지 아니하리라 3 그들이 이르되 히브리인의 하나님이 우리에게 나타나셨은즉 우리가 광야로 사흘 길쯤 가서 우리 하나님 여호와께 제사를 드리려 하오니 가도록 허락하소서 여호와께서 전염병이나 칼로 우리를 치실까 두려워하나이다 4 애굽 왕이 그들에게 이르되 모세와 아론아 너희가 어찌하여 백성의 노역

출 4:24-26
할례는 남성의 귀두를 자르는 의식으로 아브라함 언약의 징표로 사용되었다. 구약에서 할례를 받는다는 것은 신약의 세례와 같은 것으로 언약 백성이 된다는 징표이다. 모세가 하나님의 구속 역사를 행하면서 아브라함 언약의 징표를 받아야 했다.

을 쉬게 하려느냐 가서 너희의 노역이나 하라 5 바로가 또 이르되 이제 이 땅의 백성이 많아졌거늘 너희가 그들로 노역을 쉬게 하는도다 하고 6 바로가 그 날에 백성의 감독들과 기록원들에게 명령하여 이르되 7 너희는 백성에게 다시는 벽돌에 쓸 짚을 전과 같이 주지 말고 그들이 가서 스스로 짚을 줍게 하라 8 또 그들이 전에 만든 벽돌 수효대로 그들에게 만들게 하고 감하지 말라 그들이 게으르므로 소리 질러 이르기를 우리가 가서 우리 하나님께 제사를 드리자 하나니 9 그 사람들의 노동을 무겁게 함으로 수고롭게 하여 그들로 거짓말을 듣지 않게 하라 10 백성의 감독들과 기록원들이 나가서 백성에게 말하여 이르되 바로가 이렇게 말하기를 내가 너희에게 짚을 주지 아니하리니 11 너희는 짚을 찾을 곳으로 가서 주우라 그러나 너희 일은 조금도 감하지 아니하리라 하셨느니라 12 백성이 애굽 온 땅에 흩어져 곡초 그루터기를 거두어다가 짚을 대신하니 13 감독들이 그들을 독촉하여 이르되 너희는 짚이 있을 때와 같이 그 날의 일을 그 날에 마치라 하며 14 바로의 감독들이 자기들이 세운 바 이스라엘 자손의 기록원들을 때리며 이르되 너희가 어찌하여 어제와 오늘에 만드는 벽돌의 수효를 전과 같이 채우지 아니하였느냐 하니라 15 이스라엘 자손의 기록원들이 가서 바로에게 호소하여 이르되 왕은 어찌하여 당신의 종들에게 이같이 하시나이까 16 당신의 종들에게 짚을 주지 아니하고 그들이 우리에게 벽돌을 만들라 하나이다 당신의 종들이 매를 맞사오니 이는 당신의 백성의 죄니이다 17 바로가 이르되 너희가 게으르다 게으르다 그러므로 너희가 이르기를 우리가 가서 여호와께 제사를 드리자 하는도다 18 이제 가서 일하라 짚은 너희에게 주지 않을지라도 벽돌은 너희가 수량대로 바칠지니라 19 기록하는 일을 맡은 이스라엘 자손들이 너희가 매일 만드는 벽돌을 조금도 감하지 못하리라 함을 듣고 화가 몸에 미친 줄 알고 20 그들이 바로를 떠나 나올 때에 모세와 아론이 길에 서 있는 것을 보고 21 그들에게 이르되 너희가 우리를 바로의 눈과 그의 신하의 눈에 미운 것이 되게 하고 그들의 손에 칼을 주어 우리를 죽이게 하는도다 여호와는 너희를 살피시고 판단하시기를 원하노라

모세가 여호와께 아뢰다

22 모세가 여호와께 돌아와서 아뢰되 주여 어찌하여 이 백성이 학대를 당하게 하셨나이까 어찌하여 나를 보내셨나이까 23 내가 바로에게 들어가서 주의 이름으로 말한 후로부터 그가 이 백성을 더 학대하며 주께서도 주의 백성을 구원하지 아니하시나이다

출애굽기 6장

1 여호와께서 모세에게 이르시되 이제 내가 바로에게 하는 일을 네가 보리라 강한 손으로 말미암아 바로가 그들을 보내리라 강한 손으로 말미암아 바로가 그들을 그의 땅에서 쫓아내리라

하나님이 모세를 부르시다

2 하나님이 모세에게 말씀하여 이르시되 나는 여호와이니라 3 내가 아브라함과 이삭과 야곱에게 전능의 하나님으로 나타났으나 나의 이름을 여호와로는 그들에게 알리지 아니하였고 4 가나안 땅 곧 그들이 거류하는 땅을 그들에게 주기로 그들과 언약하였더니 5 이제 애굽 사람이 종으로 삼은 이스라엘 자손의 신음 소리를 내가 듣고 나의 언약을 기억하노라 6 그러므로 이스라엘 자손에게 말하기를 나는 여호와라 내가 애굽 사람의 무거운 짐 밑에서 너희를 빼내며 그들의 노역에서 너희를 건지며 편 팔과 여러 큰 심판들로써 너희를 속량하여 7 너희를 내 백성으로 삼고 나는 너희의 하나님이 되리니 나는 애굽 사람의 무거운 짐 밑에서 너희를 빼낸 너희의 하나님 여호와인 줄 너희가 알지라 8 내가 아브라함과 이삭과 야곱에게 주기로 맹세한 땅으로 너희를 인도하고 그 땅을 너희에게 주어 기업을 삼게 하리라 나는 여호와라 하셨다 하라 9 모세가 이와 같이 이스라엘 자손에게 전하나 그들이 마음의 상함과 가혹한 노역으로 말미암아 모세의 말을 듣지 아니하였더라 10 여호와께서 모세에게 말씀하여 이르시되 11 들어가서 애굽 왕 바로에게 말하여 이스라엘 자손을 그 땅에서 내보내게 하라 12 모세가 여호와 앞에 아뢰어 이르되 이스라엘 자손도 내 말을 듣지 아니하였거든 바로가 어찌 들으리이까 나는 입이 둔한 자니이다 13 여호와께서 모세와 아론에게 말씀하사 그들로 이스라엘 자손과 애굽왕 바로에게 명령을 전하고 이스라엘 자손을 애굽 땅에서 인도하여 내게 하시니라

모세와 아론의 조상

14 그들의 조상을 따라 집의 어른은 이러하니라 이스라엘의 장자 르우벤의 아들은 하녹과 발루와 헤스론과 갈미니 이들은 르우벤의 족장이요 15 시므온의 아들들은 여무엘과 야민과 오핫과 야긴과 소할과 가나안 여인의 아들 사울이니 이들은 시므온의 가족이요 16 레위의 아들들의 이름은 그들의 족보대로 이러하니 게르손과 고핫과 므라리요 레위의 나이는 백삼십칠 세였으며 17 게르손의 아들들은 그들의 가족대로 립니와 시므이요 18 고핫의 아들들은 아므람과 이스할과 헤브론과 웃시엘이요 고핫의 나이는 백삼십삼 세였으며 19 므라리의 아들들은 마흘리와 무시니 이들은 그들의 족보대로 레위의 족장이요 20 아므람은 그

출 6:2-8
출애굽을 시키는 하나님의 의도를 읽어라. 구속, 즉 관계의 회복을 이루시려는 것이다. 이것이 에덴의 회복이고, 따라서 하나님의 주권이 회복되는 하나님 나라의 회복이다. 7절의 의미를 깊이 새기라. 하나님은 우리의 하나님이 되시기를 원하신다. 그것이 창조의 의도이기 때문이다.

들의 아버지의 누이 요게벳을 아내로 맞이하였고 그는 아론과 모세를
낳았으며 아므람의 나이는 백삼십칠 세였으며 21 이스할의 아들들은
고라와 네벡과 시그리요 22 웃시엘의 아들들은 미사엘과 엘사반과 시
드리요 23 아론은 암미나답의 딸 나손의 누이 엘리세바를 아내로 맞이
하였고 그는 나답과 아비후와 엘르아살과 이다말을 낳았으며 24 고라
의 아들들은 앗실과 엘가나와 아비아삽이니 이들은 고라 사람의 족장
이요 25 아론의 아들 엘르아살은 부디엘의 딸 중에서 아내를 맞이하였
고 그는 비느하스를 낳았으니 이들은 레위 사람의 조상을 따라 가족의
어른들이라 26 이스라엘 자손을 그들의 군대대로 애굽 땅에서 인도하
라 하신 여호와의 명령을 받은 자는 이 아론과 모세요 27 애굽 왕 바로
에게 이스라엘 자손을 애굽에서 내보내라 말한 사람도 이 모세와 아론
이었더라

여호와께서 모세와 아론에게 명령하시다
28 여호와께서 애굽 땅에서 모세에게 말씀하시던 날에 29 여호와께서
모세에게 말씀하여 이르시되 나는 여호와라 내가 네게 이르는 바를 너
는 애굽 왕 바로에게 다 말하라 30 모세가 여호와 앞에서 아뢰되 나는
입이 둔한 자이오니 바로가 어찌 나의 말을 들으리이까

출애굽기 7장
1 여호와께서 모세에게 이르시되 볼지어다 내가 너를 바로에게 신 같이
되게 하였은즉 네 형 아론은 네 대언자가 되리니 2 내가 네게 명령한
바를 너는 네 형 아론에게 말하고 그는 바로에게 말하여 그에게 이스라
엘 자손을 그 땅에서 내보내게 할지니라 3 내가 바로의 마음을 완악하
게 하고 내 표징과 내 이적을 애굽 땅에서 많이 행할 것이나 4 바로가
너희의 말을 듣지 아니할 터인즉 내가 내 손을 애굽에 뻗쳐 여러 큰 심
판을 내리고 내 군대, 내 백성 이스라엘 자손을 그 땅에서 인도하여 낼
지라 5 내가 내 손을 애굽 위에 펴서 이스라엘 자손을 그 땅에서 인도
하여 낼 때에야 애굽 사람이 나를 여호와인 줄 알리라 하시매 6 모세와
아론이 여호와께서 자기들에게 명령하신 대로 행하였더라 7 그들이 바
로에게 말할 때에 모세는 팔십 세였고 아론은 팔십삼 세였더라

뱀이 된 아론의 지팡이
8 여호와께서 모세와 아론에게 말씀하여 이르시되 9 바로가 너희에게
이르기를 너희는 이적을 보이라 하거든 너는 아론에게 말하기를 너의
지팡이를 들어서 바로 앞에 던지라 하라 그것이 뱀이 되리라 10 모세
와 아론이 바로에게 가서 여호와께서 명령하신 대로 행하여 아론이 바

로와 그의 신하 앞에 지팡이를 던지니 뱀이 된지라 11 바로도 현인들과 마술사들을 부르매 그 애굽 요술사들도 그들의 요술로 그와 같이 행하되 12 각 사람이 지팡이를 던지매 뱀이 되었으나 아론의 지팡이가 그들의 지팡이를 삼키니라 13 그러나 바로의 마음이 완악하여 그들의 말을 듣지 아니하니 여호와의 말씀과 같더라

열 가지의 재앙(출애굽기 8장~12장) - 하나님의 신앙교육

애굽의 바로보다 더 크신 하나님이 바로를 단숨에 제압하고 이스라엘 백성을 인도해 내실 수 있으실 텐데 **왜 재앙을 열 가지나 주신 후에야 끝어내시는가 하는 질문을 가끔 받는다. 거기에는 하나님께서 이스라엘 백성들에게 종교교육을 할 목적이 있다. 400여 년 동안 애굽의 노예로, 잡신 우상들의 문화 속에 살아온 이스라엘 백성들에게 하나님이라는 존재를 알려 주시기 위해 10가지 재앙을 내리셨다고 생각하면 된다.**

이스라엘 백성은 430년간 애굽 땅에 살면서 아브라함과 이삭과 야곱의 하나님을 잊어버렸고 그 하나님이 어떤 분이신지도, 얼마나 능력이 크신 분인지를 모르고 있다. 또한 그들은 애굽의 종교 문화에 익숙해서 그들의 신을 섬기고 있는 그들에게 하나님이 누구이고 어떤 분이신가를 가르쳐 줄 기회가 필요한 것이다. 그래서 하나님은 10가지 재앙을 애굽이 섬기는 신과의 대결로 끌어가시는 것이다. 이 재앙은 또한 요한계시록에서 사탄의 세력들에게 내리는 심판들의 모티브(Motif)가 되기도 한다.

출애굽 시대에서 가장 중요한 사건은 애굽 안에서 일어난 열 가지 재앙과 시내산 언약이다. 그리고 이 두 가지 사건을 이해하기 위해서는 애굽의 종교 문화와 고대 근동의 계약 문화에 관해 알아야 한다. 먼저 하나님께 도전하는 바로를 굴복시키기 위해 사용된 열 가지 재앙은 사실상 애굽의 신들과 하나님과의 전투라는 개념에서 살펴볼 필요가 있다.

애굽에 내린 10가지 재앙과 관련된 애굽신들

10가지 재앙은 애굽 신에 대한 하나님의 징벌을 의미한다.

	재앙	관련된 애굽의 신		재앙	관련된 애굽의 신
1	피	나일강 신=하피(Hapy)	6	독종	메이스(Meith)여신, 의술의 신=임호텝(Imhotep)
2	개구리	개구리 모양의 머리를 가진 헤카(Heka)신	7	우박	공중의 신=이시스(Isis), 누트(Nut)
3	이	땅의 신=겝(Geb)	8	메뚜기	곡물 신=세트(Seth)
4	파리	멍청이 모양의 코프리(Khopri)신	9	흑암	태양 신=아몬-라(Amon-Ra)
5	가축악질	황소 신=아피스(Apis), 하솔(Hathor)신	10	죽음	생명 신=프타(Path)

재앙을 주시는 하나님의 이유(출 9:14-15) - 하나님 존재 알리기 성경 공부

바로와 모세의 대결은 곧 그들이 섬기는 신들의 전쟁이기도 하다. 고대 사회에서 국가 간의 전쟁은 어느 국가가 섬기는 신이 더욱 강한 신인가 하는 것을 결정하는 요인이 되기도 한다. 그러므로 바로와 모세의 대결에는 애굽 신들과 이스라엘이 섬기는 여호와 양자 간에 누가 진정한 신인가 하는 것을 판가름하는 의미도 있었다. 이런 점에서 애굽에 내린 열 가지 재앙은 사실상 애굽에서 섬기는 여러 신이 거짓되고 무기력한 우상임을 밝히려는 의도가 포함되어 있었다. 사실 하나님 이외에 신은 없다.

모세가 대결했던 당시의 애굽의 바로는 아멘호텝 2세(Amenhotep II)이라고 추정한다. 아멘호텝 2세는 18왕조의 왕으로서 마음이 강퍅했던 인물로 알려져 있으며 그의 장남이 재앙으로 죽었다는 것이 고고학적 자료에 의해 알려져 있다.

무엇보다도 430년간 애굽에서 하나님이 누구이신가를 까맣게 잊고 살아오면서 애굽의 각종 잡신을 섬기며 살아 온 히브리 민족에게 하나님이 누구이신가를 가르쳐 주는 것만큼이나 중요한 일은 없었을 것이다. 애굽 사람들은 나일강을 중심으로 농업을 주업으로 삼아 살았기에 대대로 자연을 신으로 숭상하였다. 그래서 하나님께서는 그들이 그렇게 믿던 자연물을 통해서 그들을 심판하셨다. 바로 그들이 믿는 우상이 얼마나 헛되고 어리석은 것인가를 보여 줌으로 여호와의 위대함을 히브리 민족에게 보여 주시기를 위하신 것이다. 참으로 자연을 다스리고 인간들의 삶을 주관하시는 분은 오직 여호와 한 분이심을 선포하신 것이다. 이러한 교훈은 비단 이집트인만이 아니라 이스라엘 백성들에게도 최강 애굽을 이기고 그들을 구원하실 분은 오직 여호와이심을 말씀하고 있다.

하나님이 하늘과 땅의 창조주요, 자기 백성을 바로 밑에서 겪었던 혹독한 노예 생활에서 구해 내시는 구속주이시며, 그들의 삶을 인도하시는 섭리주 하나님이심을 분명히 보여 주시기 위함이다. 오늘날 우리도 이 출애굽 사건을 통해 하나님이 창조주, 구속주, 섭리주 하나님이심을 배우고(지성적 읽기), 그렇게 고백하고(감성적 읽기), 그분께 순종하는 삶(의지적 읽기)을 살아야 한다.

출애굽 사건은 언약에 의해서 하나님이 택한 백성을 신하 백성(servant people)

으로 삼을 수 있는 전능한 하나님이라는 것을 애굽인들에게만 아니라 자기 백성에게도 보여 주기를 원했던 전능한 하나님에 의해 행해진 역사적인 사건임을 보여 주고 있다.

진정한 변화는 소속의 변화로부터 출발하는 것이다.
이스라엘의 해방, 나아가서 하나님이 택한 백성을 사탄의 세력으로부터 구해서 소속을 바꾸는 일은 결코 양보하거나 타협할 수 있는 일이 아니라는 것을 분명히 보여 주는 사건이다. 그것은 오직 하나님의 전권적인 능력과 간섭에 의해서만 이루어진다. 많은 재앙에도 불구하고 하나님께서 바로의 마음을 더욱 더 강퍅하게 하신 이유가 바로 이것 때문이다. 하나님의 심판 앞에서 악은 철저하게 망하고 선은 완전하게 구원받는다는 구속의 원리를 말해 주고 있다. 매우 단순한 결론이지만 하나님의 명령을 거역하는 자에게는 오직 재앙만이 있다는 사실을 강하게 보여 주는 것이다.
4번째 재앙부터는 하나님의 백성에게는 면제된다는 사실에서 하나님의 은혜를 느껴야 한다. 이것은 계시록의 심판 시리즈의 모티브(motif)가 되었다는 사실도 기억하라.

유월절의 유래 - 출애굽기 11~12장
그림에서 보는 것처럼 10번째 재앙인 장자의 죽음 재앙에서 하나님은 이스라엘의 장자를 살리기 위해 어린 양을 잡아 그 피를 집 좌우 설주와 인방에 바르도록 명령하셨다. (이 모습은 십자가를 연상하게 한다.) 그러므로 죽음의 사자가 그 피를 보

고 그 집은 건너뛰었다. 즉, '유월(passover)했다'는 것이다. 이것은 우리 죄의 대속물인 어린 양 예수의 죽음과 그 십자가에서 흘린 피로 죽음이 우리를 유월하게 된다는 예표이다(12:1-11). 이 재앙을 끝으로 드디어 이스라엘 민족은 애굽을 떠나게 된다. 그런데 그들 중에는 중다한 잡족이 섞여 가게 됨을 12:37-38이 언급하고 있습니다. 이스라엘은 아직 하나님을 온전히 의지하는 믿음이 없다. 이 부분 이스라엘은 많은 연단을 받아야 할 부분이다.

13장 절기 지킴의 핵심 이유는 하나님이 우리를 위해 무엇을, 어떻게, 왜 행하셨는가를 기억하고 하나님을 경배하기 위함이라는 사실을 명심해야 한다. 우리의 하나님이 되시기를 원하셔서 시내 산에서 언약을 맺은 하나님은 절기를 통해서 그가 우리의 하나님이심을 기억하시기를 원하신다는 것이다.

마지막 재앙인 장자의 죽음의 재앙부터 읽는다.

관련 성경 본문 읽기

10가지 재앙을 통해서 하나님은 400여 년간 하나님을 잊어버리고 애굽의 잡신들에 익숙한 그들의 세계관을 바꾸려 하신다. 이 재앙들은 모두기 애굽의 잡신을 제압하는 모양새이다. 하나님은 그들보다 비교가 되지 않을 만큼 크신 분이라는 것을 확연히 보여 주시기를 원하신다는 것이다.

출애굽기 11장

처음 난 것의 죽음을 경고하다

1 여호와께서 모세에게 이르시기를 내가 이제 한 가지 재앙을 바로와 애굽에 내린 후에야 그가 너희를 여기서 내보내리라 그가 너희를 내보낼 때에는 여기서 반드시 다 쫓아내리니 2 백성에게 말하여 사람들에게 각기 이웃들에게 은금 패물을 구하게 하라 하시더니 3 여호와께서 그 백성으로 애굽 사람의 은혜를 받게 하셨고 또 그 사람 모세는 애굽 땅에 있는 바로의 신하와 백성의 눈에 아주 위대하게 보였더라 4 모세가 바로에게 이르되 여호와께서 이와 같이 말씀하시기를 밤중에 내가 애굽 가운데로 들어가리니 5 애굽 땅에 있는 모든 처음 난 것은 왕위에 앉아 있는 바로의 장자로부터 맷돌 뒤에 있는 몸종의 장자와 모든 가축의 처음 난 것까지 죽으리니 6 애굽 온 땅에 전무후무한 큰 부르짖음이 있으리라 7 그러나 이스라엘 자손에게는 사람에게나 짐승에게나 개 한 마리도 그 혀를 움직이지 아니하리니 여호와께서 애굽 사람과 이스라엘 사이를 구별하는 줄을 너희가 알리라 하셨나니 8 왕의 이 모든 신하가 내게 내려와 내게 절하며 이르기를 너와 너를 따르는 온 백성은 나가라 한 후에야 내가 나가리라 하고 심히 노하여 바로에게서 나오니라 9 여호와께서 모세에게 이르시기를 바로가 너희의 말을 듣지 아니하리라 그러므로 내가 애굽 땅에서 나의 기적을 더하리라 하셨고 10 모세와 아론이 이 모든 기적을 바로 앞에서 행하였으나 여호와께서 바로의 마음을 완악하게 하셨으므로 그가 이스라엘 자손을 그 나라에서 보내지 아니하였더라

출애굽기 12장

유월절

1 여호와께서 애굽 땅에서 모세와 아론에게 일러 말씀하시되 2 이 달을 너희에게 달의 시작 곧 해의 첫 달이 되게 하고 3 너희는 이스라엘 온 회중에게 말하여 이르라 이 달 열흘에 너희 각자가 어린 양을 잡을지니 각 가족대로 그 식구를 위하여 어린 양을 취하되 4 그 어린 양에 대하여 식구가 너무 적으면 그 집의 이웃과 함께 사람 수를 따라서 하나를 잡고 각 사람이 먹을 수 있는 분량에 따라서 너희 어린 양을 계산할 것이며 5 너희 어린 양은 흠 없고 일 년 된 수컷으로 하되 양이나 염소 중에서 취하고 6 이 달 열나흘날까지 간직하였다가 해 질 때에 이스라엘 회중이 그 양을 잡고 7 그 피를 양을 먹을 집 좌우 문설주와 인방에 바르고 8 그 밤에 그 고기를 불에 구워 무교병과 쓴 나물과 아울러 먹되 9 날것으로나 물에 삶아서 먹지 말고 머리와 다리와 내장을 다 불에 구워 먹고 10 아침까지 남겨두지 말며 아침까지 남은 것은 곧 불사르라 11 너희는 그것을 이렇게 먹을지니 허리에 띠를 띠고 발에 신을 신고 손에 지팡이를 잡고 급히 먹으라 이것이 여호와의 유월절이니라 12 내가 그 밤에 애굽 땅에 두루 다니며 사람이나 짐승을 막론하고 애굽 땅에 있는 모든 처음 난 것을 다 치고 애굽의 모든 신을 내가 심판하리라 나는 여호와라 13 내가 애굽 땅을 칠 때에 그 피가 너희가 사는 집에 있어서 너희를 위하여 표적이 될지라 내가 피를 볼 때에 너희를 넘어가리니 재앙이 너희에게 내려 멸하지 아니하리라 14 너희는 이 날을 기념하여 여호와의 절기를 삼아 영원한 규례로 대대로 지킬지니라

무교절

15 너희는 이레 동안 무교병을 먹을지니 그 첫날에 누룩을 너희 집에서 제하라 무릇 첫날부터 일곱째 날까지 유교병을 먹는 자는 이스라엘에서 끊어지리라 16 너희에게 첫날에도 성회요 일곱째 날에도 성회가 되리니 너희는 이 두 날에는 아무 일도 하지 말고 각자의 먹을 것만 갖출 것이니라 17 너희는 무교절을 지키라 이 날에 내가 너희 군대를 애굽 땅에서 인도하여 내었음이니라 그러므로 너희가 영원한 규례로 삼아 대대로 이 날을 지킬지니라 18 첫째 달 그 달 열나흘날 저녁부터 이십일일 저녁까지 너희는 무교병을 먹을 것이요 19 이레 동안은 누룩이 너희 집에서 발견되지 아니하도록 하라 무릇 유교물을 먹는 자는 타국인이든지 본국에서 난 자든지를 막론하고 이스라엘 회중에서 끊어지리니 20 너희는 아무 유교물이든지 먹지 말고 너희 모든 유하는 곳에서 무교병을 먹을지니라

출 12장
인간의 눈으로 볼 때, 애굽의 장자와 이스라엘의 장자는 다를 바 없다. 그러나 분명 다른 점이 있다. 그것은 양의 피를 발랐는가의 차이이다(7절). 모든 사람이 죄인이지만, 그리스도를 신뢰하는 사람들이 "피 아래 있어." 구원받은 사람들이다. 이것은 세상에서 가장 중요한 차이점이다.

첫 유월절

21 모세가 이스라엘 모든 장로를 불러서 그들에게 이르되 너희는 나가서 너희의 가족대로 어린 양을 택하여 유월절 양으로 잡고 22 우슬초 묶음을 가져다가 그릇에 담은 피에 적셔서 그 피를 문 인방과 좌우 설주에 뿌리고 아침까지 한 사람도 자기 집 문 밖에 나가지 말라 23 여호와께서 애굽 사람들에게 재앙을 내리려고 지나가실 때에 문 인방과 좌우 문설주의 피를 보시면 여호와께서 그 문을 넘으시고 멸하는 자에게 너희 집에 들어가서 너희를 치지 못하게 하실 것임이니라 24 너희는 이 일을 규례로 삼아 너희와 너희 자손이 영원히 지킬 것이니 25 너희는 여호와께서 허락하신 대로 너희에게 주시는 땅에 이를 때에 이 예식을 지킬 것이라 26 이 후에 너희의 자녀가 묻기를 이 예식이 무슨 뜻이냐 하거든 27 너희는 이르기를 이는 여호와의 유월절 제사라 여호와께서 애굽 사람에게 재앙을 내리실 때에 애굽에 있는 이스라엘 자손의 집을 넘으사 우리의 집을 구원하셨느니라 하라 하매 백성이 머리 숙여 경배하니라 28 이스라엘 자손이 물러가서 그대로 행하되 여호와께서 모세와 아론에게 명령하신 대로 행하니라

열째 재앙 : 처음 난 것들의 죽음

29 밤중에 여호와께서 애굽 땅에서 모든 처음 난 것 곧 왕위에 앉은 바로의 장자로부터 옥에 갇힌 사람의 장자까지와 가축의 처음 난 것을 다 치시매 30 그 밤에 바로와 그 모든 신하와 모든 애굽 사람이 일어나고 애굽에 큰 부르짖음이 있었으니 이는 그 나라에 죽임을 당하지 아니한 집이 하나도 없었음이었더라 31 밤에 바로가 모세와 아론을 불러서 이르되 너희와 이스라엘 자손은 일어나 내 백성 가운데에서 떠나 너희의 말대로 가서 여호와를 섬기며 32 너희가 말한 대로 너희 양과 너희 소도 몰아가고 나를 위하여 축복하라 하며 33 애굽 사람들은 말하기를 우리가 다 죽은 자가 되도다 하고 그 백성을 재촉하여 그 땅에서 속히 내보내려 하므로 34 그 백성이 발교되지 못한 반죽 담은 그릇을 옷에 싸서 어깨에 메니라 35 이스라엘 자손이 모세의 말대로 하여 애굽 사람에게 은금 패물과 의복을 구하매 36 여호와께서 애굽 사람들에게 이스라엘 백성에게 은혜를 입히게 하사 그들이 구하는 대로 주게 하시므로 그들이 애굽 사람의 물품을 취하였더라.

이스라엘이 애굽 땅에서 나오다

37 이스라엘 자손이 라암셋을 떠나서 숙곳에 이르니 유아 외에 보행하는 장정이 육십만 가량이요 38 수많은 잡족과 양과 소와 심히 많은 가축이 그들과 함께 하였으며 39 그들이 애굽으로부터 가지고 나온 발교

되지 못한 반죽으로 무교병을 구웠으니 이는 그들이 애굽에서 쫓겨나므로 지체할 수 없었음이며 아무 양식도 준비하지 못하였음이었더라 **40** 이스라엘 자손이 애굽에 거주한 지 사백삼십 년이라 **41** 사백삼십 년이 끝나는 그 날에 여호와의 군대가 다 애굽 땅에서 나왔은즉 **42** 이 밤은 그들을 애굽 땅에서 인도하여 내심으로 말미암아 여호와 앞에 지킬 것이니 이는 여호와의 밤이라 이스라엘 자손이 다 대대로 지킬 것이니라

출 12:40
야곱의 일가가 애굽으로 간 해가 B.C. 1876년이고, 출애굽한 해가 B.C. 1446년이다. 이 기간이 430년이다.

유월절 규례

43 여호와께서 모세와 아론에게 이르시되 유월절 규례는 이러하니라 이방 사람은 먹지 못할 것이나 **44** 각 사람이 돈으로 산 종은 할례를 받은 후에 먹을 것이며 **45** 거류인과 타국 품꾼은 먹지 못하리라 **46** 한 집에서 먹되 그 고기를 조금도 집 밖으로 내지 말고 뼈도 꺾지 말며 **47** 이스라엘 회중이 다 이것을 지킬지니라 **48** 너희와 함께 거류하는 타국인이 여호와의 유월절을 지키고자 하거든 그 모든 남자는 할례를 받은 후에야 가까이 하여 지킬지니 곧 그는 본토인과 같이 될 것이나 할례 받지 못한 자는 먹지 못할 것이니라 **49** 본토인에게나 너희 중에 거류하는 이방인에게 이 법이 동일하니라 하셨으므로 **50** 온 이스라엘 자손이 이와 같이 행하되 여호와께서 모세와 아론에게 명령하신 대로 행하였으며 **1** 바로 그 날에 여호와께서 이스라엘 자손을 그 무리대로 애굽 땅에서 인도하여 내셨더라

출애굽기 13장

무교절

1 여호와께서 모세에게 일러 이르시되 **2** 이스라엘 자손 중에서 사람이나 짐승을 막론하고 태에서 처음 난 모든 것은 다 거룩히 구별하여 내게 돌리라 이는 내 것이니라 하시니라 **3** 모세가 백성에게 이르되 너희는 애굽 곧 종 되었던 집에서 나온 그 날을 기념하여 유교병을 먹지 말라 여호와께서 그 손의 권능으로 너희를 그 곳에서 인도해 내셨음이니라 **4** 아빕월 이 날에 너희가 나왔으니 **5** 여호와께서 너를 인도하여 가나안 사람과 헷 사람과 아모리 사람과 히위 사람과 여부스 사람의 땅 곧 네게 주시려고 네 조상들에게 맹세하신 바 젖과 꿀이 흐르는 땅에 이르게 하시거든 너는 이 달에 이 예식을 지켜 **6** 이레 동안 무교병을 먹고 일곱째 날에는 여호와께 절기를 지키라 **7** 이레 동안에는 무교병을 먹고 유교병을 네게 보이지 아니하게 하며 네 땅에서 누룩을 네게 보이지 아니하게 하라 **8** 너는 그 날에 네 아들에게 보여 이르기를 이 예

출 13:3,9,14,16에서 하나님은 그의 행하심을 기억하시기를 원하시는 모습을 읽을 수 있다. 이것이 절기를 지키는 이유이다.
오늘날 우리는 하나님의 행하심을 얼마나 회상하고 기억하며 감사를 드리는가?

식은 내가 애굽에서 나올 때에 여호와께서 나를 위하여 행하신 일로 말미암음이라 하고 9 이것으로 네 손의 기호와 네 미간의 표를 삼고 여호와의 율법이 네 입에 있게 하라 이는 여호와께서 강하신 손으로 너를 애굽에서 인도하여 내셨음이니 10 해마다 절기가 되면 이 규례를 지킬지니라

태에서 처음 난 것

11 여호와께서 너와 네 조상에게 맹세하신 대로 너를 가나안 사람의 땅에 인도하시고 그 땅을 네게 주시거든 12 너는 태에서 처음 난 모든 것과 네게 있는 가축의 태에서 처음 난 것을 다 구별하여 여호와께 돌리라 수컷은 여호와의 것이니라 13 나귀의 첫 새끼는 다 어린 양으로 대속할 것이요 그렇게 하지 아니하려면 그 목을 꺾을 것이며 네 아들 중 처음 난 모든 자는 대속할지니라 14 후일에 네 아들이 네게 묻기를 이것이 어찌 됨이냐 하거든 너는 그에게 이르기를 여호와께서 그 손의 권능으로 우리를 애굽에서 곧 종이 되었던 집에서 인도하여 내실새 15 그 때에 바로가 완악하여 우리를 보내지 아니하매 여호와께서 애굽 나라 가운데 처음 난 모든 것은 사람의 장자로부터 가축의 처음 난 것까지 다 죽이셨으므로 태에서 처음 난 모든 수컷들은 내가 여호와께 제사를 드려서 내 아들 중에 모든 처음 난 자를 다 대속하리니 16 이것이 네 손의 기호와 네 미간의 표가 되리라 이는 여호와께서 그 손의 권능으로 우리를 애굽에서 인도하여 내셨음이니라 할지니라

구름 기둥과 불 기둥

17 바로가 백성을 보낸 후에 블레셋 사람의 땅의 길은 가까울지라도 하나님이 그들을 그 길로 인도하지 아니하셨으니 이는 하나님이 말씀하시기를 이 백성이 전쟁을 하게 되면 마음을 돌이켜 애굽으로 돌아갈까 하셨음이라 18 그러므로 하나님이 홍해의 광야 길로 돌려 백성을 인도하시매 이스라엘 자손이 애굽 땅에서 대열을 지어 나올 때에 19 모세가 요셉의 유골을 가졌으니 이는 요셉이 이스라엘 자손으로 단단히 맹세하게 하여 이르기를 하나님이 반드시 너희를 찾아오시리니 너희는 내 유골을 여기서 가지고 나가라 하였음이더라 20 그들이 숙곳을 떠나서 광야 끝 에담에 장막을 치니 21 여호와께서 그들 앞에서 가시며 낮에는 구름 기둥으로 그들의 길을 인도하시고 밤에는 불 기둥을 그들에게 비추사 낮이나 밤이나 진행하게 하시니 22 낮에는 구름 기둥, 밤에는 불 기둥이 백성 앞에서 떠나지 아니하니라

출 13:21-22
지금도 우리 앞에서 불기둥, 구름 기둥으로 우리를 인도하시는 하나님을 오늘 만나라.

드디어 출발

출애굽 루트

하나님께서 애굽을 떠나는 이스라엘 백성을 가나안까지의 최단 거리인 지중해안 길을 택하지 않으시고, 오히려 먼 길인 광야 길로 돌아가게 하신 것은 이미 그곳을 장악하고 있는 블레셋 때문이었다. 블레셋은 지중해의 그레데에서 이주해온 해양 민족으로 팔레스타인의 원주민들보다 뛰어난 문화와 군사력으로 당시 팔레스타인의 강국으로 부상하고 있었다. 따라서 새로운 민족의 이주를 달갑잖게 여길 블레셋의 군대에 대해 금방 해방된 이스라엘은 군사적인 상대가 되지 못하였다. 그래서 백성들이 블레셋의 강한 군대를 보고 두려워하여 애굽으로 되돌아가려고 하는 것을 방지하기 위함이었다.

구름 기둥과 불기둥으로 인도하심

이들의 여정은 그리 간단한 여정이 아니었음을 쉽게 짐작할 수 있다. 그 수가 민수기의 인구조사를 근거로 추정해 보면 2백4십만 명은 족히 될 것이다. 이들은 아직은 강력한 지도력이 형성되지 않은 오합지졸에 불과한 무리이다. 하나님의 강한 인도하심이 절대로 필요한 무리이다. 하나님은 친히 그들과 함께하시며 이끌고 계시는 것이다.

그것이 바로 구름 기둥과 불기둥이다. 고대인들에게 구름과 불은 신적인 임재와 능력을 상징한다. 구름은 신이 거주하는 하늘과 산에서 발견되므로 고대인들에게는 신의 임재와 영광을 의미하였고, 불은 모든 것을 태우는 파괴력과 짐승을 물리치는 등 유용성의 양면으로 신적인 권능을 의미한다. 하나님께서 이스라엘 백성들에게 구름 기둥과 불기둥을 사용하신 것도 이와 같은 사상에 익숙한 이스라엘 백성에게 효과적으로 메시지를 전달하기 위해서였다. 그래서 낮에는 구름 기둥이, 밤에는 불기둥이 백성의 앞에서 갈 길을 인도하셨다.

물론 낮에는 뜨거운 햇빛으로 인해 무더운 광야에서 구름 기둥이 열기를 차단함으로 행군에 도움을 주고 밤에는 큰 일교차로 인해 추운 광야에서 불기둥으로 백성들의 온기를 유지시켜 주는 역할을 하는 것만으로 하나님의 보호하심으로 드러낼 수 있는 사건이다. 그러나 더욱 중요한 것은 구름 기둥과 불기둥은 이스라엘과 함께하시는 하나님의 임재의 상징이라는 것이다. 하나님께서는 자신의 능력으로 이스라엘을 애굽에서 해방하실 뿐만 아니라 그들이 언약의 땅인 가나안을 향하여 가는 모든 여정에 동행하시며 일일이 간섭하시고 인도하실 것임을 보여 주신 것이다. 이는 백성들에게 하나님의 함께 사심을 보여 줌으로 용기와 확신을 줌과 동시에 그들의 미래가 하나님께 달려 있음을 깨닫고 하나님에게 전적으로 의지

하라는 메시지를 주고 있다.

구름 기둥과 불기둥은 무엇보다도 이스라엘 백성의 삶과 역사에 함께 하시는 하나님의 역동적인 모습을 보여 주는 징표이다. 그것은 우리와 함께하시기 위해 우리를 창조하신 하나님의 마음을 그대로 보여 주는 것이다. 임마누엘 하나님의 모습이다. 그것이 곧 복이라는 것이다(시 73:28). 이분이 나의 하나님이신가?

드디어 애굽을 떠나다.

출애굽의 시기와 관련해서 2가지의 이론

① 빠른 출애굽 설(Early Date Theory)

이 이론은 왕상 6:1을 근거로 한다. 이 구절에서 솔로몬은 그의 재임 4년째에 성전을 건축했고 그것은 출애굽한지 480년이 되는 해라고 언급하고 있다. 솔로몬의 재임 기간이 B.C. 970~930년간 40년 동안이 정설이라고 볼 때 그의 재임 4년째는 B.C. 966년이다. 이때가 출애굽한지 480년이라고 한다면 출애굽의 해는 966+480, 즉 B.C. 1446년이 된다.

② 후기 출애굽 설(Late Date Theory)

이 이론은 출 1:11에 "…그들에게 바로를 위하여 국고성 비돔과 라암셋을 건축하게 하니라"는 것을 근거로 비돔과 라암셋의 국고성(store cities) 건설은 19왕조의 람세스 2세에 의한 것이라는 역사적 사실에 근거를 두고 있다. 람세스 2세의 재임 기간은 B.C. 1290~1244이므로 B.C. 1,200년대가 출애굽 시기라는 것이다.

이 두 이론은 팽팽히 맞서고 있지만 아직은 빠른 출애굽설이 유력한 설로 인정받고 있다. 따라서 본 저서도 빠른 출애굽 설을 따른다.

관련 성경 본문 읽기

14장에서 18장까지는 이스라엘 백성이 애굽의 고센 지방을 출발하여 하나님의 기적적인 인도하심을 따라 (출 19:4는 "내가 어떻게 독수리 날개로 너희를 업어 내게로 인도하였음"이라고 표현한다. 그 의미가 무엇인가를 보여 주는 대목에서 은혜를 받아라.) 홍해를 기적적으로 건너고 구름 기둥, 불기둥으로 하나님의 인도하심을 따라 하 나님의 백성이 되어 에덴에서의 관계로 회복시키시려는 시내 산 언약을 맺을 시내 산까지의 여정을 읽는다. 15장 모세의 노래로 은혜를 읽으라.

출애굽기 14장

홍해를 건너다 - B.C. 1446

14장 출애굽의 의미
홍해의 건넘은 이쪽과 저쪽을
확실히 구분하는 의미가 있다.
세속과 세상을, 하나님의 것과
사탄의 것을 확실히 구분하는
것이다.

① 하나님과 새로운 관계를 맺
고 새로운 자유의 삶을 시작
한다는 것이다.
② 애굽의 신을 이겼다는 것은
하나님만이 유일하신 한 분
이시라는 것이다.
③ 구별된 삶을 산다는 것이다.

나의 삶에서 진정한 출애굽의
사건을 경험했는가?

1 여호와께서 모세에게 말씀하여 이르시되 2 이스라엘 자손에게 명령 하여 돌이켜 바다와 믹돌 사이의 비하히롯 앞 곧 바알스본 맞은편 바닷 가에 장막을 치게 하라 3 바로가 이스라엘 자손에 대하여 말하기를 그 들이 그 땅에서 멀리 떠나 광야에 갇힌 바 되었다 하리라 4 내가 바로 의 마음을 완악하게 한즉 바로가 그들의 뒤를 따르리니 내가 그와 그 의 온 군대로 말미암아 영광을 얻어 애굽 사람들이 나를 여호와인 줄 알게 하리라 하시매 무리가 그대로 행하니라 5 그 백성이 도망한 사실 이 애굽 왕에게 알려지매 바로와 그의 신하들이 그 백성에 대하여 마음 이 변하여 이르되 우리가 어찌 이같이 하여 이스라엘을 우리를 섬김에 서 놓아 보내었는가 하고 6 바로가 곧 그의 병거를 갖추고 그의 백성을 데리고 갈새 7 선발된 병거 육백 대와 애굽의 모든 병거를 동원하니 지 휘관들이 다 거느렸더라 8 여호와께서 애굽 왕 바로의 마음을 완악하 게 하셨으므로 그가 이스라엘 자손의 뒤를 따르니 이스라엘 자손이 담 대히 나갔음이라 9 애굽 사람들과 바로의 말들, 병거들과 그 마병과 그 군대가 그들의 뒤를 따라 바알스본 맞은편 비하히롯 곁 해변 그들이 장 막 친 데에 미치니라 10 바로가 가까이 올 때에 이스라엘 자손이 눈을 들어 본즉 애굽 사람들이 자기들 뒤에 이른지라 이스라엘 자손이 심히 두려워하여 여호와께 부르짖고 11 그들이 또 모세에게 이르되 애굽에 매장지가 없어서 당신이 우리를 이끌어 내어 이 광야에서 죽게 하느냐 어찌하여 당신이 우리를 애굽에서 이끌어 내어 우리에게 이같이 하느

냐 12 우리가 애굽에서 당신에게 이른 말이 이것이 아니냐 이르기를 우리를 내버려 두라 우리가 애굽 사람을 섬길 것이라 하지 아니하더냐 애굽 사람을 섬기는 것이 광야에서 죽는 것보다 낫겠노라 13 모세가 백성에게 이르되 너희는 두려워하지 말고 가만히 서서 여호와께서 오늘 너희를 위하여 행하시는 구원을 보라 너희가 오늘 본 애굽 사람을 영원히 다시 보지 아니하리라 14 여호와께서 너희를 위하여 싸우시리니 너희는 가만히 있을지니라 15 여호와께서 모세에게 이르시되 너는 어찌하여 내게 부르짖느냐 이스라엘 자손에게 명령하여 앞으로 나아가게 하고 16 지팡이를 들고 손을 바다 위로 내밀어 그것이 갈라지게 하라 이스라엘 자손이 바다 가운데서 마른 땅으로 행하리라 17 내가 애굽 사람들의 마음을 완악하게 할 것인즉 그들이 그 뒤를 따라 들어갈 것이라 내가 바로와 그의 모든 군대와 그의 병거와 마병으로 말미암아 영광을 얻으리니 18 내가 바로와 그의 병거와 마병으로 말미암아 영광을 얻을 때에야 애굽 사람들이 나를 여호와인 줄 알리라 하시더니 19 이스라엘 진 앞에 가던 하나님의 사자가 그들의 뒤로 옮겨 가매 구름 기둥도 앞에서 그 뒤로 옮겨 20 애굽 진과 이스라엘 진 사이에 이르러 서니 저쪽에는 구름과 흑암이 있고 이쪽에는 밤이 밝으므로 밤새도록 저쪽이 이쪽에 가까이 못하였더라 21 모세가 바다 위로 손을 내밀매 여호와께서 큰 동풍이 밤새도록 바닷물을 물러가게 하시니 물이 갈라져 바다가 마른 땅이 된지라 22 이스라엘 자손이 바다 가운데를 육지로 걸어가고 물은 그들의 좌우에 벽이 되니 23 애굽 사람들과 바로의 말들, 병거들과 그 마병들이 다 그들의 뒤를 추격하여 바다 가운데로 들어오는지라 24 새벽에 여호와께서 불과 구름 기둥 가운데서 애굽 군대를 보시고 애굽 군대를 어지럽게 하시며 25 그들의 병거 바퀴를 벗겨서 달리기가 어렵게 하시니 애굽 사람들이 이르되 이스라엘 앞에서 우리가 도망하자 여호와가 그들을 위하여 싸워 애굽 사람들을 치는도다 26 여호와께서 모세에게 이르시되 네 손을 바다 위로 내밀어 물이 애굽 사람들과 그들의 병거들과 마병들 위에 다시 흐르게 하라 하시니 27 모세가 곧 손을 바다 위로 내밀매 새벽이 되어 바다의 힘이 회복된지라 애굽 사람들이 물을 거슬러 도망하나 여호와께서 애굽 사람들을 바다 가운데 엎으시니 28 물이 다시 흘러 병거들과 기병들을 덮되 그들의 뒤를 따라 바다에 들어간 바로의 군대를 다 덮으니 하나도 남지 아니하였더라 29 그러나 이스라엘 자손은 바다 가운데를 육지로 행하였고 물이 좌우에 벽이 되었더라 30 그 날에 여호와께서 이같이 이스라엘을 애굽 사람의 손에서 구원하시매 이스라엘이 바닷가에서 애굽 사람들이 죽어 있는 것을 보았더라 31 이스라엘이 여호와께서 애굽 사람들에게 행하신 그 큰 능력을 보았으므로 백성이 여호와를 경외하며 여호와와 그의

출 14장

사탄은 사람이 자기의 지배에서 벗어날 때 이를 기뻐하지 않으며, 추적하여 다시 자기 지배 하에 두려고 하는 속성이 있다. 새 그리스도인은 사탄이 다시 쫓아 오고 있음을 알고 경계해야 한다.

바로의 군대는 하나님의 능력으로 바다에 수장되고 만다. 이는 모세가 태어날 무렵 이스라엘 아이를 수장시킨 데 대한 응징이다.

종 모세를 믿었더라

출 15:2
나의 삶에서 나도 이와 같은 고백을 체험한 적이 있는가?

출애굽기 15장

모세의 노래

1 이 때에 모세와 이스라엘 자손이 이 노래로 여호와께 노래하니 일렀으되 내가 여호와를 찬송하리니 그는 높고 영화로우심이요 말과 그 탄자를 바다에 던지셨음이로다 2 여호와는 나의 힘이요 노래시며 나의 구원이시로다 그는 나의 하나님이시니 내가 그를 찬송할 것이요 내 아버지의 하나님이시니 내가 그를 높이리로다 3 여호와는 용사시니 여호와는 그의 이름이시로다 4 그가 바로의 병거와 그의 군대를 바다에 던지시니 최고의 지휘관들이 홍해에 잠겼고 5 깊은 물이 그들을 덮으니 그들이 돌처럼 깊음 속에 가라앉았도다 6 여호와여 주의 오른손이 권능으로 영광을 나타내시니이다 여호와여 주의 오른손이 원수를 부수시니이다 7 주께서 주의 큰 위엄으로 주를 거스르는 자를 엎으시니이다 주께서 진노를 발하시니 그 진노가 그들을 지푸라기 같이 사르니이다 8 주의 콧김에 물이 쌓이되 파도가 언덕 같이 일어서고 큰 물이 바다 가운데 엉기니이다 9 원수가 말하기를 내가 뒤쫓아 따라잡아 탈취물을 나누리라, 내가 그들로 말미암아 내 욕망을 채우리라, 내가 내 칼을 빼리니 내 손이 그들을 멸하리라 하였으나 10 주께서 바람을 일으키시매 바다가 그들을 덮으니 그들이 거센 물에 납 같이 잠겼나이다 11 여호와여 신 중에 주와 같은 자가 누구니이까 주와 같이 거룩함으로 영광스러우며 찬송할 만한 위엄이 있으며 기이한 일을 행하는 자가 누구니이까 12 주께서 오른손을 드신즉 땅이 그들을 삼켰나이다 13 주의 인자하심으로 주께서 구속하신 백성을 인도하시되 주의 힘으로 그들을 주의 거룩한 처소에 들어가게 하시나이다 14 여러 나라가 듣고 떨며 블레셋 주민이 두려움에 잡히며 15 에돔 두령들이 놀라고 모압 영웅이 떨림에 잡히며 가나안 주민이 다 낙담하나이다 16 놀람과 두려움이 그들에게 임하매 주의 팔이 크므로 그들이 돌 같이 침묵하였사오니 여호와여 주의 백성이 통과하기까지 곧 주께서 사신 백성이 통과하기까지였나이다 17 주께서 백성을 인도하사 그들을 주의 기업의 산에 심으시리이다 여호와여 이는 주의 처소를 삼으시려고 예비하신 것이라 주여 이것이 주의 손으로 세우신 성소로소이다 18 여호와께서 영원무궁 하도록 다스리시도다 하였더라

미리암의 노래

19 바로의 말과 병거와 마병이 함께 바다에 들어가매 여호와께서 바닷물을 그들 위에 되돌려 흐르게 하셨으나 이스라엘 자손은 바다 가운데

서 마른 땅으로 지나간지라 20 아론의 누이 선지자 미리암이 손에 소고를 잡으매 모든 여인도 그를 따라 나오며 소고를 잡고 춤추니 21 미리암이 그들에게 화답하여 이르되 너희는 여호와를 찬송하라 그는 높고 영화로우심이요 말과 그 탄 자를 바다에 던지셨음이로다 하였더라

단 물로 변한 마라의 쓴 물

22 모세가 홍해에서 이스라엘을 인도하매 그들이 나와서 수르 광야로 들어가서 거기서 사흘길을 걸었으나 물을 얻지 못하고 23 마라에 이르렀더니 그 곳 물이 써서 마시지 못하겠으므로 그 이름을 마라라 하였더라 24 백성이 모세에게 원망하여 이르되 우리가 무엇을 마실까 하매 25 모세가 여호와께 부르짖었더니 여호와께서 그에게 한 나무를 가리키시니 그가 물에 던지니 물이 달게 되었더라 거기서 여호와께서 그들을 위하여 법도와 율례를 정하시고 그들을 시험하실새 26 이르시되 너희가 너희 하나님 나 여호와의 말을 들어 순종하고 내가 보기에 의를 행하며 내 계명에 귀를 기울이며 내 모든 규례를 지키면 내가 애굽 사람에게 내린 모든 질병 중 하나도 너희에게 내리지 아니하리니 나는 너희를 치료하는 여호와임이라 27 그들이 엘림에 이르니 거기에 물 샘 열둘과 종려나무 일흔 그루가 있는지라 거기서 그들이 그 물 곁에 장막을 치니라

출애굽기 16장

만나와 메추라기

1 이스라엘 자손의 온 회중이 엘림에서 떠나 엘림과 시내 산 사이에 있는 신 광야에 이르니 애굽에서 나온 후 둘째 달 십오일이라 2 이스라엘 자손 온 회중이 그 광야에서 모세와 아론을 원망하여 3 이스라엘 자손이 그들에게 이르되 우리가 애굽 땅에서 고기 가마 곁에 앉아 있던 때와 떡을 배불리 먹던 때에 여호와의 손에 죽었더라면 좋았을 것을 너희가 이 광야로 우리를 인도해 내어 이 온 회중이 주려 죽게 하는도다 4 그 때에 여호와께서 모세에게 이르시되 보라 내가 너희를 위하여 하늘에서 양식을 비 같이 내리리니 백성이 나가서 일용할 것을 날마다 거둘 것이라 이같이 하여 그들이 내 율법을 준행하나 아니하나 내가 시험하리라 5 여섯째 날에는 그들이 그 거둔 것을 준비할지니 날마다 거두던 것의 갑절이 되리라 6 모세와 아론이 온 이스라엘 자손에게 이르되 저녁이 되면 너희가 여호와께서 너희를 애굽 땅에서 인도하여 내셨음을 알 것이요 7 아침에는 너희가 여호와의 영광을 보리니 이는 여호와께서 너희가 자기를 향하여 원망함을 들으셨음이라 우리가 누구이기에 너희가 우리에게 대하여 원망하느냐 8 모세가 또 이르되 여호와께서

출 15:22-27
인간의 마음은 참으로 간사하다. 우리는 하나님의 영광스러운 구원을 찬양하지만, 다음 순간 쓴 물을 보자마자 불평을 터트린다. 가시적 믿음을 가진 자는 더더욱 이런 경향이 두드러진다.
나의 모습은?

저녁에는 너희에게 고기를 주어 먹이시고 아침에는 떡으로 배불리시리니 이는 여호와께서 자기를 향하여 너희가 원망하는 그 말을 들으셨음이라 우리가 누구냐 너희의 원망은 우리를 향하여 함이 아니요 여호와를 향하여 함이로다 9 모세가 또 아론에게 이르되 이스라엘 자손의 온 회중에게 말하기를 여호와께 가까이 나아오라 여호와께서 너희의 원망함을 들으셨느니라 하라 10 아론이 이스라엘 자손의 온 회중에게 말하매 그들이 광야를 바라보니 여호와의 영광이 구름 속에 나타나더라 11 여호와께서 모세에게 말씀하여 이르시되 12 내가 이스라엘 자손의 원망함을 들었노라 그들에게 말하여 이르기를 너희가 해 질 때에는 고기를 먹고 아침에는 떡으로 배부르리니 내가 여호와 너희의 하나님인 줄 알리라 하라 하시니라 13 저녁에는 메추라기가 와서 진에 덮이고 아침에는 이슬이 진 주위에 있더니 14 그 이슬이 마른 후에 광야 지면에 작고 둥글며 서리 같이 가는 것이 있는지라 15 이스라엘 자손이 보고 그것이 무엇인지 알지 못하여 서로 이르되 이것이 무엇이냐 하니 모세가 그들에게 이르되 이는 여호와께서 너희에게 주어 먹게 하신 양식이라 16 여호와께서 이같이 명령하시기를 너희 각 사람은 먹을 만큼만 이것을 거둘지니 곧 너희 사람 수효대로 한 사람에 한 오멜씩 거두되 각 사람이 그의 장막에 있는 자들을 위하여 거둘지니라 하셨느니라 17 이스라엘 자손이 그같이 하였더니 그 거둔 것이 많기도 하고 적기도 하나 18 오멜로 되어 본즉 많이 거둔 자도 남음이 없고 적게 거둔 자도 부족함이 없이 각 사람은 먹을 만큼만 거두었더라 19 모세가 그들에게 이르기를 아무든지 아침까지 그것을 남겨두지 말라 하였으나 20 그들이 모세에게 순종하지 아니하고 더러는 아침까지 두었더니 벌레가 생기고 냄새가 난지라 모세가 그들에게 노하니라 21 무리가 아침마다 각 사람은 먹을 만큼만 거두었고 햇볕이 뜨겁게 쬐면 그것이 스러졌더라 22 여섯째 날에는 각 사람이 갑절의 식물 곧 하나에 두 오멜씩 거둔지라 회중의 모든 지도자가 와서 모세에게 알리매 23 모세가 그들에게 이르되 여호와께서 이같이 말씀하셨느니라 내일은 휴일이니 여호와께 거룩한 안식일이라 너희가 구울 것은 굽고 삶을 것은 삶고 그 나머지는 다 너희를 위하여 아침까지 간수하라 24 그들이 모세의 명령대로 아침까지 간수하였으나 냄새도 나지 아니하고 벌레도 생기지 아니한지라 25 모세가 이르되 오늘은 그것을 먹으라 오늘은 여호와의 안식일인즉 오늘은 너희가 들에서 그것을 얻지 못하리라 26 엿새 동안은 너희가 그것을 거두되 일곱째 날은 안식일인즉 그 날에는 없으리라 하였으나 27 일곱째 날에 백성 중 어떤 사람들이 거두러 나갔다가 얻지 못하니라 28 여호와께서 모세에게 이르시되 어느 때까지 너희가 내 계명과 내 율법을 지키지 아니하려느냐 29 볼지어다 여호와가 너희에게 안식일을 줌

출 16:17-20
우리의 필요를 정확하게 아시고 충족시켜 주시는 하나님과 오늘도 동행하고 있는가?

인간의 탐심은 언제나 '잉여'를 추구한다. 인간사의 많은 문제가 바로 이 잉여에 기인하고 있다고 생각하지는 않는가?

으로 여섯째 날에는 이틀 양식을 너희에게 주는 것이니 너희는 각기 처소에 있고 일곱째 날에는 아무도 그의 처소에서 나오지 말지니라 30 그러므로 백성이 일곱째 날에 안식하니라 31 이스라엘 족속이 그 이름을 만나라 하였으며 깟씨 같이 희고 맛은 꿀 섞은 과자 같았더라 32 모세가 이르되 여호와께서 이같이 명령하시기를 이것을 오멜에 채워서 너희의 대대 후손을 위하여 간수하라 이는 내가 너희를 애굽 땅에서 인도하여 낼 때에 광야에서 너희에게 먹인 양식을 그들에게 보이기 위함이니라 하셨다 하고 33 또 모세가 아론에게 이르되 항아리를 가져다가 그 속에 만나 한 오멜을 담아 여호와 앞에 두어 너희 대대로 간수하라 34 아론이 여호와께서 모세에게 명령하신 대로 그것을 증거판 앞에 두어 간수하게 하였고 35 사람이 사는 땅에 이르기까지 이스라엘 자손이 사십 년 동안 만나를 먹었으니 곧 가나안 땅 접경에 이르기까지 그들이 만나를 먹었더라 36 오멜은 십분의 일 에바이더라

출애굽기 17장

반석에서 물이 나오다(민 20:1-13)

1 이스라엘 자손의 온 회중이 여호와의 명령대로 신 광야에서 떠나 그 노정대로 행하여 르비딤에 장막을 쳤으나 백성이 마실 물이 없는지라 2 백성이 모세와 다투어 이르되 우리에게 물을 주어 마시게 하라 모세가 그들에게 이르되 너희가 어찌하여 나와 다투느냐 너희가 어찌하여 여호와를 시험하느냐 3 거기서 백성이 목이 말라 물을 찾으매 그들이 모세에게 대하여 원망하여 이르되 당신이 어찌하여 우리를 애굽에서 인도해 내어서 우리와 우리 자녀와 우리 가축이 목말라 죽게 하느냐 4 모세가 여호와께 부르짖어 이르되 내가 이 백성에게 어떻게 하리이까 그들이 조금 있으면 내게 돌을 던지겠나이다 5 여호와께서 모세에게 이르시되 백성 앞을 지나서 이스라엘 장로들을 데리고 나일 강을 치던 네 지팡이를 손에 잡고 가라 6 내가 호렙 산에 있는 그 반석 위 거기서 네 앞에 서리니 너는 그 반석을 치라 그것에서 물이 나오리니 백성이 마시리라 모세가 이스라엘 장로들의 목전에서 그대로 행하니라 7 그가 그 곳 이름을 맛사 또는 므리바라 불렀으니 이는 이스라엘 자손이 다투었음이요 또는 그들이 여호와를 시험하여 이르기를 여호와께서 우리 중에 계신가 안 계신가 하였음이더라

아말렉과 싸우다

8 그 때에 아말렉이 와서 이스라엘과 르비딤에서 싸우니라 9 모세가 여호수아에게 이르되 우리를 위하여 사람들을 택하여 나가서 아말렉과 싸우라 내일 내가 하나님의 지팡이를 손에 잡고 산 꼭대기에 서리라 10

출 17:4
모세는 진정 신위를 따라 산 온유가 넘치는 자임을 볼 수 있다. 그의 모든 결정은 하나님께 부르짖어 하나님의 응답대로 했음을 읽을 수 있다. 단 한 번을 제외하고…. 그것은 바위에 명하여 물을 내라고 했는데 한순간 자제력을 잃고 바위를 쳐버리는 실수를 범한 적이 있다. 그래서 가나안에 들어갈 자격을 박탈당하지만, 그는 하나님의 뜻대로 산자였다. 이를 민수기에서는 "모세는 온유함이 지면의 모든 사람보다 더하더라"(민 12:3)라고 표현한다.

출 17:8-11
전쟁은 여호와께 속한다는 사실을 말한다. - 신위 개념을 생각하라.

• 갈 5:17 "육체의 소욕은 성령을 거스린다." 구원받지 않은 자는 죄악된 본성 하나만 가지고 있어서 대립이나 대결이 없다. 그러나 그리스도인은 두 가지 본성을 가지기에 계속 싸우게 된다.

여호수아가 모세의 말대로 행하여 아말렉과 싸우고 모세와 아론과 훌은 산 꼭대기에 올라가서 11 모세가 손을 들면 이스라엘이 이기고 손을 내리면 아말렉이 이기더니 12 모세의 팔이 피곤하매 그들이 돌을 가져다가 모세의 아래에 놓아 그가 그 위에 앉게 하고 아론과 훌이 한 사람은 이쪽에서, 한 사람은 저쪽에서 모세의 손을 붙들어 올렸더니 그 손이 해가 지도록 내려오지 아니한지라 13 여호수아가 칼날로 아말렉과 그 백성을 쳐서 무찌르니라 14 여호와께서 모세에게 이르시되 이것을 책에 기록하여 기념하게 하고 여호수아의 귀에 외워 들리라 내가 아말렉을 없이하여 천하에서 기억도 못 하게 하리라 15 모세가 제단을 쌓고 그 이름을 여호와 닛시라 하고 16 이르되 여호와께서 맹세하시기를 여호와가 아말렉과 더불어 대대로 싸우리라 하셨다 하였더라

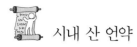 시내 산 언약

두 가지의 언약 - 은혜 언약과 행위 언약

성경은 신약, 구약인데 이 약(約)이라는 말은 약속이라는 말이다. 약속이란 말의 다른 말은 계약이란 말이다. 성경은 그런 언약의 내용을 담고 있다. 그래서 옛날 언약을 구약, 새 언약을 신약이라고 말한다.

성경 전체가 하나의 언약이라고 했을 때, 언약에는 두 가지가 있는데 하나는 **은혜 언약**과 다른 하나는 **행위 언약**이 있다. **은혜 언약**은 하나님이 일반적으로 약속하시고 하나님께서 일방적으로 그 약속을 지키시는 것이고 **행위 언약**은 물론 하나님이 일반적으로 약속을 하시지만 그 약속에 관여하는 인간 쪽에서 지켜야 하는 의무를 지키는 행위로 나타내는 언약이다. 이 행위 언약은 선악과 언약과 시내 산 언약인데 이 언약은 구약 성경 있어서 매우 중요한 언약이다. 시내 산 언약에서 지켜야 할 행위를 보여 주는 것이 십계명이다. 레위기는 이 십계명을 구체화 한 것이다.

구약의 흐름에서 보는 시내 산 언약의 위치와 구속사적 의미

선악과 사건을 통해 하나님과 인간의 맨 처음 창조 때의 관계가 파괴되어 하나님의 인간 창조의 의도가 무산되자 하나님은 그 관계 회복을 창세기 3:15을 통해 선언하시고 구속의 역사를 시작하신다. 아브라함을 부르시고 하나님의 주권적 관계가 회복할 여건인 자손과 땅을 약속하시고, 애굽의 생활을 통해서 자손을 완성하시고, 그들이 하나님의 백성으로 살아갈 땅으로 인도하시고자 출애굽을 일으키시고 그들을 시내 산에서 하나님의 백성으로서 살아갈 것을 약속하는 시내 산 언약을 맺어 관계를 회복하신다.

성경의 흐름으로 볼 때 시내 산 언약이 정점이다. 선악과 사건 이후 구약의 흐름은 시내산 언약을 향해 왔고 앞으로의 흐름은 시내 산 언약으로부터 흘러가는 흐름을 잘 파악해야 한다. 이것이 구약의 큰 그림(Mega narrative)이다.

시내 산 언약의 핵심

출애굽기 19:5-6 세계가 다 내게 속하였나니 너희가 내 말을 잘 듣고 내 언약을 지키면 너희는 모든 민족 중에서 내 소유가 되겠고 너희가 내게 대하여 제사장 나

라가 되며 거룩한 백성이 되리라 너는 이 말을 이스라엘 자손에게 전할지니라

이 출애굽을 행하신 하나님은 이스라엘 백성이 애굽에 노예로 있을 때 섬겼을 잡신과 같은 존재가 아니라 우주를 소유하신 왕 같으신 분이라는 사실을 먼저 선언적으로 알려 준다. 그런 후에 하나님은 일방적으로 다음과 같은 언약을 선포하신다.

1) 내 소유가 되겠고,
2) 제사장 나라가 되며,
3) 거룩한 백성이 되리라.
이것이 시내 산 언약의 요점이다. 이 시내 산 언약은 아브라함 언약의 연장선에서 이해해야 한다.

이제 이스라엘 백성은 바로 그런 하나님의 소유가 되어 그분의 제사장 나라가 되며 하나님의 거룩한 백성, 즉 하나님 나라의 백성으로 삼으신다는 **선언적 약속**이다. 성경의 언약이 다 그러하듯 그것은 쌍방적 계약이 아니라 하나님의 주도 아래 하나님의 일방적 계약이고 그 계약을 이행하면 하나님의 축복은 하나님이 보장하는 식의 언약이다.

19장은 바로 시내 산 언약이 맺어지는 장면을 보여 준다. **성경에서 가장 중요한 부분이다.** 그것은 하나님께서 하나님 나라를 세우시기 위한 언약이다. 언약이 약속이라고 해서 축복을 주시는 데 만 초점을 맞추어 해석한다면 그것은 언약을 잘못 이해하는 것이다. 언약은 하나님과 관계가 회복되고 형성되는 것에 초점이 맞추어져야 한다. 그러므로 언약은 관계 형성의 약속이다. 그런 관계가 형성되면 축복은 자연히 흐르는 것이다. 성경의 모든 언약은 바로 이 관계 형성과 회복에 관한 약속임을 분명히 알아야 한다. 창조 시 에덴에서 하나님은 아담과 언약을 맺었다. 하나님은 인간과 언약을 맺지 않을 수 없었다. 사랑의 하나님은 인간과 사랑의 관계를 맺으시고 발전시키며 축복하시기를 원하셨다. 복을 주시고자 창조하신다는 창 1:26-18은 창조 언약이다. 그 복과 사랑의 관계를 지속하기 위해서는 하나님이 주시는 한 가지 약속을 지켜야 한다. 그것은 선악과를 따 먹지 않는다는 약속이다. 그것이 선악과 언약이다. 그러나

인간은 그 언약을 파기하고 말았다. 언약 파기 가능성을 하나님은 아셨기 때문에 선악과를 두어 하나님을 기억하고 의지하게 했으나 인간은 결국 실패하고 그 관계가 끊어지고 말았다. 그러나 하나님은 신실하시며, 약속을 반드시 지키시는 분이기 때문에 처음에 주신 약속을 다시 회복하셔야 한다. 그것이 하나님의 속성이다.

그래서 그 관계를 끊게 한 제1차 장본인인 사탄을 제압해야 하므로 창 3:15의 영적 전쟁을 선포하셨다. 그리고는 하나님은 관계 형성과 회복을 위해 아브라함과 언약을 맺으셨고, 지금 또한 시내산 언약을 맺으시는 것이다. 이 시내산 언약은 아브라함의 언약의 발전된 것이며 더욱 구체화한 것이다. 하나님은 그 언약의 구체적인 이행을 위해 율법을 주신다.

하지만 인간은 여전히 죄성 때문에 율법을 어기고 그 언약을 파기할 가능성을 하나님은 알고 계시며, 그러면 관계 회복의 길을 열어 주시는데 그것이 바로 "제사 제도"이다. 앞서 언급했듯이 하나님 나라는 하나님과의 바른 관계가 회복되어 하나님의 통치가 온전히 회복되는 것을 말한다고 했다. 그러나 결국 이스라엘은 하나님과의 언약을 저버리고 바알을 숭배하며 이방적(세속적) 풍조에 휩쓸려 섞이는 삶을 살게 되고 하나님을 져버림으로 하나님의 통치를 벗어나 하나님 나라를 이루지 못하고 망하고 마는 비극을 초래하게 된다. 이것이 구약의 역사이다.

시내 산 언약의 의미

시내 산 언약은 구약에 있어서 가장 중요한 언약이다. 그 언약의 내용은 우리가 하나님의 소유가 되고, 우리가 제사장이 되고, 우리가 하나님의 거룩한 백성이 된다는 그 언약이다. 그 언약이 이루어지기 위해서는 조건이 있다. 그 조건은 하나님의 말씀을 듣고, 하나님의 약속을 지켜 행하면 그 언약이 이루어진다는 것이다. 이와 같은 인간 쪽의 의무 조항이 붙는 것들을 우리는 행위 언약이라고 한다. 행위 언약은 반드시 인간 쪽에서 지켜야 할 의무 조항이 따른다. 그래서 그 의무 조항을 지킬 때, 우리는 하나님과의 바른 관계를 유지하고 발전시켜 나갈 수 있다. 그래서 지켜야 할 의무 조항에 바로 따라 나오는 것들이 바로 십계명이다.

구약을 읽어나가면서 보게 되겠지만 구약의 역사는 시내 산 언약으로부터 시작된다고 해도 과언이 아니다. 시내 산 언약은 시내 산부터 출발하는 구약의 역사가 인간 쪽에서 지켜 행해야 하는 의무를 충실히 이행하지 못하므로 결국 구약의 역사는 인간 쪽에서 볼 때 실패하는 역사로 끝난다. 이스라엘이 왕국을 세우지만 결국 그 왕국이 분열되고, 분열된 왕국이 결국 외세의 세력에 의해 망하는 그런 역사로 끝나는데 그 이유가 바로 하나님께서 주신 인간이 지켜야 하는 십계명과 그에 부수되는 율법들을 인간들이 지켜 행하지 않았기 때문에 이스라엘 백성의 비극이고 그와 같은 일들을 통하여서 똑같은 상황이 우리에게도 벌어질 수도 있는 것이다. 이 구약의 역사는 이스라엘과 하나님의 관계를 대표성을 가지고 상징되는 것이지만 그것은 우리와의 약속이 또 우리가 지켜야 하는 의무라는 면에서 같다는 사실이다. 이와 같은 내용을 우리가 마음속에 넣어두고 성경을 읽을 때마다 종말론적 구속의 사역, 하나님 나라의 회복, 그것을 위해 인간은 거룩한 삶, 구별된 삶, 순종하는 삶을 살아야 한다는 것을 성경은 강조하고 있다. 그래서 이 관점과 연결해서 신위, 인위, 그리고 자기중심성이라는 이 세 가지 개념을 염두에 두고 성경을 읽으면 성경을 이해하는 데 많은 도움이 된다.

관련 성경 본문 읽기

출애굽기 19장

이스라엘 자손이 시내 산에 이르다

1 이스라엘 자손이 애굽 땅을 떠난 지 삼 개월이 되던 날 그들이 시내 광야에 이르니라 2 그들이 르비딤을 떠나 시내 광야에 이르러 그 광야에 장막을 치되 이스라엘이 거기 산 앞에 장막을 치니라 3 모세가 하나님 앞에 올라가니 여호와께서 산에서 그를 불러 말씀하시되 너는 이같이 야곱의 집에 말하고 이스라엘 자손들에게 말하라 4 내가 애굽 사람에게 어떻게 행하였음과 내가 어떻게 독수리 날개로 너희를 업어 내게로 인도하였음을 너희가 보았느니라 5 세계가 다 내게 속하였나니 너희가 내 말을 잘 듣고 내 언약을 지키면 너희는 모든 민족 중에서 내 소유가 되겠고 6 너희가 내게 대하여 제사장 나라가 되며 거룩한 백성이 되리라 너는 이 말을 이스라엘 자손에게 전할지니라 7 모세가 내려와서 백성의 장로들을 불러 여호와께서 자기에게 명령하신 그 모든 말씀을 그들 앞에 진술하니 8 백성이 일제히 응답하여 이르되 여호와께서 명령하신 대로 우리가 다 행하리이다 모세가 백성의 말을 여호와께 전하매 9 여호와께서 모세에게 이르시되 내가 빽빽한 구름 가운데서 네게 임함은 내가 너와 말하는 것을 백성들이 듣게 하며 또한 너를 영영히 믿게 하려 함이니라 모세가 백성의 말을 여호와께 아뢰었으므로 10 여호와께서 모세에게 이르시되 너는 백성에게로 가서 오늘과 내일 그들을 성결하게 하며 그들에게 옷을 빨게 하고 11 준비하게 하여 셋째 날을 기다리게 하라 이는 셋째 날에 나 여호와가 온 백성의 목전에서 시내산에 강림할 것임이니 12 너는 백성을 위하여 주위에 경계를 정하고 이르기를 너희는 삼가 산에 오르거나 그 경계를 침범하지 말지니 산을 침범하는 자는 반드시 죽임을 당할 것이라 13 그런 자에게는 손을 대지 말고 돌로 쳐죽이거나 화살로 쏘아 죽여야 하리니 짐승이나 사람을 막론하고 살아남지 못하리라 하고 나팔을 길게 불거든 산 앞에 이를 것이니라 하라 14 모세가 산에서 내려와 백성에게 이르러 백성을 성결하게 하니 그들이 자기 옷을 빨더라 15 모세가 백성에게 이르되 준비하여 셋째 날을 기다리고 여인을 가까이 하지 말라 하니라 16 셋째 날 아

출 19:4-6
시내 산 언약
① 소유
② 제사장 나라
③ 거룩한 백성

침에 우레와 번개와 빽빽한 구름이 산 위에 있고 나팔 소리가 매우 크게 들리니 진중에 있는 모든 백성이 다 떨더라 17 모세가 하나님을 맞으려고 백성을 거느리고 진에서 나오매 그들이 산 기슭에 서 있는데 18 시내산에 연기가 자욱하니 여호와께서 불 가운데서 거기 강림하심이라 그 연기가 옹기 가마 연기 같이 떠오르고 온 산이 크게 진동하며 19 나팔 소리가 점점 커질 때에 모세가 말한즉 하나님이 음성으로 대답하시더라 20 여호와께서 시내 산 곧 그 산 꼭대기에 강림하시고 모세를 그리로 부르시니 모세가 올라가매 21 여호와께서 모세에게 이르시되 내려가서 백성을 경고하라 백성이 밀고 들어와 나 여호와에게로 와서 보려고 하다가 많이 죽을까 하노라 22 또 여호와에게 가까이 하는 제사장들에게 그 몸을 성결히 하게 하라 나 여호와가 그들을 칠까 하노라 23 모세가 여호와께 아뢰되 주께서 우리에게 명령하여 이르시기를 산 주위에 경계를 세워 산을 거룩하게 하라 하셨사온즉 백성이 시내 산에 오르지 못하리이다 24 여호와께서 그에게 이르시되 가라 너는 내려가서 아론과 함께 올라오고 제사장들과 백성에게는 경계를 넘어 나 여호와에게로 올라오지 못하게 하라 내가 그들을 칠까 하노라 25 모세가 백성에게 내려가서 그들에게 알리니라

십계명

- 거룩한 백성(구별된 삶)의 삶의 기준과 원리
- 성경 영성의 근간 - 창 3:9, 4:9 - 관계의 종교(출 20~24장)

십계명은 시내 산 언약으로 하나님의 백성이 된 이스라엘 백성의 삶의 기준을 정해주는 것이다. 한마디로 말하면 하나님의 백성은 구별된 삶(**통큰통독 관점 3**)을 살아야 하는데 그 구별된 삶의 기준이 바로 십계명이다. 이런 십계명적 삶을 살아갈 때 비로소 하나님과 바른 관계 가운데 살아갈 수 있는 것이다.

언약은 하나님과 관계를 맺는 약속이라면, 십계명적 삶을 통하여 그 관계를 나타내는 것이다. 그 관계는 하나님과의 관계와 이웃과의 관계를 말한다. 왜 이 두 관계의 회복이 중요하냐 하면 선악과 사건으로 인해서 하나님과의 복과 사랑의 관계(창 1:26-28 참조)가 깨어지고, 그 결과로 타락한 인간은 가인이 아벨을 죽임으로 이웃과의 관계도 끊어 버린다(창 3:9과 4:9 참조). 그래서 진정한 관계의 회복은 하나님과의 관계 회복뿐만 아니라, 이웃과의 관계도 함께 회복되어야 한다. 십계명은 그 규례를 제공해준다.

1계명에서 4계명까지는 하나님과의 바른 관계를 회복하고 유지하기 위해서 지켜야 할 의무조항을 주신 것이며, 제5계명에서 제10계명까지는 이웃과의 바른 관계를 형성하고 유지하며 발전시키기 위해서 인간들이 지켜야 할 의무조항으로 규정하여 주신다.

그래서 십계명은 예수님께서 정의해 주신 그대로 하나님 사랑, 이웃 사랑 그것을 표현하는 것이다. 이와 같은 십계명 정신과 십계명의 내용은 오늘도 여전히 유효하다. 계시록에 보면, 계시록에 심판의 모든 기준점이 십계명에서 나온다는 사실이다.

이러한 계명을 주었을 때, 하나님께서는 인간의 연약함을 아시고, 그 율법을 다 지켜나가지 못한다는 것을 이미 아시고, 그 율법과 계명을 어겼을 때 하나님과의 관계가 깨어지게 되며. 그 깨어진 관계를 다시 회복할 수 있는 길을 여신 것이 바로 제사 제도이다. 그 제사 제도를 위해서 주신 것이 성막이다. 성막을 공부하기 전에 먼저 이 관계성에 대해 이해하는 것이 중요하다.

십계명과 관계성 - 관계 회복이란?

죄를 범한 인간을 찾아 주시는 하나님

인간이 죄를 범하면 하나님과 관계가 끊어진다고 선포하셨지만, 그런데도 하나님은 인간을 찾아 주시는 사랑의 하나님이심을 또한 보여 준다. 이는 하나님의 독특한 속성 때문이다. 그것은 곧 하나님은 우리의 하나님이 되시기를 원하시기 때문이다.

"여호와 하나님이 아담을 부르시며 그에게 이르시되 "네가 어디 있느냐?"
"내가 동산에서 하나님의 소리를 듣고 내가 벗었으므로 두려워 숨었나이다"(창 3:9, 10)
"여호와께서 가인에게 이르시되 네 아우 아벨이 어디 있느냐?
그가 가로되 내가 알지 못하나이다. 내가 내 아우를 지키는 자니이까?"(창 4:9)

위의 두 질문에 대한 해답은 그 사람의 신앙의 현 위치를 말해준다.
아담을 찾는 하나님의 질문은 나와 하나님의 관계를 묻는 물음이고, 아벨을 찾으시는 하나님의 질문은 나와 이웃과의 관계를 묻는 물음이다.

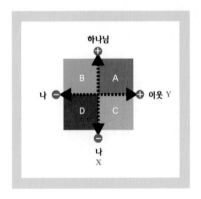

이래 십자가의 도표로 자기의 위치가 어디에 있는가를 찾아보라.
이에 대한 나의 대답은 나의 신앙의 위치가 어디에 있는가를 잘 말해주는 좌표이다. 이것을 1차 방정식의 X, Y 좌표로 설명하면 X축은 나와 이웃과의 관계를, 그리고 Y축은 나와 하나님과의 관계를 나타낸다.
1) 내 신앙의 좌표가 A 면에 있으면 하나님 사랑,

이웃 사랑이 모두 +면에 있기 때문에 기독교적(성경적)이라고 할 수 있다.

2) 내 신앙의 좌표가 B 면에 있으면 하나님 사랑은 +면, 이웃 사랑은 -면에 있으므로 이 경우는 신비주의적 신앙에 가깝다고 볼 수 있다.

3) 내 신앙의 좌표가 C 면에 있으면 하나님 사랑은 -면, 이웃 사랑은 +면에 있으므로 이 경우는 세상의 윤리 도덕적 종교의 신앙에 가깝다고 볼 수 있다.

4) 내 신앙의 좌표가 D 면에 있으면 하나님 사랑은 -면, 이웃 사랑은 -면에 있어서 이 경우는 거의 사탄적이라고 할 수 있다. 나의 위치는 어디에 있는가?

이 도표는 바로 우리와 하나님, 그리고 우리와 이웃과의 관계를 보여 준다. 기독교는 관계의 종교다. 그런 이야기가 이 책의 저변에 깔려 있다. 십계명은 바로 이런 관계성을 강조하는 율법이다.

십계명은 율법인가? 언약(covenant, testament)인가?

율법은 언약과 매우 밀접한 관계가 있다. 언약이 없이는 율법이 주어지지 않는다. 그러므로 언약이 먼저 주어지고 그에 따라 인간의 의무 조항인 법(율법)이 따르는 것이다. 따라서 법은 언약에 대해 종속개념 또는 하위 개념이다.

언약은 비록 하나님이 일방적으로 만든 것이라고 해도 언약은 하나님이 인간에게 스스로 맹세한 약속이 들어 있다. 이 약속이 언약을 일반적 윤리와 구분하는 점이다. 이 십계명의 계약성은 인간의 의무는 하나님의 백성이 되는 것이고, 하나님의 약속은 인간의 하나님이 되어주신다는 것이다. 이것이 하나님 나라 관점이다. 이 십계명은 윤리 도덕의 차원도 넘고, 계약의 차원도 넘어선 "삶" 그 자체이다.

따라서 구약의 영성을 크게 두 가지로 나눌 때 레위기를 중심으로 한 법 지킴을 강조하는 **제사장적 영성**(예배의 회복)과 그 법을 지키지 못함으로 인해 깨어진 언약을 회복하기를 강조하는 **선지자적 영성**(하나님의 사랑과 공의의 회복)으로 나눌 수 있다. 이 두 가지의 영성은 곧 십계명의 지킴과 직결되어 있다. 이 두 영성은 평행하는 두 영성이 아니고, 합치고 균형을 이루어 하나가 되는 영성이고 그것이 바로 **예수님의 영성**이며 신약의 영성이다.

관련 성경 본문 읽기

출애굽기 20장

출 20장
율법이란 하나님을 기쁘게 할 무슨 일을 행해야 한다는 뜻이며, 은혜는 그의 완전하신 뜻을 성취하기 위하여 하나님께서 우리 안에서 일하신다는 뜻이다.
따라서 이 계명(규례, 율법)은 그 행함의 기준을 말해 주는 것이다.

십계명적 삶은 관계 회복을 유지하는데 꼭 있어야 할 삶의 질을 말해 준다. 하나님 사랑과 이웃 사랑.

십계명(신 5:1-21)

1 하나님이 이 모든 말씀으로 말씀하여 이르시되 2 나는 너를 애굽 땅, 종 되었던 집에서 인도하여 낸 네 하나님 여호와니라 3 너는 나 외에는 다른 신들을 네게 두지 말라 4 너를 위하여 새긴 우상을 만들지 말고 또 위로 하늘에 있는 것이나 아래로 땅에 있는 것이나 땅 아래 물 속에 있는 것의 어떤 형상도 만들지 말며 5 그것들에게 절하지 말며 그것들을 섬기지 말라 나 네 하나님 여호와는 질투하는 하나님인즉 나를 미워하는 자의 죄를 갚되 아버지로부터 아들에게로 삼사 대까지 이르게 하거니와 6 나를 사랑하고 내 계명을 지키는 자에게는 천 대까지 은혜를 베푸느니라 7 너는 네 하나님 여호와의 이름을 망령되게 부르지 말라 여호와는 그의 이름을 망령되게 부르는 자를 죄 없다 하지 아니하리라 8 안식일을 기억하여 거룩하게 지키라 9 엿새 동안은 힘써 네 모든 일을 행할 것이나
10 일곱째 날은 네 하나님 여호와의 안식일인즉 너나 네 아들이나 네 딸이나 네 남종이나 네 여종이나 네 가축이나 네 문안에 머무는 객이라도 아무 일도 하지 말라 11 이는 엿새 동안에 나 여호와가 하늘과 땅과 바다와 그 가운데 모든 것을 만들고 일곱째 날에 쉬었음이라 그러므로 나 여호와가 안식일을 복되게 하여 그 날을 거룩하게 하였느니라 12 네 부모를 공경하라 그리하면 네 하나님 여호와가 네게 준 땅에서 네 생명이 길리라 13 살인하지 말라 14 간음하지 말라 15 도둑질하지 말라 16 네 이웃에 대하여 거짓 증거하지 말라 17 네 이웃의 집을 탐내지 말라 네 이웃의 아내나 그의 남종이나 그의 여종이나 그의 소나 그의 나귀나 무릇 네 이웃의 소유를 탐내지 말라

백성이 두려워 떨다(신 5:22-33)

18 뭇 백성이 우레와 번개와 나팔 소리와 산의 연기를 본지라 그들이 볼 때에 떨며 멀리 서서 19 모세에게 이르되 당신이 우리에게 말씀하소서 우리가 들으리이다 하나님이 우리에게 말씀하시지 말게 하소서 우

리가 죽을까 하나이다 20 모세가 백성에게 이르되 두려워하지 말라 하나님이 임하심은 너희를 시험하고 너희로 경외하여 범죄하지 않게 하려 하심이니라 21 백성은 멀리 서 있고 모세는 하나님이 계신 흑암으로 가까이 가니라

제단에 관한 법
22 여호와께서 모세에게 이르시되 너는 이스라엘 자손에게 이같이 이르라 내가 하늘로부터 너희에게 말하는 것을 너희 스스로 보았으니 23 너희는 나를 비겨서 은으로나 금으로나 너희를 위하여 신상을 만들지 말고 24 내게 토단을 쌓고 그 위에 네 양과 소로 네 번제와 화목제를 드리라 내가 내 이름을 기념하게 하는 모든 곳에서 네게 임하여 복을 주리라 25 네가 내게 돌로 제단을 쌓거든 다듬은 돌로 쌓지 말라 네가 정으로 그것을 쪼면 부정하게 함이니라 26 너는 층계로 내 제단에 오르지 말라 네 하체가 그 위에서 드러날까 함이니라

19장에서 하나님 백성으로 택함을 받는 언약을 체결하고, 20장에서 그 백성으로서 살아가야 할 규범을 받은 백성은 하나님의 백성으로 살아갈 것을 결의하며 언약 조인식을 한다. 19:6 "...너는 이 말을 이스라엘 자손에게 전할지니라"라고 한 것처럼 이 언약의 효력은 모든 아브라함의 언약으로부터 온 백성들에게 적용된다는 사실을 명심하고, 우리도 영적 아브라함의 자손이라는 사실을 명심하라. 그러므로 우리도 이 십계명의 정신을 삶의 규범으로 삼고 그런 구별된 삶을 살아야 한다는 사실을 절대로 잊어버리면 안 된다.

출애굽기 24장
시내 산에서 언약을 세우다
1 또 모세에게 이르시되 너는 아론과 나답과 아비후와 이스라엘 상로 칠십 명과 함께 여호와께로 올라와 멀리서 경배하고 2 너 모세만 여호와께 가까이 나아오고 그들은 가까이 나아오지 말며 백성은 너와 함께 올라오지 말지니라 3 모세가 와서 여호와의 모든 말씀과 그의 모든 율례를 백성에게 전하매 그들이 한 소리로 응답하여 이르되 여호와께서 말씀하신 모든 것을 우리가 준행하리이다 4 모세가 여호와의 모든 말씀을 기록하고 이른 아침에 일어나 산 아래에 제단을 쌓고 이스라엘 열두 지파대로 열두 기둥을 세우고 5 이스라엘 자손의 청년들을 보내어 여호와께 소로 번제와 화목제를 드리게 하고 6 모세가 피를 가지고 반은 여러 양푼에 담고 반은 제단에 뿌리고 7 언약서를 가져다가 백성에게 낭독하여 들게 하니 그들이 이르되 여호와의 모든 말씀을 우리가 준행하리이다 8 모세가 그 피를 가지고 백성에게 뿌리며 이르되 이는 여

호와께서 이 모든 말씀에 대하여 너희와 세우신 언약의 피니라 9 모세와 아론과 나답과 아비후와 이스라엘 장로 칠십 인이 올라가서 10 이스라엘의 하나님을 보니 그의 발 아래에는 청옥을 편 듯하고 하늘 같이 청명하더라 11 하나님이 이스라엘 자손들의 존귀한 자들에게 손을 대지 아니하셨고 그들은 하나님을 뵙고 먹고 마셨더라

시내 산에서 사십일을 있다

12 여호와께서 모세에게 이르시되 너는 산에 올라 내게로 와서 거기 있으라 네가 그들을 가르치도록 내가 율법과 계명을 친히 기록한 돌판을 네게 주리라 13 모세가 그의 부하 여호수아와 함께 일어나 모세가 하나님의 산으로 올라가며 14 장로들에게 이르되 너희는 여기서 우리가 너희에게로 돌아오기까지 기다리라 아론과 훌이 너희와 함께 하리니 무릇 일이 있는 자는 그들에게로 나아갈지니라 하고 15 모세가 산에 오르매 구름이 산을 가리며 16 여호와의 영광이 시내 산 위에 머무르고 구름이 엿새 동안 산을 가리더니 일곱째 날에 여호와께서 구름 가운데서 모세를 부르시니라 17 산 위의 여호와의 영광이 이스라엘 자손의 눈에 맹렬한 불 같이 보였고 18 모세는 구름 속으로 들어가서 산 위에 올랐으며 모세가 사십 일 사십 야를 산에 있으니라

성막 - 하나님을 만나는 곳(출 25~40장),

성막은 출애굽기 25장에서 40장까지 무려 16장을 할애해서 기록할 만큼 매우 중요한 주제이다. 왜냐하면 성막은 에덴을 상징하기 때문이다. 에덴은 하나님이 그의 형상과 모양으로 지음을 받은 인간(아담과 하와)이 하나님과 함께 하는 곳이었다. 그때가 인간이 가장 존귀하고 가치 있는 영화로운 존재로 살아갈 수 있기 때문이다. 시편 기자는 "여호와께 가까이 함이 내게 복이라…"(시 73:28)라고 고백한다. 하나님은 인간을 그럴 목적으로 지으셔서 에덴에서 함께 하셨다. 그러나 선악과 사건을 통해서 인간은 하나님과 관계를 끊고, 스스로 하나님이 되고 싶어 독립적 존재가 되므로 "함께 하심"의 복을 잃어버렸다. 구속은 바로 이런 관계를 회복하는 것이다. 하나님이 인간과 함께 할 수 있는 에덴에서의 아름다운 관계를 회복하는 것이 하나님의 구속의 역사의 궁극적 목표이다.

아브라함 언약을 통해 준비한 관계 회복을 이룰 시내 산 언약을 맺음으로 이제 이스라엘은 하나님과 함께 할 그의 백성이 된 것이다. (오늘 우리도 예수 그리스도의 공로를 통해 하나님과 함께 할 그의 백성이 되었다는 사실도 곧 알게 될 것이다.)

바로 이것이 성막을 준 이유다. 출애굽기 25:8에서 "내가 그들 중에 거할 성소를 그들이 나를 위하여 짓되"라고 하나님이 친히 성소(막)을 짓게 하는 이유를 밝힌다. 이제 이스라엘 백성이(또한 우리가) 하나님과 함께 할 수 있는 백성이 되었기에 하나님이 우리에게 임재하셔서야만 한다.

그런데 문제가 있다. 에덴에서 아담과 하와가 하나님과 함께해도 죽지 않았다. 그것은 아담과 하와가 아직 선악과를 따 먹는 불순종의 죄를 범하기 전이었다. 그러나 죄를 범한 인간이 하나님을 보면 죽는다. 하나님은 인간과 함께하시기를 원해서 구속하고 백성으로 삼아 주셨는데 죄가 해결되지 않아 하나님을 보고 죽으면 안 되기 때문에 죄의 문제를 해결하는 장소인 성막은 하나님을 만나는 장소로 삼으시는 것이다.

임마누엘의 하나님

임마누엘의 뜻은 '하나님이 우리와 함께하시다.'이다. 임재는 하나님의 중요한 속성이다. 사실 하나님이 천지를 창조하시고 인간을 창조하셨을 때 인간을 창조하신 이유가 바로 그 하나님의 임재를 위해서 만드시고 사랑과 복의 관계를 맺으신 것이다. 하나님은 이렇듯 인간과 관계를 맺기를 원하신다는 것이다. 그래서 하나님의 임재와 성전은 매우 밀접한 관계에 있다.

첫째, 하나님은 처음에 에덴에 임재하시고 함께하셨다. 두 번째, 성막에서 하나님은 인간들과 함께하셨고, 세 번째, 솔로몬의 성전에 충만하게 임재하셨다. 이 상황을 열왕기상 6장에서 히브리어로 '쉐케이나'로 표현한다. 하나님의 임재와 반대되는 현상은 에스겔 10:18에 하나님의 영광이 성전을 떠나는 모습이 나온다.

신약에서는 요한복음 1:14절에 예수님은 "말씀이 육신이 되어 우리 가운데 거하시매⋯"라고 했는데, 그 예수님은 우리 가운데 장막을 치시기 위하여 오셨다는 말이다. 영어 성경 YLT판은 '거하시매'를 영어 tabernacle로 번역했다. 즉, tabernacle은 장막, 성막이라는 뜻인데 이 말은 우리 가운데 장막을 치셨다는 것이고, 예수 그리스도께서 구약의 성막의 역할을 해주신다는 것이다. '말씀이 육신이 되어오셨다'라는 구절도 역시 하나님의 임재를 말한다. 그리고 고린도전서에 보면 바울은 '우리가 성령이 거하시는 전이다' 하나님께서 성령으로 우리와 함께하신다는 것이다(고전 5:19; 고후6:16). 결국에는 요한 계시록 21:3에 가면 '하나님께서 그의 백성과 영원히 함께하신다'라고 임재의 완성을 보여준다. 이처럼 성경 전체에서 하나님이 우리와 함께하시는 모습을 우리가 살펴볼 때 하나님의 그 으뜸이 되는 속성은 바로 하나님의 임재이다. 이렇듯 하나님이 우리와 함께하신다는 이것이 에덴의 가장 큰 속성이 아니겠는가?

그래서 많은 성서학자는 성막을 에덴의 모형이라고 부른다. 하나님께서 잃어버린 에덴을 성막으로부터 시작해서 그 에덴을 본격적으로 회복하시는 일을 시작하신다고 보는 것이다. 그러므로 하나님께서는 성막을 설계하실 때 굉장히 자세한 부분까지 직접 설계해 주시는 것이다. 인간의 생각이나 의도가 어느 한 가지도 들어올 틈이 없을 만큼 성막의 모든 것을 완벽하게 하나님 뜻대로 설계해 주시는 하나님의 의도는 이 성막이 바로 에덴이기 때문이다. 우리가 이 부분을 설명할 때 **신위**(神爲)라는 개념으로 설명한 바 있다. 하나님의 방법이라는 것이다.

하나님의 임재는 하나님의 방법대로 하신다 - 신위(神爲)

지금까지 성경을 읽으면서 많은 부분에서 하나님의 방법을 강조하는 것을 보았다. 무화과 옷을 벗기고 가죽옷을 입힐 때 봤고, 노아의 방주 설계에서 봤고, 하나님께서 셋을 허락하실 때도 그 모습을 보았다. 성막은 이처럼 하나님이 임재하시는 곳이기 때문에 하나님께서 인위의 요소가 조금도 들어올 여유를 주지 않으시고 하나님께서 친히 설계하셨다는 사실. 이것은 하나님의 방법을 강조하는 것이다. 왜냐하면 자기가 하나님이 되고 싶어 하는 인위로 선악과를 따 먹는 인위로 인해 에덴이 무너져 버렸기 때문이다.

성경 그 자체는 하나님 방법을 보여주는 하나님의 계시이다. 하나님의 방법대로 우리가 살아가야 한다는 것을 강조하는 것이다. 성경에 인간의 방법이 하나님의 방법을 뛰어넘는 것이 허용되는 것은 어디에도 없다. 인간의 방법이 하나님의 방법을 뛰어넘으려 할 때 하나님께서 반드시 진노하시고 막으신다는 것을 볼 수 있다. 이 성막을 주시는 것도 하나님께서는 완벽하게 하나님의 방법을 보여주고 그것을 강조하고 있다. 완벽하게 하나님의 방법을 강조하는 것이다.

하나님의 임재하심이 온전하게 이루어지기 위해서, 다시 말하면 하나님과 깨어진 이 관계가 회복되고 발전되기 위해서 십계명을 주셨는데 자유 의지를 가지고 있는 인간은 자기중심성이 언제든지 가능하므로 그 십계명을 완벽하게 지킬 수 없다는 것을 하나님께서 아신다. 그래서 하나님께서는 만약에 인간이

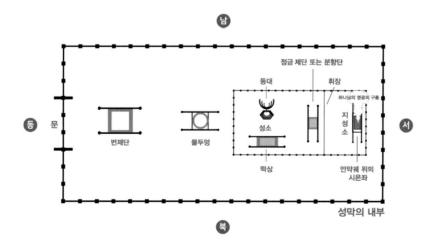

십계명과 율법을 어겨 다시 하나님과의 관계가 깨어졌을 때를 대비하여 다시 그 관계를 회복할 수 있는 길을 주시는데 그것이 제사 제도이다. 성막의 구조는 제사 제도를 시행할 수 있는 여러 가지 방법과 기구를 제공하는 것이고, 그 제공된 기구들이 번제단, 물두멍, 성소에 들어오면 떡상, 등대, 분향단, 지성소에 들어오면 법궤가 있다. 하나님은 지성소 법궤 위 시은좌에 임재하신다.[2]

이 모든 것들은 다 하나님의 방법임을 항상 생각해야 한다(신위). 이 성막에서 이루어지는 모든 일은 하나님의 방법대로 이루어져야 한다. 이것은 오늘날의 예배에서도 똑같이 하나님의 방법이 강조되어야 하는 이유이기도 하다. 인간의 방법이 끼어 들어갈 곳은 전혀 없다.

하나님이 제시한 그 순서는 이러하다. (그림을 참조하라)

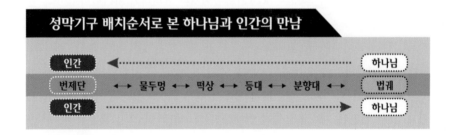

성막의 뜰에 들어가면 먼저 번제단이 나오고, 번제단을 지나면 물두멍이 나온다. 번제단은 피와 관계있고 피는 죄 사함과 관계있다. 물두멍은 물과 관계있다. 그래서 번제단에서 피에 의해서 회개하고 용서받은 사람들은 그다음에 물두멍을 거치면서, 번제단에서 죄 사함을 받은 인간들이 성령 하나님의 인도함을 받아서 성화의 삶을 살아가야 한다는 상징적인 의미가 있는 것이다. 다시 말하면 번제단은 칭의적 구원을 받는 것이고 물두멍은 성화적 구원을 받는 것이고 이제 지성소에 들어가면 그 영화적 구원을 받는다는 의미로 나누어 생각해 볼 수 있다. 실제로 물두멍은 제사장이 성소로 들어가기 전에 번제단에서

---

2 필자의 저서 『90일 성경 통독 말씀이 삶이 되어』(개정 증보판) 143페이지에 성막 기구 배치순서와 하나님과 인간의 만남이라는 도표가 있다. 그 도표가 간단하게 그려져 있지만, 굉장히 의미심장한 도표다. 여러분 잘 공부하면 성경 메시지 이해에 도움이 된다.

제물을 가를 때 손에 묻었던 피를 씻었다고 한다. 그러나 물과 성령 사이엔 그런 상징적 의미가 있으므로 물두멍은 우리의 성화적 삶을 상징한다고 보는 것이다.

성소에 들어가면 등대와 떡상 위에 떡, 분향단이 나오는데 이 세 가지를 한꺼번에 묶어서 그 상징을 설명해 볼 수 있는데, 물론 등대는 빛을 상징하는 것이고, 떡상 위에 떡은 말씀을 상징하는 것이고, 분향단은 우리 기도를 상징하는 것이다. 성도는 말씀과 기도에 의한 빛 된 삶을 살아야 한다는 것이다. 성소 안에 있는 기구가 갖는 영적인 의미이다. 그리고 그런 삶을 살아야 지성소에 계신 하나님을 만날 수 있다는 것이다. 그래서 이 성막의 기구들, 즉 번제단, 물두멍, 등대, 떡상, 분향단, 법궤에 계신 하나님, 이런 전체 기구의 배치도를 가지고 구원의 과정을 생각해 보면 번제단에서의 칭의적 구원, 물두멍, 성소 안에 있는 떡상, 분향단, 등대 말씀과 기도에 의한 빛된 삶 즉 성화적 구원을 말하는 것이고, 지성소에 들어갔을 때 법궤 앞에서 하나님을 만나는 영화의 구원이 되는 것 즉 구원론적인 의미가 포함되어 있다.

우리는 하나님 방법대로 하나님과 관계를 맺어야 한다
성막 안의 기구와 제사 제도를 보면 하나님의 방법대로 이루어져야 한다는 것을 유난히 강조함을 읽을 수 있다. 이것은 절대적이다. 제사 제도를 주실 때도 하나님께서 모세에게 그냥 대충 지시한 것이 아니라 레위기 1~11장에 나오는 제사 제도를 보면 얼마나 자세히 보여 주고 있는지를 알 수 있다. 특히 제물을 다루는 방법에 대해 구체적으로 나와 있다. 제물을 다루는 사람은 제사장이 아니라 제사를 지내는 제사자다. 왜냐하면 그 제물이 제사자를 대신해서 죽기 때문에 제사자가 자기가 죽는 것을 짐승이 죽는 것을 통해서 자기가 죽는 것을 체험하게 하는 것이다. 그래서 짐승을 제사자가 가져와서 짐승에게 자기의 죄를 전가하고, 짐승을 죽이고, 각을 뜨고, 내장을 씻는 등 이 모든 일의 과정을 통해서 제사자는 자기 자신을 하나님 앞에 죄로 인해 죽는다는 것을 체험하게 한다. 이것은 결국 하나님 방법대로 자기중심성을 내려놓는 것이다. 바로 여기에도 신위, 인위, 자기중심성의 개념이 녹아있다. 하나님은 이와 같은 성막과 제사 제도를 통해서 하나님과의 관계를 회복하길 원하시는 것이다. 우리의 방법대로 회복하는 것이 아니라 하나님께서 주신 방법대로 관계가 회복되어야 한다는 것이다. 바로 이러한 정신이 오늘날 우리가 드리는 예배 속에 녹아있어야 한다. 참으로 중요한 부분이다.

32장 선악과 사건 이후 인간은 자기가 원하는 신(하나님)을 만들려고 한다. 출애굽기 32장에 보면 이스라엘 백성들이 금송아지를 만들어 놓고 그 금송아지를 가리켜 자기들을 애굽에서 인도해 낸 여호와 하나님이라고 부르면서 그 금송아지 앞에서 춤을 추며 찬송을 하는 모습들을 보았을 것이다. 이것은 무엇을 의미하는가? 이것은 자기 방법대로, 자기 기분대로, 자기들이 은혜받을 수 있다고 생각하고 하나님을 섬기려고 하는 그런 인간의 마음이 아닐까? 이게 바로 인간의 죄 된 모습이라는 것이다. 하나님께서는 성막이라는 곳을 통해서 분명히 가르쳐 주고 계신다. 우리의 방법대로가 아닌 하나님의 방법으로 나아가야 한다. 그런데 이스라엘 백성들은 이 와중에 자기들의 방법대로 하나님을 섬기고 싶어 하는 그런 본성을 보여 준다. 금송아지를 만들어 놓고 그것을 하나님이라고 부르는 것은 바로 인간 죄성의 단면을 보여 주는 것이다. 이것은 단순히 하나의 우발사건으로 일어나는 사건이 아니고 여기엔 인간의 자기중심성이 숨어 있는 것이다. 그래서 성막이나 제사 제도를 통하여 하나님께서 보여 주는 것은 바로 하나님의 방법대로 하나님을 섬기고 하나님을 찬송하고 예배하며 그런 하나님의 방법대로 관계를 회복하라고 강조하는 것이다. 대단히 중요한 부분이다.

잘못된 신을 바른 신으로 섬기는 것은 바른 신을 잘못 섬기는 만큼 치명적이다. 오늘 우리는 잘못된 신을 바른 신이라고 섬기고 있는지 특히 종교다원주의가 만연하는 이 시대에 정말 우리가 하나님을 하나님의 방법대로 섬기지 아니하면 안 된다. 그러기 위해선 우리는 성경에 충실해야 하고, 성경이 주는 진리를 깨달아야 하고, 성경을 통해 우리에게 주시는 그 방법이 뭔가를 깨닫고 그것을 찾아내야 한다.

오직 하나님 방법으로 - 신위(神爲)
성막엔 문은 하나밖에 없다. 그 뜻은 하나님께로 가는 길은 하나밖에 없다는 것이다. 문이 동서 사방에 있어 아무대로나 들어오는 것이 아니라 동쪽에 하나만 있다. 성막의 입구가 하나이듯 하나님께 나아가는 방법은, 하나님께 나아가는 길은 하나님의 방법. 신위의 방법으로 나가야 한다는 것이다.

성막과 레위기의 제사 제도를 통해서 깨닫는 예배의 참된 의미
- 예배의 원리를 이해하자

오늘날의 교회가 구약의 성막의 특징을 그대로 답습해야 할 필요는 없지만, 적어도 예배를 통해서 하나님의 임재로 나아간다는 것은 구약의 성막과 같은 맥락이다. 신약의 예배는 하나님 앞으로 나아가서 그분을 만나는 것이고(encounter), 성막에서도 하나님의 임재 앞으로(지성소) 나아가는 것(encounter)은 서로 같은 맥락이다. 그러므로 앞에서 성막을 공부할 때 살펴보았듯이 하나님께 나가는 방법은 우리가 정하는 것이 아니고, 하나님이 정한 방법대로 나아가야 한다는 것이다. 우리는 그 방법을 따르는 순종만을 할 뿐이다. 신약이든, 구약이든 예배(제사)의 정신은 꼭 같은 것이다. 하나님을 만나는 것은 우리가 자의적(恣意的)으로 만나러 나가는 것이 아니다.

오늘날 현대 교회가 말하는 소위 열린 예배(나는 이 용어를 매우 싫어한다. 열린 예배가 아닌 다른 예배는 닫힌 예배란 말인지…)는 이런 점에서부터 잘못을 저지르고 있다. 더 심각한 문제는 그것이 잘못인 줄을 모르고 있다는 데 있다. 마치 이스라엘 백성이 광야에서 금송아지를 만들고 그것이 그들을 애굽에서 구해 낸 신이라고 했듯이 잘못된 신을 바른 신으로 섬기는 것은 바른 신을 잘못된 신으로 취급하는 것같이 치명적인 실수이다.

그 이유는 다음과 같다. 예를 든다면 어느 교회의 예배에 시작 찬양(정통 음악 신학에서 말하는 입례송(introit)의 개념과는 확실히 다르지만)의 가사가 잘못된 것임에도 불구하고 그 선율이 좋다는 이유로 그냥 부르고 있는 것은 참으로 안타까운 노릇이다. 그 가사의 내용은 "…이곳에 오셔, 앉으시고, 우리의 예배를 받으소서…"이다. 예배의 초청의 주도권이 온전히 바뀐 가사이다. 성경에 보면, 예배뿐만 아니라 모든 것의 주도권은 언제나 하나님께 있다. 성경적 예배의 모형을 제공해주는 성경은 창세기 18장, 창세기 28장, 레위기 8장, 이사야 6장 등의 내용을 보면 언제나 하나님이 이미 그곳에 계신다는 것을 금방 알 수 있다. 그렇다. 예배는 하나님이 우리를 만나 주시려고 우리를 먼저 불러 주심으로 가능한 것이고, 그러므로 우리는 그야말로 예배(禮拜), 즉 예(禮)를 갖추어 절(拜)함으로 나아가는 것이다. 예를 갖춘다는 것은 하나님의 방법을 따른다는 것이고, 절을 한다는 것은 자기중심성을 내려놓고 하나님의 뜻에 순종함을 보인다는 것이다. 이 말에서 우리는 다시 한번 예배에의 부름이라는 주도권이 절대적으로 하나님께 있다는 사실을 확실히 알아야 한다. 다시 말하면 예배는 하나님의 방법대로 행하여 그분의 이름과 영광을 드러내야 하는 데 초점이 맞추어져 있어야 한다는 말이다. 절대로 우리의 감정의 반응에 초점이 맞추어져 있어서는 안 된다.

그러나 오늘날 소위 말하는 열린 예배는 찬송도 하나님의 이름과 영광과는 상관없이, 또는 그런 핑계로 내 감정의 반응에 더 많은 초점이 맞추어 있음은 개탄스럽기 조차한다. 설교도 마찬가지다. 설교자는 설교를 통해 예배를 드리는 것이 아니고, 듣는 자의 귀를 즐겁게 해주기 위해서 더 많은 준비를 하는 듯하다. 디모데 후서 4:3-4에서 바울은 이렇게 걱정한다.

"때가 이르리니 바른 교훈을 받지 아니하며 귀가 가려워서 자기의 사욕을 따를 스승을 많이 두고 또 그 귀를 진리에서 돌이켜 허탄한 이야기를 따르리라"

또한 바울은 갈라디아서 1:10에서 "이제 내가 사람들에게 좋게 하랴 하나님께 좋게 하랴 사람들에게 기쁨을 구하랴. 내가 지금까지 사람들의 기쁨을 구하였다면 그리스도의 종이 아니니라"라고 단호히 말한다.

우리의 예배는 감성적인 반응에 더 민감하게 진행된다는 것이다. 특히 한국 사람들은 지성적이기보다는 감성적이다. 법보다 주먹이 앞서는 민족이다. 데모하는 모습들을 보라. 거기에는 감정만 있을 뿐이다. 따라서 예배도 다분히 감정적으로 흐르기가 쉽다. 그런 요소도 예배에 있어야 하지만, 예배가 하나님의 이름과 영광보다는 내 감정의 응어리 진 한을 푸는 식으로 열정적으로 행하면 그것은 단지 한풀이 무당 푸닥거리가 될 가능성이 크고, 실제로 그런 식으로 예배를 드리는 교회가 많다. 그런 곳에 하나님의 임재가 있을 리가 없고 따라서 그것은 예배일 수가 없다.

예배를 한마디로 요약해 보면, 하나님을 만나고 나를 그분의 뜻에 온전히 순종하는 변화를 통해 그분을 영화롭게 하는 것이다. 다른 말로 예배는 인위를 내려놓는 과정이다. 레위기는 어떻게 하나님 앞에서 자기(인위 : 자기중심성)를 내려놓는가를 잘 보여 주는 책이다.

레위기의 제사 제도에서 바른 예배 정신을 배우기

제사에 드릴 제물을 다듬는 과정은 바른 예배자의 정신을 보여 주는 대목이다. 또한 재미없는 레위기를 은혜롭게 읽는 방법이기도 하다.

1) 제물로 바쳐지는 짐승들이 어떻게 죽고 각이 떠지는가를 유의하고, 죄인인 내가 그렇게 죽을 수밖에 없는데 예수님이 대신 죽으심으로 그런 죽음이 면제되었다는 사실을 생각해야 한다.

2) 우리의 옛 자아가 그 제물들처럼 각이 떠져 매일 죽어야 한다는 사실을 기억해야 한다.

레위기에서 제물인 짐승을 죽이고 다듬는 일은 제사장이 하는 것이 아니고 바로 제사를 지내는 자의 몫임을 알아야 한다. 제사를 지내는 자가 제물을 제단으로 가져온다. 그리고 그 제물에 안수하여 자기 죄와 허물을 전가하고 제물인 짐승을 도살한다. 그리고는 가죽을 벗기고, 각을 뜨고, 머리와 기름을 빼어 내고, 내장과 정강이를 물로 씻는다. 그러면 제사장은 그 짐승의 피를 제사자를 대신해서 제단에 뿌린다. 그리고 그것들을 제단 위에 올리고 태우는 일을 제사장이 한다. **여기서 각을 뜬다는 것은 내 몸 전체가 부서진다는 뜻이고, 내장은 내 마음과 뜻, 그리고 온 정성을 뜻한다. 머리는 내 사상, 생각, 가치관을 말하고, 기름은 생명을 뜻한다. 이런 것들을 불에 태운다는 것은 전체의 생명을 하나님께 바친다는 뜻이다.** 비록 짐승이 대신 죽고 태워지지만 바로 그것은 곧 자기가 죽고 태워진다는 뜻이다. 신약에 와서는 그 일을 예수님이 대신해 주셨다.

레위기에서 예배자의 자세가 어떤가를 다시 한번 묵상해 보라. 그리고 로마서 12:1-2을 깊이 묵상해야 한다. 하나님은 지금도 바른 예배자를 찾는다고 했다. 하나님은 영이시니 신령과 진리(진정이 아님)로 예배를 드려야 한다(요 4:24). 이 말은 예배가 하나님의 이름과 영광에 초점이 맞추어져야지 내 감정의 반응에 초점이 맞추어지면 안 된다는 것이다.

관련 성경 본문 읽기

출애굽기 25장

성소를 지을 예물

1 여호와께서 모세에게 말씀하여 이르시되 2 이스라엘 자손에게 명령하여 내게 예물을 가져오라 하고 기쁜 마음으로 내는 자가 내게 바치는 모든 것을 너희는 받을지니라 3 너희가 그들에게서 받을 예물은 이러하니 금과 은과 놋과 4 청색 자색 홍색 실과 가는 베 실과 염소 털과 5 붉은 물 들인 숫양의 가죽과 해달의 가죽과 조각목과 6 등유와 관유에 드는 향료와 분향할 향을 만들 향품과 7 호마노며 에봇과 흉패에 물릴 보석이니라 8 내가 그들 중에 거할 성소를 그들이 나를 위하여 짓되 9 무릇 내가 네게 보이는 모양대로 장막을 짓고 기구들도 그 모양을 따라 지을지니라

증거궤(출 37:1-9)

10 그들은 조각목으로 궤를 짜되 길이는 두 규빗 반, 너비는 한 규빗 반, 높이는 한 규빗 반이 되게 하고 11 너는 순금으로 그것을 싸되 그 안팎을 싸고 위쪽 가장자리로 돌아가며 금 테를 두르고 12 금 고리 넷을 부어 만들어 그 네 발에 달되 이쪽에 두 고리 저쪽에 두 고리를 달며 13 조각목으로 채를 만들어 금으로 싸고 14 그 채를 궤 양쪽 고리에 꿰어서 궤를 메게 하며 15 채를 궤의 고리에 꿴 대로 두고 빼내지 말지며 16 내가 네게 줄 증거판을 궤 속에 둘지며 17 순금으로 속죄소를 만들되 길이는 두 규빗 반, 너비는 한 규빗 반이 되게 하고 18 금으로 그룹 둘을 속죄소 두 끝에 쳐서 만들되 19 한 그룹은 이 끝에, 또 한 그룹은 저 끝에 곧 속죄소 두 끝에 속죄소와 한 덩이로 연결할지며 20 그룹들은 그 날개를 높이 펴서 그 날개로 속죄소를 덮으며 그 얼굴을 서로 대하여 속죄소를 향하게 하고 21 속죄소를 궤 위에 얹고 내가 네게 줄

출 25:8

성막의 목적은 하나님의 임재임을 명심해야 한다. 하나님은 인간과 함께하시기 위해 사람을 만들고 에덴에서 함께 하셨다. 그것이 창조의 목적인데 그것을 선악과 사건을 통해 잃어버렸다가 시내 산 언약을 통해 회복하셨다. 그래서 이제 인간과 함께하시기 위해 임재하셔야 하는데 죄를 해결하지 못한 인간이 하나님을 만나면 죽어야 하므로, 제사를 통해 죄사함을 해결하는 성막에 임재하셔서 인간을 만나는 것이다.

증거판을 궤 속에 넣으라 22 거기서 내가 너와 만나고 속죄소 위 곧 증거궤 위에 있는 두 그룹 사이에서 내가 이스라엘 자손을 위하여 네게 명령할 모든 일을 네게 이르리라

진설병을 두는 상(출 37:10-16)

23 너는 조각목으로 상을 만들되 길이는 두 규빗, 너비는 한 규빗, 높이는 한 규빗 반이 되게 하고 24 순금으로 싸고 주위에 금 테를 두르고 25 그 주위에 손바닥 넓이만한 턱을 만들고 그 턱 주위에 금으로 테를 만들고 26 그것을 위하여 금 고리 넷을 만들어 그 네 발 위 네 모퉁이에 달되 27 턱 곁에 붙이라 이는 상을 멜 채를 꿸 곳이며 28 또 조각목으로 그 채를 만들고 금으로 싸라 상을 이것으로 멜 것이니 29 너는 대접과 숟가락과 병과 붓는 잔을 만들되 순금으로 만들며 30 상 위에 진설병을 두어 항상 내 앞에 있게 할지니

등잔대와 기구들(출 37:17-24)

31 너는 순금으로 등잔대를 쳐 만들되 그 밑판과 줄기와 잔과 꽃받침과 꽃을 한 덩이로 연결하고 32 가지 여섯을 등잔대 곁에서 나오게 하되 다른 세 가지는 이쪽으로 나오고 다른 세 가지는 저쪽으로 나오게 하며 33 이쪽 가지에 살구꽃 형상의 잔 셋과 꽃받침과 꽃이 있게 하고 저쪽 가지에도 살구꽃 형상의 잔 셋과 꽃받침과 상의 잔 넷과 꽃받침과 꽃이 있게 하고 35 등잔대에서 나온 가지 여섯을 위하여 꽃받침이 있게 하되 두 가지 아래에 한 꽃받침이 있어 줄기와 연결하며 또 두 가지 아래에 한 꽃받침이 있어 줄기와 연결하며 또 두 가지 아래에 한 꽃받침이 있어 줄기와 연결하게 하고 36 그 꽃받침과 가지를 줄기와 연결하여 전부를 순금으로 쳐 만들고 37 등잔 일곱을 만들어 그 위에 두어 앞을 비추게 하며 38 그 불 집게와 불 똥 그릇도 순금으로 만들지니 39 등잔대와 이 모든 기구를 순금 한 달란트로 만들되 40 너는 삼가 이 산에서 네게 보인 양식대로 할지니라

하나님 방법대로 해야 하는 것을 강조하는 중에 자기 멋대로 하는 어리석음을 보이기 위해 32장을 여기에 넣었다고 생각한다. 하나님을 하나님 방법대로 섬기기를 거절하고 자기 방법대로 섬기려는 인간의 죄성을 읽을 수 있다. 디모데후서 4:3-4을 참고하면서 읽어라. 내가 섬기는 하나님은 내가 만든 금송아지 같은 하나님인가? 아니면 나를 만든 창조주 하나님인가? 자기식으로 하나님을 섬기면 반드시 그 대가를 치르게 된다는 사실을 명심하며 읽어라.

출애굽기 32장

금 송아지(신 9:6-29)

출 32장
잘못된 신을 바른 신으로 섬기
는 것은 바른 신을 잘못 섬기는
만큼 치명적이다.

인간은 자가가 마음대로 조종
하는 신을 만들고 싶어 한다. 그
것이 선악과 사건이다.

이것이 우상숭배의 심리이기도
하다.

1 백성이 모세가 산에서 내려옴이 더딤을 보고 모여 백성이 아론에게 이르러 말하되 일어나라 우리를 위하여 우리를 인도할 신을 만들라 이 모세 곧 우리를 애굽 땅에서 인도하여 낸 사람은 어찌 되었는지 알지 못함이니라 2 아론이 그들에게 이르되 너희의 아내와 자녀의 귀에서 금 고리를 빼어 내게로 가져오라 3 모든 백성이 그 귀에서 금 고리를 빼어 아론에게로 가져가매 4 아론이 그들의 손에서 금 고리를 받아 부어서 조각칼로 새겨 송아지 형상을 만드니 그들이 말하되 이스라엘아 이는 너희를 애굽 땅에서 인도하여 낸 너희의 신이로다 하는지라 5 아론이 보고 그 앞에 제단을 쌓고 이에 아론이 공포하여 이르되 내일은 여호와의 절일이니라 하니 6 이튿날에 그들이 일찍이 일어나 번제를 드리며 화목제를 드리고 백성이 앉아서 먹고 마시며 일어나서 뛰놀더라 7 여호와께서 모세에게 이르시되 너는 내려가라 네가 애굽 땅에서 인도하여 낸 네 백성이 부패하였도다 8 그들이 내가 그들에게 명령한 길을 속히 떠나 자기를 위하여 송아지를 부어 만들고 그것을 예배하며 그것에게 제물을 드리며 말하기를 이스라엘아 이는 너희를 애굽 땅에서 인도하여 낸 너희 신이라 하였도다 9 여호와께서 또 모세에게 이르시되 내가 이 백성을 보니 목이 뻣뻣한 백성이로다 10 그런즉 내가 하는 대로 두라 내가 그들에게 진노하여 그들을 진멸하고 너를 큰 나라가 되게 하리라 11 모세가 그의 하나님 여호와께 구하여 이르되 여호와여 어찌하여 그 큰 권능과 강한 손으로 애굽 땅에서 인도하여 내신 주의 백성에게 진노하시나이까 12 어찌하여 애굽 사람들이 이르기를 여호와가 자기의 백성을 산에서 죽이고 지면에서 진멸하려는 악한 의도로 인도해 내었다고 말하게 하시려 하나이까 주의 맹렬한 노를 그치시고 뜻을 돌이키사 주의 백성에게 이 화를 내리지 마옵소서 13 주의 종 아브라함과 이삭과 이스라엘을 기억하소서 주께서 그들을 위하여 주를 가리켜 맹세하여 이르시기를 내가 너희의 자손을 하늘의 별처럼 많게 하고 내가 허락한 이 온 땅을 너희의 자손에게 주어 영원한 기업이 되게 하리라 하셨나이다 14 여호와께서 뜻을 돌이키사 말씀하신 화를 그 백성에게 내리지 아니하시니라 15 모세가 돌이켜 산에서 내려오는데 두 증거판이 그의 손에 있고 그 판의 양면 이쪽 저쪽에 글자가 있으니 16 그 판은 하나님이 만드신 것이요 글자는 하나님이 쓰셔서 판에 새기신 것이더라 17 여호수아가 백성들의 요란한 소리를 듣고 모세에게 말하되 진중에서 싸우는 소리가 나나이다 18 모세가 이르되 이는 승전가도 아니요 패하여 부르짖는 소리도 아니라 내가 듣기에는 노래하는 소리로다 하고 19 진에 가까이 이르러 그 송아지와 그 춤 추는 것들을 보

고 크게 노하여 손에서 그 판들을 산 아래로 던져 깨뜨리니라 20 모세가 그들이 만든 송아지를 가져다가 불살라 부수어 가루를 만들어 물에 뿌려 이스라엘 자손에게 마시게 하니라 21 모세가 아론에게 이르되 이 백성이 당신에게 어떻게 하였기에 당신이 그들을 큰 죄에 빠지게 하였느냐 22 아론이 이르되 내 주여 노하지 마소서 이 백성의 악함을 당신이 아나이다 23 그들이 내게 말하기를 우리를 위하여 우리를 인도할 신을 만들라 이 모세 곧 우리를 애굽 땅에서 인도하여 낸 사람은 어찌 되었는지 알 수 없노라 하기에 24 내가 그들에게 이르기를 금이 있는 자는 빼내라 한즉 그들이 그것을 내게로 가져왔기로 내가 불에 던졌더니 이 송아지가 나왔나이다 25 모세가 본즉 백성이 방자하니 이는 아론이 그들을 방자하게 하여 원수에게 조롱거리가 되게 하였음이라 26 이에 모세가 진 문에 서서 이르되 누구든지 여호와의 편에 있는 자는 내게로 나아오라 하매 레위 자손이 다 모여 그에게로 가는지라 27 모세가 그들에게 이르되 이스라엘의 하나님 여호와께서 이렇게 말씀하시기를 너희는 각각 허리에 칼을 차고 진 이 문에서 저 문까지 왕래하며 각 사람이 그 형제를, 각 사람이 자기의 친구를, 각 사람이 자기의 이웃을 죽이라 하셨느니라 28 레위 자손이 모세의 말대로 행하매 이 날에 백성 중에 삼천 명 가량이 죽임을 당하니라 29 모세가 이르되 각 사람이 자기의 아들과 자기의 형제를 쳤으니 오늘 여호와께 헌신하게 되었느니라 그가 오늘 너희에게 복을 내리시리라 30 이튿날 모세가 백성에게 이르되 너희가 큰 죄를 범하였도다 내가 이제 여호와께로 올라가노니 혹 너희를 위하여 속죄가 될까 하노라 하고 31 모세가 여호와께로 다시 나아가 여쭈오되 슬프도소이다 이 백성이 자기들을 위하여 금 신을 만들었사오니 큰 죄를 범하였나이다 32 그러나 이제 그들의 죄를 사하시옵소서 그렇지 아니하시오면 원하건대 주께서 기록하신 책에서 내 이름을 지워 버려 주옵소서 33 여호와께서 무세에게 이르시되 누구든지 내게 범죄하면 내가 내 책에서 그를 지워 버리리라 34 이제 가서 내가 네게 말한 곳으로 백성을 인도하라 내 사자가 네 앞서 가리라 그러나 내가 보응할 날에는 그들의 죄를 보응하리라 35 여호와께서 백성을 치시니 이는 그들이 아론이 만든 바 그 송아지를 만들었음이더라

출애굽기 33장
시내 산을 떠나라고 명하시다
1 여호와께서 모세에게 이르시되 너는 네가 애굽 땅에서 인도하여 낸 백성과 함께 여기를 떠나서 내가 아브라함과 이삭과 야곱에게 맹세하여 네 자손에게 주기로 한 그 땅으로 올라가라 2 내가 사자를 너보다 앞서 보내어 가나안 사람과 아모리 사람과 헷 사람과 브리스 사람과 히

위 사람과 여부스 사람을 쫓아내고 3 너희를 젖과 꿀이 흐르는 땅에 이르게 하려니와 나는 너희와 함께 올라가지 아니하리니 너희는 목이 곧은 백성인즉 내가 길에서 너희를 진멸할까 염려함이니라 하시니 4 백성이 이 준엄한 말씀을 듣고 슬퍼하여 한 사람도 자기의 몸을 단장하지 아니하니 5 여호와께서 모세에게 이르시기를 이스라엘 자손에게 이르라 너희는 목이 곧은 백성인즉 내가 한 순간이라도 너희 가운데에 이르면 너희를 진멸하리니 너희는 장신구를 떼어 내라 그리하면 내가 너희에게 어떻게 할 것인지 정하겠노라 하셨음이라 6 이스라엘 자손이 호렙 산에서부터 그들의 장신구를 떼어 내니라

회막

7 모세가 항상 장막을 취하여 진 밖에 쳐서 진과 멀리 떠나게 하고 회막이라 이름하니 여호와를 앙모하는 자는 다 진 바깥 회막으로 나아가며 8 모세가 회막으로 나아갈 때에는 백성이 다 일어나 자기 장막 문에 서서 모세가 회막에 들어가기까지 바라보며 9 모세가 회막에 들어갈 때에 구름 기둥이 내려 회막 문에 서며 여호와께서 모세와 말씀하시니 10 모든 백성이 회막 문에 구름 기둥이 서 있는 것을 보고 다 일어나 각기 장막 문에 서서 예배하며 11 사람이 자기의 친구와 이야기함 같이 여호와께서는 모세와 대면하여 말씀하시며 모세는 진으로 돌아오나 눈의 아들 젊은 수종자 여호수아는 회막을 떠나지 아니하니라

여호와께서 친히 가리라 하시다

12 모세가 여호와께 아뢰되 보시옵소서 주께서 내게 이 백성을 인도하여 올라가라 하시면서 나와 함께 보낼 자를 내게 지시하지 아니하시나이다 주께서 전에 말씀하시기를 나는 이름으로도 너를 알고 너도 내 앞에 은총을 입었다 하셨사온즉 13 내가 참으로 주의 목전에 은총을 입었사오면 원하건대 주의 길을 내게 보이사 내게 주를 알리시고 나로 주의 목전에 은총을 입게 하시며 이 족속을 주의 백성으로 여기소서 14 여호와께서 이르시되 내가 친히 가리라 내가 너를 쉬게 하리라 15 모세가 여호와께 아뢰되 주께서 친히 가지 아니하시려거든 우리를 이 곳에서 올려 보내지 마옵소서 16 나와 주의 백성이 주의 목전에 은총 입은 줄을 무엇으로 알리이까 주께서 우리와 함께 행하심으로 나와 주의 백성을 천하 만민 중에 구별하심이 아니니이까 17 여호와께서 모세에게 이르시되 네가 말하는 이 일도 내가 하리니 너는 내 목전에 은총을 입었고 내가 이름으로도 너를 앎이니라 18 모세가 이르되 원하건대 주의 영광을 내게 보이소서 19 여호와께서 이르시되 내가 내 모든 선한 것을 네 앞으로 지나가게 하고 여호와의 이름을 네 앞에 선포하리라 나는 은

혜 베풀 자에게 은혜를 베풀고 긍휼히 여길 자에게 긍휼을 베푸느니라 20 또 이르시되 네가 내 얼굴을 보지 못하리니 나를 보고 살 자가 없음 이니라 21 여호와께서 또 이르시기를 보라 내 곁에 한 장소가 있으니 너는 그 반석 위에 서라 22 내 영광이 지나갈 때에 내가 너를 반석 틈 에 두고 내가 지나도록 내 손으로 너를 덮었다가 23 손을 거두리니 네 가 내 등을 볼 것이요 얼굴은 보지 못하리라

출애굽기 34장
두 번째 돌판(신 10:1-5)
1 여호와께서 모세에게 이르시되 너는 돌판 둘을 처음 것과 같이 다듬 어 만들라 네가 깨뜨린 처음 판에 있던 말을 내가 그 판에 쓰리니 2 아 침까지 준비하고 아침에 시내 산에 올라와 산 꼭대기에서 내게 보이되 3 아무도 너와 함께 오르지 말며 온 산에 아무도 나타나지 못하게 하고 양과 소도 산 앞에서 먹지 못하게 하라 4 모세가 돌판 둘을 처음 것과 같이 깎아 만들고 아침에 일찍이 일어나 그 두 돌판을 손에 들고 여호 와의 명령대로 시내 산에 올라가니 5 여호와께서 구름 가운데에 강림 하사 그와 함께 거기 서서 여호와의 이름을 선포하실새 6 여호와께서 그의 앞으로 지나시며 선포하시되 여호와라 여호와라 자비롭고 은혜롭 고 노하기를 더디하고 인자와 진실이 많은 하나님이라 7 인자를 천대까 지 베풀며 악과 과실과 죄를 용서하리라 그러나 벌을 면제하지는 아니 하고 아버지의 악행을 자손 삼사 대까지 보응하리라 8 모세가 급히 땅 에 엎드려 경배하며 9 이르되 주여 내가 주께 은총을 입었거든 원하건 대 주는 우리와 동행하옵소서 이는 목이 뻣뻣한 백성이니이다 우리의 악과 죄를 사하시고 우리를 주의 기업으로 삼으소서

다시 언약을 세우시다(출 23:14-19; 신 7:1-5; 신 16:1-17)
10 여호와께서 이르시되 보라 내가 언약을 세우나니 곧 내가 아직 온 땅 아무 국민에게도 행하지 아니한 이적을 너희 전체 백성 앞에 행할 것이라 네가 머무는 나라 백성이 다 여호와의 행하심을 보리니 내가 너 를 위하여 행할 일이 두려운 것임이니라 11 너는 내가 오늘 네게 명령 하는 것을 삼가 지키라 보라 내가 네 앞에서 아모리 사람과 가나안 사 람과 헷 사람과 브리스 사람과 히위 사람과 여부스 사람을 쫓아내리니 12 너는 스스로 삼가 네가 들어가는 땅의 주민과 언약을 세우지 말라 그것이 너희에게 올무가 될까 하노라 13 너희는 도리어 그들의 제단들 을 헐고 그들의 주상을 깨뜨리고 그들의 아세라 상을 찍을지어다 14 너 는 다른 신에게 절하지 말라 여호와는 질투라 이름하는 질투의 하나님 임이니라 15 너는 삼가 그 땅의 주민과 언약을 세우지 말지니 이는 그

출 34:10-28
언약의 핵심은 지켜 행함에 있 음을 기억하라. 그 행함도 하나 님의 방법대로(신위) 행해야 한 다는 것도 늘 명심해야 한다.

들이 모든 신을 음란하게 섬기며 그들의 신들에게 제물을 드리고 너를 청하면 네가 그 제물을 먹을까 함이며 16 또 네가 그들의 딸들을 네 아들들의 아내로 삼음으로 그들의 딸들이 그들의 신들을 음란하게 섬기며 네 아들에게 그들의 신들을 음란하게 섬기게 할까 함이니라 17 너는 신상들을 부어 만들지 말지니라 18 너는 무교절을 지키되 내가 네게 명령한 대로 아빕월 그 절기에 이레 동안 무교병을 먹으라 이는 네가 아빕월에 애굽에서 나왔음이니라 19 모든 첫 태생은 다 내 것이며 네 가축의 모든 처음 난 수컷인 소와 양도 다 그러하며 20 나귀의 첫 새끼는 어린 양으로 대속할 것이요 그렇게 하지 아니하려면 그 목을 꺾을 것이며 네 아들 중 장자는 다 대속할지며 빈 손으로 내 얼굴을 보지 말지니라 21 너는 엿새 동안 일하고 일곱째 날에는 쉴지니 밭 갈 때에나 거둘 때에도 쉴지며 22 칠칠절 곧 맥추의 초실절을 지키고 세말에는 수장절을 지키라 23 너희의 모든 남자는 매년 세 번씩 주 여호와 이스라엘의 하나님 앞에 보일지라 24 내가 이방 나라들을 네 앞에서 쫓아내고 네 지경을 넓히리니 네가 매년 세 번씩 여호와 네 하나님을 뵈려고 올 때에 아무도 네 땅을 탐내지 못하리라 25 너는 내 제물의 피를 유교병과 함께 드리지 말며 유월절 제물을 아침까지 두지 말지며 26 네 토지 소산의 처음 익은 것을 가져다가 네 하나님 여호와의 전에 드릴지며 너는 염소 새끼를 그 어미의 젖으로 삶지 말지니라 27 여호와께서 모세에게 이르시되 너는 이 말들을 기록하라 내가 이 말들의 뜻대로 너와 이스라엘과 언약을 세웠음이니라 하시니라 28 모세가 여호와와 함께 사십 일 사십 야를 거기 있으면서 떡도 먹지 아니하였고 물도 마시지 아니하였으며 여호와께서는 언약의 말씀 곧 십계명을 그 판들에 기록하셨더라

모세가 시내 산에서 내려오다

29 모세가 그 증거의 두 판을 모세의 손에 들고 시내 산에서 내려오니 그 산에서 내려올 때에 모세는 자기가 여호와와 말하였음으로 말미암아 얼굴 피부에 광채가 나나 깨닫지 못하였더라 30 아론과 온 이스라엘 자손이 모세를 볼 때에 모세의 얼굴 피부에 광채가 남을 보고 그에게 가까이 하기를 두려워하더니 31 모세가 그들을 부르매 아론과 회중의 모든 어른이 모세에게로 오고 모세가 그들과 말하니 32 그 후에야 온 이스라엘 자손이 가까이 오는지라 모세가 여호와께서 시내 산에서 자기에게 이르신 말씀을 다 그들에게 명령하고 33 모세가 그들에게 말하기를 마치고 수건으로 자기 얼굴을 가렸더라 34 그러나 모세가 여호와 앞에 들어가서 함께 말할 때에는 나오기까지 수건을 벗고 있다가 나와서는 그 명령하신 일을 이스라엘 자손에게 전하며 35 이스라엘 자손이 모세의 얼굴의 광채를 보므로 모세가 여호와께 말하러 들어가기까

지 다시 수건으로 자기 얼굴을 가렸더라

출애굽기 40장
성막 봉헌

1 여호와께서 모세에게 말씀하여 이르시되 2 너는 첫째 달 초하루에 성막 곧 회막을 세우고 3 또 증거궤를 들여놓고 또 휘장으로 그 궤를 가리고 4 또 상을 들여놓고 그 위에 물품을 진설하고 등잔대를 들여놓아 불을 켜고 5 또 금 향단을 증거궤 앞에 두고 성막 문에 휘장을 달고 6 또 번제단을 회막의 성막 문 앞에 놓고 7 또 물두멍을 회막과 제단 사이에 놓고 그 속에 물을 담고 8 또 뜰 주위에 포장을 치고 뜰 문에 휘장을 달고 9 또 관유를 가져다가 성막과 그 안에 있는 모든 것에 발라 그것과 그 모든 기구를 거룩하게 하라 그것이 거룩하리라 10 너는 또 번제단과 그 모든 기구에 발라 그 안을 거룩하게 하라 그 제단이 지극히 거룩하리라 11 너는 또 물두멍과 그 받침에 발라 거룩하게 하고 12 너는 또 아론과 그 아들들을 회막 문으로 데려다가 물로 씻기고 13 아론에게 거룩한 옷을 입히고 그에게 기름을 부어 거룩하게 하여 그가 내게 제사장의 직분을 행하게 하라 14 너는 또 그 아들들을 데려다가 그들에게 겉옷을 입히고 15 그 아버지에게 기름을 부음 같이 그들에게도 부어서 그들이 내게 제사장의 직분을 행하게 하라 그들이 기름 부음을 받았은즉 대대로 영영히 제사장이 되리라 하시매 16 모세가 그같이 행하되 곧 여호와께서 자기에게 명령하신 대로 다 행하였더라 17 둘째 해 첫째 달 곧 그 달 초하루에 성막을 세우니라 18 모세가 성막을 세우되 그 받침들을 놓고 그 널판들을 세우고 그 띠를 띠우고 그 기둥들을 세우고 19 또 성막 위에 막을 펴고 그 위에 덮개를 덮으니 여호와께서 모세에게 명령하신 대로 되니라 20 그는 또 증거판을 궤 속에 넣고 채를 궤에 꿰고 속죄소를 궤 위에 두고 21 또 그 궤를 성막에 들여놓고 가리개 휘장을 늘어뜨려 그 증거궤를 가리니 여호와께서 모세에게 명령하신 대로 되니라 22 그는 또 회막 안 곧 성막 북쪽으로 휘장 밖에 상을 놓고 23 또 여호와 앞 그 상 위에 떡을 진설하니 여호와께서 모세에게 명령하신 대로 되니라 24 그는 또 회막 안 곧 성막 남쪽에 등잔대를 놓아 상과 마주하게 하고 25 또 여호와 앞에 등잔대에 불을 켜니 여호와께서 모세에게 명령하신 대로 되니라 26 그가 또 금 향단을 회막 안 휘장 앞에 두고 27 그 위에 향기로운 향을 사르니 여호와께서 모세에게 명령하신 대로 되니라 28 그는 또 성막 문에 휘장을 달고 29 또 회막의 성막 문 앞에 번제단을 두고 번제와 소제를 그 위에 드리니 여호와께서 모세에게 명령하신 대로 되니라 30 그는 또 물두멍을 회막과 제단 사이에 두고 거기 씻을 물을 담으니라 31 모세와 아론과 그 아들들이 거기

40장: "명령하신 대로 다 행하였더라"가 몇 번이나 나오는지 유의하라.
모세는 순종의 달인인 온유한 자임을 볼 수 있다.
신위의 의미를 다시 잘 새겨라.

서 수족을 씻되 32 그들이 회막에 들어갈 때와 제단에 가까이 갈 때에 씻었으니 여호와께서 모세에게 명령하신 대로 되니라 33 그는 또 성막과 제단 주위 뜰에 포장을 치고 뜰 문에 휘장을 다니라 모세가 이같이 역사를 마치니

여호와의 영광이 성막에 충만하다(민 9:15-23)

34 구름이 회막에 덮이고 여호와의 영광이 성막에 충만하매 35 모세가 회막에 들어갈 수 없었으니 이는 구름이 회막 위에 덮이고 여호와의 영광이 성막에 충만함이었으며 36 구름이 성막 위에서 떠오를 때에는 이스라엘 자손이 그 모든 행진하는 길에 앞으로 나아갔고 37 구름이 떠오르지 않을 때에는 떠오르는 날까지 나아가지 아니하였으며 38 낮에는 여호와의 구름이 성막 위에 있고 밤에는 불이 그 구름 가운데에 있음을 이스라엘의 온 족속이 그 모든 행진하는 길에서 그들의 눈으로 보았더라

읽은 내용 묵상하고, 삶에 적용하기

💡 출애굽기의 이동 범위는?

애굽의 고센 지방에서 시내 반도의 시내 산까지.

💡 출애굽기에서 4가지 중요한 주제는?

출애굽, 시내 산 언약, 십계명, 성막

💡 모세의 생애를 삼등분하여 설명하라. 당신의 경우는 어느 단계에 있다고 생각하나?

그 단계에서 당신은 무엇을 해야 하나?

💡 출 3:4-10을 읽고 하나님의 마음을 읽어라.

그리고 출애굽이라면서 끊임없이 불평하는 이스라엘을 대하시는 하나님을 묵상하라. 그분이 성경의 하나님이시다. 그 마음이 지금 나에게도 베푸시는 하나님이심을 깨닫는가?

💡 모세 연단의 핵심은 모세의 자기중심성을 내려놓고, 신위를 의지하게 하는 것이다.

나에게 어떤 연단이 필요하다고 생각하나? 왜 그렇게 생각하나?

💡 하나님이 왜 모세에게 신발을 벗으라고 하시나?

💡 출애굽 시 사용된 열 가지 재앙의 의미가 무엇인가?

10가지 재앙에 등장하는 피, 개구리, 이 등은 애굽 인들이 신으로 섬기는 대상들이었다. 10가지 재앙을 통하여 그들의 신을 벌하면서 여호와 하나님이 그들이 섬기는 애굽의 신들보다 강하다는 것을 보여주려 하였고, 여호와 하나님이 참되고 살아계신 하나님이시라는 것을 알게 하려 한 것이다.

💡 유월절의 유래는?(출 12장)

유월절 절기는 여호와의 절기다. 여호와의 절기의 특징은 사건 발생 후 그것을 기념하여 지키는 것이 아니라 하나님께서 지키도록 명하신 절기라는 말이다. 출애굽기 12장에서 장자가 죽는 사건을 경험하기 전에 하나님께서 유월절 절기를 지키라고 말씀하셨다. 유월절 어린 양의 피를 집 좌우 문설주와 인방에 바른 집은 죽음의 사자가 그 피를 보고 건너 뛴 사건인데, 이것은 예수 그리스도의 십자가에서 죽음과 흘린 피를 예표하는 것이다.

💡 출애굽 사건의 의미(출 13~18장, 창 15:16 참고)

출애굽 사건은 아브라함 언약의 연장선상에서 이해해야 하고, 아브라함의 자손과 땅을 통하여 하나님 나라를 이루겠다고 하신 그 언약의 실현이다. 애굽의 다신론적 관습에 젖어있는 상태로는 하나님 나라를 이룰 수가 없었다. 그래서 출애굽하여 하나님의 법에 순종하는 훈련을 통해 제사장 나라를 만들어야 하므로 그들을 애굽에서 분리해 내어야 했다.

💡 은혜 언약과 행위 언약

은혜 언약은 창조 언약, 노아 언약, 아브라함 언약, 다윗 언약, 새 언약 등이고, 행위 언약은 선악과 언약, 시내 산 언약 등이다.

💡 시내 산 언약의 의미(출 19:4-6)

시내 산 언약은 아브라함 언약의 연장선상에서 이해해야 한다. 시내 산 언약은 하나님께서 출애굽한 이스라엘 백성과 공식적인 군신의 관계를 맺으시는 선언적 약속이다.

💡 시내 산 언약의 핵심적인 내용(출 19:4-6)

1) 내 소유
2) 제사장 나라
3) 거룩한 백성

💡 십계명의 구조

제1계명에서 제4계명까지는 하나님과의 관계에 대한 것이고, 제5계명에서 제10계명까지는 사람과의 관계에 대한 것이다. 예수님은 마가복음 12:28-34에서 이 십계명을 '하나님 사랑'과 '이웃 사랑'으로 요약하셨다.
그리스도인의 삶 속에서 율법(십계명)의 역할은?

💡 성막의 의미

성막은 이스라엘 백성 가운데 하나님이 거하시는 처소를 말한다. 아담과 하와의 불순종으로 인하여 하나님과의 관계가 깨어져 버렸고 인간은 더 이상 하나님을 만날 수 없게 되었다. 그런데 하나님께서 이스라엘 백성들을 출애굽하여 시내 산으로 인도하시고 율법을 주시고, 성막을 통하여 만나겠다고 하신 것이다. 성막은 에덴의 모형이다. 죄에 오염된 인간은 에덴에서처럼 하나님을 언제든지 만날 수는 없었지만, 성막을 통하여 다시 하나님을 만날 수 있게 된 것이다. 그러므로 성막은 하나님의 임재와 인도하심을 나타낸다.

💡 하나님을 만나는 방법도 하나님이 가르쳐 주시는 방법대로 만나야 한다는 사실을 절대로 잊어버리면 안 된다.

그래서 하나님은 친히 성막의 설계를 주시고, 기구를 주시고, 그 배치를 친히 설계해 주심을 알고 그 의미를 묵상하라. 여기서 하나님이 원하시는 예배를 찾을 수 있다. (참고: 참 예배는 롬 12:1-2에 나와 있지만, 예배의 모형과 정신은 창 18장; 레 8장; 사 6장에서 찾을 수 있다.)

💡 출 32장의 금송아지 사건의 의미

출 32장의 금송아지 예배는 인위로 드리는 예배의 극치이다. 신위로, 즉 하나님의 방법대로 성막을 짓게 하시는 하나님의 모습을 보여 주는 가운데 이 금송아지 예배 사건은 신위, 즉 그분의 방법을 무시하고 인위로 즉 인간의 방법대로 예배를 드리고 싶어 하는 인간의 본성을 보여 주는 것이다.
오늘 우리의 예배에는 그런 모습이 과연 없는가? 우리의 예배는 성막이 보여 주는 신위의 예배인가? 우리는 지성소 예배를 드린다고 하면서 내 방법대로 그 지성소에 마구 들어가는 치명적인 실수를 저지르고도 참 예배를 드린다고 생각하고 있지는 않은가? 그것이 곧 금송아지 숭배자들의 모습이었다. 지성소를 하나님이 정해주신 방법이 아닌 인위의 방법으로 들어가면 즉사한다.

신위의 방법은 앞에서 언급한 창 18장, 레 8장, 사 6장에서 찾을 수 있다. 위의 3장에서 다음과 같은 예배의 모형을 발견할 수 있다.

하나님의 임재 – 회개와 용서의 확신 – 말씀의 선포 – 결단과 삶

예배는 내가 은혜받는 데 초점이 맞추어져 있으면 그것은 인위의 예배이며, 기도는 내 뜻을 하나님께 관철하는 것이라면 하나님은 나의 몸종에 불과한 존재로 전락시키는 죄악이다.

딤후 4:3-4을 함께 묵상하고 우리의 예배를 깊게 반성해 보라. 과연 성경적 예배를 드리는가?

레위기

모세 오경 중 세 번째 책인 레위기는 출애굽 제 2년 1월 1일에 성막이 낙성되고 난 후 그리고 출애굽 제 2년 2월 20일에 시내 산을 떠나 가나안 땅을 향한 본격적 정복에 나서기까지의 대략 50일 사이에, 그것도 제 2년 2월 1일에 실시되었던 인구조사 이전에 그러니까 단 한 달 사이에 있었던 각종 제사법, 정결법, 성결법 등의 율법 수여와 제사장 위임식, 취임식 및 제사 제도 개시 초기의 몇몇 사건들을 기록하고 있다. 그러나 실제로는 사건의 기록은 극히 미미하고 레위기 전체는 거의 다 제사를 지내는 법, 정결 관련 규례, 성결 유지를 위한 법 및 그에 관한 촉구 명령으로 구성되어 있다. 그리하여 레위기는 흔히 율법서라고도 불리는 모세 오경 중에서도 대부분이 율법 조항으로 구성된 책이다. 그래서 레위기는 시간이 흘러가지 않는 역사서라고도 한다.

레위기는 크게 두 부분으로 나눌 수 있는데, ① 1~11장까지가 하나님과의 관계를 위한 제사 제도가 나오고, ② 12~27장까지는 인간과의 관계를 중심으로 해서 나오는 각종 규례들이 나온다. ①은 하나님과의 관계, ②는 이웃과의 관계를 강조한다. 그 관계성을 통해서 거룩성을 유지하는 것이 핵심 내용이다. 핵심 내용인 **거룩은 구별한다는 것이다. 세상적인 것 또는 세속적인 것과 구별하면서 하나님의 방법에 맞추는 것이다. 그것이 바로 하나님의 방법(신위 神爲)에 순종하므로 신위에 자기중심성을 내려놓는 길이라는 것이다. 그것이 거룩이다. "내가 거룩하니 너희도 거룩 하라"**(11:45) **이것이 레위기의 핵심 이야기다.**

앞서 설명한 대로 시내 산 언약은 행위 언약으로서 인간이 지킬 의무 조항이 주어진 것이라고 했다. 그래서 레위기 26장에는 하나님께서 이러한 규정들을 주신 후에 다시 한번 더 법을 지킬 것 다시 강조해서 말씀드리는 대목이 나온다.

레위기 26:12-13 "나는 너희 중에 행하여 너희의 하나님이 되고 너희는 내 백성이 될 것이라 나는 너희를 애굽 땅에서 인도해 내어 그들에게 종 된 것을 면하게 하는 너희의 하나님 여호와이니라. 내가 너희의 멍에의 빗장을 부수고 너희를 바로 서서 걷게 하였느니라" 이것이 하나님께서 하나님 나라를 이루시려고 이스라엘 백성을 인도해 내셨다는 말씀이고 그래서 하나님 나라를 이루시려고 언약을 맺으셨고 하나님 나라가 이루어지기 위해서 주어진 의무 조항으로서 레위기를 반드시 지켜 항해한다는 것을 강조한다. 지켜 행하면 복 받고 지켜 행하지 않으면 저주를 받는다고 레위기 26장에서 당부했는데, 모세는 신명기 28장에서 이 구절을 다시 한번 강조한다.

어떤 설교가들은 이 신명기 28장을 축복장이라고 해서 복 받기를 강조하는데 이것은 성경을 너무 기복적인 복을 추구하는 안목에서 보는 자들의 잘못된 자세이다. 사실 신명기 28장은 축복장이 아니다. 기복신앙에 빠진 자들은 신명기 28장을 복 준다는 사실만 자꾸 이야기하는데 사실 28장은 지켜 행하는 것을 강조하는 장이다. 레위기 26장도 똑같다. 이 두 장은 저주받음도 강조하고 있다. 레위기를 중심으로 나오는 시내 산 언약의 의무 조항을 지켜 행하지 아니하면 하나님께서 이들에게 어떤 결론이 오는지를 레위기 26:27-39 말씀까지 하나님께서 이스라엘 백성들이 안 지키면 역사적으로 어떤 상황이 벌어지는지를 예언하는 대목이 나온다. 실제로 이 예언은 이루어진다.

레위기는 이스라엘 백성들이 앞으로 하나님 나라를 이루어 나가면서 살아가게 할 삶의 지침서일 뿐만 아니라 오늘 레위기가 주는 그 영성은 오늘을 살아가는 우리에게도 그대로 적용된다는 사실을 염두에 두어야 한다. 레위기를 '하라' '하지 마라'하는 규정으로 잔뜩 기록된 책이 아니고 또는 고리타분하고 무미건조하고 구약에 나오는 이스라엘 백성들만 지켜야 할 지침서가 아니고 오늘날 우리에게도 적용된다는 점을 염두에 두면 훨씬 레위기를 이해하는 데 도움이 될 것이다.

Thomas Aquinas의 율법의 분류

레위기에 나오는 법과 십계명을 포함한 613개의 유대의 율법과 규례를 Thomas Aquinas는 다음과 같이 분류한다. 그리고 그 현재적 의미를 살펴보자.

1) 의식법(儀式法 Ceremonial Law, Spiritual Code)

출 35장~40장, 레위기 1장~10장에 나오는 제사법으로서 예수님에 의해서 완성된 법이다(마 5:17, 18; 롬 10:4; 고전 5:7). 오늘날에는 그 방법이 시행되지 않지만, 그 정신은 결코 변함이 없다.

2) 시민법(市民法 Civil Law, Social Code)

레위기 11장~27장까지에 주로 나타나는 법이다. 이 법은 생활법, 민법, 형법 등을 말한다. 이 법은 예수님이 오실 때까지 유효했던 규례이었고(갈 3:24), 또 시대가 바뀜에 따라 그 시행하는 방법이 달라졌다. 지금은 그 실효성이 없는 법이다. 그러나 그 정신은 변하지 않는다.

3) 도덕법(道德法 Moral Law, Moral Code)

십계명을 말하는 것으로 이 법은 예수님이 다시 오실 때까지 일점일획도 변하지 않는 법이다. 왜냐하면 이것이 바로 하나님 나라의 삶의 기준이고, 하나님 나라 백성이 선택의 갈림길에 섰을 때 그 선택 기준을 제공하는 것이며, 계시록에서 행해지는 심판의 기준이 되는 것이기 때문이다.

마 5:17-18 내가 율법이나 선지자를 폐하러 온 줄로 생각하지 말라 폐하러 온 것이 아니요 완전하게 하려 함이라 진실로 너희에게 이르노니 천지가 없어지기 전에는 율법의 일점일획도 결코 없어지지 아니하고 다 이루리라

관련 성경 본문 읽기

레위기는 출애굽기 20장에 주어진 십계명의 각론이다. 그래서 1장에서 25장까지 각종 율법과 규례를 기록하고 있다. 모세 오경에 기록된 "하라", "하지 마라"의 각종 규례는 모두 613개이다. 이 모든 규례는 궁극적으로 하나님과의 바른 관계, 이웃과의 바른 관계를 위해 주어진 것이라는 사실을 알아 두어야 한다. 아무리 좋은 규례라도 지켜 내지 못하면 무용지물이고 아무 소용이 없으며, 하나님 나라는 이루어지지 않는다. 그래서 하나님은 모세를 통해서 레위기 26장에서 지키기를 다시 한번 강조 한다.

레위기 26장

1 너희는 자기를 위하여 우상을 만들지 말지니 조각한 것이나 주상을 세우지 말며 너희 땅에 조각한 석상을 세우고 그에게 경배하지 말라 나는 너희의 하나님 여호와임이니라 2 너희는 내 안식일을 지키며 내 성소를 경외하라 나는 여호와이니라

상과 벌

3 너희가 내 규례와 계명을 준행하면 4 내가 너희에게 철따라 비를 주리니 땅은 그 산물을 내고 밭의 나무는 열매를 맺으리라 5 너희의 타작은 포도 딸 때까지 미치며 너희의 포도 따는 것은 파종할 때까지 미치리니 너희가 음식을 배불리 먹고 너희의 땅에 안전하게 거주하리라 6 내가 그 땅에 평화를 줄 것인즉 너희가 누울 때 너희를 두렵게 할 자가 없을 것이며 내가 사나운 짐승을 그 땅에서 제할 것이요 칼이 너희의 땅에 두루 행하지 아니할 것이며 7 너희의 원수들을 쫓으리니 그들이 너희 앞에서 칼에 엎드러질 것이라 8 또 너희 다섯이 백을 쫓고 너희 백이 만을 쫓으리니 너희 대적들이 너희 앞에서 칼에 엎드러질 것이며 9 내가 너희를 돌보아 너희를 번성하게 하고 너희를 창대하게 할 것이며 내가 너희와 함께 한 내 언약을 이행하리라 10 너희는 오래 두었던 묵은 곡식을 먹다가 새 곡식으로 말미암아 묵은 곡식을 치우게 될 것이며 11 내가 내 성막을 너희 중에 세우리니 내 마음이 너희를 싫어하지 아니할 것이며 12 나는 너희 중에 행하여 너희의 하나님이 되고 너희는 내 백성이 될 것이니라 13 나는 너희를 애굽 땅에서 인도해 내

26장
1-13절-순종(지켜 행함)에 따른 상급
27-39절-불순종(지켜 행하지 못함)에 따르는 형벌

시내 산 언약의 내용을 다시 한번 강조하면서 서약하는 내용을 담고 있다. 언약, 특히 시내 산 언약같은 행위 언약은 지켜 행함이 핵심이다.
지켜 행함은 복을 받고, 그렇지 못하면 저주를 받는다(신 28장)는 것을 강조한다.
이 장은 이스라엘 백성이 언약을 지켜 내지 못하고 포로로 잡혀갈 것을 예언하고 있음을 유의하라.

어 그들에게 종된 것을 면하게 한 너희의 하나님 여호와이니라 내가 너희의 멍에의 빗장을 부수고 너희를 바로 서서 걷게 하였느니라 14 그러나 너희가 내게 청종하지 아니하여 이 모든 명령을 준행하지 아니하며 15 내 규례를 멸시하며 마음에 내 법도를 싫어하여 내 모든 계명을 준행하지 아니하며 내 언약을 배반할진대 16 내가 이같이 너희에게 행하리니 곧 내가 너희에게 놀라운 재앙을 내려 폐병과 열병으로 눈이 어둡고 생명이 쇠약하게 할 것이요 너희가 파종한 것은 헛되리니 너희의 대적이 그것을 먹을 것임이며 17 내가 너희를 치리니 너희가 너희의 대적에게 패할 것이요 너희를 미워하는 자가 너희를 다스릴 것이며 너희는 쫓는 자가 없어도 도망하리라 18 또 만일 너희가 그렇게까지 되어도 내게 청종하지 아니하면 너희의 죄로 말미암아 내가 너희를 일곱 배나 더 징벌하리라 19 내가 너희의 세력으로 말미암은 교만을 꺾고 너희의 하늘을 철과 같게 하며 너희 땅을 놋과 같게 하리니 20 너희의 수고가 헛될지라 땅은 그 산물을 내지 아니하고 땅의 나무는 그 열매를 맺지 아니하리라 21 너희가 나를 거슬러 내게 청종하지 아니할진대 내가 너희의 죄대로 너희에게 일곱 배나 더 재앙을 내릴 것이라 22 내가 들짐승을 너희 중에 보내리니 그것들이 너희의 자녀를 움키고 너희 가축을 멸하며 너희의 수효를 줄이리니 너희의 길들이 황폐하리라 23 이런 일을 당하여도 너희가 내게로 돌아오지 아니하고 내게 대항할진대 24 나 곧 나도 너희에게 대항하여 너희 죄로 말미암아 너희를 칠 배나 더 치리라 25 내가 칼을 너희에게로 가져다가 언약을 어긴 원수를 갚을 것이며 너희가 성읍에 모일지라도 너희 중에 염병을 보내고 너희를 대적의 손에 넘길 것이며 26 내가 너희가 의뢰하는 양식을 끊을 때에 열 여인이 한 화덕에서 너희 떡을 구워 저울에 달아 주리니 너희가 먹어도 배부르지 아니하리라 27 너희가 이같이 될지라도 내게 청종하지 아니하고 내게 대항할진대 28 내가 진노로 너희에게 대항하되 너희의 죄로 말미암아 칠 배나 더 징벌하리니 29 너희가 아들의 살을 먹을 것이요 딸의 살을 먹을 것이며 30 내가 너희의 산당들을 헐며 너희의 분향단들을 부수고 너희의 시체들을 부서진 우상들 위에 던지고 내 마음이 너희를 싫어할 것이며 31 내가 너희의 성읍을 황폐하게 하고 너희의 성소들을 황량하게 할 것이요 너희의 향기로운 냄새를 내가 흠향하지 아니하고 32 그 땅을 황무하게 하리니 거기 거주하는 너희의 원수들이 그것으로 말미암아 놀랄 것이며 33 내가 너희를 여러 민족 중에 흩을 것이요 내가 칼을 빼어 너희를 따르게 하리니 너희의 땅이 황무하며 너희의 성읍이 황폐하리라 34 너희가 원수의 땅에 살 동안에 너희의 본토가 황무할 것이므로 땅이 안식을 누릴 것이라 그 때에 땅이 안식을 누리니 35 너희가 그 땅에 거주하는 동안 너희가 안식할 때에 땅은 쉬지 못하였으

레 26:27-39
26장은 시내산 언약의 내용을 지켜 내지 못하면 결국 약속의 땅 가나안에서 다시 흩어 버리겠다는 것을 예언하는 내용을 보여 주고 있다. '흩어 버림'은 다시 관계가 끊어진 상태로 돌아간다는 것이다. 구체적으로는 포로로 잡혀간다는 것을 암시한다. 33-35절은 그 기간을 암시하고 있다.

나 그 땅이 황무할 동안에는 쉬게 되리라 36 너희 남은 자에게는 그 원수들의 땅에서 내가 그들의 마음을 약하게 하리니 그들은 바람에 불린 잎사귀 소리에도 놀라 도망하기를 칼을 피하여 도망하듯 할 것이요 쫓는 자가 없어도 엎드러질 것이라 37 그들은 쫓는 자가 없어도 칼 앞에 있음 같이 서로 짓밟혀 넘어지리니 너희가 원수들을 맞설 힘이 없을 것이요 38 너희가 여러 민족 중에서 망하리니 너희의 원수들의 땅이 너희를 삼킬 것이라 39 너희 남은 자가 너희의 원수들의 땅에서 자기의 죄로 말미암아 쇠잔하며 그 조상의 죄로 말미암아 그 조상 같이 쇠잔하리라 40 그들이 나를 거스른 잘못으로 자기의 죄악과 그들의 조상의 죄악을 자복하고 또 그들이 내게 대항하므로 41 나도 그들에게 대항하여 내가 그들을 그들의 원수들의 땅으로 끌어 갔음을 깨닫고 그 할례 받지 아니한 그들의 마음이 낮아져서 그들의 죄악의 형벌을 기쁘게 받으면 42 내가 야곱과 맺은 내 언약과 이삭과 맺은 내 언약을 기억하며 아브라함과 맺은 내 언약을 기억하고 그 땅을 기억하리라 43 그들이 내 법도를 싫어하며 내 규례를 멸시하였으므로 그 땅을 떠나서 사람이 없을 때에 그 땅은 황폐하여 안식을 누릴 것이요 그들은 자기 죄악의 형벌을 기쁘게 받으리라 44 그런즉 그들이 그들의 원수들의 땅에 있을 때에 내가 그들을 내버리지 아니하며 미워하지 아니하며 아주 멸하지 아니하고 그들과 맺은 내 언약을 폐하지 아니하리니 나는 여호와 그들의 하나님이 됨이니라 45 내가 그들의 하나님이 되기 위하여 민족들이 보는 앞에서 애굽 땅으로부터 그들을 인도하여 낸 그들의 조상과의 언약을 그들을 위하여 기억하리라 나는 여호와이니라 46 이것은 여호와께서 시내산에서 자기와 이스라엘 자손 사이에 모세를 통하여 세우신 규례와 법도와 율법이니라

레 26:45
언약의 핵심은 하나님의 주권이 회복되어 인간과 관계를 회복하고 복의 통로가 다시 흐르게 하는 데 있음을 명심하라. 그래서 구약에는 "나는 그들의 하나님이 되리라"라는 구절이 수없이 되풀이된다.

레위기

읽은 내용 묵상하고, 삶에 적용하기

💡 5대 제사의 정신에서 배우는 신앙의 엣센스

① 번제
제물을 다 태우는 제사이다. 이것은 "자기 부인"을 말한다. 예수님께서도 자기를 부인하고 자기의 십자가를 지고 예수님을 따르라고 부탁하신다. "내려놓음"을 강조하며, 하나님의 주권을 인정하라는 것이다.

② 소제
밀이나 곡식의 알맹이가 깨어져 가루가 되어서 드리는 제사이다. 이것은 "자기희생과 봉사의 정신"을 말한다.

③ 화목제
제사를 드린 후에 함께 나누어 먹는 제사이다. 감사를 드리고 함께 나누는 "나눔의 정신"을 말한다.

④ 속죄제
"회개와 자백"의 제사이다. 오늘날에는 이 제사를 위해 제물이 필요 없다.

예수님께서 영 단번 제물이 되어 주셨기 때문이다.

⑤ 속건제

"남의 재산을 존중"해 주어야 하는 정신이 깃든 제사이다. 속죄제는 인간의 본성에 입각하여 죄를 보는 것이며 자신이 죄인이라는 사실을 보는 것이다. 반면에 속건제는 개개의 죄악된 행위들에 강조를 두고 있다. 속건제에서는 범법자가 한 행동에 대해 손해배상을 해야 한다는 데 있다(5:16, 6:4-5). 따라서 이 제사는 죄에 따른 값이 지불되며, 진실한 회개가 있는 곳에는 손해배상과 상환이 따른다는 사실을 상기시킨다.

💡 레위기로 보는 예배의 정신

성막과 제사 제도의 근본정신

성막과 레위기의 제사 제도는 예배의 근본정신을 제공하는 중요한 부분이다. 레위기의 제사 제도는 다음과 같은 중요한 의미를 지닌다.

1) 제사 제도의 중요한 의미

① 제물로 바쳐지는 짐승들이 어떻게 죽고 각이 떠지는가를 유의하고, 죄인인 내가 죽을 수밖에 없는데 예수님이 대신 죽으심으로 그런 죽음이 면제되었다는 사실은 예배의 근본이 되는 부분이다.

② 우리의 옛 자아가 그 제물들처럼 각이 떠져 매일 죽어야 한다는 사실이 예배의 근본정신이다. 이것들은 삶으로 드리는 예배의 근원이기도 하며, 구별된 삶의 모습이기도 하다.

구약의 제사에서 제물인 짐승을 죽이고 다듬는 일은 제사장이 하는 것이 아니고 바로 제사를 지내는 자의 몫임을 알아야 한다. 이것이 예배의 출발이다. 제사를 지내는 자가 제물을 제단으로 가져온다. 그리고 그 제물에 안수하여 자기 죄와 허물을 전가하고 제물인 짐승을 도살한다. 가죽을 벗기고, 각을 뜨고, 머리와 기름을 빼어내고, 내장과 정강이를 물로 씻는다.

그러면 제사장은 그 짐승의 피를 제사자을 대신해서 제단에 뿌린다. 그것들을 제단 위에 올리고 태우는 일을 제사장이 한다.

여기서 각을 뜬다는 것은 내 몸 전체가 부서진다는 뜻이고, 내장은 내 마음과 뜻, 그리고 온 정성을 뜻한다. 머리는 내 사상, 생각, 가치관을 말하고, 기름은 생명을 뜻한다. 이런 것들을 불에 태운다는 것은 전체의 생명을 하나님께 바친다는 뜻이다. 비록 짐승이 대신 죽고 태워지지만 바로 그것은 곧 자기가 죽고 태워진다는 뜻이다. 신약에 와서는 그 일을 예수님이 대신해 주셨다. 예배는 이런 것에서부터 시작되는 것이다.

2) 구약의 예배 정신을 바탕으로 하는 오늘날의 예배 -참고 창 18장, 사 6장
구약의 이런 예배 정신을 바탕으로 하는 신약의 예배, 즉 오늘날의 예배는 어떠해야 하는가를 말하려고 한다. 우리는 이 사실들을 알고 예배를 바르게 드려야 바른 신앙생활을 할 수 있기 때문이다. 요한복음 4:24에서 예수님은 "하나님은 영이시니 신령과 진정으로 예배할지니라"라고 일러주고 있다. 한글 성경에 '진정'(眞情)으로 번역된 단어는 영어 성경에 보면 truth, 즉 '진리'(眞理)로 번역되어 있다. '진정'과 '진리'의 의미는 다르다 우리는 '진정'으로 번역함으로 예배를 너무 감정적인 것으로 생각하는 경향이 있다. 그래서 예배를 마치 무슨 치성을 드리는 것으로 생각하고 있는 사람이 의외로 많다.

그러면 예배란 무엇일까? 넓은 의미로는 그리스도인의 삶이 바로 예배이다. 그러나 여기서는 우리가 주일에 드리는 예배, 즉 좁은 의미로서의 예배를 중심으로 그 개념을 살펴보도록 한다.

예배에 대한 많은 정의가 있지만 두 가지만 소개한다.
1942년에서 1944년까지 영국 구교의 캔터베리 대 주교를 지낸 윌리암 템플(William Temple)주교는 그의 저서 『요한복음 강독』 초판에서 다음과 같

이 설명했다.[3]

당혹스럽고 혼란스러운 양심과 무디고 활기를 잃은 마음을 치료하는
방법은 영적 예배뿐이다. 왜냐하면 예배는 우리의 모든 속성을 하나님
께 복종하기 때문이다. 그렇게 함으로써 우리의 무딘 마음은 하나님의
거룩하심에 힘입어 활기를 찾게 되고, 그 진리로 우리의 마음은 풍요로
워지며, 그의 아름다움으로 우리의 형상은 순결해진다. 우리의 가슴은
그의 사랑을 향하여 활짝 열리게 되며, 우리의 의지는 그의 목적을 위
해 순종하게 된다. 이 모든 것은 경배 속으로 연합되며 우리의 원죄와
실생활에서 짓는 죄의 근원이었던 자기중심성은 치유 받게 된다. 그렇
다. 신령과 진리로 드리는 예배야말로 당혹감에 빠진 무력한 심령을 치
유하는 길이며, 죄로부터 구원받아 자유로워지는 것이다.

토저(A.W. Tozer)목사님은 "누구든지 어떤 욕심을 가지고 하나님을 찾는다
면 결코 그를 찾을 수 없을 것이다. 하나님은 이용할 수 없는 분이기 때문
이다"라고 했다.

워렌 위어즈비(Warren W. Wiersbe)목사님은 그의 저서 『주여, 나를 잘못된
예배에서 구하여 주옵소서』(원제: Real Worship, It will transform your life, 주
해홍 역, 도서 출판 아삼, 1995)에서 예배를 이렇게 정의하고 있다.

예배는 우리의 모든 것, 즉 지, 정, 의로 하나님의 말씀, 행동, 존재 등의
모든 것에 대한 우리의 경배적 응답이다. 이 응답은 우리의 주관적인 체
험 속에서 신비로운 측면을 포함하고, 하나님의 계시된 진리에 복종하
는 실천적 측면도 포함한다. 그것은 하나님에 대한 두려움과 경외심으
로 균형 잡힌 사람의 응답이다. 또는 그것으로 하나님을 깊이 알고자
하는 반응이다.

---

3 Warren W. Wiersbe Real Worship, It will transform your life Oliver Nelson Pub. 1986 p22

예배를 영어로 worship이라고 한다. 이 말은 Worth-ship이라는 말에서 나왔는데, 이것은 어떤 가치 있는 것을 숭배하는 것을 말한다. 예배란 한 마디로 하나님을 섬기는 것이다. 한문으로 쓰면 禮拜인데 예를 갖추어 절한다는 말이다. worship을 예배로 번역한 것은 상당히 성경적인 번역이라고 생각한다. 이 절 拜는 매우 적절한 표현이다.

우리가 어떤 사람에게 존경을 표할 때 절을 한다. 그 존경의 정도에 따라 절하는 각도가 다를 것이다. 예배에서 절한다는 것은 실제로 절하는 행위를 말하는 것은 아니다. 그러나 우리의 마음이 절하는 자세에 있어야 한다는 것이다. 그렇다면 어느 정도의 각도로 절해야 하나님에 대한 존경을 나타낼 수가 있을까? 창세기 18장에 보면 하나님이 천사와 함께 아브라함을 찾아서 이야기를 나누는 장면을 읽는다. 아브라함은 그에게 오는 일행이 하나님의 일행이라는 사실을 알아차리고는 즉시 그 앞에 나아가 땅에 굽혀 절했다. 이것을 shachah라고 표현했다. 완전히 자신을 복종하는 절(拜)을 의미한다. 이 절은 전 인격적 복종, 총체적 헌신을 의미하는 절이다.

천주교의 신부 후보생들이 사제 서품을 받는 모습을 TV에서 본 적이 있는데 이들은 우리 개신교의 목사가 안수받는 모습과는 아주 다른 모습이었다. 그들은 땅에 큰 대(大)자로 엎드려 받는다. 아마 하나님께 총체적 헌신과 복종을 드린다는 의미가 있을 것이다. 믿는 사람의 모든 행위가 바로 이런 복종과 헌신으로부터 출발하는 것이기 때문에 절한다는 뜻이 있는 拜자가 있는 예배란 말은 매우 적절한 표현이라고 생각한다.

지금은 그리스도인의 삶으로서 넓은 의미의 예배에 관해 말하는 것이 아니고 좁은 의미로서 우리가 교회에서 드리는 예배의 행위를 중심으로 말하고 있다.

예배는 보는 것인가? 드리는 것인가? 흔히 우리는 '예배를 본다', '예배를 보러 가자', '예배 보았나?'라고 말한다. 이것은 잘못된 표현이다. 예배는 보는 것이 아니라 드리는 것이라는 것은 실제로 많은 사람이 잘 알고 있다. 그러나 많은 사람이 예배를 보는 태도에 서는 경우가 너무나도 많다.

이것은 우리의 예배 양식이 회중의 예배드림을 인도
하는 형식이 아니고 예배 인도자들이 예배를 인도하
는 행위를 구경하게 하는 식으로 예배가 구성되어 있
기 때문이다. 특히 많은 사람이 설교 듣는 것을 예배
의 전부로 알고 설교 듣기에만 신경을 쓰는 경우가 있
음을 많이 본다. 그래서 어떤 교회 주보의 예배 순서
를 보면 아예 설교 순서를 강조체 활자로 찍어 그것을
특히 강조하는 것을 쉽게 볼 수 있다.

이런 것들이 바로 회중이 예배를 보는 자의 입장에 서게 하는 것들임을 한
국 교회는 잘 깨닫지 못하고 있는 것을 매우 안타깝게 생각한다. 나중에
설명하겠지만 설교도 예배 행위의 일부일 뿐이다. 특히 성경 공부 프로그
램이 약한 교회일수록 설교로 성경 공부 역할까지 감당하게 하려고 이것
을 강조하고 있는 것인지도 모른다. 이것은 한국 교회가 예배에 대해 잘못
된 이해를 하고 있다는 증거를 보여 주는 것이다.

19세기의 덴마크의 신학자요 종교 철학자인 쇠렌 키에르케고르(Soren Ki-
erkegard, 1813-1855)는 예배를 연극에 비유하여 설명한 적이 있다. 연극에
는 주인공 또는 연기자가 있고, 관중이 있으며, 연기자를 돕는 프롬프터
(prompter)가 있다. 키에르케고르는 예배자는 연기자이고, 예배 인도자는
프롬프터이며, 이 연극을 구경하는 관중은 하나님이라는 것이다. 이것은
매우 적절한 비유라고 생각한다.

이사야 43:21에 보면 하나님께서 우리의 찬송을 듣기를 원하셔서 우리를
만드셨다고 했다. 이 말은 하나님께서는 우리의 예배를 받으시기를 원하시
는 것이다. 우리의 예배 행위를 보시기를 원하시는 것이다. 예배는 하나님
의 사랑에 대한 우리의 경배적인 응답이라는 점에서 더욱 그러하다. 예배
인도자, 즉 예배 사회자, 찬양대, 반주자 등은 바로 그들의 역할로 하나님
께 예배를 드림과 동시에 회중의 예배를 도와주는 프롬프터의 역할을 하
는 것이다.

그런데 우리는 그들의 연주(?)를 감상하고, 기도 인도자의 기도를 듣고, 설
교를 단순히 경청함으로 우리는 종종 관객의 위치에 서게 되는 경우가 많

다. 이 말은 관객이 되시는 하나님의 위치에 우리가 선다는 말이고 이것은 엄청난 불경(不敬)을 저지르는 결과이다. 우리는 예배를 드리는 자의 위치로 돌아가야 한다. 예배가 드려지는 것이 되기 위해서 우리는 어떤 자세를 취해야 하는가를 다음의 요한복음 구절이 잘 설명해 주고 있다.

요 4:24 하나님은 영이시니 예배하는 자가 영과 진리로 예배할지니라

예배의 근본정신은 신령(Spirit)과 진리(Truth)이다. 신령이라고 할 때 이는 우리의 주관적인 것, 우리의 정서적인 면을 포함한 전인격을 바친다는 말이다. 이것을 위해서는 우리의 삶 자체가 예배적인 삶이 되어야 한다. 전인격적인 응답이 예배 시간에만 일어나는 반응이 아니기 때문이다.

우리는 예배에 있어서 진실한 마음을 가져야 한다. 예배 시간에 딴생각하고 앉아 있고서야 예배를 드리는 자세를 가질 수가 없는 것이다. 천로역정의 저자 John Bunyun은 "당신이 기도할 때 마음에도 없는 말로 하는 것보다 말은 없으나 진실된 마음으로 하라"고 했다.

오래전에 TV 방송극 "한명회"가 유행했던 적이 있었다. 비디오테이프를 잔뜩 빌려 와서 토요일 밤늦게까지 보다가 그다음 주일에 예배에 참석하니 대표 기도를 맡은 것을 알았다. 그래서 그는 부랴부랴 준비도 없이 기도하면서 '하나님 은혜가 감사하다'는 것을 "성은이 망극하옵나이다"라고 했다는 우스갯거리가 있다. 또 어느 조개 장사하는 집사님이 주일 오후에 조개 장사를 늦게까지 하고 교회에 가서 주일 저녁 예배에 나가서 기도를 인도하면서 "조개 이름 받들고 기도하옵나이다"라고 했다는 것이다. 이런 예배는 신령으로 드리는 예배가 될 수가 없다. 예배 시간에 앉아 잡생각을 하고 있다면 그것이 신령한 예배가 될 수 없는 것이다. 우리의 모든 면이 하나님을 향해 있어야 한다.

예배는 하나님으로부터 무엇을 얻으려고 드리는 것이 아니다. 그분이 예배를 받으시기에 합당하기 때문에 예배드리는 것이다. 무엇을 얻으려고 예배를 드리는 것은 예배를 드리는 것이 아니고 마치 무당이 굿을 하며 치성을 드리는 것과 흡사하다. 우리가 믿고 순종하는 하나님은 이런 대상이 아

니다. 우리는 많은 사람이 이런 치성 행위를 예배 행위로 생각하는 사람이 있다. 언젠가 제가 서울에 갔을 때, 세계에서 제일 크다는 어느 감리교회에서 주일 예배를 드린 적이 있다. 그때 그 교회에서 대학 입시 합격 기원 100일 새벽 기도회를 실시하고 있음을 보았다. 새벽 기도회도 예배 행위일진대 이것은 좀 극단적인 말로 표현하면, 교회 안에서 무당 행위를 하는 것이라고 할 수 있다. 예배에서 무엇을 받아 내기 위해 예배를 드린다면 그것은 바로 치성드리는 무당의 행위와 같다.

이런 행위를 예배 행위로 알고 있는 교인들이 주일 대 예배도 그런 식으로 드릴 것은 분명한 것이다. 우리는 복 받기 위해 예배를 드리는 것이 아니고 예배적 삶을 살고 또 그런 마음으로 예배를 드림으로 복을 받게 되는 것이다. 왜냐하면 예수님은 마태복음 6:33에서 "너희는 먼저 그 나라와 그의 의를 구하라. 그리하면 이 모든 것을 더 하시리라"라고 했다. 그 나라와 그의 의를 구하는 행위가 바로 예배드리는 마음의 근본이기 때문이다. 예배는 내 자의로 드리는 것이 아니고, 하나님이 나를 불러 주셔서 예배하게 해주심으로 드리게 되는 것임을 분명히 알아야 한다.

이사야 43:21에 보면 "이 백성은 나를 위해 지었나니 나의 찬송을 부르게 하려 함이니라"라고 했다. 우리의 삶의 가장 큰 목적은 하나님을 영화롭게 하는 것이라고 웨스트민스트 소요리 문답 제1문에서 답하고 있다. 그러므로 우리는 하나님이 나를 택해 주시고, 구원해 주시고, 자녀 삼아 주심에 감시히고 감격해서 드리는 것이어야 한다.

예배의 성경적인 모형은 우선 창세기 18장에서 찾아볼 수 있다. 예배는 하나님 존전에 나아감으로 이루어진다. 창세기 18장의 아브라함은 그를 찾아오는 일행이 하나님이심을 알고 그 앞에 나아가 땅에 엎드려 절을 한다. 그리고 그는 하인이나 아내를 시키지 않고 자기가 직접 음식을 장만하여 대접한다. 이것은 우리의 예배의 전반부에서 일어나야 한다.

예배 순서에 보면 전주 순서가 있어 오르간이 곡을 연주한다. 많은 사람은 이 시간이 예배를 드리기 위한 마음을 준비하는 시간 정도로만 생각한다. 그러나 사실 그것 이상의 의미가 있는 시간이다. 하나님이 우리를 예배에

불러 주시고 우리의 예배를 받으시기 위해 임재하시는 시간이다.[4]

우리는 이 시간에 "땅에 엎드려 절"하는 마음가짐을 가지고 우리의 순종을 드려야 한다. 그리고 하나님께 찬양과 감사와 찬송으로 그를 영화롭게 해야 한다. 이것이 예배 순서의 전반부에 있어야 하는 예배 행위이다. 예배 순서는 이런 것을 실천할 수 있도록 짜여야 한다. 이런 영광을 드리는 시간 이후에는 반드시 우리 자신을 돌아보는 시간을 가지게 하는 순서가 있다. 이것은 바로 회개 또는 고백의 기도이다. 이것은 참으로 중요한 시간이다. 이사야 6장도 예배의 모형으로 사용되는 구절이다. 여기서 이사야가 하나님의 임재 앞에서 자기의 죄된 모습을 보고 통회하는 모습을 본다. 우리는 예배를 통해서 바로 이 이사야처럼 우리의 죄를 보고 하나님 앞에서 통회해야 하는 것이다. 그러면 하나님은 우리의 죄를 사해 주신다. 예배 순서에는 반드시 이 회개의 기도 순서와 사죄를 선포하는 순서가 있어야 한다.

우리는 우리 자신을 하나님께 헌신하는 의미로 헌금을 드린다. 무엇보다 헌금은 그 액수의 많음에 있는 것이 아니고 우리의 헌금하는 자세가 중요한 것이다. 마가복음 14:3-9을 보면 예수님은 과부가 드린 동전 두 닢의 헌금을 높이 평가하셨다. 그 이유는 그의 전부를 드렸기 때문이다. 바로 그 자신을 드린 것이기 때문이다.

어떤 이는 마치 하나님이 우리의 물질이 필요하여서 헌금을 드리는 자도 있고, 교회의 재정을 돕는다는 의미로 헌금을 드리는 사람도 있다. 그럴 필요도 있다. 그러나 헌금은 그런 의미로 드리는 것이 아니고, 우리 자신을 하나님께 바친다는 의미로 드리는 것이다. 그러기에 우리는 이것을 정성스럽게 준비해야 한다.

---

4 요즈음에 많은 교회가 예배 시작 부분에 하나님의 임재를 초청하는 가사가 담긴 찬양곡을 부른다. 이를테면 "하나님 하늘 문을 여시고, 이곳에 오셔서 좌정하시고 우리의 예배를 받으소서"라는 내용의 기사이다. 이는 완전히 잘못된 선곡이다. 예배의 주도권이 인간에게 있는 것이 아니기 때문이다. 예배는 인간이 주도적으로 자의적으로 드리는 것이 아니다. 그러므로 우리가 하나님을 예배에 초청하는 것은 인간의 교만이다. 예배드림마저도 하나님의 주권적 인도하심이 있고, 우리가 하나님께 예배를 드리도록 부름을 받는 것이다. 모든 것은 주님의 은혜임을 명심하라.

어떤 사람은 예배 시간에 수표를 쓰는 사람도 있고 주머니를 뒤져 현금 얼마를 꺼내어 헌금 주머니에 넣는 사람이 있다. 이는 나 자신을 헌신하고 바친다는 마음으로 준비한 헌금으로 보기는 어려울 것이다. 헌금은 나 자신을 바친다는 의미가 중요하기에 헌금은 토요일 저녁에 주일 예배를 준비하는 마음으로 준비하고, 드릴 때는 헌신을 결단하는 마음으로 기도하며 드려야 할 것이다.

이와 같은 우리의 예배 행위를 받으신 하나님은 우리에게 메시지를 주시는데 이것은 설교 행위에서 나타난다. 많은 교회의 주보를 보면 설교 순서를 강조체로 인쇄해서 중요성을 나타내는데 이것은 잘못된 것이다. 설교가 중요하지 않다는 말이 아니고, 설교 순서만 중요한 것이 아니라는 것이다. 모든 순서가 동일하게 중요하다. 설교도 그것을 준비하는 자에게 있어서는 하나의 예배 행위이다. 설교만을 강조하다 보면 많은 교인이 설교가 예배의 전부인 양 생각하고 그 시간만을 맞추는 사람들이 있음을 본다.
설교는 예배 행위를 받으신 하나님이 그의 백성들에게 주시는 메시지이다. 창세기 18장에서 아브라함의 대접을 받으신 하나님이 그의 계획을 아브라함에게 알려 주시는 것과 같다. 우리는 설교를 그런 의미와 자세에서 들어야 한다. 설교를 하는 자도 이런 의미와 자세에서 해야 한다. 그러려면 우리는 이사야처럼 하나님의 사랑과 사역에 동참하는 결단을 해야 한다. 그런 결단으로 모든 예배 행위를 마친 그의 백성에게 하나님은 축복해 주시는데 이것이 축도이다. 그러므로 축도하는 이는 이 시간에 자기가 하나님을 대신해서 그 축복을 전한 자의 위치에 서야 한다. 그러기에 축도는 아무나 하는 것이 아니고 반드시 안수받은 교역자만 하는 것이다. 그래서 그 축도는…있을지어다"라고 해야 한다. 그런데 많은 목사들이 "…축원하옵나이다"라고 하는 것을 보는데 이것은 이런 의미에서 잘못된 것이다.

레위기는 많은 규례로 가득 찬 책이다. 특히 8장은 제사장을 정결케 하는 규례로 가득 차 있는데 이것을 우리의 예배와 연관을 지어 보면 다음과 같다. 왜냐하면 베드로전서 2:9에 보면 우리는 왕 같은 제사장이라고 했고 우리도 구약의 제사장처럼 정결함을 받아야 하고, 이 구약의 정신을 지금 어떻게 적용하는가를 알아야 하기 때문이다.

레위기 8장	신약적 의미	예배적 의미
하나님 앞으로 데려옴(1-5)	하나님의 부름에 응함	예배에의 부름
물로 씻음(6)	죄를 고백하고 죄사함을 받음	회개와 사죄의 선포
예복을 입힘(7-9)	그리스도의 구속함을 입고, 믿음 소망 사랑의 옷을 입음	사죄의 선포
기름을 부음(10-12)	사명을 받음 (self-esteem의 회복)	설교 말씀
제사 드림(13-30)	자신을 헌신함	헌금
하나님과 교제의 음식을 먹음(31-32)	하나님과의 관계를 회복함	친교(Koinonia)
구별된 생활과 봉사 (33-36)	그리스도인으로서 그리스도를 닮아 향기를 발함 그리스도인의 사회적 책임을 가짐	결단, 예배적 삶

💡 십계명의 관계성으로 보는 기독교의 영성 - 성화적 삶

1) 1~4 계명 : 하나님과의 관계-제사장 영성-모이는 교회-성막 제사와 예배 정신

2) 5~10 계명 : 이웃과의 관계-선지자 영성-흩어지는 교회-성화적 삶의 근간

💡 토마스 아퀴나스의 율법의 분류와 의미를 적어 보라.

1) 의식법(Ceremonial Law) :

2) 시민법(Civil Law) :

3) 도덕법(Moral Law) :

💡 제물을 다듬는 것에 부여된 의미를 묵상하라. 그 행위는 비록 짐승이 대신해 죽는 것이지만 내가 당해야 할 일이다. 이런 과정을 통해서 내가 하나님을 만날 수 있음을 명심해야 한다. 비록 예수님이 영단번영워히 단한번의 제물이 되어 주셔서 이런 제사를 드리지는 않지만 그 의미와 정신은 꼭 같음을 명심하라.
- 바울이 한 말 "나는 날마다 죽노라"(고전 15:31하) 처럼 날마다 나의 자기중심성을 신위 앞에 내려놓아야 한다. 그것이 우리가 드리는 산 제사이다 (롬 12:1-2).

💡 레위기의 핵심 주제는 "거룩"이다. 거룩은 '구별되다'라는 뜻이다.
하나님과의 관계에서의 거룩성은 무엇이고, 이웃과의 관계에서 거룩성은 무엇인가?
나의 삶은 하나님의 백성으로 구별된 삶을 살아가고 있는가? **관점 3**

💡 제사의 핵심도 이 거룩성의 회복에 있다면 오늘 우리의 예배가 어떠해야 할까?

💡 레위기 26장의 서약의 핵심은 지금까지 주어진 이 모든 규례를 "지켜 행함"에 있다.
그 "지켜 행함"이 곧 구별되는 삶, 거룩한 삶이다.
구약의 나머지 부분은 이 서약의 연장선상에 있음을 명심하라.

민수기

광야 이야기 - 왜 광야에서 헤맸어야 했고, 무슨 일이 일어났는가?

이스라엘 백성이 시내 산기슭에 머물면서, 언약을 체결하고 법을 받아 공부하고, 성막을 짓기까지 모두 11개월을 머물게 된다. 이제 이스라엘 백성들은 시내 산을 출발해서 가나안 땅으로 간다. 그래서 하나님께서 이제 가나안 땅에 들어갈 모든 준비를 하시면서 인구를 조사하고 대열을 정비하고 오합지졸의 노예에 불과했던 이스라엘 백성들을 하나의 국가로서 조직화해 가면서 이스라엘 백성들을 인도하며 하나님께서 아브라함에게 약속해주셨던 또 다른 약속, 땅의 약속을 이루어주시려고 이스라엘 백성을 가나안 복지로 인도하기 시작하신다.

가나안 땅에 들어갈 인구는 전쟁을 수행할 수 있는 장정을 중심으로 계수를 했는데 총 603,550명이 계수되었다. 이는 각 가정에 한 명이 전쟁을 수행할 수 있는 자가 나온 셈이며 자녀와 부녀자를 다 합치면(4인 가족을 기준으로) 250만 명 정도는 되리라고 추정할 수 있다. B.C. 1876년에 기근을 피해 애굽으로 내려간 야곱의 가족 70인이 430년이 지나 250만의 민족으로 형성된 것이다.

하나님은 계속해서 구름 기둥과 불기둥으로 이들을 친히 인도하신다. 이 대목에서 우리 하나님의 모습을 보면서 참으로 많은 은혜와 위로를 받게 된다. 오늘날도 광야 같은 삶을 사는 우리에게도 구름 기둥과 불기둥으로 우리를 인도하고 계신다는 사실, 이것이 얼마나 위로가 되고 힘이 되고 얼마나 은혜로운 말인지 모르겠다.

그런데 이스라엘 백성은 가데스 바네아에서 엄청난 반역을 저지른다. 그 반역 사건은 바로 신위에 대한 인위의 항거였다. 그러니까 하나님의 약속을 인위로 뭉개버리려는 엄청난 어리석은 실수라는 것이다. 하나님께서 약속하신 젖과 꿀이 흐르는 땅에는 이미 장대한 체구를 가진 민족을 포함해서 많은 족속이 살고 있어 인간의 눈으로 볼 때 도저히 점령할 수 없는 그런 땅처럼 보일지라도 이스라엘 백성이 하나님의 전지전능하심을 믿었다면 그것이 결코 문제가 되지 않았을 것이다. 갈렙과 여호수아처럼 말이다. 그러나 이스라엘 백성들은 그곳 주민의 장대한 체격을 보고 자신을 스스로 메뚜기처럼 여겼다. 우리는 이 것을 메뚜기증후군(Grasshopper Syndrome)이라고 한다. 하나님께서 이런 사람 들에게 절대로 축복하지 않는다. 하나님 백성의 긍지를 잃어버리고 스스로 자 신을 메뚜기처럼 비하하는 사람은 하나님께서 내버려 두신다. 그래서 1세들이 광야에서 다 죽어 없어질 때까지 37년 6개월 동안 하나님께서 다시 기다리신 다. 이 광야를 배회하면서 하나님께서는 이 레위기를 가지고 다시 이스라엘 백 성들을 교육하신다.

광야

이 광야가 그들에게는 필요했다. 광야는 하나님을 알지 못하고 또는 하나님께 불순종하며 하나님을 제대로 섬기지 못하는 백성들을 훈련하는 곳이었다. 오 늘날 이 같은 인생의 광야를 살아가는 우리의 삶 가운데서도 하나님은 우리를 돌보시고 우리를 훈련하시고 연단하고 계신다는 사실을 우리는 함께 생각해 볼 필요가 있다. 그러면 광야가 어떤 곳인지 모세가 어떻게 설명하는지를 신 명기 8:2-4의 말씀으로 잠깐 살펴보자. '네 하나님 여호와께서 이 40년 동안에 네게 광야 길을 걷게 하신 것을 기억하라' 왜 광야 길을 걷게 하신 것을 기억해 야 하냐면 '이는 너를 낮추시며 너를 시험하사 네 마음이 어떠한지 그 명령을 지키는지 안 지키는지 알려하심이라' 하나님 마음이다. '너를 낮추시며 너를 주 리게 하시며 또 너도 알지 못하며 네 조상들도 알지 못하던 만나를 네게 먹이 신 것은 사람이 떡으로만 사는 것이 아니요 여호와의 입에서 나오는 모든 말씀 으로 사는 줄을 네게 알게 하려 하심이라'
광야는 바로 이처럼 하나님이 전지전능하시고 하나님의 돌보심에 우리가 온전 히 의지하며 살아가는 훈련을 받는 곳이다. 신명기 8:4 '이 40년 동안에 네 의 복이 헤어지지 아니하고 네 발이 부르트지 아니하였느니라' 하나님께서 도우셨 다는 것이다. 여러분은 지금 광야의 생활을 살아가고 있다고 생각하는가? 거 기에는 하나님의 인도하심과 역사하심과 승리하심이 있다는 사실을 염두에 두 고 하나님을 의지하고 하나님께 순종하며 살아가는 그런 믿음을 갖고 살아가 기를 주님의 이름으로 축원한다.

민수기에 나오는 가데스 바네아의 반역 사건은 이스라엘 백성의 운명을 갈라놓는 사건이었다. 이 사건은 단순 불순종의 사건이 아니고 하나님의 뜻을 인간의 생각으로 뒤집어 엎어 놓으려 했던 그런 엄청난 반역 사건이다. 하나님께서 이스라엘 백성에게 가나안 땅을 주신 것은 이미 아브라함의 약속에서부터 시작된 것이다. 약 450년 전에 하나님께서 아브라함에게 하신 약속이고 그 약속을 지키는 일에 있어서 절대적으로 신실하신 하나님이 이루신 약속이기 때문에 이 약속은 절대로 불변하는 약속이다. 성경에 나오는 모든 약속은 절대적으로 불변하는 하나님의 약속인데 우리는 그것에 우리의 생각을 가미해서 자꾸 시시비비를 가리려고 하는 인간의 죄된 모습을 우리는 상대적으로 보게 된다.

가데스 바네아에서 이스라엘 백성의 반역 사건은 그러한 맥락에서 일어난 사건으로 이와 같은 반역적인 사건은 하나님의 엄청난 진노를 사게 된다는 것을 성경의 많은 부분에서 보게 된다. 이와 같은 진노는 결국 이스라엘 백성들이 불과 몇 개월이면 바로 입성할 가나안 땅을 37년 6개월이라는 긴 시간 동안 재훈련, 재 연단 받는 기간으로 돌아갔고 그때 반역 사건에 가담했던 1세들은 광야에서 모두 죽는다. 그것도 바로 그 자리에서 염병을 통해 즉결처분하려고 했으나 모세의 간곡한 중보기도로 하나님께서 진노를 거두시고 그 대신 37년 6개월이라는 긴 시간 동안 1세들이 다 죽기를 기다리셨다.

하나님께서는 2세들과 더불어 가나안 땅에 입성하게 된다. 민수기 하반부에 가면 놋 뱀 사건이 나오는데 이것은 이스라엘 백성들의 불평을 다스리기 위해서 하나님께서 불 뱀으로 이스라엘 백성을 다루시는데, 불 뱀은 길이가 불과 10cm밖에 안 되지만 그 독성은 아주 강해 사람이 물리면 10초 이내에 즉사한다고 한다. 그만큼 맹독성의 뱀을 풀어서 이스라엘 백성을 다스릴 때 또 이스라엘 백성들이 하나님 앞에 회개할 때 하나님께서 모세를 통하여 그 불 뱀을 없애는 대신에 놋 뱀을 만들어 달고 그것을 보는 자는 구원을 얻는다고 하나님께서 약속을 주신다. 그런데 하나님께선 성경 곳곳에 보면 이러한 방법을 통해 우리의 믿음을 보시면서 우리를 구원하신 하나님의 모습을 본다. 하나님께서 뱀을 없애지 아니하시고 뱀은 그냥 두시고 놋 뱀을 달아서 보게 하신 이 사건은 우리를 구원하실 때 우리의 믿음을 요구하신다는 것이다. 하나님께서 우리가 고통 중에 있을 때 고통 자체를 없애주시는 것이 아니라 고통을 이길 길을 주심으로서 우리가 그 길을 믿음으로 따라오게 하는 것이 하나님의 방법이다. 우리가 기도할 때 고통 자체를 없애 주시길 기도하는 것보다는 하나님에게 그 고통을 이길 수 있는 그런 방법과 믿음과 그런 용기와 담대함을 허락해 달라고 기도하는 것이 바른 기도법이다. 기도의 응답은 환경을 바꿈으로 오는 것이 아니고, 사람의 생각과 패러다임을 바꿈으로 오는 것임을 명심하라.

하나님께서는 그런 것을 통해 우리의 믿음을 보시고 우리의 길을 인도하신다는 것을 우리는 놋 뱀 사건을 통해 그런 교훈을 받을 수 있다. 이 놋 뱀은 십자가를 예표 하는 사건이다.

관련 성경 본문 읽기

민수기를 통해 가나안 가는 길의 여정에서 생긴 일을 읽는다. 시내 산에서 언약을 맺고, 법을 받으며, 그리고 성막을 건축하기까지 11개월이 걸렸다. 민수기 9장까지는 레위기의 연장선상에서 법 교육을 받는 모습을 기록하고 있다. 10장에서 드디어 아브라함의 언약을 통해 약속받은 가나안 땅에 정착하기 위해 출발한다.

민수기를 이스라엘 백성의 광야 불평기라고 할 만큼 이스라엘 백성은 거의 끊임없는 불평을 늘어놓는다. 어떤 불평을 하며, 그럴 때 모세의 반응은 어떠하며 또한 하나님은 어떻게 대응하시는가를 살피면서 읽으라. 그 결과가 13장에서 엄청난 반역 사건으로 나타난다.

민수기 9장 15-23절
길을 안내한 구름(출 40:34-38)

민 9:15-23

불기둥과 구름 기둥으로 인도하시는 하나님

불기둥과 구름 기둥은 하나님의 임재를 상징한다.

우리 삶의 모든 면에서 하나님은 늘 함께하신다는 것을 의미한다. 오늘도 하나님은 민수기에서처럼 우리의 삶 가운데 오셔서 이끌어 주시며 보호하시고 있음을 체험하는가? 섭리주 하나님

여기서도 하나님의 신위를 느끼게 된다.

15 성막을 세운 날에 구름이 성막 곧 증거의 성막을 덮었고 저녁이 되면 성막 위에 불 모양 같은 것이 나타나서 아침까지 이르렀으되 16 항상 그러하여 낮에는 구름이 그것을 덮었고 밤이면 불 모양이 있었는데 17 구름이 성막에서 떠오르는 때에는 이스라엘 자손이 곧 행진하였고 구름이 머무는 곳에 이스라엘 자손이 진을 쳤으니 18 이스라엘 자손이 여호와의 명령을 따라 행진하였고 여호와의 명령을 따라 진을 쳤으며 구름이 성막 위에 머무는 동안에는 그들이 진영에 머물렀고 19 구름이 성막 위에 머무는 날이 오랠 때에는 이스라엘 자손이 여호와의 명령을 지켜 행진하지 아니하였으며 20 혹시 구름이 성막 위에 머무는 날이 적을 때에도 그들이 다만 여호와의 명령을 따라 진영에 머물고 여호와의 명령을 따라 행진하였으며 21 혹시 구름이 저녁부터 아침까지 있다가 아침에 그 구름이 떠오를 때에는 그들이 행진하였고 구름이 밤낮 있다가 떠오르면 곧 행진하였으며 22 이틀이든지 한 달이든지 일 년이든지 구름이 성막 위에 머물러 있을 동안에는 이스라엘 자손이 진영에 머물고 행진하지 아니하다가 떠오르면 행진하였으니 23 곧 그들이 여호와의 명령을 따라 진을 치며 여호와의 명령을 따라 행진하고 또 모세를 통하여 이르신 여호와의 명령을 따라 여호와의 직임을 지켰더라

민수기 10장

나팔 신호

1 여호와께서 모세에게 말씀하여 이르시되 2 은 나팔 둘을 만들되 두들겨 만들어서 그것으로 회중을 소집하며 진영을 출발하게 할 것이라 3 나팔 두 개를 불 때에는 온 회중이 회막 문 앞에 모여서 네게로 나아올 것이요 4 하나만 불 때에는 이스라엘의 천부장 된 지휘관들이 모여서 네게로 나아올 것이며 5 너희가 그것을 크게 불 때에는 동쪽 진영들이 행진할 것이며 6 두 번째로 크게 불 때에는 남쪽 진영들이 행진할 것이라 떠나려 할 때에는 나팔 소리를 크게 불 것이며 7 또 회중을 모을 때에도 나팔을 불 것이나 소리를 크게 내지 말며 8 그 나팔은 아론의 자손인 제사장들이 불지니 이는 너희 대대에 영원한 율례니라 9 또 너희 땅에서 너희가 자기를 압박하는 대적을 처러 나갈 때에는 나팔을 크게 불지니 그리하면 너희 하나님 여호와가 너희를 기억하고 너희를 너희의 대적에게서 구원하시리라 10 또 너희의 희락의 날과 너희가 정한 절기와 초하루에는 번제물을 드리고 화목제물을 드리며 나팔을 불라 그로 말미암아 너희의 하나님이 너희를 기억하시리라 나는 너희의 하나님 여호와니라

● 시내 광야를 떠나는 이스라엘

이스라엘 자손이 진행하기를 시작하다 - B.C. 1445

11 둘째 해 둘째 달 스무날에 구름이 증거의 성막에서 떠오르매 12 이스라엘 자손이 시내 광야에서 출발하여 자기 길을 가더니 바란 광야에 구름이 머무니라 13 이와 같이 그들이 여호와께서 모세에게 명령하신 것을 따라 행진하기를 시작하였는데 14 선두로 유다 자손의 진영의 군기에 속한 자들이 그들의 진영별로 행진하였으니 유다 군대는 암미나답의 아들 나손이 이끌었고 15 잇사갈 자손 지파의 군대는 수알의 아들 느다넬이 이끌었고 16 스불론 자손 지파의 군대는 헬론의 아들 엘리압이 이끌었더라 17 이에 성막을 걷으매 게르손 자손과 므라리 자손이 성막을 메고 출발하였으며 18 다음으로 르우벤 진영의 군기에 속한 자들이 그들의 진영별로 출발하였으니 르우벤의 군대는 스데울의 아들 엘리술이 이끌었고 19 시므온 자손 지파의 군대는 수리삿대의 아들 슬루미엘이 이끌었고 20 갓 자손 지파의 군대는 드우엘의 아들 엘리아삽이 이끌었더라 21 고핫인은 성물을 메고 행진하였고 그들이 이르기 전에 성막을 세웠으며 22 다음으로 에브라임 자손 진영의 군기에 속한 자들이 그들의 진영별로 행진하였으니 에브라임 군대는 암미훗의 아들 엘리사마가 이끌었고 23 므낫세 자손 지파의 군대는 브다술의 아들 가말리

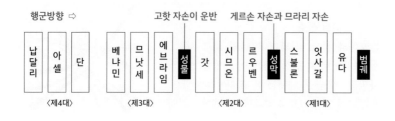

행군방향 ⇨

고핫 자손이 운반   게르손 자손과 므라리 자손

| 납달리 | 아셀 | 단 | | 베냐민 | 므낫세 | 에브라임 | 성물 | 갓 | 시므온 | 르우벤 | 성막 | 스불론 | 잇사갈 | 유다 | 법궤 |

〈제4대〉   〈제3대〉   〈제2대〉   〈제1대〉

엘이 이끌었고 24 베냐민 자손 지파의 군대는 기드오니의 아들 아비단이 이끌었더라 25 다음으로 단 자손 진영의 군기에 속한 자들이 그들의 진영별로 행진하였으니 이 군대는 모든 진영의 마지막 진영이었더라 단 군대는 암미삿대의 아들 아히에셀이 이끌었고 26 아셀 자손 지파의 군대는 오그란의 아들 바기엘이 이끌었고 27 납달리 자손 지파의 군대는 에난의 아들 아히라가 이끌었더라 28 이스라엘 자손이 행진할 때에 이와 같이 그들의 군대를 따라 나아 갔더라 29 모세가 모세의 장인 미디안 사람 르우엘의 아들 호밥에게 이르되 여호와께서 주마 하신 곳으로 우리가 행진하나니 우리와 동행하자 그리하면 선대하리라 여호와께서 이스라엘에게 복을 내리리라 하셨느니라 30 호밥이 그에게 이르되 나는 가지 아니하고 내 고향 내 친족에게로 가리라 31 모세가 이르되 청하건대 우리를 떠나지 마소서 당신은 우리가 광야에서 어떻게 진 칠지를 아나니 우리의 눈이 되리이다 32 우리와 동행하면 여호와께서 우리에게 복을 내리시는 대로 우리도 당신에게 행하리이다 33 그들이 여호와의 산에서 떠나 삼 일 길을 갈 때에 여호와의 언약궤가 그 삼 일 길에 앞서 가며 그들의 쉴 곳을 찾았고 34 그들이 진영을 떠날 때에 낮에는 여호와의 구름이 그 위에 덮였었더라 35 궤가 떠날 때에는 모세가 말하되 여호와여 일어나사 주의 대적들을 흩으시고 주를 미워하는 자가 주 앞에서 도망하게 하소서 하였고 36 궤가 쉴 때에는 말하되 여호와여 이스라엘 종족들에게로 돌아오소서 하였더라

<u>민수기 11장</u>

다베라

1 여호와께서 들으시기에 백성이 악한 말로 원망하매 여호와께서 들으시고 진노하사 여호와의 불을 그들 중에 붙여서 진영 끝을 사르게 하시매 2 백성이 모세에게 부르짖으므로 모세가 여호와께 기도하니 불이 꺼졌더라 3 그 곳 이름을 다베라라 불렀으니 이는 여호와의 불이 그들 중에 붙은 까닭이었더라

모세가 장로 칠십 인을 뽑다

4 그들 중에 섞여 사는 다른 인종들이 탐욕을 품으매 이스라엘 자손도

민 11장
불기둥과 구름 기둥, 만나와 메추라기 등으로 인도해 주시는 하나님의 은혜에 감사하기는커녕 인간의 불평, 불만은 끊이지 않음을 읽는다.
왜 그렇다고 생각하는가?
민수기는 이스라엘 백성의 광야 생활 불평기라고 할 수 있다. 불평의 근본 원인은 탐욕이다.

다시 울며 이르되 누가 우리에게 고기를 주어 먹게 하랴 5 우리가 애굽에 있을 때에는 값없이 생선과 오이와 참외와 부추와 파와 마늘들을 먹은 것이 생각나거늘 6 이제는 우리의 기력이 다하여 이 만나 외에는 보이는 것이 아무 것도 없도다 하니 7 만나는 깟씨와 같고 모양은 진주와 같은 것이라 8 백성이 두루 다니며 그것을 거두어 맷돌에 갈기도 하며 절구에 찧기도 하고 가마에 삶기도 하여 과자를 만들었으니 그 맛이 기름 섞은 과자 맛 같았더라 9 밤에 이슬이 진영에 내릴 때에 만나도 함께 내렸더라 10 백성의 온 종족들이 각기 자기 장막 문에서 우는 것을 모세가 들으니라 이러므로 여호와의 진노가 심히 크고 모세도 기뻐하지 아니하여 11 모세가 여호와께 여쭈오되 어찌하여 주께서 종을 괴롭게 하시나이까 어찌하여 내게 주의 목전에서 은혜를 입게 아니하시고 이 모든 백성을 내게 맡기사 내가 그 짐을 지게 하시나이까 12 이 모든 백성을 내가 배었나이까 내가 그들을 낳았나이까 어찌 주께서 내게 양육하는 아버지가 젖 먹는 아이를 품듯 그들을 품에 품고 주께서 그들의 열조에게 맹세하신 땅으로 가라 하시나이까 13 이 모든 백성에게 줄 고기를 내가 어디서 얻으리이까 그들이 나를 향하여 울며 이르되 우리에게 고기를 주어 먹게 하라 하온즉 14 책임이 심히 중하여 나 혼자는 이 모든 백성을 감당할 수 없나이다 15 주께서 내게 이같이 행하실진대 구하옵나니 내게 은혜를 베푸사 즉시 나를 죽여 내가 고난 당함을 내가 보지 않게 하옵소서 16 여호와께서 모세에게 이르시되 이스라엘 노인 중에 네가 알기로 백성의 장로와 지도자가 될 만한 자 칠십 명을 모아 내게 데리고 와 회막에 이르러 거기서 너와 함께 서게 하라 17 내가 강림하여 거기서 너와 말하고 네게 임한 영을 그들에게도 임하게 하리니 그들이 너와 함께 백성의 짐을 담당하고 너 혼자 담당하지 아니하리라 18 또 백성에게 이르기를 너희의 몸을 거룩히 하여 내일 고기 먹기를 기다리라 너희가 울며 이르기를 누가 우리에게 고기를 주어 먹게 하랴 애굽에 있을 때가 우리에게 좋았다 하는 말이 여호와께 들렸으므로 여호와께서 너희에게 고기를 주어 먹게 하실 것이라 19 하루나 이틀이나 닷새나 열흘이나 스무 날만 먹을 뿐 아니라 20 냄새도 싫어하기까지 한 달 동안 먹게 하시리니 이는 너희가 너희 중에 계시는 여호와를 멸시하고 그 앞에서 울며 이르기를 우리가 어찌하여 애굽에서 나왔던가 함이라 하라 21 모세가 이르되 나와 함께 있는 이 백성의 보행자가 육십만 명이온데 주의 말씀이 한 달 동안 고기를 주어 먹게 하겠다 하시오니 22 그들을 위하여 양 떼와 소 떼를 잡은들 족하오며 바다의 모든 고기를 모은들 족하오리까 23 여호와께서 모세에게 이르시되 여호와의 손이 짧으냐 네가 이제 내 말이 네게 응하는 여부를 보리라 24 모세가 나가서 여호와의 말씀을 백성에게 알리고 백성의 장로 칠십 인을 모

아 장막에 둘러 세우매 25 여호와께서 구름 가운데 강림하사 모세에게 말씀하시고 그에게 임한 영을 칠십 장로에게도 임하게 하시니 영이 임하신 때에 그들이 예언을 하다가 다시는 하지 아니하였더라 26 그 기명된 자 중 엘닷이라 하는 자와 메닷이라 하는 자 두 사람이 진영에 머물고 장막에 나아가지 아니하였으나 그들에게도 영이 임하였으므로 진영에서 예언한지라 27 한 소년이 달려와서 모세에게 전하여 이르되 엘닷과 메닷이 진중에서 예언하나이다 하매 28 택한 자 중 한 사람 곧 모세를 섬기는 눈의 아들 여호수아가 말하여 이르되 내 주 모세여 그들을 말리소서 29 모세가 그에게 이르되 네가 나를 두고 시기하느냐 여호와께서 그의 영을 그의 모든 백성에게 주사 다 선지자가 되게 하시기를 원하노라 30 모세와 이스라엘 장로들이 진중으로 돌아왔더라

여호와께서 메추라기를 보내시다
31 바람이 여호와에게서 나와 바다에서부터 메추라기를 몰아 진영 곁 이쪽 저쪽 곧 진영 사방으로 각기 하룻길 되는 지면 위 두 규빗쯤에 내리게 한지라 32 백성이 일어나 그 날 종일 종야와 그 이튿날 종일토록 메추라기를 모으니 적게 모은 자도 열 호멜이라 그들이 자기들을 위하여 진영 사면에 펴 두었더라 33 고기가 아직 이 사이에 있어 씹히기 전에 여호와께서 백성에게 대하여 진노하사 심히 큰 재앙으로 치셨으므로 34 그 곳 이름을 기브롯 핫다아와라 불렀으니 욕심을 낸 백성을 거기 장사함이었더라 35 백성이 기브롯 핫다아와에서 행진하여 하세롯에 이르러 거기 거하니라

아기 모세를 나일강에서 구출한 누이 미리암이 모세가 구스 여인과 결혼하는 것을 못 마땅히 여겨 모세에게 반기를 들게 된다. 이것이 화근이 되어 하나님의 진노가 임하여 미리암이 문둥병에 걸리게 된다. 아론도 이스라엘에게 금송아지를 만들어 숭배하게 한(출 32장) 죄책감이 있어 모세에게 자기와 미리암을 용서해달라고 간구하고, 모세가 하나님께 중보한다.

민수기 12장
미리암이 벌을 받다
1 모세가 구스 여자를 취하였더니 그 구스 여자를 취하였으므로 미리암과 아론이 모세를 비방하니라 2 그들이 이르되 여호와께서 모세와만 말씀하셨느냐 우리와도 말씀하지 아니하셨느냐 하매 여호와께서 이 말을 들으셨더라 3 이 사람 모세는 온유함이 지면의 모든 사람보다 더하더라 4 여호와께서 갑자기 모세와 아론과 미리암에게 이르시되 너희 세 사람은 회막으로 나아오라 하시니 그 세 사람이 나아가매 5 여호

민 12:3 모세의 온유
온유는 자신을 철저하게 통제할 수 있음으로부터 나오는 품성이다. 예수님도 이 온유의 품

272

와께서 구름 기둥 가운데로부터 강림하사 장막 문에 서시고 아론과 미리암을 부르시는지라 그 두 사람이 나아가매 6 이르시되 내 말을 들으라 너희 중에 선지자가 있으면 나 여호와가 환상으로 나를 그에게 알리기도 하고 꿈으로 그와 말하기도 하거니와 7 내 종 모세와는 그렇지 아니하니 그는 내 온 집에 충성함이라 8 그와는 내가 대면하여 명백히 말하고 은밀한 말로 하지 아니하며 그는 또 여호와의 형상을 보거늘 너희가 어찌하여 내 종 모세 비방하기를 두려워하지 아니하느냐 9 여호와께서 그들을 향하여 진노하시고 떠나시매 10 구름이 장막 위에서 떠나갔고 미리암은 나병에 걸려 눈과 같더라 아론이 미리암을 본즉 나병에 걸렸는지라 11 아론이 이에 모세에게 이르되 슬프도다 내 주여 우리가 어리석은 일을 하여 죄를 지었으나 청하건대 그 벌을 우리에게 돌리지 마소서 12 그가 살이 반이나 썩어 모태로부터 죽어서 나온 자 같이 되지 않게 하소서 13 모세가 여호와께 부르짖어 이르되 하나님이여 원하건대 그를 고쳐 주옵소서 14 여호와께서 모세에게 이르시되 그의 아버지가 그의 얼굴에 침을 뱉었을지라도 그가 이레 동안 부끄러워하지 않겠느냐 그런즉 그를 진영 밖에 이레 동안 가두고 그 후에 들어오게 할지니라 하시니 15 이에 미리암이 진영 밖에 이레 동안 갇혀 있었고 백성은 그를 다시 들어오게 하기까지 행진하지 아니하다가 16 그 후에 백성이 하세롯을 떠나 바란 광야에 진을 치니라

가데스 바네아 반역 사건 - 이것은 신위와 인위의 극렬한 충돌이다. 그 결과 엄청난 심판에 직면하게 된다. 모세의 간곡한 중보기도(14:11-19)로 절체절명의 위기를 모면하게 되지만 하나님의 큰 뜻을 반역한 1세대들은 갈렙과 여호수아를 제외하고 모두 결국 언약 백성의 자격을 박탈당하고 언약의 약속의 땅인 가나안 땅에 들어갈 수 없고, 광야에서 죽어야 했다. 모두 죽기까지 37년 6개월이 걸리게 되고 이 기간에 이들은 광야를 배회했어야 했다. 반역의 대가는 이런 것이다.

민수기 13장
가나안 땅 정탐(신 1:19-33) - B.C. 1445

1 여호와께서 모세에게 말씀하여 이르시되 2 사람을 보내어 내가 이스라엘 자손에게 주는 가나안 땅을 정탐하게 하되 그들의 조상의 가문 각 지파 중에서 지휘관 된 자 한 사람씩 보내라 3 모세가 여호와의 명령을 따라 바란 광야에서 그들을 보냈으니 그들은 다 이스라엘 자손의 수령 된 사람이라 4 그들의 이름은 이러하니라 르우벤 지파에서는 삭굴의 아들 삼무아요 5 시므온 지파에서는 호리의 아들 사밧이요 6 유다 지파에서는 여분네의 아들 갈렙이요 7 잇사갈 지파에서는 요셉의 아들 이갈이요 8 에브라임 지파에서는 눈의 아들 호세아요 9 베냐민 지

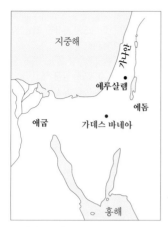

가데스 바네아의 위치

파에서는 라부의 아들 밧디요 10 스불론 지파에서는 소디의 아들 갓디엘이요 11 요셉 지파 곧 므낫세 지파에서는 수시의 아들 갓디요 12 단 지파에서는 그말리의 아들 암미엘이요 13 아셀 지파에서는 미가엘의 아들 스둘이요 14 납달리 지파에서는 웝시의 아들 나비요 15 갓 지파에서는 마기의 아들 그우엘이니 16 이는 모세가 땅을 정탐하러 보낸 자들의 이름이라 모세가 눈의 아들 호세아를 여호수아라 불렀더라 17 모세가 가나안 땅을 정탐하러 그들을 보내며 이르되 너희는 네겝 길로 행하여 산지로 올라가서 18 그 땅이 어떠한지 정탐하라 곧 그 땅 거민이 강한지 약한지 많은지 적은지와 19 그들이 사는 땅이 좋은지 나쁜지와 사는 성읍이 진영인지 산성인지와 20 토지가 비옥한지 메마른지 나무가 있는지 없는지를 탐지하라 담대하라 또 그 땅의 실과를 가져오라 하니 그 때는 포도가 처음 익을 즈음이었더라 21 이에 그들이 올라가서 땅을 정탐하되 신 광야에서부터 하맛 어귀 르홉에 이르렀고 22 또 네겝으로 올라가서 헤브론에 이르렀으니 헤브론은 애굽 소안보다 칠 년 전에 세운 곳이라 그 곳에 아낙 자손 아히만과 세새와 달매가 있었더라 23 또 에스골 골짜기에 이르러 거기서 포도송이가 달린 가지를 베어 둘이 막대기에 꿰어 메고 또 석류와 무화과를 따니라 24 이스라엘 자손이 거기서 포도를 베었으므로 그 곳을 에스골 골짜기라 불렀더라 25 사십 일 동안 땅을 정탐하기를 마치고 돌아와 26 바란 광야 가데스에 이르러 모세와 아론과 이스라엘 자손의 온 회중에게 나아와 그들에게 보고하고 그 땅의 과일을 보이고 27 모세에게 말하여 이르되 당신이 우리를 보낸 땅에 간즉 과연 그 땅에 젖과 꿀이 흐르는데 이것은 그 땅의 과일이니이다 28 그러나 그 땅 거주민은 강하고 성읍은 견고하고 심히 클 뿐 아니라 거기서 아낙 자손을 보았으며 29 아말렉인은 남방 땅에 거주하고 헷인과 여부스인과 아모리인은 산지에 거주하고 가나안인은 해변과 요단 가에 거주하더이다 30 갈렙이 모세 앞에서 백성을 조용하게 하고 이르되 우리가 곧 올라가서 그 땅을 취하자 능히 이기리라 하나 31 그와 함께 올라갔던 사람들은 이르되 우리는 능히 올라가서 그 백성을 치지 못하리라 그들은 우리보다 강하니라 하고 32 이스라엘 자손 앞에서 그 정탐한 땅을 악평하여 이르되 우리가 두루 다니며 정탐한 땅은 그 거주민을 삼키는 땅이요 거기서 본 모든 백성은 신장이 장대한 자들이며 33 거기서 네피림 후손인 아낙 자손의 거인들을 보았나니 우리는 스스로 보기에도 메뚜기 같으니 그들이 보기에도 그와 같았을 것이니라

민 13:30-33절

사물을 보는 두 가지 관점 - 긍정주의와 부정주의

하나님의 백성은 당연히 긍정주의일 수밖에 없다. 하나님이 우리와 함께하기 때문이다.

창 8:14 "여호와께서 능치 못한 일이 있겠느냐?"

부정주의자들은 인위를 앞세우면서도 스스로를 부정하며 폄하하는 자들이다. 하나님의 형상과 모양으로 만들어진 인간이 메뚜기보다 못하다는 발상은 하나님의 진노의 대상일 수밖에 없다.

민수기 14장

백성의 원망

1 온 회중이 소리를 높여 부르짖으며 백성이 밤새도록 통곡하였더라 2 이스라엘 자손이 다 모세와 아론을 원망하며 온 회중이 그들에게 이르되 우리가 애굽 땅에서 죽었거나 이 광야에서 죽었으면 좋았을 것을 3 어찌하여 여호와가 우리를 그 땅으로 인도하여 칼에 쓰러지게 하려 하는가 우리 처자가 사로잡히리니 애굽으로 돌아가는 것이 낫지 아니하랴 4 이에 서로 말하되 우리가 한 지휘관을 세우고 애굽으로 돌아가자 하매 5 모세와 아론이 이스라엘 자손의 온 회중 앞에서 엎드린지라 6 그 땅을 정탐한 자 중 눈의 아들 여호수아와 여분네의 아들 갈렙이 자기들의 옷을 찢고 7 이스라엘 자손의 온 회중에게 말하여 이르되 우리가 두루 다니며 정탐한 땅은 심히 아름다운 땅이라 8 여호와께서 우리를 기뻐하시면 우리를 그 땅으로 인도하여 들이시고 그 땅을 우리에게 주시리라 이는 과연 젖과 꿀이 흐르는 땅이니라 9 다만 여호와를 거역하지는 말라 또 그 땅 백성을 두려워하지 말라 그들은 우리의 먹이라 그들의 보호자는 그들에게서 떠났고 여호와는 우리와 함께 하시느니라 그들을 두려워하지 말라 하나 10 온 회중이 그들을 돌로 치려 하는데 그 때에 여호와의 영광이 회막에서 이스라엘 모든 자손에게 나타나시니라

모세가 백성을 두고 기도하다

11 여호와께서 모세에게 이르시되 이 백성이 어느 때까지 나를 멸시하겠느냐 내가 그들 중에 많은 이적을 행하였으나 어느 때까지 나를 믿지 않겠느냐 12 내가 전염병으로 그들을 쳐서 멸하고 네게 그들보다 크고 강한 나라를 이루게 하리라 13 모세가 여호와께 여짜오되 애굽인 중에서 주의 능력으로 이 백성을 인도하여 내셨거늘 그리하시면 그들이 듣고 14 이 땅 거주민에게 전하리이다 주 여호와께서 이 백성 중에 계심을 그들도 들었으니 곧 주 여호와께서 대면하여 보이시며 주의 구름이 그들 위에 섰으며 주께서 낮에는 구름 기둥 가운데에서, 밤에는 불 기둥 가운데에서 그들 앞에 행하시는 것이니이다 15 이제 주께서 이 백성을 하나 같이 죽이시면 주의 명성을 들은 여러 나라가 말하여 이르기를 16 여호와가 이 백성에게 주기로 맹세한 땅에 인도할 능력이 없었으므로 광야에서 죽였다 하리이다 17 이제 구하옵나니 이미 말씀하신 대로 주의 큰 권능을 나타내옵소서 이르시기를 18 여호와는 노하기를 더디 하시고 인자가 많아 죄악과 허물을 사하시나 형벌 받을 자는 결단코 사하지 아니하시고 아버지의 죄악을 자식에게 갚아 삼사대까지 이르게 하리라 하셨나이다 19 구하옵나니 주의 인자의 광대하심을 따라 이 백

성의 죄악을 사하시되 애굽에서부터 지금까지 이 백성을 사하신 것 같이 사하시옵소서 20 여호와께서 이르시되 내가 네 말대로 사하노라 21 그러나 진실로 내가 살아 있는 것과 여호와의 영광이 온 세계에 충만할 것을 두고 맹세하노니 22 내 영광과 애굽과 광야에서 행한 내 이적을 보고서도 이같이 열 번이나 나를 시험하고 내 목소리를 청종하지 아니한 그 사람들은 23 내가 그들의 조상들에게 맹세한 땅을 결단코 보지 못할 것이요 또 나를 멸시하는 사람은 한 사람도 그것을 보지 못하리라 24 그러나 내 종 갈렙은 그 마음이 그들과 달라서 나를 온전히 따랐은즉 그가 갔던 땅으로 내가 그를 인도하여 들이리니 그의 자손이 그 땅을 차지하리라 25 아말렉인과 가나안인이 골짜기에 거주하나니 너희는 내일 돌이켜 홍해 길을 따라 광야로 들어갈지니라

여호와께서 원망하는 백성을 벌하시다

26 여호와께서 모세와 아론에게 말씀하여 이르시되 27 나를 원망하는 이 악한 회중에게 내가 어느 때까지 참으랴 이스라엘 자손이 나를 향하여 원망하는 바 그 원망하는 말을 내가 들었노라 28 그들에게 이르기를 여호와의 말씀에 내 삶을 두고 맹세하노라 너희 말이 내 귀에 들린 대로 내가 너희에게 행하리니 29 너희 시체가 이 광야에 엎드러질 것이라 너희 중에서 이십 세 이상으로서 계수된 자 곧 나를 원망한 자 전부가 30 여분네의 아들 갈렙과 눈의 아들 여호수아 외에는 내가 맹세하여 너희에게 살게 하리라 한 땅에 결단코 들어가지 못하리라 31 너희가 사로잡히겠다고 말하던 너희의 유아들은 내가 인도하여 들이리니 그들은 너희가 싫어하던 땅을 보려니와 32 너희의 시체는 이 광야에 엎드러질 것이요 33 너희의 자녀들은 너희 반역한 죄를 지고 너희의 시체가 광야에서 소멸되기까지 사십 년을 광야에서 방황하는 자가 되리라 34 너희는 그 땅을 정탐한 날 수인 사십 일의 하루를 일 년으로 쳐서 그 사십 년간 너희의 죄악을 담당할지니 너희는 그제서야 내가 싫어하면 어떻게 되는지를 알리라 하셨다 하라 35 나 여호와가 말하였거니와 모여 나를 거역하는 이 악한 온 회중에게 내가 반드시 이같이 행하리니 그들이 이 광야에서 소멸되어 거기서 죽으리라 36 모세의 보냄을 받고 땅을 정탐하고 돌아와서 그 땅을 악평하여 온 회중이 모세를 원망하게 한 사람 37 곧 그 땅에 대하여 악평한 자들은 여호와 앞에서 재앙으로 죽었고 38 그 땅을 정탐하러 갔던 사람들 중에서 오직 눈의 아들 여호수아와 여분네의 아들 갈렙은 생존하니라

첫번째 점령 시도(신 1:41-46)

39 모세가 이 말로 이스라엘 모든 자손에게 알리매 백성이 크게 슬퍼하

여 40 아침에 일찍이 일어나 산 꼭대기로 올라가며 이르되 보소서 우리
가 여기 있나이다 우리가 여호와께서 허락하신 곳으로 올라가리니 우
리가 범죄하였음이니이다 41 모세가 이르되 너희가 어찌하여 이제 여호
와의 명령을 범하느냐 이 일이 형통하지 못하리라 42 여호와께서 너희
중에 계시지 아니하니 올라가지 말라 너희의 대적 앞에서 패할까 하노
라 43 아말렉인과 가나안인이 너희 앞에 있으니 너희가 그 칼에 망하리
라 너희가 여호와를 배반하였으니 여호와께서 너희와 함께 하지 아니하
시리라 하나 44 그들이 그래도 산 꼭대기로 올라갔고 여호와의 언약궤
와 모세는 진영을 떠나지 아니하였더라 45 아말렉인과 산간지대에 거주
하는 가나안인이 내려와 그들을 무찌르고 호르마까지 이르렀더라

19장과 20장은 38년이란 시간이 흐른다. 이제 광야의 방황을 끝낼 단계에 온 것이다. 20장에서 모세의 처음이
자 결정적인 실수를 저지른다. 어떤 실수이며, 왜 그랬으며, 그 결과는 어떠했는가를 살피면서 나의 모습을 반성
하면서 읽으라.

민수기 20장
가데스의 다툼과 므리바 물(출 17:1-7)
1 첫째 달에 이스라엘 자손 곧 온 회중이 신 광야에 이르러 백성이 가
데스에 이르더니 미리암이 거기서 죽으매 거기에 장사되니라 2 회중이
물이 없으므로 모세와 아론에게로 모여드니라 3 백성이 모세와 다투어
말하여 이르되 우리 형제들이 여호와 앞에서 죽을 때에 우리도 죽었더
라면 좋을 뻔하였도다 4 너희가 어찌하여 여호와의 회중을 이 광야로
인도하여 우리와 우리 짐승이 다 어기서 죽게 하느냐 5 너희가 어찌하
여 우리를 애굽에서 나오게 하여 이 나쁜 곳으로 인도하였느냐 이 곳에
는 파종할 곳이 없고 무화과도 없고 포도도 없고 석류도 없고 마실 물
도 없도다 6 모세와 아론이 회중 앞을 떠나 회막 문에 이르러 엎드리매
여호와의 영광이 그들에게 나타나며 7 여호와께서 모세에게 말씀하여
이르시되 8 지팡이를 가지고 네 형 아론과 함께 회중을 모으고 그들의
목전에서 너희는 반석에게 명령하여 물을 내라 하라 네가 그 반석이 물
을 내게 하여 회중과 그들의 짐승에게 마시게 할지니라 9 모세가 그 명
령대로 여호와 앞에서 지팡이를 잡으니라 10 모세와 아론이 회중을 그
반석 앞에 모으고 모세가 그들에게 이르되 반역한 너희여 들으라 우리
가 너희를 위하여 이 반석에서 물을 내랴 하고 11 모세가 그의 손을 들
어 그의 지팡이로 반석을 두 번 치니 물이 많이 솟아나오므로 회중과

민 20:8
모세의 유일한 실수는 "반석에
명령하여 물을 내라"는 말씀을
말씀대로 순종하지 못하고, 지
금까지 완벽하게 다스렸던 자신
의 혈기를 한순간 부리는 바람
에 반석을 지팡이로 쳐 버리는
실수를 범하고 말았다. 이 일로
그는 가나안땅에 들어갈 자격
을 박탈당하고 만다.
본문에서 그 이유를 찾고, 자신
을 성찰해 보라.

그들의 짐승이 마시니라 12 여호와께서 모세와 아론에게 이르시되 너희가 나를 믿지 아니하고 이스라엘 자손의 목전에서 내 거룩함을 나타내지 아니한 고로 너희는 이 회중을 내가 그들에게 준 땅으로 인도하여 들이지 못하리라 하시니라 13 이스라엘 자손이 여호와와 다투었으므로 이를 므리바 물이라 하니라 여호와께서 그들 중에서 그 거룩함을 나타내셨더라

에돔이 이스라엘이 지나감을 거절하다

민 20:14-21
에돔의 이런 행위로 인해 멸망을 예언한 선지서가 오바댜이다.

14 모세가 가데스에서 에돔 왕에게 사신을 보내며 이르되 당신의 형제 이스라엘의 말에 우리가 당한 모든 고난을 당신도 아시거니와 15 우리 조상들이 애굽으로 내려갔으므로 우리가 애굽에 오래 거주하였더니 애굽인이 우리 조상들과 우리를 학대하였으므로 16 우리가 여호와께 부르짖었더니 우리 소리를 들으시고 천사를 보내사 우리를 애굽에서 인도하여 내셨나이다 이제 우리가 당신의 변방 모퉁이 한 성읍 가데스에 있사오니 17 청하건대 우리에게 당신의 땅을 지나가게 하소서 우리가 밭으로나 포도원으로 지나가지 아니하고 우물물도 마시지 아니하고 왕의 큰길로만 지나가고 당신의 지경에서 나가기까지 왼쪽으로나 오른쪽으로나 치우치지 아니하리이다 한다고 하라 하였더니 18 에돔 왕이 대답하되 너는 우리 가운데로 지나가지 못하리라 내가 칼을 들고 나아가 너를 대적할까 하노라 19 이스라엘 자손이 이르되 우리가 큰길로만 지나가겠고 우리나 우리 짐승이 당신의 물을 마시면 그 값을 낼 것이라 우리가 도보로 지나갈 뿐인즉 아무 일도 없으리이다 하나 20 그는 이르되 너는 지나가지 못하리라 하고 에돔 왕이 많은 백성을 거느리고 나와서 강한 손으로 막으니 21 에돔 왕이 이같이 이스라엘이 그의 영토로 지나감을 용납하지 아니하므로 이스라엘이 그들에게서 돌이키니라

아론의 죽음

22 이스라엘 자손 곧 온 회중이 가데스를 떠나 호르 산에 이르렀더니 23 여호와께서 에돔 땅 변경 호르 산에서 모세와 아론에게 말씀하시니라 이르시되 24 아론은 그 조상들에게로 돌아가고 내가 이스라엘 자손에게 준 땅에는 들어가지 못하리니 이는 너희가 므리바 물에서 내 말을 거역한 까닭이니라 25 너는 아론과 그의 아들 엘르아살을 데리고 호르 산에 올라 26 아론의 옷을 벗겨 그의 아들 엘르아살에게 입히라 아론은 거기서 죽어 그 조상에게로 돌아가리라 27 모세가 여호와의 명령을 따라 그들과 함께 회중의 목전에서 호르 산에 오르니라 28 모세가 아론의 옷을 벗겨 그의 아들 엘르아살에게 입히매 아론이 그 산 꼭대기에서 죽으니라 모세와 엘르아살이 산에서 내려오니 29 온 회중 곧 이스라

엘 온 족속이 아론이 죽은 것을 보고 그를 위하여 삼십 일 동안 애곡하였더라

민수기 21장

호르마를 점령하다

1 네겝에 거주하는 가나안 사람 곧 아랏의 왕이 이스라엘이 아다림 길로 온다 함을 듣고 이스라엘을 쳐서 그 중 몇 사람을 사로잡은지라 2 이스라엘이 여호와께 서원하여 이르되 주께서 만일 이 백성을 내 손에 넘기시면 내가 그들의 성읍을 다 멸하리이다 3 여호와께서 이스라엘의 목소리를 들으시고 가나안 사람을 그들의 손에 넘기시매 그들과 그들의 성읍을 다 멸하니라 그러므로 그 곳 이름을 호르마라 하였더라

놋뱀으로 백성을 구하다

4 백성이 호르 산에서 출발하여 홍해 길을 따라 에돔 땅을 우회하려 하였다가 길로 말미암아 백성의 마음이 상하니라 5 백성이 하나님과 모세를 향하여 원망하되 어찌하여 우리를 애굽에서 인도해 내어 이 광야에서 죽게 하는가 이 곳에는 먹을 것도 없고 물도 없도다 우리 마음이 이 하찮은 음식을 싫어하노라 하매 6 여호와께서 불뱀들을 백성 중에 보내어 백성을 물게 하시므로 이스라엘 백성 중에 죽은 자가 많은지라 7 백성이 모세에게 이르러 말하되 우리가 여호와와 당신을 향하여 원망함으로 범죄하였사오니 여호와께 기도하여 이 뱀들을 우리에게서 떠나게 하소서 모세가 백성을 위하여 기도하매 8 여호와께서 모세에게 이르시되 불뱀을 만들어 장대 위에 매달아라 물린 자마다 그것을 보면 살리라 9 모세가 놋뱀을 만들어 장대 위에 다니 뱀에게 물린 자가 놋뱀을 쳐다본즉 모두 살더라

이스라엘 자손이 모압으로 떠나다

10 이스라엘 자손이 그 곳을 떠나 오봇에 진을 쳤고 11 오봇을 떠나 모압 앞쪽 해 돋는 쪽 광야 이예아바림에 진을 쳤고 12 거기를 떠나 세렛 골짜기에 진을 쳤고 13 거기를 떠나 아모리인의 영토에서 흘러 나와서 광야에 이른 아르논 강 건너편에 진을 쳤으니 아르논은 모압과 아모리 사이에서 모압의 경계가 된 곳이라 14 이러므로 여호와의 전쟁기에 일렀으되 수바의 와헙과 아르논 골짜기와 15 모든 골짜기의 비탈은 아르 고을을 향하여 기울어지고 모압의 경계에 닿았도다 하였더라 16 거기서 브엘에 이르니 브엘은 여호와께서 모세에게 명령하시기를 백성을 모으라 내가 그들에게 물을 주리라 하시던 우물이라 17 그 때에 이스라엘이 노래하여 이르되 우물물아 솟아나라 너희는 그것을 노래하라 18 이

민 21:8-9
하나님은 왜 불뱀을 없애지 않으시고 놋뱀을 만들어 달라고 하셨을까?
불뱀이 달려드는 상황에서 두 가지 반응을 볼 수 있을 것이다. 불뱀을 피해 도망가는 자와 놋뱀을 바라보는 자는 살리라는 하나님의 말씀을 믿고 그 놋뱀을 보는 자로 나누어질 것이다. 하나님의 의도를 알겠는가?

우물은 지휘관들이 팠고 백성의 귀인들이 규와 지팡이로 판 것이로다 하였더라 그들은 광야에서 맛다나에 이르렀고 **19** 맛다나에서 나할리엘에 이르렀고 나할리엘에서 바못에 이르렀고 **20** 바못에서 모압 들에 있는 골짜기에 이르러 광야가 내려다 보이는 비스가 산 꼭대기에 이르렀더라

가나인 땅을 2번에 걸쳐 점령한다. 먼저 여기서 요단 동편을 점령하고, 여호수아가 요단강 서쪽을 점령한다. 그것은 여호수아서에서 읽는다.

요단 동쪽을 점령하다(신 2:26-3:11) - 1차 가나안 점령 - B.C. 1406

21 이스라엘이 아모리 왕 시혼에게 사신을 보내어 이르되 **22** 우리에게 당신의 땅을 지나가게 하소서 우리가 밭에든지 포도원에든지 들어가지 아니하며 우물물도 마시지 아니하고 당신의 지경에서 다 나가기까지 왕의 큰길로만 지나가리이다 하나 **23** 시혼이 이스라엘이 자기 영토로 지나감을 용납하지 아니하고 그의 백성을 다 모아 이스라엘을 치러 광야로 나와서 야하스에 이르러 이스라엘을 치므로 **24** 이스라엘이 칼날로 그들을 쳐서 무찌르고 그 땅을 아르논에서부터 얍복까지 점령하여 암몬 자손에게까지 미치니 암몬 자손의 경계는 견고하더라 **25** 이스라엘이 이같이 그 모든 성읍을 빼앗고 그 아모리인의 모든 성읍 헤스본과 그 모든 촌락에 거주하였으니 **26** 헤스본은 아모리인의 왕 시혼의 도성이라 시혼이 그 전 모압 왕을 치고 그의 모든 땅을 아르논까지 그의 손에서 빼앗았더라 **27** 그러므로 시인이 읊어 이르되 너희는 헤스본으로 올지어다 시혼의 성을 세워 견고히 할지어다 **28** 헤스본에서 불이 나오며 시혼의 성에서 화염이 나와서 모압의 아르를 삼키며 아르논 높은 곳의 주인을 멸하였도다 **29** 모압아 네가 화를 당하였도다 그모스의 백성아 네가 멸망하였도다 그가 그의 아들들을 도망하게 하였고 그의 딸들을 아모리인의 왕 시혼의 포로가 되게 하였도다 **30** 우리가 그들을 쏘아서 헤스본을 디본까지 멸하였고 메드바에 가까운 노바까지 황폐하게 하였도다 하였더라 **31** 이스라엘이 아모리인의 땅에 거주하였더니 **32** 모세가 또 사람을 보내어 야셀을 정탐하게 하고 그 촌락들을 빼앗고 그 곳에 있던 아모리인을 몰아 내었더라 **33** 그들이 돌이켜 바산 길로 올라가매 바산 왕 옥이 그의 백성을 다 거느리고 나와서 그들을 맞아 에드레이에서 싸우려 하는지라 **34** 여호와께서 모세에게 이르시되 그를 두려워하지 말라 내가 그와 그의 백성과 그의 땅을 네 손에 넘겼나니 너는 헤스본에 거주하던 아모리인의 왕 시혼에게 행한 것 같이 그에게도 행할지니라 **35** 이에 그와 그의 아들들과 그의 백성을 다 쳐서 한 사람

도 남기지 아니하고 그의 땅을 점령하였더라

하나님은 그의 백성을 심판하실 때 전염병(성경에서는 염병으로 표현되는 예도 있음)을 사용한다는 사실을 유의하라. 오늘날 창궐하는 전염병은 이런 하나님의 심판과 관계가 없을까? 참고로 그 전염병에서 하나님의 백성을 구원도 하시는 하나님의 사랑을 시편 91편에서 읽어보라.

민수기 25장
브올에서 생긴 일

1 이스라엘이 싯딤에 머물러 있더니 그 백성이 모압 여자들과 음행하기를 시작하니라 2 그 여자들이 자기 신들에게 제사할 때에 이스라엘 백성을 청하매 백성이 먹고 그들의 신들에게 절하므로 3 이스라엘이 바알브올에게 가담한지라 여호와께서 이스라엘에게 진노하시니라 4 여호와께서 모세에게 이르시되 백성의 수령들을 잡아 태양을 향하여 여호와 앞에 목매어 달라 그리하면 여호와의 진노가 이스라엘에게서 떠나리라 5 모세가 이스라엘 재판관들에게 이르되 너희는 각각 바알브올에게 가담한 사람들을 죽이라 하니라 6 이스라엘 자손의 온 회중이 회막 문에서 울 때에 이스라엘 자손 한 사람이 모세와 온 회중의 눈앞에 미디안의 한 여인을 데리고 그의 형제에게로 온지라 7 제사장 아론의 손자 엘르아살의 아들 비느하스가 보고 회중 가운데에서 일어나 손에 창을 들고 8 그 이스라엘 남자를 따라 그의 막사에 들어가 이스라엘 남자와 그 여인의 배를 꿰뚫어서 두 사람을 죽이니 염병이 이스라엘 자손에게서 그쳤더라 9 그 염병으로 죽은 자가 이만 사천 명이었더라 10 여호와께서 모세에게 말씀하여 이르시되 11 제사장 아론의 손자 엘르아살의 아들 비느하스가 내 질투심으로 질투하여 이스라엘 자손 중에서 내 노를 돌이켜서 내 질투심으로 그들을 소멸하지 않게 하였도다 12 그러므로 말하라 내가 그에게 내 평화의 언약을 주리니 13 그와 그의 후손에게 영원한 제사장 직분의 언약이라 그가 그의 하나님을 위하여 질투하여 이스라엘 자손을 속죄하였음이니라 14 죽임을 당한 이스라엘 남자 곧 미디안 여인과 함께 죽임을 당한 자의 이름은 시므리니 살루의 아들이요 시므온인의 조상의 가문 중 한 지도자이며 15 죽임을 당한 미디안 여인의 이름은 고스비이니 수르의 딸이라 수르는 미디안 백성의 한 조상의 가문의 수령이었더라 16 여호와께서 모세에게 말씀하여 이르시되 17 미디안인들을 대적하여 그들을 치라 18 이는 그들이 속임수로 너희를 대적하되 브올의 일과 미디안 지휘관의 딸 곧 브올의 일로 염병이

민 25장
성도의 삶은 하나님이 거룩한 것처럼 우리도 거룩하라는 레위기의 규례처럼 이 세속과 구별되는 삶을 살아야 한다는 사실을 늘 명심해야 한다. 그렇지 못하고 세속적 삶과 섞이는 삶을 살면 어떻게 되는 가를 성경은 곳곳에서 보여 주고 있다. 여기 브올에서 생긴 참사도 그것을 보여 주는 사건이다.

일어난 날에 죽임을 당한 그들의 자매 고스비의 사건으로 너희를 유혹하였음이니라

민수기 27장

슬로브핫의 딸들

민 27장은 슬로브핫의 딸에게 상속권을 인정하는 하나님의 전진적 생각과 자비를 보여 준다. 고대는 여성에게는 상속을 인정하지 않았다.

1 요셉의 아들 므낫세 종족들에게 므낫세의 현손 마길의 증손 길르앗의 손자 헤벨의 아들 슬로브핫의 딸들이 찾아왔으니 그의 딸들의 이름은 말라와 노아와 호글라와 밀가와 디르사라 2 그들이 회막 문에서 모세와 제사장 엘르아살과 지휘관들과 온 회중 앞에 서서 이르되 3 우리 아버지가 광야에서 죽었으나 여호와를 거슬러 모인 고라의 무리에 들지 아니하고 자기 죄로 죽었고 아들이 없나이다 4 어찌하여 아들이 없다고 우리 아버지의 이름이 그의 종족 중에서 삭제되리이까 우리 아버지의 형제 중에서 우리에게 기업을 주소서 하매 5 모세가 그 사연을 여호와께 아뢰니라 6 여호와께서 모세에게 말씀하여 이르시되 7 슬로브핫 딸들의 말이 옳으니 너는 반드시 그들의 아버지의 형제 중에서 그들에게 기업을 주어 받게 하되 그들의 아버지의 기업을 그들에게 돌릴지니라 8 너는 이스라엘 자손에게 말하여 이르기를 사람이 죽고 아들이 없으면 그의 기업을 그의 딸에게 돌릴 것이요 9 딸도 없으면 그의 기업을 그의 형제에게 줄 것이요 10 형제도 없으면 그의 기업을 그의 아버지의 형제에게 줄 것이요 11 그의 아버지의 형제도 없으면 그의 기업을 가장 가까운 친족에게 주어 받게 할지니라 하고 나 여호와가 너 모세에게 명령한 대로 이스라엘 자손에게 판결의 규례가 되게 할지니라

모세의 후계자 여호수아(신 31:1-8)

12 여호와께서 모세에게 이르시되 너는 이 아바림 산에 올라가서 내가 이스라엘 자손에게 준 땅을 바라보라 13 본 후에는 네 형 아론이 돌아간 것 같이 너도 조상에게로 돌아가리니 14 이는 신 광야에서 회중이 분쟁할 때에 너희가 내 명령을 거역하고 그 물 가에서 내 거룩함을 그들의 목전에 나타내지 아니하였음이니라 이 물은 신 광야 가데스의 므리바 물이니라 15 모세가 여호와께 여짜와 이르되 16 여호와, 모든 육체의 생명의 하나님이시여 원하건대 한 사람을 이 회중 위에 세워서 17 그로 그들 앞에 출입하며 그들을 인도하여 출입하게 하사 여호와의 회중이 목자 없는 양과 같이 되지 않게 하옵소서 18 여호와께서 모세에게 이르시되 눈의 아들 여호수아는 그 안에 영이 머무는 자니 너는 데려다가 그에게 안수하고 19 그를 제사장 엘르아살과 온 회중 앞에 세우고 그들의 목전에서 그에게 위탁하여 20 네 존귀를 그에게 돌려 이스라엘 자손의 온 회중을 그에게 복종하게 하라 21 그는 제사장 엘르아살

앞에 설 것이요 엘르아살은 그를 위하여 우림의 판결로써 여호와 앞에
물을 것이며 그와 온 이스라엘 자손 곧 온 회중은 엘르아살의 말을 따
라 나가며 들어올 것이니라 22 모세가 여호와께서 자기에게 명령하신
대로 하여 여호수아를 데려다가 제사장 엘르아살과 온 회중 앞에 세우
고 23 그에게 안수하여 위탁하되 여호와께서 모세에게 명령하신 대로
하였더라

읽은 내용 묵상하고, 삶에 적용하기

💡 민수기는 이스라엘의 광야 불평기라고 해도 과언이 아니다.

왜 이들은 끊임없이 불평할까? 자기중심성의 문제와 연관해서 깊이 묵상하라. 그럴 때 하나님의 반응은 어떤가를 살펴보라.

💡 민 1장에서 인구를 조사하고 18절 하반절에 "…자기 계통별로 신고하매"의 구절을 묵상하라.

수많이 섞여 나온 하나님의 백성이 아닌 자들을 가려 하나님 백성의 구별성을 지키게 하려 함이다. 하나님 백성들의 구별된 삶을 강조하는 의미이기도 하다. 그러나 구별은 하되 배타적이어서는 안 된다.

💡 민 6장 나실인의 법을 묵상하고 나도 나실인처럼 하나님 방법에 따른 구별된 삶을 살고 있는가를 한번 살펴보라.

(여기서 읽지 않았지만 한번 공부해 보라)

💡 민 9:15-23에서 하나님은 당신의 백성을 친히 구름 기둥과 불기둥으로 인도하심을 읽는다.
나의 삶도 그렇게 인도되고 있음을 알고 있는가?

💡 민 11장의 이스라엘 백성들의 불평의 원인이 무엇이라고 생각하는가?
탐욕 - 자기중심성

💡 민 13:30-33은 정탐꾼 중 10지파 대표들의 정탐보고서이다.
스스로를 메뚜기에 비유하면서 이길 수 없는 전쟁을 하게 생겼다고 낙심하며 하나님을 무시하고 의지하지 않는 10지파의 보고를 읽는다. 당신은 어떻게 생각하는가?
정말 하나님의 백성이 메뚜기만도 못하다고 생각하나? 많은 기적을 본 이스라엘이 어떻게 그런 생각을 할 수 있을까? 자기중심성 - 자기를 의지하고 있기 때문이다.

💡 가데스 바네아의 사건은 엄청난 반역 사건이다.
반역은 내 판단을 근거로 하나님의 뜻을 따르지 않는 것을 말한다. 내가 복음에 의해 하나님의 복음을 왜곡해 버리는 것을 말한다. 인위로 신위를 누르고자 하는 것이 곧 반역이다. 반역은 반드시 하나님의 진노가 임한다.

💡 민 14:11-12의 하나님 마음을 묵상하라.
나는 삶 가운데서 얼마나 자주 하나님을 생각하는가?

💡 왜 불 뱀을 없애지
   않고 놋 뱀을 만
   들어 달고 그것을
   보게 해서 구원하
   시는가?

💡 전쟁으로 남자가 없어진 므낫세 지파 슬로브핫 딸들에게 땅을 분배하도
   록 하시는 하나님을 묵상하라.
   우리 하나님은 얼마나 평등을 강조하시는 가를 생각해 보라.

💡 절기 지킴을 유독 강조하시는 하나님의 마을 묵상하라.
   하나님은 우리가 하나님이 우리를 위해 무엇을 행하셨는가를 기억하시기
   를 원하신다.
   "저들이 내가 여호와임을 알리라"의 말씀을 가슴에 새기라.
   그럴 때 내 삶이 어떻게 바뀔 것인가를 상상해 보라.

신명기

신명기는 성경 신학, 특히 구약 신학에 미치는 영향이 매우 크고 중요한 책이다. 신명기는 구약 신학, 구약 영성을 형성하는 기초가 되는 책이고 창세기부터 열왕기까지의 역사적 사관을 제공하는 책이다. 신명기는 한마디로 모세가 레위기를 가지고 행한 강해 설교라고 생각하면 쉽게 이해될 것이다. 그 말은 이 신명기가 시내 산 언약을 통해 하나님 백성이 된 이스라엘 백성(또한 우리가)이 십계명적 삶의 세계관을 가지고 살아야 한다는 중요한 기본을 다시 한번 강조하는 책이다. 그 이유는 이제 이스라엘이 들어갈 가나안 땅은 이미 일곱 족속이 찬란한 이교도적 세계관에 의한 농경문화를 이루고 있었기 때문에, 하나님 나라를 이룰 언약 백성은 그들의 문화와는 분명하고 명확한 구별된 삶을 살아야 하는 지침과 결단이 절대로 필요한 상황이기 때문이다. 곧 이스라엘 민족과 국가의 기본적 가치관과 철학을 제공하며 언약 백성 공동체의 신앙의 핵심을 보여 주는 책이라는 말이다.

중요한 **핵심 몇 가지**를 살펴보자. 첫째는 '하나님은 유일하신 분이시다'라는 것이다(신 6:4). 여기서 유일신 신앙이 나온다. 신관을 크게 두 가지로 나누면 유신론과 무신론이 있다. 유신론에는 다시 범신론, 다신론, 단일신론, 유일신론 등이 있다. 단일신론과 유일신론은 다 같이 한 신만을 섬긴다는 점에서 유사한 것으로 보이지만 전혀 다르다. 단일신론은 실제로 다신론이다. 여러 신중에 하나만을 섬긴다는 것이고, 유일신은 한 신만 존재한다는 것이다. 하나님만이 신이라는 것이다. 우리가 창세기 1:1에서 하나님이 천지를 창조하셨다는 것을 믿는다면 당연히 이 세상에는 하나님 이외 다른 신이 있을 수 없다. 이 가르침이 중요한 것은 지금 이스라엘 민족이 가나안 땅에 들어가게 되고 그 가나안 땅에는 이미 잡다한 우상문화가 성행하는 세속 도시이다. 그곳에 하나님의 백성인 이스라엘 백성이 그 땅을 정복하고 거기서 정착해서 살아야 한다는 전제가 내포되어 있다. 잡다한 우상 문화권에 들어가서 살아야 하는 이스라엘 백성들에 있어서 하나님은 유일하신 분이라는 것이 강조될 수밖에 없다.
그런데 하나님은 유일하신 분이라는 것이 틀림이 없는데 성경은 그 하나님이 삼위의 하나님이라고 하는 복수의 개념을 갖고 있다는 사실을 볼 때 하나님은 유일하신 분이라는 이야기를 어떻게 조화시킬 것인가 하는 문제가 발생할 수 있다. 그러나 히브리말에 수를 나타내는 단어 중에 '하나'를 나타내는 단어가 두 개가 있는데, 하나는 '이하드(ehad)'라는 단어가 있고, 다른 하나는 '야히드(yaheed)'라는 단어가 있다. '이하드'라는 단어는 복수개념을 가진 단어이다. 예를 들면 포도송이를 이야기할 때 이 단어를 사용하는데 사실 포도 한 송이는 많은 포도 알갱이를 가지고 있는데 복수의 개념을 갖고 있고, 절대적으로 하나일 때 '야히드'라는 단어를 쓴다고 한다. 히브리어에서 하나님이 한 분이라는 사실을 말하기 위해서 하나의 개념을 쓸 때는 반드시 이하드라는 단어를 쓴다. 그래서 하나님은 유일하시고 한 분이시지만 복수의 개념을 갖는 한 분이시라는 복수개념 속에 삼위 하나님의 의미가 포함되어 있다. 우리가 하나님을 가리키는 단어 중에 엘로힘이라는 단어가 있는데 이것은 복수개념이다. 신명기 6:4에 여호와는 한 분이시라는 것은 기독교에 있어서 가장 기본적인 진리다. 십계명의 제1계명은 바로 이점을 강조하는 대목이다.

두 번째 가르침은 '하나님은 신실하시다'는 진리다. 성경은 하나님과 인간의 약속으로 구성되어 있다. 사실 하나님이 일방적으로 주신 약속이지만, 하나님은 그 약속 지킴에 있어서 신실하셔야 한다는 것은 당연하다. 하나님이 우리와 약속을 맺으셨고 하나님께서 그 약속을 지키지 않으신다면 성경이 있을 수 없고 우리와 하나님과의 관계는 있을 수 없다. 따라서 하나님이 신실하시다는 것은 절대 진리라는 것이다. 신명기 6:23은 하나님이 약속 지킴에 있어서 신실하다는 사실을 이렇게 표현하고 있다. "우리 조상들에게 맹세하신 땅을 우리에게 들어가게 하시려고 우리를 거기서 인도하여 내시고" 조상에게 맹세한 땅을 우리에게 주셨다는 것은 아브라함에게 하신 약속을 약 600여 년이 지난 이때 하나님께서 잊지 않고 지켜나가신다는 것을 강조한다. 이 사실을 통해서 시내 산 언약뿐만 아니라 모든 약속을 하나님께서는 신실하게 지킨다는 것을 강조한다.

세 번째의 가르침은 하나님께서는 한 가지만 요구하신다는 사실을 말해 준다. 그것은 '지켜 행하라' 이다. 이것이 얼마나 중요한 것인지 성경 전체에서 나온다. 무엇을 지켜 행해야 하는가 하면 하나님이 이스라엘 백성들과 관계를 맺었던 시내 산 언약에서 주어진 인간이 지켜야 할 의무 조항을 '지켜 행하라'는 것이다. 이제 나머지 구약의 역사를 보면 인간이 하나님께서 시내산 언약에서 맺었던 이 내용들을 지켜 행하느냐 행하지 않느냐에 대한 이야기이다. 구약은 그것을 지키지 못하므로 구약 역사는 비극적으로 끝나는 것을 보게 되지만 결국 구약에 있어서 이스라엘 백성들에게 주어진 기본적인 요구는 '지켜 행하라'이다.

예수님은 이것을 산상수훈에서 이렇게 표현하신다. "너희는 먼저 그 나라와 그의 의를 구하라"(마 6:33) 그 나라와 그의 의를 구하는 행위와 구약에서 십계명을 중심으로 한 시내산 언약에 주어진 의무 조항을 지켜 행하는 것은 같은 맥락이다. 왜냐하면 그 영성이 같기 때문이다. 그 영성은 십계명에서 나오는 영성인데 하나님 사랑, 이웃 사랑이다. 그 나라와 그의 의를 구하는 것은 하나님 사랑과 이웃사랑을 구하는 행위라는 것이다. 그래서 지켜 행한다는 것은 그런 맥락에서 같다는 말이다. 그래서 우리는 순종 그 자체가 이런 것들을 지켜 행하는 것이 순종이다.

네 번째 기본적인 가르침은 신명기에 나오는 모압 언약이다. 이것은 시내 산 언약과 같은 것이다. 시내 산 언약을 맺었던 1세대들이 세상을 떠나고 2세대들이 가나안 땅으로 들어갈 시기가 되었을 때 모세는 2세들에게 시내 산 언약 때 맺었던 내용들과 계명들을 다시 교육한 후에 다시 한번 더 약속을 갱신한다. 이것을 우리는 모압 언약이라고 한다. 이것도 결국 같은 행위의 언약이다. 그래서 이스라엘 백성들과만 맺는 것이 아니라 다가올 모든 이스라엘 백성들에게 다 함께 서약하는 것인데 가나안 땅에 들어가는 것을 시작해서 시내 산 언약을 지키겠다는 것을 다시 한번 확인하는 것이다. 결국은 이 내용이 바로 선지자들이 주장하는 핵심 근거가 된다. 선지자들의 내용의 핵심이 시내 산 언약을 지키라는 것이다. 그 시내 산 언약의 핵심이 하나님 사랑, 이웃 사랑이다. 이것이 나중에 선지자 영성, 제사장 영성으로 발전한다는 사실 이것은 나중에 선지서를 공부할 때 다시 살펴보겠다.

다섯 번째 가르침은 기본적인 차이를 말하는데, 구약은 땅, 지역, 공간을 강조하고 신약은 사람을 강조한다는 차이점을 보여 준다. 그래서 구약은 이스라엘 백성이 성전을 중심으로 하는 그 지역적인 공간을 의미하고, 신약은 그 지역성을 초월해서 예수님을 중심으로 그 우주성을 강조하는 차이점이 있다.

마지막으로 **여섯 번째** 기본적인 가르침은 선택이라는 것이다. 레위기를 주신 하나님의 이유는 이스라엘 백성들, 하나님 백성들의 정체성을 채워주기 위함이었다는 것을 배웠다. 그래서 이스라엘 백성뿐만 아니라 우리 모든 하나님의 백성은 율법을 지킴으로서 하나님의 백성이 되느냐, 아니면 바알을 따를 것이냐, 우리는 항상 선택의 기로에 있다는 것이다. 이것은 여호수아가 그 백성들에게 권면하는 내용일 뿐만 아니라 시편 1편의 내용이기도 하고, 우리들의 문제이기도 하다. 모든 사람은 선택의 갈림길에 있다. 자유 의지를 가진 인간이 갖는 숙명적인 문제이다. 우리는 항상 선택해야 한다. 하나님을 선택하느냐, 바알을 선택할 것이냐는 하는 것은 숙명적이다.

이와 같은 여섯 가지가 신명기가 가르쳐주는 기본 가르침인데 이 가르침은 이제 앞으로 성경을 읽어나가면서 보게 되겠지만 구약의 중요한 영성을 형성하게 되고 나아가서 신약의 영성을 형성하는 중요한 가르침이다. 이것이 신명기 신학의 핵심 내용이다.

신명기는 이제 우상 문화로 가득 찬 가나안 땅에 들어가서 하나님의 백성으로서의 정체성을 가지고 하나님 나라 백성으로서 살아가야 할 아브라함의 후손에게 삶의 지침을 주는 책이라는 사실을 명심하고, 그 지침은 오늘 이 시대를 살아가는 신약의 하나님의 백성들에게도 그대로 적용되는 진리라는 사실도 함께 명심하기를 바란다.

관련 성경 본문 읽기

신명기를 제2의 율법서라고 한다. 그것은 가나안에 들어갈 2세대들은 레위기로 훈련을 받지 못한 자들이었기 때문이다. 1세대들은 가데스 바네아의 반역 사건으로 가나안 땅에 들어갈 특권을 잃어버렸고 모두 광야에서 죽었다. 모세는 레위기를 근거로 3편의 설교를 통해서 2세대들에게 이방 문화가 창궐하는 가나안에서 하나님의 백성으로서 살아갈 지침서를 준다. 하나님의 백성으로서 그 가나안 지역의 주민과는 구별된 삶을 살아야 함을 유난히 강조한다. 하나님 나라 백성의 정체성을 상실하면 하나님의 나라는 세워질 수 없기 때문이다.

1~11장까지는 과거 38년을 회상하고, 시내 산에서부터의 여정과 그 시내 산에서 받은 율법 특히 십계명을 교육한다. 광야 38년간의 고통스러웠던 시절도 하나님의 신실하신 인도에 의한 것이고 그것은 하나님 앞에서 인위를 내려놓는 훈련이었음을 교육한다. 자기중심성 내려놓는 것이 곧 신앙의 연단이요 훈련이라는 사실을 명심해야 한다. 특히 8장을 묵상하며 읽으라.

신명기 1장

서론

1 이는 모세가 요단 저쪽 숩 맞은편의 아라바 광야 곧 바란과 도벨과 라반과 하세롯과 디사합 사이에서 이스라엘 무리에게 선포한 말씀이니라 2 호렙 산에서 세일 산을 지나 가데스 바네아까지 열 하룻길이었더라 3 마흔째 해 열한째 달 그 달 첫째 날에 모세가 이스라엘 자손에게 여호와께서 그들을 위하여 자기에게 주신 명령을 다 알렸으나 4 그 때는 모세가 헤스본에 거주하는 아모리 왕 시혼을 쳐죽이고 에드레이에서 아스다롯에 거주하는 바산 왕 옥을 쳐죽인 후라 5 모세가 요단 저쪽 모압 땅에서 이 율법을 설명하기 시작하였더라 일렀으되 6 우리 하나님 여호와께서 호렙 산에서 우리에게 말씀하여 이르시기를 너희가 이 산에 거주한 지 오래니 7 방향을 돌려 행진하여 아모리 족속의 산지로 가고 그 근방 곳곳으로 가고 아라바와 산지와 평지와 네겝과 해변과 가나안 족속의 땅과 레바논과 큰 강 유브라데까지 가라 8 내가 너희의 조상 아브라함과 이삭과 야곱에게 맹세하여 그들과 그들의 후손에게 주리라 한 땅이 너희 앞에 있으니 들어가서 그 땅을 차지할지니라

● 아라바 광야

모세가 수령을 세우다(출 18:13-17)

9 그 때에 내가 너희에게 말하여 이르기를 나는 홀로 너희의 짐을 질 수 없도다 10 너희의 하나님 여호와께서 너희를 번성하게 하셨으므로 너희가 오늘날 하늘의 별같이 많거니와 11 너희 조상의 하나님 여호와께서 너희를 현재보다 천 배나 많게 하시며 너희에게 허락하신 것과 같이 너희에게 복 주시기를 원하노라 12 그런즉 나 홀로 어찌 능히 너희의 괴로운 일과 너희의 힘겨운 일과 너희의 다투는 일을 담당할 수 있으랴 13 너희의 각 지파에서 지혜와 지식이 있는 인정받는 자들을 택하라 내가 그들을 세워 너희 수령을 삼으리라 한즉 14 너희가 내게 대답하여 이르기를 당신의 말씀대로 하는 것이 좋다 하기에 15 내가 너희 지파의 수령으로 지혜가 있고 인정받는 자들을 취하여 너희의 수령을 삼되 곧 각 지파를 따라 천부장과 백부장과 오십부장과 십부장과 조장을 삼고 16 내가 그 때에 너희의 재판장들에게 명하여 이르기를 너희가 너희의 형제 중에서 송사를 들을 때에 쌍방간에 공정히 판결할 것이며 그들 중에 있는 타국인에게도 그리 할 것이라 17 재판은 하나님께 속한 것인즉 너희는 재판할 때에 외모를 보지 말고 귀천을 차별 없이 듣고 사람의 낯을 두려워하지 말 것이며 스스로 결단하기 어려운 일이 있거든 내게로 돌리라 내가 들으리라 하였고 18 내가 너희의 행할 모든 일을 그 때에 너희에게 다 명령하였느니라

정탐할 사람을 보내다(민 13:1-33)

19 우리 하나님 여호와께서 우리에게 명령하신 대로 우리가 호렙 산을 떠나 너희가 보았던 그 크고 두려운 광야를 지나 아모리 족속의 산지 길로 가데스 바네아에 이른 때에 20 내가 너희에게 이르기를 우리 하나님 여호와께서 우리에게 주신 아모리 족속의 산지에 너희가 이르렀나니 21 너희의 하나님 여호와께서 이 땅을 너희 앞에 두셨은즉 너희 조상의 하나님 여호와께서 너희에게 이르신 대로 올라가서 차지하라 두려워하지 말라 주저하지 말라 한즉 22 너희가 다 내 앞으로 나아와 말하기를 우리가 사람을 우리보다 먼저 보내어 우리를 위하여 그 땅을 정탐하고 어느 길로 올라가야 할 것과 어느 성읍으로 들어가야 할 것을 우리에게 알리게 하자 하기에 23 내가 그 말을 좋게 여겨 너희 중 각 지파에서 한 사람씩 열둘을 택하매 24 그들이 돌이켜 산지에 올라 에스골 골짜기에 이르러 그 곳을 정탐하고 25 그 땅의 열매를 손에 가지고 우리에게로 돌아와서 우리에게 말하여 이르되 우리의 하나님 여호와께서 우리에게 주시는 땅이 좋더라 하였느니라 26 그러나 너희가 올라가기를 원하지 아니하고 너희의 하나님 여호와의 명령을 거역하여 27 장막 중에서 원망하여 이르기를 여호와께서 우리를 미워하시므로 아모리 족

속의 손에 넘겨 멸하시려고 우리를 애굽 땅에서 인도하여 내셨도다 28 우리가 어디로 가랴 우리의 형제들이 우리를 낙심하게 하여 말하기를 그 백성은 우리보다 장대하며 그 성읍들은 크고 성곽은 하늘에 닿았으며 우리가 또 거기서 아낙 자손을 보았노라 하는도다 하기로 29 내가 너희에게 말하기를 그들을 무서워하지 말라 두려워하지 말라 30 너희보다 먼저 가시는 너희의 하나님 여호와께서 애굽에서 너희를 위하여 너희 목전에서 모든 일을 행하신 것 같이 이제도 너희를 위하여 싸우실 것이며 31 광야에서도 너희가 당하였거니와 사람이 자기의 아들을 안는 것 같이 너희의 하나님 여호와께서 너희가 걸어온 길에서 너희를 안으사 이 곳까지 이르게 하셨느니라 하나 32 이 일에 너희가 너희의 하나님 여호와를 믿지 아니하였도다 33 그는 너희보다 먼저 그 길을 가시며 장막 칠 곳을 찾으시고 밤에는 불로, 낮에는 구름으로 너희가 갈 길을 지시하신 자이시니라

여호와께서 이스라엘을 벌하시다(민 14:20-45)

34 여호와께서 너희의 말소리를 들으시고 노하사 맹세하여 이르시되 35 이 악한 세대 사람들 중에는 내가 그들의 조상에게 주기로 맹세한 좋은 땅을 볼 자가 하나도 없으리라 36 오직 여분네의 아들 갈렙은 온전히 여호와께 순종하였은즉 그는 그것을 볼 것이요 그가 밟은 땅을 내가 그와 그의 자손에게 주리라 하시고 37 여호와께서 너희 때문에 내게도 진노하사 이르시되 너도 그리로 들어가지 못하리라 38 네 앞에 서 있는 눈의 아들 여호수아는 그리로 들어갈 것이니 너는 그를 담대하게 하라 그가 이스라엘에게 그 땅을 기업으로 차지하게 하리라 39 또 너희가 사로잡히리라 하던 너희의 아이들과 당시에 선악을 분별하지 못하던 너희의 자녀들도 그리로 들어갈 것이라 내가 그 땅을 그들에게 주어 산업이 되게 하리라 40 너희는 방향을 돌려 홍해 길을 따라 광야로 들어갈지니라 하시매 41 너희가 대답하여 내게 이르기를 우리가 여호와께 범죄하였사오니 우리 하나님께서 우리에게 명령하신 대로 우리가 올라가서 싸우리이다 하고 너희가 각각 무기를 가지고 경솔히 산지로 올라가려 할 때에 42 여호와께서 내게 이르시되 너는 그들에게 이르기를 너희는 올라가지 말라 싸우지도 말라 내가 너희 중에 있지 아니하니 너희가 대적에게 패할까 하노라 하시기로 43 내가 너희에게 말하였으나 너희가 듣지 아니하고 여호와의 명령을 거역하고 거리낌 없이 산지로 올라가매 44 그 산지에 거주하는 아모리 족속이 너희에게 마주 나와 벌 떼 같이 너희를 쫓아 세일 산에서 쳐서 호르마까지 이른지라 45 너희가 돌아와 여호와 앞에서 통곡하나 여호와께서 너희의 소리를 듣지 아니하시며 너희에게 귀를 기울이지 아니하셨으므로 46 너희가 가

데스에 여러 날 동안 머물렀나니 곧 너희가 그 곳에 머물던 날 수대로니라

신명기 2장
이스라엘이 광야에서 보낸 해

1 우리가 방향을 돌려 여호와께서 내게 명령하신 대로 홍해 길로 광야에 들어가서 여러 날 동안 세일 산을 두루 다녔더니 2 여호와께서 내게 말씀하여 이르시되 3 너희가 이 산을 두루 다닌 지 오래니 돌이켜 북으로 나아가라 4 너는 또 백성에게 명령하여 이르기를 너희는 세일에 거주하는 너희 동족 에서의 자손이 사는 지역으로 지날진대 그들이 너희를 두려워하리니 너희는 스스로 깊이 삼가고 5 그들과 다투지 말라 그들의 땅은 한 발자국도 너희에게 주지 아니하리니 이는 내가 세일 산을 에서에게 기업으로 주었음이라 6 너희는 돈으로 그들에게서 양식을 사서 먹고 돈으로 그들에게서 물을 사서 마시라 7 네 하나님 여호와께서 네가 하는 모든 일에 네게 복을 주시고 네가 이 큰 광야에 두루 다님을 알고 네 하나님 여호와께서 이 사십 년 동안을 너와 함께 하셨으므로 네게 부족함이 없었느니라 하시기로 8 우리가 세일 산에 거주하는 우리 동족 에서의 자손을 떠나서 아라바를 지나며 엘랏과 에시온 게벨 곁으로 지나 행진하고 돌이켜 모압 광야 길로 지날 때에 9 여호와께서 내게 이르시되 모압을 괴롭히지 말라 그와 싸우지도 말라 그 땅을 내가 네게 기업으로 주지 아니하리니 이는 내가 롯 자손에게 아르를 기업으로 주었음이라 10 (이전에는 에밈 사람이 거기 거주하였는데 아낙 족속 같이 강하고 많고 키가 크므로 11 그들을 아낙 족속과 같이 르바임이라 불렀으나 모압 사람은 그들을 에밈이라 불렀으며 12 호리 사람도 세일에 거주하였는데 에서의 자손이 그들을 멸하고 그 땅에 거주하였으니 이스라엘이 여호와께서 주신 기업의 땅에서 행한 것과 같았느니라) 13 이제 너희는 일어나서 세렛 시내를 건너가라 하시기로 우리가 세렛 시내를 건넜으니 14 가데스 바네아에서 떠나 세렛 시내를 건너기까지 삼십팔 년 동안이라 이 때에는 그 시대의 모든 군인들이 여호와께서 그들에게 맹세하신 대로 진영 중에서 다 멸망하였나니 15 여호와께서 손으로 그들을 치사 진영 중에서 멸하신 고로 마침내는 다 멸망되었느니라 16 모든 군인이 사망하여 백성 중에서 멸망한 후에 17 여호와께서 내게 말씀하여 이르시되 18 네가 오늘 모압 변경 아르를 지나리니 19 암몬 족속에게 가까이 이르거든 그들을 괴롭히지 말고 그들과 다투지도 말라 암몬 족속의 땅은 내가 네게 기업으로 주지 아니하리니 이는 내가 그것을 롯 자손에게 기업으로 주었음이라 20 (이곳도 르바임의 땅이라 하였나니 전에 르바임이 거기 거주하였음이요 암몬 족속은 그들

을 삼숨밈이라 일컬었으며 21 그 백성은 아낙 족속과 같이 강하고 많고 키가 컸으나 여호와께서 암몬 족속 앞에서 그들을 멸하셨으므로 암몬 족속이 대신하여 그 땅에 거주하였으니 22 마치 세일에 거주한 에서 자손 앞에 호리 사람을 멸하심과 같으니 그들이 호리 사람을 쫓아내고 대신하여 오늘까지 거기에 거주하였으며 23 또 갑돌에서 나온 갑돌 사람이 가사까지 각 촌에 거주하는 아위 사람을 멸하고 그들을 대신하여 거기에 거주하였느니라) 24 너희는 일어나 행진하여 아르논 골짜기를 건너라 내가 헤스본 왕 아모리 사람 시혼과 그의 땅을 네 손에 넘겼은즉 이제 더불어 싸워서 그 땅을 차지하라 25 오늘부터 내가 천하 만민이 너를 무서워하며 너를 두려워하게 하리니 그들이 네 명성을 듣고 떨며 너로 말미암아 근심하리라 하셨느니라

이스라엘이 헤스본 왕 시혼을 치다(민 21:21-30)

26 내가 그데못 광야에서 헤스본 왕 시혼에게 사자를 보내어 평화의 말로 이르기를 27 나를 네 땅으로 통과하게 하라 내가 큰길로만 행하고 좌로나 우로나 치우치지 아니하리라 28 너는 돈을 받고 양식을 팔아 내가 먹게 하고 돈을 받고 물을 주어 내가 마시게 하라 나는 걸어서 지날 뿐인즉 29 세일에 거주하는 에서 자손과 아르에 거주하는 모압 사람이 내게 행한 것 같이 하라 그리하면 내가 요단을 건너서 우리 하나님 여호와께서 우리에게 주시는 땅에 이르리라 하였으나 30 헤스본 왕 시혼이 우리가 통과하기를 허락하지 아니하였으니 이는 네 하나님 여호와께서 그를 네 손에 넘기시려고 그의 성품을 완강하게 하셨고 그의 마음을 완고하게 하셨음이 오늘날과 같으니라 31 그 때에 여호와께서 내게 이르시되 내가 이제 시혼과 그의 땅을 네게 넘기노니 너는 이제부터 그의 땅을 차지하여 기업으로 삼으라 하시더니 32 시혼이 그의 모든 백성을 거느리고 나와서 우리를 대적하여 야하스에서 싸울 때에 33 우리 하나님 여호와께서 그를 우리에게 넘기시매 우리가 그와 그의 아들들과 그의 모든 백성을 쳤고 34 그 때에 우리가 그의 모든 성읍을 점령하고 그의 각 성읍을 그 남녀와 유아와 함께 하나도 남기지 아니하고 진멸하였고 35 다만 그 가축과 성읍에서 탈취한 것은 우리의 소유로 삼았으며 36 우리 하나님 여호와께서 그 모든 땅을 우리에게 넘겨주심으로 아르논 골짜기 가장자리에 있는 아로엘과 골짜기 가운데에 있는 성읍으로부터 길르앗까지 우리가 모든 높은 성읍을 점령하지 못한 것이 하나도 없었으나 37 오직 암몬 족속의 땅 얍복 강 가와 산지에 있는 성읍들과 우리 하나님 여호와께서 우리가 가기를 금하신 모든 곳은 네가 가까이 하지 못하였느니라

신명기 4장

지켜야 할 하나님의 규례들

1 이스라엘아 이제 내가 너희에게 가르치는 규례와 법도를 듣고 준행하라 그리하면 너희가 살 것이요 너희 조상의 하나님 여호와께서 너희에게 주시는 땅에 들어가서 그것을 얻게 되리라 2 내가 너희에게 명령하는 말을 너희는 가감하지 말고 내가 너희에게 내리는 너희 하나님 여호와의 명령을 지키라 3 여호와께서 바알브올의 일로 말미암아 행하신 바를 너희가 눈으로 보았거니와 바알브올을 따른 모든 사람을 너희의 하나님 여호와께서 너희 가운데에서 멸망시키셨으되 4 오직 너희의 하나님 여호와께 붙어 떠나지 않은 너희는 오늘까지 다 생존하였느니라 5 내가 나의 하나님 여호와께서 명령하신 대로 규례와 법도를 너희에게 가르쳤나니 이는 너희가 들어가서 기업으로 차지할 땅에서 그대로 행하게 하려 함인즉 6 너희는 지켜 행하라 이것이 여러 민족 앞에서 너희의 지혜요 너희의 지식이라 그들이 이 모든 규례를 듣고 이르기를 이 큰 나라 사람은 과연 지혜와 지식이 있는 백성이로다 하리라 7 우리 하나님 여호와께서 우리가 그에게 기도할 때마다 우리에게 가까이 하심과 같이 그 신이 가까이 함을 얻은 큰 나라가 어디 있느냐 8 오늘 내가 너희에게 선포하는 이 율법과 같이 그 규례와 법도가 공의로운 큰 나라가 어디 있느냐 9 오직 너는 스스로 삼가며 네 마음을 힘써 지키라 그리하여 네가 눈으로 본 그 일을 잊어버리지 말라 네가 생존하는 날 동안에 그 일들이 네 마음에서 떠나지 않도록 조심하라 너는 그 일들을 네 아들들과 네 손자들에게 알게 하라 10 네가 호렙 산에서 네 하나님 여호와 앞에 섰던 날에 여호와께서 내게 이르시기를 나에게 백성을 모으라 내가 그들에게 내 말을 들려주어 그들이 세상에 사는 날 동안 나를 경외함을 배우게 하며 그 자녀에게 가르치게 하리라 하시매 11 너희가 가까이 나아와서 산 아래에 서니 그 산에 불이 붙어 불길이 충천하고 어둠과 구름과 흑암이 덮였는데 12 여호와께서 불길 중에서 너희에게 말씀하시되 음성뿐이므로 너희가 그 말소리만 듣고 형상은 보지 못하였느니라 13 여호와께서 그의 언약을 너희에게 반포하시고 너희에게 지키라 명령하셨으니 곧 십계명이며 두 돌판에 친히 쓰신 것이라 14 그 때에 여호와께서 내게 명령하사 너희에게 규례와 법도를 교훈하게 하셨나니 이는 너희가 거기로 건너가 받을 땅에서 행하게 하려 하심이니라

우상을 만들어 섬기지 말라

15 여호와께서 호렙 산 불길 중에서 너희에게 말씀하시던 날에 너희가 어떤 형상도 보지 못하였은즉 너희는 깊이 삼가라 16 그리하여 스스로 부패하여 자기를 위해 어떤 형상대로든지 우상을 새겨 만들지 말라 남

신 4~5장은 이스라엘 백성에게 다시 밥을 주는 대목이다. 아무리 훌륭한 법이라도 그것을 지키지 않거나, 지키더라도 내가 편리하게 지킬 수 있도록 적당히 변경해서 지키면 그 법의 의미가 없다. 더더구나 하나님의 말씀으로서의 규례는 절대로 감가해서 변경하거나, 자의적으로 해석해서는 안 된다는 것을 모세는 매우 강조한다.
성경을 성경대로 읽고, 성경으로 해석하고, 성경대로 지키는 삶이 곧 하나님 백성의 삶이다. (5장은 십계명을 다시 언급한다. 본서에서는 읽지 않는다.)

자의 형상이든지, 여자의 형상이든지, 17 땅 위에 있는 어떤 짐승의 형상이든지, 하늘을 나는 날개 가진 어떤 새의 형상이든지, 18 땅 위에 기는 어떤 곤충의 형상이든지, 땅 아래 물 속에 있는 어떤 어족의 형상이든지 만들지 말라 19 또 그리하여 네가 하늘을 향하여 눈을 들어 해와 달과 별들, 하늘 위의 모든 천체 곧 너희의 하나님 여호와께서 천하 만민을 위하여 배정하신 것을 보고 미혹하여 그것에 경배하며 섬기지 말라 20 여호와께서 너희를 택하시고 너희를 쇠 풀무불 곧 애굽에서 인도하여 내사 자기 기업의 백성을 삼으신 것이 오늘과 같아도 21 여호와께서 너희로 말미암아 내게 진노하사 내게 요단을 건너지 못하며 네 하나님 여호와께서 네게 기업으로 주신 그 아름다운 땅에 들어가지 못하게 하리라고 맹세하셨은즉 22 나는 이 땅에서 죽고 요단을 건너지 못하려니와 너희는 건너가서 그 아름다운 땅을 얻으리니 23 너희는 스스로 삼가 너희의 하나님 여호와께서 너희와 세우신 언약을 잊지 말고 네 하나님 여호와께서 금하신 어떤 형상의 우상도 조각하지 말라 24 네 하나님 여호와는 소멸하는 불이시요 질투하시는 하나님이시니라 25 네가 그 땅에서 아들을 낳고 손자를 얻으며 오래 살 때에 만일 스스로 부패하여 무슨 형상의 우상이든지 조각하여 네 하나님 여호와 앞에 악을 행함으로 그의 노를 일으키면 26 내가 오늘 천지를 불러 증거를 삼노니 너희가 요단을 건너가서 얻는 땅에서 속히 망할 것이라 너희가 거기서 너희의 날이 길지 못하고 전멸될 것이니라 27 여호와께서 너희를 여러 민족 중에 흩으실 것이요 여호와께서 너희를 쫓아 보내실 그 여러 민족 중에 너희의 남은 수가 많지 못할 것이며 28 너희는 거기서 사람의 손으로 만든 바 보지도 못하며 듣지도 못하며 먹지도 못하며 냄새도 맡지 못하는 목석의 신들을 섬기리라 29 그러나 네가 거기서 네 하나님 여호와를 찾게 되리니 만일 마음을 다하고 뜻을 다하여 그를 찾으면 만나리라 30 이 모든 일이 네게 임하여 환난을 당하다가 끝날에 네가 네 하나님 여호와께로 돌아와서 그의 말씀을 청종하리니 31 네 하나님 여호와는 자비하신 하나님이심이라 그가 너를 버리지 아니하시며 너를 멸하지 아니하시며 네 조상들에게 맹세하신 언약을 잊지 아니하시리라 32 네가 있기 전 하나님이 사람을 세상에 창조하신 날부터 지금까지 지나간 날을 상고하여 보라 하늘 이 끝에서 저 끝까지 이런 큰 일이 있었느냐 이런 일을 들은 적이 있었느냐 33 어떤 국민이 불 가운데에서 말씀하시는 하나님의 음성을 너처럼 듣고 생존하였느냐 34 어떤 신이 와서 시험과 이적과 기사와 전쟁과 강한 손과 편 팔과 크게 두려운 일로 한 민족을 다른 민족에게서 인도하여 낸 일이 있느냐 이는 다 너희의 하나님 여호와께서 애굽에서 너희를 위하여 너희의 목전에서 행하신 일이라 35 이것을 네게 나타내심은 여호와는 하나님이시요 그 외에는 다른 신이 없음을 네게 알게 하려 하심이니라 36 여호와께서 너를 교훈하시려고 하늘에서부터 그의 음성을 네게 듣게 하시며 땅에서는 그의 큰 불을 네게 보이시고 네가 불 가운데서 나오는 그의 말씀을 듣게 하셨느니라 37 여호와께서 네 조상들을 사랑하신 고로 그 후손인 너를 택하시고 큰 권능으로 친히 인도하여 애굽에서 나오게 하시며 38 너보다 강대한 여러 민족을 네 앞에서 쫓아내고 너를 그들의 땅으로 인도하여 들여서 그것을 네게 기업으로 주려 하심이 오늘과 같으니라 39 그런즉 너는 오늘 위로 하늘에나 아래로 땅에 오직 여호와는 하나님이시요 다른 신이 없는 줄을 알아 명심하고 40 오늘 내가 네게 명령하는 여호와의 규례와 명령을 지키라 너와 네 후손이 복을 받아 네 하나님 여호와께서 네게 주시는 땅에서 한 없이 오래 살리라

요단 강 동쪽의 도피성
41 그 때에 모세가 요단 이쪽 해 돋는 쪽에서 세 성읍을 구별하였으니 42 이는 과거에 원한이 없이 부지중에 살인한 자가 그 곳으로 도피하게 하기 위함이며 그 중 한 성읍으로 도피한 자가 그의 생명을 보전하게 하기 위함이라 43 하나는 광야 평원에 있는 베셀이라 르우벤 지파를 위한 것이요 하나는 길르앗 라못이라 갓 지파를 위한 것이요 하나는 바산 골란이라 므낫세 지파를 위한 것이었더라

모세가 선포한 율법
44 모세가 이스라엘 자손에게 선포한 율법은 이러하니라 45 이스라엘 자손이 애굽에서 나온 후에 모세가 증언과 규례와 법도를 선포하였으니 46 요단 동쪽 벳브올 맞은편 골짜기에서 그리하였더라 이 땅은 헤스본에 사는 아모리 족속의 왕 시혼에게 속하였더니 모세와 이스라엘 자손이 애굽에서 나온 후에 그를 쳐서 멸하고 47 그 땅을 기업으로 얻었고 또 바산 왕 옥의 땅을 얻었으니 그 두 사람은 아모리 족속의 왕으로서 요단 이쪽 해 돋는 쪽에 살았으며 48 그 얻은 땅은 아르논 골짜기 가장자리의 아로엘에서부터 시온 산 곧 헤르몬 산까지요 49 요단 이쪽 곧 그 동쪽 온 아라바니 비스가 기슭 아래 아라바의 바다까지이니라

신명기 6장
여호와의 명령과 규례와 법도
1 이는 곧 너희의 하나님 여호와께서 너희에게 가르치라고 명하신 명령과 규례와 법도라 너희가 건너가서 차지할 땅에서 행할 것이니 2 곧 너와 네 아들과 네 손자들이 평생에 네 하나님 여호와를 경외하며 내가 너희에게 명한 그 모든 규례와 명령을 지키게 하기 위한 것이며 또 네

신 6장은 신명기 영성의 핵심장이며 성경 영성의 바탕을 이루는 장이다.
4절에서 여호와는 유일하신 하나님이라는 사실을 언급한다.

날을 장구하게 하기 위한 것이라 3 이스라엘아 듣고 삼가 그것을 행하라 그리하면 네가 복을 받고 네 조상들의 하나님 여호와께서 네게 허락하심 같이 젖과 꿀이 흐르는 땅에서 네가 크게 번성하리라 4 이스라엘아 들으라 우리 하나님 여호와는 오직 유일한 여호와이시니 5 너는 마음을 다하고 뜻을 다하고 힘을 다하여 네 하나님 여호와를 사랑하라 6 오늘 내가 네게 명하는 이 말씀을 너는 마음에 새기고 7 네 자녀에게 부지런히 가르치며 집에 앉았을 때에든지 길을 갈 때에든지 누워 있을 때에든지 일어날 때에든지 이 말씀을 강론할 것이며 8 너는 또 그것을 네 손목에 매어 기호를 삼으며 네 미간에 붙여 표로 삼고 9 또 네 집 문설주와 바깥 문에 기록할지니라

불순종에 대한 경고

10 네 하나님 여호와께서 네 조상 아브라함과 이삭과 야곱을 향하여 네게 주리라 맹세하신 땅으로 너를 들어가게 하시고 네가 건축하지 아니한 크고 아름다운 성읍을 얻게 하시며 11 네가 채우지 아니한 아름다운 물건이 가득한 집을 얻게 하시며 네가 파지 아니한 우물을 차지하게 하시며 네가 심지 아니한 포도원과 감람나무를 차지하게 하사 네게 배불리 먹게 하실 때에 12 너는 조심하여 너를 애굽 땅 종 되었던 집에서 인도하여 내신 여호와를 잊지 말고 13 네 하나님 여호와를 경외하며 그를 섬기며 그의 이름으로 맹세할 것이니라 14 너희는 다른 신들 곧 네 사면에 있는 백성의 신들을 따르지 말라 15 너희 중에 계신 너희의 하나님 여호와는 질투하시는 하나님이신즉 너희의 하나님 여호와께서 네게 진노하사 너를 지면에서 멸절시키실까 두려워하노라 16 너희가 맛사에서 시험한 것 같이 너희의 하나님 여호와를 시험하지 말고 17 너희의 하나님 여호와께서 너희에게 명하신 명령과 증거와 규례를 삼가 지키며 18-19 여호와께서 보시기에 정직하고 선량한 일을 행하라 그리하면 네가 복을 받고 그 땅에 들어가서 여호와께서 모든 대적을 네 앞에서 쫓아내시겠다고 네 조상들에게 맹세하신 아름다운 땅을 차지하리니 여호와의 말씀과 같으니라 20 후일에 네 아들이 네게 묻기를 우리 하나님 여호와께서 명령하신 증거와 규례와 법도가 무슨 뜻이냐 하거든 21 너는 네 아들에게 이르기를 우리가 옛적에 애굽에서 바로의 종이 되었더니 여호와께서 권능의 손으로 우리를 애굽에서 인도하여 내셨나니 22 곧 여호와께서 우리의 목전에서 크고 두려운 이적과 기사를 애굽과 바로와 그의 온 집에 베푸시고 23 우리 조상들에게 맹세하신 땅을 우리에게 주어 들어가게 하시려고 우리를 거기서 인도하여 내시고 24 여호와께서 우리에게 이 모든 규례를 지키라 명령하셨으니 이는 우리가 우리 하나님 여호와를 경외하여 항상 복을 누리게 하기 위하

심이며 또 여호와께서 우리를 오늘과 같이 살게 하려 하심이라 25 우리가 그 명령하신 대로 이 모든 명령을 우리 하나님 여호와 앞에서 삼가 지키면 그것이 곧 우리의 의로움이니라 할지니라

신명기 7장
여호와께서 택하신 민족(출 34:11-16)

1 네 하나님 여호와께서 너를 인도하사 네가 가서 차지할 땅으로 들이시고 네 앞에서 여러 민족 헷 족속과 기르가스 족속과 아모리 족속과 가나안 족속과 브리스 족속과 히위 족속과 여부스 족속 곧 너보다 많고 힘이 센 일곱 족속을 쫓아내실 때에 2 네 하나님 여호와께서 그들을 네게 넘겨 네게 치게 하시리니 그 때에 너는 그들을 진멸할 것이라 그들과 어떤 언약도 하지 말 것이요 그들을 불쌍히 여기지도 말 것이며 3 또 그들과 혼인하지도 말지니 네 딸을 그들의 아들에게 주지 말 것이요 그들의 딸도 네 며느리로 삼지 말 것은 4 그가 네 아들을 유혹하여 그가 여호와를 떠나고 다른 신들을 섬기게 하므로 여호와께서 너희에게 진노하사 갑자기 너희를 멸하실 것임이니라 5 오직 너희가 그들에게 행할 것은 이러하니 그들의 제단을 헐며 주상을 깨뜨리며 아세라 목상을 찍으며 조각한 우상들을 불사를 것이니라 6 너는 여호와 네 하나님의 성민이라 네 하나님 여호와께서 지상 만민 중에서 너를 자기 기업의 백성으로 택하셨나니 7 여호와께서 너희를 기뻐하시고 너희를 택하심은 너희가 다른 민족보다 수효가 많기 때문이 아니니라 너희는 오히려 모든 민족 중에 가장 적으니라 8 여호와께서 다만 너희를 사랑하심으로 말미암아, 또는 너희의 조상들에게 하신 맹세를 지키려 하심으로 말미암아 자기의 권능의 손으로 너희를 인도하여 내시되 너희를 그 종 되었던 집에서 애굽 왕 바로의 손에서 속량하셨나니 9 그런즉 너는 알라 오직 네 하나님 여호와는 하나님이시요 신실하신 하나님이시라 그를 사랑하고 그의 계명을 지키는 자에게는 천 대까지 그의 언약을 이행하시며 인애를 베푸시되 10 그를 미워하는 자에게는 당장에 보응하여 멸하시나니 여호와는 자기를 미워하는 자에게 지체하지 아니하시고 당장에 그에게 보응하시느니라 11 그런즉 너는 오늘 내가 네게 명하는 명령과 규례와 법도를 지켜 행할지니라

법도를 듣고 지켜 행하면(신 28:1-14)

12 너희가 이 모든 법도를 듣고 지켜 행하면 네 하나님 여호와께서 네 조상들에게 맹세하신 언약을 지켜 네게 인애를 베푸실 것이라 13 곧 너를 사랑하시고 복을 주사 너를 번성하게 하시되 네게 주리라고 네 조상들에게 맹세하신 땅에서 네 소생에게 은혜를 베푸시며 네 토지 소

신 7장

시내 산 언약을 통해 하나님의 백성이 된 아브라함의 후손인 히브리 민족은 그들의 정체성을 지켜 내야 한다. 그래야 에덴에서 잃어버린 하나님의 나라가 온전히 회복되는 것이다.

그러기 위해서 그들의 삶은 가나안 지역의 문화와 섞이면 안 된다는 것을 모세는 매우 강조하면서 진멸(헤렘)하기까지 그 지역의 우상 문화와 단절해야 한다는 것을 강조한다. 이 시점 가나안의 일곱 부족의 문화는 철기문화로 찬란한 농경문화를 이루고 있었다. 반면 이 이스라엘은 불과 40여 년 전에는 애굽의 노예로 그들의 문화가 없었다.

하위문화는 고위 문화에 쉽게 동화 흡수되게 되어 있다. 하나님의 백성이 가나안의 우상 문화에 동화 흡수되면 하나님의 구속 역사는 어떻게 되겠는가? 오늘 우리도 그리스도의 문화로 세상 문화를 이기지 않으면 우리의 삶 속에 하나님의 나라는 이루어지지 않는다. 어떻게 해야 우리가 세상 문화를 이길 수 있을까?

그것은 오직 말씀의 능력으로만 가능하다는 사실을 명심하라.

산과 곡식과 포도주와 기름을 풍성하게 하시고 네 소와 양을 번식하게 하시리니 14 네가 복을 받음이 만민보다 훨씬 더하여 너희 중의 남녀와 너희의 짐승의 암수에 생육하지 못함이 없을 것이며 15 여호와께서 또 모든 질병을 네게서 멀리 하사 너희가 아는 애굽의 악질에 걸리지 않게 하시고 너를 미워하는 모든 자에게 걸리게 하실 것이라 16 네하나님 여호와께서 네게 넘겨주신 모든 민족을 네 눈이 긍휼히 여기지 말고 진멸하며 그들의 신을 섬기지 말라 그것이 네게 올무가 되리라 17 네가 혹시 심중에 이르기를 이 민족들이 나보다 많으니 내가 어찌 그를 쫓아낼 수 있으리요 하리라마는 18 그들을 두려워하지 말고 네 하나님 여호와께서 바로와 온 애굽에 행하신 것을 잘 기억하되 19 네 하나님 여호와께서 너를 인도하여 내실 때에 네가 본 큰 시험과 이적과 기사와 강한 손과 편 팔을 기억하라 네 하나님 여호와께서 네가 두려워하는 모든 민족에게 그와 같이 행하실 것이요 20 네 하나님 여호와께서 또 왕벌을 그들 중에 보내어 그들의 남은 자와 너를 피하여 숨은 자를 멸하시리니 21 너는 그들을 두려워하지 말라 너희의 하나님 여호와 곧 크고 두려운 하나님이 너희 중에 계심이니라 22 네 하나님 여호와께서 이 민족들을 네 앞에서 조금씩 쫓아내시리니 너는 그들을 급히 멸하지 말라 들짐승이 번성하여 너를 해할까 하노라 23 네 하나님 여호와께서 그들을 네게 넘기시고 그들을 크게 혼란하게 하여 마침내 진멸하시고 24 그들의 왕들을 네 손에 넘기시리니 너는 그들의 이름을 천하에서 제하여 버리라 너를 당할 자가 없이 네가 마침내 그들을 진멸하리라 25 너는 그들이 조각한 신상들을 불사르고 그것에 입힌 은이나 금을 탐내지 말며 취하지 말라 네가 그것으로 말미암아 올무에 걸릴까 하노니 이는 네 하나님 여호와께서 가증히 여기시는 것임이니라 26 너는 가증한 것을 네 집에 들이지 말라 너도 그것과 같이 진멸 당할까 하노라 너는 그것을 멀리하며 심히 미워하라 그것은 진멸 당할 것이니라

신명기 8장
이스라엘이 차지할 아름다운 땅
1 내가 오늘 명하는 모든 명령을 너희는 지켜 행하라 그리하면 너희가 살고 번성하고 여호와께서 너희의 조상들에게 맹세하신 땅에 들어가서 그것을 차지하리라 2 네 하나님 여호와께서 이 사십 년 동안에 네게 광야 길을 걷게 하신 것을 기억하라 이는 너를 낮추시며 너를 시험하사 네 마음이 어떠한지 그 명령을 지키는지 지키지 않는지 알려 하심이라 3 너를 낮추시며 너를 주리게 하시며 또 너도 알지 못하며 네 조상들도 알지 못하던 만나를 네게 먹이신 것은 사람이 떡으로만 사는 것이 아니요 여호와의 입에서 나오는 모든 말씀으로 사는 줄을 네가 알게 하려

하심이니라 4 이 사십 년 동안에 네 의복이 해어지지 아니하였고 네 발이 부르트지 아니하였느니라 5 너는 사람이 그 아들을 징계함 같이 네 하나님 여호와께서 너를 징계하시는 줄 마음에 생각하고 6 네 하나님 여호와의 명령을 지켜 그의 길을 따라가며 그를 경외할지니라 7 네 하나님 여호와께서 너를 아름다운 땅에 이르게 하시나니 그 곳은 골짜기든지 산지든지 시내와 분천과 샘이 흐르고 8 밀과 보리의 소산지요 포도와 무화과와 석류와 감람나무와 꿀의 소산지라 9 네가 먹을 것에 모자람이 없고 네게 아무 부족함이 없는 땅이며 그 땅의 돌은 철이요 산에서는 동을 캘 것이라 10 네가 먹어서 배부르고 네 하나님 여호와께서 옥토를 네게 주셨음으로 말미암아 그를 찬송하리라

여호와를 잊지 말라

신 8:11-20
어떤 환경이 여호와를 잊어버리게 한다고 했는지를 유의하면서 읽으라.

사회학자들은 인간의 종교심은 국가의 부의 성장과 반비례한다는 연구 결과를 발표한 적이 있다.

하나님은 우리의 하나님이 되시기 위해서 우리를 지으셨고, 선악과로 관계가 끊어졌지만, 그것을 회복하시려 구속의 역사를 시작하신 사실을 기억하라.

11 내가 오늘 네게 명하는 여호와의 명령과 법도와 규례를 지키지 아니하고 네 하나님 여호와를 잊어버리지 않도록 삼갈지어다 12 네가 먹어서 배부르고 아름다운 집을 짓고 거주하게 되며 13 또 네 소와 양이 번성하며 네 은금이 증식되며 네 소유가 다 풍부하게 될 때에 14 네 마음이 교만하여 네 하나님 여호와를 잊어버릴까 염려하노라 여호와는 너를 애굽 땅 종 되었던 집에서 이끌어 내시고 15 너를 인도하여 그 광대하고 위험한 광야 곧 불뱀과 전갈이 있고 물이 없는 간조한 땅을 지나게 하셨으며 또 너를 위하여 단단한 반석에서 물을 내셨으며 16 네 조상들도 알지 못하던 만나를 광야에서 네게 먹이셨나니 이는 다 너를 낮추시며 너를 시험하사 마침내 네게 복을 주려 하심이었느니라 17 그러나 네가 마음에 이르기를 내 능력과 내 손의 힘으로 내가 이 재물을 얻었다 말할 것이라 18 네 하나님 여호와를 기억하라 그가 네게 재물 얻을 능력을 주셨음이라 이같이 하심은 네 조상들에게 맹세하신 언약을 오늘과 같이 이루려 하심이니라 19 네가 만일 네 하나님 여호와를 잊어버리고 다른 신들을 따라 그들을 섬기며 그들에게 절하면 내가 너희에게 증거하노니 너희가 반드시 멸망할 것이라 20 여호와께서 너희 앞에서 멸망시키신 민족들 같이 너희도 멸망하리니 이는 너희가 너희의 하나님 여호와의 소리를 청종하지 아니함이니라

신명기 9장

백성의 불순종

1 이스라엘아 들으라 네가 오늘 요단을 건너 너보다 강대한 나라들로 들어가서 그것을 차지하리니 그 성읍들은 크고 성벽은 하늘에 닿았으며 2 크고 많은 백성은 네가 아는 아낙 자손이라 그에 대한 말을 네가 들었나니 이르기를 누가 아낙 자손을 능히 당하리요 하거니와 3 오

늘 너는 알라 네 하나님 여호와께서 맹렬한 불과 같이 네 앞에 나아가신즉 여호와께서 그들을 멸하사 네 앞에 엎드러지게 하시리니 여호와께서 네게 말씀하신 것 같이 너는 그들을 쫓아내며 속히 멸할 것이라 4 네 하나님 여호와께서 그들을 네 앞에서 쫓아내신 후에 네가 심중에 이르기를 내 공의로움으로 말미암아 여호와께서 나를 이 땅으로 인도하여 들여서 그것을 차지하게 하셨다 하지 말라 이 민족들이 악함으로 말미암아 여호와께서 그들을 네 앞에서 쫓아내심이니라 5 네가 가서 그 땅을 차지함은 네 공의로 말미암음도 아니며 네 마음이 정직함으로 말미암음도 아니요 이 민족들이 악함으로 말미암아 네 하나님 여호와께서 그들을 네 앞에서 쫓아내심이라 여호와께서 이같이 하심은 네 조상 아브라함과 이삭과 야곱에게 하신 맹세를 이루려 하심이니라 6 그러므로 네가 알 것은 네 하나님 여호와께서 네게 이 아름다운 땅을 기업으로 주신 것이 네 공의로 말미암음이 아니니라 너는 목이 곧은 백성이니라 7 너는 광야에서 네 하나님 여호와를 격노하게 하던 일을 잊지 말고 기억하라 네가 애굽 땅에서 나오던 날부터 이 곳에 이르기까지 늘 여호와를 거역하였으되 8 호렙 산에서 너희가 여호와를 격노하게 하였으므로 여호와께서 진노하사 너희를 멸하려 하셨느니라 9 그 때에 내가 돌판들 곧 여호와께서 너희와 세우신 언약의 돌판들을 받으려고 산에 올라가서 사십 주 사십 야를 산에 머물며 떡도 먹지 아니하고 물도 마시지 아니하였더니 10 여호와께서 두 돌판을 내게 주셨나니 그 돌판의 글은 하나님이 손으로 기록하신 것이요 너희의 총회 날에 여호와께서 산상 불 가운데서 너희에게 이르신 모든 말씀이니라 11 사십 주 사십 야를 지난 후에 여호와께서 내게 돌판 곧 언약의 두 돌판을 주시고 12 내게 이르시되 일어나 여기서 속히 내려가라 네가 애굽에서 인도하여 낸 네 백성이 스스로 부패하여 내가 그들에게 명령한 도를 속히 떠나 자기를 위하여 우상을 부어 만들었느니라 13 여호와께서 또 내게 말씀하여 이르시되 내가 이 백성을 보았노라 보라 이는 목이 곧은 백성이니라 14 나를 막지 말라 내가 그들을 멸하여 그들의 이름을 천하에서 없애고 너를 그들보다 강대한 나라가 되게 하리라 하시기로 15 내가 돌이켜 산에서 내려오는데 산에는 불이 붙었고 언약의 두 돌판은 내 두 손에 있었느니라 16 내가 본즉 너희가 너희의 하나님 여호와께 범죄하여 자기를 위하여 송아지를 부어 만들어서 여호와께서 명령하신 도를 빨리 떠났기로 17 내가 그 두 돌판을 내 두 손으로 들어 던져 너희의 목전에서 깨뜨렸노라 18 그리고 내가 전과 같이 사십 주 사십 야를 여호와 앞에 엎드려서 떡도 먹지 아니하고 물도 마시지 아니하였으니 이는 너희가 여호와의 목전에 악을 행하여 그를 격노하게 하여 크게 죄를 지었음이라 19 여호와께서 심히 분노하사 너희를 멸하려 하셨으므

로 내가 두려워하였노라 그러나 여호와께서 그 때에도 내 말을 들으셨고 20 여호와께서 또 아론에게 진노하사 그를 멸하려 하셨으므로 내가 그 때에도 아론을 위하여 기도하고 21 너희의 죄 곧 너희가 만든 송아지를 가져다가 불살라 찧고 티끌 같이 가늘게 갈아 그 가루를 산에서 흘러내리는 시내에 뿌렸느니라 22 너희가 다베라와 맛사와 기브롯 핫다아와에서도 여호와를 격노하게 하였느니라 23 여호와께서 너희를 가데스 바네아에서 떠나게 하실 때에 이르시기를 너희는 올라가서 내가 너희에게 준 땅을 차지하라 하시되 너희가 너희의 하나님 여호와의 명령을 거역하여 믿지 아니하고 그 말씀을 듣지 아니하였나니 24 내가 너희를 알던 날부터 너희가 항상 여호와를 거역하여 왔느니라 25 그 때에 여호와께서 너희를 멸하겠다 하셨으므로 내가 여전히 사십 주 사십 야를 여호와 앞에 엎드리고 26 여호와께 간구하여 이르되 주 여호와여 주께서 큰 위엄으로 속량하시고 강한 손으로 애굽에서 인도하여 내신 주의 백성 곧 주의 기업을 멸하지 마옵소서 27 주의 종 아브라함과 이삭과 야곱을 생각하사 이 백성의 완악함과 악과 죄를 보지 마옵소서 28 주께서 우리를 인도하여 내신 그 땅 백성이 말하기를 여호와께서 그들에게 허락하신 땅으로 그들을 인도하여 들일 만한 능력도 없고 그들을 미워하기도 하사 광야에서 죽이려고 인도하여 내셨다 할까 두려워하나이다 29 그들은 주의 큰 능력과 펴신 팔로 인도하여 내신 주의 백성 곧 주의 기업이로소이다 하였노라

12~36장까지는 현재의 경건한 삶과 미래의 비전을 제시한다. 12~23장에서는 섞이면 안 되는 삶과 미래의 비전을 제시한다 이 부분은 이제 가나안에 들어갈 2세대들이 하나님의 백성으로서 정체성을 유지하며 하나님 나라를 이루며 살아가야 할 중차대한 점을 부각하고 있다. 그 연장선상에서 24~34장에서는 언약의 중요성을 강조한다. 28장에서 지켜 행하면 복을 받고 그렇지 않으면 저주를 받는다는 것을 분명하게 한다. 결국 성화적 구원을 이루는 삶은 성경의 가르침을 지켜 행하는 것이다. 그곳에 하나님의 나라가 이루어지기 때문이다. 28장은 그것을 강조한다. 그럴 때 우리는 하나님과 함께 하는 복을 누리게 된다(시편 73:28).

신 28장은 축복장이 아니다. 어떻게 하면 복을 받고, 저주받는가를 보여 주고 있다.
시편 73:28에서 말한 것처럼 복은 여호와를 가까이하므로 받는다고 했듯이, 여호와께 가까이함은 곧 그분의 뜻을 따라 살아가므로 이루어진다는 사실을 명심하면서 28장을 묵상하라.

신명기 28장

순종하여 받는 복(레 26:3-13; 신 7:12-24)

1 네가 네 하나님 여호와의 말씀을 삼가 듣고 내가 오늘 네게 명령하는 그의 모든 명령을 지켜 행하면 네 하나님 여호와께서 너를 세계 모든 민족 위에 뛰어나게 하실 것이라 2 네가 네 하나님 여호와의 말씀을 청종하면 이 모든 복이 네게 임하며 네게 이르리니 3 성읍에서도 복을 받고 들에서도 복을 받을 것이며 4 네 몸의 자녀와 네 토지의 소산과 네 짐승의 새끼와 소와 양의 새끼가 복을 받을 것이며 5 네 광주리와 떡

반죽 그릇이 복을 받을 것이며 6 네가 들어와도 복을 받고 나가도 복을 받을 것이니라 7 여호와께서 너를 대적하기 위해 일어난 적군들을 네 앞에서 패하게 하시리라 그들이 한 길로 너를 치러 들어왔으나 네 앞에서 일곱 길로 도망하리라 8 여호와께서 명령하사 네 창고와 네 손으로 하는 모든 일에 복을 내리시고 네 하나님 여호와께서 네게 주시는 땅에서 네게 복을 주실 것이며 9 여호와께서 네게 맹세하신 대로 너를 세워 자기의 성민이 되게 하시리니 이는 네가 네 하나님 여호와의 명령을 지켜 그 길로 행할 것임이니라 10 땅의 모든 백성이 여호와의 이름이 너를 위하여 불리는 것을 보고 너를 두려워하리라 11 여호와께서 네게 주리라고 네 조상들에게 맹세하신 땅에서 네게 복을 주사 네 몸의 소생과 가축의 새끼와 토지의 소산을 많게 하시며 12 여호와께서 너를 위하여 하늘의 아름다운 보고를 여시사 네 땅에 때를 따라 비를 내리시고 네 손으로 하는 모든 일에 복을 주시리니 네가 많은 민족에게 꾸어 줄지라도 너는 꾸지 아니할 것이요 13 여호와께서 너를 머리가 되고 꼬리가 되지 않게 하시며 위에만 있고 아래에 있지 않게 하시리니 오직 너는 내가 오늘 네게 명령하는 네 하나님 여호와의 명령을 듣고 지켜 행하며 14 내가 오늘 너희에게 명령하는 그 말씀을 떠나 좌로나 우로나 치우치지 아니하고 다른 신을 따라 섬기지 아니하면 이와 같으리라 15 네가 만일 네 하나님 여호와의 말씀을 순종하지 아니하여 내가 오늘 네게 명령하는 그의 모든 명령과 규례를 지켜 행하지 아니하면 이 모든 저주가 네게임하며 네게 이를 것이니 16 네가 성읍에서도 저주를 받으며 들에서도 저주를 받을 것이요 17 또 네 광주리와 떡 반죽 그릇이 저주를 받을 것이요 18 네 몸의 소생과 네 토지의 소산과 네 소와 양의 새끼가 저주를 받을 것이며 19 네가 들어와도 저주를 받고 나가도 저주를 받으리라

불순종하여 받는 저주

20 네가 악을 행하여 그를 잊으므로 네 손으로 하는 모든 일에 여호와께서 저주와 혼란과 책망을 내리사 망하며 속히 파멸하게 하실 것이며 21 여호와께서 네 몸에 염병이 들게 하사 네가 들어가 차지할 땅에서 마침내 너를 멸하실 것이며 22 여호와께서 폐병과 열병과 염증과 학질과 한재와 풍재와 썩는 재앙으로 너를 치시리니 이 재앙들이 너를 따라서 너를 진멸하게 할 것이라 23 네 머리 위의 하늘은 놋이 되고 네 아래의 땅은 철이 될 것이며 24 여호와께서 비 대신에 티끌과 모래를 네 땅에 내리시리니 그것들이 하늘에서 네 위에 내려 마침내 너를 멸하리라 25 여호와께서 네 적군 앞에서 너를 패하게 하시리니 네가 그들을 치러 한 길로 나가서 그들 앞에서 일곱 길로 도망할 것이며 네가 또 땅

의 모든 나라 중에 흩어지고 26 네 시체가 공중의 모든 새와 땅의 짐승들의 밥이 될 것이나 그것들을 쫓아줄 자가 없을 것이며 27 여호와께서 애굽의 종기와 치질과 괴혈병과 피부병으로 너를 치시리니 네가 치유 받지 못할 것이며 28 여호와께서 또 너를 미치는 것과 눈 머는 것과 정신병으로 치시리니 29 맹인이 어두운 데에서 더듬는 것과 같이 네가 백주에도 더듬고 네 길이 형통하지 못하여 항상 압제와 노략을 당할 뿐이리니 너를 구원할 자가 없을 것이며 30 네가 여자와 약혼하였으나 다른 사람이 그 여자와 같이 동침할 것이요 집을 건축하였으나 거기에 거주하지 못할 것이요 포도원을 심었으나 네가 그 열매를 따지 못할 것이며 31 네 소를 네 목전에서 잡았으나 네가 먹지 못할 것이며 네 나귀를 네 목전에서 빼앗겨도 도로 찾지 못할 것이며 네 양을 원수에게 빼앗길 것이나 너를 도와 줄 자가 없을 것이며 32 네 자녀를 다른 민족에게 빼앗기고 종일 생각하고 찾음으로 눈이 피곤하여지나 네 손에 힘이 없을 것이며 33 네 토지 소산과 네 수고로 얻은 것을 네가 알지 못하는 민족이 먹겠고 너는 항상 압제와 학대를 받을 뿐이리니 34 이러므로 네 눈에 보이는 일로 말미암아 네가 미치리라 35 여호와께서 네 무릎과 다리를 쳐서 고치지 못할 심한 종기를 생기게 하여 발바닥에서부터 정수리까지 이르게 하시리라 36 여호와께서 너와 네가 세울 네 임금을 너와 네 조상들이 알지 못하던 나라로 끌어 가시리니 네가 거기서 목석으로 만든 다른 신들을 섬길 것이며 37 여호와께서 너를 끌어 가시는 모든 민족 중에서 네가 놀람과 속담과 비방거리가 될 것이라 38 네가 많은 종자를 들에 뿌릴지라도 메뚜기가 먹으므로 거둘 것이 적을 것이며 39 네가 포도원을 심고 가꿀지라도 벌레가 먹으므로 포도를 따지 못하고 포도주를 마시지 못할 것이며 40 네 모든 경내에 감람나무가 있을지라도 그 열매가 떨어지므로 그 기름을 네 몸에 바르지 못할 것이며 41 네가 자녀를 낳을지라도 그들이 포로가 되므로 너와 함께 있지 못할 것이며 42 네 모든 나무와 토지 소산은 메뚜기가 먹을 것이며 43 너의 중에 우거하는 이방인은 점점 높아져서 네 위에 뛰어나고 너는 점점 낮아질 것이며 44 그는 네게 꾸어줄지라도 너는 그에게 꾸어주지 못하리니 그는 머리가 되고 너는 꼬리가 될 것이라 45 네가 네 하나님 여호와의 말씀을 청종하지 아니하고 네게 명령하신 그의 명령과 규례를 지키지 아니하므로 이 모든 저주가 네게 와서 너를 따르고 네게 이르러 마침내 너를 멸하리니 46 이 모든 저주가 너와 네 자손에게 영원히 있어서 표징과 훈계가 되리라 47 네가 모든 것이 풍족하여도 기쁨과 즐거운 마음으로 네 하나님 여호와를 섬기지 아니함으로 말미암아 48 네가 주리고 목마르고 헐벗고 모든 것이 부족한 중에서 여호와께서 보내사 너를 치게 하실 적군을 섬기게 될 것이니 그가 철 멍에를 네 목에 메워 마침내 너를 멸할 것이라 49 곧 여호와께서 멀리 땅 끝에서 한 민족을 독수리가 날아오는 것 같이 너를 치러 오게 하시리니 이는 네가 그 언어를 알지 못하는 민족이요 50 그 용모가 흉악한 민족이라 노인을 보살피지 아니하며 유아를 불쌍히 여기지 아니하며 51 네 가축의 새끼와 네 토지의 소산을 먹어 마침내 너를 멸망시키며 또 곡식이나 포도주나 기름이나 소의 새끼나 양의 새끼를 너를 위하여 남기지 아니하고 마침내 너를 멸절시키리라 52 그들이 전국에서 네 모든 성읍을 에워싸고 네가 의뢰하는 높고 견고한 성벽을 다 헐며 네 하나님 여호와께서 네게 주시는 땅의 모든 성읍에서 너를 에워싸리니 53 네가 적군에게 에워싸이고 맹렬한 공격을 받아 곤란을 당하므로 네 하나님 여호와께서 네게 주신 자녀 곧 네 몸의 소생의 살을 먹을 것이라 54 너희 중에 온유하고 연약한 남자까지도 그의 형제와 그의 품의 아내와 그의 남은 자녀를 미운 눈으로 바라보며 55 자기가 먹는 그 자녀의 살을 그 중 누구에게든지 주지 아니하리니 이는 네 적군이 네 모든 성읍을 에워싸고 맹렬히 너를 쳐서 곤란하게 하므로 아무것도 그에게 남음이 없는 까닭일 것이며 56 또 너희 중에 온유하고 연약한 부녀 곧 온유하고 연약하여 자기 발바닥으로 땅을 밟아 보지도 아니하던 자라도 자기 품의 남편과 자기 자녀를 미운 눈으로 바라보며 57 자기 다리 사이에서 나온 태와 자기가 낳은 어린 자식을 남몰래 먹으리니 이는 네 적군이 네 생명을 에워싸고 맹렬히 쳐서 곤란하게 하므로 아무것도 얻지 못함이리라 58 네가 만일 이 책에 기록한 이 율법의 모든 말씀을 지켜 행하지 아니하고 네 하나님 여호와라 하는 영화롭고 두려운 이름을 경외하지 아니하면 59 여호와께서 네 재앙과 네 자손의 재앙을 극렬하게 하시리니 그 재앙이 크고 오래고 그 질병이 중하고 오랠 것이라 60 여호와께서 네가 두려워하던 애굽의 모든 질병을 네게로 가져다가 네 몸에 들어붙게 하실 것이며 61 또 이 율법책에 기록하지 아니한 모든 질병과 모든 재앙을 네가 멸망하기까지 여호와께서 네게 내리실 것이니 62 너희가 하늘의 별 같이 많을지라도 네 하나님 여호와의 말씀을 청종하지 아니하므로 남는 자가 얼마 되지 못할 것이라 63 여호와께서 너희에게 선을 행하시고 너희를 번성하게 하시기를 기뻐하시던 것 같이 이제는 여호와께서 너희를 망하게 하시며 멸하시기를 기뻐하시리니 너희가 들어가 차지할 땅에서 뽑힐 것이요 64 여호와께서 너를 땅 이 끝에서 저 끝까지 만민 중에 흩으시리니 네가 그 곳에서 너와 네 조상들이 알지 못하던 목석 우상을 섬길 것이라 65 그 여러 민족 중에서 네가 평안함을 얻지 못하며 네 발바닥이 쉴 곳도 얻지 못하고 여호와께서 거기에서 네 마음을 떨게 하고 눈을 쇠하게 하고 정신을 산란하게 하시리니 66 네 생명이 위험에 처하고 주야로 두려워하며 네 생명을 확신할 수 없을 것이라 67 네 마음의 두려움과 눈이 보는 것으로 말미암아 아침에는 이르기를 아하 저녁이 되었으면 좋겠다 할 것이요 저녁에는 이르기를 아하 아침이 되었으면 좋겠다 하리라 68 여호와께서 너를 배에 싣고 전에 네게 말씀하여 이르시기를 네가 다시는 그 길을 보지 아니하리라 하시던 그 길로 너를 애굽으로 끌어 가실 것이라 거기서 너희가 너희 몸을 적군에게 남녀 종으로 팔려 하나 너희를 살 자가 없으리라

신명기 29장

모압 땅에서 세우신 언약

1 호렙에서 이스라엘 자손과 세우신 언약 외에 여호와께서 모세에게 명령하여 모압 땅에서 그들과 세우신 언약의 말씀은 이러하니라 2 모세가 온 이스라엘을 소집하고 그들에게 이르되 여호와께서 애굽 땅에서 너희의 목전에 바로와 그의 모든 신하와 그의 온 땅에 행하신 모든 일을 너희가 보았나니 3 곧 그 큰 시험과 이적과 큰 기사를 네 눈으로 보았느니라 4 그러나 깨닫는 마음과 보는 눈과 듣는 귀는 오늘 여호와께서 너희에게 주지 아니하셨느니라 5 주께서 사십 년 동안 너희를 광야에서 인도하게 하셨거니와 너희 몸의 옷이 낡아지지 아니하였고 너희 발의 신이 해어지지 아니하였으며 6 너희에게 떡도 먹지 못하며 포도주나 독주를 마시지 못하게 하셨음은 주는 너희의 하나님 여호와이신 줄을 알게 하려 하심이니라 7 너희가 이 곳에 올 때에 헤스본 왕 시혼과 바산 왕 옥이 우리와 싸우러 나왔으므로 우리가 그들을 치고 8 그 땅을 차지하여 르우벤과 갓과 므낫세 반 지파에게 기업으로 주었나니 9 그런즉 너희는 이 언약의 말씀을 지켜 행하라 그리하면 너희가 하는 모든 일이 형통하리라 10 오늘 너희 곧 너희의 수령과 너희의 지파와 너희의 장로들과 너희의 지도자가 이스라엘 모든 남자와 11 너희의 유아들과 너희의 아내와 및 네 진중에 있는 객과 너를 위하여 나무를 패는 자로부터 물 긷는 자까지 다 너희의 하나님 여호와 앞에 서 있는 것은 12 네 하나님 여호와의 언약에 참여하며 또 네 하나님 여호와께서 오늘 네게 하시는 맹세에 참여하여 13 여호와께서 네게 말씀하신 대로 또 네 조상 아브라함과 이삭과 야곱에게 맹세하신 대로 오늘 너를 세워 자기 백성을 삼으시고 그는 친히 네 하나님이 되시려 함이니라 14 내가 이 언약과 맹세를 너희에게만 세우는 것이 아니라 15 오늘 우리 하나님 여호와 앞에서 우리와 함께 여기 서 있는 자와 오늘 우리와 함께 여기 있지 아니한 자에게까지니 16 (우리가 애굽 땅에서 살았던 것과 너희가 여러 나라를 통과한 것을 너희가 알며 17 너희가 또 그들 중에 있는 가증한 것과 목석과 은금의 우상을 보았느니라) 18 너희 중에 남자나 여자나 가족이나 지파나 오늘 그 마음이 우리 하나님 여호와를 떠나서

신 29장은 시내 산 언약을 다시 상기시키고 재확인하는 모습을 보여 준다.
창세기 3:15에서 시작한 구속의 역사는 시내 산 언약을 향하여 나아가고, 시내 산 언약 이후는 시내 산 언약의 내용을 삶으로 실천하는 삶이다.

그 모든 민족의 신들에게 가서 섬길까 염려하며 독초와 쑥의 뿌리가 너희 중에 생겨서 19 이 저주의 말을 듣고도 심중에 스스로 복을 빌어 이르기를 내가 내 마음이 완악하여 젖은 것과 마른 것이 멸망할지라도 내게는 평안이 있으리라 할까 함이라 20 여호와는 이런 자를 사하지 않으실 뿐 아니라 그 위에 여호와의 분노와 질투의 불을 부으시며 또 이 책에 기록된 모든 저주를 그에게 더하실 것이라 여호와께서 그의 이름을 천하에서 지워버리시되 21 여호와께서 곧 이스라엘 모든 지파 중에서 그를 구별하시고 이 율법책에 기록된 모든 언약의 저주대로 그에게 화를 더하시리라 22 너희 뒤에 일어나는 너희의 자손과 멀리서 오는 객이 그 땅의 재앙과 여호와께서 그 땅에 유행시키시는 질병을 보며 23 그 온 땅이 유황이 되며 소금이 되며 또 불에 타서 심지도 못하며 결실함도 없으며 거기에는 아무 풀도 나지 아니함이 옛적에 여호와께서 진노와 격분으로 멸하신 소돔과 고모라와 아드마와 스보임의 무너짐과 같음을 보고 물을 것이요 24 여러 나라 사람들도 묻기를 여호와께서 어찌하여 이 땅에 이같이 행하셨느냐 이같이 크고 맹렬하게 노하심은 무슨 뜻이냐 하면 25 그 때에 사람들이 대답하기를 그 무리가 자기 조상의 하나님 여호와께서 그들의 조상을 애굽에서 인도하여 내실 때에 더불어 세우신 언약을 버리고 26 가서 자기들이 알지도 못하고 여호와께서 그들에게 주시지도 아니한 다른 신들을 따라가서 그들을 섬기고 절한 까닭이라 27 이러므로 여호와께서 이 땅에 진노하사 이 책에 기록된 모든 저주대로 재앙을 내리시고 28 여호와께서 또 진노와 격분과 크게 통한하심으로 그들을 이 땅에서 뽑아내사 다른 나라에 내던지심이 오늘과 같다 하리라 29 감추어진 일은 우리 하나님 여호와께 속하였거니와 나타난 일은 영원히 우리와 우리 자손에게 속하였나니 이는 우리에게 이 율법의 모든 말씀을 행하게 하심이니라

신명기 30장
복 받는 길

1 내가 네게 진술한 모든 복과 저주가 네게 임하므로 네가 네 하나님 여호와로부터 쫓겨간 모든 나라 가운데서 이 일이 마음에서 기억이 나거든 2 너와 네 자손이 네 하나님 여호와께로 돌아와 내가 오늘 네게 명령한 것을 온전히 따라 마음을 다하고 뜻을 다하여 여호와의 말씀을 청종하면 3 네 하나님 여호와께서 마음을 돌이키시고 너를 긍휼히 여기사 포로에서 돌아오게 하시되 네 하나님 여호와께서 흩으신 그 모든 백성 중에서 너를 모으시리니 4 네 쫓겨간 자들이 하늘 가에 있을지라도 네 하나님 여호와께서 거기서 너를 모으실 것이며 거기서부터 너를 이끄실 것이라 5 네 하나님 여호와께서 너를 네 조상들이 차지한 땅

신 30장
28장에서 본 것처럼 복은 하나님의 율법을 순종함으로 받는 조건부 축복임을 알았다.
구원은 무조건으로 받지만, 축복은 조건부로 받는다. 그것이 시내 산 언약이 행위 언약인 이유이다.

30장에서 복 받는 길은 곧 순종하는 삶이라는 사실을 강조해서 말하고 있다.

나의 삶은 어떤가?

으로 돌아오게 하사 네게 다시 그것을 차지하게 하실 것이며 여호와께서 또 네게 선을 행하사 네게 네 조상들보다 더 번성하게 하실 것이며 6 네 하나님 여호와께서 네 마음과 네 자손의 마음에 할례를 베푸사 네게 마음을 다하며 뜻을 다하여 네 하나님 여호와를 사랑하게 하사 네게 생명을 얻게 하실 것이며 7 네 하나님 여호와께서 네 적군과 너를 미워하고 핍박하던 자에게 이 모든 저주를 내리게 하시리니 8 너는 돌아와 다시 여호와의 말씀을 청종하고 내가 오늘 네게 명령하는 그 모든 명령을 행할 것이라 9-10 네가 네 하나님 여호와의 말씀을 청종하여 이 율법책에 기록된 그의 명령과 규례를 지키고 네 마음을 다하며 뜻을 다하여 여호와 네 하나님께 돌아오면 네 하나님 여호와께서 네 손으로 하는 모든 일과 네 몸의 소생과 네 가축의 새끼와 네 토지 소산을 많게 하시고 네게 복을 주시되 곧 여호와께서 네 조상들을 기뻐하신 것과 같이 너를 다시 기뻐하사 네게 복을 주시리라 11 내가 오늘 네게 명령한 이 명령은 네게 어려운 것도 아니요 먼 것도 아니라 12 하늘에 있는 것이 아니니 네가 이르기를 누가 우리를 위하여 하늘에 올라가 그의 명령을 우리에게로 가지고 와서 우리에게 들려 행하게 하랴 할 것이 아니요 13 이것이 바다 밖에 있는 것이 아니니 네가 이르기를 누가 우리를 위하여 바다를 건너가서 그의 명령을 우리에게로 가지고 와서 우리에게 들려 행하게 하랴 할 것도 아니라 14 오직 그 말씀이 네게 매우 가까워서 네 입에 있으며 네 마음에 있은즉 네가 이를 행할 수 있느니라 15 보라 내가 오늘 생명과 복과 사망과 화를 네 앞에 두었나니 16 곧 내가 오늘 네게 명령하여 네 하나님 여호와를 사랑하고 그 모든 길로 행하며 그의 명령과 규례와 법도를 지키라 하는 것이라 그리하면 네가 생존하며 번성할 것이요 또 네 하나님 여호와께서 네가 가서 차지할 땅에서 네게 복을 주실 것임이니라 17 그러나 네가 만일 마음을 돌이켜 듣지 아니하고 유혹을 받아 다른 신들에게 절하고 그를 섬기면 18 내가 오늘 너희에게 선언하노니 너희가 반드시 망할 것이라 너희가 요단을 건너가서 차지할 땅에서 너희의 날이 길지 못할 것이니라 19 내가 오늘 하늘과 땅을 불러 너희에게 증거를 삼노라 내가 생명과 사망과 복과 저주를 네 앞에 두었은즉 너와 네 자손이 살기 위하여 생명을 택하고 20 네 하나님 여호와를 사랑하고 그의 말씀을 청종하며 또 그를 의지하라 그는 네 생명이시요 네 장수이시니 여호와께서 네 조상 아브라함과 이삭과 야곱에게 주리라고 맹세하신 땅에 네가 거주하리라

신명기 31장

여호수아가 모세의 뒤를 잇다

1 또 모세가 가서 온 이스라엘에게 이 말씀을 전하여 2 그들에게 이르

되 이제 내 나이 백이십 세라 내가 더 이상 출입하지 못하겠고 여호와께서도 내게 이르시기를 너는 이 요단을 건너지 못하리라 하셨느니라 3 여호와께서 이미 말씀하신 것과 같이 네 하나님 여호와께서 너보다 먼저 건너가사 이 민족들을 네 앞에서 멸하시고 네가 그 땅을 차지하게 할 것이며 여호수아는 네 앞에서 건너갈지라 4 또한 여호와께서 이미 멸하신 아모리 왕 시혼과 옥과 및 그 땅에 행하신 것과 같이 그들에게도 행하실 것이라 5 또한 여호와께서 그들을 너희 앞에 넘기시리니 너희는 내가 너희에게 명한 모든 명령대로 그들에게 행할 것이라 6 너희는 강하고 담대하라 두려워하지 말라 그들 앞에서 떨지 말라 이는 네 하나님 여호와 그가 너와 함께 가시며 결코 너를 떠나지 아니하시며 버리지 아니하실 것임이라 하고 7 모세가 여호수아를 불러 온 이스라엘의 목전에서 그에게 이르되 너는 강하고 담대하라 너는 이 백성을 거느리고 여호와께서 그들의 조상에게 주리라고 맹세하신 땅에 들어가서 그들에게 그 땅을 차지하게 하라 8 그리하면 여호와 그가 네 앞에서 가시며 너와 함께 하사 너를 떠나지 아니하시며 버리지 아니하시리니 너는 두려워하지 말라 놀라지 말라

일곱 해마다 율법을 낭독하여 주라

9 또 모세가 이 율법을 써서 여호와의 언약궤를 메는 레위 자손 제사장들과 이스라엘 모든 장로에게 주고 10 모세가 그들에게 명령하여 이르기를 매 칠 년 끝 해 곧 면제년의 초막절에 11 온 이스라엘이 네 하나님 여호와 앞 그가 택하신 곳에 모일 때에 이 율법을 낭독하여 온 이스라엘에게 듣게 할지니 12 곧 백성의 남녀와 어린이와 네 성읍 안에 거류하는 타국인을 모으고 그들에게 듣고 배우고 네 하나님 여호와를 경외하며 이 율법의 모든 말씀을 지켜 행하게 하고 13 또 너희가 요단을 건너가서 차지할 땅에 거주할 동안에 이 말씀을 알지 못하는 그들의 자녀에게 듣고 네 하나님 여호와 경외하기를 배우게 할지니라

여호와께서 모세에게 하신 마지막 지시

14 여호와께서 모세에게 이르시되 네가 죽을 기한이 가까웠으니 여호수아를 불러서 함께 회막으로 나아오라 내가 그에게 명령을 내리리라 모세와 여호수아가 나아가서 회막에 서니 15 여호와께서 구름 기둥 가운데에서 장막에 나타나시고 구름 기둥은 장막 문 위에 머물러 있더라 16 또 여호와께서 모세에게 이르시되 너는 네 조상과 함께 누우려니와 이 백성은 그 땅으로 들어가 음란히 그 땅의 이방 신들을 따르며 일어날 것이요 나를 버리고 내가 그들과 맺은 언약을 어길 것이라 17 내가 그들에게 진노하여 그들을 버리며 내 얼굴을 숨겨 그들에게 보이지 않

신 31:13
"…네 하나님 여호와 경외하기를 배우게 할지니라"의미가 무엇일까?

게 할 것인즉 그들이 삼킴을 당하여 허다한 재앙과 환난이 그들에게 임할 그 때에 그들이 말하기를 이 재앙이 우리에게 내림은 우리 하나님이 우리 가운데에 계시지 않은 까닭이 아니냐 할 것이라 18 또 그들이 돌이켜 다른 신들을 따르는 모든 악행으로 말미암아 내가 그 때에 반드시 내 얼굴을 숨기리라 19 그러므로 이제 너희는 이 노래를 써서 이스라엘 자손들에게 가르쳐 그들의 입으로 부르게 하여 이 노래로 나를 위하여 이스라엘 자손들에게 증거가 되게 하라 20 내가 그들의 조상들에게 맹세한 바 젖과 꿀이 흐르는 땅으로 그들을 인도하여 들인 후에 그들이 먹어 배부르고 살찌면 돌이켜 다른 신들을 섬기며 나를 멸시하여 내 언약을 어기리니 21 그들이 수많은 재앙과 환난을 당할 때에 그들의 자손이 부르기를 잊지 아니한 이 노래가 그들 앞에 증인처럼 되리라 나는 내가 맹세한 땅으로 그들을 인도하여 들이기 전 오늘 나는 그들이 생각하는 바를 아노라 22 그러므로 모세가 그 날 이 노래를 써서 이스라엘 자손들에게 가르쳤더라 23 여호와께서 또 눈의 아들 여호수아에게 명령하여 이르시되 너는 이스라엘 자손들을 인도하여 내가 그들에게 맹세한 땅으로 들어가게 하리니 강하고 담대하라 내가 너와 함께 하리라 하시니라 24 모세가 이 율법의 말씀을 다 책에 써서 마친 후에 25 모세가 여호와의 언약궤를 메는 레위 사람에게 명령하여 이르되 26 이 율법책을 가져다가 너희 하나님 여호와의 언약궤 곁에 두어 너희에게 증거가 되게 하라 27 내가 너희의 반역함과 목이 곧은 것을 아나니 오늘 내가 살아서 너희와 함께 있어도 너희가 여호와를 거역하였거든 하물며 내가 죽은 후의 일이랴 28 너희 지파 모든 장로와 관리들을 내 앞에 모으라 내가 이 말씀을 그들의 귀에 들려주고 그들에게 하늘과 땅을 증거로 삼으리라 29 내가 알거니와 내가 죽은 후에 너희가 스스로 부패하여 내가 너희에게 명령한 길을 떠나 여호와의 목전에 악을 행하여 너희의 손으로 하는 일로 그를 격노하게 하므로 너희가 후일에 재앙을 당하리라 하니라

모세의 노래
30 그리고 모세가 이스라엘 총회에 이 노래의 말씀을 끝까지 읽어 들리니라

신명기 32장
1 하늘이여 귀를 기울이라 내가 말하리라 땅은 내 입의 말을 들을지어다 2 내 교훈은 비처럼 내리고 내 말은 이슬처럼 맺히나니 연한 풀 위의 가는 비 같고 채소 위의 단비 같도다 3 내가 여호와의 이름을 전파하리니 너희는 우리 하나님께 위엄을 돌릴지어다 4 그는 반석이시니 그

가 하신 일이 완전하고 그의 모든 길이 정의롭고 진실하고 거짓이 없으신 하나님이시니 공의로우시고 바르시도다 5 그들이 여호와를 향하여 악을 행하니 하나님의 자녀가 아니요 흠이 있고 삐뚤어진 세대로다 6 어리석고 지혜 없는 백성아 여호와께 이같이 보답하느냐 그는 네 아버지시요 너를 지으신 이가 아니시냐 그가 너를 만드시고 너를 세우셨도다 7 옛날을 기억하라 역대의 연대를 생각하라 네 아버지에게 물으라 그가 네게 설명할 것이요 네 어른들에게 물으라 그들이 네게 말하리로다 8 지극히 높으신 자가 민족들에게 기업을 주실 때에, 인종을 나누실 때에 이스라엘 자손의 수효대로 백성들의 경계를 정하셨도다 9 여호와의 분깃은 자기 백성이라 야곱은 그가 택하신 기업이로다 10 여호와께서 그를 황무지에서, 짐승이 부르짖는 광야에서 만나시고 호위하시며 보호하시며 자기의 눈동자 같이 지키셨도다 11 마치 독수리가 자기의 보금자리를 어지럽게 하며 자기의 새끼 위에 너풀거리며 그의 날개를 펴서 새끼를 받으며 그의 날개 위에 그것을 업는 것 같이 12 여호와께서 홀로 그를 인도하셨고 그와 함께 한 다른 신이 없었도다 13 여호와께서 그가 땅의 높은 곳을 타고 다니게 하시며 밭의 소산을 먹게 하시며 반석에서 꿀을, 굳은 반석에서 기름을 빨게 하시며 14 소의 엉긴 젖과 양의 젖과 어린 양의 기름과 바산에서 난 숫양과 염소와 지극히 아름다운 밀을 먹이시며 또 포도즙의 붉은 술을 마시게 하셨도다 15 그런데 여수룬이 기름지매 발로 찼도다 네가 살찌고 비대하고 윤택하매 자기를 지으신 하나님을 버리고 자기를 구원하신 반석을 업신여겼도다 16 그들이 다른 신으로 그의 질투를 일으키며 가증한 것으로 그의 진노를 격발하였도다 17 그들은 하나님께 제사하지 아니하고 귀신들에게 하였으니 곧 그들이 알지 못하던 신들, 근래에 들어온 새로운 신들 너희의 조상들이 두려워하지 아니하던 것들이로다 18 너를 낳은 반석을 네가 상관하지 아니하고 너를 내신 하나님을 네가 잊었도다 19 그러므로 여호와께서 보시고 미워하셨으니 그 자녀가 그를 격노하게 한 까닭이로다 20 그가 말씀하시기를 내가 내 얼굴을 그들에게서 숨겨 그들의 종말이 어떠함을 보리니 그들은 심히 패역한 세대요 진실이 없는 자녀임이로다 21 그들이 하나님이 아닌 것으로 내 질투를 일으키며 허무한 것으로 내 진노를 일으켰으니 나도 백성이 아닌 자로 그들에게 시기가 나게 하며 어리석은 민족으로 그들의 분노를 일으키리로다 22 그러므로 내 분노의 불이 일어나서 스올의 깊은 곳까지 불사르며 땅과 그 소산을 삼키며 산들의 터도 불타게 하는도다 23 내가 재앙을 그들 위에 쌓으며 내 화살이 다할 때까지 그들을 쏘리로다 24 그들이 주리므로 쇠약하며 불 같은 더위와 독한 질병에 삼켜질 것이라 내가 들짐승의 이와 티끌에 기는 것의 독을 그들에게 보내리로다 25 밖으로는 칼에, 방

안에서는 놀람에 멸망하리니 젊은 남자도 처녀도 백발 노인과 함께 젖 먹는 아이까지 그러하리로다 26 내가 그들을 흩어서 사람들 사이에서 그들에 대한 기억이 끊어지게 하리라 하였으나 27 혹시 내가 원수를 자극하여 그들의 원수가 잘못 생각할까 걱정하였으니 원수들이 말하기를 우리의 수단이 높으며 여호와가 이 모든 것을 행함이 아니라 할까 염려함이라 28 그들은 모략이 없는 민족이라 그들 중에 분별력이 없도다 29 만일 그들이 지혜가 있어 이것을 깨달았으면 자기들의 종말을 분별하였으리라 30 그들의 반석이 그들을 팔지 아니하였고 여호와께서 그들을 내주지 아니하셨더라면 어찌 하나가 천을 쫓으며 둘이 만을 도망하게 하였으리요 31 진실로 그들의 반석이 우리의 반석과 같지 아니하니 우리의 원수들이 스스로 판단하도다 32 이는 그들의 포도나무는 소돔의 포도나무요 고모라의 밭의 소산이라 그들의 포도는 독이 든 포도이니 그 송이는 쓰며 33 그들의 포도주는 뱀의 독이요 독사의 맹독이라 34 이것이 내게 쌓여 있고 내 곳간에 봉하여 있지 아니한가 35 그들이 실족할 그 때에 내가 보복하리라 그들의 환난날이 가까우니 그들에게 닥칠 그 일이 속히 오리로다 36 참으로 여호와께서 자기 백성을 판단하시고 그 종들을 불쌍히 여기시리니 곧 그들의 무력함과 갇힌 자나 놓인 자가 없음을 보시는 때에로다 37 또한 그가 말씀하시기를 그들의 신들이 어디 있으며 그들이 피하던 반석이 어디 있느냐 38 그들의 제물의 기름을 먹고 그들의 전제의 제물인 포도주를 마시던 자들이 일어나 너희를 돕게 하고 너희를 위해 피난처가 되게 하라 39 이제는 나 곧 내가 그인 줄 알라 나 외에는 신이 없도다 나는 죽이기도 하며 살리기도 하며 상하게도 하며 낫게도 하나니 내 손에서 능히 빼앗을 자가 없도다 40 이는 내가 하늘을 향하여 내 손을 들고 말하기를 내가 영원히 살리라 하였노라 41 내가 내 번쩍이는 칼을 갈며 내 손이 정의를 붙들고 내 대적들에게 복수하며 나를 미워하는 자들에게 보응할 것이라 42 내 화살이 피에 취하게 하고 내 칼이 그 고기를 삼키게 하리니 곧 피살자와 포로된 자의 피요 대적의 우두머리의 머리로다 43 너희 민족들아 주의 백성과 즐거워하라 주께서 그 종들의 피를 갚으사 그 대적들에게 복수하시고 자기 땅과 자기 백성을 위하여 속죄하시리로다 44 모세와 눈의 아들 호세아가 와서 이 노래의 모든 말씀을 백성에게 말하여 들리니라 45 모세가 이 모든 말씀을 온 이스라엘에게 말하기를 마치고 46 그들에게 이르되 내가 오늘 너희에게 증언한 모든 말을 너희의 마음에 두고 너희의 자녀에게 명령하여 이 율법의 모든 말씀을 지켜 행하게 하라 47 이는 너희에게 헛된 일이 아니라 너희의 생명이니 이 일로 말미암아 너희가 요단을 건너가 차지할 그 땅에서 너희의 날이 장구하리라 48 바로 그 날에 여호와께서 모세에게 말씀하여 이르시되 49 너는 여리고 맞은편 모압 땅에 있는 아바림 산에 올라가 느보 산에 이르러 내가 이스라엘 자손에게 기업으로 주는 가나안 땅을 바라보라 50 네 형 아론이 호르 산에서 죽어 그의 조상에게로 돌아간 것 같이 너도 올라가는 이 산에서 죽어 네 조상에게로 돌아가리니 51 이는 너희가 신 광야 가데스의 므리바 물 가에서 이스라엘 자손 중 내게 범죄하여 내 거룩함을 이스라엘 자손 중에서 나타내지 아니한 까닭이라 52 네가 비록 내가 이스라엘 자손에게 주는 땅을 맞은편에서 바라보기는 하려니와 그리로 들어가지는 못하리라 하시니라

신명기 34장
모세의 죽음 - B.C. 1406

1 모세가 모압 평지에서 느보 산에 올라가 여리고 맞은편 비스가 산꼭대기에 이르매 여호와께서 길르앗 온 땅을 단까지 보이시고 2 또 온 납달리와 에브라임과 므낫세의 땅과 서해까지의 유다 온 땅과 3 네겝과 종려나무의 성읍 여리고 골짜기 평지를 소알까지 보이시고 4 여호와께서 그에게 이르시되 이는 내가 아브라함과 이삭과 야곱에게 맹세하여 그의 후손에게 주리라 한 땅이라 내가 네 눈으로 보게 하였거니와 너는 그리로 건너가지 못하리라 하시매 5 이에 여호와의 종 모세가 여호와의 말씀대로 모압 땅에서 죽어 6 벳브올 맞은편 모압 땅에 있는 골짜기에 장사되었고 오늘까지 그의 묻힌 곳을 아는 자가 없느니라 7 모세가 죽을 때 나이 백이십 세였으나 그의 눈이 흐리지 아니하였고 기력이 쇠하지 아니하였더라 8 이스라엘 자손이 모압 평지에서 모세를 위하여 애곡하는 기간이 끝나도록 모세를 위하여 삼십 일을 애곡하니라 9 모세가 눈의 아들 여호수아에게 안수하였으므로 그에게 지혜의 영이 충만하니 이스라엘 자손이 여호와께서 모세에게 명령하신 대로 여호수아의 말을 순종하였더라 10 그 후에는 이스라엘에 모세와 같은 선지자가 일어나지 못하였나니 모세는 여호와께서 대면하여 아시던 자요 11 여호와께서 그를 애굽 땅에 보내사 바로와 그의 모든 신하와 그의 온 땅에 모든 이적과 기사와 12 모든 큰 권능과 위엄을 행하게 하시매 온 이스라엘의 목전에서 그것을 행한 자이더라

읽은 내용 묵상하고, 삶에 적용하기

💡 또한 신명기는 하나님이 주신 약속의 땅에 들어갈 백성들이 그 땅의 문화에 동화되지 않고, 하나님 백성의 정체성을 유지하면서 살아가도록 훈련하는 책이다.

그것이 곧 성경적 삶, 곧 하나님이 원하시는 삶이고, 그런 삶을 통해서 '하나님과 함께 하는 복'을 누릴 수 있다. 나는 그런 규례와 법도를 지키는 성경적 삶을 살아가고 있는가? 만약 그렇지 못하다면 어떻게 해야 하는가? "삶의 가치는 세계관의 변화로부터 온다."라는 말을 잘 묵상해 보라.

💡 신 8장에서 어떤 환경이 오면 하나님을 잊어버린다고 했는가?

내가 겪고 있는 환경이 하나님을 잊게 하는 환경인가? 그런 환경에서도 하나님을 잊지 않는 삶을 살려면 어떻게 해야 하는가? 나는 그렇게 하고 있는가?

신 27장과 28장에서 에발산과 그리심산의 축복과 저주를 선포하고, 축복받는 길은 "지켜 행함"에 있음을 모세는 유난히 강조한다.

"지켜 행함"이 없는 삶은 야고보가 말한 것처럼 "죽은 믿음", 즉 입술로만 말하는 종교 행위라는 것이다. 순종은 "지켜 행함"이다. 순종함으로 하나님과 함께 할 수 있다. 그것이 바로 축복이다. - Immanuel

● 에발산과 그리심산의 위치

가나안 정복 시대 04

B.C. 1405 ~ B.C. 1382

성경 부분 여호수아서
주요 인물과 사건 여호수아, 정복 전쟁들, 땅의 분배
모세 최후의 당부 "진멸하라"

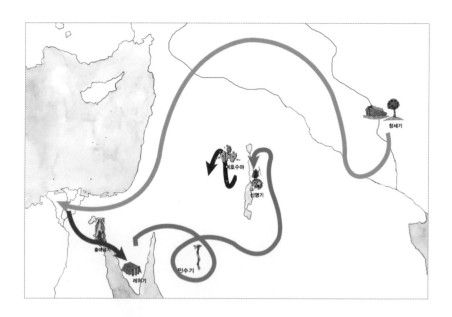

시대 한눈에 보기

하나님을 반역함으로 광야를 배회하게 된 제1세대는 여호수아와 갈렙을 제외하고 모두 광야에서 죽는다. 이제 살아남은 제2세대는 긴 광야의 훈련 여정을 끝내고 드디어 가나안에 들어가게 되었다. 하나님은 모세가 가나안에 들어가야 하는 2세대들에게 다시 한번 교육을 하도록 했다. 그것이 바로 신명기의 내

용이다.

이때가 B.C. 1405년으로 추정된다. 모세는 죽게 되고, 준비를 완료한 제2세대의 이스라엘 백성은 여호수아의 지휘로 요단강을 건너 가나안 정복 전쟁을 시작한다. B.C. 1400년경에 땅의 정복을 완료하고 분배를 완료한다. B.C. 1390년경 여호수아가 죽고 이스라엘의 역사는 사사시대로 접어들게 된다. 모세를 통한 하나님의 간곡한 부탁은(신명기의 주제) '섞이면 안 된다'는 것이었다. 그러나 이스라엘은 가나안을 진멸하는 데 실패한다.

이 시대 약속의 땅 가나안은 잡다한 부족들이 모여서 살던 곳이고, 가나안땅에는 이미 아모리 족속, 헷 족속, 여부스 족속, 가나안 족속, 히위 족속, 브리스 족속 등이 자리 잡고 살고 있었고 바알 신앙 등의 우상숭배가 매우 성행하였다.

가나안 땅의 입성은 두 가지의 의미.

① 첫째는 **아브라함의 언약을 통해서 주신 땅의 약속의 성취**이다. 하나님께서 에덴에서 잃어버린 하나님 나라를 회복하시는 구속의 역사를 이루어 가고 있다는 줄거리를 생각해야 한다. 나라를 세움에는 백성, 영토, 주권이 있어야 한다. 그런데 하나님 나라의 주권은 언제나 하나님께 있다(신위). 자손은 이루어졌고, 이제 그 약속한 땅으로 들어가는 것이다.

② 둘째는 **그 땅 백성인 아모리 족속의 죄악이 넘치게 되었으므로 하나님의 심판이 임하게 되었다**(창 15:16).

하나님은 이 두 가지 목적을 달성하기 위해서 모세를 통해서 그 땅을 진멸하라고 명령하신다. '진멸'은 문자적, 물리적 의미로 풀기보다는 문화적 진멸이라는 뜻으로 풀어야 할 것이다. 왜냐하면 영적 전쟁터인 세상에서 언제나 하나님 문화가 우위를 차지해야 하기 때문이다. 이스라엘 백성은 그 땅을 점령하고 분배를 했지만, 문화적 정복은 실패한다. 그 결과 사사시대에 고통을 당하는 모습을 보게 된다. 여호수아서는 하나님의 명령에 순종함(신위)으로 승리함을 보여주지만 사사기는 "왕이 없어 자기 소견대로"(인위, 자기중심성)하다가 실패하고 고통당하는 모습을 그리고 있다. 인위가 결코 우리를 행복하게 할 수 없다는 사실을 확연하게 말하고 있다.

여호수아서

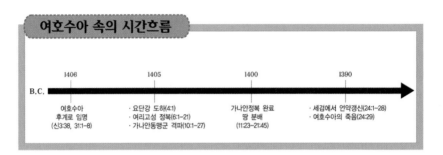

여호수아 속의 시간흐름

B.C.

1406	1405	1400	1390
여호수아 후계로 임명 (신3:38, 31:1~8)	· 요단강 도하(4:1) · 여리고성 정복(6:1~21) · 가나안동맹군 격파(10:1~27)	가나안정복 완료 땅 분배 (11:23~21:45)	· 세겜에서 언약갱신(24:1~28) · 여호수아의 죽음(24:29)

여호수아서는 '믿음'의 승리를 보여 주는 책이다. 믿음이 승리하는 것을 전쟁하는 과정에서 보게 된다.

여호수아서는 크게 3부분으로 되어 있다. ① 1장~12장은 땅의 정복에 관한 내용이고, ② 13장~21장은 그 정복한 땅을 분배하는 과정들을 보여 주는 내용이고, ③ 마지막으로 여호수아서의 결론과 같은 부분으로서 22장~24장은 여호수아의 영적 권면이 나온다.

핵심 구절 : 수 21:43-45 여호와께서 이스라엘의 조상에게 맹세하사 주시리라하신 온 땅을 이처럼 이스라엘에게 다 주셨으므로 그들이 그것을 차지하여 거기에 거주하였으니, 여호와께서 그들의 주위에 안식을 주셨으되 그 조상들에게 맹세하신 대로 하셨으므로 그들의 모든 원수들 중에 그들과 맞설 자가 하나도 없었으니 이는 여호와께서 그들의 모든 원수들을 그들의 손에 넘겨주셨음이라. 여호와께서 이스라엘 족속에게 말씀하신 선한 일이 하나도 남음이 없이 다 응하였더라

이것은 바로 아브라함 약속의 성취다. 아브라함 언약은 잃어버린 에덴의 회복을 위한 하나님의 구속 역사의 시작이다. 하나님 나라를 회복하기 위해서 하나님께서는 나라에 필요한 백성과 그 백성들이 살아가야 할 영역으로서의 땅 즉, 하나님의 통치가 임하는 영역인데 이것을 위해 하나님께서 그 자손과 땅의 약속을 아브라함을 통해 주시고 자손을 이루시고, 그들을 가나안 땅으로 인도하여 하나님의 주권의 영역이었던 에덴의 복된 관계를 회복하는 것이었다. 그것

이 시내 산 언약으로 이어진다.

시내 산 언약을 통해서 하나님은 백성과 관계를 다시 맺으시고, 하나님의 주권 통치가 이루어질 수 있는 이스라엘 백성들의 삶의 영역으로서의 땅을 확보하게 해주는 그 약속을 시행하는 것이 여호수아서의 핵심 내용이다. 그래서 여호수아가 땅의 정복과 분배를 다 마치고 내린 결론이 '이와 같이 하나님께서 너희 조상에게 맹세하시고 주시기로 약속하신 그 땅을 이제 너희에게 주었다'(21:43)라는 결과를 말한다.

여호수아의 핵심 단어는 '정복하라' 또는 '진멸하라' 이다. 사실 이 '정복하라'와 '진멸하라'는 단어는 성경을 어떤 관점으로 읽느냐에 따라서 참 난해한 단어일 수도 있고, 오해를 살 수 있는 단어이기도 하다. 어떤 분이 필자에게 질문을 하기를 남의 땅에 들어가는 이스라엘 백성에게 사랑의 하나님이 왜 그 땅의 주민들을 다 죽여 버려라. 소나 가축까지도 죽여 버리라는 명령을 내리셨는지 참 이해가 안 된다고 질문을 한 적이 있는데, 한마디로 간단하게 설명할 수 없는 관점의 문제가 있다. 성경은 어떠한 관점에서 읽느냐에 따라서 이 단어가 굉장한 오해를 불러일으킬 수 있다. 이 단어를 물리적으로 모든 생명을 다 없애버리라는 의미보다는 하나님 나라를 이루어 나가기 위해서 구별된 삶을 살아야 한다는 의미로 해석하는 것이 옳다. 이 말은 문화적인 측면에서 가나안의 세속풍속과 구별됨, 단호하게 단절됨, 또는 '그런 선지자와 꿈꾸는 자를 죽이라'라는 말에서 '죽이라'라는 말은 '단절하라'라는 의미로 받아 들어야 한다.

바로 여기에 여호수아가 가나안 지역에 들어가서 땅을 정복할 때 사실 점령은 했지만, 정복하진 못했다. 이것은 진멸하지 못했기 때문이다. 정복과 진멸이라는 개념을 세속적인 것, 하나님 것이 아닌 것과의 단호한 단절이라는 의미로 이해해야 한다. 왜냐하면 하나님의 법도와 규례와 십계명을 지켜나가기 위해서는 가나안 세속문화와 타협은 없다. 오늘날의 모든 크리스천도 똑같다. 이 땅에서 하나님의 백성으로 살아가는 우리의 삶도 타협과 혼합은 없다. 종교 혼합주의와 종교다원주의는 절대 용납되지 않는다. 물론 우리가 삶을 살아갈 때 세상의 삶의 조화를 위해서 그런 것들을 인정해 주지만 그런 것들이 우리의 삶 속에서 우리의 세계관으로 흡수하는 것은 용납할 수 없다는 말이다. 이 말은 매우 단호한 하나님의 마음이 담긴 말이다.

사사기의 실패는 진멸하지 못했던 것과 밀접한 관계가 있으므로, 이 진멸하지 못한 것으로 인해 야기되는 모든 문제가 앞으로 전개될 구약의 역사에 나타나게 되기 때문에 진멸하라는 이 말은 하나님 나라의 문화로 바뀌는 것, 세속적인 문화가 아니고 하나님 나라의 문화로 세워 가야 한다는 내용과 맞물려서 이제 구약의 남은 역사를 이해하는 데 굉장히 중요한 단서를 제공해준다.

여호수아 1장에서 21장까지는 땅의 점령과 분배에 관해 기록하고 있다. 이는 곧 전쟁에 관한 이야기이다. 고대의 근동 지방에서의 전쟁은 신들의 전쟁이고 그 전쟁을 인간들이 대신해서 수행한다고 생각한다. 성경에 나오는 전쟁을 볼 때도 그렇다. 성경에 나오는 전쟁은 하나님의 전쟁이다. 하나님이 전쟁을 수행하고 인간들은 대리역할을 하는 것뿐이라는 것이다. 따라서 전쟁의 승패는 정말 믿음을 가지고 하나님을 의지하는데 달려 있다는 사실을 가나안 땅을 정복하는 장면에서 볼 수 있다. 더욱이 이 전쟁은 바로 하나님께서 하나님 나라를 회복하시기 위한 통치 영역으로서의 땅의 확보에 초점이 맞추어져 있으므로 하나님에게 속한 전쟁이다.

가나안 땅의 정복은 아브라함 언약에서 자손의 약속과 땅의 약속 중 땅의 약속 실현이라는 것이다. 창세기 17:8 "내가 너와 내 후손에게 내가 고려하는 이 땅 곧 가나안 온 땅을 주어 영원한 기업이 되게 하고 나는 그들의 하나님이 되려 함이라" 그래서 가나안 땅을 정복하는 전쟁은 하나님이 아브라함에게 하신 약속인 동시에 그것을 시내 산 언약을 통해서 하나님 나라의 회복을 위한 일

환으로써 이루어지는 전쟁이기 때문이다. 이제 여호수아가 정복 작전을 수행하기 전에 이스라엘 백성들을 요단강 위쪽에서 모아놓고 다시 한번 모세의 권면을 다짐한다. 여호와의 율법을 주로 묵상하고 그 말씀을 다 지키기를 다짐하고 난 뒤에 이제 제일 먼저 요단강 도하 작전을 시작한다.

요단강 도하 작전에 제일 먼저 법궤가 들어간다. 법궤를 맨 자들이 요단강에 발을 들이자마자 홍해가 갈라지는 역사가 다시 일어난다. 이제 우리가 곧 보게 될 가나안 정복 작전은 인간의 전술이나 작전으로는 도저히 이해되지 않는 작전을 쓰게 된다. 법궤라는 조그만 상자를 앞세워서 하는 전쟁 전술은 이 세상에 없다. 오직 하나님의 군사만 하는 것이다. 역대하 20장에 보면 이스라엘 백성들이 여호사밧과 암몬, 요압, 세일 산 주민과 치루는 전쟁에서 이스라엘 백성들이 어떤 전투 대열을 갖추는가 하면 군대의 제일 앞에 찬양대를 세운다. 찬양대가 앞에 서는 그런 전투 대열은 없다. 그러나 이들은 찬양대가 선다. 왜냐하면 전쟁은 여호와가 하시기 때문이다. 여호와의 전쟁이기 때문에 법궤가 앞서거나 찬양대가 앞설 수밖에 없다. 우리의 성경 읽기 개념 중에 신의라는 개념을 기억하는가? 성경은 하나님의 방법을 강조하는 책이다. 전쟁도 하나님의 방법대로 하는 것임을 알아야 한다.

그래서 강을 건너자마자 강 앞에 어떤 한 천사가 와있는데 그 천사는 다름 아닌 여호와의 군대 장관이다. 이 군대 장관이 여호수아에게 네 발의 신을 벗으라고 명령한다. 이것은 하나님의 군대 장관이 왔다는 것으로 이 전쟁은 하나님께 속한 것이기 때문에 하나님의 군대 장관이 수행한다는 것이고 여호수아에게 신발을 벗으라고 명하신 것은 신발은 권력을 의미하는 것으로 작전권을 이양하라는 뜻이다. 여호수아는 군대 장관에게 작전권을 이양한다.

그 군대 장관의 작전 지시에 따라서 전쟁을 수행하는데 그 대표적인 것이 여리고성 함락 작전이다. 세상에 이런 전술은 없다. 그러나 아간의 실수로 인해 아이성의 작전은 실패한다. 왜냐하면 그곳엔 인위가 작용했기 때문이다. 여러분 우리 성경 읽는 관점 중에서 3가지 개념을 염두에 두자고 했는데, 신위, 인위, 자기중심성 이 세 가지는 성경의 메시지를 찾아내는데 중요한 단서와 기초를 제공해주는 개념이다. 여호수아서에서도 하나님의 군대 장관이 나타나 여호수아에게 신발을 벗으라고 명령한 것과 아이성에서 인간의 실패를 볼 때 여호수아서에 나오는 이 전쟁은 하나님이 수행하시는 전쟁이다.

이런 것들은 '모두 하나님이 행한다. 신위를 행하신다.'는 신위의 개념을 보여주는 것이다. 이 신위의 개념을 다시 말하면 우리 삶의 총체적인 책임은 하나님께서 가지고 계신다는 것이다. 잠언 16:3, 9절에 따르면 '우리가 일을 계획할지라도 그 일 이루시고 경영하시고 인도하시고 결론을 내시는 분은 하나님이시다' 이 여호수아서를 통해 오늘날 현대적 의미의 메시지를 찾을 수 있는 것은 바로 이 신위의 개념이다. 하나님께서 행하시매 우리가 완전히 순종하는 것이다. 그런 순종이 없이 인위와 자기중심성이 계속되는 삶은 결코 하나님이 주시는 복된 삶을 살 수 없고 자기중심성, 인위로 이어지는 신앙은 단지 종교 행위이지 말씀이 삶이 될 수 없는 믿음이 되는 것이다.

하나님께서 우리 모든 삶의 책임을 져주시기를 원하신다. 그것이 하나님 나라를 회복시키라는 것이고 그게 바로 하나님이 태초에 에덴을 만드신 사랑과 목적이 아니겠는가? 새 하늘과 새 땅에서 다시 한번 에덴을 회복하시려고 하는 하나님의 의도는 에덴의 복된 관계를 회복시키는 것이고, 그 새 하늘과 새 땅에서 완전히 에덴을 회복시키려는 하나님이 역사가 이루어지는 그 과정에 오늘날 이 땅에 우리의 삶 가운데 하나님 나라를 이루기를 원하신다. '나는 너의 하나님이 되고 너희는 나의 백성이 되리라' 이것이 신약의 개념으로 오면 '나는 너의 아버지가 되고 너희는 나의 자녀가 될 것이라'라는 더 친근감 있는 개념으로 바뀐다. 이런 개념을 염두에 두고 성경의 메시지에 다가가야 한다. 그럴 때 성경을 통해서 하나님께서 우리에게 주시려는 메시지를 분명하게 깨달을 수 있다.

이것이 신약에서 영적 전쟁이라는 개념이라고 바뀌지만, 영적 전쟁도 우리 힘으로 하는 것이 아니라 하나님이 친히 싸우신다는 것이다. 그 영적 전쟁의 결론은 요한계시록 19~20장에 하나님께서 친히 싸우시는 영적 전쟁이다. 우리는 그 하나님을 믿고 의지하면 하나님이 이미 승리하신 영적 전쟁에 우리는 그 승리의 축복을 함께 누릴 수 있다. 우리는 신앙생활의 과정에서 내려놓아야 하는 것은 인위와 자기중심성이다. 우리가 그것을 여호수아서에서 배우고 그 마음을 사사기에서 가서 그 모습들을 더 배우게 될 것이다.

점령과 정복의 의미

여기서 여호수아서 메시지를 바르게 이해하기 위해서 점령과 정복의 의미를 분명히 이해해야 한다. 점령은 단순히 어떤 공간을 확보하는 것이다. 그러나 정복은 그렇게 점령한 그 공간 안에 확보한 모든 것을 통제하는데 까지 나아가는 것이다. 여호수아가 이끄는 이스라엘이 가나안 땅을 점령은 했지만 정복하기에 실패했다. 그것이 사사기에서 "…진멸하기를 실패했으매…"라는 말로 나타난다. 진멸하라는 것은 곧 정복하라는 말이다.

교회의 전투적 사명

이스라엘 백성들은 치열한 전투의 과정을 거친 다음에야(6-12장) 비로소 기업의 분배 작업에 들어갈 수 있었다(13~21장). 강한 자를 결박하기 전에는 그 집과 세간을 늑탈할 수 없는 것처럼(마 12:28-29), 하나님 나라가 온전히 임하고 그 백성이 기업의 축복을 누릴 수 있는 것은 이 땅을 점유하고 있는 강한 자인 사단을 몰아낸 후에야 가능하다. 바로 여기에 교회의 전투적 사명이 있다. 하나님 나라가 땅에서도 온전히 이루기까지, 영적 전쟁은 지상에 있는 모든 교회의 피할 수 없는 과제이다. 천상 교회가 싸움을 마친 후 영원한 기업을 누리는 승리의 교회(the Triumphant Church)라면, 지상 교회는 악의 세력과 끊임없이 싸우는 전투적 교회(the Militant Church)이다. 이 싸움은 이곳 문화에 대항하는 대문화(對文化 Counter Culture)를 세우는 영적 전쟁이다

가나안의 모형론적 의미

출애굽에서 가나안 땅에 들어가는 과정을 비유적으로 우리의 신앙의 여정으로 이야기하시는 분들이 많이 있다. 애굽은 우리가 살던 죄악된 세상이고 홍해를 건너오는 것은 하나님 백성으로 정체성이 바뀌는 것, 소위 세례를 받는 것이고 광야는 세례를 받고 그리스도인이 되어 광야 같은 세상을 살아가는 것을 말하고 요단강을 건너서 가나안 땅에 들어가는 것은 요단강을 건너 천국에 가는 것이라고 말하는 분들이 계시는데 필자의 생각은 다르다. 광야가 오히려 죄악된 세상이고 요단강을 건넌다는 것이 세례를 받는 하나님의 나라, 하나님의 백성으로 정체성이 바뀐다는 것이고, 그래서 가나안 땅에 들어간다는 것이 천국같이 안식을 위해서 들어간다는 것이 아니고 세속문화, 이방 문화, 사탄의 문화를 진멸하러 들어가는 것, 소위 영적 전쟁을 위해 들어간다는 것으로 이해해야 한다.

여호수아의 전투

게데스
하솔
악삽
갈릴리바다
대해 (지중해)
요
단
강
여호수아의 북쪽 정복(수 11:1~15)
압복강
그리심산 ▲
벧엘
아이
길갈
첫번째 가나안 공격(수 2~8:29)
막게다
여리고
싯딤
딤나
예루살렘
에글론
라기스
헤브론
염
해
드빌
여호수아가 남쪽 왕들의 동맹을 무찌름(수 6:3~10:43)

가나안은 천국으로 비유하면 우리의 신앙은 현실 도피적 신앙이 될 가능성이 매우 크다. 왜냐하면 우리가 악의 세력과 싸워야 할 그곳에 들어가는 것이 천국에 안식하러 들어간다고 보게 되면 현실을 도피하는 기복신앙이 될 가능성이 크다. 우리 찬송가에도 '광야를 지나서 요단강 건너서 천국에 들어간다'는 내용이 있다. 가나안에 들어가는 것을 천국에다가 비유해서 얘기하는데 저는 이것을 잘못됐다는 것을 지적하고 싶다. 가나안은 천국이 아니다. 진멸한다는 그런 의미에서 볼 때 가나안은 정복대상이고 진멸 대상이지 우리가 안식을 취하러 들어가는 곳이 아니다.

우리의 영적 전쟁이 일어나는 곳이 가나안 땅이라는 것이다. 여기에서 크리스천의 삶의 자세는 이 땅에서 영적 전쟁을 수행하는 삶, 영적 군사로서 살아가는 삶. 그것이 바로 가나안에 들어간다는 뜻으로 이해하는 것이 중요하다. 사실 이 땅에서 크리스천들은 변혁 주의적 패러다임으로 살아가야 한다. 이 세상의 비성경적 문화에 대항하며 성경적 문화를 세우는 삶을 살아야 한다는 것이다.

고후 10:4-5 우리의 싸우는 무기는 육신에 속한 것이 아니요 오직 어떤 견고한 진도 무너뜨리는 하나님의 능력이라 모든 이론을 무너뜨리며 하나님 아는 것을 대적하여 높아진 것을 다 무너뜨리고 모든 생각을 사로잡아 그리스도에게 복종하게 하니

따라서 우리 크리스천 문화는 Counter Culture(對文化 또는 對抗文化)라고 말할 수 있다. 이것은 세상에 대항하는 문화라는 중요한 개념이다. 또한 이것은 세계관의 싸움이다.

이제 가나안 땅에 들어가면 진멸하라는 그 의무를 얼마만큼 수행하느냐는 것이 이스라엘 백성들이 가나안 땅에서 얼마나 오랫동안 생존할 수 있는지의 관건이 된다. 그것이 성경의 나머지 역사를 좌우할 수 있다.

성도가 세상으로부터 구원받는 것과 세상을 이기는 것은 별개의 문제이다. 모세가 압제받는 여호와의 선민을 애굽(세상)으로부터 구원하였다면, 여호수아는 그 백성이 어떻게 세상(가나안)에 대하여 승리하는가를 보여준다. 하나님의 백성은 어떻게 구원을 얻는가 하는 그리스도의 도의 초보에만 머물러서는 안된다(히 6:1). '세상을 이긴 믿음'(요일 5:4)을 소유한 자만이 언약 백성의 역할을 다할 수 있다.

승리의 비결인 성결과 순종

전쟁이 여호와께 속한 만큼 이스라엘 백성의 승리 여부는 상대나 자신의 힘의 차이가 아니라 여호와께 대한 자세에 달려있다. 제7장에서 아간의 범죄로 인한 아이 성 전투의 패배는 승리의 원리가 무엇인지를 예증하고 있다. 하나님은 결코 영적으로 부정한 자의 편에 서지 않으신다. 하나님의 백성들은 언제나 하나님이 내 편이 되어주시기를 바라기 이전에, 내가 하나님의 편에 서 있는가를 부단히 확인해야 한다. 하나님 앞에서 성결함을 유지하고 순종하는 자만이 여호와의 편에 설 수 있다.

여호수아의 유언적 권면

22장에서 24장의 여호수아가 유언 형식의 권면은 매우 중요한 메시지를 전해 준다.

여호수아가 이스라엘 백성들에게 땅의 분배를 다 마치고, 자신의 삶을 다 마치면서 유언으로 '오늘 너희들이 섬길 하나님을 택하라'라고 하면서 '택함'에 대해 언급한다. 이는 신명기의 6가지 기본 가르침 중에 마지막 가르침인 선택의 문제이다(통큰 통독 책 282쪽 참조). 이것은 이스라엘 백성들이 구약 역사 전체를 통해서 아주 중요한 문제를 일으키는 부분이다. 이스라엘 백성들은 하나님을 선택해야 함에도 많은 순간에 우상을 선택하는 불행한 모습들을 보게 된다.

이 선택의 이야기는 신 29장~30장의 연장선상에서 읽으면 이해가 더 잘 될 것이다.

신 30:15-19 보라 내가 오늘날 생명과 복과 사망과 화를 네 앞에 두었나니 곧 내가 오늘날 너를 명하여 네 하나님 여호와를 사랑하고 그 모든 길로 행하며 그 명령과 규례와 법도를 지키라 하는 것이라 그리하면 네가 생존하며 번성할 것이요 또 네 하나님 여호와께서 네가 가서 얻을 땅에서 네게 복을 주실 것임이니라 그러나 네가 만일 마음을 돌이켜 듣지 아니하고 유혹을 받아서 다른 신들에게 절하고 그를 섬기면 내가 오늘날 너희에게 선언하노니 너희가 반드시 망할 것이라 너희가 요단을 건너가서 얻을 땅에서 너희의 날이 장구치 못할 것이니라 내가 오늘날 천지를 불러서 너희에게 증거를 삼노라 내가 생명과 사망과 복과 저주를 네 앞에 두었은즉 너와 네 자손이 살기 위하여 생명을 택하고

인간의 삶은 선택의 삶이다. 그것은 선과 악을 알게 되는 선악과를 따 먹은 결과로 오는 형벌이기도 하다. 하나님이 그와 사랑의 관계를 맺으시고자 우리를 창조해서 에덴에 두시고 우리로 풍족한 삶을 누리도록 모든 것을 완벽하게 만들어 두셨을 때 우리는 선택이란 것을 할 필요가 없었다. 하나님은 우리를 위해 모든 좋은 것을 다 있게 한 곳이 에덴이기 때문이다. 그러나 인간은 하나님을 배반하는 선택을 하는 순간 우리는 결핍의 삶으로 전락했고, 그래서 보다 나은 것을 찾아 선택해야 하는 삶을 살게 된 것이다. 그래서 그 에덴의 풍요로움으로부터 쫓겨난 인간은 결핍의 삶을 살아야 했고, 제한된 자원 속에서 더

나은 삶을 찾아 선택해야만 하는 짐을 지게 된 것이다.

미국의 시인 프로스트(Frost, Robert Lee)(1874~1963)는 그의 시 "가지 않은 길"
의 마지막 연에서 선택의 의미가 무엇인가를 잘 보여 주고 있다. 그 선택의 결
과는 선택자가 진다는 것이다. 우리의 삶은 우리의 선택의 결과이다. 시편 기
자도 시편 1편에서 바로 이 선택에 관해 노래한다. 여호와의 율법을 주야로 묵
상하고 하나님의 형통함으로 축복받는 삶과 그렇지 못하여 결핍하는 삶을 사
는 것에 대한 선택은 우리 몫이라는 것이다. 여호수아는 "만일 여호와를 섬기
는 것이 너희에게 좋지 않게 보이거든 너희 열조가 강 저편에서 섬기던 신이든
지 혹 너희의 거하는 땅 아모리 사람의 신이든지 너희 섬길 자를 오늘날 택하
라 오직 나와 내 집은 여호와를 섬기겠노라"(수 24:15)라면서 여호와를 택할 것
을 권면한다.

그렇다. 여호와를 선택하는 것만이 유일한 선택이고 일생에서 가장 멋진 선택
을 하는 것이다. 그 이유를 여호수아는 24장에서 설교하고 있다. 그러나 오호
라, 이스라엘은 그런 선택이 한 세대가 지나면서 바뀌고 이스라엘은 또 어려움
속으로 빠져들어 감을 본다. 그것이 사사기이다. 오늘에도 많이 볼 수 있는 일
이다.

관련 성경 본문 읽기

모세의 후계자가 된 눈의 아들 여호수아는 B.C. 1405년경에 이스라엘 백성(2세대들)을 이끌고 요단강을 건너 가나안 정복에 돌입한다. 요단강을 건널 때 홍해를 건널 때와 같이 요단강이 갈라지는 기적이 일어나고, 강을 건너자 하나님의 군대 장관이 나타나 여호수아에게 신발을 벗기는 사건이 일어난다. 신발을 벗는다는 것은 자기 권리의 포기, 자기중심성을 내려놓는다는 뜻이다. 이 모든 일은 하나님의 주도로 이루어진다는 것을 명확히 하고 있음을 유의하라.

여호수아 1장

여호와께서 여호수아에게 말씀하시다 - B.C. 1406

1 여호와의 종 모세가 죽은 후에 여호와께서 모세의 수종자 눈의 아들 여호수아에게 말씀하여 이르시되 2 내 종 모세가 죽었으니 이제 너는 이 모든 백성과 더불어 일어나 이 요단을 건너 내가 그들 곧 이스라엘 자손에게 주는 그 땅으로 가라 3 내가 모세에게 말한 바와 같이 너희 발바닥으로 밟는 곳은 모두 내가 너희에게 주었노니 4 곧 광야와 이 레바논에서부터 큰 강 곧 유브라데 강까지 헷 족속의 온 땅과 또 해 지는 쪽 대해까지 너희의 영토가 되리라 5 네 평생에 너를 능히 대적할 자가 없으리니 내가 모세와 함께 있었던 것 같이 너와 함께 있을 것임이니라 내가 너를 떠나지 아니하며 버리지 아니하리니 6 강하고 담대하라 너는 내가 그들의 조상에게 맹세하여 그들에게 주리라 한 땅을 이 백성에게 차지하게 하리라 7 오직 강하고 극히 담대하여 나의 종 모세가 네게 명령한 그 율법을 다 지켜 행하고 우로나 좌로나 치우치지 말라 그리하면 어디로 가든지 형통하리니 8 이 율법책을 네 입에서 떠나지 말게 하며 주야로 그것을 묵상하여 그 안에 기록된 대로 다 지켜 행하라 그리하면 네 길이 평탄하게 될 것이며 네가 형통하리라 9 내가 네게 명령한 것이 아니냐 강하고 담대하라 두려워하지 말며 놀라지 말라 네가 어디로 가든지 네 하나님 여호와가 너와 함께 하느니라 하시니라

여호수아가 백성에게 명령을 내리다

10 이에 여호수아가 그 백성의 관리들에게 명령하여 이르되 11 진중에

수 1:7-8
성도의 삶은 좌로나 우로나 치우친 인위적 삶이 아니고, 하나님 말씀의 원리대로 사는 삶을 말한다는 사실을 명심하라.

두루 다니며 그 백성에게 명령하여 이르기를 양식을 준비하라 사흘 안에 너희가 이 요단을 건너 너희의 하나님 여호와께서 너희에게 주사 차지하게 하시는 땅을 차지하기 위하여 들어갈 것임이니라 하라 12 여호수아가 또 르우벤 지파와 갓 지파와 므낫세 반 지파에게 말하여 이르되 13 여호와의 종 모세가 너희에게 명령하여 이르기를 너희의 하나님 여호와께서 너희에게 안식을 주시며 이 땅을 너희에게 주시리라 하였나니 너희는 그 말을 기억하라 14 너희의 처자와 가축은 모세가 너희에게 준 요단 이쪽 땅에 머무르려니와 너희 모든 용사들은 무장하고 너희의 형제보다 앞서 건너가서 그들을 돕되 15 여호와께서 너희를 안식하게 하신 것 같이 너희의 형제도 안식하며 그들도 너희의 하나님 여호와께서 주시는 그 땅을 차지하기까지 하라 그리고 너희는 너희 소유지 곧 여호와의 종 모세가 너희에게 준 요단 이쪽 해 돋는 곳으로 돌아와서 그것을 차지할지니라 16 그들이 여호수아에게 대답하여 이르되 당신이 우리에게 명령하신 것은 우리가 다 행할 것이요 당신이 우리를 보내시는 곳에는 우리가 가리이다 17 우리는 범사에 모세에게 순종한 것 같이 당신에게 순종하려니와 오직 당신의 하나님 여호와께서 모세와 함께 계시던 것 같이 당신과 함께 계시기를 원하나이다 18 누구든지 당신의 명령을 거역하며 당신의 말씀을 순종하지 아니하는 자는 죽임을 당하리니 오직 강하고 담대하소서

여호수아 2장
여호수아가 여리고에 정탐꾼을 보내다
1 눈의 아들 여호수아가 싯딤에서 두 사람을 정탐꾼으로 보내며 이르되 가서 그 땅과 여리고를 엿보라 하매 그들이 가서 라합이라 하는 기생의 집에 들어가 거기서 유숙하더니 2 어떤 사람이 여리고 왕에게 말하여 이르되 보소서 이 밤에 이스라엘 자손 중의 몇 사람이 이 땅을 정탐하러 이리로 들어왔나이다 3 여리고 왕이 라합에게 사람을 보내어 이르되 네게로 와서 네 집에 들어간 그 사람들을 끌어내라 그들은 이 온 땅을 정탐하러 왔느니라 4 그 여인이 그 두 사람을 이미 숨긴지라 이르되 과연 그 사람들이 내게 왔었으나 그들이 어디에서 왔는지 나는 알지 못하였고 5 그 사람들이 어두워 성문을 닫을 때쯤 되어 나갔으니 어디로 갔는지 내가 알지 못하나 급히 따라가라 그리하면 그들을 따라 잡으리라 하였으나 6 그가 이미 그들을 이끌고 지붕에 올라가서 그 지붕에 벌여 놓은 삼대에 숨겼더라 7 그 사람들은 요단 나루터까지 그들을 쫓아갔고 그들을 뒤쫓는 자들이 나가자 곧 성문을 닫았더라 8 또 그들이 눕기 전에 라합이 지붕에 올라가서 그들에게 이르러 9 말하되 여호와께서 이 땅을 너희에게 주신 줄을 내가 아노라 우리가 너희를 심

히 두려워하고 이 땅 주민들이 다 너희 앞에서 간담이 녹나니 10 이는 너희가 애굽에서 나올 때에 여호와께서 너희 앞에서 홍해 물을 마르게 하신 일과 너희가 요단 저쪽에 있는 아모리 사람의 두 왕 시혼과 옥에게 행한 일 곧 그들을 전멸시킨 일을 우리가 들었음이니라 11 우리가 듣자 곧 마음이 녹았고 너희로 말미암아 사람이 정신을 잃었나니 너희의 하나님 여호와는 위로는 하늘에서도 아래로는 땅에서도 하나님이시니라 12 그러므로 이제 청하노니 내가 너희를 선대하였은즉 너희도 내 아버지의 집을 선대하도록 여호와의 이름으로 내게 맹세하고 내게 증표를 내라 13 그리고 나의 부모와 나의 남녀 형제와 그들에게 속한 모든 사람을 살려 주어 우리 목숨을 죽음에서 건져내라 14 그 사람들이 그에게 이르되 네가 우리의 이 일을 누설하지 아니하면 우리의 목숨으로 너희를 대신할 것이요 여호와께서 우리에게 이 땅을 주실 때에는 인자하고 진실하게 너를 대우하리라 15 라합이 그들을 창문에서 줄로 달아 내리니 그의 집이 성벽 위에 있으므로 그가 성벽 위에 거주하였음이라 16 라합이 그들에게 이르되 두렵건대 뒤쫓는 사람들이 너희와 마주칠까 하노니 너희는 산으로 가서 거기서 사흘 동안 숨어 있다가 뒤쫓는 자들이 돌아간 후에 너희의 길을 갈지니라 17 그 사람들이 그에게 이르되 네가 우리에게 서약하게 한 이 맹세에 대하여 우리가 허물이 없게 하리니 18 우리가 이 땅에 들어올 때에 우리를 달아 내린 창문에 이 붉은 줄을 매고 네 부모와 형제와 네 아버지의 가족을 다 네 집에 모으라 19 누구든지 네 집 문을 나가서 거리로 가면 그의 피가 그의 머리로 돌아갈 것이요 우리는 허물이 없으리라 그러나 누구든지 너와 함께 집에 있는 자에게 손을 대면 그의 피는 우리의 머리로 돌아오려니와 20 네가 우리의 이 일을 누설하면 네가 우리에게 서약하게 한 맹세에 대하여 우리에게 허물이 없으리라 하니 21 라합이 이르되 너희의 말대로 할 것이라 하고 그들을 보내어 가게 하고 붉은 줄을 창문에 매니라 22 그들이 가서 산에 이르러 뒤쫓는 자들이 돌아가기까지 사흘을 거기 머물매 뒤쫓는 자들이 그들을 길에서 두루 찾다가 찾지 못하니라 23 그 두 사람이 돌이켜 산에서 내려와 강을 건너 눈의 아들 여호수아에게 나아가서 그들이 겪은 모든 일을 고하고 24 또 여호수아에게 이르되 진실로 여호와께서 그 온 땅을 우리 손에 주셨으므로 그 땅의 모든 주민이 우리 앞에서 간담이 녹더이다 하더라

6장~8장에서 2개의 전투를 대조시킨다. 여리고 전투는 하나님의 전술 전략으로 대승을 거두지만, 아이성 전투는 하나님 없이 인간의 지혜로 싸운 결과를 보여 준다. 하나님의 군대 장관이 왜 나타나서 여호수아의 신발을 벗게 했는가의 답이 여기에 있다. 그렇듯이 우리의 모든 것에는 언제나 나의 신발을 벗고 하나님의 신발을 신어야 함을 확연히 보여준다. 10장도 같은 맥락에서 읽어라.

여호수아 6장

여리고 성이 무너지다 - B.C. 1405

1 이스라엘 자손들로 말미암아 여리고는 굳게 닫혔고 출입하는 자가 없더라 2 여호와께서 여호수아에게 이르시되 보라 내가 여리고와 그 왕과 용사들을 네 손에 넘겨 주었으니 3 너희 모든 군사는 그 성을 둘러 성 주위를 매일 한 번씩 돌되 엿새 동안을 그리하라 4 제사장 일곱은 일곱 양각 나팔을 잡고 언약궤 앞에서 나아갈 것이요 일곱째 날에는 그 성을 일곱 번 돌며 그 제사장들은 나팔을 불 것이며 5 제사장들이 양각 나팔을 길게 불어 그 나팔 소리가 너희에게 들릴 때에는 백성은 다 큰 소리로 외쳐 부를 것이라 그리하면 그 성벽이 무너져 내리리니 백성은 각기 앞으로 올라갈지니라 하시매 6 눈의 아들 여호수아가 제사장들을 불러 그들에게 이르되 너희는 언약궤를 메고 제사장 일곱은 양각 나팔 일곱을 잡고 여호와의 궤 앞에서 나아가라 하고 7 또 백

● 여리고·기갈의 위치

•여리고 성은 어떻게 무너졌는가?
신위의 개념으로 묵상해 보라.

성에게 이르되 나아가서 그 성을 돌되 무장한 자들이 여호와의 궤 앞에서 나아갈지니라 하니라 8 여호수아가 백성에게 이르기를 마치매 제사장 일곱은 양각 나팔 일곱을 잡고 여호와 앞에서 나아가며 나팔을 불고 여호와의 언약궤는 그 뒤를 따르며 9 그 무장한 자들은 나팔 부는 제사장들 앞에서 행신하며 후군은 궤 뒤를 따르고 제사상들은 나팔을 불며 행진하더라 10 여호수아가 백성에게 명령하여 이르되 너희는 외치지 말며 너희 음성을 들리게 하지 말며 너희 입에서 아무 말도 내지 말라 그리하다가 내가 너희에게 명령하여 외치라 하는 날에 외칠지니라 하고 11 여호와의 궤가 그 성을 한 번 돌게 하고 그들이 진영으로 들어와서 진영에서 자니라 12 또 여호수아가 아침에 일찍이 일어나니 제사장들이 여호와의 궤를 메고 13 제사장 일곱은 양각 나팔 일곱을 잡고 여호와의 궤 앞에서 계속 행진하며 나팔을 불고 무장한 자들은 그 앞에 행진하며 후군은 여호와의 궤 뒤를 따르고 제사장들은 나팔을 불며 행진하니라 14 그 둘째 날에도 그 성을 한 번 돌고 진영으로 돌아오니라 엿새 동안을 이같이 행하니라 15 일곱째 날 새벽에 그들이 일찍이 일어나서 전과 같은 방식으로 그 성을 일곱 번 도니 그 성을 일곱 번 돌

기는 그 날뿐이었더라 16 일곱 번째에 제사장들이 나팔을 불 때에 여호수아가 백성에게 이르되 외치라 여호와께서 너희에게 이 성을 주셨느니라 17 이 성과 그 가운데에 있는 모든 것은 여호와께 온전히 바치되 기생 라합과 그 집에 동거하는 자는 모두 살려 주라 이는 우리가 보낸 사자들을 그가 숨겨 주었음이니라 18 너희는 온전히 바치고 그 바친 것 중에서 어떤 것이든지 취하여 너희가 이스라엘 진영으로 바치는 것이 되게 하여 고통을 당하게 되지 아니하도록 오직 너희는 그 바친 물건에 손대지 말라 19 은금과 동철 기구들은 다 여호와께 구별될 것이니 그것을 여호와의 곳간에 들일지니라 하니라 20 이에 백성은 외치고 제사장들은 나팔을 불매 백성이 나팔 소리를 들을 때에 크게 소리 질러 외치니 성벽이 무너져 내린지라 백성이 각기 앞으로 나아가 그 성에 들어가서 그 성을 점령하고 21 그 성 안에 있는 모든 것을 온전히 바치되 남녀 노소와 소와 양과 나귀를 칼날로 멸하니라 22 여호수아가 그 땅을 정탐한 두 사람에게 이르되 그 기생의 집에 들어가서 너희가 그 여인에게 맹세한 대로 그와 그에게 속한 모든 것을 이끌어 내라 하매 23 정탐한 젊은이들이 들어가서 라합과 그의 부모와 그의 형제와 그에게 속한 모든 것을 이끌어 내고 또 그의 친족도 다 이끌어 내어 그들을 이스라엘의 진영 밖에 두고 24 무리가 그 성과 그 가운데에 있는 모든 것을 불로 사르고 은금과 동철 기구는 여호와의 집 곳간에 두었더라 25 여호수아가 기생 라합과 그의 아버지의 가족과 그에게 속한 모든 것을 살렸으므로 그가 오늘까지 이스라엘 중에 거주하였으니 이는 여호수아가 여리고를 정탐하려고 보낸 사자들을 숨겼음이었더라 26 여호수아가 그 때에 맹세하게 하여 이르되 누구든지 일어나서 이 여리고 성을 건축하는 자는 여호와 앞에서 저주를 받을 것이라 그 기초를 쌓을 때에 그의 맏아들을 잃을 것이요 그 문을 세울 때에 그의 막내아들을 잃으리라 하였더라 27 여호와께서 여호수아와 함께 하시니 여호수아의 소문이 그 온 땅에 퍼지니라

여호수아 8장

아이 성을 점령하다

1 여호와께서 여호수아에게 이르시되 두려워하지 말라 놀라지 말라 군사를 다 거느리고 일어나 아이로 올라가라 보라 내가 아이 왕과 그의 백성과 그의 성읍과 그의 땅을 다 네 손에 넘겨 주었으니 2 너는 여리고와 그 왕에게 행한 것 같이 아이와 그 왕에게 행하되 오직 거기서 탈취할 물건과 가축은 스스로 가지라 너는 아이 성 뒤에 복병을 둘지니라 하시니 3 이에 여호수아가 일어나서 군사와 함께 아이로 올라가려 하여 용사 삼만 명을 뽑아 밤에 보내며 4 그들에게 명령하여 이르되 너희

• 아이성 전투는 왜 졌는가? 인위의 개념으로 묵상해 보라.

는 성읍 뒤로 가서 성읍을 향하여 매복하되 그 성읍에서 너무 멀리 하지 말고 다 스스로 준비하라 5 나와 나를 따르는 모든 백성은 다 성읍으로 가까이 가리니 그들이 처음과 같이 우리에게로 쳐 올라올 것이라 그리 할 때에 우리가 그들 앞에서 도망하면 6 그들이 나와서 우리를 추격하며 이르기를 그들이 처음과 같이 우리 앞에서 도망한다 하고 우리의 유인을 받아 그 성읍에서 멀리 떠날 것이라 우리가 그들 앞에서 도망하거든 7 너희는 매복한 곳에서 일어나 그 성읍을 점령하라 너희 하나님 여호와께서 그 성읍을 너희 손에 주시리라 8 너희가 그 성읍을 취하거든 그것을 불살라 여호와의 말씀대로 행하라 보라 내가 너희에게 명령하였느니라 하고 9 그들을 보내매 그들이 매복할 곳으로 가서 아이 서쪽 벧엘과 아이 사이에 매복하였고 여호수아는 그 밤에 백성 가운데에서 잤더라 10 여호수아가 아침에 일찍이 일어나 백성을 점호하고 이스라엘 장로들과 더불어 백성에 앞서 아이로 올라가매 11 그와 함께 한 군사가 다 올라가서 그 성읍 앞에 가까이 이르러 아이 북쪽에 진 치니 그와 아이 사이에는 한 골짜기가 있더라 12 그가 약 오천 명을 택하여 성읍 서쪽 벧엘과 아이 사이에 매복시키니 13 이와 같이 성읍 북쪽에는 온 군대가 있고 성읍 서쪽에는 복병이 있었더라 여호수아가 그 밤에 골짜기 가운데로 들어가니 14 아이 왕이 이를 보고 그 성읍 백성과 함께 일찍이 일어나 급히 나가 아라바 앞에 이르러 정한 때에 이스라엘과 싸우려 하나 성읍 뒤에 복병이 있는 줄은 알지 못하였더라 15 여호수아와 온 이스라엘이 그들 앞에서 거짓으로 패한 척하여 광야 길로 도망하매 16 그 성읍에 있는 모든 백성이 그들을 추격하려고 모여 여호수아를 추격하며 유인함을 받아 아이 성읍을 멀리 떠나니 17 아이와 벧엘에 이스라엘을 따라가지 아니한 자가 하나도 없으며 성문을 열어 놓고 이스라엘을 추격하였더라 18 여호와께서 여호수아에게 이르시되 네 손에 잡은 단창을 들어 아이를 가리키라 내가 이 성읍을 네 손에 넘겨 주리라 여호수아가 그의 손에 잡은 단창을 들어 그 성읍을 가리키니 19 그의 손을 드는 순간에 복병이 그들의 자리에서 급히 일어나 성읍으로 달려 들어가서 점령하고 곧 성읍에 불을 놓았더라 20 아이 사람이 뒤를 돌아본즉 그 성읍에 연기가 하늘에 닿은 것이 보이니 이 길로도 저 길로도 도망할 수 없이 되었고 광야로 도망하던 이스라엘 백성은 그 추격하던 자에게로 돌아섰더라 21 여호수아와 온 이스라엘이 그 복병이 성읍을 점령함과 성읍에 연기가 오름을 보고 다시 돌이켜 아이 사람들을 쳐죽이고 22 복병도 성읍에서 나와 그들을 치매 그들이 이스라엘 중간에 든지라 어떤 사람들은 이쪽에서 어떤 사람들은 저쪽에서 쳐죽여서 한 사람도 남거나 도망하지 못하게 하였고 23 아이 왕을 사로잡아 여호수아 앞으로 끌어 왔더라 24 이스라엘이 자기들을 광야로 추격하던 모든 아이 주민을 들에서 죽이되 그들을 다 칼날에 엎드러지게 하여 진멸하기를 마치고 온 이스라엘이 아이로 돌아와서 칼날로 죽이매 25 그 날에 엎드러진 아이 사람들은 남녀가 모두 만 이천 명이라 26 아이 주민들을 진멸하여 바치기까지 여호수아가 단창을 잡아 든 손을 거두지 아니하였고 27 오직 그 성읍의 가축과 노략한 것은 여호와께서 여호수아에게 명령하신 대로 이스라엘이 탈취하였더라 28 이에 여호수아가 아이를 불살라 그것으로 영원한 무더기를 만들었더니 오늘까지 황폐하였으며 29 그가 또 아이 왕을 저녁 때까지 나무에 달았다가 해 질 때에 명령하여 그의 시체를 나무에서 내려 그 성문 어귀에 던지고 그 위에 돌로 큰 무더기를 쌓았더니 그것이 오늘까지 있더라

에발 산에서 율법을 낭독하다

30 그 때에 여호수아가 이스라엘의 하나님 여호와를 위하여 에발 산에 한 제단을 쌓았으니 31 이는 여호와의 종 모세가 이스라엘 자손에게 명령한 것과 모세의 율법책에 기록된 대로 쇠 연장으로 다듬지 아니한 새 돌로 만든 제단이라 무리가 여호와께 번제물과 화목제물을 그 위에 드렸으며 32 여호수아가 거기서 모세가 기록한 율법을 이스라엘 자손의 목전에서 그 돌에 기록하매 33 온 이스라엘과 그 장로들과 관리들과 재판장들과 본토인뿐 아니라 이방인까지 여호와의 언약궤를 멘 레위 사람 제사장들 앞에서 궤의 좌우에 서되 절반은 그리심 산 앞에, 절반은 에발 산 앞에 섰으니 이는 전에 여호와의 종 모세가 이스라엘 백성에게 축복하라고 명령한 대로 함이라 34 그 후에 여호수아가 율법책에 기록된 모든 것 대로 축복과 저주하는 율법의 모든 말씀을 낭독하였으니 35 모세가 명령한 것은 여호수아가 이스라엘 온 회중과 여자들과 아이와 그들 중에 동행하는 거류민들 앞에서 낭독하지 아니한 말이 하나도 없었더라

● 에발산과 그리심산의 위치

여호수아서 9장

기브온 주민들이 여호수아를 속이다

1 이 일 후에 요단 서쪽 산지와 평지와 레바논 앞 대해 연안에 있는 헷 사람과 아모리 사람과 가나안 사람과 브리스 사람과 히위 사람과 여부스 사람의 모든 왕들이 이 일을 듣고 2 모여서 일심으로 여호수아와 이스라엘에 맞서서 싸우려 하더라 3 기브온 주민들이 여호수아가 여리고와 아이에 행한 일을 듣고 4 꾀를 내어 사신의 모양을 꾸미되 해어진 전대와 해어지고 찢어져서 기운 가죽 포도주 부대를 나귀에 싣고 5 그 발에는 낡아서 기운 신을 신고 낡은 옷을 입고 다 마르고 곰팡이가 난 떡

을 준비하고 6 그들이 길갈 진영으로 가서 여호수아에게 이르러 그와 이스라엘 사람들에게 이르되 우리는 먼 나라에서 왔나이다 이제 우리와 조약을 맺읍시다 하니 7 이스라엘 사람들이 히위 사람에게 이르되 너희가 우리 가운데에 거주하는 듯하니 우리가 어떻게 너희와 조약을 맺을 수 있으랴 하나 8 그들이 여호수아에게 이르되 우리는 당신의 종들이니이다 하매 여호수아가 그들에게 묻되 너희는 누구며 어디서 왔느냐 하니 9 그들이 여호수아에게 대답하되 종들은 당신의 하나님 여호와의 이름으로 말미암아 심히 먼 나라에서 왔사오니 이는 우리가 그의 소문과 그가 애굽에서 행하신 모든 일을 들으며 10 또 그가 요단 동쪽에 있는 아모리 사람의 두 왕들 곧 헤스본 왕 시혼과 아스다롯에 있는 바산 왕 옥에게 행하신 모든 일을 들었음이니이다 11 그러므로 우리 장로들과 우리 나라의 모든 주민이 우리에게 말하여 이르되 너희는 여행할 양식을 손에 가지고 가서 그들을 만나서 그들에게 이르기를 우리는 당신들의 종들이니 이제 우리와 조약을 맺읍시다 하라 하였나이다 12 우리의 이 떡은 우리가 당신들에게로 오려고 떠나던 날에 우리들의 집에서 아직도 뜨거운 것을 양식으로 가지고 왔으나 보소서 이제 말랐고 곰팡이가 났으며 13 또 우리가 포도주를 담은 이 가죽 부대도 새 것이었으나 찢어지게 되었으며 우리의 이 옷과 신도 여행이 매우 길었으므로 낡아졌나이다 한지라 14 무리가 그들의 양식을 취하고는 어떻게 할지를 여호와께 묻지 아니하고 15 여호수아가 곧 그들과 화친하여 그들을 살리리라는 조약을 맺고 회중 족장들이 그들에게 맹세하였더라 16 그들과 조약을 맺은 후 사흘이 지나서야 그들이 이웃에서 자기들 중에 거주하는 자들이라 함을 들으니라 17 이스라엘 자손이 행군하여 셋째 날에 그들의 여러 성읍들에 이르렀으니 그들의 성읍들은 기브온과 그비라와 브에롯과 기럇여아림이라 18 그러나 회중 족장들이 이스라엘의 하나님 여호와로 그들에게 맹세했기 때문에 이스라엘 자손이 그들을 치지 못한지라 그러므로 회중이 다 족장들을 원망하니 19 모든 족장이 온 회중에게 이르되 우리가 이스라엘의 하나님 여호와로 그들에게 맹세하였은즉 이제 그들을 건드리지 못하리라 20 우리가 그들에게 맹세한 맹약으로 말미암아 진노가 우리에게 임할까 하노니 이렇게 행하여 그들을 살리리라 하고 21 무리에게 이르되 그들을 살리라 하니 족장들이 그들에게 이른 대로 그들이 온 회중을 위하여 나무를 패며 물을 긷는 자가 되었더라 22 여호수아가 그들을 불러다가 말하여 이르되 너희가 우리 가운데에 거주하면서 어찌하여 심히 먼 곳에서 왔다고 하여 우리를 속였느냐 23 그러므로 너희가 저주를 받나니 너희가 대를 이어 종이 되어 다 내 하나님의 집을 위하여 나무를 패며 물을 긷는 자가 되리라 하니 24 그들이 여호수아에게 대답하여 이르되 당신의 하나님 여호

수 9:14-15
하나님은 가나안에 들어가면 그 들과 단절하라는 명령을 내렸음에도 여호수아는 그곳 주민인 기브온과 화친조약을 맺는다.
그것도 사실관계를 정확히 파악해보지도 않고, 그러면서 하나님과 상의도 없이 자신의 판단으로 졸속 결성을 해 버린 것이다.
이것은 지도자의 의사 결정 과정이 아니다.

참된 크리스천의 의사 결정 과정은 느헤미야가 잘 보여 준다. 느헤미야에서 배우라.

와께서 그의 종 모세에게 명령하사 이 땅을 다 당신들에게 주고 이 땅의 모든 주민을 당신들 앞에서 멸하라 하신 것이 당신의 종들에게 분명히 들리므로 당신들로 말미암아 우리의 목숨을 잃을까 심히 두려워하여 이같이 하였나이다 25 보소서 이제 우리가 당신의 손에 있으니 당신의 의향에 좋고 옳은 대로 우리에게 행하소서 한지라 26 여호수아가 곧 그대로 그들에게 행하여 그들을 이스라엘 자손의 손에서 건져서 죽이지 못하게 하니라 27 그 날에 여호수아가 그들을 여호와께서 택하신 곳에서 회중을 위하며 여호와의 제단을 위하여 나무를 패며 물을 긷는 자들로 삼았더니 오늘까지 이르니라

여호수아 11장
가나안 북방을 취하다

1 하솔 왕 야빈이 이 소식을 듣고 마돈 왕 요밥과 시므론 왕과 악삽 왕과 2 및 북쪽 산지와 긴네롯 남쪽 아라바와 평지와 서쪽 돌의 높은 곳에 있는 왕들과 3 동쪽과 서쪽의 가나안 족속과 아모리 족속과 헷 족속과 브리스 족속과 산지의 여부스 족속과 미스바 땅 헤르몬 산 아래 히위 족속에게 사람을 보내매 4 그들이 그 모든 군대를 거느리고 나왔으니 백성이 많아 해변의 수많은 모래 같고 말과 병거도 심히 많았으며 5 이 왕들이 모두 모여 나아와서 이스라엘과 싸우려고 메롬 물 가에 함께 진 쳤더라 6 여호와께서 여호수아에게 이르시되 그들로 말미암아 두려워하지 말라 내일 이맘때에 내가 그들을 이스라엘 앞에 넘겨 주어 몰살시키리니 너는 그들의 말 뒷발의 힘줄을 끊고 그들의 병거를 불사르라 하시니라 7 이에 여호수아가 모든 군사와 함께 메롬 물 가로 가서 갑자기 습격할 때에 8 여호와께서 그들을 이스라엘의 손에 넘겨 주셨기 때문에 그들을 격파하고 큰 시돈과 미스르봇 마임까지 추격하고 동쪽으로는 미스바 골짜기까지 추격하여 한 사람도 남기지 아니하고 쳐죽이고 9 여호수아가 여호와께서 자기에게 명령하신 대로 행하여 그들의 말 뒷발의 힘줄을 끊고 그들의 병거를 불로 살랐더라 10 하솔은 본래 그 모든 나라의 머리였더니 그 때에 여호수아가 돌아와서 하솔을 취하고 그 왕을 칼날로 쳐죽이고 11 그 가운데 모든 사람을 칼날로 쳐서 진멸하여 호흡이 있는 자는 하나도 남기지 아니하였고 또 하솔을 불로 살랐고 12 여호수아가 그 왕들의 모든 성읍과 그 모든 왕을 붙잡아 칼날로 쳐서 진멸하여 바쳤으니 여호와의 종 모세가 명령한 것과 같이 하였으되 13 여호수아가 하솔만 불살랐고 산 위에 세운 성읍들은 이스라엘이 불사르지 아니하였으며 14 이 성읍들의 모든 재물과 가축은 이스라엘 자손들이 탈취하고 모든 사람은 칼날로 쳐서 멸하여 호흡이 있는 자는 하나도 남기지 아니하였으니 15 여호와께서 그의 종 모세에게 명령하신 것

을 모세는 여호수아에게 명령하였고 여호수아는 그대로 행하여 여호와
께서 모세에게 명하신 모든 것을 하나도 행하지 아니한 것이 없었더라

여호수아가 취한 지역

16 여호수아가 이같이 그 온 땅 곧 산지와 온 네겝과 고센 온 땅과 평지
와 아라바와 이스라엘 산지와 평지를 점령하였으니 17 곧 세일로 올라
가는 할락 산에서부터 헤르몬 산 아래 레바논 골짜기의 바알갓까지라
그들의 왕들을 모두 잡아 쳐죽였으며 18 여호수아가 그 모든 왕들과
싸운 지가 오랫동안이라 19 기브온 주민 히위 족속 외에는 이스라엘
자손과 화친한 성읍이 하나도 없고 이스라엘 자손이 싸워서 다 점령하
였으니 20 그들의 마음이 완악하여 이스라엘을 대적하여 싸우러 온 것
은 여호와께서 그리하게 하신 것이라 그들을 진멸하여 바치게 하여 은
혜를 입지 못하게 하시고 여호와께서 모세에게 명령하신 대로 그들을
멸하려 하심이었더라 21 그 때에 여호수아가 가서 산지와 헤브론과 드
빌과 아납과 유다 온 산지와 이스라엘의 온 산지에서 아낙 사람들을 멸
절하고 그가 또 그들의 성읍들을 진멸하여 바쳤으므로 22 이스라엘 자
손의 땅에는 아낙 사람들이 하나도 남지 아니하였고 가사와 가드와 아
스돗에만 남았더라 23 이와 같이 여호수아가 여호와께서 모세에게 말
씀하신 대로 그 온 땅을 점령하여 이스라엘 지파의 구분에 따라 기업
으로 주매 그 땅에 전쟁이 그쳤더라

여기까지 땅을 점령하고 각 지파에게 제비를 뽑아 공정하게 분배한다. 그러나 정복하지 못했음을 보여 준다. 이
것은 사사기의 비극뿐만 아니라, 구약 전체의 비극을 배태하는 모습이다. 진정한 변화는 외형의 변화가 아니고
내면, 특히 세계관의 변화를 말한다. 하나님 백성의 정체성을 지키기 위해서 하나님의 방법에 따른 구별된 삶을
살아야 한다. 그러기 위해서 주변의 우상 문화를 정복해야 한다. 변화는 정복으로부터 출발한다.

여호수아서 13장

정복하지 못한 지역 - B.C. 1400

1 여호수아가 나이가 많아 늙으매 여호와께서 그에게 이르시되 너는 나
이가 많아 늙었고 얻을 땅이 매우 많이 남아 있도다 2 이 남은 땅은 이
러하니 블레셋 사람의 모든 지역과 그술 족속의 모든 지역 3 곧 애굽 앞
시홀 시내에서부터 가나안 사람에게 속한 북쪽 에그론 경계까지와 블
레셋 사람의 다섯 통치자들의 땅 곧 가사 족속과 아스돗 족속과 아스글
론 족속과 가드 족속과 에그론 족속과 또 남쪽 아위 족속의 땅과 4 또
가나안 족속의 모든 땅과 시돈 사람에게 속한 므아라와 아모리 족속의
경계 아벡까지와 5 또 그발 족속의 땅과 해 뜨는 곳의 온 레바논 곧 헤

르몬 산 아래 바알갓에서부터 하맛에 들어가는 곳까지와 6 또 레바논에서부터 미스르봇마임까지 산지의 모든 주민 곧 모든 시돈 사람의 땅이라 내가 그들을 이스라엘 자손 앞에서 쫓아내리니 너는 내가 명령한 대로 그 땅을 이스라엘에게 분배하여 기업이 되게 하되 7 너는 이 땅을 아홉 지파와 므낫세 반 지파에게 나누어 기업이 되게 하라 하셨더라

요단 동쪽 기업의 분배

8 므낫세 반 지파와 함께 르우벤 족속과 갓 족속은 요단 저편 동쪽에서 그들의 기업을 모세에게 받았는데 여호와의 종 모세가 그들에게 준 것은 이러하니 9 곧 아르논 골짜기 가에 있는 아로엘에서부터 골짜기 가운데에 있는 성읍과 디본까지 이르는 메드바 온 평지와 10 헤스본에서 다스리던 아모리 족속의 왕 시혼의 모든 성읍 곧 암몬 자손의 경계까지와 11 길르앗과 및 그술 족속과 마아갓 족속의 지역과 온 헤르몬 산과 살르가까지 온 바산 12 곧 르바의 남은 족속으로서 아스다롯과 에드레이에서 다스리던 바산 왕 옥의 온 나라라 모세가 이 땅의 사람들을 쳐서 쫓아냈어도 13 그술 족속과 마아갓 족속은 이스라엘 자손이 쫓아내지 아니하였으므로 그술과 마아갓이 오늘까지 이스라엘 가운데에서 거주하니라 14 오직 레위 지파에게는 여호수아가 기업으로 준 것이 없었으니 이는 그에게 말씀하신 것과 같이 이스라엘의 하나님 여호와께 드리는 화제물이 그들의 기업이 되었음이더라

르우벤 자손의 기업

15 모세가 르우벤 자손의 지파에게 그들의 가족을 따라서 기업을 주었으니 16 그들의 지역은 아르논 골짜기 가에 있는 아로엘에서부터 골짜기 가운데 있는 성읍과 메드바 곁에 있는 온 평지와 17 헤스본과 그 평지에 있는 모든 성읍 곧 디본과 바못 바알과 벧 바알 므온과 18 야하스와 그데못과 메바앗과 19 기랴다임과 십마와 골짜기의 언덕에 있는 세렛 사할과 20 벧브올과 비스가 산기슭과 벧여시못과 21 평지 모든 성읍과 헤스본에서 다스리던 아모리 족속의 왕 시혼의 온 나라라 모세가 시혼을 그 땅에 거주하는 시혼의 군주들 곧 미디안의 귀족 에위와 레겜과 술과 훌과 레바와 함께 죽였으며 22 이스라엘 자손이 그들을 살륙하는 중에 브올의 아들 점술가 발람도 칼날로 죽였더라 23 르우벤 자손의 서쪽 경계는 요단과 그 강 가라 이상은 르우벤 자손의 기업으로 그 가족대로 받은 성읍들과 주변 마을들이니라

갓 자손의 기업

24 모세가 갓 지파 곧 갓 자손에게도 그들의 가족을 따라서 기업을 주

었으니 25 그들의 지역은 야셀과 길르앗 모든 성읍과 암몬 자손의 땅 절반 곧 랍바 앞의 아로엘까지와 26 헤스본에서 라맛 미스베와 브도님까지와 마하나임에서 드빌 지역까지와 27 골짜기에 있는 벧 하람과 벧니므라와 숙곳과 사본 곧 헤스본 왕 시혼의 나라의 남은 땅 요단과 그 강 가에서부터 요단 동쪽 긴네렛 바다의 끝까지라 28 이는 갓 자손의 기업으로 그들의 가족대로 받은 성읍들과 주변 마을들이니라

동쪽 므낫세 자손의 기업

29 모세가 므낫세 반 지파에게 기업을 주었으되 므낫세 자손의 반 지파에게 그들의 가족대로 주었으니 30 그 지역은 마하나임에서부터 온 바산 곧 바산 왕 옥의 온 나라와 바산에 있는 야일의 모든 고을 육십 성읍과 31 길르앗 절반과 바산 왕 옥의 나라 성읍 아스다롯과 에드레이라 이는 므낫세의 아들 마길의 자손에게 돌린 것이니 곧 마길 자손의 절반이 그들의 가족대로 받으니라 32 요단 동쪽 여리고 맞은편 모압 평지에서 모세가 분배한 기업이 이러하여도 33 오직 레위 지파에게는 모세가 기업을 주지 아니하였으니 이는 그들에게 말씀하신 것과 같이 이스라엘의 하나님 여호와께서 그들의 기업이 되심이었더라

여호수아의 유언적 권면을 오늘날 우리도 마음 깊이 새기며, 그에 따른 삶을 살아야 한다. 그래야 우리가 진정한 하나님의 백성이 된다.

여호수아 23장
여호수아의 마지막 말

1 여호와께서 주위의 모든 원수들로부터 이스라엘을 쉬게 하신 지 오랜 후에 여호수아가 나이 많아 늙은지라 2 여호수아가 온 이스라엘 곧 그들의 장로들과 수령들과 재판장들과 관리들을 불러다가 그들에게 이르되 나는 나이가 많아 늙었도다 3 너희의 하나님 여호와께서 너희를 위하여 이 모든 나라에 행하신 일을 너희가 다 보았거니와 너희의 하나님 여호와 그는 너희를 위하여 싸우신 이시니라 4 보라 내가 요단에서부터 해 지는 쪽 대해까지의 남아 있는 나라들과 이미 멸한 모든 나라를 내가 너희를 위하여 제비 뽑아 너희의 지파에게 기업이 되게 하였느니라 5 너희의 하나님 여호와 그가 너희 앞에서 그들을 쫓아내사 너희 목전에서 그들을 떠나게 하시리니 너희의 하나님 여호와께서 너희에게 말씀하신 대로 너희가 그 땅을 차지할 것이라 6 그러므로 너희는 크게 힘써 모세의 율법 책에 기록된 것을 다 지켜 행하라 그것을 떠나 우로

여호수아의 유언의 핵심은 가나안의 많은 우상을 단절하고 오직 여호와만 섬기며 그의 말씀을 순종하는 삶을 살라는 것이다.

즉, 구별하는 삶을 강조한 것이다. 이것이 그리스도인의 정체성을 확립하고 유지하는 유일한 길이기 때문이다.

거룩한 삶은 세상 삶과 구별하는 삶이고, 성경적 가치관을 세우고 그리스도의 문화를 세우는 것이다. 그 기준은 당연히 성경이다.

나 좌로나 치우치지 말라 7 너희 중에 남아 있는 이 민족들 중에 들어가지 말라 그들의 신들의 이름을 부르지 말라 그것들을 가리켜 맹세하지 말라 또 그것을 섬겨서 그것들에게 절하지 말라 8 오직 너희의 하나님 여호와께 가까이 하기를 오늘까지 행한 것 같이 하라 9 이는 여호와께서 강대한 나라들을 너희의 앞에서 쫓아내셨으므로 오늘까지 너희에게 맞선 자가 하나도 없었느니라 10 너희 중 한 사람이 천 명을 쫓으리니 이는 너희의 하나님 여호와 그가 너희에게 말씀하신 것 같이 너희를 위하여 싸우심이라 11 그러므로 스스로 조심하여 너희의 하나님 여호와를 사랑하라 12 너희가 만일 돌아서서 너희 중에 남아 있는 이 민족들을 가까이 하여 더불어 혼인하며 서로 왕래하면 13 확실히 알라 너희의 하나님 여호와께서 이 민족들을 너희 목전에서 다시는 쫓아내지 아니하시리니 그들이 너희에게 올무가 되며 덫이 되며 너희의 옆구리에 채찍이 되며 너희의 눈에 가시가 되어서 너희가 마침내 너희의 하나님 여호와께서 너희에게 주신 이 아름다운 땅에서 멸하리라 14 보라 나는 오늘 온 세상이 가는 길로 가려니와 너희의 하나님 여호와께서 너희에게 대하여 말씀하신 모든 선한 말씀이 하나도 틀리지 아니하고 다 너희에게 응하여 그 중에 하나도 어김이 없음을 너희 모든 사람은 마음과 뜻으로 아는 바라 15 너희의 하나님 여호와께서 너희에게 말씀하신 모든 선한 말씀이 너희에게 임한 것 같이 여호와께서 모든 불길한 말씀도 너희에게 임하게 하사 너희의 하나님 여호와께서 너희에게 주신 이 아름다운 땅에서 너희를 멸절하기까지 하실 것이라 16 만일 너희가 너희의 하나님 여호와께서 너희에게 명령하신 언약을 범하고 가서 다른 신들을 섬겨 그들에게 절하면 여호와의 진노가 너희에게 미치리니 너희에게 주신 아름다운 땅에서 너희가 속히 멸망하리라 하니라

여호수아 24장
여호수아가 세겜에 모인 백성에게 이르다

1 여호수아가 이스라엘 모든 지파를 세겜에 모으고 이스라엘 장로들과 그들의 수령들과 재판장들과 관리들을 부르매 그들이 하나님 앞에 나와 선지라 2 여호수아가 모든 백성에게 이르되 이스라엘의 하나님 여호와께서 이같이 말씀하시기를 옛적에 너희의 조상들 곧 아브라함의 아버지, 나홀의 아버지 데라가 강 저쪽에 거주하여 다른 신들을 섬겼으나 3 내가 너희의 조상 아브라함을 강 저쪽에서 이끌어 내어 가나안 온 땅에 두루 행하게 하고 그의 씨를 번성하게 하려고 그에게 이삭을 주었으며 4 이삭에게는 야곱과 에서를 주었고 에서에게는 세일 산을 소유로 주었으나 야곱과 그의 자손들은 애굽으로 내려갔으므로 5 내가 모세와 아론을 보내었고 또 애굽에 재앙을 내렸나니 곧 내가 그들 가운

데 행한 것과 같고 그 후에 너희를 인도하여 내었노라 6 내가 너희의 조상들을 애굽에서 인도하여 내어 바다에 이르게 한즉 애굽 사람들이 병거와 마병을 거느리고 너희의 조상들을 홍해까지 쫓아오므로 7 너희의 조상들이 나 여호와께 부르짖기로 내가 너희와 애굽 사람들 사이에 흑암을 두고 바다를 이끌어 그들을 덮었나니 내가 애굽에서 행한 일을 너희의 눈이 보았으며 또 너희가 많은 날을 광야에서 거주하였느니라 8 내가 또 너희를 인도하여 요단 저쪽에 거주하는 아모리 족속의 땅으로 들어가게 하매 그들이 너희와 싸우기로 내가 그들을 너희 손에 넘겨 주매 너희가 그 땅을 점령하였고 나는 그들을 너희 앞에서 멸절시켰으며 9 또한 모압 왕 십볼의 아들 발락이 일어나 이스라엘과 싸우더니 사람을 보내어 브올의 아들 발람을 불러다가 너희를 저주하게 하려 하였으나 10 내가 발람을 위해 듣기를 원하지 아니하였으므로 그가 오히려 너희를 축복하였고 나는 너희를 그의 손에서 건져내었으며 11 너희가 요단을 건너 여리고에 이른즉 여리고 주민들 곧 아모리 족속과 브리스 족속과 가나안 족속과 헷 족속과 기르가스 족속과 히위 족속과 여부스 족속이 너희와 싸우기로 내가 그들을 너희의 손에 넘겨 주었으며 12 내가 왕벌을 너희 앞에 보내어 그 아모리 족속의 두 왕을 너희 앞에서 쫓아내게 하였나니 너희의 칼이나 너희의 활로써 이같이 한 것이 아니며 13 내가 또 너희가 수고하지 아니한 땅과 너희가 건설하지 아니한 성읍들을 너희에게 주었더니 너희가 그 가운데에 거주하며 너희는 또 너희가 심지 아니한 포도원과 감람원의 열매를 먹는다 하셨느니라 14 그러므로 이제는 여호와를 경외하며 온전함과 진실함으로 그를 섬기라 너희의 조상들이 강 저쪽과 애굽에서 섬기던 신들을 치워 버리고 여호와만 섬기라 15 만일 여호와를 섬기는 것이 너희에게 좋지 않게 보이거든 너희 조상들이 강 저쪽에서 섬기던 신들이든지 또는 너희가 거주하는 땅에 있는 아모리 족속의 신들이든지 너희가 섬길 자를 오늘 택하라 오직 나와 내 집은 여호와를 섬기겠노라 하니 16 백성이 대답하여 이르되 우리가 결단코 여호와를 버리고 다른 신들을 섬기기를 하지 아니하오리니 17 이는 우리 하나님 여호와께서 친히 우리와 우리 조상들을 인도하여 애굽 땅 종 되었던 집에서 올라오게 하시고 우리 목전에서 그 큰 이적들을 행하시고 우리가 행한 모든 길과 우리가 지나온 모든 백성들 중에서 우리를 보호하셨음이며 18 여호와께서 또 모든 백성들과 이 땅에 거주하던 아모리 족속을 우리 앞에서 쫓아내셨음이라 그러므로 우리도 여호와를 섬기리니 그는 우리 하나님이심이니이다 하니라 19 여호수아가 백성에게 이르되 너희가 여호와를 능히 섬기지 못할 것은 그는 거룩하신 하나님이시요 질투하시는 하나님이시니 너희의 잘못과 죄들을 사하지 아니하실 것임이라 20 만일 너희가 여호와를 버리고 이방

수 24:13-15
우리가 무엇을 소유하고 있다면 그것이 나의 노력으로 이루어진 것인가를 한번 스스로 물어보라. 13절은 그 모든 것이 하나님의 은혜로 된 것이라고 말하고 있다. 특히 신명기 8:17-18은 여호와께서 능력을 주셨기 때문이라고 언급하고 있다.
복은 하나님과 함께함으로 오는 것이라는(시 73:28) 것을 결코 잊어서는 안 된다.
그러므로 우리는 당연히 하나님을 택하고 그분의 뜻에 합당한 삶을 살아야 한다(신위).

족장시대	**소명과 선택**	우상 숭배자 아브라함을 부르심(수 24:2)
		하나님이 당신의 주권으로 가나안 땅까지이끄심(수 24:3)
		가나안 온 땅을 미리 두루 살펴보게 하심(수 24:3)
		하나님의 백성을 번성케 하려고 이삭을 그 씨로 주심(수 24:3)
		이삭에게 야곱과 에서를 주시사 열국을 이루게 하심(수 24:4)
		애굽에서 야곱의 후손, 곧 택한 백성들을 번성케 하심(수 24:4)
출애굽시대	**구원과 인도**	이스라엘을 애굽에서 구원할 자로 모세와 아론을 보내심(수 24:5)
		애굽 백성들에게는 재앙을 내리시되 이스라엘은 보호하심(수 24:5)
		이스라엘을 애굽에서 이끌어 내심(수 24:5)
		홍해 바다에서 애굽 군대를 멸하심(수 24:6, 7)
가나안 정복 시대	**승리와 축복**	요단 동편 땅을 얻게 하심(수 24:8)
		발람의 저주를 막으시고 축복케하심(수 24:9, 10)
		여리고 및 가나안 족속들을 정복케 하심(수 24:11)
		왕벌을 보내시는 등 초자연적 이적을 베푸심(수 24:12)
		가나안 땅과 성읍들을 주심(수 24:13)
		포도원과 감람원의 과실을 먹게 하심(수 24:13)

● 여호수아의 설교를 통한 이스라엘 역사의 교훈

신들을 섬기면 너희에게 복을 내리신 후에라도 돌이켜 너희에게 재앙을 내리시고 너희를 멸하시리라 하니 21 백성이 여호수아에게 말하되 아니니이다 우리가 여호와를 섬기겠나이다 하는지라 22 여호수아가 백성에게 이르되 너희가 여호와를 택하고 그를 섬기리라 하였으니 스스로 증인이 되었느니라 하니 그들이 이르되 우리가 증인이 되었나이다 하더라 23 여호수아가 이르되 그러면 이제 너희 중에 있는 이방 신들을 치워 버리고 너희의 마음을 이스라엘의 하나님 여호와께로 향하라 하니 24 백성이 여호수아에게 말하되 우리 하나님 여호와를 우리가 섬기고 그의 목소리를 우리가 청종하리이다 하는지라 25 그 날에 여호수아가 세겜에서 백성과 더불어 언약을 맺고 그들을 위하여 율례와 법도를 제정하였더라 26 여호수아가 이 모든 말씀을 하나님의 율법책에 기록하고 큰 돌을 가져다가 거기 여호와의 성소 곁에 있는 상수리나무 아래에 세우고 27 모든 백성에게 이르되 보라 이 돌이 우리에게 증거가 되리니 이는 여호와께서 우리에게 하신 모든 말씀을 이 돌이 들었음이니라 그런즉 너희가 너희의 하나님을 부인하지 못하도록 이 돌이 증거가 되리라 하고 28 백성을 보내어 각기 기업으로 돌아가게 하였더라

여호수아와 엘르아살이 죽다 - B.C. 1390

29 이 일 후에 여호와의 종 눈의 아들 여호수아가 백십 세에 죽으매 30 그들이 그를 그의 기업의 경내 딤낫 세라에 장사하였으니 딤낫 세라는 에브라임 산지 가아스 산 북쪽이었더라 31 이스라엘이 여호수아가 사는 날 동안과 여호수아 뒤에 생존한 장로들 곧 여호와께서 이스라엘을 위하여 행하신 모든 일을 아는 자들이 사는 날 동안 여호와를 섬겼더라 32 또 이스라엘 자손이 애굽에서 가져 온 요셉의 뼈를 세겜에 장사하였으니 이곳은 야곱이 백 크시타를 주고 세겜의 아버지 하몰의 자손들에게서 산 밭이라 그것이 요셉 자손의 기업이 되었더라 33 아론의 아들 엘르아살도 죽으매 그들이 그를 그의 아들 비느하스가 에브라임 산지에서 받은 산에 장사하였더라

여호수아

읽은 내용 묵상하고, 삶에 적용하기

 땅의 정복(1~12장)

수 1:5-9과 창 28:15에서 보는 하나님의 약속은 "함께 하심"이다.

이 함께 하심은 우리가 순종할 때 이루어지는 것이다. 그것을 통해서 행복을 누리게 된다. 나는 지켜 행하여 하나님이 함께 하심 가운데 살아가는 사람인가?

'진멸하라'라는 하나님의 명령 윤리성에 대한 대답은 하나님의 백성은 결코 섞이면 안 된다는 것이다.

이 명령은 여호수아서의 핵심 메시지일 뿐만 아니라, 성경 전체의 명령이다. 제2의 문화명령이다(제1 문화명령은 창 1:27-28이다). 이 명령의 의미는 하나님의 문화와 세속문화는 섞일 수 없다는 것이다. 그리스도인은 세속적 세계관에 의한 삶을 살아갈 수 없다는 말이다. 오늘 나의 삶에서 이런 "진멸"이 일어나고 있는가?

여호와의 군대 장관의 등장과 여호수아가 신발을 벗는 이유는 하나님께 모든 권한을 포기한다는 의미이다.

이 말의 의미를 묵상하고 나는 오늘 누구의 신발을 신고 있는지를 돌아보라.

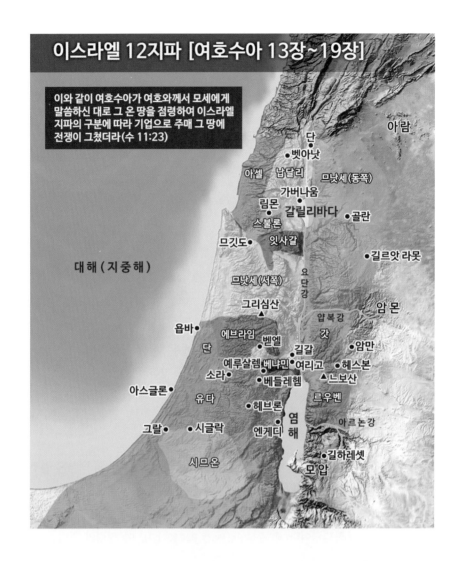

이스라엘 12지파 [여호수아 13장~19장]

이와 같이 여호수아가 여호와께서 모세에게 말씀하신 대로 그 온 땅을 점령하여 이스라엘 지파의 구분에 따라 기업으로 주매 그 땅에 전쟁이 그쳤더라(수 11:23)

아람
단
•벳아낫
아셀 납달리 므낫세(동쪽)
가버나움
림몬 갈릴바다 •골란
스불론
므깃도• 잇사갈
•길르앗 라못
대 해 (지 중 해)
므낫세(서쪽) 요단강
그리심산▲ 암 몬
얍복강
욥바• 에브라임 갓
단 벧엘 길갈 •암만
예루살렘베냐민•여리고 •헤스본
소라• •베들레헴 ▲느보산
아스글론• 르우벤
유다 헤브론 •
그랄• •시글락 염 아르논강
엔게디 해
시므온 •길하레셋
모압

이스라엘의 법궤를 앞세운 전투대열(역대하 20장에서 찬양대를 앞세운 전투대열)에서 전쟁은 하나님께 속한 것임을 보여 준다.

오늘의 영적 전쟁도 하나님이 수행하는 것이다. 여호수아가 하나님의 군대 장관에게 작전권을 이양하듯(신발 벗음) 나의 영적 전쟁에서 그 작전권을 하나님께 이양하고 있는가? 신위 앞에 인위를 내려놓아야 한다. 자기중심성을 내려놓아야 한다. 내 가치관, 세계관을 내려놓아야 한다.

5:13-15에서 작전권을 이양하자 하나님이 여리고성 점령 작전을 지시한다
(수 6:1-5)
여리고 성은 누구에 의해 무너졌는가? 백성이 하나님께 순종함으로 무너진 것이다.

기생 라합의 행동을 묵상해 보라.
히 11:31절 믿음으로 라합은 정탐꾼을 평안히 영접하였으므로 순종하지 아니한 자와 함께 멸망하지 아니하였도다

여리고 정복은 신위에 순종하는 전형적인 모델이다.
아이 성 패배와 아간의 범죄는 인위로 인한 패배를 보여 준다.

아간의 범죄와 아담의 범죄의 유사성 - "보고, 탐나서, 가졌다"(7:21)
見物生心(견물생심) + 自己中心性(자기중심성)
한 개인의 죄가 집단을 오염시켰다.

그리심산-에발산 축복/저주 선포(수 8장; 신 27:11-26)

9장 : 기브온 주민의 속임수에 넘어간 여호수아의 실수는 인위의 산물이었다.
이미 진멸하기를 실패할 징조를 보이는 것이다. **진멸 = 구별된 삶(관점 3)**

💡 땅의 분배(13~21장)
수 13:1의 묵상 "노인도 성장한다"는 연구 결과가 있다(죠지 배일런트 "행복의 조건" 프론티어).

점령과 정복과 대문화(Counter Culture) - 고후 10:4-5
점령과 정복의 의미는 다르다. 점령은 단순히 공간을 확보하는 것이고, 정복은 확보한 그 공간의 모든 것을 관리할 수 있는 상태를 말한다. 하나님

이 그 땅을 "진멸하라"라고 한 것은 단순히 공간을 확보하라는 것이 아니라, 확보한 그 공간의 모든 것을 하나님의 원리로 관리하고 다스리라는 의미이다. 그런데 그들은 결과적으로 실패했다.

성경을 읽어 이 명령의 의미를 깨달았다면 내 삶에서 진멸해야 할 것은 무엇인가. 그러므로 과연 내 삶은 하나님의 원리에 의해 이루어져 가고 있는가?

가나안 땅의 입성과 정복과 분배의 목적은 여호와를 "주(主)"로 섬기기 위함이다(하나님 나라 - 관점 2)

'섬기다'의 동사가 여호수아 22-24장에 무려 19번이나 나온다. 이 섬김을 위해 하나님은 이스라엘 백성을 이 땅으로 인도해 데려온 것이다. 내가 하나님의 부르심을 받고 구원을 받고 인도되는 이유가 바로 여기에 있는 것이다. "여호와를 섬긴다"라는 것의 진정한 성경적 이유는 무엇인가를 깊이 묵상하라.

가나안은 안식의 장소가 아니다.

우리가 정복해야 할 영적 전쟁이 치러지는 삶의 현장이다. 우리가 진멸하지 못하면 우리가 진멸 당한다. 성도여 어쩔 것인가?

성도의 삶은 Counter Culture 즉 세상 문화와 구별되는 그리스도의 문화를 세워야 한다.

그것은 어떤 제도나 시스템으로 이루는 것이 아니고 일상의 삶을 그리스도인으로 살아가는 것 그 자체이다. 삶이 곧 문화이며, 문화가 삶이다.

💡 여호수아의 유언적 권면(22~24장)

땅의 분배가 끝나고 이제 이스라엘은 그 땅에서의 삶을 시작하게 된다.

여호수아는 백성들에게 섬길 신을 선택하라고 강력하게 권면하고 있다. 그리고 백성들과 다시 세겜에서 언약을 맺는다.

창세기에서 여호수아까지 역사는 결국 땅을 소유하는 것으로 끝이 난다.

사사기부터 열왕기까지의 역사는 땅을 소유하였다가 땅을 상실하고 바벨론 포로로 잡혀가는 역사이다. 여호수아서는 우리에게 강하고 담대하게 하나님의 말씀을 붙들고 믿음의 싸움, 거룩의 싸움, 죄와 세상의 싸움에서 승리하는 생활, 하나님 나라의 문화를 이 땅에 심는 생활을 하기를 격려한다.

수 23:6 "그러므로 너희는 크게 힘써 모세의 율법 책에 기록된 것을 다 지켜 행하라 그것을 떠나 우로나 좌로나 치우치지 말라"
이 구절을 깊이 묵상해야 한다. 크리스천의 세계관은 성경적이어야 한다. 그것을 기준점으로 좌나, 우의 세계관으로 기울면 안 된다는 것이다. 이것은 곧 거룩한, 즉 구별된 삶을 살아야 한다는 명령임을 명심해야 한다.

사사 시대

05

B.C. 1405 ~ B.C. 1382

성경 부분 사사기, 룻기
주요 인물과 사건 사사들, 룻, 나오미, 보아스
진멸하기를 실패, 즉 신위에 인위로 행한 시대의 고통과 신위로 산 자들의
한 줄기 희망의 빛

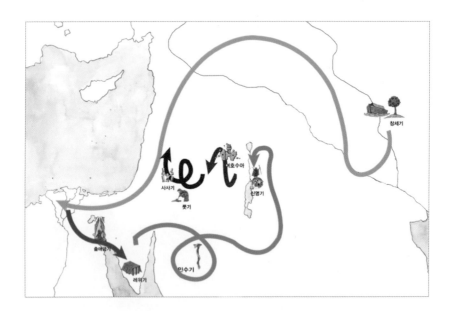

시대 한눈에 보기

B.C. 1400년경에 가나안 땅을 정복하고 분배를 완료한다. 1390년경 여호수아
가 죽고 이스라엘의 역사는 사사 시대로 접어들게 된다. 사사 시대는 빠른 출
애굽설을 근거로 B.C. 1390년부터 사울이 왕이 되는 해인 B,C, 1050년까지 약
340년의 기간을 말한다.

가나안 땅의 점령과 분배를 완료한 후 이스라엘이 직면한 위협은 ① **내적으로는 문화 혼합주의 유혹**과 ② **외적으로는 주변 부족 국가들인 모압, 미디안, 그리고 이스라엘의 강적이 되는 블레셋의 공격**이다. 모세를 통한 하나님의 간곡한 부탁은 '섞이면 안 된다'(신명기의 주제)는 것이었다. 왜냐하면 유목민이었던 이스라엘이 가나안에 정착하고 농업이 주업으로 되면서 풍요(豊饒)와 다산(多産)을 준다는 가나안의 토속신인 바알과 그의 여신 아세라를 섬기는 유혹에 빠질 가능성 때문이었다. 그러나 이스라엘은 **가나안의 우상 문화를 진멸하기를 실패**하고 오히려 **그 신을 섬기며 섞이는 비극을 초래**한다.

하나님은 하나님의 말씀으로 통치되는 하나님 나라의 유토피아(Utopia)라고 할 수 있는 신정국가(神政國家 Theocracy), 즉 신위가 온전히 이루어지는 시대를 기대하셨다. 그러나 인간의 자기중심적 죄성 때문에 실패하고 만다. 이 사사기의 역사는 B.C. 1390년 경 여호수아가 죽은 후 사울이 왕이 되는 B.C. 1050년까지 계속됩니다. 이 시기는 후기 청동기 2기 시대이다.

결국 사사시대에도 **하나님의 온전한 통치[신위 神爲]의 회복은 실패하게 되고 그들은 왕을 요구하기에 이르게 된다.** 이스라엘은 하나님의 뜻을 순종하기보다는 자기들의 뜻을 펴는 왕정국가(王政國家 Monarchy)를 원했기 때문이다. 하나님은 마지막 사사 사무엘을 통해 왕정국가를 허용하고 사울을 왕으로 세운다. 사울은 하나님의 그릇이 될 수 없었고, 하나님은 다시 사무엘을 시켜 다윗을 왕으로 세운다.

롯기는 사사 시대의 어느 한 시점(B.C. 1390~B.C. 1050)에 기록된 책이다. 롯기는 사사 시대의 총체적 난맥상의 어두운 시대에 하나님의 뜻대로 살아가는 사람들의 이야기를 통해 한 줄기 싱싱한 꽃을 보는 듯 상큼한 향내가 나는 이야기이다.

사사기는 하나님 없이 인위로 행하는 인간들의 결과가 어떻게 나타나는가를 확연히 보여주는 책이다. "왕이 없어 사람이 각기 소견대로 행하다가" 하나님께로 다시 돌아오지 못하고 결국 인간 왕을 요구한다. 하나님은 백성들의 요구를 들으시고 왕을 허락함으로 이제 구약의 줄거리는 왕정 시대로 접어든다.

사사기는 어떻게 하나님의 Utopia, 즉 에덴으로의 회복이 좌절되는가를 보여 준다

성경은 인간의 본고향이 에덴(Eden גָּן) 이라고 말하고 있다. 따라서 모든 인간의 간절한 소망은 그 본향으로 돌아가는 것이다. 그런데 그 길을 막고 방해하는 존재가 있는데 그것이 사탄이다. 그래서 하나님의 구속 역사가 있어야만 인간은 그 본향으로 돌아가는 구속을 받을 수 있다. 그러나 세상의 다른 종교나 사상들은 다른 이상향을 제시하고 있다. 고대 희랍 철학에서 플라톤은 이데아의 세계를 인간의 잃어버린 낙원으로 소개하고 있고 불교에서는 극락정토(極樂淨土)를 영원한 낙원으로 소개한다. 또한 동양의 도교에서는 무릉도원(武陵桃源)을 제시하고 있으며 근세의 사상가 토마스 무어(Thomas Moore)는 각종 제도와 도덕적 질서가 완전한 유토피아(Utopia)를 인간의 영원한 이상향으로 소개하고 있다. 그러나 성경은 인간의 잃어버린 낙원은 에덴임을 분명히 보여 주고 있다. 또한 성경의 낙원과 다른 종교나 사상의 낙원은 근본적인 차이를 지니고 있다. 즉 다른 낙원은 인간의 힘[人爲]으로 회복할 수 있는 것으로 묘사하고 있는데 반해 성경은 에덴동산이 하나님에 의해 철저히 인간으로부터 단절되고 인간의 힘으로는 결코 회복할 수 없는 것으로 소개하고 있다. 따라서 성경이 말하는 낙원의 회복은 절대 타자인 하나님에 의해서만 그리고 그분의 방법[神爲]에 의해서만 가능함을 분명히 말하고 있다. 사사 시대는 선악과 사건과도 같이 인간의 자기중심성이 살아 하나님의 "지켜 행하라"의 명령을 불순종하므로 그 우토피아는 세워지지 않게 된다.

사사기

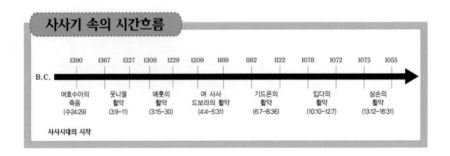

사사기 속의 시간흐름

B.C.	1390	1367	1327	1309	1229	1209	1169	1162	1122	1078	1072	1075	1055
	여호수아의 죽음 (수24:29)		옷니엘 활약 (3:9-11)	예훗의 활약 (3:15-30)		여 사사 드보라의 활약 (4:4-5:31)		기드온의 활약 (6:7-8:36)		입다의 활약 (10:10-12:7)		삼손의 활약 (13:12-16:31)	

사사시대의 시작

오늘날 우리는 진정한 영웅을 찾아보기 어려운 시대를 살아가고 있다. 오늘날의 언론과 그로 형성되는 여론은 지도자들의 사소한 약점까지도 들추어내고, 상업적 흥정을 노리며, 영화나 언론 매체는 영웅을 조작하는 시대이다.

사사기는 12명의 남녀의 영웅들을 보여 주고 있다. 그러나 그들 중에는 자객(암살자)도 있고, 성적으로 혼잡한 자도 있고, 모든 자비의 법을 파괴하는 자도 있다. 그러나 그들은 모두 하나님께 온전히 순종하는 자들이었고, 그래서 쓰임을 받는 자들이었다. 사사기는 죄와 그 결과에 대한 기록이기도 하다. 마치 사소한 찰과상이라도 치료하지 않고 내버려 두면 감염이 되어 곪아 수술을 해야 할 지경까지 가게 되듯이, 죄도 이처럼 치명적인 데까지 자라갈 수 있음을 말해 준다. 여호수아서는 점령을 마치고 하나님 앞에서 굳게 약속하는 장면으로 끝난다. 하나님이 주는 모든 축복을 가나안 땅에서 누리게 된다는 약속에 굳게 서는 장면으로 끝난다. 그러나 그 땅에서 정착하는 과정에서 그 축복을 누리기 위해 '지켜 행해야 함'의 약속을 잊어버린다. 그리고 그들의 삶을 이끌어 가는 원리와 원칙은 하나님이 아니고, 인간 각각의 소견이다. 즉 성경적 세계관이 그들의 삶의 원리가 아니고 세속적, 인간적 가치관이 그들의 삶의 지배 원리가 된 삶을 살아가게 된다. 그 결과, 그들의 삶은 어둠 가운데의 삶이 되어 버린다는 것이다.

그렇게 된 첫 번째 이유는 "진멸하라"라는 명령을 제대로 수행하지 못했다는 것이다(1:11~2:5). 그래서 '우상 제거'를 실패했다(2:6~3:7). 오직 각자의 소견에 옳은 대로 행하게 된다(17:6).

사사 시대 총 340여 년 동안 모두 12 사사가 등장하며 각각의 순환 주기가 있는데 그 주기는 1) 하나님께 범죄하고 2) 하나님이 주변 국가 세력을 동원하여 그들을 응징하자 3) 그들이 하나님께 구원을 외치는 회개를 하게 되고 4) 하나님은 그들의 탄원을 들으시고 사사(Judge)를 세워 구원하시고 평화를 허락한다. 그러나 그들은 시간이 지난 후 다시 죄를 저지르고 하나님은 응징하시는 것, 등으로 주기가 반복된다.

사사 시대의 암흑상의 두 번째 원인은 여호수아의 가나안 점령과 분배에서 레위는 땅을 기업으로 받지 못하고 48개 성읍(각 지파의 4개 성읍)으로 파송되어 그들의 삶을 지도하는 임무를 부여받는데 이들이 그 임무를 수행하지 못하는 데 있다.

가나안 입성 후 이스라엘 백성의 문제 - 현실과 타협, 가나안 우상과 혼합

가나안 입성 후 이스라엘 백성의 문제는 "진멸 작전"의 실패로 인한 바알 종교와의 섞임이었다. 그들은 그 후로 끊임없는 우상숭배에 빠져 하나님의 진노로부터 빠져나오지를 못한다. 아래 도표는 이스라엘이 특히 분열 왕국 시대에 얼마나 많은 우상에 빠져있었는가를 보여 준다. 하나님은 이미 시내 산에서 이들의 문제를 간파하시고 법을 주실 때 제일 먼저 우상숭배를 금하는 법을 주셨는데 그들은 이것을 무시했다.

오늘날 우리는 이런 우상을 섬기지 않는다고 우리가 우상 섬김으로부터 자유스럽다고 생각하는가?

성경이 말하는 우상은 여기서 말하는 이런 우상만을 말하는 것으로 생각하면 안 된다. 십계명의 제1계명은 "너는 나 외에 다른 신들을 네게 있게 말지니라"라고 했다. 영어 성경은 '나 외에'라는 표현을 'before me'라고 했다. 즉 "하나님 앞에"라는 말이다. 오늘의 우상은 무엇이든지 "하나님 앞"에 있는 것을 말한

이스라엘 백성이 숭배한 이방 신들

신	통치영역/묘사	참고성구
아드람멜렉	전쟁, 사랑	열왕기하 17:31
아남멜렉	자녀를 희생 제물로 요구함	열왕기하 17:31
아세라	바알의 아내	열왕기하 13:6
아시마	헷 족속의 신	열왕기하 17:30
아스다롯(이쉬타르)	성(性), 풍요, 하늘의 여왕	열왕기하 23:13
바알	비, 바람, 구름, 땅의 풍요	열왕기하 3:2
바알세붑	에그론의 신	열왕기하 1:2
그모스	땅을 주는 자	열왕기하 23:13
몰록(밀곰)	모압 족속의 신, 사람을 희생 제물로 드림	열왕기하 23:10
느보	지혜, 문학, 예술	역대상 5:8
네르갈	지하 세계, 사망	열왕기하 17:30
닙하스	아와 사람들(앗수르에서 사마리아로 이주한 사람들)이 숭배함	열왕기하 17:31
니스록	니느웨 사람들이 숭배한 신	열왕기하 19:37
림몬	천둥, 번개, 비	열왕기하 5:18
숙곳-브놋	마르둑의 연인, 전쟁의 여신	열왕기하 17:30
다르닥	풍요(아와 사람들이 숭배함)	열왕기하 17:31

다. 그것이 무엇이든지 우선순위가 하나님보다 앞서면 그것이 바로 우상이라는 사실을 알아야 한다.

사사기에서 이스라엘 백성들은 "진멸하라!"라는 하나님의 명령을 제대로 실천하지 못함으로 문제가 어떻게 생기기 시작하는가를 보여 주는 책이다. 그것은 그 지역에 흥왕하는 우상 문화를 타파하고 하나님 나라의 문화를 세움으로 하나님의 신정국가를 세우고자 하는 것이 하나님의 마음이었다. 그러나 이스라엘 백성은 하나님의 이런 마음을 제대로 읽지 못했다.

사사기의 핵심 문제점은 왕을 섬기지 않고, 인간들 생각들로 했다는 것이다. 이것은 큰 문제다. 왕이 없었다는 말은 통치자가 없었다는 것이지만 중요한 것은 그들의 삶의 왕, 그들의 영적 왕인 하나님을 택하지 않고 자기 소견대로 했다는 것이다. 이것은 신위를 무시하고 인위로 했다는 것이다. 이것이 사사기의 비극이었다. 이것 역시 선택의 문제다. 사사기의 이런 모습들이 구약에 많은 문제를 일으킨다. 이처럼 사사 시대에는 자기 소견대로 행하므로 인위의 삶을 살아가기 때문에 암흑시대를 살게 된다. 역사적으로 볼 때 하나님이 역사의 주도권을 쥐지 아니하였던 시대에는 언제나 암흑시대였다. 이것은 구약 시대뿐만 아니라 오늘 모든 인류의 역사를 비교해 볼 때 특히 그런 점을 발견하게 된다. 하나님이 참 왕이시라는 것이다. 우리는 자기 소견대로 살아가면 안 된다는 사실을 명심해야 한다.

이스라엘 백성들은 왜 하나님을 떠나서 자꾸만 바알 등 우상을 섬길까?
우선 사사 시대의 경우는 레위인들이 그들의 율법 가르침의 직무를 망각했거나 유기한 것이 원인일 것이다. 믿음은 들음에서 난다고 했는데 가르치는 자가 없으면 어찌 들을 수 있을까? **오늘 날 교회에서도 바른 가르침이 있어야 한다. 가르침이 있는 것이 중요한 것이 아니라 바른 가르침, 진짜 복음, 즉 십자가의 복음, "지켜 행함"이 있는 복음을 가르쳐야 한다.**
우상을 섬기게 되는 또 다른 이유는 "위험 부담" 때문이다. 하나님을 섬기고 순종하는 것은 현실의 안락하고 손쉬운 삶을 포기해야 하는 위험 부담이 따르기 때문이다. 하나님이 주는 축복은 "지켜 행해야 오는 축복", 즉 조건부 축복이다. 사람은 그런 위험 부담을 싫어한다. 우상은 "지켜 행하면"의 조건을 달지 않는다. 우상은 그런 위험 부담 없이 쉽게 축복을 준다고 가르치기 때문에 거기에 속아 넘어가는 것이다. 그것이 사탄의 속임수임을 알아야 한다.

우리가 위험 부담을 화투짝에 걸면 그것은 '도박'이며, 증권에 걸면 그것은 '투기'이며, 하나님에게 걸면 그것은 바로 '믿음'이 된다.

시편 115편에서 우상은 어떤 존재라고 했는지를 묵상하라.

4 그들의 우상들은 은과 금이요 사람이 손으로 만든 것이라

5 입이 있어도 말하지 못하며 눈이 있어도 보지 못하며

6 귀가 있어도 듣지 못하며 코가 있어도 냄새 맡지 못하며

7 손이 있어도 만지지 못하며 발이 있어도 걷지 못하며 목구멍이 있어도 작은 소리조차 내지 못하느니라

8 우상들을 만드는 자들과 그것을 의지하는 자들이 다 그와 같으리로다

9 이스라엘아 여호와를 의지하라 그는 너희의 도움이시요 너희의 방패시로다

10 아론의 집이여 여호와를 의지하라 그는 너희의 도움이시요 너희의 방패시로다

11 여호와를 경외하는 자들아 너희는 여호와를 의지하여라 그는 너희의 도움이시요 너희의 방패시로다

12 여호와께서 우리를 생각하사 복을 주시되 이스라엘 집에도 복을 주시고 아론의 집에도 복을 주시며

13 높은 사람이나 낮은 사람을 막론하고 여호와를 경외하는 자들에게 복을 주시리로다

사사 시대의 되풀이 되는 패턴

3장~16장에서 "…여호와의 목전에서 악을 행하여…" "…대적케 하시며…" "그런 후에 여호와께 부르짖으매…" "한 구원자(사사)를 세우셨으며"가 계속 되풀이됨을 볼 수 있다. 이것이 각 사사가 시작될 때 보여 주는 한 패턴(Pattern)이다. 이것을 다음과 같이 요약할 수 있다.

1) "여호와의 목전에 악을 행하여" - 가나안의 우상을 섬김으로 범죄함(Sin)

2) "…대적케 하시며" 하나님이 이방 족속들을 대적으로 붙이고 이스라엘을 억압하심(Suffering)

3) "그런 후에 여호와께 부르짖으매" 회개가 일어남(Supplication)

4) "한 구원자(사사)를 세우셨으며" 하나님
   그들에게 구원을 주심(Salvation)

약속의 땅에 들어간 이스라엘 백성은 현실
과 타협하고 안락한 삶을 추구한다. 그것
은 진멸 작업이란 어렵고 고통스러운 삶과
는 대조적이다. 그런 그들은 하나님을 쉽게
배반하는 반역의 죄를 저지를 수밖에 없다.
그런 그들에게 하나님은 모압, 미디안, 블레
셋 등을 심판의 도구로 삼으시고 징벌하신
다. 그러면 그들은 하나님께 간구하며 부르

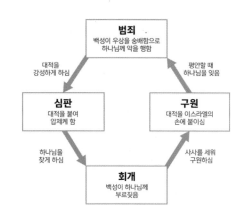

● 불신앙의 악순환 도표

짖는다. 하나님은 사사(구원자)를 세우시고 그들을 그 억압으로부터 구원해 주
신다. 이런 일이 되풀이된다. 왜 그럴까? 출 23:20-33, 신 7:1-11, 16, 수 23:5-
16(이 구절을 꼭 찾아서 읽으라)의 명령을 무시했기 때문이다.

이스라엘은 땅의 분배를 마쳤지만, 하나님께서 명령하신 '철저한 제거'는 이루
지 못했음이 무엇을 의미하는지를 염두에 두고 사사기 21:25 "그때 이스라엘에
왕이 없으므로 사람이 각각 그 소견에 옳은 대로 행하였더라"의 구절을 생각
하면서 읽으라. 사사기는 하나님 나라 회복에 대한 하나님의 열망을 져버린 인
간의 실패한 모습을 담은 기록이다. 하나님은 인간의 지혜나 힘의 논리가 아닌
하나님의 말씀이 통치의 근원이 되는 나라, 즉 하나님의 나라를 건설하시기를
원하셨다는 것이다. 그래서 가나안 땅을 정복하고도 인간 왕을 세우지 않으셨
다. 그것은 바로 하나님의 말씀이 이들의 통치원리가 되는 나라를 이룩하시고
자 했기 때문이다. 그러나 인간은 끊임없이 하나님의 뜻을 거역하는 일을 되풀
이한다. (지금도 마찬가지지!) 그 가장 큰 이유는 땅을 점령할 때 철저한 제거가
이루어지지 않았고, 분배할 때 레위 지파는 땅을 분배받지 못하고 땅을 분배받
은 각 지파에게로 흩어지게 하여 하나님의 말씀을 가르치도록 했다. 그런데 그
레위마저 그 뜻을 알지 못하고 방향을 잡지 못해 죄를 범하는 모습을 17장 이
하에서 볼 수 있다.

난맥상 1 : 17~18장 레위인이 미가의 개인 신상의 제사장이 되는 어처구니없는 짓
거리.

난맥상 2 : 19~21장 레위인이 첩을 얻고, 그 첩이 살해되자 지파간 전쟁을 일으키는
짓거리.

오늘날 교회에서 그 교육의 직무는 어떻게 되어 가고 있는가?
오늘날의 왕은 과연 하나님이신가? 오늘 우리는 우리의 소견대로 행하지는 않
는가? 레위 지파의 가르치는 직무를 제대로 수행하지 못함에도 그 원인이 있다
고 보아야 할 것이다.

관련 성경 본문 읽기

여호수아의 유언적 권면을 오늘날 우리도 마음 깊이 새기며, 그에 따른 삶을 살아야 한다. 그래야 우리가 진정한 하나님의 백성이 된다.

사사기 1장

유다와 시므온 지파가 아도니 베섹을 잡다

1 여호수아가 죽은 후에 이스라엘 자손이 여호와께 여쭈어 이르되 우리 가운데 누가 먼저 올라가서 가나안 족속과 싸우리이까 2 여호와께서 이르시되 유다가 올라갈지니라 보라 내가 이 땅을 그의 손에 넘겨 주었노라 하시니라 3 유다가 그의 형제 시므온에게 이르되 내가 제비 뽑아 얻은 땅에 나와 함께 올라가서 가나안 족속과 싸우자 그리하면 나도 네가 제비 뽑아 얻은 땅에 함께 가리라 하니 이에 시므온이 그와 함께 가니라 4 유다가 올라가매 여호와께서 가나안 족속과 브리스 족속을 그들의 손에 넘겨 주시니 그들이 베섹에서 만 명을 죽이고 5 또 베섹에서 아도니 베섹을 만나 그와 싸워서 가나안 족속과 브리스 족속을 죽이니 6 아도니 베섹이 도망하는지라 그를 쫓아가서 잡아 그의 엄지손가락과 엄지발가락을 자르매 7 아도니 베섹이 이르되 옛적에 칠십 명의 왕들이 그들의 엄지손가락과 엄지발가락이 잘리고 내 상 아래에서 먹을 것을 줍더니 하나님이 내가 행한 대로 내게 갚으심이로다 하니라 무리가 그를 끌고 예루살렘에 이르렀더니 그가 거기서 죽었더라

유다 지파가 예루살렘과 헤브론을 치다

8 유다 자손이 예루살렘을 쳐서 점령하여 칼날로 치고 그 성을 불살랐으며 9 그 후에 유다 자손이 내려가서 산지와 남방과 평지에 거주하는 가나안 족속과 싸웠고 10 유다가 또 가서 헤브론에 거주하는 가나안 족속을 쳐서 세새와 아히만과 달매를 죽였더라 헤브론의 본 이름은 기럇 아르바였더라

옷니엘이 드빌을 치다(수 15:13-19)

11 거기서 나아가서 드빌의 주민들을 쳤으니 드빌의 본 이름은 기럇 세벨이라 12 갈렙이 말하기를 기럇 세벨을 쳐서 그것을 점령하는 자에게는 내 딸 악사를 아내로 주리라 하였더니 13 갈렙의 아우 그나스의 아들인 옷니엘이 그것을 점령하였으므로 갈렙이 그의 딸 악사를 그에게 아내로 주었더라 14 악사가 출가할 때에 그에게 청하여 자기 아버지에게 밭을 구하자 하고 나귀에서 내리매 갈렙이 묻되 네가 무엇을 원하느냐 하니 15 이르되 내게 복을 주소서 아버지께서 나를 남방으로 보내시니 샘물도 내게 주소서 하매 갈렙이 윗샘과 아랫샘을 그에게 주었더라

유다와 베냐민 지파의 승리

16 모세의 장인은 겐 사람이라 그의 자손이 유다 자손과 함께 종려나무 성읍에서 올라가서 아랏 남방의 유다 황무지에 이르러 그 백성 중에 거주하니라 17 유다가 그의 형제 시므온과 함께 가서 스밧에 거주하는 가나안 족속을 쳐서 그 곳을 진멸하였으므로 그 성읍의 이름을 호르마라 하니라 18 유다가 또 가사 및 그 지역과 아스글론 및 그 지역과 에그론 및 그 지역을 점령하였고 19 여호와께서 유다와 함께 계셨으므로 그가 산지 주민을 쫓아내었으나 골짜기의 주민들은 철 병거가 있으므로 그들을 쫓아내지 못하였으며 20 그들이 모세가 명령한 대로 헤브론을 갈렙에게 주었더니 그가 거기서 아낙의 세 아들을 쫓아내었고 21 베냐민 자손은 예루살렘에 거주하는 여부스 족속을 쫓아내지 못하였으므로 여부스 족속이 베냐민 자손과 함께 오늘까지 예루살렘에 거주하니라

에브라임과 므낫세 지파가 벧엘을 치다

22 요셉 가문도 벧엘을 치러 올라가니 여호와께서 그와 함께 하시니라 23 요셉 가문이 벧엘을 정탐하게 하였는데 그 성읍의 본 이름은 루스라 24 정탐꾼들이 그 성읍에서 한 사람이 나오는 것을 보고 그에게 이르되 청하노니 이 성읍의 입구를 우리에게 보이라 그리하면 우리가 네게 선대하리라 하매 25 그 사람이 성읍의 입구를 가리킨지라 이에 그들이 칼날로 그 성읍을 쳤으되 오직 그 사람과 그의 가족을 놓아 보내매 26 그 사람이 헷 사람들의 땅에 가서 성읍을 건축하고 그것의 이름을 루스라 하였더니 오늘까지 그 곳의 이름이 되니라

쫓아내지 못한 가나안 족속

27 므낫세가 벧스안과 그에 딸린 마을들의 주민과 다아낙과 그에 딸린 마을들의 주민과 돌과 그에 딸린 마을들의 주민과 이블르암과 그에 딸

린 마을들의 주민과 므깃도와 그에 딸린 마을들의 주민들을 쫓아내지 못하매 가나안 족속이 결심하고 그 땅에 거주하였더니 28 이스라엘이 강성한 후에야 가나안 족속에게 노역을 시켰고 다 쫓아내지 아니하였더라 29 에브라임이 게셀에 거주하는 가나안 족속을 쫓아내지 못하매 가나안 족속이 게셀에서 그들 중에 거주하였더라 30 스불론은 기드론 주민과 나할롤 주민을 쫓아내지 못하였으므로 가나안 족속이 그들 중에 거주하면서 노역을 하였더라 31 아셀이 악고 주민과 시돈 주민과 알랍과 악십과 헬바와 아빅과 르홉 주민을 쫓아내지 못하고 32 아셀 족속이 그 땅의 주민 가나안 족속 가운데 거주하였으니 이는 그들을 쫓아내지 못함이었더라 33 납달리는 벧세메스 주민과 벧아낫 주민을 쫓아내지 못하고 그 땅의 주민 가나안 족속 가운데 거주하였으나 벧세메스와 벧아낫 주민들이 그들에게 노역을 하였더라 34 아모리 족속이 단 자손을 산지로 몰아넣고 골짜기에 내려오기를 용납하지 아니하였으며 35 결심하고 헤레스 산과 아얄론과 사알빔에 거주하였더니 요셉의 가문의 힘이 강성하매 아모리 족속이 마침내 노역을 하였으며 36 아모리 족속의 경계는 아그랍빔 비탈의 바위부터 위쪽이었더라

삿 1장
"쫓아내지 못하매"
하나님은 출애굽기 26:20-26, 신명기 7:1-11, 16, 그리고 여호수아 23:5-13에서 "진멸하기"를 매우 강조했음을 읽을 수 있다. 이것은 철기문화의 고등 문화를 이루며 살아가는 가나안 우상 문화에 흡수되는 것을 막아야 하기 때문임을 설명했다. 그래야 하나님 백성의 정체성을 유지하며 하나님 나라를 이루어 갈 수 있기 때문이다.
하나님 나라는 세상 세속문화와 섞이면 이루어지지 않는다는 사실을 명심하라.
이것은 오늘 우리의 문제이기도 하다.

사사기 2장

여호와의 사자가 보김에 나타나다

1 여호와의 사자가 길갈에서부터 보김으로 올라와 말하되 내가 너희를 애굽에서 올라오게 하여 내가 너희의 조상들에게 맹세한 땅으로 들어가게 하였으며 또 내가 이르기를 내가 너희와 함께 한 언약을 영원히 어기지 아니하리니 2 너희는 이 땅의 주민과 언약을 맺지 말며 그들의 제단들을 헐라 하였거늘 너희가 내 목소리를 듣지 아니하였으니 어찌하여 그리하였느냐 3 그러므로 내가 또 말하기를 내가 그들을 너희 앞에서 쫓아내지 아니하리니 그들이 너희 옆구리에 가시가 될 것이며 그들의 신들이 너희에게 올무가 되리라 하였노라 4 여호와의 사자가 이스라엘 모든 자손에게 이 말씀을 이르매 백성이 소리를 높여 운지라 5 그러므로 그 곳을 이름하여 보김이라 하고 그들이 거기서 여호와께 제사를 드렸더라

● 보김의 위치

여호수아가 죽다

6 전에 여호수아가 백성을 보내매 이스라엘 자손이 각기 그들의 기업으로 가서 땅을 차지하였고 7 백성이 여호수아가 사는 날 동안과 여호수아 뒤에 생존한 장로들 곧 여호와께서 이스라엘을 위하여 행하신 모든

큰 일을 본 자들이 사는 날 동안에 여호와를 섬겼더라 8 여호와의 종 눈의 아들 여호수아가 백십 세에 죽으매 9 무리가 그의 기업의 경내 에브라임 산지 가아스 산 북쪽 딤낫 헤레스에 장사하였고 10 그 세대의 사람도 다 그 조상들에게로 돌아갔고 그 후에 일어난 다른 세대는 여호와를 알지 못하며 여호와께서 이스라엘을 위하여 행하신 일도 알지 못하였더라

이스라엘이 여호와를 버리다

11 이스라엘 자손이 여호와의 목전에 악을 행하여 바알들을 섬기며 12 애굽 땅에서 그들을 인도하여 내신 그들의 조상들의 하나님 여호와를 버리고 다른 신들 곧 그들의 주위에 있는 백성의 신들을 따라 그들에게 절하여 여호와를 진노하시게 하였으되 13 곧 그들이 여호와를 버리고 바알과 아스다롯을 섬겼으므로 14 여호와께서 이스라엘에게 진노하사 노략하는 자의 손에 넘겨 주사 그들이 노략을 당하게 하시며 또 주위에 있는 모든 대적의 손에 팔아 넘기시매 그들이 다시는 대적을 당하지 못하였으며 15 그들이 어디로 가든지 여호와의 손이 그들에게 재앙을 내리시니 곧 여호와께서 말씀하신 것과 같고 여호와께서 그들에게 맹세하신 것과 같아서 그들의 괴로움이 심하였더라 16 여호와께서 사사들을 세우사 노략자의 손에서 그들을 구원하게 하셨으나 17 그들이 그 사사들에게도 순종하지 아니하고 오히려 다른 신들을 따라가 음행하며 그들에게 절하고 여호와의 명령을 순종하던 그들의 조상들이 행하던 길에서 속히 치우쳐 떠나서 그와 같이 행하지 아니하였더라 18 여호와께서 그들을 위하여 사사들을 세우실 때에는 그 사사와 함께 하셨고 그 사사가 사는 날 동안에는 여호와께서 그들을 대적의 손에서 구원하셨으니 이는 그들이 대적에게 압박과 괴롭게 함을 받아 슬피 부르짖으므로 여호와께서 뜻을 돌이키셨음이거늘 19 그 사사가 죽은 후에는 그들이 돌이켜 그들의 조상들보다 더욱 타락하여 다른 신들을 따라 섬기며 그들에게 절하고 그들의 행위와 패역한 길을 그치지 아니하였으므로 20 여호와께서 이스라엘에게 진노하여 이르시되 이 백성이 내가 그들의 조상들에게 명령한 언약을 어기고 나의 목소리를 순종하지 아니하였은즉 21 나도 여호수아가 죽을 때에 남겨 둔 이방 민족들을 다시는 그들 앞에서 하나도 쫓아내지 아니하리니 22 이는 이스라엘이 그들의 조상들이 지킨 것 같이 나 여호와의 도를 지켜 행하나 아니하나 그들을 시험하려 함이라 하시니라 23 여호와께서 그 이방 민족들을 머물러 두사 그들을 속히 쫓아내지 아니하셨으며 여호수아의 손에 넘겨 주지 아니하셨더라

삿 2:11-23
이스라엘의 비극은 여기서부터 시작된다.
그 이유는 가나안 우상 문화에 섞이지 말라는 하나님의 말씀을 순종하지 않았기 때문이다. 마치 우리의 원 조상이 하나님의 말씀을 순종하지 않고 선악과를 따 먹은 것처럼.
오늘날 인류의 비극도 하나님의 말씀을 경청하지 않고, 읽지도 않고 그래서 말씀대로 살지 않음에서 온다. 사사기처럼 "각기 소견대로 행하여" 얻는 비극임을 우리는 이 사사기를 읽으며 깨달아야 한다.

사사들의 활동

대 해 (지 중 해)

1.첫번째 사사인 옷니엘은 드빌의 가나안인들을 물리쳤다 (삿1:11-13). 또한 그는 장소를 알 수 없는 개인적인 전쟁에서, 메소보다미아 왕 구산 리사다임의 지배에서 이스라엘을 구원했다. (삿 3:7-11)

4. 여선지자로도 불리는 여성 사사 드보라와 그녀의 군대 장관인 바락은 기손 강에서 벌어진 야빈과 시스라가 이끄는 강력한 가나안인들과의 격렬한 전투에서 승리했다. (삿 4:1-24)

갈릴리바다

기손강

6. 기생의 아들 입다가 암몬의 지배에서 이스라엘을 구원했다. (삿 11:1-12:7)

5. 용기의 사람 기드온은 300명의 정예 용사를 이끌고 미디안 군대를 물리쳤다. (삿 3:12-30)

요단강

암몬

3. 다른 사사들에 비해 상대적으로 작은 사사인 삼갈은 소 모는 막대기로 600명을 죽이고 블레셋의 지배에서 이스라엘을 구했다. (삿 3:31 ; 5:6)

드빌

예루살렘

2. 위대한 베나민의 후손 에훗이 모압왕 에글론의 압제에서 이스라엘을 구원했다 (삿 3:12-30)

가사

염해

7. 힘은 위대했지만 도덕성이 부족했던 삼손은 20년간 이스라엘을 이끌었다. 블레셋에게 사로잡혀 가사에게 노예가 되었던 삼손은 하나님께 간구하여 이 도시의 이방 신전을 무너뜨리고 적에게 승리했다. 삼손은 그 신전이 붕괴될 때 수많은 블레셋 인들과 함께 죽었다. (삿 13-16장)

모압

사사기 6장

사사 기드온

1 이스라엘 자손이 또 여호와의 목전에 악을 행하였으므로 여호와께서 칠 년 동안 그들을 미디안의 손에 넘겨 주시니 2 미디안의 손이 이스라엘을 이긴지라 이스라엘 자손이 미디안으로 말미암아 산에서 웅덩이와 굴과 산성을 자기들을 위하여 만들었으며
3 이스라엘이 파종한 때면 미디안과 아말렉과 동방 사람들이 치러 올라와서 4 진을 치고 가사에 이르도록 토지 소산을 멸하여 이스라엘 가운데에 먹을 것을 남겨 두지 아니하며 양이나 소나 나귀도 남기지 아니하니 5 이는 그들이 그들의 짐승과 장막을 가지고 올라와 메뚜기 떼 같이 많이 들어오니 그 사람과 낙타가 무수함이라 그들이 그 땅에 들어와 멸하려 하니 6 이스라엘이 미디안으로 말미암아 궁핍함이 심한지라 이에 이스라엘 자손이 여호와께 부르짖었더라 7 이스라엘 자손이 미디안으로 말미암아 여호와께 부르짖었으므로 8 여호와께서 이스라엘 자손에게 한 선지자를 보내시니 그가 그들에게 이르되 여호와께서 이같

기드온

- 제5대 사사
- 미디안과의 전쟁을 위해 하나님의 부름을 받은 자.
- 이만 명의 지원자 하나님이 주신 방법으로 300명의 정예 부대를 뽑아 미디안을 무찌름.
- 가나안의 숭상인 바알 제단을 파괴함

기드온은 시내 산 언약을 잘 지켜 내려 했던 사사 중의 한 명이었다.
사사 시대의 문제는 하나님을 왕으로 삼지 않고, 자기의 소견대로 행했던 것이었다.
하나님을 왕으로 삼지 않았다는 것은 하나님의 말씀이 우리의 삶을 살아가는 원리가 아니라는 뜻이다. 그래서 각기 자기의 주관과 소견대로 살아가는 것이다.
이 문제는 오늘 우리에게 여전히 심각한 문제이다.

이 말씀하시기를 이스라엘의 하나님 내가 너희를 애굽에서 인도하여 내며 너희를 그 종 되었던 집에서 나오게 하여 9 애굽 사람의 손과 너희를 학대하는 모든 자의 손에서 너희를 건져내고 그들을 너희 앞에서 쫓아내고 그 땅을 너희에게 주었으며 10 내가 또 너희에게 이르기를 나는 너희의 하나님 여호와이니 너희가 거주하는 아모리 사람의 땅의 신들을 두려워하지 말라 하였으나 너희가 내 목소리를 듣지 아니하였느니라 하셨다 하니라 11 여호와의 사자가 아비에셀 사람 요아스에게 속한 오브라에 이르러 상수리나무 아래에 앉으니라 마침 요아스의 아들 기드온이 미디안 사람에게 알리지 아니하려 하여 밀을 포도주 틀에서 타작하더니 12 여호와의 사자가 기드온에게 나타나 이르되 큰 용사여 여호와께서 너와 함께 계시도다 하매 13 기드온이 그에게 대답하되 오 나의 주여 여호와께서 우리와 함께 계시면 어찌하여 이 모든 일이 우리에게 일어났나이까 또 우리 조상들이 일찍이 우리에게 이르기를 여호와께서 우리를 애굽에서 올라오게 하신 것이 아니냐 한 그 모든 이적이 어디 있나이까 이제 여호와께서 우리를 버리사 미디안의 손에 우리를 넘겨 주셨나이다 하니 14 여호와께서 그를 향하여 이르시되 너는 가서 이 너의 힘으로 이스라엘을 미디안의 손에서 구원하라 내가 너를 보낸 것이 아니냐 하시니라 15 그러나 기드온이 그에게 대답하되 오 주여 내가 무엇으로 이스라엘을 구원하리이까 보소서 나의 집은 므낫세 중에 극히 약하고 나는 내 아버지 집에서 가장 작은 자니이다 하니 16 여호와께서 그에게 이르시되 내가 반드시 너와 함께 하리니 네가 미디안 사람 치기를 한 사람을 치듯 하리라 하시니라 17 기드온이 그에게 대답하되 만일 내가 주께 은혜를 얻었사오면 나와 말씀하신 이가 주 되시는 표징을 내게 보이소서 18 내가 예물을 가지고 다시 주께로 와서 그것을 주 앞에 드리기까지 이 곳을 떠나지 마시기를 원하나이다 하니 그가 이르되 내가 너의 돌아오기까지 머무르리라 하니라 19 기드온이 가서 염소 새끼 하나를 준비하고 가루 한 에바로 무교병을 만들고 고기를 소쿠리에 담고 국을 양푼에 담아 상수리나무 아래 그에게로 가져다가 드리매 20 하나님의 사자가 그에게 이르되 고기와 무교병을 가져다가 이 바위 위에 놓고 국을 부으라 하니 기드온이 그대로 하니라 21 여호와의 사자가 손에 잡은 지팡이 끝을 내밀어 고기와 무교병에 대니 불이 바위에서 나와 고기와 무교병을 살랐고 여호와의 사자는 떠나서 보이지 아니한지라 22 기드온이 그가 여호와의 사자인 줄을 알고 이르되 슬프도소이다 주 여호와여 내가 여호와의 사자를 대면하여 보았나이다 하니 23 여호와께서 그에게 이르시되 너는 안심하라 두려워하지 말라 죽지 아니하리라 하시니라 24 기드온이 여호와를 위하여 거기서 제단을 쌓고 그것을 여호와 살롬이라 하였더라 그것이 오늘까지 아비에셀 사람에

게 속한 오브라에 있더라 25 그 날 밤에 여호와께서 기드온에게 이르시되 네 아버지에게 있는 수소 곧 칠 년 된 둘째 수소를 끌어 오고 네 아버지에게 있는 바알의 제단을 헐며 그 곁의 아세라 상을 찍고 26 또 이 산성 꼭대기에 네 하나님 여호와를 위하여 규례대로 한 제단을 쌓고 그 둘째 수소를 잡아 네가 찍은 아세라 나무로 번제를 드릴지니라 하시니라 27 이에 기드온이 종 열 사람을 데리고 여호와께서 그에게 말씀하신 대로 행하되 그의 아버지의 가문과 그 성읍 사람들을 두려워하므로 이 일을 감히 낮에 행하지 못하고 밤에 행하니라 28 그 성읍 사람들이 아침에 일찍이 일어나 본즉 바알의 제단이 파괴되었으며 그 곁의 아세라가 찍혔고 새로 쌓은 제단 위에 그 둘째 수소를 드렸는지라 29 서로 물어 이르되 이것이 누구의 소행인가 하고 그들이 캐어 물은 후에 이르되 요아스의 아들 기드온이 이를 행하였도다 하고 30 성읍 사람들이 요아스에게 이르되 네 아들을 끌어내라 그는 당연히 죽을지니 이는 바알의 제단을 파괴하고 그 곁의 아세라를 찍었음이니라 하니 31 요아스가 자기를 둘러선 모든 자에게 이르되 너희가 바알을 위하여 다투느냐 너희가 바알을 구원하겠느냐 그를 위하여 다투는 자는 아침까지 죽임을 당하리라 바알이 과연 신일진대 그의 제단을 파괴하였은즉 그가 자신을 위해 다툴 것이니라 하니라 32 그 날에 기드온을 여룹바알이라 불렀으니 이는 그가 바알의 제단을 파괴하였으므로 바알이 그와 더불어 다툴 것이라 함이었더라 33 그 때에 미디안과 아말렉과 동방 사람들이 다 함께 모여 요단 강을 건너와서 이스르엘 골짜기에 진을 친지라 34 여호와의 영이 기드온에게 임하시니 기드온이 나팔을 불매 아비에셀이 그의 뒤를 따라 부름을 받으니라 35 기드온이 또 사자들을 온 므낫세에 두루 보내매 그들도 모여서 그를 따르고 또 사자들을 아셀과 스불론과 납달리에 보내매 그 무리도 올라와 그를 영접하더라 36 기드온이 하나님께 여쭈되 주께서 이미 말씀하심 같이 내 손으로 이스라엘을 구원하시려거든 37 보소서 내가 양털 한 뭉치를 타작 마당에 두리니 만일 이슬이 양털에만 있고 주변 땅은 마르면 주께서 이미 말씀하심 같이 내 손으로 이스라엘을 구원하실 줄을 내가 알겠나이다 하였더니 38 그대로 된지라 이튿날 기드온이 일찍이 일어나서 양털을 가져다가 그 양털에서 이슬을 짜니 물이 그릇에 가득하더라 39 기드온이 또 하나님께 여쭈되 주여 내게 노하지 마옵소서 내가 이번만 말하리이다 구하옵나니 내게 이번만 양털로 시험하게 하소서 원하건대 양털만 마르고 그 주변 땅에는 다 이슬이 있게 하옵소서 하였더니 40 그 밤에 하나님이 그대로 행하시니 곧 양털만 마르고 그 주변 땅에는 다 이슬이 있었더라

기드온이 미디안을 치다

1 여룹바알이라 하는 기드온과 그를 따르는 모든 백성이 일찍이 일어나 하롯 샘 곁에 진을 쳤고 미디안의 진영은 그들의 북쪽이요 모레 산 앞 골짜기에 있었더라 2 여호와께서 기드온에게 이르시되 너를 따르는 백성이 너무 많은즉 내가 그들의 손에 미디안 사람을 넘겨 주지 아니하리니 이는 이스라엘이 나를 거슬러 스스로 자랑하기를 내 손이 나를 구원하였다 할까 함이니라 3 이제 너는 백성의 귀에 외쳐 이르기를 누구든지 두려워 떠는 자는 길르앗 산을 떠나 돌아가라 하라 하시니 이에 돌아간 백성이 이만 이천 명이요 남은 자가 만 명이었더라 4 여호와께서 또 기드온에게 이르시되 백성이 아직도 많으니 그들을 인도하여 물 가로 내려가라 거기서 내가 너를 위하여 그들을 시험하리라 내가 누구를 가리켜 네게 이르기를 이 사람이 너와 함께 가리라 하면 그는 너와 함께 갈 것이요 내가 누구를 가리켜 네게 이르기를 이 사람은 너와 함께 가지 말 것이니라 하면 그는 가지 말 것이니라 하신지라 5 이에 백성을 인도하여 물 가에 내려가매 여호와께서 기드온에게 이르시되 누구든지 개가 핥는 것 같이 혀로 물을 핥는 자들을 너는 따로 세우고 또 누구든지 무릎을 꿇고 마시는 자들도 그와 같이 하라 하시더니 6 손으로 움켜 입에 대고 핥는 자의 수는 삼백 명이요 그 외의 백성은 다 무릎을 꿇고 물을 마신지라 7 여호와께서 기드온에게 이르시되 내가 이 물을 핥아 먹은 삼백 명으로 너희를 구원하며 미디안을 네 손에 넘겨 주리니 남은 백성은 각각 자기의 처소로 돌아갈 것이니라 하시니 8 이에 백성이 양식과 나팔을 손에 든지라 기드온이 이스라엘 모든 백성을 각각 그의 장막으로 돌려보내고 그 삼백 명은 머물게 하니라 미디안 진영은 그 아래 골짜기 가운데에 있었더라 9 그 밤에 여호와께서 기드온에게 이르시되 일어나 진영으로 내려가라 내가 그것을 네 손에 넘겨 주었느니라 10 만일 네가 내려가기를 두려워하거든 네 부하 부라와 함께 그 진영으로 내려가서 11 그들이 하는 말을 들으라 그 후에 네 손이 강하여져서 그 진영으로 내려가리라 하시니 기드온이 이에 그의 부하 부라와 함께 군대가 있는 진영 근처로 내려간즉 12 미디안과 아말렉과 동방의 모든 사람들이 골짜기에 누웠는데 메뚜기의 많은 수와 같고 그들의 낙타의 수가 많아 해변의 모래가 많음 같은지라 13 기드온이 그 곳에 이른즉 어떤 사람이 그의 친구에게 꿈을 말하여 이르기를 보라 내가 한 꿈을 꾸었는데 꿈에 보리떡 한 덩어리가 미디안 진영으로 굴러 들어와 한 장막에 이르러 그것을 쳐서 무너뜨려 위쪽으로 엎으니 그 장막이 쓰러지더라 14 그의 친구가 대답하여 이르되 이는 다른 것이 아니라 이스라엘 사람 요아스의 아들 기드온의 칼이라 하나님이 미디안과

그 모든 진영을 그의 손에 넘겨 주셨느니라 하더라 15 기드온이 그 꿈과 해몽하는 말을 듣고 경배하며 이스라엘 진영으로 돌아와 이르되 일어나라 여호와께서 미디안과 그 모든 진영을 너희 손에 넘겨 주셨느니라 하고 16 삼백 명을 세 대로 나누어 각 손에 나팔과 빈 항아리를 들리고 항아리 안에는 횃불을 감추게 하고 17 그들에게 이르되 너희는 나만 보고 내가 하는 대로 하되 내가 그 진영 근처에 이르러서 내가 하는 대로 너희도 그리하여 18 나와 나를 따르는 자가 다 나팔을 불거든 너희도 모든 진영 주위에서 나팔을 불며 이르기를 여호와를 위하라, 기드온을 위하라 하라 하니라 19 기드온과 그와 함께 한 백 명이 이경 초에 진영 근처에 이른즉 바로 파수꾼들을 교대한 때라 그들이 나팔을 불며 손에 가졌던 항아리를 부수니라 20 세 대가 나팔을 불며 항아리를 부수고 왼손에 횃불을 들고 오른손에 나팔을 들어 불며 외쳐 이르되 여호와와 기드온의 칼이다 하고 21 각기 제자리에 서서 그 진영을 에워싸매 그 온 진영의 군사들이 뛰고 부르짖으며 도망하였는데 22 삼백 명이 나팔을 불 때에 여호와께서 그 온 진영에서 친구끼리 칼로 치게 하시므로 적군이 도망하여 스레라의 벧 싯다에 이르고 또 답밧에 가까운 아벨므홀라의 경계에 이르렀으며 23 이스라엘 사람들은 납달리와 아셀과 온 므낫세에서부터 부름을 받고 미디안을 추격하였더라 24 기드온이 사자들을 보내서 에브라임 온 산지로 두루 다니게 하여 이르기를 내려와서 미디안을 치고 그들을 앞질러 벧 바라와 요단 강에 이르는 수로를 점령하라 하매 이에 에브라임 사람들이 다 모여 벧 바라와 요단 강에 이르는 수로를 점령하고 25 또 미디안의 두 방백 오렙과 스엡을 사로잡아 오렙은 오렙 바위에서 죽이고 스엡은 스엡 포도주 틀에서 죽이고 미디안을 추격하였고 오렙과 스엡의 머리를 요단 강 건너편에서 기드온에게 가져왔더라

사사기 8장
기드온이 죽인 미디안 왕들
1 에브라임 사람들이 기드온에게 이르되 네가 미디안과 싸우러 갈 때에 우리를 부르지 아니하였으니 우리를 이같이 대접함은 어찌 됨이냐 하고 그와 크게 다투는지라 2 기드온이 그들에게 이르되 내가 이제 행한 일이 너희가 한 것에 비교되겠느냐 에브라임의 끝물 포도가 아비에셀의 맏물 포도보다 낫지 아니하냐 3 하나님이 미디안의 방백 오렙과 스엡을 너희 손에 넘겨 주셨으니 내가 한 일이 어찌 능히 너희가 한 것에 비교되겠느냐 하니라 기드온이 이 말을 하매 그 때에 그들의 노여움이 풀리니라 4 기드온과 그와 함께 한 자 삼백 명이 요단 강에 이르러 건너고 비록 피곤하나 추격하며 5 그가 숙곳 사람들에게 이르되 나

를 따르는 백성이 피곤하니 청하건대 그들에게 떡덩이를 주라 나는 미디안의 왕들인 세바와 살문나의 뒤를 추격하고 있노라 하니 6 숙곳의 방백들이 이르되 세바와 살문나의 손이 지금 네 손 안에 있다는거냐 어찌 우리가 네 군대에게 떡을 주겠느냐 하는지라 7 기드온이 이르되 그러면 여호와께서 세바와 살문나를 내 손에 넘겨 주신 후에 내가 들가시와 찔레로 너희 살을 찢으리라 하고 8 거기서 브누엘로 올라가서 그들에게도 그같이 구한즉 브누엘 사람들의 대답도 숙곳 사람들의 대답과 같은지라 9 기드온이 또 브누엘 사람들에게 말하여 이르되 내가 평안히 돌아올 때에 이 망대를 헐리라 하니라 10 이 때에 세바와 살문나가 갈골에 있는데 동방 사람의 모든 군대 중에 칼 든 자 십이만 명이 죽었고 그 남은 만 오천 명 가량은 그들을 따라와서 거기에 있더라 11 적군이 안심하고 있는 중에 기드온이 노바와 욕브하 동쪽 장막에 거주하는 자의 길로 올라가서 그 적진을 치니 12 세바와 살문나가 도망하는지라 기드온이 그들의 뒤를 추격하여 미디안의 두 왕 세바와 살문나를 사로잡고 그 온 진영을 격파하니라 13 요아스의 아들 기드온이 헤레스 비탈 전장에서 돌아오다가 14 숙곳 사람 중 한 소년을 잡아 그를 심문하매 그가 숙곳의 방백들과 장로들 칠십칠 명을 그에게 적어 준지라 15 기드온이 숙곳 사람들에게 이르러 말하되 너희가 전에 나를 희롱하여 이르기를 세바와 살문나의 손이 지금 네 손 안에 있다는거냐 어찌 우리가 네 피곤한 사람들에게 떡을 주겠느냐 한 그 세바와 살문나를 보라 하고 16 그 성읍의 장로들을 붙잡아 들가시와 찔레로 숙곳 사람들을 징벌하고 17 브누엘 망대를 헐며 그 성읍 사람들을 죽이니라 18 이에 그가 세바와 살문나에게 말하되 너희가 다볼에서 죽인 자들은 어떠한 사람들이더냐 하니 대답하되 그들이 너와 같아서 하나 같이 왕자들의 모습과 같더라 하니라 19 그가 이르되 그들은 내 형제들이며 내 어머니의 아들들이니라 여호와께서 살아 계심을 두고 맹세하노니 너희가 만일 그들을 살렸더라면 나도 너희를 죽이지 아니하였으리라 하고 20 그의 맏아들 여델에게 이르되 일어나 그들을 죽이라 하였으나 그 소년이 그의 칼을 빼지 못하였으니 이는 아직 어려서 두려워함이었더라 21 세바와 살문나가 이르되 네가 일어나 우리를 치라 사람이 어떠하면 그의 힘도 그러하니라 하니 기드온이 일어나 세바와 살문나를 죽이고 그들의 낙타 목에 있던 초승달 장식들을 떼어서 가지니라 22 그 때에 이스라엘 사람들이 기드온에게 이르되 당신이 우리를 미디안의 손에서 구원하셨으니 당신과 당신의 아들과 당신의 손자가 우리를 다스리소서 하는지라 23 기드온이 그들에게 이르되 내가 너희를 다스리지 아니하겠고 나의 아들도 너희를 다스리지 아니할 것이요 여호와께서 너희를 다스리시리라 하니라 24 기드온이 또 그들에게 이르되 내가 너희에게 요청

할 일이 있으니 너희는 각기 탈취한 귀고리를 내게 줄지니라 하였으니 이는 그들이 이스마엘 사람들이므로 금 귀고리가 있었음이라 25 무리가 대답하되 우리가 즐거이 드리리이다 하고 겉옷을 펴고 각기 탈취한 귀고리를 그 가운데에 던지니 26 기드온이 요청한 금 귀고리의 무게가 금 천칠백 세겔이요 그 외에 또 초승달 장식들과 패물과 미디안 왕들이 입었던 자색 의복과 또 그 외에 그들의 낙타 목에 둘렀던 사슬이 있었더라 27 기드온이 그 금으로 에봇 하나를 만들어 자기의 성읍 오브라에 두었더니 온 이스라엘이 그것을 음란하게 위하므로 그것이 기드온과 그의 집에 올무가 되니라 28 미디안이 이스라엘 자손 앞에 복종하여 다시는 그 머리를 들지 못하였으므로 기드온이 사는 사십 년 동안 그 땅이 평온하였더라

기드온이 죽다

29 요아스의 아들 여룹바알이 돌아가서 자기 집에 거주하였는데 30 기드온이 아내가 많으므로 그의 몸에서 낳은 아들이 칠십 명이었고 31 세겜에 있는 그의 첩도 아들을 낳았으므로 그 이름을 아비멜렉이라 하였더라 32 요아스의 아들 기드온이 나이가 많아 죽으매 아비에셀 사람의 오브라에 있는 그의 아버지 요아스의 묘실에 장사되었더라 33 기드온이 이미 죽으매 이스라엘 자손이 돌아서서 바알들을 따라가 음행하였으며 또 바알브릿을 자기들의 신으로 삼고 34 이스라엘 자손이 주위의 모든 원수들의 손에서 자기들을 건져내신 여호와 자기들의 하나님을 기억하지 아니하며 35 또 여룹바알이라 하는 기드온이 이스라엘에 베푼 모든 은혜를 따라 그의 집을 후대하지도 아니하였더라

삼손 신드롬

사사기에서 사사들 이야기 중 삼손에 대해 많은 부분을 할애하면서 언급하고 있음을 본다. 그렇다면 하나님은 삼손의 이야기를 통해서 하시고 싶은 많은 이야기가 있다는 것이다. 사실 삼손 이야기는 소설로 또는 영화나 오페라로까지 만들어지고 있다.

미국의 마크 애테베리 목사는 『삼손 신드롬』(이레서원 2005)이라는 그의 저서를 통해 삼손같이 강한 남자들이 범할 수 있는 12가지 문제를 지적한 적이 있다. 1) 죄의 경계선을 무시한다. 2) 정욕과 씨름한다. 3) 남의 조언을 무시한다. 4) 규칙을 깨뜨린다. 5) 자기 과시가 강하다. 6) 분노를 다루지 못한다. 7) 같은 실수를 되풀이한다. 8) 자아가 강하다. 9) 어리석은 모험을 잘한다. 10) 친밀한 관계가 없다. 11) 모든 것은 당연시한다. 12) 큰 그림을 보지 못한다.

이상의 문제점은 삼손이 당한 것들이다. 사사기 14장 이하 삼손의 기사를 읽을 때 위에 열거한 삼손의(또는 삼손과 같이 강한 남자들) 문제점들이 어떻게 나타나는가를 살펴보라.

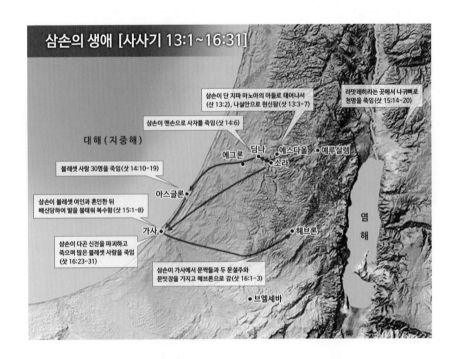

삼손의 생애 [사사기 13:1~16:31]

관련 성경 본문 읽기

삼손의 품성을 살펴봄이 좋을 듯하다. 그는 자기중심성이 매우 강한 자이었으며 무척 충동적인 사람인 것 같다. 과시욕이 강하며, 남의 조언을 쉽게 무시하고 죄의 경계선을 무시하는 경향이 있는 품성의 소유자인 것 같다.

사사기 13장

삼손이 태어나다

1 이스라엘 자손이 다시 여호와의 목전에 악을 행하였으므로 여호와께서 그들을 사십 년 동안 블레셋 사람의 손에 넘겨 주시니라 2 소라 땅에 단 지파의 가족 중에 마노아라 이름하는 자가 있더라 그의 아내가 임신하지 못하므로 출산하지 못하더니 3 여호와의 사자가 그 여인에게 나타나서 그에게 이르시되 보라 네가 본래 임신하지 못하므로 출산하지 못하였으나 이제 임신하여 아들을 낳으리니 4 그러므로 너는 삼가 포도주와 독주를 마시지 말며 어떤 부정한 것도 먹지 말지니라 5 보라 네가 임신하여 아들을 낳으리니 그의 머리 위에 삭도를 대지 말라 이 아이는 태에서 나옴으로부터 하나님께 바쳐진 나실인이 됨이라 그가 블레셋 사람의 손에서 이스라엘을 구원하기 시작하리라 하시니 6 이에 그 여인이 가서 그의 남편에게 말하여 이르되 하나님의 사람이 내게 오셨는데 그의 모습이 하나님의 사자의 용모 같아서 심히 두려우므로 어디서부터 왔는지를 내가 묻지 못하였고 그도 자기 이름을 내게 이르지 아니하였으며 7 그가 내게 이르기를 보라 네가 임신하여 아들을 낳으리니 이제 포도주와 독주를 마시지 말며 어떤 부정한 것도 먹지 말라 이 아이는 태에서부터 그가 죽는 날까지 하나님께 바쳐진 나실인이 됨이라 하더이다 하니라 8 마노아가 여호와께 기도하여 이르되 주여 구하옵나니 주께서 보내셨던 하나님의 사람을 우리에게 다시 오게 하사 우리가 그 낳을 아이에게 어떻게 행할지를 우리에게 가르치게 하소서 하니 9 하나님이 마노아의 목소리를 들으시니라 여인이 밭에 앉았을 때에 하나님의 사자가 다시 그에게 임하였으나 그의 남편 마노아는 함께 있지 아니한지라 10 여인이 급히 달려가서 그의 남편에게 알리어 이르되

삼손

• 12대 사사

• 삼손은 나실인이었다. 나실인은 민수기에 나오는데 특수한 일을 위해 하나님께 바쳐진 사람들을 말한다. 종신 나실인과 임시 나실인이 있다. 임시 나실인은 그 임무가 끝나면 보통 사람을 위치로 돌아간다.

나실인으로 선택되면 그 지위에 있는 동안 ① 독주를 마시면 안 된다.② 머리를 자르면 안 된다. ③ 시체를 만지면 안 된다.

이것은 특별히 성결해야 한다는 의미다.

그런데 삼손은 이것을 어긴다. 자기중심성이 강하였기 때문이다. 하지만 그는 하나님의 사역을 위해 마지막 한순간의 삶을 불사른다.

보소서 전일에 내게 오셨던 그 사람이 내게 나타났나이다 하매 **11** 마노아가 일어나 아내를 따라가서 그 사람에게 이르러 그에게 묻되 당신이 이 여인에게 말씀하신 그 사람이니이까 하니 이르되 내가 그로다 하니라 **12** 마노아가 이르되 이제 당신의 말씀대로 되기를 원하나이다 이 아이를 어떻게 기르며 우리가 그에게 어떻게 행하리이까 **13** 여호와의 사자가 마노아에게 이르되 내가 여인에게 말한 것들을 그가 다 삼가서 **14** 포도나무의 소산을 먹지 말며 포도주와 독주를 마시지 말며 어떤 부정한 것도 먹지 말고 내가 그에게 명령한 것은 다 지킬 것이니라 하니라 **15** 마노아가 여호와의 사자에게 말하되 구하옵나니 당신은 우리에게 머물러서 우리가 당신을 위하여 염소 새끼 하나를 준비하게 하소서 하니 **16** 여호와의 사자가 마노아에게 이르되 네가 비록 나를 머물게 하나 내가 네 음식을 먹지 아니하리라 번제를 준비하려거든 마땅히 여호와께 드릴지니라 하니 이는 그가 여호와의 사자인 줄을 마노아가 알지 못함이었더라 **17** 마노아가 또 여호와의 사자에게 말하되 당신의 이름이 무엇이니이까 당신의 말씀이 이루어질 때에 우리가 당신을 존귀히 여기리이다 하니 **18** 여호와의 사자가 그에게 이르되 어찌하여 내 이름을 묻느냐 내 이름은 기묘자라 하니라 **19** 이에 마노아가 염소 새끼와 소제물을 가져다가 바위 위에서 여호와께 드리매 이적이 일어난지라 마노아와 그의 아내가 본즉 **20** 불꽃이 제단에서부터 하늘로 올라가는 동시에 여호와의 사자가 제단 불꽃에 휩싸여 올라간지라 마노아와 그의 아내가 그것을 보고 그들의 얼굴을 땅에 대고 엎드리니라 **21** 여호와의 사자가 마노아와 그의 아내에게 다시 나타나지 아니하니 마노아가 그제야 그가 여호와의 사자인 줄 알고 **22** 그의 아내에게 이르되 우리가 하나님을 보았으니 반드시 죽으리로다 하니 **23** 그의 아내가 그에게 이르되 여호와께서 우리를 죽이려 하셨더라면 우리 손에서 번제와 소제를 받지 아니하셨을 것이요 이 모든 일을 보이지 아니하셨을 것이며 이제 이런 말씀도 우리에게 이르지 아니하셨으리이다 하였더라 **24** 그 여인이 아들을 낳으매 그의 이름을 삼손이라 하니라 그 아이가 자라매 여호와께서 그에게 복을 주시더니 **25** 소라와 에스다올 사이 마하네단에서 여호와의 영이 그를 움직이기 시작하셨더라

사사기 14장
삼손과 딤나의 여자
1 삼손이 딤나에 내려가서 거기서 블레셋 사람의 딸들 중에서 한 여자를 보고 **2** 올라와서 자기 부모에게 말하여 이르되 내가 딤나에서 블레셋 사람의 딸들 중에서 한 여자를 보았사오니 이제 그를 맞이하여 내 아내로 삼게 하소서 하매 **3** 그의 부모가 그에게 이르되 네 형제들의 딸

들 중에나 내 백성 중에 어찌 여자가 없어서 네가 할례 받지 아니한 블레셋 사람에게 가서 아내를 맞으려 하느냐 하니 삼손이 그의 아버지에게 이르되 내가 그 여자를 좋아하오니 나를 위하여 그 여자를 데려오소서 하니라 4 그 때에 블레셋 사람이 이스라엘을 다스린 까닭에 삼손이 틈을 타서 블레셋 사람을 치려 함이었으나 그의 부모는 이 일이 여호와께로부터 나온 것인 줄은 알지 못하였더라 5 삼손이 그의 부모와 함께 딤나에 내려가 딤나의 포도원에 이른즉 젊은 사자가 그를 보고 소리 지르는지라 6 여호와의 영이 삼손에게 강하게 임하니 그가 손에 아무것도 없이 그 사자를 염소 새끼를 찢는 것 같이 찢었으나 그는 자기가 행한 일을 부모에게 알리지 아니하였더라 7 그가 내려가서 그 여자와 말하니 그 여자가 삼손의 눈에 들었더라 8 얼마 후에 삼손이 그 여자를 맞이하려고 다시 가다가 돌이켜 그 사자의 주검을 본즉 사자의 몸에 벌 떼와 꿀이 있는지라 9 손으로 그 꿀을 떠서 걸어가며 먹고 그의 부모에게 이르러 그들에게 그것을 드려서 먹게 하였으나 그 꿀을 사자의 몸에서 떠왔다고는 알리지 아니하였더라 10 삼손의 아버지가 여자에게로 내려가매 삼손이 거기서 잔치를 베풀었으니 청년들은 이렇게 행하는 풍속이 있음이더라 11 무리가 삼손을 보고 삼십 명을 데려와서 친구를 삼아 그와 함께 하게 한지라 12 삼손이 그들에게 이르되 이제 내가 너희에게 수수께끼를 내리니 잔치하는 이레 동안에 너희가 그것을 풀어 내게 말하면 내가 베옷 삼십 벌과 겉옷 삼십 벌을 너희에게 주리라 13 그러나 그것을 능히 내게 말하지 못하면 너희가 내게 베옷 삼십 벌과 겉옷 삼십 벌을 줄지니라 하니 그들이 이르되 네가 수수께끼를 내면 우리가 그것을 들으리라 하매 14 삼손이 그들에게 이르되 먹는 자에게서 먹는 것이 나오고 강한 자에게서 단 것이 나왔느니라 하니라 그들이 사흘이 되도록 수수께끼를 풀지 못하였더라 15 일곱째 날에 이르러 그들이 삼손의 아내에게 이르되 너는 네 남편을 꾀어 그 수수께끼를 우리에게 알려 달라 하라 그렇지 아니하면 너와 네 아버지의 집을 불사르리라 너희가 우리의 소유를 빼앗고자 하여 우리를 청한 것이 아니냐 그렇지 아니하냐 하니 16 삼손의 아내가 그의 앞에서 울며 이르되 당신이 나를 미워할 뿐이요 사랑하지 아니하는도다 우리 민족에게 수수께끼를 말하고 그 뜻을 내게 알려 주지 아니하도다 하는지라 삼손이 그에게 이르되 보라 내가 그것을 나의 부모에게도 알려 주지 아니하였거든 어찌 그대에게 알게 하리요 하였으나 17 칠 일 동안 그들이 잔치할 때 그의 아내가 그 앞에서 울며 그에게 강요함으로 일곱째 날에는 그가 그의 아내에게 수수께끼를 알려 주매 그의 아내가 그것을 자기 백성들에게 알려 주었더라 18 일곱째 날 해 지기 전에 성읍 사람들이 삼손에게 이르되 무엇이 꿀보다 달겠으며 무엇이 사자보다 강하겠느냐 한지라 삼손이 그들에게 이르되 너희가 내 암송아지로 밭 갈지 아니하였더라면 내 수수께끼를 능히 풀지 못하였으리라 하니라 19 여호와의 영이 삼손에게 갑자기 임하시매 삼손이 아스글론에 내려가서 그 곳 사람 삼십명을 쳐죽이고 노략하여 수수께끼 푼 자들에게 옷을 주고 심히 노하여 그의 아버지의 집으로 올라갔고 20 삼손의 아내는 삼손의 친구였던 그의 친구에게 준 바 되었더라

사사기 15장

1 얼마 후 밀 거둘 때에 삼손이 염소 새끼를 가지고 그의 아내에게로 찾아 가서 이르되 내가 방에 들어가 내 아내를 보고자 하노라 하니 장인이 들어오지 못하게 하고 2 이르되 네가 그를 심히 미워하는 줄 알고 그를 네 친구에게 주었노라 그의 동생이 그보다 더 아름답지 아니하냐 청하노니 너는 그를 대신하여 동생을 아내로 맞이하라 하니 3 삼손이 그들에게 이르되 이번은 내가 블레셋 사람들을 해할지라도 그들에게 대하여 내게 허물이 없을 것이니라 하고 4 삼손이 가서 여우 삼백 마리를 붙들어서 그 꼬리와 꼬리를 매고 홰를 가지고 그 두 꼬리 사이에 한 홰를 달고 5 홰에 불을 붙이고 그것을 블레셋 사람들의 곡식 밭으로 몰아 들여서 곡식 단과 아직 베지 아니한 곡식과 포도원과 감람나무들을 사른지라 6 블레셋 사람들이 이르되 누가 이 일을 행하였느냐 하니 사람들이 대답하되 딤나 사람의 사위 삼손이니 장인이 삼손의 아내를 빼앗아 그의 친구에게 준 까닭이라 하였더라 블레셋 사람들이 올라가서 그 여인과 그의 아버지를 불사르니라 7 삼손이 그들에게 이르되 너희가 이같이 행하였은즉 내가 너희에게 원수를 갚고야 말리라 하고 8 블레셋 사람들의 정강이와 넓적다리를 크게 쳐서 죽이고 내려가서 에담 바위 틈에 머물렀더라

삼손이 블레셋을 치다

9 이에 블레셋 사람들이 올라와 유다에 진을 치고 레히에 가득한지라 10 유다 사람들이 이르되 너희가 어찌하여 올라와서 우리를 치느냐 그들이 대답하되 우리가 올라온 것은 삼손을 결박하여 그가 우리에게 행한 대로 그에게 행하려 함이로라 하는지라 11 유다 사람 삼천 명이 에담 바위 틈에 내려가서 삼손에게 이르되 너는 블레셋 사람이 우리를 다스리는 줄을 알지 못하느냐 네가 어찌하여 우리에게 이같이 행하였느냐 하니 삼손이 그들에게 이르되 그들이 내게 행한 대로 나도 그들에게 행하였노라 하니라 12 그들이 삼손에게 이르되 우리가 너를 결박하여 블레셋 사람의 손에 넘겨 주려고 내려왔노라 하니 삼손이 그들에게 이르되 너희가 나를 치지 아니하겠다고 내게 맹세하라 하매 13 그들이 삼손

에게 말하여 이르되 아니라 우리가 다만 너를 단단히 결박하여 그들의 손에 넘겨 줄 뿐이요 우리가 결단코 너를 죽이지 아니하리라 하고 새 밧줄 둘로 결박하고 바위 틈에서 그를 끌어내니라 14 삼손이 레히에 이르매 블레셋 사람들이 그에게로 마주 나가며 소리 지를 때 여호와의 영이 삼손에게 갑자기 임하시매 그의 팔 위의 밧줄이 불탄 삼과 같이 그의 결박되었던 손에서 떨어진지라 15 삼손이 나귀의 새 턱뼈를 보고 손을 내밀어 집어들고 그것으로 천 명을 죽이고 16 이르되 나귀의 턱뼈로 한 더미, 두 더미를 쌓았음이여 나귀의 턱뼈로 내가 천 명을 죽였도다 하니라 17 그가 말을 마치고 턱뼈를 자기 손에서 내던지고 그 곳을 라맛 레히라 이름하였더라 18 삼손이 심히 목이 말라 여호와께 부르짖어 이르되 주께서 종의 손을 통하여 이 큰 구원을 베푸셨사오나 내가 이제 목말라 죽어서 할례 받지 못한 자들의 손에 떨어지겠나이다 하니 19 하나님이 레히에서 한 우묵한 곳을 터뜨리시니 거기서 물이 솟아나오는지라 삼손이 그것을 마시고 정신이 회복되어 소생하니 그러므로 그 샘 이름을 엔학고레라 불렀으며 그 샘이 오늘까지 레히에 있더라 20 블레셋 사람의 때에 삼손이 이스라엘의 사사로 이십 년 동안 지냈더라

사사기 16장

삼손이 가사에 가다

1 삼손이 가사에 가서 거기서 한 기생을 보고 그에게로 들어갔더니 2 가사 사람들에게 삼손이 왔다고 알려지매 그들이 곧 그를 에워싸고 밤새도록 성문에 매복하고 밤새도록 조용히 하며 이르기를 새벽이 되거든 그를 죽이리라 하였더라 3 삼손이 밤중까지 누워 있다가 그 밤중에 일어나 성 문짝들과 두 문설주와 문빗장을 빼어 가지고 그것을 모두 어깨에 메고 헤브론 앞산 꼭대기로 가니라

삼손과 들릴라

4 이 후에 삼손이 소렉 골짜기의 들릴라라 이름하는 여인을 사랑하매 5 블레셋 사람의 방백들이 그 여인에게로 올라가서 그에게 이르되 삼손을 꾀어서 무엇으로 말미암아 그 큰 힘이 생기는지 그리고 우리가 어떻게 하면 능히 그를 결박하여 굴복하게 할 수 있을는지 알아보라 그리하면 우리가 각각 은 천백 개씩을 네게 주리라 하니 6 들릴라가 삼손에게 말하되 청하건대 당신의 큰 힘이 무엇으로 말미암아 생기며 어떻게 하면 능히 당신을 결박하여 굴복하게 할 수 있을는지 내게 말하라 하니 7 삼손이 그에게 이르되 만일 마르지 아니한 새 활줄 일곱으로 나를 결박하면 내가 약해져서 다른 사람과 같으리라 8 블레셋 사람의 방백들이 마르지 아니한 새 활줄 일곱을 여인에게로 가져오매 그가 그것으로

삼손을 결박하고 9 이미 사람을 방 안에 매복시켰으므로 삼손에게 말하되 삼손이여 블레셋 사람들이 당신에게 들이닥쳤느니라 하니 삼손이 그 줄들을 끊기를 불탄 삼실을 끊음 같이 하였고 그의 힘의 근원은 알아내지 못하니라 10 들릴라가 삼손에게 이르되 보라 당신이 나를 희롱하여 내게 거짓말을 하였도다 청하건대 무엇으로 당신을 결박할 수 있을는지 이제는 내게 말하라 하니 11 삼손이 그에게 이르되 만일 쓰지 아니한 새 밧줄들로 나를 결박하면 내가 약해져서 다른 사람과 같으리라 하니라 12 들릴라가 새 밧줄들을 가져다가 그것들로 그를 결박하고 그에게 이르되 삼손이여 블레셋 사람이 당신에게 들이닥쳤느니라 하니 삼손이 팔 위의 줄 끊기를 실을 끊음 같이 하였고 그 때에도 사람이 방 안에 매복하였더라 13 들릴라가 삼손에게 이르되 당신이 이 때까지 나를 희롱하여 내게 거짓말을 하였도다 내가 무엇으로 당신을 결박할 수 있을는지 내게 말하라 하니 삼손이 그에게 이르되 그대가 만일 나의 머리털 일곱 가닥을 베틀의 날실에 섞어 짜면 되리라 하는지라 14 들릴라가 바디로 그 머리털을 단단히 짜고 그에게 이르되 삼손이여 블레셋 사람들이 당신에게 들이닥쳤느니라 하니 삼손이 잠을 깨어 베틀의 바디와 날실을 다 빼내니라 15 들릴라가 삼손에게 이르되 당신의 마음이 내게 있지 아니하면서 당신이 어찌 나를 사랑한다 하느냐 당신이 이로써 세 번이나 나를 희롱하고 당신의 큰 힘이 무엇으로 말미암아 생기는지를 내게 말하지 아니하였도다 하며 16 날마다 그 말로 그를 재촉하여 조르매 삼손의 마음이 번뇌하여 죽을 지경이라 17 삼손이 진심을 드러내어 그에게 이르되 내 머리 위에는 삭도를 대지 아니하였나니 이는 내가 모태에서부터 하나님의 나실인이 되었음이라 만일 내 머리가 밀리면 내 힘이 내게서 떠나고 나는 약해져서 다른 사람과 같으리라 하니라 18 들릴라가 삼손이 진심을 다 알려 주므로 사람을 보내어 블레셋 사람들의 방백들을 불러 이르되 삼손이 내게 진심을 알려 주었으니 이제 한 번만 올라오라 하니 블레셋 방백들이 손에 은을 가지고 그 여인에게로 올라오니라 19 들릴라가 삼손에게 자기 무릎을 베고 자게 하고 사람을 불러 그의 머리털 일곱 가닥을 밀고 괴롭게 하여 본즉 그의 힘이 없어졌더라 20 들릴라가 이르되 삼손이여 블레셋 사람이 당신에게 들이닥쳤느니라 하니 삼손이 잠을 깨며 이르기를 내가 전과 같이 나가서 몸을 떨치리라 하였으나 여호와께서 이미 자기를 떠나신 줄을 깨닫지 못하였더라 21 블레셋 사람들이 그를 붙잡아 그의 눈을 빼고 끌고 가사에 내려가 놋 줄로 매고 그에게 옥에서 맷돌을 돌리게 하였더라 22 그의 머리털이 밀린 후에 다시 자라기 시작하니라

삼손이 죽다

23 블레셋 사람의 방백들이 이르되 우리의 신이 우리 원수 삼손을 우리 손에 넘겨 주었다 하고 다 모여 그들의 신 다곤에게 큰 제사를 드리고 즐거워하고 24 백성들도 삼손을 보았으므로 이르되 우리의 땅을 망쳐 놓고 우리의 많은 사람을 죽인 원수를 우리의 신이 우리 손에 넘겨 주었다 하고 자기들의 신을 찬양하며 25 그들의 마음이 즐거울 때에 이르되 삼손을 불러다가 우리를 위하여 재주를 부리게 하자 하고 옥에서 삼손을 불러내매 삼손이 그들을 위하여 재주를 부리니라 그들이 삼손을 두 기둥 사이에 세웠더니 26 삼손이 자기 손을 붙든 소년에게 이르되 나에게 이 집을 버틴 기둥을 찾아 그것을 의지하게 하라 하니라 27 그 집에는 남녀가 가득하니 블레셋 모든 방백들도 거기에 있고 지붕에 있는 남녀도 삼천 명 가량이라 다 삼손이 재주 부리는 것을 보더라 28 삼손이 여호와께 부르짖어 이르되 주 여호와여 구하옵나니 나를 생각하옵소서 하나님이여 구하옵나니 이번만 나를 강하게 하사 나의 두 눈을 뺀 블레셋 사람에게 원수를 단번에 갚게 하옵소서 하고 29 삼손이 집을 버틴 두 기둥 가운데 하나는 왼손으로 하나는 오른손으로 껴 의지하고 30 삼손이 이르되 블레셋 사람과 함께 죽기를 원하노라 하고 힘을 다하여 몸을 굽히매 그 집이 곧 무너져 그 안에 있는 모든 방백들과 온 백성에게 덮이니 삼손이 죽을 때에 죽인 자가 살았을 때에 죽인 자보다 더욱 많았더라 31 그의 형제와 아버지의 온 집이 다 내려가서 그의 시체를 가지고 올라가서 소라와 에스다올 사이 그의 아버지 마노아의 장지에 장사하니라 삼손이 이스라엘의 사사로 이십 년 동안 지냈더라.

삿 17장~21장에서 읽는 이 시대의 문제들 - 직무유기의 레위와 시대의 난맥상

1장에서 언급한 것처럼 "쫓아내지 못함"으로 이스라엘 백성은 결국 우상 숭배에 빠져 섞임으로 하나님의 백성으로서의 정체성을 잃어버리고 만다. 그 정체성을 상실한 백성들의 난맥상이 어떤 것인가를 17장~21장에서 보여주고 있다. 21:15에 "그 때에 이스라엘에 왕이 없으므로 사람이 각각 그 소견에 옳은 대로 행하였더라"하고 했다. 결국 그들은 자기 소견 즉 인위(人爲)의 삶을 살았다. 이것이 오늘날에는 하나님 없이 인간의 힘으로 살아가려는 현대인의 모습이다. 그것이 뉴에이지(New Age)운동이고, "긍정의 힘"이 주장하는 요점이기도 하다. 그러나 성경은 분명히 말한다.

잠 16:9 사람이 마음으로 자기의 길을 계획할지라도 그 걸음을 인도하는 자는 여호와시니라

잠 16:33 사람이 제비는 뽑으나 일을 작정하기는 여호와께 있느니라

시 37:5 너의 길을 여호와께 맡기라 저를 의지하면 저가 이루시고

난맥상 ① 미가의 신상: 단 지파의 이주(17~18장)

이 시기는 아마 블레셋의 압박으로 인해 단 지파가 이스라엘 북단으로 대량 이주했던 시기와 관련되는 시기일 것 같다. 단 지파는 제대로 자리조차 잡지 못하고 있는 모습을 본다. 그런 자들이 어찌 '진멸 작전'을 펼 수가 있겠는가! 미가가 만든 신상은 율법에서 엄금하는 것이다(출애굽기 20:4). '에봇'과 '드라빔'(가정의 신들)으로 점치는 일도 엄금하고 있다. 더더구나 미가에게는 젊은 레위인을 제사장으로 임명할 권한이 전혀 없다. 그리고 이 신상이라는 것은 미가가 훔쳤다가 내 놓은 은전으로 만든 것이다. 일종의 장물이다. 그 우상에 레위인이 제사장이 되다니…

난맥상 ② 기브아에서의 강간사건: 베냐민 자손에 대한 징벌(19~21장)

19장 이하에서 하나님의 율법을 가르쳐야 할 레위인이 얼마나 타락했는지를 잘 보여주고 있다. 그 이유는 바로 "쫓아내지 못했기" 때문이라는 사실을 염두에 두고 읽어야 한다. 왕이 없었다는 것은 인간 왕이 없다는 것만을 의미하지 않고, 그들의 삶의 인도자이신 하나님을 왕으로 순종하는 신앙이 없었다는 뜻이다. 그러기에 삶의 본이 되어야 할 레위인이 첩을 두었고, 소돔과 고모라와

비슷한 상황이 벌어지며, 그 첩은 베냐민에 속한 기브아 사람들에게 윤간당하며 살해되는 끔찍한 사건이 일어나고, 그녀의 남편인 레위는 그녀의 몸을 잔인하게 열 두 토막으로 나누어 열두 지파에 보냄으로써 복수를 호소한다(20장). 베냐민 자손이 범죄자들(기브아 사람들)을 넘겨주지 않음으로써 내전이 일어난다. 그 결과 베냐민 자손이 거의 멸절되다시피 하는 민족적인 비극을 맞는다. 이와 같은 어처구니없는 일들은 바로 인간들이 자기의 소견대로 행한 결과이다. 자기 소견대로 행했다는 것은 바로 인위(人爲)를 말하는 것이다. 하나님이 없는 인간이 하는 일은 도덕 무감각증에 걸릴 수밖에 없다.

이런 문제의 중심에는 하나님을 섬기기 위해 특별히 선택된 레위인들이 제 위치를 지켜내지 못했음이 주원인이다. 레위인들에게는 땅이 할당되지 않았고, 48 성읍으로 배치하여 각 지파에게 모세의 명한 대로 여호와의 규례를 가르치는 일을 감당해야 함에도(수 21장; 레 10:11), 본문의 레위인은 '거할 곳을 찾고자 하여' 돌아다니고 있었다. 그는 자신의 직분을 미가에게 팔고 미가의 신성시하는 물건을 훔쳐서 단 지파에게 전달한다. 단 지파는 북쪽에 새 성소를 세워 당시 이스라엘의 참된 신앙 중심지였던 실로에 맞서게 한다. 이와 같은 레위의 직무유기가 사사 시대의 총체적 난맥상을 만들어 낸 것이다.

그 시대의 정신을 주도해야 할 종교인이 부패하면 그 시대는 망한다. 세계의 정신문화 역사를 통해서 확연히 볼 수 있는 일이다. 오늘 이 시대의 정신을 주도해 갈 하나님의 사람, 특히 교회의 교역자들과 지도자들은 구약의 레위인들에게 주어진 사명과 동일한 사명을 받은 자들인데 그 사명을 잘 감당하고 있는가? 한국과 세계의 정신문화와 세계관을 주도적으로 선도하고 있는가? 깊이 생각하고, 회개하고, 본연의 사명으로 반드시 돌아가야 한다. 그것만이 우리의 살길이기 때문이다.

관련 성경 본문 읽기

사사기 17장

미가 집의 제사장

1 에브라임 산지에 미가라 이름하는 사람이 있더니 2 그의 어머니에게 이르되 어머니께서 은 천백을 잃어버리셨으므로 저주하시고 내 귀에도 말씀하셨더니 보소서 그 은이 내게 있나이다 내가 그것을 가졌나이다 하니 그의 어머니가 이르되 내 아들이 여호와께 복 받기를 원하노라 하니라 3 미가가 은 천백을 그의 어머니에게 도로 주매 그의 어머니가 이르되 내가 내 아들을 위하여 한 신상을 새기며 한 신상을 부어 만들기 위해 내 손에서 이 은을 여호와께 거룩히 드리노라 그러므로 내가 이제 이 은을 네게 도로 주리라 4 미가가 그 은을 그의 어머니에게 도로 주었으므로 어머니가 그 은 이백을 가져다 은장색에게 주어 한 신상을 새기고 한 신상을 부어 만들었더니 그 신상이 미가의 집에 있더라 5 그 사람 미가에게 신당이 있으므로 그가 에봇과 드라빔을 만들고 한 아들을 세워 그의 제사장으로 삼았더라 6 그 때에는 이스라엘에 왕이 없었으므로 사람마다 자기 소견에 옳은 대로 행하였더라 7 유다 가족에 속한 유다 베들레헴에 한 청년이 있었으니 그는 레위인으로서 거기서 거류하였더라 8 그 사람이 거주할 곳을 찾고자 하여 그 성읍 유다 베들레헴을 떠나 가다가 에브라임 산지로 가서 미가의 집에 이르매 9 미가가 그에게 묻되 너는 어디서부터 오느냐 하니 그가 이르되 나는 유다 베들레헴의 레위인으로서 거류할 곳을 찾으러 가노라 하는지라 10 미가가 그에게 이르되 네가 나와 함께 거주하며 나를 위하여 아버지와 제사장이 되라 내가 해마다 은 열과 의복 한 벌과 먹을 것을 주리라 하므로 그 레위인이 들어갔더라 11 그 레위인이 그 사람과 함께 거주하기를 만족하게 생각했으니 이는 그 청년이 미가의 아들 중 하나 같이 됨이라 12 미가가 그 레위인을 거룩하게 구별하매 그 청년이 미가의 제사장이 되어 그 집에 있었더라 13 이에 미가가 이르되 레위인이 내 제사장이 되었으니 이제 여호와께서 내게 복 주실 줄을 아노라 하니라

미가와 단 지파

1 그 때에 이스라엘에 왕이 없었고 단 지파는 그 때에 거주할 기업의 땅을 구하는 중이었으니 이는 그들이 이스라엘 지파 중에서 그 때까지 기업을 분배 받지 못하였음이라 2 단 자손이 소라와 에스다올에서부터 그들의 가족 가운데 용맹스런 다섯 사람을 보내어 땅을 정탐하고 살피게 하며 그들에게 이르되 너희는 가서 땅을 살펴보라 하매 그들이 에브라임 산지에 가서 미가의 집에 이르러 거기서 유숙하니라 3 그들이 미가의 집에 있을 때에 그 레위 청년의 음성을 알아듣고 그리로 돌아가서 그에게 이르되 누가 너를 이리로 인도하였으며 네가 여기서 무엇을 하며 여기서 무엇을 얻었느냐 하니 4 그가 그들에게 이르되 미가가 이러이러하게 나를 대접하고 나를 고용하여 나를 자기의 제사장으로 삼았느니라 하니라 5 그들이 그에게 이르되 청하건대 우리를 위하여 하나님께 물어 보아서 우리가 가는 길이 형통할는지 우리에게 알게 하라 하니 6 그 제사장이 그들에게 이르되 평안히 가

● 단 지파의 북진 이동 경로

라 너희가 가는 길은 여호와 앞에 있느니라 하니라 7 이에 다섯 사람이 떠나 라이스에 이르러 거기 있는 백성을 본즉 염려 없이 거주하며 시돈 사람들이 사는 것처럼 평온하며 안전하니 그 땅에는 부족한 것이 없으며 부를 누리며 시돈 사람들과 거리가 멀고 어떤 사람과도 상종하지 아니함이라 8 그들이 소라와 에스다올에 돌아가서 그들의 형제들에게 이르매 형제들이 그들에게 묻되 너희가 보기에 어떠하더냐 하니 9 이르되 일어나 그들을 치러 올라가자 우리가 그 땅을 본즉 매우 좋더라 너희는 가만히 있느냐 나아가서 그 땅 얻기를 게을리 하지 말라 10 너희가 가면 평화로운 백성을 만날 것이요 그 땅은 넓고 그 곳에는 세상에 있는 것이 하나도 부족함이 없느니라 하나님이 그 땅을 너희 손에 넘겨 주셨느니라 하는지라 11 단 지파의 가족 중 육백 명이 무기를 지니고 소라와 에스다올에서 출발하여 12 올라가서 유다에 있는 기럇여아림에 진 치니 그러므로 그 곳 이름이 오늘까지 마하네 단이며 그 곳은 기럇여아림 뒤에 있더라 13 무리가 거기서 떠나 에브라임 산지 미가의 집에 이르니라 14 전에 라이스 땅을 정탐하러 갔던 다섯 사람이 그 형제들에게 말하여 이르되 이 집에 에봇과 드라빔과 새긴 신상과 부어 만든 신상이 있는 줄을 너희가 아느냐 그런즉 이제 너희는 마땅히 행할 것을 생각하라 하고 15 다섯 사람이 그 쪽으로 향하여 그 청년 레위 사람의 집 곧 미가의 집에 이르러 그에게 문안하고 16 단 자손 육백 명은 무기를 지니고 문 입구에 서니라 17 그 땅을 정탐하러 갔던 다섯 사람이 그

리로 들어가서 새긴 신상과 에봇과 드라빔과 부어 만든 신상을 가져갈 때에 그 제사장은 무기를 지닌 육백 명과 함께 문 입구에 섰더니 18 그 다섯 사람이 미가의 집에 들어가서 그 새긴 신상과 에봇과 드라빔과 부어 만든 신상을 가지고 나오매 그 제사장이 그들에게 묻되 너희가 무엇을 하느냐 하니 19 그들이 그에게 이르되 잠잠하라 네 손을 입에 대라 우리와 함께 가서 우리의 아버지와 제사장이 되라 네가 한 사람의 집의 제사장이 되는 것과 이스라엘의 한 지파 한 족속의 제사장이 되는 것 중에서 어느 것이 낫겠느냐 하는지라 20 그 제사장이 마음에 기뻐하여 에봇과 드라빔과 새긴 우상을 받아 가지고 그 백성 가운데로 들어가니라 21 그들이 돌이켜서 어린 아이들과 가축과 값진 물건들을 앞세우고 길을 떠나더니 22 그들이 미가의 집을 멀리 떠난 때에 미가의 이웃집 사람들이 모여서 단 자손을 따라 붙어서 23 단 자손을 부르는지라 그들이 얼굴을 돌려 미가에게 이르되 네가 무슨 일로 이같이 모아 가지고 왔느냐 하니 24 미가가 이르되 내가 만든 신들과 제사장을 빼앗아 갔으니 이제 내게 오히려 남은 것이 무엇이냐 너희가 어찌하여 나더러 무슨 일이냐고 하느냐 하는지라 25 단 자손이 그에게 이르되 네 목소리를 우리에게 들리게 하지 말라 노한 자들이 너희를 쳐서 네 생명과 네 가족의 생명을 잃게 할까 하노라 하고 26 단 자손이 자기 길을 간지라 미가가 단 자손이 자기보다 강한 것을 보고 돌이켜 집으로 돌아갔더라 27 단 자손이 미가가 만든 것과 그 제사장을 취하여 라이스에 이르러 한가하고 걱정 없이 사는 백성을 만나 칼날로 그들을 치며 그 성읍을 불사르되 28 그들을 구원할 자가 없었으니 그 성읍이 베드르홉 가까운 골짜기에 있어서 시돈과 거리가 멀고 상종하는 사람도 없음이었더라 단 자손이 성읍을 세우고 거기 거주하면서 29 이스라엘에게서 태어난 그들의 조상 단의 이름을 따라 그 성읍을 단이라 하니라 그 성읍의 본 이름은 라이스였더라 30 단 자손이 자기들을 위하여 그 새긴 신상을 세웠고 모세의 손자요 게르솜의 아들인 요나단과 그의 자손은 단 지파의 제사장이 되어 그 땅 백성이 사로잡히는 날까지 이르렀더라 31 하나님의 집이 실로에 있을 동안에 미가가 만든 바 새긴 신상이 단 자손에게 있었더라

사사기 19장
어떤 레위 사람과 그의 첩
1 이스라엘에 왕이 없을 그 때에 에브라임 산지 구석에 거류하는 어떤 레위 사람이 유다 베들레헴에서 첩을 맞이하였더니 2 그 첩이 행음하고 남편을 떠나 유다 베들레헴 그의 아버지의 집에 돌아가서 거기서 넉 달 동안을 지내매 3 그의 남편이 그 여자에게 다정하게 말하고 그를 데려

오고자 하여 하인 한 사람과 나귀 두 마리를 데리고 그에게로 가매 여자가 그를 인도하여 아버지의 집에 들어가니 그 여자의 아버지가 그를 보고 기뻐하니라 4 그의 장인 곧 그 여자의 아버지가 그를 머물게 하매 그가 삼 일 동안 그와 함께 머물며 먹고 마시며 거기서 유숙하다가 5 넷째 날 아침에 일찍이 일어나 떠나고자 하매 그 여자의 아버지가 그의 사위에게 이르되 떡을 조금 먹고 그대의 기력을 돋운 후에 그대의 길을 가라 하니라 6 두 사람이 앉아서 함께 먹고 마시매 그 여자의 아버지가 그 사람에게 이르되 청하노니 이 밤을 여기서 유숙하여 그대의 마음을 즐겁게 하라 하니 7 그 사람이 일어나서 가고자 하되 그의 장인의 간청으로 거기서 다시 유숙하더니 8 다섯째 날 아침에 일찍이 일어나 떠나고자 하매 그 여자의 아버지가 이르되 청하노니 그대의 기력을 돋우고 해가 기울도록 머물라 하므로 두 사람이 함께 먹고 9 그 사람이 첩과 하인과 더불어 일어나 떠나고자 하매 그의 장인 곧 그 여자의 아버지가 그에게 이르되 보라 이제 날이 저물어 가니 청하건대 이 밤도 유숙하라 보라 해가 기울었느니라 그대는 여기서 유숙하여 그대의 마음을 즐겁게 하고 내일 일찍이 그대의 길을 가서 그대의 집으로 돌아가라 하니 10 그 사람이 다시 밤을 지내고자 하지 아니하여 일어나서 떠나 여부스 맞은편에 이르렀으니 여부스는 곧 예루살렘이라 안장 지운 나귀 두 마리와 첩이 그와 함께 하였더라 11 그들이 여부스에 가까이 갔을 때에 해가 지려 하는지라 종이 주인에게 이르되 청하건대 우리가 돌이켜 여부스 사람의 이 성읍에 들어가서 유숙하십시다 하니 12 주인이 그에게 이르되 우리가 돌이켜 이스라엘 자손에게 속하지 아니한 이방 사람의 성읍으로 들어갈 것이 아니니 기브아로 나아가리라 하고 13 또 그 종에게 이르되 우리가 기브아나 라마 중 한 곳에 가서 거기서 유숙하자 하고 14 모두 앞으로 나아가더니 베냐민에 속한 기브아에 가까이 이르러 해가 진지라 15 기브아에 가서 유숙하려고 그리로 돌아 들어가서 성읍 넓은 거리에 앉아 있으나 그를 집으로 영접하여 유숙하게 하는 자가 없었더라 16 저녁 때에 한 노인이 밭에서 일하다가 돌아오니 그 사람은 본래 에브라임 산지 사람으로서 기브아에 거류하는 자요 그 곳 사람들은 베냐민 자손이더라 17 노인이 눈을 들어 성읍 넓은 거리에 나그네가 있는 것을 본지라 노인이 묻되 그대는 어디로 가며 어디서 왔느냐 하니 18 그가 그에게 이르되 우리는 유다 베들레헴에서 에브라임 산지 구석으로 가나이다 나는 그 곳 사람으로서 유다 베들레헴에 갔다가 이제 여호와의 집으로 가는 중인데 나를 자기 집으로 영접하는 사람이 없나이다 19 우리에게는 나귀들에게 먹일 짚과 여물이 있고 나와 당신의 여종과 당신의 종인 우리들과

9:12 기브아의 위치

함께 한 청년에게 먹을 양식과 포도주가 있어 무엇이든지 부족함이 없나이다 하는지라 20 그 노인이 이르되 그대는 안심하라 그대의 쓸 것은 모두 내가 담당할 것이니 거리에서는 유숙하지 말라 하고 21 그를 데리고 자기 집에 들어가서 나귀에게 먹이니 그들이 발을 씻고 먹고 마시니라 22 그들이 마음을 즐겁게 할 때에 그 성읍의 불량배들이 그 집을 에워싸고 문을 두들기며 집 주인 노인에게 말하여 이르되 네 집에 들어온 사람을 끌어내라 우리가 그와 관계하리라 하니 23 집 주인 그 사람이 그들에게로 나와서 이르되 아니라 내 형제들아 청하노니 이같은 악행을 저지르지 말라 이 사람이 내 집에 들어왔으니 이런 망령된 일을 행하지 말라 24 보라 여기 내 처녀 딸과 이 사람의 첩이 있은즉 내가 그들을 끌어내리니 너희가 그들을 욕보이든지 너희 눈에 좋은 대로 행하되 오직 이 사람에게는 이런 망령된 일을 행하지 말라 하나 25 무리가 듣지 아니하므로 그 사람이 자기 첩을 붙잡아 그들에게 밖으로 끌어내매 그들이 그 여자와 관계하였고 밤새도록 그 여자를 능욕하다가 새벽 미명에 놓은지라 26 동틀 때에 여인이 자기의 주인이 있는 그 사람의 집 문에 이르러 엎드러져 밝기까지 거기 엎드러져 있더라 27 그의 주인이 일찍이 일어나 집 문을 열고 떠나고자 하더니 그 여인이 집 문에 엎드러져 있고 그의 두 손이 문지방에 있는 것을 보고 28 그에게 이르되 일어나라 우리가 떠나가자 하나 아무 대답이 없는지라 이에 그의 시체를 나귀에 싣고 행하여 자기 곳에 돌아가서 29 그 집에 이르러서는 칼을 가지고 자기 첩의 시체를 거두어 그 마디를 찍어 열두 덩이에 나누고 그것을 이스라엘 사방에 두루 보내매 30 그것을 보는 자가 다 이르되 이스라엘 자손이 애굽 땅에서 올라온 날부터 오늘까지 이런 일은 일어나지도 아니하였고 보지도 못하였도다 이 일을 생각하고 상의한 후에 말하자 하니라

사사기 20장

이스라엘이 전쟁 준비를 하다

1 이에 모든 이스라엘 자손이 단에서부터 브엘세바까지와 길르앗 땅에서 나와서 그 회중이 일제히 미스바에서 여호와 앞에 모였으니 2 온 백성의 어른 곧 이스라엘 모든 지파의 어른들은 하나님 백성의 총회에 섰고 칼을 빼는 보병은 사십만 명이었으며 3 이스라엘 자손이 미스바에 올라간 것을 베냐민 자손이 들었더라 이스라엘 자손이 이르되 이 악한 일이 어떻게 일어났는지 우리에게 말하라 하니 4 레위 사람 곧 죽임을 당한 여인의 남편이 대답하여 이르되 내가 내 첩과 더불어 베냐민에 속한 기브아에 유숙하러 갔더니 5 기브아 사람들이 나를 치러 일어나서 밤에 내가 묵고 있던 집을 에워싸고 나를 죽이려 하고 내 첩을 욕보여

그를 죽게 한지라 6 내가 내 첩의 시체를 거두어 쪼개서 이스라엘 기업의 온 땅에 보냈나니 이는 그들이 이스라엘 중에서 음행과 망령된 일을 행하였기 때문이라 7 이스라엘 자손들아 너희가 다 여기 있은즉 너희의 의견과 방책을 낼지니라 하니라 8 모든 백성이 일제히 일어나 이르되 우리가 한 사람도 자기 장막으로 돌아가지 말며 한 사람도 자기 집으로 들어가지 말고 9 우리가 이제 기브아 사람에게 이렇게 행하리니 곧 제비를 뽑아서 그들을 치되 10 우리가 이스라엘 모든 지파 중에서 백 명에 열 명, 천 명에 백 명, 만 명에 천 명을 뽑아 그 백성을 위하여 양식을 준비하고 그들에게 베냐민의 기브아에 가서 그 무리가 이스라엘 중에서 망령된 일을 행한 대로 징계하게 하리라 하니라 11 이와 같이 이스라엘 모든 사람이 하나 같이 합심하여 그 성읍을 치려고 모였더라 12 이스라엘 지파들이 베냐민 온 지파에 사람들을 보내어 두루 다니며 이르기를 너희 중에서 생긴 이 악행이 어찌 됨이냐 13 그런즉 이제 기브아 사람들 곧 그 불량배들을 우리에게 넘겨 주어서 우리가 그들을 죽여 이스라엘 중에서 악을 제거하여 버리게 하라 하나 베냐민 자손이 그들의 형제 이스라엘 자손의 말을 듣지 아니하고 14 도리어 성읍들로부터 기브아에 모이고 나가서 이스라엘 자손과 싸우고자 하니라 15 그 때에 그 성읍들로부터 나온 베냐민 자손의 수는 칼을 빼는 자가 모두 이만 육천 명이요 그 외에 기브아 주민 중 택한 자가 칠백 명인데 16 이 모든 백성 중에서 택한 칠백 명은 다 왼손잡이라 물매로 돌을 던지면 조금도 틀림이 없는 자들이더라

이스라엘과 베냐민 자손이 싸우다

17 베냐민 자손 외에 이스라엘 사람으로서 칼을 빼는 자의 수는 사십만 명이니 다 전사라 18 이스라엘 자손이 일어나 벧엘에 올라가서 하나님께 여쭈어 이르되 우리 중에 누가 먼저 올라가서 베냐민 자손과 싸우리이까 하니 여호와께서 말씀하시되 유다가 먼저 갈지니라 하시니라 19 이스라엘 자손이 아침에 일어나 기브아를 대하여 진을 치니라 20 이스라엘 사람이 나가 베냐민과 싸우려고 전열을 갖추고 기브아에서 그들과 싸우고자 하매 21 베냐민 자손이 기브아에서 나와서 당일에 이스라엘 사람 이만 이천 명을 땅에 엎드러뜨렸으나 22 이스라엘 사람들이 스스로 용기를 내어 첫날 전열을 갖추었던 곳에서 다시 전열을 갖추니라 23 이스라엘 자손이 올라가 여호와 앞에서 저물도록 울며 여호와께 여쭈어 이르되 내가 다시 나아가서 내 형제 베냐민 자손과 싸우리이까 하니 여호와께서 말씀하시되 올라가서 치라 하시니라 24 그 이튿날에 이스라엘 자손이 베냐민 자손을 치러 나아가매 25 베냐민도 그 이튿날에 기브아에서 그들을 치러 나와서 다시 이스라엘 자손 만 팔천 명

을 땅에 엎드러뜨렸으니 다 칼을 빼는 자였더라 26 이에 온 이스라엘 자손 모든 백성이 올라가 벧엘에 이르러 울며 거기서 여호와 앞에 앉아서 그 날이 저물도록 금식하고 번제와 화목제를 여호와 앞에 드리고 27 이스라엘 자손이 여호와께 물으니라 그 때에는 하나님의 언약궤가 거기 있고 28 아론의 손자인 엘르아살의 아들 비느하스가 그 앞에 모시고 섰더라 이스라엘 자손들이 여쭈기를 우리가 다시 나아가 내 형제 베냐민 자손과 싸우리이까 말리이까 하니 여호와께서 이르시되 올라가라 내일은 내가 그를 네 손에 넘겨 주리라 하시는지라 29 이스라엘이 기브아 주위에 군사를 매복하니라 30 이스라엘 자손이 셋째 날에 베냐민 자손을 치러 올라가서 전과 같이 기브아에 맞서 전열을 갖추매 31 베냐민 자손이 나와서 백성을 맞더니 꾀임에 빠져 성읍을 떠났더라 그들이 큰 길 곧 한쪽은 벧엘로 올라가는 길이요 한쪽은 기브아의 들로 가는 길에서 백성을 쳐서 전과 같이 이스라엘 사람 삼십 명 가량을 죽이기 시작하며 32 베냐민 자손이 스스로 이르기를 이들이 처음과 같이 우리 앞에서 패한다 하나 이스라엘 자손은 이르기를 우리가 도망하여 그들을 성읍에서 큰 길로 꾀어내자 하고 33 이스라엘 사람이 모두 그들의 처소에서 일어나서 바알다말에서 전열을 갖추었고 이스라엘의 복병은 그 장소 곧 기브아 초장에서 쏟아져 나왔더라 34 온 이스라엘 사람 중에서 택한 사람 만 명이 기브아에 이르러 치매 싸움이 치열하나 베냐민 사람은 화가 자기에게 미친 줄을 알지 못하였더라 35 여호와께서 이스라엘 앞에서 베냐민을 치시매 당일에 이스라엘 자손이 베냐민 사람 이만 오천백 명을 죽였으니 다 칼을 빼는 자였더라

이스라엘이 승리한 방법

36 이에 베냐민 자손이 자기가 패한 것을 깨달았으니 이는 이스라엘 사람이 기브아에 매복한 군사를 믿고 잠깐 베냐민 사람 앞을 피하매 37 복병이 급히 나와 기브아로 돌격하고 나아가며 칼날로 온 성읍을 쳤음이더라 38 처음에 이스라엘 사람과 복병 사이에 약속하기를 성읍에서 큰 연기가 치솟는 것으로 군호를 삼자 하고 39 이스라엘 사람은 싸우다가 물러가고 베냐민 사람은 이스라엘 사람 삼십 명가량을 쳐죽이기를 시작하며 이르기를 이들이 틀림없이 처음 싸움 같이 우리에게 패한다 하다가 40 연기 구름이 기둥같이 성읍 가운데에서 치솟을 때에 베냐민 사람이 뒤를 돌아보매 온 성읍에 연기가 하늘에 닿았고 41 이스라엘 사람은 돌아서는지라 베냐민 사람들이 화가 자기들에게 미친 것을 보고 심히 놀라 42 이스라엘 사람 앞에서 몸을 돌려 광야 길로 향하였으나 군사가 급히 추격하며 각 성읍에서 나온 자를 그 가운데에서 진멸하니라 43 그들이 베냐민 사람을 에워싸고 기브아 앞 동쪽까지 추

격하며 그 쉬는 곳에서 짓밟으매 44 베냐민 중에서 엎드러진 자가 만 팔천 명이니 다 용사더라 45 그들이 몸을 돌려 광야로 도망하였으나 림몬 바위에 이르는 큰 길에서 이스라엘이 또 오천 명을 이삭 줍듯 하고 또 급히 그 뒤를 따라 기돔에 이르러 또 이천 명을 죽였으니 46 이 날에 베냐민 사람으로서 칼을 빼는 자가 엎드러진 것이 모두 이만 오천 명이니 다 용사였더라 47 베냐민 사람 육백 명이 돌이켜 광야로 도망하여 림몬 바위에 이르러 거기에서 넉 달 동안을 지냈더라 48 이스라엘 사람이 베냐민 자손에게로 돌아와서 온 성읍과 가축과 만나는 자를 다 칼날로 치고 닥치는 성읍은 모두 다 불살랐더라

사사기 21장
베냐민 자손의 아내

1 이스라엘 사람들이 미스바에서 맹세하여 이르기를 우리 중에 누구든지 딸을 베냐민 사람에게 아내로 주지 아니하리라 하였더라 2 백성이 벧엘에 이르러 거기서 저녁까지 하나님 앞에 앉아서 큰 소리로 울며 3 이르되 이스라엘의 하나님 여호와여 어찌하여 이스라엘에 이런 일이 생겨서 오늘 이스라엘 중에 한 지파가 없어지게 하시나이까 하더니 4 이튿날에 백성이 일찍이 일어나 거기에 한 제단을 쌓고 번제와 화목제를 드렸더라 5 이스라엘 자손이 이르되 이스라엘 온 지파 중에 총회와 함께 하여 여호와 앞에 올라오지 아니한 자가 누구냐 하니 이는 그들이 크게 맹세하기를 미스바에 와서 여호와 앞에 이르지 아니하는 자는 반드시 죽일 것이라 하였음이라 6 이스라엘 자손이 그들의 형제 베냐민을 위하여 뉘우쳐 이르되 오늘 이스라엘 중에 한 지파가 끊어졌도다 7 그 남은 자들에게 우리가 어떻게 하면 아내를 얻게 하리요 우리가 전에 여호와로 맹세하여 우리의 딸을 그들의 아내로 주지 아니하리라 하였도다 8 또 이르되 이스라엘 지파 중 미스바에 올라와서 여호와께 이르지 아니한 자가 누구냐 하고 본즉 야베스 길르앗에서는 한 사람도 진영에 이르러 총회에 참여하지 아니하였으니 9 백성을 계수할 때에 야베스 길르앗 주민이 하나도 거기 없음을 보았음이라 10 회중이 큰 용사 만 이천 명을 그리로 보내며 그들에게 명령하여 이르되 가서 야베스 길르앗 주민과 부녀와 어린 아이를 칼날로 치라 11 너희가 행할 일은 모든 남자 및 남자와 잔 여자를 진멸하여 바칠 것이니라 하였더라 12 그들이 야베스 길르앗 주민 중에서 젊은 처녀 사백 명을 얻었으니 이는 아직 남자와 동침한 일이 없어 남자를 알지 못하는 자라 그들을 실로 진영으로 데려오니 이 곳은 가나안 땅이더라 13 온 회중이 림몬 바위에 있는 베냐민 자손에게 사람을 보내어 평화를 공포하게 하였더니 14 그 때에 베냐민이 돌아온지라 이에 이스라엘 사람이 야베스 길르앗

여자들 중에서 살려 둔 여자들을 그들에게 주었으나 아직도 부족하므로 15 백성들이 베냐민을 위하여 뉘우쳤으니 이는 여호와께서 이스라엘 지파들 중에 한 지파가 빠지게 하셨음이었더라 16 회중의 장로들이 이르되 베냐민의 여인이 다 멸절되었으니 이제 그 남은 자들에게 어떻게 하여야 아내를 얻게 할까 하고 17 또 이르되 베냐민 중 도망하여 살아 남은 자에게 마땅히 기업이 있어야 하리니 그리하면 이스라엘 중에 한 지파가 사라짐이 없으리라 18 그러나 우리가 우리의 딸을 그들의 아내로 주지 못하리니 이는 이스라엘 자손이 맹세하여 이르기를 딸을 베냐민에게 아내로 주는 자는 저주를 받으리라 하였음이로다 하니라 19 또 이르되 보라 벧엘 북쪽 르보나 남쪽 벧엘에서 세겜으로 올라가는 큰 길 동쪽 실로에 매년 여호와의 명절이 있도다 하고 20 베냐민 자손에게 명령하여 이르되 가서 포도원에 숨어 21 보다가 실로의 여자들이 춤을 추러 나오거든 너희는 포도원에서 나와서 실로의 딸 중에서 각각 하나를 붙들어 가지고 자기의 아내로 삼아 베냐민 땅으로 돌아가라 22 만일 그의 아버지나 형제가 와서 우리에게 시비하면 우리가 그에게 말하기를 청하건대 너희는 우리에게 은혜를 베풀어 그들을 우리에게 줄지니라 이는 우리가 전쟁할 때에 각 사람을 위하여 그의 아내를 얻어 주지 못하였고 너희가 자의로 그들에게 준 것이 아니니 너희에게 죄가 없을 것임이니라 하겠노라 하매 23 베냐민 자손이 그같이 행하여 춤추는 여자들 중에서 자기들의 숫자대로 붙들어 아내로 삼아 자기 기업에 돌아가서 성읍들을 건축하고 거기에 거주하였더라 24 그 때에 이스라엘 자손이 그 곳에서 각기 자기의 지파, 자기의 가족에게로 돌아갔으니 곧 각기 그 곳에서 나와서 자기의 기업으로 돌아갔더라 25 그 때에 이스라엘에 왕이 없으므로 사람이 각기 자기의 소견에 옳은 대로 행하였더라

사사기

읽은 내용 묵상하고,
삶에 적용하기

💡 삿 1장에서 언급하기를 쫓아내지 못했다고 했다

무엇을 쫓아내지 못했는가? - 출 23:20-33, 신 7:1-11, 16, 수 23:5-13

왜 그것을 쫓아내는 것이 중요한가? 왜 실패했을까?

💡 삿 3:6은 사사 시대의 단면을 보여주는 구절이다

신 7:1-11, 수 23:5-13을 같이 읽고 이스라엘 백성들의 자세를 묵상하고 지금의 나의 삶은 어떤가를 반성해 보라.

💡 "여호와의 목전에 악을 행하여…" 어떤 악을 행했나?

이스라엘 백성들은 왜 이렇게 끊임없이 하나님을 거역할까?(cf. 삿 21:25)

💡 이스라엘은 왜 우상을 섬겼을까?

우리는 어떤가? 어떻게 그 우상숭배를 타파할 수 있을까?(cf 시 115편)

💡 신 8장의 모세의 권면과 사사 시대의 문제를 연관을 지어 묵상하라

💡 삼손의 품성을 파악하고 나의 품성과 비교해 보라
　어떻게 성경적 품성으로 변화될 수 있을까?

💡 삿 17장~21장에서 레위인들의 정체성 혼란이 사회적 혼란으로 이어지고
　있음을 파악하라.
　역사적으로도 그 시대를 주도하는 종교 또는 시대정신이 타락할 때 그 사
　회는 함께 부패한다는 사실을 알 수 있다. 오늘 이 시대의 종교인 특히 하
　나님 일꾼들의 모습은 이 사사 시대의 레위인들과 정녕 다른 모습인가? 종
　교인이 부패하면 그 사회는 망한다.

💡 삿 21:25 "그때 이스라엘에 왕이 없으므로 사람이 각기 자기의 소견에
　옳은 대로 행하였더라"
　우리도 자기의 소견에 옳은 대로 살아가고 있지는 않은가?

💡 이스라엘은 왜 우상을 섬겼을까? 우리는 어떤가?
　어떻게 그 우상숭배를 타파할 수 있을까.(cf 시 115편)

💡 불순종의 결과
　사사기의 불행은 지파별로 이루어지는 정복 정착 단계에서 이스라엘의 불
　순종에서부터 시작된다. 이스라엘은 가나안 땅의 족속들을 다 멸절하라
　는 여호와의 명령을 이행하지 않고 그들을 남겨둠으로써 타협하였다. 바로
　여기서부터 사사기의 어두운 350년간의 역사는 시작되는 것이다. 타협의
　결과, 곧 불순종의 결과는 평화와 안식이 아니라 압제와 혼란이었다. 성도

는 하나님 명령의 내용을 바꾸는 자가 아니라 그것을 따르는 자이다. 48개 성읍으로 흩어져 각 지파의 말씀 순종 교육을 맡은 레위 지파들의 사명 망각은 이런 암흑시대를 가져오게 하였을 것이다.

💡 변혁(transformation)인가, 동화(assimilation)인가?

약속의 땅은 현대의 그리스도인들에게 있어서는 다름 아닌 생활의 터전이다. 이스라엘 백성들이 약속의 땅 가나안에서 하나님 나라를 세워야 했던 것처럼, 현대의 그리스도인들은 생활 속에서 하나님 나라를 세워야 한다. 즉, 그리스도인들은 세상의 빛과 소금으로서 자신들이 속한 환경을 '변혁(變革)' 시켜 나가야 할 사명이 있다. 그리스도인들이 인본주의적이고 죄악된 문화를 변혁시키는 것이 아니라 오히려 동화(同化)된 삶을 사는 것은, 사사 시대의 이스라엘의 역사적 전철을 그대로 되밟는 것이 된다.

💡 배교의 대표적 사례–종교다원주의(Religious Pluralism)

이스라엘이 여호와 앞에 반복하여 행한 범죄는 바로 가나안의 신들을 섬긴 것이다(3:7, 8:33, 10:6). 가나안 종교는 혼합 주의적 특성이 있어서 결코 이스라엘이 여호와 신앙을 버리라고 요구하지 않는다. 다만 여호와를 섬기며 동시에 그 땅의 신들도 동시에 섬기라고 유혹할 뿐이다. 이스라엘 역시 양자택일적인 차원에서 하나님 대신 가나안 신들을 택한 적이 없다. 그러나 하나님께서는 여호와를 섬기면서도 가나안 신들을 섬긴 이스라엘의 행위를 자기를 버린 것으로 간주하신다(10:6). 성경이 말하는 배교(背敎)란 여호와 하나님 한 분만을 경배의 대상으로 섬기지 않는 모든 행위를 다 포함하여 가리킨다. 이런 의미에서 모든 종교가 한 길로 통한다는 현대의 종교다원주의는 배교의 대표적인 경우이다.

💡 왕이신 하나님 통치의 필요성

사사기에는 "그때에는 이스라엘에 왕이 없었으므로"라고 하는 반복구가

메아리처럼 울려 퍼지고 있다. 이는 일차적으로 이스라엘의 통치 체제로서 왕정의 필요성을 언급하는 말이기도 하지만, 궁극적으로 하나님의 왕적 통치의 필요성을 역설하고 있는 말이다. 사사기는 하나님이 왕으로서 다스리지 않는 개인과 가정과 사회와 국가는 혼란과 부패에 빠질 수밖에 없다는 진리를 예시하고 있다. 하나님의 왕권(Kingship of God)을 삶의 전반에서 인정하라! 왕이신 하나님의 통치를 받을 때 참된 안식과 평안을 누리게 될 것이다.

💡 극단적 주관성의 시대에 대한 경종–왕이 없는 오늘날의 주관주의, 포스트모던 주의

사사기 시대의 이스라엘 백성들은 각각 제 소견에 '옳은 대로(right)' 행하였으나, 하나님 보시기에는 '그른(wrong)' 삶을 살았다. 이는 절대적인 신앙과 삶의 규범이 없는 인간 자율의 삶은 필연적으로 혼란과 부패로 이어진다는 것을 보여준다. 오늘날은 포스트모더니즘(post-modernism)의 시대이다. 절대적인 진리를 부정하고 개인의 체험이나 선호도의 기준에 맞추어 모든 것을 판단하는 시대, 즉 개인의 주관성(subjectivity)이 진리의 척도가 되어버린 시대이다. 사사기는 이스라엘 역사의 실례를 제시함으로써 현대의 극단적 주관성의 시대에 대해 강력한 경종을 울리고 있다.

룻기

어떤 사람이 "내 시어머니에 대해 할 말이 있어요."라고 하면 듣는 이는 이 며느리가 시어머니 험담을 하거나 농담거리를 하려나 보다 생각한다. 룻기는 시어머니와 며느리의 이야기이지만, 아름다운 관계를 이야기하고 있다. 사사 시대의 암흑기 어느 한 시점에서 더 나은 삶을 찾아 모압 지방으로 이주를 한 나오미 가정의 아름다운 관계의 이야기를 기록한 책이다.

모압 지방에서 가족 중 아버지와 두 아들이 죽고, 시어머니와 모두 이방 여인인 두 며느리만 남게 되자 시어머니 나오미는 고향 베들레헴으로 돌아가기로 한다. 한 며느리 오르바는 자신의 고향으로 돌아가고, 다른 며느리 룻은 시어머니 나오미의 나이가 많아 대를 이을 아들을 더 낳을 수 없으니 시어머니와 동거하며 동고동락을 각오하고 함께 베들레헴으로 돌아온다. 생계를 위해 보아스의 보리밭에서 이삭을 줍다가 보아스를 만나고 그의 고엘 행사로 결혼하여 복된 가정을 이룬다는 이야기이며, 메시아의 족보에 오르게 된다.

룻기는 시간이 흐르지 않는 역사서다. 사사 시대의 어느 한 시점의 이야기를 기록한 책이다.

룻기에서 보는 하나님 나라의 모습

사사기에서의 인간들의 계속되는 실수를 읽다 보면 하나님 나라는 물 건너가는 것 같은 절망을 느낄 수 있다. 그러나 이 룻기는 그 절망을 희망으로 바꾸어 주는 아름다운 이야기일 뿐만 아니라, 예수님의 족보를 이루는 다윗의 탄생과 그 왕국을 보여줌으로 희망을 품게 한다. 하나님은 암흑과 혼란이 가득 찬 사사 시대에 이런 아름다운 가정을 남겨 두시어 당신의 구원 사역을 이어가시는 것을 보게 된다. 참으로 하나님의 사랑은 신기하고 놀랍다.

사사기의 암흑시대의 한 시기에 흉년이 일어났을 때 한 이스라엘인의 한 가정이 모압 땅으로 이주했는데, 거기서 두 아들들은 모압 여인들인 룻과 오르바와 결혼했다. 이 두 아들들과 그들의 아버지는 거기에서 죽었으며, 아들과 남편을 잃은 나오미는 이스라엘로 돌아갈 것을 주장했고 두 며느리는 각각 자기

동족의 고향으로 돌아갈 것을 권했을 때 오르바는 돌아갔지만, 룻은 시어머니인 나오미와 운명을 같이 하기로 한다.

룻과 나오미가 베들레헴에 도착했을 때, 룻은 나오미의 친족인 보아스의 밭에서 이삭을 주어 생계를 이어가고자 한다(레 19:9-10 참조). 나오미가 가르친 대로, 룻은 예로부터 내려오는 친족의 권리를 주장하여 보아스와 결혼하고 아이를 낳는데 그 아이는 다윗의 선조가 된다(신 25: 5-10 참조).

룻기는 룻에 대한 열녀전적인 이야기일 수도 있고, 룻과 보아스가 보리밭에서 맺었던 사랑 이야기일 수도 있겠지만 성경적으로 볼 때 왕이 없이 자기 소견대로 행하던 사사 시대에 정말 왕이 누구인지를 알고 그 왕 즉, 하나님이 정해준 규례대로 행한 세 사람, 룻과 나오미와 보아스의 따뜻하고 아름다운 관계를 보여 준다. 룻기는 룻에 관한 얘기라기보다는 기독교가 같은 관계성을 강조하는 책이다.

성경에는 여자가 주인공인 책이 두 권이 있는데 룻기와 에스더서이다. 그리고 재미있는 대조는 룻은 이방인인데 유대인과 결혼하고 에스더는 유대인인데 이방 남자와 결혼하는 대조를 보인다. 이 두 책의 한가지 공통점이 있다면 역사가 밤에 이루어졌다는 것이다. 룻은 밤에 보아스의 발치 위에 이불을 들고 발을 들이밀며 청혼하는 당시의 풍습이 있는데, 룻이 그렇게 밤에 보아스가 잠든 그 이불을 들고 발을 들이밀면서 청혼을 한다. 요즈음 이 풍습을 따라 해서는 안 된다.

룻기를 이해하기 위해서는 3가지의 중요한 배경

이삭줍기, 기업 무르기, 그리고 형사취수법 등을 이해해야 한다.

첫째, 이삭줍기는 바로 시내 산 언약에서 나오는 규례와 율법 중에 나온다. 레위기 19:9-10 "너희가 너희 땅에서 곡식을 거둘 때에 너는 밭모퉁이까지 다 거두지 말고 내 떨어진 이삭도 줍지 말며 네 포도원의 열매를 다 따지 말며 네 포도원의 떨어진 열매도 줍지 말고 가난한 사람과 거류민을 위해서 버려두라 나는 너희 하나님 여호와니라" 이삭줍기에는 이처럼 이삭을 떨어뜨리고 포도송이를 떨어뜨리고 그걸 싹쓸이 거두어가지 말라고 권하는 말씀 속에는 이웃과 사회구제 정신과 이웃과의 관계가 스며들어 있다.

두 번째 풍습은 기업 무르는 자(고엘)에 관한 이야기다. 레위기 25:23-27에 나오는데, 25절을 보면 "만일 네 형제가 가난하여 그 기업 중에서 얼마를 팔았으면 그에게 가까운 기업 무를 자가 와서 그 형제가 판 것을 무를 것이요" 이런 아름다운 풍습이 있다. 이 기업 무르는 자가 보여주는 의미는 서로가 가진 문제를 해결해 주는 공동체적 관계를 말한다.

세 번째는 형사취수법으로 신명기 25:5-10에 이런 제도가 나오는데 만약 형이 아들이 없이 죽으면 동생이 그 형수를 취해서 형 대신 아들을 낳아 대를 잇게 하는 풍습이다.

룻기 속에 나오는 이 세 가지의 이스라엘의 아름다운 풍습은 바로 관계성을 얘기해주는 대목이다. 바로 이것이 이웃과의 관계의 중요성을 나타낸다. 그래서 기독교를 관계의 종교라고 한다. 여기서 보면 아름다운 관계들이 나오는데 예를 들어 나오미와 룻의 아름다운 시어머니와 며느리의 관계를, 룻과 보아스와 관계는 아름다운 남녀의 사랑 관계와 기업 무르는 자의 관계, 형사취수법을 시행하는 관계 등, 한 공동체를 아름답게 엮어나가는 관계 등을 볼 수 있다.

관계는 그 자체가 삶이다. 우리가 이 세상을 살아갈 때 관계를 맺지 않는 사람은 없다. 관계를 아름답게 맺어가면서 살아가는 삶은 바로 하나님의 방법대로 살아가는 것이 가장 아름다운 관계의 삶이다.

대부분의 다른 종교는 개인적인 윤리가 강조되는 종교가 많다. 특히 불교를 천상천하 유아독존(天上天下 唯我獨尊)이라고 하여 자기 해탈이 중심이 되는 종교로 생각된다. 그러나 기독교는 언제나 관계가 중심이 되기 때문에 소통이 중요하다. 그래서 보아스는 소통의 인물임을 볼 수 있다.

보아스는 노사관계가 원만했고 나오미와의 관계에서도 굉장히 따뜻하고 자상하고, 정말 문제를 해결하려는 마음을 품고 있어서 나오미와 룻의 가정에 아름다운 회복을 만들어준 귀한 존재가 되었고 그래서 보아스는 예수님의 족보에 오르는 큰 영광을 누리게 되었다. 오늘날 교회공동체 안에 보아스 같은 사람이 많아져서 교회 안에서 아름다운 소통이 이루어지고 교회가 세상의 소통을 이루어 나가는 데 앞장을 설 수 있는 아름다운 공동체가 되는 바람이다.

언젠가 필자의 사랑하는 친구[1]가 이메일로 시를 하나 보내줬는데 이 시를 읽으면서 바로 룻기에 나오는 보아스를 생각해 보았다. 이 시는 정용철씨가 쓴 '마음이 쉬는 의자'라는 시의 한 부분이다.

나를 흐르게 하소서

-정용철 '마음이 쉬는 의자' 중에서

시작은 작고 약하지만
흐를수록 강하고 넓어져 언젠가 바다에
이를 때 그 깊이와 넓이에 놀라지 않게 하소서.

나를 흐르게 하소서
어느 때는 천천히 어느 때는 빠르게
어는 때는 바위에 부딪히고
어느 때는 천 길 낭떠러지에 떨어진다 해도
변화와 새로움에 늘 설레게 하소서.

나를 흐르게 하소서
그러므로 강가의 땅을 비옥하게 하여
그 곳의 식물들이 철을 따라 아름답게 꽃 피우고
좋은 과일을 풍성히 맺게 하소서.

나를 흐르게 하소서
그러므로 늘 내 가슴이 출렁이게 하시고
그 기운이 하늘로 올라가
비와 이슬로 내릴 때

---

1 내 사랑하는 친구 박영재를 그리워한다. 늘 자상하게 많은 것을 조언하고 도와주던 형님 같은 친구였다. 먼저 가서 하나님 품에서 이 땅에서의 자상한 마음으로 우리를 기다리고 있을 것이라 확신한다.

사람들의 마음이 촉촉해지도록 하소서.

나를 흐르게 하소서
그러므로 내 등에 나룻배를 띄워
사람들의 삶과 사랑이
끊임없이 서로를 오가게 하소서.

나를 흐르게 하소서

그러므로 모든 것을 받아들여도
내 안이 썩지 않게 하시고
나아가 늘 새로운
사람의 이야기를 만들게 하소서.

나를 흐르게 하소서!

그러므로
지나온 길에 대한 미련을 버리고
새날은 새 길의 기쁨으로 걷게 하소서.

이렇게 모든 것들이 흘러갈 수 있도록 소통이 원만하게 이루는 그런 크리스천
이 되기를 축복합니다.

관련 성경 본문 읽기

룻기 1장

엘리멜렉과 그 가족의 모압 이주

1 사사들이 치리하던 때에 그 땅에 흉년이 드니라 유다 베들레헴에 한 사람이 그의 아내와 두 아들을 데리고 모압 지방에 가서 거류하였는데 2 그 사람의 이름은 엘리멜렉이요 그의 아내의 이름은 나오미요 그의 두 아들의 이름은 말론과 기룐이니 유다 베들레헴 에브랏 사람들이더라 그들이 모압 지방에 들어가서 거기 살더니 3 나오미의 남편 엘리멜렉이 죽고 나오미와 그의 두 아들이 남았으며 4 그들은 모압 여자 중에서 그들의 아내를 맞이하였는데 하나의 이름은 오르바요 하나의 이름은 룻이더라 그들이 거기에 거주한 지 십 년쯤에 5 말론과 기룐 두 사람이 다 죽고 그 여인은 두 아들과 남편의 뒤에 남았더라

나오미와 룻이 베들레헴으로 오다

6 그 여인이 모압 지방에서 여호와께서 자기 백성을 돌보시사 그들에게 양식을 주셨다 함을 듣고 이에 두 며느리와 함께 일어나 모압 지방에서 돌아오려 하여 7 있던 곳에서 나오고 두 며느리도 그와 함께 하여 유다 땅으로 돌아오려고 길을 가다가 8 나오미가 두 며느리에게 이르되 너희는 각기 너희 어머니의 집으로 돌아가라 너희가 죽은 자들과 나를 선대한 것 같이 여호와께서 너희를 선대하시기를 원하며 9 여호와께서 너희에게 허락하사 각기 남편의 집에서 위로를 받게 하시기를 원하노라 하고 그들에게 입 맞추매 그들이 소리를 높여 울며 10 나오미에게 이르되 아니니이다 우리는 어머니와 함께 어머니의 백성에게로 돌아가겠나이다 하는지라 11 나오미가 이르되 내 딸들아 돌아가라 너희가 어찌 나와 함께 가려느냐 내 태중에 너희의 남편 될 아들들이 아직 있느냐 12 내 딸들아 되돌아 가라 나는 늙었으니 남편을 두지 못할지라 가령 내가 소망이 있다고 말한다든지 오늘 밤에 남편을 두어 아들들을 낳는다 하더라도 13 너희가 어찌 그들이 자라기를 기다리겠으며 어찌 남편 없이 지내겠다고 결심하겠느냐 내 딸들아 그렇지 아니하니라 여호와의 손이 나를 치셨으므로 나는 너희로 말미암아 더욱 마음이 아프도다 하매 14

룻 1:11
신명기 25:5-10의 형사취수제를 말한다.

그들이 소리를 높여 다시 울더니 오르바는 그의 시어머니에게 입 맞추
되 룻은 그를 붙좇았더라 15 나오미가 또 이르되 보라 네 동서는 그의
백성과 그의 신들에게로 돌아가나니 너도 너의 동서를 따라 돌아가라
하니 16 룻이 이르되 내게 어머니를 떠나며 어머니를 따르지 말고 돌아
가라 강권하지 마옵소서 어머니께서 가시는 곳에 나도 가고 어머니께
서 머무시는 곳에서 나도 머물겠나이다 어머니의 백성이 나의 백성이
되고 어머니의 하나님이 나의 하나님이 되시리니 17 어머니께서 죽으시
는 곳에서 나도 죽어 거기 묻힐 것이라 만일 내가 죽는 일 외에 어머니
를 떠나면 여호와께서 내게 벌을 내리시고 더 내리시기를 원하나이다
하는지라 18 나오미가 룻이 자기와 함께 가기로 굳게 결심함을 보고 그
에게 말하기를 그치니라 19 이에 그 두 사람이 베들레헴까지 갔더라 베
들레헴에 이를 때에 온 성읍이 그들로 말미암아 떠들며 이르기를 이이
가 나오미냐 하는지라 20 나오미가 그들에게 이르되 나를 나오미라 부
르지 말고 나를 마라라 부르라 이는 전능자가 나를 심히 괴롭게 하셨음
이니라 21 내가 풍족하게 나갔더니 여호와께서 내게 비어 돌아오게 하
셨느니라 여호와께서 나를 징벌하셨고 전능자가 나를 괴롭게 하셨거늘
너희가 어찌 나를 나오미라 부르느냐 하니라 22 나오미가 모압 지방에
서 그의 며느리 모압 여인 룻과 함께 돌아왔는데 그들이 보리 추수 시
작할 때에 베들레헴에 이르렀더라

룻기 2장
룻이 보아스를 만나다

1 나오미의 남편 엘리멜렉의 친족으로 유력한 자가 있으니 그의 이름
은 보아스더라 2 모압 여인 룻이 나오미에게 이르되 원하건대 내가 밭
으로 가서 내가 누구에게 은혜를 입으면 그를 따라서 이삭을 줍겠나이
다 하니 나오미가 그에게 이르되 내 딸아 갈지어다 하매 3 룻이 가서 베
는 자를 따라 밭에서 이삭을 줍는데 우연히 엘리멜렉의 친족 보아스에
게 속한 밭에 이르렀더라 4 마침 보아스가 베들레헴에서부터 와서 베
는 자들에게 이르되 여호와께서 너희와 함께 하시기를 원하노라 하니
그들이 대답하되 여호와께서 당신에게 복 주시기를 원하나이다 하니라
5 보아스가 베는 자들을 거느린 사환에게 이르되 이는 누구의 소녀냐
하니 6 베는 자를 거느린 사환이 대답하여 이르되 이는 나오미와 함께
모압 지방에서 돌아온 모압 소녀인데 7 그의 말이 나로 베는 자를 따라
단 사이에서 <u>이삭을 줍게</u> 하소서 하였고 아침부터 와서는 잠시 집에서
쉰 외에 지금까지 계속하는 중이니이다 8 보아스가 룻에게 이르되 내
딸아 들으라 이삭을 주우러 다른 밭으로 가지 말며 여기서 떠나지 말고
나의 소녀들과 함께 있으라 9 그들이 베는 밭을 보고 그들을 따르라 내

룻 2:7절
레위기 19:9-10의 이삭줍기 규
례.

가 그 소년들에게 명령하여 너를 건드리지 말라 하였느니라 목이 마르거든 그릇에 가서 소년들이 길어 온 것을 마실지니라 하는지라 10 룻이 엎드려 얼굴을 땅에 대고 절하며 그에게 이르되 나는 이방 여인이거늘 당신이 어찌하여 내게 은혜를 베푸시며 나를 돌보시나이까 하니 11 보아스가 그에게 대답하여 이르되 네 남편이 죽은 후로 네가 시어머니에게 행한 모든 것과 네 부모와 고국을 떠나 전에 알지 못하던 백성에게로 온 일이 내게 분명히 알려졌느니라 12 여호와께서 네가 행한 일에 보답하시기를 원하며 이스라엘의 하나님 여호와께서 그의 날개 아래에 보호를 받으러 온 네게 온전한 상 주시기를 원하노라 하는지라 13 룻이 이르되 내 주여 내가 당신께 은혜 입기를 원하나이다 나는 당신의 하녀 중의 하나와도 같지 못하오나 당신이 이 하녀를 위로하시고 마음을 기쁘게 하는 말씀을 하셨나이다 하니라 14 식사할 때에 보아스가 룻에게 이르되 이리로 와서 떡을 먹으며 네 떡 조각을 초에 찍으라 하므로 룻이 곡식 베는 자 곁에 앉으니 그가 볶은 곡식을 주매 룻이 배불리 먹고 남았더라 15 룻이 이삭을 주우러 일어날 때에 보아스가 자기 소년들에게 명령하여 이르되 그에게 곡식 단 사이에서 줍게 하고 책망하지 말며 16 또 그를 위하여 곡식 다발에서 조금씩 뽑아 버려서 그에게 줍게 하고 꾸짖지 말라 하니라 17 룻이 밭에서 저녁까지 줍고 그 주운 것을 떠니 보리가 한 에바쯤 되는지라 18 그것을 가지고 성읍에 들어가서 시어머니에게 그 주운 것을 보이고 그가 배불리 먹고 남긴 것을 내어 시어머니에게 드리매 19 시어머니가 그에게 이르되 오늘 어디서 주웠느냐 어디서 일을 하였느냐 너를 돌본 자에게 복이 있기를 원하노라 하니 룻이 누구에게서 일했는지를 시어머니에게 알게 하여 이르되 오늘 일하게 한 사람의 이름은 보아스니이다 하는지라 20 나오미가 자기 며느리에게 이르되 그가 여호와로부터 복 받기를 원하노라 그가 살아 있는 자와 죽은 자에게 은혜 베풀기를 그치지 아니하도다 하고 나오미가 또 그에게 이르되 그 사람은 우리와 가까우니 우리 기업을 무를 자 중의 하나이니라 하니라 21 모압 여인 룻이 이르되 그가 내게 또 이르기를 내 추수를 다 마치기까지 너는 내 소년들에게 가까이 있으라 하더이다 하니 22 나오미가 며느리 룻에게 이르되 내 딸아 너는 그의 소녀들과 함께 나가고 다른 밭에서 사람을 만나지 아니하는 것이 좋으니라 하는지라 23 이에 룻이 보아스의 소녀들에게 가까이 있어서 보리 추수와 밀 추수를 마치기까지 이삭을 주우며 그의 시어머니와 함께 거주하니라

룻기 3장

룻이 보아스와 가까워지다

1 룻의 시어머니 나오미가 그에게 이르되 내 딸아 내가 너를 위하여 안

보아스의 인품

보아스는 관계가 아주 원만했던 자임을 알 수 있다. 그는 수하의 노동자들과의 관계도 원만했고, 룻의 가정의 문제를 해결하는 고엘의 역할도 기꺼이 수행하는 자이었다. 그야말로 소통의 달인이며, 하나님의 말씀을 삶의 원리로 삼고 사는 자였다. 하나님의 말씀이 무시되고, 각기 자기 인간적 소견이 삶의 원리가 되어 버린 암흑 같은 사사시대에 하나님 말씀의 원리대로 산 자이었다. 그는 룻과 결혼하여 다윗의 증조할아버지가 되어 예수님의 인간 족보에 오르는 자가 되었다.

식할 곳을 구하여 너를 복되게 하여야 하지 않겠느냐 2 네가 함께 하던 하녀들을 둔 보아스는 우리의 친족이 아니냐 보라 그가 오늘 밤에 타작 마당에서 보리를 까불리라 3 그런즉 너는 목욕하고 기름을 바르고 의복을 입고 타작 마당에 내려가서 그 사람이 먹고 마시기를 다 하기까지는 그에게 보이지 말고 4 그가 누울 때에 너는 그가 눕는 곳을 알았다가 들어가서 그의 발치 이불을 들고 거기 누우라 그가 네 할 일을 네게 알게 하리라 하니 5 룻이 시어머니에게 이르되 어머니의 말씀대로 내가 다 행하리이다 하니라 6 그가 타작 마당으로 내려가서 시어머니의 명령대로 다 하니라 7 보아스가 먹고 마시고 마음이 즐거워 가서 곡식 단 더미의 끝에 눕는지라 룻이 가만히 가서 그의 발치 이불을 들고 거기 누웠더라 8 밤중에 그가 놀라 몸을 돌이켜 본즉 한 여인이 자기 발치에 누워 있는지라 9 이르되 네가 누구냐 하니 대답하되 나는 당신의 여종 룻이오니 당신의 옷자락을 펴 당신의 여종을 덮으소서 이는 당신이 기업을 무를 자가 됨이니이다 하니 10 그가 이르되 내 딸아 여호와께서 네게 복 주시기를 원하노라 네가 가난하건 부하건 젊은 자를 따르지 아니하였으니 네가 베푼 인애가 처음보다 나중이 더하도다 11 그리고 이제 내 딸아 두려워하지 말라 내가 네 말대로 네게 다 행하리라 네가 현숙한 여자인 줄을 나의 성읍 백성이 다 아느니라 12 참으로 나는 기업을 무를 자이나 기업 무를 자로서 나보다 더 가까운 사람이 있으니 13 이 밤에 여기서 머무르라 아침에 그가 기업 무를 자의 책임을 네게 이행하려 하면 좋으니 그가 그 기업 무를 자의 책임을 행할 것이니라 만일 그가 기업 무를 자의 책임을 네게 이행하기를 기뻐하지 아니하면 여호와께서 살아 계심을 두고 맹세하노니 내가 기업 무를 자의 책임을 네게 이행하리라 아침까지 누워 있을지니라 하는지라 14 룻이 새벽까지 그의 발치에 누웠다가 사람이 서로 알아보기 어려울 때에 일어났으니 보아스가 말하기를 여인이 타작 마당에 들어온 것을 사람이 알지 못하여야 할 것이라 하였음이라 15 보아스가 이르되 네 겉옷을 가져다가 그것을 펴서 잡으라 하매 그것을 펴서 잡으니 보리를 여섯 번 되어 룻에게 지워 주고 성읍으로 들어가니라 16 룻이 시어머니에게 가니 그가 이르되 내 딸아 어떻게 되었느냐 하니 룻이 그 사람이 자기에게 행한 것을 다 알리고 17 이르되 그가 내게 이 보리를 여섯 번 되어 주며 이르기를 빈 손으로 네 시어머니에게 가지 말라 하더이다 하니라 18 이에 시어머니가 이르되 내 딸아 이 사건이 어떻게 될지 알기까지 앉아 있으라 그 사람이 오늘 이 일을 성취하기 전에는 쉬지 아니하리라 하니라 모압 여인 룻은 이방 여인이며 과부로 아무 소망이 없어 보이지만 여호와의 전능하신 날개 아래로 피한 믿음이 있었다. 하나님께서는 외적인 조건을 보고 감동하신 적이 없었다. 마음의 중심을 보시기 때문이다. 또한 보아스는 모두 소견에 옳은 대로 행하는 사사시대에 율법을 지키며 신위의 삶을 사는 사람이다. 하나님을 사랑하고 믿음대로 살려는 사람에게는 모든 조건은 초월한다. 기꺼이 나오미와 룻의 고엘이 되어준 보아스처럼 예수님께서는 우리의 고엘이 된다. 룻과 보아스 가정을 통해 하나님의 구속역사를 이어가는 것처럼 우리들의 삶을 통해서도 하나님 나라가 더욱 확장되기를 기도하며 그렇게 살아가면 좋겠다.

룻기 4장

룻이 보아스와 결혼하다

1 보아스가 성문으로 올라가서 거기 앉아 있더니 마침 보아스가 말하던 기업 무를 자가 지나가는지라 보아스가 그에게 이르되 아무개여 이리로 와서 앉으라 하니 그가 와서 앉으매 2 보아스가 그 성읍 장로 열 명을 청하여 이르되 당신들은 여기 앉으라 하니 그들이 앉으매 3 보아스가 그 기업 무를 자에게 이르되 모압 지방에서 돌아온 나오미가 우리 형제 엘리멜렉의 소유지를 팔려 하므로 4 내가 여기 앉은 이들과 내 백성의 장로들 앞에서 그것을 사라고 네게 말하여 알게 하려 하였노라 만일 네가 무르려면 무르려니와 만일 네가 무르지 아니하려거든 내게 고하여 알게 하라 네 다음은 나요 그 외에는 무를 자가 없느니라 하니 그가 이르되 내가 무르리라 하는지라 5 보아스가 이르되 네가 나오미의 손에서 그 밭을 사는 날에 곧 죽은 자의 아내 모압 여인 룻에게서 사서 그 죽은 자의 기업을 그의 이름으로 세워야 할지니라 하니 6 그 기업 무를 자가 이르되 나는 내 기업에 손해가 있을까 하여 나를 위하여 무르지 못하노니 내가 무를 것을 네가 무르라 나는 무르지 못하겠노라 하는지라 7 옛적 이스라엘 중에는 모든 것을 무르거나 교환하는 일을 확정하기 위하여 사람이 그의 신을 벗어 그의 이웃에게 주더니 이것이 이스라엘 중에 증명하는 전례가 된지라 8 이에 그 기업 무를 자가 보아스에게 이르되 네가 너를 위하여 사라 하고 그의 신을 벗는지라 9 보아스가 장로들과 모든 백성에게 이르되 내가 엘리멜렉과 기룐과 말론에게 있던 모든 것을 나오미의 손에서 산 일에 너희가 오늘 증인이 되었고 10 또 말론의 아내 모압 여인 룻을 사서 나의 아내로 맞이하고 그 죽은 자의 기업을 그의 이름으로 세워 그의 이름이 그의 형제 중과 그 곳 성문에서 끊어지지 아니하게 함에 너희가 오늘 증인이 되었느니라 하니 11 성문에 있는 모든 백성과 장로들이 이르되 우리가 증인이 되나니 여호와께서 네 집에 들어가는 여인으로 이스라엘의 집을 세운 라헬과 레아 두 사람과 같게 하시고 네가 에브랏에서 유력하고 베들레헴에서 유명하게 하시기를 원하며 12 여호와께서 이 젊은 여자로 말미암아 네게

룻 4:3
레위기 25:23-27의 기업 무르는 자(고엘)의 규례.

상속자를 주사 네 집이 다말이 유다에게 낳아준 베레스의 집과 같게 하시기를 원하노라 하니라 13 이에 보아스가 룻을 맞이하여 아내로 삼고 그에게 들어갔더니 여호와께서 그에게 임신하게 하시므로 그가 아들을 낳은지라 14 여인들이 나오미에게 이르되 찬송할지로다 여호와께서 오늘 네게 기업 무를 자가 없게 하지 아니하셨도다 이 아이의 이름이 이스라엘 중에 유명하게 되기를 원하노라 15 이는 네 생명의 회복자이며 네 노년의 봉양자라 곧 너를 사랑하며 일곱 아들보다 귀한 네 며느리가 낳은 자로다 하니라 16 나오미가 아기를 받아 품에 품고 그의 양육자가 되니 17 그의 이웃 여인들이 그에게 이름을 지어 주되 나오미에게 아들이 태어났다 하여 그의 이름을 오벳이라 하였는데 그는 다윗의 아버지인 이새의 아버지였더라 18 베레스의 계보는 이러하니라 베레스는 헤스론을 낳고 19 헤스론은 람을 낳았고 람은 암미나답을 낳았고 20 암미나답은 나손을 낳았고 나손은 살몬을 낳았고 21 살몬은 보아스를 낳았고 보아스는 오벳을 낳았고 22 오벳은 이새를 낳고 이새는 다윗을 낳았더라.

읽은 내용 묵상하고, 삶에 적용하기

💡 룻기는 기독교가 관계를 중시한다는 교훈을 준다.

기독교는 관계를 중요시하는 공동체이다. 그 말은 기독교는 관계가 맺어지는 현실적 삶을 중요시 한다는 말이다. 현실에서 도피하는 것이 아니라 적극적으로 참여하는 종교이다. 반면 다른 종교는 개인 중심적이다. 자신의 복만 받으면 되는 종교다. 불교의 인간관은 천상천하 유아독존(天上天下 唯我獨尊)이다. 개인의 해탈이 중요하지 상호 관계에 중점을 두지 않는다.

💡 룻기에 나타나는 3가지 율법적 풍습과 각 성경의 근거는?

1. 이삭줍기 - 레위기 19:9-19
2. 기업 무르기(고엘) - 레위기 25:25
3. 형사취수제 - 신명기 25:5-6

💡 왜 룻기, 특히 나오미 가정의 삶의 모습이 사사 시대의 암흑 같은 시대의 한 줄기 빛과 같은 삶이었나?

그 시대는 왕(하나님, 신위)이 없어 각자의 소견대로(인위) 행했다는 것과 룻의 가정의 율법 지키는 삶과 대조해 보라. 오늘 나의 삶을 어떤가?

타락한 시대를 비추는 경건의 불빛

룻기는 사사 시대를 배경으로 하고 있다. 사사 시대는 한마디로 '사람마다 제 소견에 옳은 대로 행하던' 시대였다. 절대적 진리의 기준이 상실되고 각자가 죄악된 본성을 따라 행하던 도덕적·영적 암흑의 시대(The Age of Darkness)였다. 그러나 룻기는 이렇게 어두운 시대에도 경건하게 살았던 소수 사람의 이야기를 들려준다. 그 소수의 경건한 사람들이 작은 촛불이 되어 그들이 속한 공동체와 시대를 비추었다. 어두운 시대를 탓하기 전에 어두운 세상을 비출 작은 불빛이 되라고 하는 것이 성도를 향한 주님의 요청이다(마 5:14-16).

사사 시대에서 왕정 시대로의 전환기

사무엘 시대는 사사 시대에서 왕정 시대로 넘어가는 시기다. 이스라엘 백성이 시내 산 언약을 통해서 하나님의 백성이 되었고 가나안 땅에서 하나님의 말씀이 통치원리가 되는 하나님 백성으로 사는 삶을 살아야 했는데 사사기에서 본 대로 그들은 하나님을 왕으로 삼지 않고 각자가 자기 소견대로 살았다. 그러므로 그들의 삶은 정치, 사회, 경제 전반에서나 영적인 면에서도 안정적이지 못했다. 그래서 그들은 사사가 아닌 왕을 요구한다. 이 시대의 주요한 역할은 한 사람이 사무엘이다.

사사 시대에서 왕정 시대로의 전환기

사무엘 시대는 사사 시대에서 왕정 시대로 넘어가는 시기다. 이스라엘 백성이 시내 산 언약을 통해서 하나님의 백성이 되었고 가나안 땅에서 하나님의 말씀이 통치원리가 되는 하나님 백성으로 사는 삶을 살아야 했는데 사사기에서 본 대로 그들은 하나님을 왕으로 삼지 않고 각자가 자기 소견대로 살았다. 그러므로 그들의 삶은 정치, 사회, 경제 전반에서나 영적인 면에서도 안정적이지 못했다. 그래서 그들은 사사가 아닌 왕을 요구한다. 이 시대의 주요한 역할은 한 사람이 사무엘이다.

 사무엘 상

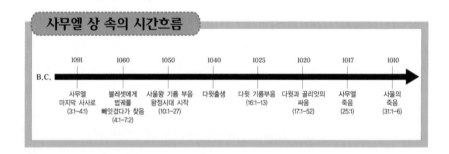

사무엘은 한나의 기도로 태어났고 부모의 서원에 의해서 나실인[1]이 되었고, 어릴 때부터 당시 제사장 엘리 밑에서 제사장 수업을 받았다. 그런데 이 시대에 골칫덩어리는 블레셋과의 갈등 관계이었고, 내부적 혼란스러운 시대적 고충(삼상 3:1 참조)이었다. 이 블레셋은 삼손 시대에 지중해를 건너와서 가나안 땅 남쪽 지중해 연안에 상륙했던 소위 해양 민족인데 이 블레셋은 당시 상당히 뛰어난 민족이었다.

고대 역사를 석기시대, 청동기 시대, 철기 시대, 등 3시대로 분류할 때, 블레셋

---

1 나실인이 무엇인지는 411쪽 핵심 내용 정리 부분의 해설을 설명을 참조하라.

민족은 이미 철기 시대의 문화를 습득하고 있었다. 가나안 땅에 있는 이스라엘 백성들은 청동기 문화에 있는데 블레셋은 철기문화를 습득해서 이미 군사력에서도 철제무기를 사용할 만큼 막강한 군사력을 가지고 있는 민족이었다. 반면 가나안 땅의 이스라엘 백성은 아직도 청동기 시대의 문화를 가지고 있었기에 이들은 블레셋의 상대가 될 수 없었다. 그래서 이스라엘 백성들에겐 큰 골칫거리였다.

사무엘상 4장에 보면 블레셋과의 싸움에서 법궤를 앞세워서 나가다가 아주 참패를 당한 모습이 있다. 왜 이스라엘 백성들이 이 법궤를 앞세워서 전쟁에 나갔느냐 하면 이 법궤의 본질을 잘못 이해하고 법궤의 신통력을 생각했다. 가나안 정복을 위해 요단강을 건너갈 때 법궤를 저들의 앞에 세워서 나갈 때 강물이 갈라졌다는 것으로, 막강한 블레셋을 이길 수 있는 신통력이 법궤에 있었다고 믿었다. 그래서 하나님의 진노를 샀다. 왜냐하면 법궤 자체로서는 신통력이 있는 것이 아니다. 법궤는 하나님의 영광이 임재하는 곳이고, 하나님이 우리와 함께하시기 위한 도구이다. 하나님이 임재했을 때 그 법궤에 의미가 있는 것이지 법궤 자체로는 단지 아카시아 조각 상자에 금을 입혀놓은 것밖에 없다. 우리는 가끔 신앙의 본질을 외면하고 비본질에 빠져 신앙을 미신화하는 경향이 있다. 지금 이스라엘 백성들이 법궤를 앞세워서 블레셋을 이기려고 했던 사실은 바로 그와 같은 법궤를 미신화했다. 우리는 신앙 생활하면서 언제나 이성으로도 깨어 있어야 하고 조심해야 한다.

법궤가 빼앗겼다는 사건 외에 하나님의 진노가 임했던 일들은 제사장 엘리가 이 사실을 듣고 나무 의자 위에 앉아 있다가 떨어져 죽는다. 엘리의 나이가 당시 98세이고 그리고 이 법궤가 빼앗긴 아벡 전투에서 제사장 엘리의 두 아들인 홉니와 비느하스가 전사하는 참사를 당한다. 그래서 그 소식을 들은 임신 중인 비느하스의 아내는 갑자기 아이를 해산하고 거기서 쓰러져 죽는 비극이 발생한다. 이와 같은 일들을 통해서 이스라엘 백성들은 법궤를 하나님의 영광이 임재하는 고귀한 본질적인 모습은 잃어버리고 요단강을 건널 때 법궤를 매고 건넜더니 강이 갈라졌다는 것들만 가지고 법궤의 신통력만 생각하고 전쟁에 나갔다는 것은 신앙의 본질적인 것을 잊어버리고 비본질적인 것에 얽매어

언약궤의 이동 [사무엘상 4:1~7:2]

이스라엘이 아벡.전투에서
블레셋에게 법궤를 빼앗김.

아벡

에벤에셀

가나안 정착후 실로에 둠.

실로

대 해 (지중해)

블레셋이 법궤를
젖 나는 소에 실어
이스라엘로 돌려보냄.

벧엘

다윗이 예루살렘으로
옮길 때까지 머뭄.

길갈

아스돗

기럇여아림

여리고

블레셋이 다곤 신전에
법궤를 놓음으로 인해
다곤 신상이 부서짐
전염병 발생.

에그론

가드

벧세메스

예루살렘

다윗이 왕이 된 후 법궤를 예루살렘으로
옮기는 중 소가 뛰므로 웃사가 법궤를 손으로
잡음으로 인해 죽자 다윗이 오벧에돔의 집에
있게 한 후 3개월만에 예루살렘에 옮김.

법궤가 가드로 옮겨짐.
전염병이 계속됨.

법궤를 들여다 봄으로
(오만)70명이 죽음.

염 해

서 신앙생활을 하는 좋지 않은 모습을 보여준다. 이럴 때는 반드시 하나님의
진노가 임한다는 것을 명심해야 한다. 왜냐하면 오늘날 우리에게 있어서도 신
앙의 본질을 비본질로 바꾸는 모습들을 많이 보게 되는데 이것들은 성경 말
씀들의 핵심적인 부분들을 바로 이해하지 못하고, 성경을 비본질적인 것들만
가지고 이해해서 그것들만 붙들려고 하면 하나님의 진노를 싸게 된다. 이와 같
은 이스라엘 백성들의 비본질적인 행동에 대해서도 하나님께서는 스스로 영광
을 회복하시려고 본질적인 모습으로 되돌려놓으신다는 것을 보게 된다.

법궤가 기럇여아림 지방으로 돌아오게 된 것은 누구도 그렇게 하지 않고 하나
님께서 직접 하나님의 영광을 위해서 하신 것으로 받아들여야 한다. 이와 같
은 일들이 있었던 후 이스라엘 백성들은 블레셋 사람들과의 싸움으로 인하여
위기의식을 많이 느끼게 된다. 블레셋의 외압, 제사장 엘리의 죽음, 사사 시대
의 혼란스러움 등을 통해서 이스라엘 백성들은 위기의식에 사로잡히게 되고
그래서 사무엘에게 왕을 요구하기 시작한다.

관련 성경 본문 읽기

<u>사무엘상 1장</u>

엘가나의 실로 순례

1 에브라임 산지 라마다임소빔에 에브라임 사람 엘가나라 하는 사람이 있었으니 그는 여로함의 아들이요 엘리후의 손자요 도후의 증손이요 숩의 현손이더라 2 그에게 두 아내가 있었으니 한 사람의 이름은 한나요 한 사람의 이름은 브닌나라 브닌나에게는 자식이 있고 한나에게는 자식이 없었더라 3 이 사람이 매년 자기 성읍에서 나와서 실로에 올라가서 만군의 여호와께 예배하며 제사를 드렸는데 엘리의 두 아들 홉니와 비느하스가 여호와의 제사장으로 거기에 있었더라 4 엘가나가 제사를 드리는 날에는 제물의 분깃을 그의 아내 브닌나와 그의 모든 자녀에게 주고 5 한나에게는 갑절을 주니 이는 그를 사랑함이라 그러나 여호와께서 그에게 임신하지 못하게 하시니 6 여호와께서 그에게 임신하지 못하게 하시므로 그의 적수인 브닌나가 그를 심히 격분하게 하여 괴롭게 하더라 7 매년 한나가 여호와의 집에 올라갈 때마다 남편이 그같이 하매 브닌나가 그를 격분시키므로 그가 울고 먹지 아니하니 8 그의 남편 엘가나가 그에게 이르되 한나여 어찌하여 울며 어찌하여 먹지 아니하며 어찌하여 그대의 마음이 슬프냐 내가 그대에게 열 아들보다 낫지 아니하냐 하니라

한나와 엘리

9 그들이 실로에서 먹고 마신 후에 한나가 일어나니 그 때에 제사장 엘리는 여호와의 전 문설주 곁 의자에 앉아 있었더라 10 한나가 마음이 괴로워서 여호와께 기도하고 통곡하며 11 서원하여 이르되 만군의 여호와여 만일 주의 여종의 고통을 돌보시고 나를 기억하사 주의 여종을 잊지 아니하시고 주의 여종에게 아들을 주시면 내가 그의 평생에 그를 여호와께 드리고 삭도를 그의 머리에 대지 아니하겠나이다 12 그가 여호와 앞에 오래 기도하는 동안에 엘리가 그의 입을 주목한즉 13 한나가 속으로 말하매 입술만 움직이고 음성은 들리지 아니하므로 엘리는 그가 취한 줄로 생각한지라 14 엘리가 그에게 이르되 네가 언제까

•사무엘의 가계는 레위 지파이다. 대상 8:33-38의 가계를 참고하라.

지 취하여 있겠느냐 포도주를 끊으라 하니 15 한나가 대답하여 이르되 내 주여 그렇지 아니하니이다 나는 마음이 슬픈 여자라 포도주나 독주를 마신 것이 아니요 여호와 앞에 내 심정을 통한 것뿐이오니 16 당신의 여종을 악한 여자로 여기지 마옵소서 내가 지금까지 말한 것은 나의 원통함과 격분됨이 많기 때문이니이다 하는지라 17 엘리가 대답하여 이르되 평안히 가라 이스라엘의 하나님이 네가 기도하여 구한 것을 허락하시기를 원하노라 하니 18 이르되 당신의 여종이 당신께 은혜 입기를 원하나이다 하고 가서 먹고 얼굴에 다시는 근심 빛이 없더라

사무엘의 출생과 봉헌

19 그들이 아침에 일찍이 일어나 여호와 앞에 경배하고 돌아가 라마의 자기 집에 이르니라 엘가나가 그의 아내 한나와 동침하매 여호와께서 그를 생각하신지라 20 한나가 임신하고 때가 이르매 아들을 낳아 사무엘이라 이름하였으니 이는 내가 여호와께 그를 구하였다 함이더라 21 그 사람 엘가나와 그의 온 집이 여호와께 매년제와 서원제를 드리러 올라갈 때에 22 오직 한나는 올라가지 아니하고 그의 남편에게 이르되 아이를 젖 떼거든 내가 그를 데리고 가서 여호와 앞에 뵙게 하고 거기에 영원히 있게 하리이다 하니 23 그의 남편 엘가나가 그에게 이르되 그대의 소견에 좋은 대로 하여 그를 젖 떼기까지 기다리라 오직 여호와께서 그의 말씀대로 이루시기를 원하노라 하니라 이에 그 여자가 그의 아들을 양육하며 그가 젖 떼기까지 기다리다가 24 젖을 뗀 후에 그를 데리고 올라갈새 수소 세 마리와 밀가루 한 에바와 포도주 한 가죽부대를 가지고 실로 여호와의 집에 나아갔는데 아이가 어리더라 25 그들이 수소를 잡고 아이를 데리고 엘리에게 가서 26 한나가 이르되 내 주여 당신의 사심으로 맹세하나이다 나는 여기서 내 주 당신 곁에 서서 여호와께 기도하던 여자라 27 이 아이를 위하여 내가 기도하였더니 내가 구하여 기도한 바를 여호와께서 내게 허락하신지라 28 그러므로 나도 그를 여호와께 드리되 그의 평생을 여호와께 드리나이다 하고 그가 거기서 여호와께 경배하니라

2장은 사무엘의 어머니 한나의 노래이다. 사무엘서는 한나의 노래에서 "가난하게도 부하게도 낮추기도 높이기도 하는 하나님"에서 해석의 열쇠가 있다. 하나님의 주권의 영광을 노래하는 것이다. 이 노래는 신약에서 예수님의 육신의 어머니 '마리아 찬가'와 맥을 같이 한다.

<u>사무엘상 2장</u>

한나의 기도

1 한나가 기도하여 이르되 내 마음이 여호와로 말미암아 즐거워하며

내 뿔이 여호와로 말미암아 높아졌으며 내 입이 내 원수들을 향하여 크게 열렸으니 이는 내가 주의 구원으로 말미암아 기뻐함이니이다 2 여호와와 같이 거룩하신 이가 없으시니 이는 주밖에 다른 이가 없고 우리 하나님 같은 반석도 없으심이니이다 3 심히 교만한 말을 다시 하지 말 것이며 오만한 말을 너희의 입에서 내지 말지어다 여호와는 지식의 하나님이시라 행동을 달아 보시느니라 4 용사의 활은 꺾이고 넘어진 자는 힘으로 띠를 띠도다 5 풍족하던 자들은 양식을 위하여 품을 팔고 주리던 자들은 다시 주리지 아니하도다 전에 임신하지 못하던 자는 일곱을 낳았고 많은 자녀를 둔 자는 쇠약하도다 6 여호와는 죽이기도 하시고 살리기도 하시며 스올에 내리게도 하시고 거기에서 올리기도 하시는도다 7 여호와는 가난하게도 하시고 부하게도 하시며 낮추기도 하시고 높이기도 하시는도다 8 가난한 자를 진토에서 일으키시며 빈궁한 자를 거름더미에서 올리사 귀족들과 함께 앉게 하시며 영광의 자리를 차지하게 하시는도다 땅의 기둥들은 여호와의 것이라 여호와께서 세계를 그것들 위에 세우셨도다 9 그가 그의 거룩한 자들의 발을 지키실 것이요 악인들을 흑암 중에서 잠잠하게 하시리니 힘으로는 이길 사람이 없음이로다 10 여호와를 대적하는 자는 산산이 깨어질 것이라 하늘에서 우레로 그들을 치시리로다 여호와께서 땅 끝까지 심판을 내리시고 자기 왕에게 힘을 주시며 자기의 기름 부음을 받은 자의 뿔을 높이시리로다 하니라 11 엘가나는 라마의 자기 집으로 돌아가고 그 아이는 제사장 엘리 앞에서 여호와를 섬기니라

● 라마의 위치

엘리의 행실이 나쁜 아들들

12 엘리의 아들들은 행실이 나빠 여호와를 알지 못하더라 13 그 제사장들이 백성에게 행하는 관습은 이러하니 곧 어떤 사람이 제사를 드리고 그 고기를 삶을 때에 제사장의 사환이 손에 세 살 갈고리를 가지고 와서 14 그것으로 냄비에나 솥에나 큰 솥에나 가마에 찔러 넣어 갈고리에 걸려 나오는 것은 제사장이 자기 것으로 가지되 실로에서 그 곳에 온 모든 이스라엘 사람에게 이같이 할 뿐 아니라 15 기름을 태우기 전에도 제사장의 사환이 와서 제사 드리는 사람에게 이르기를 제사장에게 구워 드릴 고기를 내라 그가 네게 삶은 고기를 원하지 아니하고 날 것을 원하신다 하다가 16 그 사람이 이르기를 반드시 먼저 기름을 태운 후에 네 마음에 원하는 대로 가지라 하면 그가 말하기를 아니라 지금 내게 내라 그렇지 아니하면 내가 억지로 빼앗으리라 하였으니 17 이 소년들의 죄가 여호와 앞에 심히 큼은 그들이 여호와의 제사를 멸시함

삼상 2:12-17
엘리 제사장의 두 아들은 홉니와 비느하스이다. 이들의 악행은 무엇인가.
이들의 악행을 보고 백성들은 그들이 제사장직을 물려받는 것을 두려워했을 것이고, 왕정을 요구하는 이유 중의 하나가 되었을 것이다.

이었더라

실로에 머문 사무엘

18 사무엘은 어렸을 때에 세마포 에봇을 입고 여호와 앞에서 섬겼더라 19 그의 어머니가 매년 드리는 제사를 드리러 그의 남편과 함께 올라갈 때마다 작은 겉옷을 지어다가 그에게 주었더니 20 엘리가 엘가나와 그의 아내에게 축복하여 이르되 여호와께서 이 여인으로 말미암아 네게 다른 후사를 주사 이가 여호와께 간구하여 얻어 바친 아들을 대신하게 하시기를 원하노라 하였더니 그들이 자기 집으로 돌아가매 21 여호와께서 한나를 돌보시사 그로 하여금 임신하여 세 아들과 두 딸을 낳게 하셨고 아이 사무엘은 여호와 앞에서 자라니라

엘리와 그의 아들들

22 엘리가 매우 늙었더니 그의 아들들이 온 이스라엘에게 행한 모든 일과 회막 문에서 수종 드는 여인들과 동침하였음을 듣고 23 그들에게 이르되 너희가 어찌하여 이런 일을 하느냐 내가 너희의 악행을 이 모든 백성에게서 듣노라 24 내 아들들아 그리하지 말라 내게 들리는 소문이 좋지 아니하니라 너희가 여호와의 백성으로 범죄하게 하는도다 25 사람이 사람에게 범죄하면 하나님이 심판하시려니와 만일 사람이 여호와께 범죄하면 누가 그를 위하여 간구하겠느냐 하되 그들이 자기 아버지의 말을 듣지 아니하였으니 이는 여호와께서 그들을 죽이기로 뜻하셨음이더라 26 아이 사무엘이 점점 자라매 여호와와 사람들에게 은총을 더욱 받더라

엘리의 집에 내린 저주

27 하나님의 사람이 엘리에게 와서 그에게 이르되 여호와의 말씀에 너희 조상의 집이 애굽에서 바로의 집에 속하였을 때에 내가 그들에게 나타나지 아니하였느냐 28 이스라엘 모든 지파 중에서 내가 그를 택하여 내 제사장으로 삼아 그가 내 제단에 올라 분향하며 내 앞에서 에봇을 입게 하지 아니하였느냐 이스라엘 자손이 드리는 모든 화제를 내가 네 조상의 집에 주지 아니하였느냐 29 너희는 어찌하여 내가 내 처소에서 명령한 내 제물과 예물을 밟으며 네 아들들을 나보다 더 중히 여겨 내 백성 이스라엘이 드리는 가장 좋은 것으로 너희들을 살지게 하느냐 30 그러므로 이스라엘의 하나님 나 여호와가 말하노라 내가 전에 네 집과 네 조상의 집이 내 앞에 영원히 행하리라 하였으나 이제 나 여호와가 말하노니 결단코 그렇게 하지 아니하리라 나를 존중히 여기는 자를 내가 존중히 여기고 나를 멸시하는 자를 내가 경멸하리라 31 보라 내

가 네 팔과 네 조상의 집 팔을 끊어 네 집에 노인이 하나도 없게 하는 날이 이를지라 32 이스라엘에게 모든 복을 내리는 중에 너는 내 처소의 환난을 볼 것이요 네 집에 영원토록 노인이 없을 것이며 33 내 제단에서 내가 끊어 버리지 아니할 네 사람이 네 눈을 쇠잔하게 하고 네 마음을 슬프게 할 것이요 네 집에서 출산되는 모든 자가 젊어서 죽으리라 34 네 두 아들 홉니와 비느하스가 한 날에 죽으리니 그 둘이 당할 그 일이 네게 표징이 되리라 35 내가 나를 위하여 충실한 제사장을 일으키리니 그 사람은 내 마음, 내 뜻대로 행할 것이라 내가 그를 위하여 견고한 집을 세우리니 그가 나의 기름 부음을 받은 자 앞에서 영구히 행하리라 36 그리고 네 집에 남은 사람이 각기 와서 은 한 조각과 떡 한 덩이를 위하여 그에게 엎드려 이르되 청하노니 내게 제사장의 직분 하나를 맡겨 내게 떡 조각을 먹게 하소서 하리라 하셨다 하니라

사무엘상 3장

여호와께서 사무엘을 부르시다

1 아이 사무엘이 엘리 앞에서 여호와를 섬길 때에는 여호와의 말씀이 희귀하여 이상이 흔히 보이지 않았더라 2 엘리의 눈이 점점 어두워 가서 잘 보지 못하는 그 때에 그가 자기 처소에 누웠고 3 하나님의 등불은 아직 꺼지지 아니하였으며 사무엘은 하나님의 궤 있는 여호와의 전 안에 누웠더니 4 여호와께서 사무엘을 부르시는지라 그가 대답하되 내가 여기 있나이다 하고 5 엘리에게로 달려가서 이르되 당신이 나를 부르셨기로 내가 여기 있나이다 하니 그가 이르되 나는 부르지 아니하였으니 다시 누우라 하는지라 그가 가서 누웠더니 6 여호와께서 다시 사무엘을 부르시는지라 사무엘이 일어나 엘리에게로 가서 이르되 당신이 나를 부르셨기로 내가 여기 있나이다 하니 그가 대답하되 내 아들아 내가 부르지 아니하였으니 다시 누우라 하니라 7 사무엘이 아직 여호와를 알지 못하고 여호와의 말씀도 아직 그에게 나타나지 아니한 때라 8 여호와께서 세 번째 사무엘을 부르시는지라 그가 일어나 엘리에게로 가서 이르되 당신이 나를 부르셨기로 내가 여기 있나이다 하니 엘리가 여호와께서 이 아이를 부르신 줄을 깨닫고 9 엘리가 사무엘에게 이르되 가서 누웠다가 그가 너를 부르시거든 네가 말하기를 여호와여 말씀하옵소서 주의 종이 듣겠나이다 하라 하니 이에 사무엘이 가서 자기 처소에 누우니라 10 여호와께서 임하여 서서 전과 같이 사무엘아 사무엘아 부르시는지라 사무엘이 이르되 말씀하옵소서 주의 종이 듣겠나이다 하니 11 여호와께서 사무엘에게 이르시되 보라 내가 이스라엘 중에 한 일을 행하리니 그것을 듣는 자마다 두 귀가 울리리라 12 내가 엘리의 집에 대하여 말한 것을 처음부터 끝까지 그 날에 그에게 다 이루리

삼상 13:1

사무엘 시대는 사사시대의 말기로 너무나도 타락하여 하나님의 이상과 감동이 거의 없는 암흑시대였다. 이런 시대를 구원하기 위해 사무엘을 준비하시고 역사하시는 하나님을 읽어라.
① 어린 사무엘은 이런 상황에서도 하나님의 음성을 들을 수 있었고, 순종하며 친밀한 교제를 할 수 있었다.
② 사무엘은 전쟁 상황에서 칼과 창만을 의지하지 않고, 미스바에 모여 회개 운동을 일으켰다.
③ 사무엘은 왕정 시대로 넘어가는 전환기의 어수선한 상태에서 하나님께서 부여하신 사명, 곧 사사요, 선지자요, 제사장으로서의 삼중직을 잘 수행하였다.
④ 사무엘은 사울의 죄에 대해 철저한 회개를 강조한다.
⑤ 한 줌 부끄럼 없는 삶을 산 사무엘은 은퇴 후 고향 라마에서 선지 학교를 창설하여 선지자를 훈련한다.

라 13 내가 그의 집을 영원토록 심판하겠다고 그에게 말한 것은 그가 아는 죄악 때문이니 이는 그가 자기의 아들들이 저주를 자청하되 금하지 아니하였음이니라 14 그러므로 내가 엘리의 집에 대하여 맹세하기를 엘리 집의 죄악은 제물로나 예물로나 영원히 속죄함을 받지 못하리라 하였노라 하셨더라 15 사무엘이 아침까지 누웠다가 여호와의 집의 문을 열었으나 그 이상을 엘리에게 알게 하기를 두려워하더니 16 엘리가 사무엘을 불러 이르되 내 아들 사무엘아 하니 그가 대답하되 내가 여기 있나이다 하니 그가 17 이르되 네게 무엇을 말씀하셨느냐 청하노니 내게 숨기지 말라 네게 말씀하신 모든 것을 하나라도 숨기면 하나님이 네게 벌을 내리시고 또 내리시기를 원하노라 하는지라 18 사무엘이 그것을 그에게 자세히 말하고 조금도 숨기지 아니하니 그가 이르되 이는 여호와이시니 선하신 대로 하실 것이니라 하니라 19 사무엘이 자라매 여호와께서 그와 함께 계셔서 그의 말이 하나도 땅에 떨어지지 않게 하시니 20 단에서부터 브엘세바까지의 온 이스라엘이 사무엘은 여호와의 선지자로 세우심을 입은 줄을 알았더라 21 여호와께서 실로에서 다시 나타나시되 여호와께서 실로에서 여호와의 말씀으로 사무엘에게 자기를 나타내시니라

사무엘상 4장
1 사무엘의 말이 온 이스라엘에 전파되니라

삼상 4장
블레셋 족속은 그 기원을 알 수 없지만, 성경은 그들이 갑돌 출신이라고 한다(렘 47:4). 블레셋은 오늘날 팔레스타인들이다. 블레셋은 사무엘 시대 철기 문명을 이루고 철 병기를 사용할 만큼 왕성한 민족이었고, 이스라엘의 적수가 될 수 없었다.

언약궤를 빼앗기다

나가서 블레셋 사람들과 싸우려고 에벤에셀 곁에 진 치고 블레셋 사람들은 아벡에 진 쳤더니 2 블레셋 사람들이 이스라엘에 대하여 전열을 벌이니라 그 둘이 싸우다가 이스라엘이 블레셋 사람들 앞에서 패하여 그들에게 전쟁에서 죽임을 당한 군사가 사천 명 가량이라 3 백성이 진영으로 돌아오매 이스라엘 장로들이 이르되 여호와께서 어찌하여 우리에게 오늘 블레셋 사람들 앞에 패하게 하셨는고 여호와의 언약궤를 실로에서 우리에게로 가져다가 우리 중에 있게 하여 그것으로 우리를 우리 원수들의 손에서 구원하게 하자 하니 4 이에 백성이 실로에 사람을 보내어 그룹 사이에 계신 만군의 여호와의 언약궤를 거기서 가져왔고 엘리의 두 아들 홉니와 비느하스는 하나님의 언약궤와 함께 거기에 있었더라 5 여호와의 언약궤가 진영에 들어올 때에 온 이스라엘이 큰 소리로 외치매 땅이 울린지라 6 블레셋 사람이 그 외치는 소리를 듣고 이르되 히브리 진영에서 큰 소리로 외침은 어찌 됨이냐 하다가 여호와의 궤가 진영에 들어온 줄을 깨달은지라 7 블레셋 사람이 두려워하여 이르되 신이 진영에 이르렀도다 하고 또 이르되 우리에게 화로다 전날에

는 이런 일이 없었도다 8 우리에게 화로다 누가 우리를 이 능한 신들의 손에서 건지리요 그들은 광야에서 여러 가지 재앙으로 애굽인을 친 신들이니라 9 너희 블레셋 사람들아 강하게 되며 대장부가 되라 너희가 히브리 사람의 종이 되기를 그들이 너희의 종이 되었던 것 같이 되지 말고 대장부 같이 되어 싸우라 하고 10 블레셋 사람들이 쳤더니 이스라엘이 패하여 각기 장막으로 도망하였고 살륙이 심히 커서 이스라엘 보병의 엎드러진 자가 삼만 명이었으며 11 하나님의 궤는 빼앗겼고 엘리의 두 아들 홉니와 비느하스는 죽임을 당하였더라

엘리가 죽다

12 당일에 어떤 베냐민 사람이 진영에서 달려나와 자기의 옷을 찢고 자기의 머리에 티끌을 덮어쓰고 실로에 이르니라 13 그가 이를 때는 엘리가 길 옆 자기의 의자에 앉아 기다리며 그의 마음이 하나님의 궤로 말미암아 떨릴 즈음이라 그 사람이 성읍에 들어오며 알리매 온 성읍이 부르짖는지라 14 엘리가 그 부르짖는 소리를 듣고 이르되 이 떠드는 소리는 어찌 됨이냐 그 사람이 빨리 가서 엘리에게 말하니 15 그 때에 엘리의 나이가 구십팔 세라 그의 눈이 어두워서 보지 못하더라 16 그 사람이 엘리에게 말하되 나는 진중에서 나온 자라 내가 오늘 진중에서 도망하여 왔나이다 엘리가 이르되 내 아들아 일이 어떻게 되었느냐 17 소식을 전하는 자가 대답하여 이르되 이스라엘이 블레셋 사람들 앞에서 도망하였고 백성 중에는 큰 살륙이 있었고 당신의 두 아들 홉니와 비느하스도 죽임을 당하였고 하나님의 궤는 빼앗겼나이다 18 하나님의 궤를 말할 때에 엘리가 자기 의자에서 뒤로 넘어져 문 곁에서 목이 부러져 죽었으니 나이가 많고 비대한 까닭이라 그가 이스라엘의 사사가 된 지 사십 년이었더라

비느하스의 아내가 죽다

19 그의 며느리인 비느하스의 아내가 임신하여 해산 때가 가까웠더니 하나님의 궤를 빼앗긴 것과 그의 시아버지와 남편이 죽은 소식을 듣고 갑자기 아파서 몸을 구푸려 해산하고 20 죽어갈 때에 곁에 서 있던 여인들이 그에게 이르되 두려워하지 말라 네가 아들을 낳았다 하되 그가 대답하지도 아니하며 관념하지도 아니하고 21 이르기를 영광이 이스라엘에서 떠났다 하고 아이 이름을 이가봇이라 하였으니 하나님의 궤가 빼앗겼고 그의 시아버지와 남편이 죽었기 때문이며 22 또 이르기를 하나님의 궤를 빼앗겼으므로 영광이 이스라엘에서 떠났다 하였더라

백성이 왕을 요구하다

1 사무엘이 늙으매 그의 아들들을 이스라엘 사사로 삼으니 2 장자의 이름은 요엘이요 차자의 이름은 아비야라 그들이 브엘세바에서 사사가 되니라 3 그의 아들들이 자기 아버지의 행위를 따르지 아니하고 이익을 따라 뇌물을 받고 판결을 굽게 하니라 4 이스라엘 모든 장로가 모여 라마에 있는 사무엘에게 나아가서 5 그에게 이르되 보소서 당신은 늙고 당신의 아들들은 당신의 행위를 따르지 아니하니 모든 나라와 같이 우리에게 왕을 세워 우리를 다스리게 하소서 한지라 6 우리에게 왕을 주어 우리를 다스리게 하라 했을 때에 사무엘이 그것을 기뻐하지 아니하여 여호와께 기도하매 7 여호와께서 사무엘에게 이르시되 백성이 네게 한 말을 다 들으라 이는 그들이 너를 버림이 아니요 나를 버려 자기들의 왕이 되지 못하게 함이니라 8 내가 그들을 애굽에서 인도하여 낸 날부터 오늘까지 그들이 모든 행사로 나를 버리고 다른 신들을 섬김 같이 네게도 그리하는도다 9 그러므로 그들의 말을 듣되 너는 그들에게 엄히 경고하고 그들을 다스릴 왕의 제도를 가르치라 10 사무엘이 왕을 요구하는 백성에게 여호와의 모든 말씀을 말하여 11 이르되 너희를 다스릴 왕의 제도는 이러하니라 그가 너희 아들들을 데려다가 그의 병거와 말을 어거하게 하리니 그들이 그 병거 앞에서 달릴 것이며 12 그가 또 너희의 아들들을 천부장과 오십부장을 삼을 것이며 자기 밭을 갈게 하고 자기 추수를 하게 할 것이며 자기 무기와 병거의 장비도 만들게 할 것이며 13 그가 또 너희의 딸들을 데려다가 향료 만드는 자와 요리하는 자와 떡 굽는 자로 삼을 것이며 14 그가 또 너희의 밭과 포도원과 감람원에서 제일 좋은 것을 가져다가 자기의 신하들에게 줄 것이며 15 그가 또 너희의 곡식과 포도원 소산의 십일조를 거두어 자기의 관리와 신하에게 줄 것이며 16 그가 또 너희의 노비와 가장 아름다운 소년과 나귀들을 끌어다가 자기 일을 시킬 것이며 17 너희의 양 떼의 십분의 일을 거두어 가리니 너희가 그의 종이 될 것이라 18 그 날에 너희는 너희가 택한 왕으로 말미암아 부르짖되 그 날에 여호와께서 너희에게 응답하지 아니하시리라 하니 19 백성이 사무엘의 말 듣기를 거절하여 이르되 아니로소이다 우리도 우리 왕이 있어야 하리니 20 우리도 다른 나라들 같이 되어 우리의 왕이 우리를 다스리며 우리 앞에 나가서 우리의 싸움을 싸워야 할 것이니이다 하는지라 21 사무엘이 백성의 말을 다 듣고 여호와께 아뢰매 22 여호와께서 사무엘에게 이르시되 그들의 말을 들어 왕을 세우라 하시니 사무엘이 이스라엘 사람들에게 이르되 너희는 각기 성읍으로 돌아가라 하니라

읽은 내용 묵상하고,
삶에 적용하기

💡 한나의 기도(삼상 2:1-10)를 깊이 묵상하고, 그 기도의 정신과 '마리아의 찬가'가 어떻게 맥을 같이 하는지 살펴보라.

이것이 기독교 진리의 핵심이다.

💡 나실인은 하나님께 구별되어 헌신된 자들을 말한다. 종신 나실인과 임시 나실인이 있다.

나실인은 헌신된 기간 동안 ① 독주를 마시지 않고, ② 머리를 깎지 않고, ③ 시체를 만지지 않아야 한다. 즉 완벽하게 구별된 삶을 살아야 한다. 오늘날 성도들 모두가 다 나실인처럼 구별된 삶을 살아야 하지 않을까?

💡 법궤에 신통력이 있다고 믿는 홉니와 비느하스의 자세는 다분히 무속적이다.

우리도 이처럼 말씀의 능력을 무슨 신통력처럼 생각하고 있는 무속적 자세는 없는지 살펴보자.

💡 아벡 전투에서 법궤를 미신적으로 다루다가 빼앗기는 사건과 법궤가 스스로 이스라엘 지역으로 돌아오는 사건을 읽으면서 배운 바는?

법궤는 임마누엘 되시는 하나님의 임재를 나타내는 곳이지 전쟁을 이기게 하는 어떤 능력이 아님에도 불구하고 그들이 법궤를 무속적으로 취급하였던 것은 바알 신앙의 영향을 받은 발상이었다. 그러나 인간의 실수에도 불구하고 블레셋 지역에 있는 법궤는 여러 가지 재앙을 통하여 스스로 이스라엘 지역으로 돌아와 하나님의 영광을 회복하는 것을 본다.

이어지는 줄거리 라인

하나님께서는 이미 이스라엘 백성들이 왕을 요구하고 왕정을 이루어 나갈 것을 아시고 신명기 17:14-20에 이스라엘 백성들이 왕을 요구하고 왕정 체제로 가게 될 때 꼭 지켜야 할 하나의 규례를 주셨는데 그것이 바로 신명기 17:14-18에 기록되어 있다. 왕의 자격요건과 왕이 왕으로서 해야 할 의무들이 담겨 있다. 이 부분들이 앞으로 왕정 체제에서 왕들을 평가하는 기준이 된다. 특히 분열 왕국 시대에 가면 선한 왕, 악한 왕들이 많이 나오는데 선한 왕과 악한 왕들의 기준이 하나님께서 모세를 통해 주신 왕들의 자격요건과 그들이 해야 하는 의무규정과 다윗이 평가 기준이 된다. 다윗의 모습이 선한 왕, 악한 왕들의 평가 기준이 된다.

이제 여기까지 사사시대가 끝난다. 다시 정리하면 창조 시대, 족장 시대, 출애굽 광야 시대, 가나안 정복 시대, 사사시대를 거쳐 이제 통일 왕국 시대로 가는 단계까지 왔다. 이 시대는 세 명의 왕으로 이어지는데, 사울왕, 다윗왕, 솔로몬 왕이다. 이 왕들은 각각 40년씩 제위를 했기 때문에 이 시대는 120년 동안이다.